中国农业产业技术发展报告

——2021

农业农村部科技教育司
财政部科教和文化司　主编
农业农村部科技发展中心

中国农业科学技术出版社

图书在版编目(CIP)数据

中国农业产业技术发展报告. 2021 / 农业农村部科技教育司，财政部科教和文化司，农业农村部科技发展中心主编 . --北京：中国农业科学技术出版社，2022. 8

ISBN 978-7-5116-5839-5

Ⅰ. ①中… Ⅱ. ①农…②财…③农… Ⅲ. ①农业产业-技术发展-研究报告-中国-2021 Ⅳ. ①F320. 1

中国版本图书馆 CIP 数据核字(2022)第 130242 号

责任编辑 穆玉红 倪小勋
责任校对 李向荣
责任印制 姜义伟 王思文

出 版 者 中国农业科学技术出版社
北京市中关村南大街 12 号 邮编：100081
电　　话 (010) 82106626 (编辑室) (010) 82109702 (发行部)
(010) 82109709 (读者服务部)
网　　址 http://www.castp.cn
经 销 者 各地新华书店
印 刷 者 北京建宏印刷有限公司
开　　本 185 mm×260 mm 1/16
印　　张 26. 25
字　　数 655 千字
版　　次 2022 年 8 月第 1 版 2022 年 8 月第 1 次印刷
定　　价 88. 00 元

《中国农业产业技术发展报告 2021》

编　委　会

前 言

收集、整理、分析产业及技术发展动态信息，为政府决策提供咨询，为社会发布技术成果信息和技术需求信息是现代农业产业技术体系（以下简称“体系”）的重要任务之一。为了进一步促进体系对产业发展基础信息资料的收集与总结，强化体系对产业发展的技术支撑作用和效能，2021 年，我们组织水稻、玉米、小麦、大豆、大麦青稞、谷子高粱、燕麦荞麦、食用豆、马铃薯、甘薯、木薯、油菜、花生、特色油料、棉花、麻类、糖料、蚕桑、茶叶、食用菌、中药材、绿肥、大宗蔬菜、特色蔬菜、西甜瓜、柑橘、苹果、梨、葡萄、桃、香蕉、荔枝龙眼、天然橡胶、牧草、生猪、奶牛、肉牛牦牛、肉羊、绒毛用羊、蛋鸡、肉鸡、水禽、兔、蜂、大宗淡水鱼、特色淡水鱼、海水鱼、虾蟹、贝类、藻类 50 个体系的首席科学家牵头编写了《中国农业产业技术发展报告 2021》，供各级农业及相关行业行政主管部门、科研教学单位、推广机构和各类企事业单位参考和借鉴。由于水平所限，书中如有疏漏之处，敬请读者指正。

2022 年 5 月

目　　录

2021年度水稻产业技术发展报告

（国家水稻产业技术体系）

一、国际水稻生产与贸易概况

（一）生产

根据联合国粮食及农业组织（FAO）2021年12月发布的报告，2021年全球稻谷收获面积24.66亿亩①，比2020年减少0.20%，平均稻谷单产316千克/亩，比2020年增长1.07%，2021年全球大米产量达到5.18亿吨，比2020年增长0.91%。

（二）贸易

2021年全球大米消费量5.11亿吨，比2020年增长1.77%；人均大米口粮消费量为53.6千克，比2020年增长0.19%；全球贸易量0.49亿吨，比2020年增长7.46%；大米进口量前5位的国家或地区分别是中国、尼日利亚、菲律宾、欧盟和越南，大米出口量前5位的国家分别是印度、泰国、越南、美国和中国，其中印度大米产量12 227万吨，消费量10 171万吨，出口量1 936万吨，期末库存3 560万吨，分别比2020年增长2.86%、0.90%、54.88%、3.49%。

（三）市场

2021年以来，国际米价（泰国25%含碎率大米离岸价）呈下跌趋势，12月价格393美元/吨，与1月相比跌25.43%，与2020年同期相比跌22.64%，已跌至2018年以来的低点。影响国际米价下跌的主要因素包括：一是全球大米供应好于预期，据联合国粮食及农业组织（FAO）12月预测，2021年度全球大米产量5.18亿吨，比2020年度增长0.91%；二是与2020年相比，新冠肺炎疫情引起的进口国恐慌性采购有所缓解；三是主要大米出口国的本国货币对美元贬值，使大米出口报价（以美元为单位）下降。2021年1月1日以来，截至11月30日，泰铢兑美元贬值10.84%，缅元兑美元贬值25.25%。

二、国内水稻生产与贸易概况

（一）生产

据国家统计局数据，2021年全国水稻播种面积4.49亿亩，较2020年减少232.2万亩，减幅0.5%，主要是局部地区遭遇灾害天气、种植结构调整等；亩产474.2千克，提高4.6千克；总产21 284.3万吨，增产98.3万吨，增长0.5%，总产和单产双创历史最高纪录，总产已连续11年稳定在2亿吨以上。

（二）贸易

2021年，我国大米进口量创历史新高，2021年我国累计进口大米496万吨，比2020年同期增长68.51%，已超过了2017年历史高点的402.52万吨，极可能成为2021年全球

---

① 1亩≈667平方米，全书同。

大米进口量最高的国家，印度首次成为我国大米主要进口来源国之一，截至 12 月底，占我国大米累计进口量的 20%左右；出口量基本稳定，2021 年我国年累计出口大米 242 万吨，出口额 9.41 亿美元，分别比 2020 年增长 5.01%和 2.62%。

（三）市场

据卓创资讯统计，2021 年受主产区水稻生长期间洪涝灾害影响较大等因素综合影响，全国稻米年均价为 3 980.78 元/吨，同比下滑 0.29%。其中高点为 4 127.00 元/吨，低点为 3 803.00 元/吨，高低价差 324 元/吨。

三、国际水稻产业技术研发进展

（一）遗传改良

美国加州大学戴维斯分校利用 DNA 定向插入技术，将多个控制有利农业性状的基因片段依次插入到包括水稻在内的目标作物基因组的同一位点，形成单一位点多基因聚合，并确保插入基因片段的有效表达，防止基因片段插入对目标植株自身基因组造成的破坏，有助于简化后续杂交育种过程，降低品种审批成本，加速优异作物品种快速走向市场。英国爱丁堡大学研究了环境温度对病毒介导的转录基因沉默（ViTGS）和转录后基因沉默（ViPTGS）效率的影响，揭示了次级 siRNA 在维持基因沉默过程中发挥的重要作用，为 VIGS 的高效应用提供了理论依据。日本冈山大学研究敲除在水稻节上表达的 *OsVIT2* 基因，获得的转基因水稻产量不受影响，但会增加铁从节到种子以及从糊粉层到胚乳的分配，从而提高了精米中铁的累积，为提高稻米中铁积累提供了一种新途径。

（二）栽培与施肥

国际稻作发展已经形成了适应全程机械化的水稻栽培理论及技术体系，实现了整地、育秧、插秧、田间管理、收获及烘干各个环节的全程机械化。在农机农艺融合方面，日本发展了一种新型水稻密播育秧机插减盘技术，可大幅减少单位面积用秧盘量，节省育秧环节基质、秧盘、育秧所占空间和人工等，产量持平或略有增产，最终实现降低成本、提高育秧机插效益；欧美等国家则以水稻直播机械化为主，采用激光平地，飞机撒播等方式降低劳动强度和生产成本，提高作业效率和产量。在肥水高效利用方面，采用智能化自动化灌溉技术设置自动开关水阀，调整大田水量，实现远程自动化灌溉；采用水稻叶片氮肥无损检测的变量追肥技术，指导水稻大田追肥用量，进一步提高水稻大田追肥智能化及精准化水平。

（三）病虫害防控

在病害研究方面，Maidment 等重建了抗瘟基因 *Pik-1* 与 *Pik-2* 的进化历史，发现这两个 *Pik* 等位基因突变体独立地从弱结合的祖先状态进化为高亲和力结合稻瘟病菌效应子 AVR-Pik，扩大水稻对不同病原体菌株的抗病性；Huerta 等通过 MAGIC 群体筛选鉴定到一个微效感病基因 *qBB-tal7b-8*，研究发现该基因座的抗性机制可能是通过易感性丧失，说明次要毒力因子对疾病有显著影响，并提供了一种潜在的新方法来确定有效的抗病性；Kim 等研究发现糖转运蛋白 SWEET14 可以正向调控水稻对纹枯病的抗性，但对产量呈负调控；Shrivastava 等报道了基于卷积神经网络模型的水稻病害图像识别系统，图像识别精度平均达到 98.36%。在虫害研究方面发现，当灰飞虱以同时感染水稻条纹病毒和黑条矮缩病毒的水稻为食时，只有 5%的灰飞虱获得两种病毒，阐明了这两种病毒间歇性流行发生的原因；同时发现在较高温度下维持白背飞虱作为褐飞虱的拮抗者，更有利于降低褐飞虱的破坏作用；在褐飞虱研究方面主要集中于水稻对褐飞虱的抗性机制以及环境温度、湿度等对褐飞虱的影响等方面。

（四）产后处理及加工

适度加工近年来成为世界各国的研究热点。泰国学者研究了不同预处理和加工条件对精米、糙米和蒸煮发芽糙米中抗性淀粉形成的影响，发现红外干燥可以提高蒸煮发芽糙米中包括γ-氨基丁酸、α-生育酚和总酚类化合物等生物活性物质含量和整精米率；印度大多数稻米加工企业都使用的是蒸谷法进行产后处理及加工，这种方法会排放大量的废水，造成环境污染；Pulickal 等对稻米加工业的污水处理站进行评估，建立一级高速厌氧处理系统浮力滤池生物反应器联合进行二级化学处理的污水处理站进行污水处理后，达到了出水标准，避免了环境污染。

（五）产业机械化

农业机械设施与设备是现代农业的重要组成部分和农业现代化的重要标志。2021年，在高端农机装备技术方面，国际农机巨头已从数字化设计到高端制造，形成专业化分工配套协作的全产业链。约翰·迪尔推出了在线农业设备解决方案，其大马力高端水田拖拉机、收获机可实现定制化全生命周期服务；凯斯纽荷兰推出的无级变速技术，实现无间断速度调整，主动式保持控制技术，实现了无须离合、自动驻车、坡路停行等功能；日本推出了智能农机装备数字化柔性制造，一条混合组装线上既可组装拖拉机，又可组装收割机、插秧机等。基于自动导航的自动化、智能化、无人化技术被广泛应用于农业机械，并随着智慧农业加速推广，农业机械化、智能化已成为促进国际农业机械发展的关键。

四、国内水稻产业技术研发进展

（一）遗传育种

李家洋院士团队首次提出了异源四倍体野生稻快速从头驯化的新策略，旨在最终培育出新型多倍体水稻作物，从而大幅提升粮食产量并增加环境变化适应性，开辟了全新的作物育种方向。储成才团队研究了 OsLBD37/39-OsTCP19-DLT 通路对水稻氮响应及分蘖的关键调控作用，解析了 *OsTCP19* 在低氮水平下调控水稻品种分蘖数的分子机制，揭示了水稻耐受土壤低氮适应性的机理机制，并分离出氮高效型水稻新材料 OsTCP19，为水稻氮高效遗传改良提供优异资源，对水稻遗传改良具有重要的指导意义。何祖华团队利用植物病理、分子遗传、生化生理等研究策略鉴定到一条新的 PICI1-OsMETS-蛋氨酸-乙烯植物免疫代谢通路，可以协同整合植物基础抗病性（PTI）和专化性抗性（ETI）两层免疫系统，赋予水稻广谱抗稻瘟病的新机制。黄学辉团队构建了迄今为止最完善的水稻数量性状基因关键变异（causative variation）图谱，为水稻遗传研究提供了全面的数量性状基因信息；开发了一款智能化的水稻育种导航程序，为水稻新品种的快速培育提供技术支持。华中农业大学联合广西大学、美国堪萨斯州立大学等首次发布了籼稻珍汕97和明恢63的无缺口参考基因组，系统分析了着丝粒结构和位于11号染色体末端水稻抗性相关的结构变异区域，为阐明杂种优势机理奠定了坚实基础。

（二）栽培与施肥

研发了一批水稻优质丰产高效农机农艺融合新技术，双季早、晚稻有序机抛栽培技术及机收再生稻种植技术、水稻机械精量穴直播技术和无人驾驶飞机直播技术、杂交稻精准播种、水稻叠盘出苗育供秧和智能工厂化立体循环式水稻育秧技术和水稻智能化推荐施肥技术等新技术的广泛推广应用，为攻克水稻生产瓶颈，保证水稻稳产提供技术支撑；创新了系列智能化栽培技术，杂交稻精量播种技术、水稻叠盘出苗育秧技术、水稻推荐施肥养分专家系统、水稻智能化排灌系统等水稻智能化栽培技术创新与应用，为破解未来谁来种稻的瓶颈提供动力，其中“水稻绿色丰产‘无人化’栽培技术”实现了从收割到卸粮的全程无人化，入选了 2021 年农业农村部 10 项重大引领性技术之一；制定了一套水稻灾害防控技术，针对各类自然灾害，因地制宜地制定防灾减灾技术措施，例如通过适期种植、二次施肥、早稻增密减氮、晚稻控密增氮等举措，应对早稻“倒春寒”和晚稻“寒露风”危害。

（三）病虫害防控

在病害研究方面，何祖华团队最近研究发现新的钙离子感受子 *ROD1* 可以与过氧化氢酶 CatB 通过清除活性氧精细调控水稻免疫，揭示了平衡抗病性与生殖生长和产量性状的机制；彭友良团队通过改造抗瘟蛋白 RGA5-HMA 结构域，设计出非对应无毒效应蛋白 AvrPib 的新型 RGA5，并获得了对含 AvrPib 稻瘟菌具有抗性的转基因水稻，为开发具有广谱抗性的多系和栽培品种提供实用的方法；李平团队认为抗病蛋白 OsRSR1 和含蛋白激酶结构域蛋白 OsRLCK5 具有正调控纹枯病抗性作用，为水稻抗病性育种提供了更好的基因资源；马伯军团队成功克隆了水稻白叶枯病的克星——抗病基因 *Xa7*，研究发现 *Xa7* 在高温下被引导以防止病原菌入侵，并阐明了 *Xa7* 高抗、广谱、持久、耐热特性的新型抗病分子机制，为水稻白叶枯病的长期预防管理奠定了基础，并具有重大的育种应用价值；孙文献团队在染色体水平上组装了稻曲病全基因组序列，报道了稻曲病菌线粒体基因组，发现稻曲病菌种内具有大量的由反转录转座子引起的基因组结构变化和谱系特异性区域。

在虫害研究方面，陈剑平院士团队发现了一种新的控制褐飞虱性别分化的分子机制，为未来利用昆虫不育技术防治褐飞虱提供了重要理论基础；张传溪团队首次利用大尺度三维电镜技术重构出稻飞虱纳米分辨率的三维结构，揭示了其内部组织器官尤其是口器和气管系统结构与功能的关系，并阐明了基于胰岛素受体的褐飞虱翅型分化机制；王高峰团队证明了胞间连丝而非蔗糖转运蛋白在根结线虫诱导形成的水稻根部取食位点内蔗糖供给机制中发挥重要作用。

（四）产后处理及加工

我国作为稻米主产区，具有悠久的稻米消费历史和领先的稻米加工产业技术。针对慢消化淀粉特性的分子和片层/晶体结构，上海理工大学研究发现大米淀粉消化过程只存在单一的一级动力学相，支链淀粉短链较短的大米淀粉比其他淀粉的晶体片层排列更加整齐，消化速度也更慢，片层完整性在天然淀粉消化率的测定中起主导作用，为慢消化营养稻米产品研发起到了重要的支撑作用；针对大米加工过程中产生的副产品米糠，北京工商大学食物营养与人类健康高精尖创新中心研究了酶解、发酵、发酵联合酶解 3 种不同改性方法对脱脂米糠膳食纤维微观结构和理化特性的影响，发现发酵和酶解联合改性对米糠膳食纤维的影响最大，该中心同时发现水酶法提取的米糠油含有较高的不饱和脂肪、生育酚和生育三烯酚、甾醇、角鲨烯、谷维素等健康元素；中国科学院兰州化学物理研究所建立了一种水稻磷脂空间分布分析的基体辅助激光解吸电离飞行时间质谱成像方法，研究发现 12 种磷脂化合物，随着加工程度的增加，稻米和糙米中磷脂的相对含量在胚期较高，并逐渐减少直至消失，可作为鉴别稻米加工程度的重要指标。

（五）产业机械化

国内水田农机装备领域在粮食减损机械系统、稻米产后多元化、无人农场关键技术、绿色可持续关键技术等方面取得了一定进展。在粮食减损方面，建立完善现代高效的粮食生产体系、创新协同的精深加工体系、智慧系统的科技支撑体系，强化粮食增产减损保障；在稻米产后加工方面，逐步从单一的大米产品向优质米蛋白、米淀粉、米糠油及稻壳发电等深加工及综合运用的循环经济模式发展；在无人化农场技术方面，以大数据、人工智能、物联网、移动互联网、云计算、5G 技术、区块链等的发展与应用，以生物技术、信息技术、智能装备与机器人等为核心构建的无人农场，实现全天候、全过程、全空间地完成所有农场生产作业的无人化生产作业；在绿色可持续技术方面，化肥减施增效、农药减量控害、土壤修复、秸秆还田等绿色技术推广面积进一步扩大，稻田综合种养、机收再生稻等绿色高效模式继续稳步发展。

（国家水稻产业技术体系首席科学家　程式华　提供）

2021年度玉米产业技术发展报告

（国家玉米产业技术体系）

一、国际玉米生产与贸易概况

（一）全球玉米总产量保持增长趋势

美国农业部预测2021年美国玉米播种面积为3 776万公顷，高于2020年的3 675万公顷，增加2.7%；预计收获面积为3 440万公顷，比2020年增加3.2%。预计2021年美国玉米单产为11.1吨/公顷，高于2020年的10.8吨/公顷，单产增长2.7%。预计2021年美国玉米总产量3.83亿吨，比2020年增长5.9%。预计2021/2022年度（2021年9月至2022年8月，下同）美国玉米消费量3.13亿吨，出口量6 350万吨，期末库存3 794万吨。

美国农业部预测2021/2022年度全球玉米产量12.09亿吨，比2020/2021年度的11.44亿吨增长5.7%；预计全球玉米消费量11.96亿吨，比2020/2021年度的11.52亿吨增加2.1%；玉米期末库存3.06亿吨，比2020/2021年度的2.89亿吨增加5.8%。

（二）全球玉米总贸易量整体下降

2020/2021年度全球玉米总出口量为1.83亿吨，比上年度下降7.1%；总进口量为1.81亿吨（进出口差额受统计口径及运输尚未到达等因素影响），比上年度增加9.8%。主要出口国家包括美国（6 856万吨）、阿根廷（3 485万吨）、巴西（2 749万吨）和乌克兰（2 386万吨）。主要进口国家（或地区）包括中国（2 834万吨）、欧盟（1 449万吨）、墨西哥（1 650万吨）、日本（1 548万吨）、韩国（1 171万吨）和埃及（963万吨）。

（三）全球玉米价格波动较大

由于美国玉米播种意向数据低于市场预期，2021年1—5月国际市场玉米价格持续走高，芝加哥期货交易所（CBOT）玉米期货主力合约在5月7日创近8年历史新高（638美分/蒲式耳①）后明显回调，总体呈现高位震荡态势，但震荡幅度逐步“收窄”。10月中旬以来总体保持上涨态势，前期上涨主要原因是多雨天气导致美国中西部地区玉米收获进度偏慢，出口销售利多，进一步支撑玉米价格；后期上涨主要原因是巴西南部首季玉米主产区遭遇干旱天气，影响巴西首季玉米产量。2021年12月31日，CBOT玉米3月合约期价收盘于593美分/蒲式耳，同比上涨109美分/蒲式耳，涨幅22.5%。折算到我国港口完税价格（1%关税）2 489元/吨，当期广东港口玉米价格为2 827元/吨，国内外价差228元/吨。

---

① 蒲式耳，英美制容量单位（计量干散颗粒用）。英制1蒲式耳36.37升，美制1蒲式耳合35.24升。全书同。

二、国内玉米生产与贸易概况

（一）我国玉米总产量较 2020 年基本持平

我国玉米播种面积总体呈稳定增长态势。2021 年受玉米价格高涨因素影响，农户种植热情高涨，种植面积较 2020 年有所增长；全国大部农区气候条件也较为适宜，有利于玉米生长发育和产量形成；病虫害总体偏重发生，特别是黄淮海夏玉米南方锈病大面积暴发流行，虽然应急防控控制为害，仍对玉米产量造成一定影响。尽管部分地区洪涝灾害尤其是多年不遇的秋汛对生产造成一定影响，但各地加强田间管理，积极抗灾减灾，总体看来农业灾情影响有限。2021 年我国玉米总产量 2.73 亿吨，比 2020 年增加 12 万吨，增幅 0.05%；玉米播种面积 4 332.4 万公顷，比 2020 年增加 206 万公顷，增幅 5.0%；单产 6.29 吨/公顷，较 2020 年略有下降。

（二）我国玉米需求略有下降

2021 年第一季度受生猪价格大幅上涨影响，养殖企业补栏积极性提高，生猪出栏体重增加，有助于饲料需求恢复。但第二季度开始生猪价格从高位回落，养殖持续亏损，能繁母猪存栏量环比持续回调。加之受玉米价格上涨影响，小麦、高粱等替代谷物使用量高于上年度，玉米饲料消费同比下降。国家粮油信息中心 12 月预计，2020/2021 年度我国饲料消费及损耗为 1.9 亿吨，同比减少 600 万吨，减幅 3.0%；年度国内玉米总需求为 2.91 亿吨，同比减少 491 万吨，减幅 1.6%。

2021 年燃料乙醇消耗玉米量预计降至低位，而且长时间的玉米价格上涨对需求将有抑制作用。国家粮油信息中心 12 月预计，2020/2021 年度我国玉米工业消费 8 100 万吨，同比增加 100 万吨，增幅 1.3%。

（三）我国进口玉米数量大幅增加

国家海关数据显示，2020/2021 年度我国累计进口玉米 2 954.3 万吨，同比增加 2.89 倍。出口玉米 0.4 万吨，同比减少 66.7%；年度净进口玉米 2 953.9 万吨，同比增加 2.89 倍。从进口国别来看，2020/2021 年度我国主要从美国和乌克兰进口玉米，进口量分别为 2 045 万吨和 858 万吨，占比分别达到 69.21%和 29.05%，此外，从周边邻国如俄罗斯、缅甸和保加利亚进口的占比均在 0.6%左右。受中美第一阶段贸易协议影响，我国从美国进口玉米数量呈扩大趋势，仅 2021 年 9 月，单月进口数量就达 333.75 万吨，比 2020 年同期增长近 3 倍。

自 2020 年 2 月 18 日财政部公告称将开展对美加征关税商品市场化采购排除工作后，进口商采购美国农产品积极性高涨。加之受中美第一阶段贸易协议影响，我国进口美国高粱数量明显增加。2020/2021 年度我国进口高粱 867 万吨，同比增长 1.3 倍；进口大麦 1 205 万吨，同步增长 1 倍；进口美国玉米干酒糟（DDGS）28.1 万吨，同比增长 108.1%。总体来看，2020/2021 年度我国杂粮进口量有所恢复，累计进口大麦、高粱和 DDGS 共 2 100万吨，同比增长 114.3%。

三、国际玉米产业技术研发进展

（一）前沿研究为产业技术发展奠定重要基础

2021 年玉米结构基因组学研究取得重要进展，一是从头测序组装和注释了 26 个自交系参考基因组，为玉米结构基因组学提供了重要的数据与分析基础；二是单细胞测序技术正在快速发展与熟化，为细胞、组织与器官水平基础与应用研究奠定了重要技术基础；三是首次公布了甜玉米高质量参考基因组，将大大促进鲜食甜玉米基础研究与育种应用。

玉米重要农艺性状基因机制解析取得了若干新突破，热逆境下 Argonaute 表观修饰与雌雄花育性、自交衰退和杂交优势机制、*Bk2L3* 基因影响细胞壁碳水化合物分配、干旱诱导型 ZmEXPA4 蛋白及其协调雌穗发育与产量建成等重要价值性状分子机理取得了重要进展，将分别为耐热、杂种优势、抗倒、耐旱等育种提供了关键基因。

（二）新一代育种技术快速发展

基因编辑、合成生物学、单倍体诱导、全基因组选择与深度学习杂种优势预测等现代育种技术引领种业技术发展方向，2021 年度进展显著。一是在基因编辑技术上，分别在引导编辑、RNA 病毒介导的瞬时基因表达活性调控技术、高效多基因靶向激活上取得了进展，在产量与抗逆种质创制应用上有多个成功案例。二是在合成生物学领域，高通量玉米核心启动子鉴定、染色体工程等为新型分子设计育种奠定了重要元件与技术基础。该领域与基因编辑和人工智能等技术融合度正在进一步深化。三是在单倍体诱导与双单倍体育种技术上，快速优化与效率提升进步明显。*Cenh3* 等影响染色体分离消除机制在单倍体诱导上获得验证，单倍体诱导技术与基因编辑、全基因组选择和杂种优势预测也在逐步融合，将进一步发挥其产业技术潜力与价值。

（三）可持续增产增效技术研发不断深化

可持续增产增效技术研发一直是玉米产业科技的热点。一是强化玉米秸秆还田、种植覆盖作物、休耕轮作和施用土壤改良剂等用养结合的可持续生产技术应用。通过现代生物学手段改良玉米株型结构及根系构型，实现光温肥水等资源效率的同步提升。二是强化地力增碳培肥，减少化学肥料的投入。应用缓释肥、液体肥等新型肥料，采用精准化和智能化的灌溉装备，适应集约化和规模化农场的肥水高效管理。三是强化玉米出苗率与整齐度的精准变量播种技术。重视玉米水肥信息的快速感知、诊断及人工智能决策，实现播种质量和水肥效率的协同提升。四是强化气候智慧型玉米生产体系的构建。通过抗逆耐密高产稳产新品种的选育，健苗壮苗技术和种植结构调整，实现玉米抗逆丰产。五是强化玉米生产全过程的轻简高效化、精准智慧化、机械化技术及产品的研发，显著提升了资源利用效率和籽粒生产效率。

（四）微生态调控土壤健康提升生态系统服务和控制玉米病害受到重视

通过调控土壤微生物群落可改善土壤健康、提高土壤肥力、增强根际免疫、降低病虫害发生、减少化肥农药施用、提高作物产量，从而减低农业生产过程中资源消耗、缓解环境污染，有望实现农业生产的第二次“绿色革命”。

植物、微生物和有机物料定向调控培育健康土壤已成为实现产能提升的重要技术手段：多样化种植和选用耐瘠抗逆品种可大幅度提高粮田健康水平；不同有机物料配合功能微生物菌剂的开发与应用可通过对土壤微生物种群和活性的调控定向消减土壤障碍，改善土壤微生态环境；利用地上—地下生物互作提升土壤生态涵养功能，通过农田景观配置和生态系统重构，提高土壤生物和地上部的生物多样性，保障生态安全；引入土壤生态服务定量化模型，建立土壤生态服务功能的评价体系，提出健康土壤管理的优化解决方案。

近年来，欧美各国纷纷将土壤微生物群落研究作为农业领域亟待突破的研究方向。美国率先提出建立农业微生物数据库，并将农业微生物组列为未来 10 年农业发展的五大方向之一，从而更准确地了解土壤、植物和微生物组之间的相互作用。美国哈佛医学院的学者通过体外重组技术构建了一个由 7 种细菌组成的具有代表性的极简微生物群落，该群落可以抑制植物病原真菌的生长，尤其是可以有效控制镰孢菌引起的玉米病害。英国科学家合作创建了一个新的作物微生物组冷库，用来保护主要粮食作物，将通过微生态调控手段在减少化肥和农药使用的同时增加粮食产量。

（五）外来物种风险评估技术定量化、监测技术精准化

国际高度关注有害生物等外来物种入侵防控科学研究与技术研发。美国、澳大利亚、欧盟是最具代表性的国家或地区，国际影响较大。当前，国际一方面高度重视风险分析、检疫检验、除害处理及疫情监测等检测技术的研发与应用，另一方面也非常重视入侵机制基础科学问题的探索与研究。基于遥感、组学、大数据及人工智能的定量风险评估技术、高精准检测检验技术、溴甲烷替代处理技术、高效精准监测溯源技术以及重要外来病虫草入侵机制是未来的研究热点，国际竞争更为激烈。

（六）玉米加工精深化、高值化、功能化发展日趋明显

国际上，特别是在欧美等发达国家，随着现代生物技术、食品技术的飞速发展，玉米深加工领域也进入了快速发展时期。色谱分离、膜分离技术等食品组分分离纯化技术以及基因工程、酶工程、发酵工程等生物技术，使产业基础研究及技术理论体系不断完善，极大地提高了玉米深加工领域的技术水平和产品竞争力。加工副产物能源化及资源化利用方面，清洁供热、秸秆液化制备生物航油等高值制备方法与工艺得到了有效创新提升，开发出多类高值产品。总体而言，全球现有玉米加工产品品种已超过 3 500 种，加工产品向着精深化、高值化、功能化方向发展日趋明显。

（七）高端智能农机装备引领玉米生产全程机械化发展

发达国家玉米生产正在从全程机械化向全程信息化、精准化作业方向发展，卫星导航、无线通信和智能感知等新一代信息技术正加速与传统玉米生产机械融合，各种信息感知、CAN 总线、光机电液一体化自动控制、物联网远程监管等技术装置已大量应用于玉米生产机械上，研制了具备精准作业能力的大马力、高速、宽幅、智能、高效农机装备，实现了高效率、精准化的播种、施肥、田间管理、收获等作业，实现了玉米全程精准作业的远程管控。高度重视表型高通量获取平台的建设和数据驱动下农业大脑的研发应用，按照玉米实际需水量和需肥量进行定量决策和精准管控是玉米生产智能化管理的前沿和热点。

四、国内玉米产业技术研发进展

（一）种源创新与技术提升，驱动玉米种业新发展

针对抗逆、抗病虫、优质、适宜机收等关键性状，精准鉴定和深度挖掘种质资源，发掘出一批高产、抗旱、耐低氮、抗病、高蛋白等目标性状突出、杂种优势类群明确的优异种质；通过应用前育种体系进行持续改良与创新，创制了一批耐密抗倒、抗病性好、熟期适宜、配合力高、适宜籽粒机收的新种质，拓宽和提升了我国玉米种质基础。克隆了一批控制玉米重要性状的关键基因，解析了其基因功能及重要性状形成的分子机制，如控制产量性状粒重基因 *ZmKW10*、抗旱基因 *ZmCIPK3*、与磷利用相关功能新基因 *ZmG6PE*；组学发展及关键性状的解析，促进了玉米育种技术从传统向现代方式的转变，创建的玉米单倍体育种高效技术体系已广泛应用；以单核苷酸序列（SNP）差异为基础的第三代分子标记辅助选择技术、全基因组选择技术和以 CRISPR/Cas9 为代表的基因组编辑技术开始在我国玉米育种中应用；玉米单倍体诱导基因 *ZmDMP* 在跨物种验证上取得突破，已成功在番茄的突变体自交后代中获得单倍体植株。培育的一批高产优质抗逆宜机收新品种将推向市场，支撑玉米生产高质量发展；著作《玉米种子精选分级技术原理和操作指南》出版发行；GB 4404.1—2008《粮食作物种子　第 1 部分：禾谷类》国家标准第 1 号修改单正式实施，其中明确了玉米单粒播种子质量要求，对提高田间播种质量、规范种子企业行为、切实维护农民权益具有重要意义。

（二）玉米高产与资源高效协同，驱动绿色发展

在系统阐明玉米密植高产高效群体结构特征与光合有效辐射、热量资源的定量关系的基础上，建立了以玉米生产系统的土壤—根系—作物协同优化为核心的丰产增效技术途径；研发了玉米精量直播、条带耕作、品种互作增抗、控释肥一次施用、机械籽粒收获等关键技术；创建了光温水肥等资源高效利用的玉米密植高产全程机械化绿色生产技术模式，协同提升了玉米资源利用效率和单产水平。

在探明秸秆还田后土壤肥力提升的结构与功能特征、揭示不同生态区秸秆还田增碳培肥生物学机制的基础上，创建了土壤深耕（松）、秸秆翻埋还田、秸秆直注深还田等技术，建立了黑土地玉米农田地力提升、南方玉米秸秆全量还田、红黄壤快速降酸-同步培肥等技术模式，实现玉米耕地保育与产量水平的协同提升。基于中高产玉米群体的养分需求特征与调控途径的理论研究基础，建立了简化根层养分调控的“玉米控释配方肥免追高效施肥技术”，在全国范围内开展了技术熟化与大面积示范，示范方玉米产量提升并降低土壤酸化和水体富营养化风险。创新了基于红外冠层温度和高光谱的玉米水分状况监测与诊断技术，研发了基于物联网、大数据分析、云服务的玉米灌溉预报技术，有效提高了灌溉水利用效率。系统调研了我国玉米主产区重、中、低度重金属镉污染农田土壤和籽粒，掌握了不同区域土壤污染现状和农产品安全情况，开展了聚己二酸丁二醇酯-对苯二甲酸丁二醇酯（PBAT）全生物降解地膜对玉米生产的影响研究。

（三）基于保障粮食安全的土壤健康保育取得重要进展

针对当前中低产区主要土壤类型（东北黑土地、黄淮砂姜黑土、南方红黄壤等）的障碍因子和地力提升问题，探明了合理耕层构型关键限制因子与粮田产能的量化关系，建立涵盖物理、化学和生物性状的典型障碍土壤的理想耕层构建技术指标体系，开展了土壤深耕（松）、增施有机肥、秸秆翻埋还田、条带耕作、轮作种植绿肥等关键技术研发，构建了“障碍消减—耕层扩容—增碳培肥—产能提升”的综合技术模式，实现了耕层扩容增碳与产能提升的同步优化。同时，在土壤—作物系统碳—氮—磷的协同增效、有机无机复合增效机理及应用方面开展了系列研究，取得了阶段性进展。

（四）病虫草害绿色防控技术研发与应用进一步提升

多个转基因抗虫耐除草剂玉米转化体获得生产安全证书，并于 2021 年开展转基因玉米产业化应用试点工作，产业化工作稳步推进。种衣剂防治双斑长跗萤叶甲技术取得重大进展，变成虫防治为幼虫防治，做到防治关口前移。研发出对玉米茎腐病高效的生物和化学种衣剂，对茎腐病田间防效达 90%以上。提出了精准选药、适时用药、对靶喷药的 3S 施药技术，结合农作措施、生态措施、除草决策支持系统及加快耐除草剂玉米推广的多策略除草剂减施技术，为东北玉米田除草剂减量增效实施提供技术指导。玉米病虫害一体化防控技术不断完善，并在玉米主产区大面积示范推广应用。研发出适合植保无人机撒施的微型颗粒剂造粒技术以及相应的使用技术，对草地贪夜蛾等玉米害虫的防效显著高于无人机喷雾，引领植保无人机施药技术新趋势。

（五）玉米深加工技术研究及产品开发发展迅速

我国玉米产业技术研发起步较晚，但近年来发展迅速，随着基础理论研究投入的增加和产业结构的不断升级，玉米加工产业在技术创新、装备制造和人才培养等方面取得了诸多成就：通过全营养组配与协同增效等关键技术，开发出品质优良的玉米主食化加工专用粉和系列化主食产品；秸秆能源化利用方面，创新研发了秸秆高效捆烧清洁供暖关键技术装备及热解清洁联产与热解气提质技术，评价了秸秆能源化利用技术的减排固碳贡献。目前国内玉米淀粉、乙醇、味精等主要产品加工已从粗放的开环加工转变为高效绿色的闭环生产，淀粉、柠檬酸等玉米深加工产品已占据全球第一的市场份额，聚乳酸（PLA）、燃料乙醇等玉米生物基材料及新能源产品生产已初具规模。

（六）高效精准农业机械化技术持续发展

2020 年我国玉米耕种收综合机械化率达到 90.2%，其中机耕率 98%、机播率 90%、机收率 80%。玉米生产各环节机械化发展不平衡，丘陵山区玉米生产机械化还比较薄弱。玉米生产机械装备仍以小型为主，正在逐步向高端智能方向发展。大马力、高速、宽幅、高效、精准农机装备研发应用取得一定进展，适合丘陵山区玉米生产作业的轻简型耕整地、播种、植保、收获机械化技术装备得到较快发展，卫星导航定位、智能监控、物联网、人工智能、大数据等先进技术正逐渐在玉米生产中示范应用。开展了高速精量排种、变量施肥、变量施药、玉米联合收获机作业工况参数监测与智能控制等一系列关键技术研究。在多生境、多平台作物表型高通量获取平台建设和装备研发方面取得显著进展，突破了玉米表型大数据智能解析关键技术，有力支撑玉米表型精准鉴定和遗传机理解析；建立了面向县域尺度的农情-灾情遥感监测和灾损评估系统，为各级政府部门和农服企业制定决策提供了重要支撑。

（七）玉米产业技术发展建议

1. 藏粮于种，发掘优质种质夯实产业基础

一是加大种质资源创新利用。收集、保护、整理和鉴选优异玉米种质资源，扩增种质遗传基础；发掘优异基因，定向改良创制新种质。二是创新育种技术。进一步提升以配合力为核心的遗传改良水平。强化分子设计和单倍体等技术应用，加速诱导编辑技术集成研发并与传统技术的深度融合。三是提高制种水平。研发大数据智能化技术，实现育种、种子生产和质量检控的全流程应用。四是优良自交系创新。应用高效前育种循环改良技术体系，突出原创设计和基础材料定向改良，加速突破性自交系育成。五是加快新品种选育。培育优质高产、绿色高效、适宜全程机械化生产的新一代突破性新品种，加速新一轮品种更新换代。

2. 藏粮于技，绿色增产技术实现可持续发展

开展玉米生产系统产量及资源效率协同的群体定量栽培理论与技术研究，通过协调冠层质量与根系特性关系实现光热肥水资源高效利用和单产水平提升；探究不同土壤环境下控释肥养分释放规律，推广应用包膜控释肥一次性施用技术，创新基于遥感和无人机光谱图像的作物水、氮诊断技术，创建基于土壤墒情实时监测的智能灌溉预警系统与灌溉预报技术；揭示玉米适应非生物逆境的生物学机制，研发相关的防灾减灾技术与缓解逆境的调控产品，重视和强化极端天气现象下玉米灾害形成机制与减损技术研发。

3. 藏粮于地，提升耕地质量保障粮食安全

围绕土壤健康与质量提升，开展耕地培肥改良与利用、禾豆轮作的地力提升、产地面源污染综合防控技术的研发与应用，创新和优化以轮耕、秸秆还田和生物有机碳改良的土壤质量提升技术研究，研发重金属污染土壤的修复和安全利用技术、重金属低积累玉米品种的筛选技术，创新不同区域土壤障碍因子消减技术，构建不同生态区地力提升与绿色可持续生产模式，同时促进成熟实用技术推广，用地养地相结合，不断提高土壤质量水平，实现玉米安全生产和持续高产。

4. 创新全程一体化绿色病虫防控技术体系，保障生产安全

开展玉米与病虫草害互作对根际微生物的演替及响应机制研究，深入挖掘微生物资源，开发微生态调控技术。研发持效期长的防治地下害虫和后期害虫的种衣剂，为虫害的全程防控打下基础；研发玉米、大豆带状种植模式下病虫草害一体防控技术体系，保障粮食生产安全；加快建立和完善玉米重大迁飞性害虫、流行性病害和土传病害的监测预警技术体系；建立有害生物风险分析、快速检测、疫情监测与快速处置技术体系。

5. 加强农机农艺融合，促进机械化转型升级

加强农机农艺融合，强化高端智能农机装备的研发，提升精准化水平，推进玉米机械化技术进步。结合国家黑土地保护专项行动，加强玉米秸秆粉碎混拌、覆盖还田、条带耕作等机械化技术装备研究以及“翻、松、旋、免”组合耕作技术模式的研究，加快鲜食玉米收获机械化技术装备研究、轻简型玉米机械化技术装备研究和大豆玉米间作轮作机械化技术装备研究。加快推进玉米表型—农情—墒情监测和服务的关键技术装备研发，构建玉米作物—土壤—气象信息大数据平台与精准灌溉技术装备，加强农机北斗驾驶、天空地一体化监测、高速电驱排种、变量施肥、变量施药、玉米收获智能调控、物联网监控等技术在玉米全程机械化生产过程中的应用，促进玉米生产机械化向高端智能转型升级。

6. 强化加工产业科技创新，实现更高层次粮食安全

加快推进玉米供应链紧密衔接，实现“提产、保质、减损、增效”健康发展，加快玉米产业由数量型增长向质量型发展转变，加快玉米产后干燥、贮藏、物流和加工新技术研究与新装备研发，保障原粮品质，减少粮食损失，开展饲用、食用和精深加工等精准应用需求的玉米专用品种研究，提高成品粮营养与食用品质，重视玉米专用品种的品质鉴定及分析，配套专门栽培技术、评价技术和贮运加工技术，有效发挥品种增产潜力，满足人们实现更高层次粮食安全。

在碳达峰碳中和目标下，研发秸秆固碳减排利用技术，注重秸秆对耕地质量提升的作用，提出秸秆高值转化与提升土壤碳汇的综合利用解决方案，促进秸秆高质量、全量化利用，提升秸秆对农业、能源等领域的减排贡献。

7. 强化场景创新思维，充分发挥产业集群优势

我国玉米深加工产业已经形成了向吉林、山东、河南、黑龙江、辽宁、河北和内蒙古等玉米主产区集聚的良好局面，要进一步发挥主产区的资源、仓储、加工和物流的优势，把玉米精深加工的重大工程项目、研发平台、仓储物流设施和服务保障体系建设重点向主产区产业集群精准布局；加大政策扶持，实现产业发展要素汇集、多产融合的发展新业态和新格局；集聚“政产学研用”等各类创新要素，构建以创新型企业为主体、高等院校和科研机构为依托、创新人才和团队为驱动的协同创新体系，实现多学科、多产业、多区域的交叉融合。提高玉米深加工产业的原始创新能力，开发高附加值玉米深加工新产品，提升企业的核心竞争力，促进产业的高质量发展。

（国家玉米产业技术体系首席科学家　李新海　提供）

2021年度小麦产业技术发展报告

（国家小麦产业技术体系）

一、国际小麦生产与贸易概况

1. 世界小麦产量下降

据联合国粮食及农业组织报告，预期小麦全球产量会下降，2021/2022年度全球小麦市场进一步紧缩。2021年的全球小麦产量预测为7.70亿吨，比2020年创纪录的产量下降了0.8%，原因是加拿大、俄罗斯和美国等几个国家的产量预计将下降。分国家和地区看，欧盟2021年小麦产量为1.39亿吨，同比增长11.20%；中国2021年产量为1.37亿吨，同比增加2.24%（数据来自联合国粮食及农业组织报告）；印度2021年产量为1.10亿吨，同比增加1.85%；俄罗斯2021年产量为7 500万吨，同比减少12.69%；美国2021年产量为4 480万吨，同比减少10.04%；加拿大2021年产量为2 170万吨，同比减少38.35%；乌克兰2021年产量为3 150万吨，同比增加26.51%；澳大利亚2021年产量为3 260万吨，同比减少2.10%。

2. 国际麦价波动上涨

2021年1月墨西哥湾硬红冬麦（蛋白质含量12%）平均离岸价每吨293.5美元，环比涨8.0%。2月，美国农业部报告预估2020/2021年度全球小麦产量和贸易量均创新高，引发国际小麦价格较1月下跌1.2%，3月国际小麦价格持续下跌至275.5美元/吨。受美国小麦产区气候严寒影响，4月至5月上旬国际小麦价格走高，分别为289.8美元/吨和302.5美元/吨，环比上涨5.2%和4.4%。6月，受全球小麦丰收前景影响，国际小麦价格为294美元/吨，环比下跌2.8%。7—9月，受主产国旱灾、疫情导致运力紧张等因素影响，全球小麦供给趋紧，国际小麦价格走高，达到每吨346美元。10—12月，加拿大、俄罗斯等主产国预期产量减少，美国春小麦产区极端干旱天气持续，引发市场对全球小麦供应前景的担忧，国际小麦价格保持上涨态势，12月涨至387.3美元/吨。总体来看，1—12月国际小麦价格均值为319.4美元/吨，较2020年同期上涨31.9%。

3. 世界小麦贸易量略微增长

2021年世界小麦贸易量预测为1.93亿吨，较2020年水平有所提高。

二、国内小麦生产与贸易概况

1. 国内小麦播种面积增加、单产和总产量同比增加

据国家统计局数据，2021年我国小麦播种面积2 356.84万公顷，比2020年增加18.84万公顷，增加0.81%；小麦单产5 810.60千克/公顷，比2020年增加68.6千克/公顷，增幅为1.19%；小麦总产量为1.37亿吨，比2020年增加269.22万吨，增幅为2.01%。国家粮油信息中心1月预计，2021年我国小麦消费总量1.45亿吨，同比减少213.0万吨，国内食用消费有所上涨，饲用和工业消费均有所下降；年度结余量-20.5万

吨，同比增加240.5万吨。总体供需平衡，国内供应较为充足，为市场稳定奠定了良好基础。

2. 国内麦价稳步上涨

2021年初，玉米价格上涨使得玉米和小麦的价差进一步扩大，小麦饲用需求趋旺，支撑国内小麦价格上涨。1月，郑州粮食批发市场普通小麦每斤①1.29元，优质麦每斤1.50元。春节假期过后，面粉迎来需求淡季，国内小麦价格稳中略跌，2月普通小麦价格每斤1.28元，优质麦每斤1.51元。3月，受国家最低收购价小麦投放充足、玉米价格回调导致小麦替代预期降低等因素影响，国内小麦价格持平略跌，普通小麦价格每斤1.27元，优质麦每斤1.50元。之后，供需宽松导致4—5月国内麦价小幅波动，普通小麦价格每斤1.27元，优质麦平均每斤1.49元。随着新麦大量上市，短时间内价格明显上涨，5月下旬小麦供应量增加，价格有所下跌。6月普通小麦价格每斤1.26元，优质麦每斤1.37元，环比跌7.4%。7月，新麦品质较好，小麦价格稳中有涨，普通小麦价格每斤1.28元，优质麦每斤1.41元。8月，阶段性补库需求提振国内小麦价格，普通小麦每斤1.29元，优质麦每斤1.41元。9月，小麦集中收购结束，普通小麦价格小幅下降，优质麦价格优势明显。10月以来，受小麦流通量较少、长时间阴雨导致秋收秋种受阻等因素影响，小麦市场出现阶段性供需偏紧态势，普通小麦价格每斤1.32元，环比涨2.3%；优质麦每斤1.43元，环比涨1.4%。11月上旬，小麦价格延续上月涨势，中旬麦价短暂回落，直至月底止跌转涨，郑州市场普通小麦价格每斤1.41元，优质麦每斤1.51元。12月，受流通市场粮源供给偏紧影响，小麦价格略有上涨，普通小麦价格每斤1.41元；优质麦每斤1.52元，环比涨0.6%。总体看2021年1—12月国内小麦价格稳步上涨，郑州普通二等白小麦和新乡新麦小麦26全年均价分别为1.30元/斤和1.46元/斤，普优麦价差呈扩大趋势。

3. 我国小麦进口数量和金额同比增加，出口金额同比减少

2021年1—12月中国小麦进口量为977万吨，同比提高16.6%；进口额为30.78亿美元，同比增加31.1%。累计出口小麦产品0.43亿美元，同比减少41.5%。总的来看，我国小麦进口数量和金额远大于出口，且呈扩大趋势，小麦进口以澳大利亚、美国、加拿大和法国为主，合计占小麦进口总额的96.4%。小麦出口以我国香港和澳门地区为主，两地分别占小麦出口总额的81.7%和5.9%。

三、国际小麦产业技术研发进展

根据Web of Science以小麦为主题词检索，2021年发表的小麦SCI研究性论文共12 400篇，比2020年减少1 222篇，降幅8.97%。其中，中国（包括港澳台地区）学者发表论文数仍为最多，共4 031篇，占比32.33%，比2020年减少197篇，降幅4.66%；美国、印度、澳大利亚、巴基斯坦分列第二至第五位，分别为1 593篇、1 062篇、692篇、638篇，除巴基斯坦增加8篇外，其他四国2021年发文数量均有减少。国际主要小麦研究机构发表有关小麦SCI论文数量，中国科学院以524篇居国际首位，排名第二至第五位依次是中国农业科学院、埃及知识库、国际农业研究磋商小组和美国农业部研究局，

① 1斤=0.5千克，全书同。

分别是 438 篇、399 篇、397 篇和 369 篇。刊登小麦研究论文数量前三名的期刊是 *Agronomy Basel*、*Agronomy* 和 *Frontier in Plant Science*，分别是 354 篇、312 篇和 257 篇。涉及的研究方向前三名为农学、植物科学和生态环境科学。

以知网专利为检索依据，2021 年全球公开的小麦相关专利 1 926 件，比 2020 年增加 717 件，增幅 59.31%。其中，发明专利 1 894 件，实用新型专利 30 件。

（一）小麦育种技术和新种源在遗传研究和育种应用中发挥作用

1. 诱变技术在重要性状基因克隆中发挥作用

利用诱变技术和染色体分离测序相结合的方法（MutChromSeq），克隆到小麦抗白粉病基因 *Pm4b*、抗叶锈病基因 *Lr14a* 和一个新的小麦叶枯病广谱抗性基因 *Stb16q*。筛选到 18 个对白粉菌 Bgt96224 敏感的 EMS 突变体，对突变体中 *Pm4* 基因所在的 2A 染色体进行分离测序，根据基因变异情况以及转基因验证确定了 *Pm4* 基因编码一个含丝氨酸苏氨酸激酶以及多个 C2 结构域的嵌合蛋白。

2. 巴基斯坦杂交小麦表现突出

白沙瓦农业大学对中国杂交小麦在巴基斯坦气候条件下的逆境反应进行研究，筛选出连续 4 年均在巴基斯坦表现增产、锈病抗性表现达到高抗水平的杂交组合 2 份，4 年平均增产幅度分别为 37.8%和 24.3%；筛选出连续 3 年均在巴基斯坦表现增产的组合 5 份。对杂交组合进一步研究，明确了来自中国的杂交小麦品种可以较当地品种获得更高的生物产量和经济产量，在半干旱气候亏缺灌溉条件下，中国杂交小麦即使推迟播期仍能较当地品种表现突出。

3. 远缘杂交创制特色新种质

日本研究人员将赖草属的 $3Ns^b$ 染色体短臂导入小麦获得提高氮素利用效率和抑制硝化作用新种质，为解决氮素养分高效利用和减少温室气体效应提供了创新材料。美国研究发现，来自偏凸山羊草（*Aegilops ventricosa*）的 $2N^vS$ 易位片段在过去 25 年育成品种中的选择利用频率不断上升，并伴随着产量的提升，值得育种利用。英国诺丁汉大学将来源广泛的黑麦、斯卑尔脱山羊草、小伞山羊草等的染色质片段成功转入小麦中，通过多次回交至 Paragon 品种中，分离得到带有单个染色体片段插入的品系。

（二）提高土壤有机质含量是维持土壤可持续利用的核心和关键

1. 发达国家已建立土壤有机质与施肥临界值

土壤有机质含量下降会损害土壤健康，降低作物产量，增加碳排放并加剧温室效应。土壤有机质含量过高会一定程度上降低微量元素有效性、活化重金属、增加有机污染的风险。土壤有效氮磷钾含量过低无法满足作物生长，威胁粮食安全，过高则会因淋溶或径流进入地下地表水体造成污染，或以气体方式排放至大气，加剧全球增温。世界上许多农业发达国家都为农田土壤制定了培肥与施肥的临界值。欧洲提出，沙质农田土壤有机质应介于 10～22 克/千克，壤质土壤应介于 13～35 克/千克，英国规定农田土壤有机质可提高到 34 克/千克，丹麦规定应不低于 17 克/千克，美国和加拿大要求农田土壤有机质介于 10～20 克/千克。

2. 植物根际沉积在土壤有机质形成中的作用

土壤有机质的形成机制对土壤结构和地力提升有重要影响，但人们对其了解仍很有限。地上、根系和根际沉积对颗粒（POC）和矿物相关（MAOC）有机碳组分的相对贡献仍不确定。研究提出了一个与同位素示踪相结合的新框架，定量了 POC 和 MAOC 的形成效率。研究发现，与根系（9%）和地上（7%）部分相比，根际沉积输入的 MAOC 形成效率最高（46%）。此外，根际沉积意外地减少了 POC 的形成，这可能是由于根际沉积增加了新 POC 的分解速率。相反，根系生物量输入具有最高的 POC 形成效率（19%）。因此，根际沉积和根系对 MAOC 和 POC 组分的形成起着相反但互补的作用。

3. 微生物促进麦田土壤有机磷降解

适当的土壤管理，可增加微生物群落丰度和多样性，促进磷酸酶的分泌，进而增加无机磷和有机磷中更易被植物吸收利用的磷组分，同时还能提高缓效性磷组分，减少难溶性磷组分，增加有效磷含量且增强土壤的潜在供磷能力。总的来说，目前已有充分研究证明，微生物可通过酸溶解和酶矿化作用共同解磷。

4. 秸秆还田可有效改善土壤的理化性质

对稻茬冬小麦的研究表明，与秸秆不还田相比，秸秆直接还田均提高土壤有机质含量和 0～20 厘米、20～40 厘米土层土壤脲酶活性，提高了小麦的穗粒数、千粒重，产量提高 6.1%，且秸秆草木灰还田可提高 0～60 厘米土层土壤蔗糖酶活性和 0～20 厘米土层土壤氮含量，提高了穗数，产量提高 13.7%。在西北旱地的研究表明，与秸秆无覆盖露地相比，秸秆带状覆盖减少未结实小穗数及小穗败育率，提高小穗结实率 0.2%～3.3%，以秸秆带状 3 行覆盖度 59%的穗数最高，产量最高，达 5 808.9 千克/公顷。

（三）茎基腐病发生与防控机制研究

1. 不同国家和地区引起小麦茎基腐病的病原菌有所不同

Khudhair 等（2021）分析了从西澳大利亚、东澳大利亚的新南威尔士与维多利亚州和南澳大利亚分离的 98 个菌株的交配型、化学型和群体遗传结构。结果表明来自东澳大利亚两个州的菌株两种交配型表现预期的 1∶1 比例，而来自西澳大利亚的菌株的交配型比例则明显偏离 1∶1。化学型特异性 PCR 分析的结果表明来自东澳大利亚和西澳大利亚的菌株都为 3-ADON 化学型。用 21 个酶切扩增多态性序列标记（CAPS）进行遗传多样性分析的结果显示，东澳大利亚与西澳大利亚菌株群体间、群体内都存在高水平的基因型变异。分子变异分析（AMOVA）东澳大利亚和西澳大利亚群体间表现显著差异。通过香农指数测定的遗传多样性为 0.95～2.30，检测到的最低值和最高值出现在东澳大利亚州的哈特（Hart）和罗威纳（Rowena）群体。关联指数分析显示在 60%的群体内菌株间的标记物无明显的连锁关系，说明这些地点的病原菌可能发生有性繁殖。研究结果加深了对澳大利亚假禾谷镰孢菌群体动态的了解，显示了监测群体变化在病害防控中的意义。

2. 盐和茎基腐病发生存在一定的联系

在 0 毫摩尔/升、50 毫摩尔/升、100 毫摩尔/升、150 毫摩尔/升 NaCl 处理下，长臂木霉（*Trichoderma longbrachiatum*，TG1）对假禾谷镰孢菌的平均抑制率分别为 33.86%、36.32%、44.59%和 46.62%。TG1 对假禾谷镰孢菌菌丝的寄生机制为缠绕、穿透和包裹。不同 NaCl 胁迫水平下，同时接种 TG1 和病菌的小麦幼苗的病情指数平均降低了 51.89%；超氧化物歧化酶、过氧化物酶和过氧化氢酶活性平均分别提高了 38.00%、61.00%和 24.96%；丙二醛和过氧化氢含量较只接种病菌处理平均分别降低 44.07%和 41.75%。TG1 和病菌同时接种处理诱导了植物防御相关基因的转录水平，导致酪氨酸蛋白激酶、几质酶 I 类和致病相关蛋白的平均水平分别比只接种病菌处理增加了 1.15 倍、1.35 倍和

1.37 倍。苯丙氨酸解氨酶在不同 NaCl 胁迫下的表达量增加了 3.40 倍。研究结果表明，TG1 在假禾谷镰孢菌和盐胁迫下通过增强植物防御系统和上调病程相关基因的表达，促进小麦幼苗生长，控制小麦茎基腐病。

四、国内小麦产业技术研发进展

2021 年我国小麦研究机构发文量进入国际前 20 位的单位除前述中国科学院和中国农业科学院外，还有中国农业大学、中国科学院大学、南京农业大学和河南农业大学，发文量分别是 300 篇、192 篇、185 篇和 165 篇。从发文署名看，发文量前 20 位之间的国际合作已卓有成效，我国的小麦研究在国际上已占有一席之地。根据知网数据服务平台（cnki.com.cn）以小麦为主题的检索结果，2021 年国内中文期刊发表与小麦相关研究论文共计 4 663 篇，比 2020 年增加 1 012 篇。

（一）小麦育种技术创制新种源在生产中发挥重要作用

目前，我国小麦良种覆盖率超过 97%，生产用种的种子质量合格率稳定在 98%以上，良种对提高小麦综合生产能力、促进农民增收和保障国家粮食安全作出了重要贡献。

1. 远缘杂交利用取得新突破

中国农业大学报道小麦-簇毛麦易位系 T6VS·6DL 除了携带白粉病广谱抗病基因 *Pm21* 外，还具有提高粒重、增加植株高度、增加穗长的效应，同时有减少总小穗数的微小负效应。南京农业大学从源自意大利簇毛麦 01I140 的 1V 染色体上发现一个新的抗白粉病基因 *Pm67*，通过创制 1V 染色体结构变异体，将 *Pm67* 物理定位于 1VS 末端。山东农业大学报道从小麦-中间偃麦草杂交后代鉴定获得一个渐渗系 SN304，在缺磷的水培条件下，渐渗系 SN304 较受体小麦亲本 SN15 具有更高的生物量和茎叶干重，可以吸收积累更多的磷素养分。四川农业大学将具有成株期条锈病抗性基因的野生一粒小麦导入小麦感病品种铭贤 169 中，获得遗传稳定 42 条染色体组成的渐渗系 Z15-1370，将抗病基因定位于 6AL 染色体上，并成功开发出 KASP 标记。

2. 人工合成小麦培育突破性小麦新品种

利用从 CIMMYT 引进的人工合成小麦 Syn769、Syn786，培育出聚合多个人工合成小麦优良基因的突破性小麦新品种。其中川麦 42 比对照品种川麦 107 增产 16.4%～22.7%，创造了当地的高产纪录。川麦 42 是世界上第一个利用人工合成小麦新资源育成的小麦新品种，成为近 20 年国际上利用作物野生资源的成功范例。川麦 42 等系列品种的产量高、抗病性好、遗传力强，成为国内抗病、高产育种的骨干亲本，已培育出通过审定的小麦新品种 46 个，其中国审品种 6 个。

3. 诱变技术育成小麦新品种持续应用

利用多样化地面模拟辐射等诱变育种创制节水抗逆新品系航麦 2006、优质强筋核春 115 等，育成并审定小麦新品种 11 个，包括强筋品种荆麦 202 和郑品优 9 号、高产品种鲁研 373、节水品种航麦 3290、广适品种航麦 802 等。诱变育成的鲁原 502、烟农 1212 等继续在生产中大面积应用，年度推广面积超 1 500 万亩。

4. 优质小麦育种继续稳定发展

面包/面条兼用型新品种选育，已成为我国强筋小麦育种的重要发展方向，优质强筋小麦品种改良理论研究有了新思路，提出在提升小麦品质时，杂交 F_1 代应扩大群体量，并在育种低世代引入优质亚基分子标记辅助育种技术，降低育种工作量，同时可对含有目标品质性状的品系进行连续回交，在保证主栽品种的优良农艺性状下提高其品质。有10个弱筋小麦品种通过审定，其中国审品种2个。弱筋品种推广面积400余万亩，其中多抗优质弱筋酿酒小麦品种扬麦30进入河南省主导品种名录。近年来河南信阳弱筋小麦种植面积迅速增长，年种植面积接近200万亩。信阳生产的弱筋小麦品质优良，符合国家标准，深受国内面粉、食品业的青睐，并逐渐成为支撑全国烘焙食品、蒸煮食品工业发展的原料生产与加工基地。

5. 耐热节水抗病等抗逆改良研究育成新材料

完善作物耐热性评价技术体系，深入开展耐热性遗传机制解析和基因挖掘并推进其育种利用是突破现有瓶颈的关键。小麦抗逆育种的分子遗传学基础成为当前研究热点，并促进种质资源研究与抗逆育种发展。创制了pepc、ppdk、nadp-me转基因小麦种质，并首创pepc+ppdk转基因小麦种质，为研究C_4光合基因在C_3植物中的功能与机制提供了重要材料。赤霉病是当前小麦生产中的重要病害，研究发现小麦TaXI基因家族与赤霉病抗性关系密切，7AS染色体上可能存在一个感病因子或者赤霉病抗性调控位点。

（二）耕作措施改变土壤物理性质及养分循环

土壤是小麦生长的物质基础，其质量的好坏直接影响小麦产量的高低与品质的优劣，耕作措施在很大程度上会引起农田生态系统中土壤物理性质及养分循环的差异。研究认为，合理的耕作可使作物耕层土壤适度松碎，形成良好的团粒结构，以便吸收和保持适量的水分和空气，促进种子发芽和根系生长。深松及免耕等措施对耕作层土壤全氮、有效磷的影响较大，导致土壤N、P养分分层状况加剧，进而影响作物对土壤养分的吸收与利用。

1. 合理的耕作措施可促进小麦根系的生长，改善群体光分布和光合速率

针对江苏北部黏土地稻茬小麦研究表明，与旋耕相比，深翻耕加旋耕增加苗期株高0.4～2.5厘米、茎基宽0.02～0.05厘米、叶龄0.03～0.16天，促进了次生根生长、发育，有利于形成壮苗。在甘肃的研究认为，与传统耕作相比，地膜玉米免耕提高了小麦叶面积指数及光合速率，延长了生育后期光合功能的持续期，增强了干物质积累能力。在黄淮海地区的研究认为，翻耕较旋耕促进苗期根系生长，根毛多且长，根系表面较平滑，有利于植株生长。针对华东地区冬小麦—玉米轮作模式的研究认为，通过改变耕作方式能发挥现有高产品种的高产潜力，少耕播种技术改善了多穗型小麦群体内的光分布状况，满足中下部叶片的光需求，提高其净光合速率。在江苏的研究认为，连续免耕和麦季免耕均可明显降低植株茎秆重心，提高茎秆质量，增强植株抗倒性，且免耕还田有利于提高生育后期倒三叶的叶宽，增大后期的叶面积，为后期光合作用创造有利条件。

2. 良好的耕作与秸秆还田会改善土壤物理结构并提高作物产量

在山东西南地区的研究表明，深松能降低土壤紧实度，促进0～40厘米土壤养分的运移，提高亚耕层土壤养分含量，小麦产量提高7.2%～10.0%。针对半干旱地区小麦—玉米轮作研究表明，与传统耕作模式相比，玉米秸秆深翻还田能够提高土壤孔隙度6.03%，显著降低土壤三相比R值，达63.43%，提高千粒重15.42%，产量提高17.20%。

3. 不同耕作模式对土壤有机碳含量影响大

土壤有机碳影响小麦的土壤理化性质和生物学特征，调节土壤质量和农田生态系统功能，是研究土壤养分供应能力的重要指标之一，土壤有机碳含量受耕作模式等农业管理措施影响。传统耕作模式如翻耕和旋耕对土壤干扰严重，导致耕作层土壤作物残体减少，同时加速土壤有机物质分解和有机碳矿化，降低土壤有机碳含量。研究表明，土壤团聚体是存储土壤有机碳的重要载体，免耕或深耕耕作模式有利于提高土壤团聚体质量、增加土壤团聚体中有机碳存储量，进而提高土壤有机碳含量。与旋耕等传统耕作模式相比，少免耕对小麦土壤的干扰程度小，增加表层土壤秸秆积累量，同时秸秆覆盖减少土壤与空气的接触，有效减少土壤有机碳的矿化，提高小麦表层土壤有机碳含量。

4. 耕作模式影响土壤微生物量碳

土壤微生物量碳是评价土壤微生物活性的重要指标，能够灵敏地反映土壤质量的变化状况及不同耕作措施导致的土壤微生物数量和活性差异。与传统旋耕模式相比，免耕降低了土壤扰动，减少土壤温度与湿度的波动幅度，为土壤微生物创造了良好的栖息环境。研究表明，免耕模式下小麦成熟期 0～20 厘米土层土壤微生物量碳含量比旋耕模式增加 23.6%。亦有为期 23 年的小麦单作试验研究表明，免耕模式下小麦成熟期 0～15 厘米土层土壤微生物量碳含量比旋耕模式增加 62%，而在 15～30 厘米土层无显著差异。前人研究表明，随着土层深度的增加，土壤孔隙度变小，通透性减弱。相比于旋耕模式，深耕增加 20～40 厘米土层土壤孔隙度，有利于土壤气体的交换，促进好氧微生物的活化和矿物质的分解，有益于土壤微生物生长。研究表明，深耕模式小麦播种期 20～40 厘米土层土壤微生物量碳含量比旋耕模式高 32.51%。亦有在半干旱雨养农业多年定位试验中，深耕与旋耕年间轮换与单一旋耕模式相比，小麦拔节期、开花期、成熟期 0～20 厘米土层土壤微生物量碳含量增加 9.13%～84.61%。

5. 耕作制度改变土壤微生物群落结构

60 年长期定位研究发现，耕作使土壤细菌的 α 多样性增加，其中变形杆菌和双歧杆菌的相对丰度增加显著；真菌 α 多样性降低；古生菌相对丰度增加 2.11%～8.41%；对于微生物群落的 β 多样性，真菌则显著高于细菌和古生菌，表明真菌群落较不稳定，受耕作影响最大。对比免耕和少耕两种耕作方式发现，土壤真菌在免耕条件下相对丰度提高，其中被孢霉门和罗兹菌门的真菌数量增多，细菌则无明显变化。研究发现，耕作对小麦根际真菌群落总变异的贡献率为 18%，旋耕相比免耕和深耕显著降低了土壤真菌的 α 多样性。另有研究发现，在小麦生产中常规耕作（深翻一次，浅旋两次）与免耕相比，真菌生物量并没有明显变化，免耕使土壤细菌总数高于常规耕作。因此，在不同的土壤环境下，土壤微生物群落结构对于耕作制度呈现出的反应可能不同。在秸秆还田条件下深耕处理的细菌相对丰度显著低于免耕处理，真菌的相对丰度显著高于免耕处理，相比免耕增加 21.49%，真菌与细菌的比值增加了 23.5%。秸秆还田配合深耕相比旋耕提高了土壤真菌数量及真菌与细菌数量之比，改善了土壤微生物群落结构。可能是深耕促进了秸秆的降解，使耕作过程中暴露在微生物群落中的碳源增多，从而引发了不同的反应。

6. 肥水管理对小麦产量有重要影响

灌水次数、时期与定额、灌溉策略、水肥互作、播种方式、时期与密度、耕作方式以及气候变化均会调控作物对水分及养分的吸收利用。合理的灌溉栽培措施和良好的灌水施肥制度有利于增加作物产量，提高水肥利用效率；有效地监测冬小麦生产中的干旱情况对于水资源管理、缓解干旱影响和确保国家粮食安全至关重要。

（三）品种抗性筛查防控茎基腐病，严防外来生物入侵

1. 绿色农业发展成为时代主旋律

2012—2019 年，全国农业绿色发展指数从 73.46 提升至 77.14，提高了 5.01%。通过绿色防控技术的应用，可减少农药施用 2～3 次，亩平均减少农药投入 40～60 元，亩挽回损失或增加蔬菜产量 400～500 千克，以无公害产品平均售价高于普通产品 15%计算，每亩绿色防控产品增收 600 元以上。

2. 小麦赤霉病监测与防控技术研究有待加强

2020 年农业农村部将小麦赤霉病列为一类重要的作物病害。国内外科学家对赤霉病预测预报技术开展了大量研究。鉴于抗赤霉病的小麦品种较少，因此目前生产上主要采用化学药剂来防治小麦赤霉病。但是由于化学药剂的大面积长时间使用，在田间已经出现了大量的抗药性赤霉病菌菌株，从而导致杀菌剂的防治效果显著下降。例如，生产上用于防治赤霉病最重要的苯并咪唑类杀菌剂多菌灵，在我国小麦主产省的抗性问题日益严重。甚至部分防治小麦赤霉病的杀菌剂在抑制菌丝生长时，还会刺激脱氧雪腐镰刀菌烯醇（DON）毒素的产生，如阿西米达，丙硫菌唑等。因此，为了避免这种困境，应该探索和研究新型高效低毒环保农药。

3. 茎基腐病防控新药剂进入登记阶段

茎基腐病已成为黄淮麦区等地小麦上的重要病害，严重威胁小麦的生产。2021 年河北发生 1 076 万亩，河南发生 1 500 万亩，山东发生 1 500 万亩，全国总计发病面积达 5 000 万亩，已有 4 个省份将其列为二类病虫害名录。由于黄淮和长江下游麦区小麦拔节孕穗期雨水较多，后期病害发生严重度和造成的危害比 2020 年稍轻，发生特别严重的地区和田块不多。新药剂三氟吡啶胺防效达到 80%以上，能有效减少白穗，防效好于戊唑醇等传统种子处理剂。三氟吡啶胺是先正达集团在研的新专利化合物，对多种镰刀菌高效，具有较好的内吸性和较长土壤持效期。近几年在山东、河南、河北等地开展试验示范，对茎基腐病都表现了较好的防治效果。这一新药剂在中国已处于申请登记阶段。

4. 现有小麦茎基腐病感病品种居多

为明确黄淮麦区主栽小麦品种对茎基腐病的抗性水平、不同抗性指标的相关性，以及茎秆和籽粒中镰刀菌毒素积累情况，在采用苗期茎基部滴注法和成株期混合播种法进行抗性鉴定的基础上，还利用超高效液相色谱高分辨质谱联用技术，测定了小麦茎秆和籽粒中 6 种常见镰刀菌毒素的含量。结果表明，供试的 20 个小麦品种中，苗期抗病、中抗、感病和高感的分别有 4 个、7 个、4 个和 5 个，分别占 20%、35%、20%和 25%。成株期表现抗病、中抗和感病的分别有 2 个、8 个和 10 个，分别占 10%、40%和 50%。抗性鉴定数据的统计分析发现，苗期和成株期抗性水平无显著相关性（$P>0.05$）。供试品种籽粒中均未检测到毒素，茎秆中均检测到脱氧雪腐镰刀菌烯醇、玉米赤霉烯酮及脱氧雪腐镰刀菌烯醇-3-葡萄糖苷，含量分别为 4.03～17.65 毫克/千克、0.09～1.28 毫克/千克和 1.93～16.82 毫克/千克。

5. 新疆发现一种新入侵害虫

欧洲麦茎蜂 *Cephus pygmeus* 是一种分布于欧洲、亚洲、北美洲的膜翅目麦类作物害虫，严重发生时可引起 80%的产量损失，该虫可随麦秸秆远距离传播，目前并未列为我国进境检疫害虫，但我国在多个国家的进境小麦的检疫要求中将其列为检疫害虫。麦秆蝇

是双翅目中物种最丰富的类群之一，全世界已记录 2 800 种，其中很多是小麦的重要害虫，我国记录有 300 余种。2021 年对新疆小麦害虫的调查时发现了 *Elachiptera decipiens*，属国内首次发现。该种类目前仅分布于美国、加拿大和挪威，2021 年 10 月曾侵入德国，但传入路径尚不清楚。

6. 小麦白粉病研究应用有一定进展

收集国内外 2 978 份小麦材料进行白粉病抗性鉴定，发现 659 份小麦种质（22.1%）在苗期具有较高的抗性，390 份种质成株期对白粉菌混合种表现较好抗性。多菌灵与戊唑醇配比 5：3、戊唑醇与吡唑醚菌酯配比 2：1、多菌灵与吡唑醚菌酯配比 1：1 时均具有较好的增效作用。

7. 害虫严重发生的态势得到一定程度的缓解

小麦吸浆虫 2021 年发生面积 71.01 万公顷，相比 2020 年的 73.2 万公顷、2019 年的 84 万公顷、2018 年的 96.3 万公顷、2017 年的 109.2 万公顷逐年减少，整体为害在减轻；防治面积 17.88 万公顷。其中河北发生面积为 51.41 万公顷、河南发生面积为 6.42 万公顷、陕西发生面积为 10.67 万公顷。

（四）加工产业规模化程度和创新发展能力不断提升

1. 小麦粉加工市场竞争大、行业不景气

根据相关机构统计数据显示，2021 年上半年（1—6 月）国内小麦粉累计产量为 4 303.2 万吨，同比增长 10.98%。小麦粉主要集中在华东、华中、华北地区生产，其中华东地区产量最高，河南、山东、河北等省产量较高。由中国粮食行业协会组织评选的“2020 年度小麦粉加工企业 50 强”，主要分布在山东、陕西、河南、广东、江苏和安徽，这 6 个省份占全国 66%的份额。成本高、下游市场需求不畅，加剧了 2021 年面粉企业的生存难度，大型面粉企业产能持续扩张，中小型面粉企业加速淘汰，产业集聚度进一步提升，随着其产能快速扩张和市场争夺，产品价格竞争愈演愈烈，竞争加剧压制利润水平。据国家粮油信息中心监测显示，2021 年 4 月华北面粉企业整体开工率 53%，仍低于春节前的 56%。其中，中小型企业开工率为 20%～40%，大型企业开工率为 50%～80%。由于疫情对饲料销售造成不利影响，饲料企业采购麸皮的积极性下滑，麸皮价格回落，制粉利润下滑。监测显示，2021 年 4 月华北黄淮制粉企业理论加工利润 97 元/吨，周环比回落 14 元/吨。

2. 面类制品行业正在经历转型升级

挂面行业整体增速放缓，品类升级持续。中国食品科学技术学会（CIFST）统计数据显示，2020 年我国挂面行业总产量为 887.50 万吨，较 2019 年增长 5.7%，2020 年挂面行业新增产能约 210 万吨，从以上数据看出，我国挂面行业在 2020 年疫情的刺激下，持续快速扩张，头部企业增长步伐更为明显。方便面行业格局逐渐趋稳，高端产品市场方兴未艾，整体生存压力较大。近年来，国内方便面需求接近饱和，方便面市场集中度不断提升，康师傅、统一、今麦郎、农心和日清 5 家零售市场份额接近 80%。国内方便面市场重点在向高端化、健康化细分品类增长。尼尔森数据显示，2021 年上半年我国方便面产量为 206.5 万吨，销售额同比下降 7.3%，从侧面反映出方便面现阶段在国内市场举步维艰。烘焙面制品市场增长迅猛，人均消费持续上升。近年来，国内烘焙行业整体保持高景气，2020 年中国人均烘焙食品消费量受到疫情影响，增速略有下降，人均消费 7.3 千克。

3. 小麦消费结构发生变化

目前我国小麦消费结构为，食用消费占比 75%，饲料及损耗 13%，工业 7%，种业 5%。2020/2021 年度国内小麦消费量约 1 197.5 亿千克，同比增加 52.5 亿千克。其中，口粮消费 890 亿千克，同比减少 5 亿千克。饲料小麦用量 150 亿千克，同比增加 57.5 亿千克；工业用粮 100 亿千克，同比持平。近年来，由于中国人口持续增长，小麦总消费量长期以每年 1%～2%的比例持续增长。2020 年新冠肺炎疫情的发生，对小麦面粉消费产生较大影响。从消费路径上看，企业逐步复工、学校开学延迟以及餐饮机构普遍停业，集团化采购力度明显不如往年同期，面粉消费转向家用，家庭用的中小包装面粉需求量明显增长；从结构上看，适合做饺子、馒头、面包的专用粉销售好于普通面粉，方便面、挂面、速冻水饺、速冻面点等易于储藏、方便食用的产品销售需求猛增。自 2020 年 6 月下旬起，国内玉米价格持续走高，部分地区玉米价格高于小麦价格，小麦进入饲用领域数量有所增加。

（五）小麦机械化耕种程度不断提高

我国三大主粮作物中，小麦的机械化耕种收程度最高（2020 年为 97.19%）。目前，我国小麦种植区域主要分为黄淮海、长江中下游、西南、西北、东北五大优势产区，不同小麦产区在全程机械化作业模式、装备技术水平等方面存在差异。

1. 秸秆还田技术与机具逐步改进

我国可资源化利用的农作物秸秆达到了 9 亿吨左右，秸秆还田技术的适用性非常广阔。根据国家发展改革委发布的《“十四五”循环经济发展规划》，2020 年我国农作物秸秆综合利用率达 86%以上。相较于秸秆的传统处理方式，秸秆还田能提高农作物产量 7.5%以上、土壤有机碳提高 10%以上，增加土壤水分 5.8%左右，改善土壤结构。在采取科学合理的农业耕作模式以及农业种植管理策略下，秸秆还田的优势还能够进一步扩大。2021 年提出了新型玉米秸秆机械化集中深还田技术，该技术通过秸秆土壤深还田，不仅能打破犁底层，实现土壤的深层改良，同时土壤扰动少，不影响正常的耕整地和后茬作物播种，在土壤培肥的同时起到深松效果。

2. 小麦机耕率和播种机数量稳中有升

截至 2020 年，我国小麦机耕面积达 22 723.022 万公顷，机耕率 99.93%。播种是小麦生产过程中极其重要的环节之一，采用机械化播种可有效地降低劳动强度和生产成本，并提高经济效益。2020 年全国小麦播种机数量整体呈上升趋势，机播率 93.24%，机播面积达 2 179.926 万公顷。现阶段小麦播种广泛采用宽幅条播、免耕播种及复式作业等方式。2021 年小麦机械化播种技术主要在提升装备智能化水平、提高小麦播种质量等方面取得进展。

3. 小麦地面灌溉、喷灌和微灌系统研究取得一定进展

微灌系统分滴灌、微喷（或微喷带）等，我国微灌面积已达 9 425 万亩，居世界第一。随着大数据时代以及计算机算法和模型的开发，推进节水灌溉与水肥一体化技术高效作业、采用智能化和精细化的节水灌溉与水肥一体化技术，大大减少人工并提升灌溉和施肥精准化程度、建立各种作物适宜的水肥管理制度和田间栽培措施，集成信息化智能化精细化节水灌溉与水肥一体化技术，最终形成完整的水肥一体化技术系统，成为新的发展趋势。

4. 植保无人驾驶航空器大幅增长

2020 年，我国机动植保机械保有量达到 628.27 万台，较 2019 年增长 1.17%，其中，植保无人驾驶航空器达到 70 779 架，较 2019 年增长 77.52%。2021 年我国机械化植保机具的研究主要集中在无人机飞防参数、作业特性等方面。试验得出多旋翼植保无人机（大疆 T6、T20）对于小麦返青起身期和灌浆期实现理想雾滴数量和覆盖度的最适飞行速度为 3～5 米/秒，飞行高度为 1.5～2.0 米。以 CE20 型电动单旋植保无人机为对象，分别在小麦返青期、齐穗期与盛花期对作业速度、作业高度和喷施流量进行优选试验，经对比分析作业喷幅、雾滴覆盖率变异系数与雾滴穿透率，筛选较优作业参数组合，并对小麦不同生育期得出最适作业参数组合。

5. 向一机多用多功能发展

农机产品主要有两种发展方向：专业化和功能复合化。长期以来，国内小麦联合收获机主要是向专业化方向发展，但随着销量下降和机手收益的不理想，近两年小麦机厂家都在向多功能靠齐，目的是通过增加使用场景来提高小麦机的性价比，从而挽救不断下滑的颓势。比如玉米小麦兼收机、小麦水稻联合收获机、水稻玉米联合收获机、小麦收获—秸秆打捆一体机等，能够降低农户使用农机的成本，或减免收获后的某些重要作业工序，为农户降低了人力成本与时间成本。

（国家小麦产业技术体系首席科学家　刘录祥　提供）

2021年度大豆产业技术发展报告

（国家大豆产业技术体系）

一、国际大豆生产与贸易概况

（一）世界大豆总产再创纪录

2021年世界大豆收获面积①为1.28亿公顷，比2020年增加193万公顷。其中，巴西、美国收获面积较2020年分别增加200万公顷和151万公顷，总收获面积分别为3 890万公顷和3 494万公顷；阿根廷收获面积较2020年减少23万公顷，为1 647万公顷。2021年世界大豆总产量为3.71亿吨，比2020年增加1 198万吨。其中，巴西、美国总产分别增加950万吨和596万吨，总产分别为1.38亿吨和1.20亿吨；阿根廷总产减少260万吨，为4 620万吨。在单产方面，2021年世界大豆平均单产为193.23千克/亩，较2020年增加3.53千克/亩。其中，巴西、美国和阿根廷单产分别为236.50千克/亩、230.32千克/亩和187.71千克/亩。

（二）大豆进出口贸易持续活跃

美国农业部统计数据显示，2021/2022收获年度，世界大豆总出口量为1.72亿吨，比2020/2021年度增加761万吨。其中，巴西出口量为9 400万吨，增加1 235万吨，稳居世界大豆生产和出口第一位；美国、阿根廷大豆出口量分别为5 579万吨和535万吨，分别下降586万吨和22万吨。在进口方面，2021/2022收获年度，世界大豆进口量为1.70亿吨，比2020/2021收获年度增加417万吨，主要进口经济体中国和欧盟进口量基本稳定。

二、国内大豆生产与贸易概况

（一）全国大豆种植面积、总产和单产均回落

2021年我国大豆种植面积为1.26亿亩，较2020年减少2 200万亩，下降14.87%；总产量为1 640万吨，较2020年减少320万吨，下降16.33%；单产为130.16千克/亩，较2020年下降2.27千克/亩，下降1.71%。在大宗农产品价格上涨的影响下，国内大豆生产相较2020年显著下滑，种植面积、大豆总产量同步下降，此外，受化肥等农资价格上涨和极端自然天气影响，大豆单产小幅下降。

（二）大豆年进口量居高不下

2021年度我国进口大豆9 651万吨，较2020年度减少515万吨，同比下降3.7%，主要归因于2020年度库存充裕和国内养殖业增速放缓。进口总金额535亿美元，同比增加35%；进口均价为555美元/吨，同比上涨42%，大豆进口价格涨幅较高。在进口结构方

---

① 指在该自然年度收获的大豆面积，即南半球为上半年收获面积，北半球主要为下半年收获面积。

面，从巴西进口大豆5 814万吨，较2020年度减少613万吨，同比下降9%；从美国进口大豆3 229万吨，较2020年度增加642万吨，同比增长24%。阿根廷、加拿大、俄罗斯和乌拉圭也是我国进口大豆的重要来源国。

三、国际大豆产业技术研发进展

（一）大豆品种改良技术取得显著进展

世界种业跨国公司在大豆耐除草剂、抗虫生物育种等方面持续加大研发投入，不断研发出大豆新产品。2021年，科迪华向巴西市场推出Conkesta E3大豆。Conkesta E3大豆含有两种Bt蛋白（Cry1F和Cry1Ac）编码基因，抗多数鳞翅目害虫，而且含有Colex-技术包，对Enlist Duo除草剂（草甘膦+2,4-D胆碱）具有耐受性，不仅杀草谱广，而且可大幅度降低挥发性，减少漂移。Conkesta E3大豆已获得欧盟委员会和中国的进口许可。

日本北海道大学利用CRISPR/Cas9系统编辑*Glym Bd 30K*基因，成功创制了无Glym Bd 30K且无外源Cas9的大豆种质。韩国学者对已发表的12 116份大豆种质资源（包含大量重复品种）的种子蛋白含量和油脂相关重测序数据进行再次分析，对种子蛋白质含量和油脂性状进行全基因组关联分析，提供了一份高质量的大豆种子蛋白含量和油脂相关SNP信息，将有助于推动大豆品质遗传改良。

拜耳作物科学公司创制出两种新的大豆抗虫蛋白。为了降低靶标昆虫对第一代抗虫大豆和即将商业化的第二代抗虫大豆产生抗药性的风险，拜耳作物科学公司利用特定结构域的重新组合构建了两个新的Bt融合蛋白Cry1A. 2和Cry1B. 2，它们对几种关键的鳞翅目大豆害虫具有杀虫活性，同时与已商业化的抗虫蛋白的作用受体重叠度极低。由于Cry1A. 2和Cry1B. 2蛋白的作用受体彼此不同，也不同于已经或即将商业化的大豆Bt蛋白（Cry1A. 2与Cry1A2有部分交互抗性），因此，Cry1A. 2和Cry1B. 2将为许多大豆主要害虫的防治提供两种新的工具，以解决未来出现的害虫抗药性问题。

（二）大豆生产技术体系不断完善

转基因大豆品种及生产技术的应用，推动了美国、巴西、阿根廷等大豆主产国单产水平的提升。耐草甘膦大豆品种、草甘膦除草剂和免耕播种技术，成为美洲地区大豆栽培技术体系的核心，在节省成本、提高产量的同时，提升地力、防止土壤侵蚀。转基因大豆品种与规模化机械化生产联合应用推动了大量的土地、金融资本和资源聚集，扩大了大豆的生产规模，提高了机械化生产水平和技术到位率，提升了大豆产量水平和国际竞争力。南美洲普遍采用土壤调酸技术，改善生产条件，通过施用根瘤菌降低化肥施用量。

（三）大豆病虫草害防治产品发展迅速

国外农化企业围绕大豆根腐病、胞囊线虫病、病毒病、地下害虫等主要病虫害，开发了一系列除草剂、种衣剂、杀虫剂等新产品。Stine种子公司宣布新增一款与Stine LibertyLink GT27大豆配合使用的大豆杂草控制技术方案。Stine的LibertyLink GT27大豆具有高产、优质的遗传特性，并对3种除草剂的作用位点具有内在耐受性：草甘膦（苗前或苗后）、草铵膦（苗前或苗后）、硝磺草酮（仅苗前）或异恶唑草酮（仅苗前）。印度UPL公司宣布，其Motif品牌除草剂（基于硝磺草酮）成为第二个标签上标明可与LibertyLink GT27大豆配合使用的HPPD类抑制剂。苗前使用Motif可实现广谱控制，并具有强大、持久的残效控制作用。在美国大豆种植区，Motif获准与LibertyLink GT27大豆一起施用。

巴斯夫宣布在巴西推出首个基于坚强芽孢杆菌的生物杀线虫剂，商品名为Votivo

Prime，有助于促进根系生长，并最大限度地减少对水稻、大豆、玉米、小麦和棉花的胁迫。该产品侧重于以线虫控制为目的的种子处理，历经至少 10 年的开发并在巴西不同地区做了系统试验。

科迪华公司在巴西推出了杀菌剂 Viovan 和 Aproach Power。Viovan 含有啶氧菌酯（Onmira Active）和丙硫菌唑，Aproach Power 含有啶氧菌酯和环丙唑醇。这两种产品均含有啶氧菌酯——一种可防治广谱大豆病害的甲氧基丙烯酸酯类物质。杀菌剂 Viovan 可防治亚洲锈病以及其他一些病害，如靶斑病、褐斑病、尾孢菌病和白粉病。Aproach Power 是一种内吸性杀菌剂，可在作物的生长期内灵活施用。该产品主要防治亚洲锈病、褐斑病、尾孢菌病和白粉病，是杀菌剂 Aproach Prima 的改良产品，其配方对病害防治具有更大的灵活性和持效。

Rizobacter 在阿根廷推出了一款用于大豆种子处理的生物杀菌剂产品 Rizoderma，含有可控制种子和土壤中真菌病原菌的哈茨木霉菌。据介绍，该生物制剂的一大优势是结合了三重作用模式，通过自然阻断枯萎病、拟茎点霉病、镰刀菌的发生和发展，抑制病原菌产生抗性的可能性。先正达加拿大公司推出 Vayantis（活性成分为 36%四唑吡氨酯）种子处理剂，这是一款新一代种子处理杀菌剂，可为玉米和大豆提供全面的腐霉病菌保护。四唑吡氨酯在大豆或玉米中没有已知的交叉抗性，田间试验表明，即使在病害严重发生的条件下，Vayantis 也能保护玉米和大豆免受腐霉病菌的侵害，从而有助于提高出苗率和植株的长势一致性。此外，Vayantis IV 种子处理合剂还可防控大豆疫霉菌。Vayantis IV 种子处理合剂将四唑吡氨酯与 3 种额外的作用模式结合起来，可防控疫霉病和其他苗期病害。

科迪华在美国推出含有联苯菊酯和氟啶虫胺腈的杀虫剂，可广谱防控大豆中对拟除虫菊酯具有抗性的大豆蚜虫、甲虫、螨类和其他害虫。拜耳在巴西推出新型臭虫防治产品 Curbix 200 SC（活性成分为乙虫腈），可通过触杀和内吸两种方式控制臭虫。

国外还围绕大豆病虫害开展了致病机理、生物防治、生物信息学等方面的基础与应用研究。美国普度大学在大豆中鉴定到一个对疫霉菌具有广谱抗性的 NLR 基因 *Rps11*。通过对紫花苜蓿内源病毒序列的全基因组鉴定，发现分段内源病毒序列类似于两种 dsDNA 逆转录病毒：大豆褪绿斑驳病毒和玄参花叶病毒，可在应对外界逆境时发挥潜在功能。明确了保幼激素对点蜂缘蝽胚胎发育的影响，诱导基因 *Kr-h1* 与点蜂缘蝽卵巢发育的光周期调节密切相关，活性氧产生酶 Duox 通过在气管基质中形成蛋白质交联，对气管的形成和稳定至关重要，将有助于开发对点蜂缘蝽具有选择性的新型杀虫剂。对大豆胞囊线虫基因组进行了染色体水平的组装，目前已成为 NCBI 中大豆胞囊线虫（SCN）的参考基因组；公开了线虫食道腺的 RNA 测序数据，将会加速 SCN 致病机理的研究。

（四）大豆生产机械向精准化、通用化、智能化发展

在大豆收获机械化领域，欧美国家研发了适合当地种植模式的大型智能化大豆联合收获机。日本以及中国台湾地区研发了适合于丘陵、小地块为主的小型大豆联合收获机，实现一机多用。在农机农艺融合方面，美洲大豆生产先进国家充分考虑大豆种植模式、生产机具与农艺措施相互配套，建立了以大型作业机具为载体的高产高效全程机械化作业体系。在大豆生产机具通用性方面，发达国家在耕作、播种、植保、收获等作业机具研究设计方面充分考虑了不同作物的通用性，针对不同农艺需求，作业机具作业部件快速更换、作业参数便捷调整技术得到充分发展。在大豆机械化生产智能化方面，大豆作业机具作业状态参数、作业质量参数实现实时采集，做到大豆作物属性、机具作业质量、机具结构参数等多源信息融合，基本实现大豆生产机具田间作业智能化。以自动导航、信息智能自动获取等技术为基础的机械化大数据平台得到重视，提升大豆生产管理信息化水平。

（五）大豆加工技术研发全面推进

国外学者在传统豆制品加工、副产物综合利用、现代大豆加工技术等方面持续开展研究。通过改善豆腐及豆腐乳的网络结构，提升了豆腐类制品的品质；以大豆卵磷脂为主体，研制出稳定输送番茄红素的纳米乳液，将其加入酸奶中以提高抗氧化性；设计和开发了间歇式研磨暨微波加热装置，与常规豆浆相比，豆浆的蛋白质含量显著提高；应用新工艺如超声等技术将酱油从普通调味品开发成为功能性食品。在副产物综合利用方面，英国学者研究了超声波提取豆渣分离蛋白的新方法。新型加工技术如超高压均质、高压微射流、等离子体活化水和高静水压力等非热技术被应用于全豆豆浆和全豆豆腐等新型豆制品的开发，以及提高豆芽发芽效率等领域。

四、国内大豆产业技术研发进展

（一）基因芯片的开发利用推进大豆分子育种应用进程

在2 000余份大豆核心种质全基因组数据的基础上，选取代表性位点，纳入已克隆的重要性状功能基因和QTL位点等信息，经过3代更迭打磨而成的“中豆芯”系列大豆基因芯片，包括600 K的中豆芯、200 K的中豆芯一号、50 K的中豆芯二号，可广泛应用于新基因发掘、分子进化分析、分子身份证构建、真假杂交种鉴定、定向改良育种、聚合育种、全基因组选择育种等领域。

（二）大豆基因编辑技术走向育种实用化

随着遗传转化效率的提高和基因编辑系统的完善，通过基因的定点敲除和碱基替换创造出一批具有育种利用价值的新材料。例如，大豆中编码*GmJAGGED1*的ln位点是控制荚粒数和尖叶叶型的主要位点之一，而低纬度地区大豆材料不存在ln位点，利用CRISPR/Cas9技术对高产高蛋白大豆品种华春6号的*GmJAGGED1*及其同源基因进行定点编辑，创制出携带ln的新材料Gmjag，叶片表现为尖叶，三四粒荚数量增多，单株产量提高。这对加速低纬度地区利用ln位点进一步提高大豆产量具有重要意义。

（三）重要基因挖掘和重要性状分子调控机制研究加快

加快对大豆重要性状基因挖掘，克隆了大豆雄性不育基因*GmMs1*、胞质雄性不育恢复基因*GmPPR576*、开花基因*Tof5*和*Tof16*、抗大豆花叶病毒基因*Rsc4-3*和*GmST1*等。揭示了大豆重要性状的分子调控机制，研究发现大豆中受光诱导表达的GmFTs和GmSTF3/4从地上移动到地下，在根中被根瘤菌激活的共生信号关键组分CCaMK磷酸化激活，揭示光信号调控根瘤形成的机制；发现了由3个重要的转录因子组成的相互协作的转录调控模块能有效提高大豆油脂积累；解析了大豆夜间复合体（SEC）调控光周期敏感性与适应性的分子机制；揭示了大豆*GmNFYA*基因通过调控组蛋白乙酰化提高耐盐性、NF-Y-PYR模块在调控大豆干旱和盐胁迫中的分子机制。大豆重要性状基因挖掘和大豆重要性状的分子调控机制的解析为开展大豆育种提供了理论基础。

（四）耐除草剂转基因大豆开展产业化试点

在中央经济工作会议提出“要尊重科学、严格监管，有序推进生物育种产业化应用”的背景下，2021年，农业农村部对耐除草剂转基因大豆开展了产业化试点。结果表明，转基因大豆耐除草剂特性优良，增产增效和生态效果显著，配套的高产高效、绿色轻简化生产模式也逐步形成。转基因大豆除草效果在 95%以上，可降低除草成本 50%，增产 12%，另外，转基因耐除草剂大豆和玉米使用同一种低残留除草剂，能够解决种植大豆、玉米的大田因使用不同除草剂而互相影响的问题，有利于进行大豆、玉米的间作和轮作，实现高效生产。试点取得了显著成效，标志着中国转基因大豆产业化迈出了历史性一步。

（五）高产创建打造可复制可推广的高产高效样板

针对各地区自然条件和耕作制度，国家大豆产业技术体系组织开展“个十百千万”高产创建活动，创建了一批高产高效典型。其中，在东北北部地区，集成育种、植保、土肥、机械多学科力量，在大豆主产区黑龙江省黑河市 7 个所县市、农场实施大豆科技成果转化“伙伴行动”，开展绿色增产技术集成示范，创造了高产高效典型。经专家组对千亩高产田进行实收计产，7 个千亩伙伴示范田平均亩产达到 250. 17 千克，其中，产量最高的黑龙江北大荒农垦集团尖山农场有限公司千亩田，平均亩产 272. 2 千克，创造了高寒地区大豆大面积高产典型。在黄淮海地区，体系专家选育的高产耐逆大豆新品种和免耕覆秸栽培技术结合，在大灾之年再创高产典型。在遭遇严重涝灾的河南省新乡市，郑 1307 高产示范田 2. 03 亩大豆平均亩产 319. 29 千克，实收亩产连续 5 年突破 300 千克。140 亩中黄 301 示范田实收平均亩产 280 千克。中豆 63 在湖北亩产达 336. 89 千克，刷新了南方地区大豆高产新纪录。在西北灌区采用膜下滴灌水肥一体化技术，吉育 86 亩产达到 442. 05 千克，长农 35 达到 432. 00 千克。上述高产典型展示了新品种的产量潜力，通过大面积展示示范，辐射、带动大豆单产水平的提高，对稳步扩大国产大豆种植面积，振兴大豆产业具有重要意义。

（六）病虫草防控技术保障了大豆生产安全

围绕点蜂缘蝽造成大豆“症青”现象持续开展研究，明确了化学多态性调节点蜂缘蝽若虫吸引力，揭示了唾液蛋白在诱导植物防御中的潜在作用。以点蜂缘蝽防控为核心，建立了大豆“症青”统防统治技术体系，在生产上发挥了重要作用，黄淮地区大豆“症青”现象得到有效控制。鉴定了 *Aspergillus niger* 菌株 NBC001 对大豆胞囊线虫的抑制功效，田间抑制率为 31. 7%，克隆了一组参与线虫寄生活动的神经肽，试验表明可干扰 Hg-FLP-22 的表达，减弱 J2s 向寄主移动的能力，降低雌虫的数量。研发的“精歌”等大豆根腐病专用种衣剂在生产上应用效果显著，改变了黄淮海夏大豆生产“白籽下地”的播种方式。通过种子包衣（“拌”）、除草剂喷施后均匀覆盖麦秸（“封”），在中后期以植保无人机或高杆喷雾机进行药肥的“一喷多防”，构建适时、精准、绿色的“一拌一封一喷”大豆病虫草害绿色综合防控技术体系，减肥减药增产增效显著。

（七）大豆生产机械化水平逐步提升

大豆生产机械化水平整体提升，2020 年全国大豆耕种收综合机械化率为 87. 5%，其中机耕率 91%、机播率 88%、机收率 83%。2021 年大豆机械化率小幅提高。在大豆耕播机械化研发领域，围绕高速智能化精准耕播施肥技术装备问题，开展防缠防堵、减黏降阻、种床整理、播深控制、高速排种和精准变量施肥等关键技术与机理研究，高效高性能关键部件和耕播复式机具创制。系列原茬地免耕覆秸精量播种机及以此为核心构建的免耕覆秸播种机械化技术，在全国推广应用。在大豆田间管理机械化领域，研发了对靶仿形喷雾机、变量施药植保无人机及智能除草机器人为代表的田间植保机械，实现田间自动变量喷洒作业和精准除草作业，从而实现田间精准变量作业和精细化管理的目标。在大豆收获机械化领域，通过参数调整来提升稻麦联合收获机收获大豆的作业质量，同时，通过割台仿形、柔性脱粒等相关技术革新，加快专用大豆收获机研发进程。在大豆智能化管理与精准作业领域，开展农情信息获取，构建感知平台，进行图谱规律解析与特征提取，建立监测模型，进行长势评价与诊断调控，实现大豆动态模拟及生长预测，对管理措施、品种性状等进行定量评估。

（八）大豆加工技术研究全面升级

在传统豆制品研究方面，采用浆渣共熟化和超高压纳米乳化等技术开发了具有高蛋白含量的高品质豆腐（乳）系列产品；以高蛋白大豆为原料开发了 2 个全籽粒植物肉产品。在副产物综合利用方面，利用益生菌对豆渣进行发酵开发新产品，如使用乳酸菌发酵豆渣，使糖苷型异黄酮向苷元形式转化，提高了豆渣的营养价值；采用豆渣为原料开发健康食品原料和产品，如高纯度大豆膳食纤维粉和具有辅助降血糖功能的保健食品等；利用豆渣中残留的蛋白分离出具有显著抗氧化性和免疫特性的低分子量功能性肽。在现代大豆加工技术方面，深入研究大豆蛋白不同亚基的结构，明确了 7S 球蛋白降血脂的生理功能，开发了降血脂功能型分离蛋白产品。大豆蛋白的加工和改性工艺研究不断深入，制备出具有提高免疫力和抗炎等功能的水解蛋白；利用高湿挤压技术和低膨化挤压技术，改进了大豆组织蛋白加工工艺，使产品的组织化程度和口感得以提升。

（九）稳定和发展我国大豆产业的政策建议

1. 加大大豆科技研发与推广工作的支持力度，发挥科技对产业发展的引领作用

相对于快速增长的大豆需求来说，我国大豆生产发展相对缓慢，国产大豆竞争力不强是不争的事实。主要表现为我国大豆单产水平较低，与发达国家存在较大差距，同时我国大豆生产在科技方面还存在一系列“卡脖子”问题。由此，一是要继续加大研发投入，形成系统的大豆科技创新支持体系，在多学科合作、研发资源整合和人才利用等体制基础上优化提升；二是循序渐进、科学规划，形成关键技术攻关清单，集中资源优先解决在大豆育种、加工、机械设备等方面的“卡脖子”问题，加强种质资源鉴定、优异基因挖掘和转基因、基因编辑等前沿技术研究，夯实国产大豆科技自强的基础；三是打造一批由行业龙头企业牵头，高等院校、科研机构等共同组建的科企联合体，充分发挥新型举国体制的制度优势，构建产学研深度融合的创新模式，形成大豆科技发展的“源头活水”。

2. 坚持差异化发展，提升国产大豆竞争力

大豆进口在一定程度上缓解了我国农业资源紧张的局面，是我国统筹利用国内、国际两个市场、两种资源，实施粮食安全新战略的具体体现。同时，我国大豆消费已经形成了食用和饲用两个相对独立的市场，进口大豆含油率高，主要用于满足植物油和豆粕需求；国产大豆蛋白质含量高，商品品质好，主要用于直接食用、加工豆制品和大豆蛋白，少量用于生产非转基因豆油和豆粕。由此，我国应实施差异化发展战略，充分发挥国产大豆的优势，尊重生产者和消费者选择权，在科学评估的基础上有序推进转基因大豆的产业化。同时，针对不同区域和不同自然条件，分类发展高产、高油、高异黄酮和高蛋白大豆，实现国产大豆专用品种、专门优势的集中化发展。

3. 促进大豆精深加工业发展，引导居民健康消费

加大对大豆精深加工企业的扶持力度，通过资金投入、政策支持等手段，鼓励企业进行科技创新与设备升级，并逐步走向国际市场。加强企业与政府、企业与高校和研究机构之间的对接与合作，形成“大豆育种—大豆种植—加工制造—终端食品及销售”的全产业链模式，开发植物肉、发酵酸豆乳和功能型豆乳（粉）等新型大豆食品和高附加值深加工产品，提升大豆产品价值与大豆产业整体收益。同时，加强对大豆营养价值的宣传，回应社会公众对植物肉等新兴产业的疑惑，引导居民合理消费畜禽产品，促进植物蛋白的健康消费，提高大豆蛋白利用率和我国食物蛋白自给水平。

4. 拓宽进口渠道，加强市场监测预警

针对我国大豆消费贸易依存度高和进口来源较为集中的现状，进一步拓宽大豆进口渠道，把南美的巴拉圭等国家引入我国大豆进口贸易体系中，鼓励我国大型企业走出去，帮助乌克兰、缅甸及“一带一路”沿线国家扩种大豆，发展大豆产业，为国内大豆供给提供多源保障体系。同时，针对新冠肺炎疫情和地缘政治不确定因素对大豆贸易的潜在影响，加强对大豆贸易市场的预警监测，减轻因大豆进口价格剧烈波动对国内畜禽养殖业、甚至居民消费价格水平的冲击。

（国家大豆产业技术体系首席科学家　韩天富　提供）

2021年度大麦（青稞）产业技术发展报告

（国家大麦青稞产业技术体系）

一、国际大麦（青稞）生产与贸易概况

根据美国农业部（USDA）预测，2021/2022年度全球大麦收获面积预计为4 959万公顷，比上年度减少197万公顷，全球大麦平均单产预计为2.97吨/公顷，比上年度减少0.14吨/公顷。由于2021/2022年度全球大麦的单产和收获面积同时降低，2021/2022年度全球大麦产量预计将降为1.47亿吨，比上年度减少1 348万吨，降幅达8.4%。

根据联合国粮食及农业组织（FAO）预测，2021/2022年度全球大麦需求量预计为1.52亿吨，比上年度减少470万吨；其中，消费量最大的国家或地区是：欧盟（4 830万吨）、俄罗斯（1 570万吨）、中国（1 090万吨）、土耳其（760万吨）、沙特阿拉伯（670万吨）和加拿大（640万吨）。2021/2022年度全球大麦贸易量预计为3 150万吨，比上年度减少230万吨，主要是由摩洛哥、沙特阿拉伯等国家大麦进口量预计减少造成。2021/2022年度，大麦主要进口国家或地区预计为：中国（1 050万吨）、沙特阿拉伯（650万吨）、伊朗（230万吨）、日本（120万吨）和欧盟（120万吨）；大麦主要出口国家或地区预计为：欧盟（750万吨）、澳大利亚（700万吨）、乌克兰（550万吨）、俄罗斯（430万吨）和阿根廷（330万吨）。2021年全球大麦期末库存量预计为3 190万吨，比上年减少120万吨；其中，期末库存量位处前4位的国家或地区是：欧盟（700万吨）、澳大利亚（240万吨）、俄罗斯（230万吨）和土耳其（210万吨）。2021年，法国和澳大利亚的大麦平均价格分别为268美元/吨和242美元/吨，比上年同期（183美元/吨和204美元/吨）分别上涨85美元/吨和38美元/吨，涨幅分别为31.64%和15.69%。

二、国内大麦（青稞）生产与贸易概况

根据国家大麦青稞产业技术体系统计，2021年我国大麦（青稞）的总收获面积为97.03万公顷，较上年减少0.94万公顷；总产量为382万吨，较上年减少23.42万吨；平均单产为3.94吨/公顷，较上年减少0.2吨/公顷。其中，皮大麦（包括啤酒大麦和饲料大麦）的收获面积为57.76万公顷，较上年减少1.72万公顷；产量为249.49万吨，较上年减少19.54万吨；平均单产为4.37吨/公顷，较上年减少0.2吨/公顷；青稞（即青藏高原裸大麦）的收获面积为39.27万公顷，较上年增加1.18万公顷；产量为129.82万吨，较上年减少3.88万吨；平均单产为3.31吨/公顷，较上年减少0.17吨/公顷。

2021年我国大麦进口量为1 248.22万吨，较上年增加了440.28万吨，增幅为54.49%，创历史新高。受全球大麦减产及国内畜牧业发展需求增长影响，我国从各主要进口国进口量均大幅增长，从法国进口364.75万吨，较上年同期增加51.78%；从加拿大进口356.23万吨，较上年同期增加43.34%；从乌克兰进口321.41万吨，较上年同期增加29.58%；从阿根廷进口173.54万吨，较上年同期增加77.43%。受“双反”措施影

响，2020 年 12 月起，我国从澳大利亚进口大麦基本停滞。2021 年我国进口大麦均价为 282.88 美元/吨，较上年同期的 236.27 美元/吨上涨 46.61 美元/吨，涨幅为 19.73%，且从月度进口价格变化趋势看，总体上呈逐渐增长趋势；受国际市场价格带动，2021 年国产大麦和青稞的平均市场价格分别为 2.23 元/千克和 3.30 元/千克，分别比 2020 年上涨了 7.73%和 13.40%。

三、国际大麦（青稞）产业技术研发进展

（一）遗传改良

1. 加工品质性状

大麦麦芽用于酿造啤酒，加工进程涉及细胞壁软化以及糖化酶产生。Rani 等总结了适用于优质麦芽生产的基本工艺以及各种生理生化参数，该研究可为麦芽制造商和研究人员提供对麦芽生产过程、面临问题及机遇的理解，并可通过改变麦芽生产过程或麦芽品种来提高麦芽制备效率。大麦（青稞）中含有丰富的膳食纤维，Obadi 等研究表明 β-葡聚糖对因饮食习惯或不当生活方式产生的糖尿病、肥胖症、高血压和结肠炎症治疗具有生理功效；Islam 等（2021）研究发现加工方式会对其感官品质或是抗营养因子产生不同程度影响。

2. 非生物胁迫抗性

目前围绕大麦抗水分胁迫、抗寒、耐盐碱等非生物胁迫抗性方面的研究具有相关报道。氧化三甲胺（TMAO）可作为植物中的渗透压保护剂，促进适当的蛋白质折叠，并作为非生物胁迫诱导的基因表达的激活剂。Catalá 等研究结果表明，在大麦中 TMAO 的增加是对寒冷和水分胁迫的响应，而对高盐胁迫无响应。Mwando 等在大麦 CM72/Gairdner 双单倍群体中鉴定到两个耐盐主效 QTL 的基础上，利用 $F_{2:3}$遗传群体将 2H 上的 QTL 区间缩小至 0.34Mb，在该区间的 9 个候选基因中发现 *RLPK*4 基因外显子序列在耐盐品种 CM72 和盐敏感品种 Gairdner 中存在差异，且该基因在 CM72 中受盐处理诱导上调表达，从而确定 *RLPK*4 为耐盐候选功能基因。Fu 等对大麦编码液泡 H^+-焦磷酸酶的基因 *HVP*10 在盐胁迫下进行表达分析，发现其受盐胁迫诱导上调表达，根部表达量显著高于地上部，且根的中柱韧皮部和木质部薄壁细胞表达较高。利用 CRISPR/Cas9 基因编辑和 RNA 干涉技术获得的缺失突变体，根部质子（H^+）外流和 K^+保留能力显著降低，向地上部转运的 Na^+显著增加，最终导致耐盐性减弱；*HVP*10 可与 *HvNHXs* 协同作用调节根系 Na^+的区隔化，即通过调节离子平衡来正向调控大麦的耐盐性。

热胁迫和水淹胁迫也是影响大麦生长发育的重要非生物胁迫。Sinha 等研究发现，热胁迫会损害大麦花药中生长素的生物合成，从而导致生长素水平下降，引起花粉败育，而生长素可以通过提高参与 ROS 解毒酶的表达来调节 ROS 稳态。Chen 等对两个耐涝性不同的大麦品种 Laurikka 和 Evergreen 开展了渍水胁迫，并对其幼叶以及成熟叶进行了动态转录组分析，对高表达基因开展了加权基因共表达网络分析（WGCNA），明确了品种特异性网络主要由 *HST*1、*MLH*1 和 *SYP*22 等组成，而叶龄特异性网络主要由叶绿素代谢相关的轴心基因 *CURT*1*B*、*PNSL*4 和 *PSY*1 等调控。

3. 生物胁迫抗性

Bettgenhaeuser 等研究了一组具有代表性的大麦种质对非适应性病原体（小麦条锈菌 Pst）的反应，发现栽培种大麦对小麦条锈病具有高抗，而野生种质易感；发现 *Rps*6、

*Rps*7 和 *Rps*8 基因座解释了 Pst 侵染的大部分表型变异，3 个基因座的缺失会导致 Pst 侵染，并且具有所有 3 个单个基因座的 DH 系表现出与 Golden Promise 一致的高抗表型；鉴定出决定大麦对小麦条锈病宿主特异性的关键因子 *Mla*（*Rps*7），并发现共享的遗传结构是对大麦白粉病和小麦条锈病双重抗性的基础。Wang 等发现大麦条纹花叶病毒（BSMV）编码的 γb 蛋白除了作为解旋酶增强子外，还能够破坏植物中 NTRC 介导的叶绿体抗氧化防御，以创造有利于病毒复制的氧化微环境。持久的抗病性也可以通过易感性（S）基因的失活来实现，这些基因是可以促进病原菌感染和增殖的植物基因。S 基因的一个典型例子是 *MILDEW RESISTANCE LOCUS O*（*MLO*），它的失活提供了对白粉病菌的广泛、持久的抗性；值得注意的是，Daniela 等报道基于 *mlo* 的抗性大麦已在欧洲有效应用了 4 年左右。

4. 产量性状

野生大麦可以为大麦育种提供更多的遗传变异性状，具有巨大的育种潜在应用价值。Roham 等选用栽培和野生大麦之间杂交所产生的 BC_3群体进行分析发现，其产量与每穗粒重、每穗粒数、生物量、穗长和叶绿素含量呈正相关；发现由野生大麦 "Spontaneum I" 贡献的位于染色体 1H、2H 和 4H 的 3 个 QTL 能显著提高叶绿素含量、生物量和穗长。Salem 等报道了 2 个等位基因 *HvSNF*2 和 *HvBM*5 的位点变异影响到大麦营养生长到生殖生长的转变。并基于 PCR 技术开发出一套标记来确定 *Vrn*－*H*1（*HvMB*5）和 *Vrn*－*H*2（*HvSNF*2）的等位基因变异。这些 DNA 标记将成为预测大麦抽穗期的有力工具，可应用于大麦的分子标记辅助育种，以加快大麦的育种进度。

（二）植保技术

1. 病虫害遗传多样性与抗药性监测

在大麦病害遗传多样性研究方面，大麦黄矮病和叶斑病研究取得较大进展。麦蚜是至少 11 种大麦黄矮病毒（BYDV）的传播媒介，其中 BYDV-PAV 在世界上分布最广，很大程度上就是由于其传播媒介禾谷缢管蚜的高传毒效率和分布广决定的。Sõmera 等利用高通量测序技术，在来自爱沙尼亚和瑞典的大麦黄矮病毒病害标本中检测到了BYDV-OYV、BYDV-PAS、BYDV-PAV、BYDV-GA 和 CYDV-RPS，发现大麦黄矮病毒遗传多样性被低估，认为需要开发新型检测引物，以提高病毒检测结果的准确性和可靠性。Stam 等发现叶斑病病原菌 *Ramularia collo-cygni* 存在丰富的遗传多样性，全球范围内病原菌群体中经常或已经发生有性遗传重组，引发病原菌群体扩张，形成遗传多样性增加的混合体。

叶斑病对全球大麦生产的危害性日益增强，抗药性明显增强。Kiike 等在爱沙尼亚发现具有高抗药性的 *Ramularia collo-cygni* 病原菌菌株；在西澳大利亚，2021 年检测到大麦白粉菌对戊唑醇杀菌剂富立库（Folicur）产生抗药性，对丙环唑和粉唑醇敏感性降低；在南澳大利亚，网斑病病原菌对氟唑菌酰胺产生抗药性，对氟唑菌酰胺敏感性降低；在南澳大利亚和西澳大利亚，网斑病病原菌对氟环唑、丙环唑、丙硫菌唑和戊唑醇敏感性降低。此外，Buddenhagen 等发现新西兰近一半农场（42 家）杂草产生了抗性，其中 40%农场的杂草对 ALS 抑制剂产生抗性，23%农场的杂草对 ACCase 抑制剂产生了抗性。

2. 抗病虫遗传资源鉴定新方法研发、筛选和标记开发

Hiddar 等构建了评估大麦云纹病抗性鉴定的机器识别学习算法模型，形成能够从大量种质资源中更快速精准地筛选出抗性种质资源的精准鉴定策略（FIGS）。Clare 等从野生大麦（*Hordeum spontaneum*）和土耳其地方品种中发掘抗网斑病遗传位点，获得 4 个抗斑点型网斑病位点和 10 个抗网型网斑病位点。Pidon 等将来源于球茎大麦（*H. bulbosum*）位于 6HS 上的显性主效抗黄矮病基因 *Rym14Hb* 转入普通大麦，并将该基因精细定位于 2Mb 物理区间内，与其共分离的分子标记能用于大麦抗黄矮病育种。Abdullaev 等对来源于俄罗斯达吉斯坦的 264 份大麦材料进行白粉病抗性鉴定，筛选到 2 份全生育期白粉病抗性种质 VIR-23787 和 VIR-28212。进一步分析发现 VIR-23787 可能含有一个抗白粉病新基因，VIR-28212 抗性来自埃塞俄比亚地方品种 VIR-17554 的育成品系，含有 *mlo*11 基因。Hautsalo 等利用全基因组关联分析（GWAS）方法，从 4 个多亲本高世代互交(Multi-parent Advanced Generation Inter-Cross，MAGIC）群体筛选获得位于除 2H 外 6 条染色体上的 9 个抗云纹病 QTL，其中 3 个推测是新发现位点。另外，Hatta 等发现小麦抗秆锈病基因 *Sr*22、*Sr*33、*Sr*35 和 *Sr*45 转入大麦品种 Golden Promise 的转基因株系秆锈病抗性有效增强，且农艺性状未出现不良变化，未来可用于大麦抗病育种。Gerrish 等评价了 136 个冬大麦品种和 40 个冬小麦品种对黑森瘿蚊的抗性，结果表明 69%的大麦品种具有明显抗性，而只有 22.5%的小麦品种对黑森瘿蚊具有抗性，说明大麦对黑森瘿蚊抗性普遍高于小麦。

3. 抗病调控机制研究

烟酰胺单核苷酸（NMN）是烟酰胺腺嘌呤二核苷酸（NAD）的合成前体，Ueda 等（2021）研究发现 NMN 能够诱导大麦赤霉病（*Fusarium graminearum*）抗性，显著减少大麦白粉菌吸器（*Blumeria graminis* f. sp. *hordei*）形成比例，引起 *F. graminearum* 菌丝不定向生长和抑制病原菌类似吸器结构的形成，且 NMN 诱导对白粉菌和赤霉病菌的关键作用时间都是在病原菌侵染阶段。Elhady 等发现抗短体线虫（*Pratylenchus neglectus*）大麦品种具有根际有益微生物群落密度更高，且抑制侵染水平与水杨酸调控途径中防卫基因表达增加水平保持一致的特点，显著促进优良大麦品种根系生长，减少根部线虫为害严重度；Bauer 等研究发现大麦抗白粉病 NLR 类型抗性基因 *Mla* 能对禾谷类作物多种病害提供抗性，MLA 免疫受体蛋白均具有一个可预测的 RNase-like 折叠结构，决定对病原菌无毒因子特异性识别，但该特异性与无毒因子序列无关。

4. 病虫害研究技术体系、防控途径和药剂研发

建立并明确大麦—坚黑粉菌病害体系可以作为研究不同植物病原真菌效应因子的模式体系。Ökmen 等利用单致病性 *U. hordei* 菌株，在大麦中构建开展真菌不同效用因子基因功能研究的多用途表达平台。Schlemmer 等开展了通过喷施小分子 siRNA 诱导靶标病害基因沉默，从而增强寄主植物抗病水平的开创性工作。Shcherbakova 等发现瑞香草酚（Thymol）能提高杀菌剂戊唑醇和苯醚甲环唑对一些种子或叶部病原真菌的防效。Holland 等建立基于黄板诱集的麦蚜田间监测技术，发现不同地块之间有翅麦蚜的迁移率达 76%，且草地的比例与麦蚜的迁移率呈显著正相关，而耕作类型对麦蚜的迁移无显著影响。在大麦病害防治药剂开发方面，拜耳（Bayer）公司 2021 年登记含氟吡菌酰胺和联苯吡菌胺的 SDHI 类杀菌剂 Ascra Xpro，适用于大麦网斑病防治。英国农业和园艺发展委员会（AHDB）2021 年报告显示，丙硫菌唑和戊唑醇二者都能有效防治云纹病和网斑病。巴斯夫（BASF）开发的三唑类杀菌剂氯氟醚菌唑，能提高叶斑病防效。

（三）生产环境与栽培技术

1. 栽培生理与生产品质

Prystupa 等研究发现，抽穗期增施氮肥增加了籽粒蛋白质含量、醇溶蛋白含量和大麦醇溶蛋白 C 的比例，降低了大麦醇溶蛋白 B 的比例。Filipowska 等提出啤酒风味的不稳定性是啤酒酿造行业面临的主要挑战，包括氨基酸与还原糖的含量、Strecker 降解（α-氨基酸与 α-二羰基化合物反应）等多种因素严重影响啤酒的品质，优选较低库尔巴哈值、脂肪氧合酶活性的麦芽，确保低过渡金属离子、高抗氧化活性值的啤酒生产，对啤酒风味的稳定具有重要意义。

2. 精准栽培技术

俄罗斯科研人员 Romanov 等根据当地气候条件开发出大麦栽培技术平台，通过协调气候、天气和土壤结构及其肥力在内的自然因素，与人为控制的水分、养分和杂草之间的平衡，实现大麦的精确栽培。此外，埃及科研人员 Hozayn 等开发出一种磁化水的技术，通过采用经济和环保的磁技术对灌溉水进行预处理，以减轻土壤中的盐分压力，改良土壤品质，提高大麦产量。

3. 气候变化反应预测

研究气候变化导致的潜在 CO_2浓度与降水量变化，建立影响大麦等谷物产量和品质的预测模型是领域热点之一。Brogan 等预测了美国缅因州 2050—2079 年马铃薯和大麦对气候变化的脆弱性，以及改变品种和种植日期作为气候适应策略的潜力，该模型准确地模拟了每个品种的观测最终产量，建模效率在 0.60~0.84，决定系数（r^2）在 0.98 以上。预测模型表明未来的温度升高会降低作物产量，但 CO_2浓度与降水量的增加会提高作物产量。Girmay 等综合多个统计模型，结合 30 年的气象资料，表明在未来 80 年内，当地小麦和大麦的种植面积预计将减少 16%~100%，大部分品种将沿海拔梯度向上迁移。Hamada 等（2021）研究证实在大麦和玉米中，人为排放导致大气中的二氧化碳水平上升不同程度地缓解了砷诱导的胁迫。

4. 绿色降本生产

提高肥料利用率，减少肥料用量，同时实现稳产和增量是现代作物栽培和耕作上的挑战。Oscar 等实验证实新型生物刺激剂 PSI-362 包膜肥通过增强大麦硝酸还原酶和谷氨酰胺合酶的活性，显著提高植株的氮肥利用效率，可以有效减少总氮肥的使用，同时保持或增加大麦产量。

（四）农机装备

2021 年全球农机向着更高科技、更节约资源、更环保、覆盖农业生产全领域和农业生产全过程的方向发展。国际大麦生产机械化发展趋势变化不大，一方面仍是向大型、宽幅、高效、高速、专业化方向发展，另一方面向精准农业技术、智慧农业深层次发展，精准农业技术软件和技术装备逐步完善推广，智能化技术已经有比较成熟的技术成果应用。在精准和高速作业方面，John DEERE 公司采取操控更加方便等高精度电台和移动 RTK 传输方式，提高了作业系统的应用率和作业燃油经济性，对精准农业技术提供了更优化的解决方案；Kinze Manufacturing 公司采用 True Speed 高速技术，使得播种机作业速度达 19.2 千米/时；意大利马斯奇奥 Chrono 系列播种机采用全新的种子输送系统、每个单元的气囊悬挂装置以及电子控制的种子和肥料计量，提供高速和精确播种作业；Drone Volt 公司提供了一种与 Hercules 20 无人机兼容的新型自主喷洒系统，可精确地控制喷雾流量。在智能装备研发方面，美国爱荷华州立大学 Digital Ag 团队开展校准联合收割机产量监视器方法研究；美国弗吉尼亚州初创公司 EarthOptics 将传感器、土壤样本和机器学习结合在一起，形成可以扫描土壤剖面的土壤测量系统，安装在多用途车辆或拖拉机上，减少收集土壤样品的需要，同时提供土壤特征的完整视图；凯斯纽荷兰北斗导航自动驾驶系统在 Optum CVXDrive 3004 拖拉机、无人驾驶拖拉机正在进行实用性试验，其中智能转向等部分先进技术已应用到其量产的拖拉机产品上。

（五）加工利用技术

1. 食饮品加工

大麦（青稞）富含β-葡聚糖、多酚等营养成分，添加到小麦粉中，可提高面团营养品质。Zarroug 等开展硬质小麦粗粉、大麦粉和菊粉成分的新型混合物功能性面食的配方研究，以增强产品的质地特性，结果表明全大麦粉和硬质小麦粗面粉量的增加导致烹饪质量参数和黄度增加。然而，意面的硬度受到菊粉和大麦粉添加的负面影响，通过优化使用 3 种原料生产新型功能性意面的最佳配方，获得具有良好的质地特性，富含多种膳食纤维产品，这表明在谷物工业中应用大麦粉，对改善健康饮食具有一定价值。Hussain 等研究了挤压发酵对大麦粉理化和消化性能的影响。结果表明，挤出后酚类、β-葡聚糖、蛋白质和脂质含量均有所下降，挤压和发酵都会导致颜色变暗，挤压后阿魏酸、2-羟基苯甲酸和咖啡酸含量降低，抗氧化活性降低；发酵后除脂质外的营养物质含量增加，绿原酸、对香豆酸和阿魏酸等的含量也增加，抗氧化活性增加；同时挤压发酵后可快速消化的淀粉的含量增加，粘度降低使得适口性提升，所有酚类物质的含量在消化后均呈增加趋势。

2. 营养与健康功效

研究表明，大麦膳食纤维在食用后被肠道细菌代谢，然后转化为具有降低血脂异常风险的生理功能的短链脂肪酸，有助于保持身体健康并降低代谢紊乱的风险，然而其功效因人而异。Maruyama 等比较了大麦摄入量高且没有血脂异常症状的“应答者”和大麦摄入量高但有血脂异常症状的“无应答者”的个体肠道菌群差异情况，16S rRNA 基因测序结果显示，应答者（$n=22$）的粪便样本中双歧杆菌、粪杆菌、瘤胃球菌等含量高于无应答者（$n=43$），表明存在肠道细菌与大麦对脂质代谢影响的个体差异，从而揭示了大麦摄入对血脂异常影响的个体差异，有助于制定个性化的饮食策略。Bangar 等以大麦麸皮作为固体底物进行发酵试验，发现相比非发酵大麦麸皮，发酵大麦麸皮提取物中可溶性游离酚类化合物增加，抗坏血酸、没食子酸和儿茶素等生物活性化合物也显著增加，增强了其抗氧化潜力。在饲用品质研究方面，Karunaratne 等研究外源β-葡聚糖酶水平对蛋鸡消化道β-葡聚糖解聚和发酵的影响，结果表明外源 BGase 解聚了裸大麦中的高分子量β-葡聚糖，提高了蛋鸡的养分消化率和生产性。

四、国内大麦（青稞）产业技术研发进展

（一）遗传改良与育种技术

1. 育种技术改进

目前我国大麦（青稞）的育种手段仍然以常规育种为主，随着作物分子生物学技术的发展和应用，大麦（青稞）的遗传改良方法也逐渐多样化。2021 年大麦诱变、加倍单倍体诱导、全基因组关联分析、转基因和基因编辑技术进一步发展。

在育种技术创新方面，秦丹丹等通过^{60}Co-γ 射线和甲基磺酸乙酯 EMS 复合诱变处理，构建了大麦品种鄂大麦 934 的突变体库，包含 982 株与对照存在明显差异且性状无分离、可遗传的变异株，涉及叶片、茎秆、穗子、籽粒、分蘖、株型、抽穗期、结实率等多个农艺性状，为大麦种质创新、解析作物主要农艺性状形成机理以及开展大麦功能基因组学研究奠定了基础。何婷等选取两个大麦品种花 30 和甘啤 1405 作为小孢子培养供试材料，利用流式细胞仪研究在小孢子发育过程中，愈伤组织细胞核 DNA 倍性水平及其变化规律，分析结果表明，大麦小孢子愈伤组织细胞的自发加倍发生在多细胞结构形成时期，且不同倍性再生植株占比相对稳定，不受基因型影响，为大麦小孢子胚状体发育机理、机制及大麦小孢子诱导 DH 再生植株提供理论研究基础。李春杰等将分离于野大麦（*H. brevisubulatum*）的内生真菌（*Epichloë bromicola*）人工接种至柴青 1 号和扬饲麦 1 号品种，与未接种的对照相比，接种后植株地上部生物量分别提高了 46%和 37%，单株产量分别提高了 22%和 28%，生育期提前了 5 天。*E. bromicola* 内生真菌将其提高原宿主植物生长的优良特征，为进一步开发利用大麦（青稞）内生真菌，提高品种生产性能提供了新思路。

在遗传转化效率研究方面，Wang 等研究发现将 WUSCHEL 家族中的 *TaCB*1 基因过表达后，可显著提高不同小麦品种的转化效率，进一步研究发现 *TaCB*1 同样可以用于提高大麦等其他禾本科单子叶作物的遗传转化效率，为促进大麦生物技术育种提供借鉴。

2. 遗传研究与功能基因发掘

在产量和品质相关基因研究方面，姚佳延等对泰兴 9425/Naso Nijo 组合 DH 群体进行 QTL 定位，分别定位到株高、穗长及穗下节间长 QTL 6 个、5 个和 4 个，其中有 6 个位点均未见报道。耿腊等对 119 份不同大麦籽粒 β-葡聚糖含量进行 GWAS 分析，发现大麦籽粒 β-葡聚糖含量基因型的差异显著，得到 44 个显著位点，并筛选出一个与 β-葡聚糖含量显著相关的候选基因 *HORVU5Hr*1*G*022710。此外，基于基因注释，共鉴定到 10 个与籽粒中 β-葡聚糖的合成、积累和分解紧密相关的基因，为阐明 β-葡聚糖的遗传调控机制提供了新的视角。Zhou 等分别从 11 种彩色青稞和大麦资源中克隆了与花青素调控相关的转录因子基因 *Ant*1 和 *Ant*2，发现其在不同青稞和大麦中非常保守，且在两个彩色籽粒青稞品种中明显高表达。将 *Ant*1 和 *Ant*2 共同构建表达载体对大麦 Golden Promise 进行转化，发现转基因大麦种皮积累了大量的花青素，这对于改良大麦的品质，培育出更有利于人体健康的大麦品种具有重要意义。

在抗病抗逆机理和基因发掘研究方面，Liang 等研究了两个青稞品种在干旱下的转录组，筛选出一个与抗旱相关的基因 *HvLRX*，其启动子区域发现有大量的光反应元件，该基因在高光照强度下被诱导，而黑暗下被抑制，将该基因转化入烟草中可以提高烟草的抗旱性，这是青稞中关于抗旱和光反应相关基因的首次报道。魏蝉等对青稞 *HvnRPS*2 基因在条纹病胁迫下的表达分析发现，感病叶片的 *HvnRPS*2 基因表达量显著下调，且感病品种表达量下调值显著低于抗病品种，随着条纹病感病时间的延长，呈先降低后升高再降低的表达模式，推测其在青稞抗条纹病过程中发挥负调控作用。姚晓华等对 *HvtAGO*1 基因在条纹病胁迫下的表达调控进行分析，发现 *hvu-miR*168-5*P* 与 *HvtAGO*1 存在靶向调控关系，且条纹病胁迫下，感病叶片的 *hvu-miR*168-5*P* 和靶基因 *HvtAGO*1 表达量均极显著上调，推测 *hvu-miR*168-5*P* 及其靶基因 *HvtAGO*1 在青稞抗条纹病的调控过程中发挥重要作用。高润红等研究了不同 DH 株系对田间高氮和低氮两个氮肥水平的响应，同时对不同氮效率类型 DH 株系的干物质和氮素积累、转运以及氮素吸收利用特性进行分析，根据平均产量将花 30 和 8 份突变体材料划分为双高效型、低氮高效型、高氮高效型和双低效型 4 种类型。分别获得了氮素吸收效率和氮素利用效率提高的 DH 株系，为氮高效大麦育种及相关分子机理研究奠定了基础。徐红卫等（2021）以大麦耐盐品种花 11 和盐敏感品种花 30 为材料，研究了盐预处理对大麦种子萌发和小孢子培养的影响，发现经高浓度 NaCl 预处理后，花 30 的种子和小孢子对高浓度盐胁迫的耐受性均显著增强，且发芽率、主根长和愈伤产量均显著高于花 11。同时，在小孢子培养阶段，经过 NaCl 预处理后，花 30 中小热激蛋白基因 *HvsHSP*1 和翻译起始因子 1 基因 *HveIFIA* 的表达量在高浓度盐胁迫下较花 11 显著上调，推测 *HvsHSP*1 和 *HveIFIA* 基因可能与盐敏感品种在小孢子时期响应 NaCl 盐诱导存在关系。

（二）生产环境与栽培技术

1. 栽培生理与品质改良

于国琦等研究表明，随着氮肥施用量的增加，大麦（青稞）籽粒产量、蛋白质含量和麦芽 α-氨基氮含量、糖化力呈增加趋势，麦芽脆度、浸出率及库尔巴哈值呈降低趋势；氮、钾肥配施对麦芽 α-氨基氮含量、糖化力具有极显著的正交互作用。洪叶研究表明，不同大麦品种在干旱胁迫下麦芽品质性状的差异与籽粒灌浆过程密切相关。干旱胁迫下大麦籽粒的碳水化合物和氮代谢发生显著变化，包括柠檬酸循环在内的一些关键代谢途径受到影响，其中一些变化与植物防御反应有关。在复水后，耐旱品种可进一步调控生长素运输和乙烯信号传导，能更有效地将储存在营养组织中的同化物重新分配到发育籽粒。杨天赐等研究发现，晚播青稞秸秆产量显著低于早播，但秸秆品质显著优于早播；密度和肥料运筹对青稞秸秆产量影响不显著，但对秸秆品质性状产生显著或极显著影响。陈晓东等研究发现，早播能增加刈割次数，提高大麦饲草的产量，而播期差异对大麦籽粒产量的影响较小。

2. 精准栽培技术

常蕾等通过 7 个不同播期试验，研究发现大麦品种扬农啤 8 号在江苏泰州的最佳播期为 11 月 4 日左右，在该播期条件下，大麦苗产量最高且蛋白质、超氧化物歧化酶活性等品质最佳。苏麦考虑到产量和品质平衡，提出了江苏沿海啤酒大麦精准栽培技术，建议规模种植产量高、品质优、抗性强的主推品种，氮肥施用要前移，播期控制在 11 月 1—5 日，基本苗控制在 16 万株左右，采用基肥：苗肥：拔节孕穗肥=7：2：1 的肥料运筹，并提出大麦叶龄余数 0.5 时，可通过每亩喷施玉米健壮素 20～25 毫升，防止植株倒伏，配套沟系、综合防治病虫害，适时收获提高产量。柳小宁等研究发现，在啤酒大麦栽培管理中，可通过剪掉倒三叶促进旗叶、倒二叶的生长，不用额外增施肥料即可使更多的光合产物合成，增加籽粒产量；同时，通过剪掉倒三叶可增加单穗顶部籽粒蛋白质含量、糖化力、可溶性氮含量，降低瘦秕率、β-葡聚糖含量、糖化时间、色度，改善啤酒大麦品质。次仁央宗和尼玛琼吉为提高西藏地区青稞产量，提出了适宜当地的青稞精确栽培技术。

3. 气候变化反应预测

陈长青等利用 34 个气象站点和 45 个物候站点多年历史数据分析了江淮稻—麦两熟区气温升高特征和作物物候变化规律，证实江淮稻—麦两熟种植制度正逐步适应气候变暖的区试，通过合理改变播期可以减缓气候变暖对作物产量的负面影响，为气候变化适应性栽培和耕作技术创新提供参考。

4. 绿色降本生产

李乔仙等通过探究全株大麦拉伸膜裹包青贮长期贮存过程中营养成分和发酵品质的变化规律，证实拉伸膜裹包的大麦青贮质量优良、保存时间长，适合在云南中部地区推广利用。张东红等通过优化播种日期及收获日期、播种密度、株行距、节水减肥测土配方、大型饲草机械推广应用、全混合日粮饲喂适应性等多个角度开展试验研究和联合攻关，研发提质增效种植模式，充分发挥了资源优势，提高了耕地单位面积的年总产量。

（三）病虫害防控

1. 病害防控研究进展

黄花叶病是我国长江中下游大麦产区重要病害，主要依靠培育和使用抗病品种防控该病害。Chen 等根据不同国家多个大麦黄花叶病毒分离株编码外壳蛋白的高度保守核酸序列，建立了基于 LAMP 技术的高度敏感性特异性大麦黄花叶病毒检测方法，利用不依赖仪器设备的裸眼可见显色技术，为我国大麦产区黄花叶病快速监测提供了技术支撑。Pan 等从野生大麦资源 SRY01 标记定位了 6 个抗性 QTL 位点，其中 *qRYM-2Ha* 是一个抗性贡献率 9.8%~17.8%的新 QTL，同时获得了适用于分子标记辅助选择的连锁 InDel 标记。Yuan 等发现白粉菌效应因子与过氧化氢酶 HvCAT1 互作，导致其从过氧化物酶体转移到细胞核内，进而调节寄主大麦免疫反应及体内活性氧平衡，从而提高了白粉菌在侵染过程中的致病力。

2. 虫害和草害防控

我国科学家团队建立的麦蚜精准化控关键技术的大面积推广应用取得了显著的经济、社会和生态效益。龚培盼等综述分析了拟除虫菊酯类杀虫剂作用机制，麦蚜对拟除虫菊酯类杀虫剂抗性机制等主要研究进展，为麦蚜的科学防控提供了指导。通过对我国麦蚜抗药性敏感基因资源调查，发现对菊酯类药剂、有机磷、氨基甲酸酯类药剂的敏感基因，在田间种群中仍然占绝对优势。龚培盼等检测了狄草谷网蚜、禾谷缢管蚜和麦长管蚜 3 种麦蚜对氟啶虫胺腈的抗性，结果表明，这 3 种蚜虫已经普遍对氟啶虫胺腈产生中等水平抗性，个别种群产生了高水平抗性，同一地区麦长管蚜对氟啶虫胺腈的抗性显著低于禾谷缢管蚜和狄草谷网蚜。

（四）农机装备集成创制

2021 年，在青稞高效精量播种机械方面，研发完成双轴精整播联合作业机，该机是在已研发的双轴精整地联合作业机的基础上，进行了功能拓展和结构优化；研发旋耕施肥圆盘式宽幅播种机和旋耕施肥匀播机（正旋），采用圆盘式宽幅播种开沟器，用直接开沟入土，刮板覆土镇压方式替代旋耕抛土覆盖种子方式，配合整机挂接有限浮动和开沟器仿形控制系统，提高播种深度稳定性，提高了出苗率。在西藏日喀则进行试验示范，播种质量以及后期出苗、青稞长势、产量等均得到专家和用户肯定。在青稞小型割捆机械研发方面，开展青稞履带自走式割捆的高效减损收获技术试验示范和麻绳替代塑料绳的绿色割捆收获技术研究，其中的履带自走式割捆机在西藏日喀则白朗和拉孜进行试验示范，在满足农户作业质量要求情况下，作业效率远高于手扶式割捆机，大幅减轻劳动强度；对手扶式割捆机进行了麻绳替代塑料绳适用性试验筛选。在智能农机研发方面，我国基于北斗系统的农机导航及运程运维、作业监测等技术及应用发展迅速，具体体现在农机北斗导航辅助驾驶技术、卫星平地技术、精准播种施肥智能控制技术、种肥播施智能监控技术、变量喷药控制技术、智能植保无人机技术、智能稻麦联合收割机以及智慧农机装备等的开发与应用。此外，我国深圳市大疆创新科技有限公司新研发的T30植保无人机，最大载重可达30千克，配合其自研数字农业解决方案，可使大麦（青稞）大田植保作业效率进一步提升，科学指导减肥增产。

（五）营养健康功效与产品加工技术研发

1. 营养健康功效研究

佘永新等首次阐明了青稞多酚提取物对抗癌药物顺铂副作用的保护功效和机理。通过比较大麦（青稞）多酚提取物预处理前后，人胚肾细胞HEK293毒性模型的细胞活力、细胞抗氧化指标（MDA、GSH）和线粒体呼吸标志酶活力、细胞内活性氧（ROS）含量等进行研究，结果显示，一定浓度的青稞多酚提取物可显著减轻细胞损伤，明显提高细胞存活率，对细胞生长具有保护作用，表明其对抗癌药物顺铂所致细胞凋亡具有一定抑制作用，且该作用可能与抑制细胞凋亡的线粒体损伤有关。韩凝等通过16S rRNA测序和非靶向代谢组学联合分析，研究全谷物青稞干预诱导的小鼠肠道微生物群组成和代谢物谱的变化，结果显示，全谷物青稞的饮食干涉导致了肠道特定菌群，如*Akkermansia*、*Bifidobacterium*和*Lactobacillus*等的富集，增强了色氨酸相关代谢产物、组氨酸相关代谢产物（组胺）和一些不饱和脂肪酸的丰度。相关性分析显示这些代谢物与肥胖相关参数呈负相关，与全谷物青稞富集的肠道菌属呈正相关，进而揭示了肠道微生物菌群的变化与宿主氨基酸/脂质代谢之间的相互作用，为阐明全谷物青稞的抗肥胖机制提供了依据。

2. 食饮品加工技术

在青稞食品加工技术与产品研发方面，Yu等通过将青稞粉添加到强筋小麦济麦44中，获得了不同配方的面团样品，评估添加后对面筋结构、面团流变特性、面包制作特性和淀粉消化率的影响，发现与普通面团相比，将10%~40%的裸大麦粉替代小麦粉对面筋微观结构和面团混合行为产生负面影响，其面筋网络的交联部分被破坏，缩短了面团开发时间和稳定时间；此外，青稞面包比容显著增加而弹性没有明显变化，且β-葡聚糖、多酚和类黄酮含量分别比普通小麦面包高出75%，实现了营养强化，提高了面包质量，改善了淀粉水解特性，显示出良好的应用前景。韩凝等开展了降脂青稞红曲醋的研发和生产，具体生产工艺由制备红曲米（粉）—青稞制醋发酵、淋洗—过滤、浓缩、消毒—杀菌等过程组成。通过在制醋过程中加入红曲米（粉）进行青稞原料的糖化，使成品醋中既含有青稞中的功效成分，又含有红曲中较高的活性物质洛伐它汀，而具有降脂保健功效。此外，与义乌章舸生物技术有限公司合作，研发了青稞红曲茶新产品，将红曲发酵后的青稞红曲米加入青稞麦茶，可改变茶的颜色，增加独特风味，同时保持清澈度，并且发挥出青稞和红曲中的功效成分的作用，可作为一种新的高附加值青稞产品类型加以推广。Bai等对青稞的热流化、微波烘烤和烘烤处理对β-葡聚糖的分子、结构、热和抗氧化特性的影响进行了研究，发现热流化对胚乳细胞壁表现出最大的破坏作用，β-葡聚糖的分子量和多分散性指数分别降低了3.68%~90.35%和26.45%~39.83%，其微观分子形态由大球状聚集体转变为绿叶石凝胶网络结构，从而导致β-葡聚糖的可萃取性（3.35±0.06克/100克面粉）和纯度（92.67%±0.73%）均最高。同时，通过X射线衍射和红外光谱进行结构分析，显示热处理诱导了聚合物链的断裂和晶格型微凝胶的形成，而没有改变β-葡聚糖的主要官能团。此外，热流化处理还提高了 β-葡聚糖的热稳定性和抗氧化活性。Wang 等尝试通过使用过热蒸汽对适当回火的脱硫酶灭活来提高青稞保质期，结果表明，在回火时间 6 小时下，热蒸汽（SS-160℃）处理 6 分钟，能降低脂肪酶活性 38.85%和全部过氧化物（POD）活性，贮藏 8 周后保持低游离脂肪酸（FFA）水平和过氧化物值（PV），且面粉比籽粒贮藏质量提高更显著。此外，还对热蒸汽（SS-180℃）处理过的青稞籽粒和面粉的理化性质，与其他传统加热处理方式进行了比较，结果显示，蒸汽和烘烤使得受损淀粉含量分别增加了 32.92%和 21.40%；而 SS-180℃同时导致淀粉的低速空序和相对结晶度以及蛋白质二级结构变化，将受损淀粉含量降低了 6.44%，从而获得最高的热稳定性，最低的粘弹性凝胶并延迟了淀粉的逆行，对青稞的理化性质改善效果显著。

（国家大麦青稞产业技术体系首席科学家　郭刚刚　提供）

2021年度谷子高粱糜子产业技术发展报告

（国家谷子高粱产业技术体系）

一、国际谷子、高粱、糜子生产与贸易概况

2021年，搜索Web of Science，全世界发表谷子论文137篇，我国发文占发文量的60%（82篇），远超印度的33篇和美国的15篇；发文数量排在前5位的作者有Diao XM 11篇，Tang S 7篇，Shen Q 6篇，Zhi H 5篇，Cheng RH 4篇，均为产业技术体系人员。全球发表高粱论文1 493篇，美国数量第一，为409篇，中国居第二，为308篇，高于印度的183篇、巴西的141篇和澳大利亚的100篇，其中产业技术体系发文14篇；全世界发表糜子论文43篇，其中中国发表17篇，占40%，远高于美国（8篇）、印度（7篇）、韩国（3篇）和捷克（2篇），体系人员Feng BL发表论文9篇。从发表论文情况看，尽管本体系发文影响因子不高，也不是高被引论文，但我国在谷子领域发表的论文最多，尤其在谷子植物科学和食品加工学相关领域已呈主导优势，产业技术体系支持已使我国谷子研究领先国际水平，我国糜子、高粱基础研究领域也已形成主导优势。

二、国内谷子、高粱、糜子生产与贸易概况

1. 谷子、糜子种植面积微减，高粱略增，轻简化和机械化成为主流生产方式

2021年，全国谷子、糜子种植面积小幅下滑，高粱种植面积略有增加，局地增减幅度较大。全国谷子播种面积1 800万亩，同比减少10%左右；糜子760万亩，同比减少5%左右；高粱1 200万亩，同比增加10%左右。黑龙江省局部地区谷子种植面积减少30%左右，河北省休耕区谷子种植面积增加20%左右，辽宁朝阳、内蒙古赤峰、山西大部、陕西北部以及华北地区等传统主产区谷子种植面积与2020年基本持平。河北休耕区高粱种植面积增长10%以上，山西多地高粱种植面积增加3%～7%，西北地区高粱种植面积整体增加5%～10%，但黑龙江高粱种植面积同比减少20%，辽宁朝阳、锦州和四川、贵州高粱种植面积与2020年基本持平。陕西榆林、内蒙古赤峰、黑龙江齐齐哈尔等地糜子种植面积小幅减少。2021年，全国谷子、高粱品种、农机、农艺进一步融合，轻简化和机械化成为主流生产方式。谷子除草剂使用率由国家产业技术体系成立前的2%提高到53%以上，高粱除草剂使用率由10%提高到30%，耕种收综合机械化率由8%提高到53.3%。

2. 干旱、洪涝等不利气候条件给谷子、高粱和糜子生产造成较大影响

2021年，全国谷子、高粱和糜子主产区极端天气频发，干旱洪涝等不利气候条件造成谷子、高粱和糜子病虫害较重发生，生长发育受阻，不同程度减产。春季部分地区干旱少雨，造成出苗不齐。7月中下旬，东北地区及内蒙古东部、华北地区降雨较往年偏多，谷子、高粱、糜子长势良好，但河南郑州2天高达600毫米降水量导致谷子受灾面积约10万亩。5—7月，西北地区持续干旱少雨，产量损失较大。后期华北地区降水偏多，对

谷子影响较大、对高粱影响较小。受高温、降雨、潮湿、连作等影响，全国谷子白发病、谷瘟病、褐条病、粟叶甲等病害较往年偏重。东北及内蒙古赤峰部分地块谷子白发病发病率高达 10%～30%，华北地区白发病发病率约 10%，白发病呈整体加重趋势；受 7—8 月降水增多影响，黑龙江大部地区、辽宁朝阳、内蒙古赤峰以及吉林部分地块谷瘟病较重。全国高粱病虫害发生轻于往年，但山西局地蚜虫发生严重，减产 5%～10%；山东小范围根腐病和茎腐病高发，减产 5%～10%。

3. 谷子、高粱、糜子市场波动频繁，高粱进口激增

2021 年，受生长期极端天气影响，主产区谷子单产下降，加之市场转存往年陈粮需消化，下游需求疲软，6.00 元/千克的谷价从年初一直维持至 3 月初，3 月中旬后跌至 5.40 元/千克，5—9 月初谷价回弹，又上涨至 6.00 元/千克，9 月中旬随新谷上市，谷价持续小幅下滑，12 月底谷价为 5.42 元/千克。糜子价格 1—3 月一直处于高位运行，均价 5.71 元/千克，4 月后一路下滑，8 月探底至 4.26 元/千克，后期价格小幅攀升，12 月底为 4.91 元/千克。高粱 2021 年货源供应充足、价格高开低走，1—3 月全国高粱均价 4.00 元/千克，其后由 4 月的 3.90 元/千克下滑至 7 月的 3.74 元/千克，8 月小幅上涨至 3.78 元/千克，进入 9 月后继续下滑到 12 月底的 3.46 元/千克。糯高粱价格持续高价位运行，华北地区冀酿系列糯高粱装车价由 8 月的 4.9 元/千克上涨到 10 月的 6.2 元/千克，西南地区红缨子糯高粱价格持续在 7 元/千克左右。

2021 年 1—11 月我国共出口谷子 3 903.4 吨，出口额为 3 473.12 万元，主要出口国家是印度尼西亚、德国、日本和韩国等；主要出口省市为辽宁省、天津市、山东省、江苏省和甘肃省等。1—11 月我国进口高粱 802.15 万吨，是 2020 年同期的 10 倍，进口量激增。其中，4 月、6 月、7 月的进口量均超过了 100 万吨，占全年进口量的 40.37%。主要进口国家为美国、阿根廷、澳大利亚和缅甸；主要进口省市有福建、广东等 18 个省市，其中福建和广东分别占高粱进口量的 43.37%和 23.36%。

三、国际谷子、高粱、糜子产业技术研发进展

（一）前瞻性基础研究

2021 年谷子 C_4 通路和近缘野生种的研究取得重要进展，为 C_3 植物改良提供了新策略。阿根廷科学家对狗尾草叶绿体和线粒体苹果酸酶、叶肉细胞和维管束鞘细胞蛋白质组的研究，揭示了 C_4 代谢的复杂性，扩展了对 C_4 循环的认识；美国学者 Finley 等建立了农杆菌介导的狗尾草遗传转化体系，转化频率达到 25%。印度学者 Swain 等将 C_4 作物谷子丙酮酸磷酸双激酶 *SiPPDK* 和苹果酸酶 *SiME* 基因转入水稻，转基因株系平均光合效率分别提高了 18%和 12%。此外，美国学者 Eveland 等在狗尾草中鉴定到一个 *AP1/FUL-like MADS-box* 转录因子，该基因单碱基突变可显著推迟开花时间，基因编辑发现 *SvFul2* 基因功能与花序发育和形态相关。

2021 年高粱首个泛基因组构建，为加速高粱功能基因组学研究和育种应用打下了坚实基础。澳大利亚昆士兰大学联合中国华大基因以及中国科学院植物研究所景海春团队构建了具有广泛代表性的高粱泛基因组，比已经发表的高粱参考基因组大 30%，同时构建了包含 15 293 465 个 SNP 的高精度遗传图谱；研究显示野生高粱比栽培高粱含有更多的特有基因，不同高粱个体基因组都存在大量的缺失变异，变异范围从 13.3Mb 到

102.4Mb。高粱分子标记开发与基因定位研究也取得明显进展，Nobuhiro Tsutsumi等定位了36个小穗相关QTLs和7个籽粒相关QTLs；David R. Jordan等鉴定出44个籽粒大小QTLs，并明确*SbDEP1*通过控制高粱穗一级枝梗正调控籽粒数目、负调控籽粒大小；Sazuka等鉴定出与高生物量相关的5个秆长QTLs，并克隆了一个新的*MYB*转录因子。此外，美国林肯大学揭示了高粱叶片蜡质的维持机制，证明高粱叶片三萜类化合物积累的时空特性可以增强角质层并减少水分流失，从而抵抗高温，这也为玉米创制耐热、耐旱资源提供了参考。

2021年糜子遗传多样性和进化研究取得一定进展。Matteo Dell' Acqua等分析了全球糜子种质资源多样性，明确13个基因标记可用于糜子关键农艺性状改良。Wolfram Weckwerth等研究了糜子野生种和栽培种的遗传多样性和群体结构，证明糜子栽培种的遗传差异很可能来自野生种的遗传渗入。Stefano Marchetti等研究发现不同地区的糜子品种间差异较大，美国和西欧的相近。Myoung Jae Shin等对糜子遗传分型的研究结果表明，遗传多样性和地理位置有关。

（二）品种资源研究与新品种选育

谷子方面，国外除印度利用系统选育方法进行谷子育种研究外，很少有育种的报道，更多研究集中在种质资源的鉴定评价方面。剑桥大学Harriet等从基因组水平研究了欧洲、亚洲和非洲谷子与狗尾草的进化和传播，结果表明谷子是单一起源的，谷子遗传群体都有独特的地理分布。Manoj等研究了谷子的营养品质特性，提出了气候变化条件下谷子的育种改良方向。

糜子方面，Calamai等研究了不同糜子品种间株高、产量和生育期等性状的差异及遗传力，为糜子高产品种培育提供了依据。Nandini等通过杂交育种手段，培育出产量优于对照、植株直立矮小、抗倒伏、营养价值高的糜子新品种PMV442，并认为杂交是遗传变异的重要来源，能有效选育糜子新品种。

高粱方面，Ill-Min Chung等研究发现，15个国家78种高粱种子特异性丰富，其总酚含量及类黄酮含量有很大差异。Habte Nida等对埃塞俄比亚高粱材料田间自然条件下的粮霉病抗性进行了病害评级。Rodríguez María Verónica等研究发现，高粱颖壳对发芽有显著的抑制作用，仅有色素的种皮并不提供对穗发芽（PHS）的抗性。Patanè Cristina等研究认为，帚用和甜高粱品种萌发过程中耐寒性差异较大，鉴定选择萌发期耐低温的高粱基因型适合于半干旱地区早播。高粱常规育种目标依然以抗旱、耐寒、耐热、耐药以及饲料喂养和生物能源为主，品种选育主要集中在先锋、孟山都、先正达几家大型公司，抗除草剂品种选育仍未见商品化应用，美国、澳大利亚等国以饲用高粱育种为主，同时也开展适宜酿造品种选育。一个明显的趋势是智能化机械检测越来越多地应用于高粱抗逆育种，利用全基因组关联分析、相关表型致病基因突变群体和基因表达图谱等在线数据库成为高粱育种的重要辅助手段。

（三）抗逆、栽培与水肥管理研究

非生物胁迫及调控一直是国外谷子、高粱和糜子研究的热点，尤其是干旱和盐胁迫研究备受国外研究者关注。Arindam等认为耐旱型谷子的特异性蛋白在干旱逆境中具有生化可塑性，可以导致谷子根部形态和光合作用机制发生改变，从而增强谷子抗旱性。Prakash等研究表明，降低C_4作物气孔导度可提高其水分利用效率。Cheyenne等揭示了狗尾草在高温和高光下独特的光/温反应，发现高温和强光影响植物生长，最终影响产量。Zhang 等研究发现，高粱不同品种在水分亏缺条件下对角质层和角质层蜡质化学结构的调节机制不同。美国农业部相关团队研究发现，高粱对气候变暖较为敏感，生长季节温度升高 2℃高粱减产 24%。在干旱环境下，施硅能够维持高粱抗氧化酶活性、抗氧化物质及渗透调节物质，调节高粱代谢反应从而提高高粱的抗旱性。研究表明，高粱根际微生物的变化在植物对盐胁迫的响应中起着重要作用，盐胁迫可显著降低高粱种子萌发势和发芽率。耐盐高粱品种可通过调节水分状态、保持较高的抗氧化能力、上调离子转运基因和淀粉合成基因从而缓解盐胁迫，对 Na^+毒害的适应需要在表型、生理、微观结构和分子机制方面进行协调调控。保加利亚科研人员研究认为，高粱的强耐盐胁迫能力与光合过程膜结构的变化和 PSI 过程中的电子流有关。

栽培措施和土壤水肥管理对谷子、高粱、糜子生产有重要影响。研究表明，不同栽培区域谷子的代谢产物差异显著，谷子生殖期叶面喷施硒可生产富硒小米。糜子和绿豆间作促进了两种作物根系生长，有利于吸收更多的土壤水分，提高了间作糜子水分利用效率。糜子间作也促进了土壤微生物的多样性和群落变化，通过提高土壤—植物系统的氮素水平提高了糜子产量。间作配施氮肥通过促进气孔开放提高了糜子叶片光合效率，有利于提高 PSII 光化学最大量子产量和光化学淬灭系数。不同肥料类型对糜子根际细菌群落结构和多样性有不同影响，复合肥对糜子微生物组分及植株生长的促进作用最大。Bollam 等研究结果显示，高粱不同基因型具有相似的氮肥利用率相关性状。土壤肥力化学组成能够改善高粱的营养，施用 GA_3 可提高高粱株高、茎节间长度、细胞长度和跨节间细胞数；适宜的硝态氮供应可增加甜高粱地上部镉（Cd）的积累，提高植株干重和 Cd 含量；添加钾对高粱株高、生物量产量、籽粒产量、开花天数和产量等参数都有积极的影响，在一定程度上可以减轻水分胁迫对高粱的危害，提高氮的利用效率，增强酶和非酶抗氧化成分。在高粱抽穗期配施柠檬酸+溶解有机肥，高粱可修复镉污染的土壤。Nirmalendu 等研究表明，秸秆还田、覆盖均可提高高粱产量。

（四）病虫草害研究

Kong 等在中国首次发现并报道亚洲镰刀菌（*Fusarium asiaticum*）引起谷子穗腐病，可能成为谷子的一种重要病害。Tian 等在谷子第 1、第 2、第 8 号染色体上定位了 3 个抗叶瘟病 QTL，为谷子抗病分子育种奠定了较好基础。Sher 等研究表明，高剂量阿特拉津显著促进谷子叶片中活性氧和丙二醛的合成，随着阿特拉津浓度增加，抗坏血酸过氧化物酶（APX）和过氧化物酶（POD）活性增强，而过氧化氢酶（CAD）和超氧化物歧化酶（SOD）活性降低。随阿特拉津浓度增加，谷子生物量、株高、叶绿素荧光参数、最小和最大荧光（Fo，Fm）、最大和实际量子产率、光化学猝灭系数和电子传递速率均降低。

Bhardwaj 等建立了可用于饲料高粱灰斑病有效预测的模型。Gopalakrishnan 等筛选出 5 株可用于高粱炭疽病生物防治的链霉菌，Sun 等研究也发现甲氧基欧芹酚和苦参碱(1∶2)混合使用可有效防治高粱紫斑病。Bathoova 等研究结果显示，硅可激发高粱根酶活性、抑制链格孢菌侵染根细胞。虫害研究方面，筛选出了对非洲二化螟和斑点二化螟具双重抗性及对谷斑皮蠹具抗性的高粱品种资源。研究表明，双丙环虫酯、氟吡呋喃酮和氟啶虫胺腈等叶面杀虫剂施用 3 天对蚜虫抑制能力有限，施用 28 天后减少了高粱蚜种群。

（五）加工利用研究

谷子加工特性和营养功能成分研究是国外的主要研究领域。谷子被认为是未来替代持续蛋白质需求的潜在作物，通过生物加工技术小米可加工成一种潜在面粉原料，小米加工成面粉后能更好发挥自身营养价值。Neha 等研究货架稳定性结果显示，在金属化聚酯中速食谷子产品可储存 6 个月。Zhang 等对谷子黄酮代谢产物的分析结果表明，不同品种代谢物含量相当，但每个品种都有特有的代谢产物。Ho 等研究发现谷子总叶酸及其衍生物含量在穗部发育过程中逐渐降低，聚谷氨酸 5 甲酰基四氢叶酸是主要形式。研究证实，谷子通过肠道微生物群介导的 PI3K/AKT 和 NF-κB 信号通路改善了糖尿病大鼠的血糖代谢，从小米中分离出的蛋白质可减轻链脲佐菌素诱导的糖尿病小鼠 2 型糖尿病的发展。研究发现，发酵和发芽提高了谷子全谷物对硫酸葡聚糖钠诱导的急性溃疡性结肠炎和 C57BL/6 小鼠肠道微生物群失调的保护作用，谷糠结合多酚在 miR-149 的甲基化抑制作用增加了人类结直肠癌 HCT-8/Fu 细胞的化学敏感性。Zhang 等研究发现，谷子品质差的品种醇溶蛋白颗粒大，极大影响了淀粉颗粒在蒸煮过程中的水热利用效率，因而口感不好。Huan 等研究找到了纯化谷糠油中亚油酸乙酯的最佳条件，可使 ELA 浓度达到 45.06%，ELA 纯度提高到 60.45%。

高粱加工利用集中在食用、饲用和酿造三个领域。在食用领域，评估认为罗马尼亚高粱杂交种可作为功能食品，高粱糖浆中的酚类物质主要为酚酸（鞣花酸和原儿茶酸）和芥子酸，脱壳和水热处理不均匀地改变了高粱氨基酸含量，对赖氨酸、蛋氨酸和半胱氨酸、亮氨酸和色氨酸的 CSI 有积极影响。在饲用领域，研究发现全高粱日粮减少了巨型鹌鹑胴体、胸部、翅膀、大腿、肝脏、胗和大肠的重量，用富含锌的高粱秸秆饲喂羊后可显著改善羊缺锌状况，高粱 BMR 品种饲喂山羊，营养消化率优于高粱 super-2 品种。在酿造领域，Komlaga 等为解决拉格高粱品种用途，从 26 个高粱品种中筛选出 5 个啤酒生产专用品种，Pamies 等通过添加焦糊精解决了高粱啤酒发酵过程中啤酒花和酸度低的问题。

糜子加工利用主要集中在对淀粉的研究。研究表明，糜子淀粉特性主要取决于直链淀粉和支链淀粉的组成和支链的分布，糯性和非糯性品种的直链淀粉含量在 0.75%～28.3%，淀粉颗粒形状从圆形到多边形，大小在 0.3～17 微米。淀粉糊化性质和糊化温度受 NaCl 影响，与 pH 值无关。漆酶预处理是一种诱导糜子木质素降低、糖产量增加的潜在生物方法，有助于糜子成为有前途的能源和饲草作物。糜子中香草醛类提取物显著抑制 MCF-7 细胞的增殖，可有效诱导乳腺癌细胞系中的细胞凋亡。

四、国内谷子、高粱、糜子产业技术研发进展

（一）前瞻性与基础研究

1. 谷子前瞻性与基础研究

2021 年谷子关键性状遗传解析取得重要突破。刁现民团队对谷子穗部性状、株高调控机制进行了深入研究，构建了迄今为止标记密度最高的谷子遗传图谱，定位到与谷子株高和穗部产量性状相关的多个 QTL 位点，克隆了矮秆和短穗颈基因，为谷子分子标记辅助育种奠定了坚实基础。此外，该团队还定位到可调节维管束鞘细胞叶绿体发育的叶鞘相关基因和花序发育、细胞扩张、细胞分裂、分生组织生长和过氧化物胁迫等相关基因。姚磊等构建了 302 万个单核苷酸多态性的高深度（19.4×）单倍型图谱，揭示了谷子的地方

适应性，证明转座子插入 *SiPRR37* 有助于提高东北谷子的生态适应性。彭国雄等构建了高质量的华谷 11 号全基因组，基序分析发现乙酰羟基酸合成酶（AHAS）中 Ser-626-Aln 突变与华谷 11 号对咪唑烟酸的耐受性有关。彭仁海等揭示表观遗传在谷子籽粒发育中有潜在作用，刘金荣等定位到花药颜色、壳色 QTL，明确候选基因为肉桂醇脱氢酶（CAD）基因。Tang 等发现了控制侧根数的等位基因，Hou 等鉴定出 28 个叶酸代谢途径相关基因，找到了叶酸合成和降解的关键酶基因。谷子品质性状控制基因发掘取得新进展，定位到 1 个控制米色的主效基因并开发出了分子标记。

2021 年谷子生物育种技术研究也取得重要突破。刁现民和吴传银等通过 CRISPR/Cas9 基因编辑技术，敲除谷子 *SiMTL* 基因，得到诱导率 1.75%～3.49%的单倍体株系，建立的谷子双单倍体育种平台对提高单倍体诱导频率、加快谷子育种进程具有重大意义。Zhu 等使用 CRISPR-Cas9 敲除 *SvFON2* 基因，获得了花序分生组织变化较大和抽穗期缩短的转化材料。刁现民等还利用完全雄性不育基因构建了谷子杂交种生产的 SPT 技术，解决了没有保持系核不育基因无法生产应用的问题，同时也解决了谷子只有高度雄性不育、杂种优势利用形式单一，不育系繁种难和杂交种不纯等问题。

2. 高粱前瞻性与基础研究

2021 年林中伟课题组克隆了控制高粱籽粒芒发育的 *awn1* 基因，鉴定到位于第 3 号染色体上控制芒长的一个主效 QTL，深入研究发现第 3 号染色体末端插入编码 ALOG 蛋白 5.4kb 的基因片段会导致栽培高粱芒缺失。仅出现在栽培高粱中的 *awn1* 基因是在野生/栽培高粱分化即驯化的过程中产生的，AWN1 蛋白抑制了多个与花发育相关基因、芒发育相关基因和生长素信号传导途径基因的表达，进而抑制了高粱芒的伸长，最终导致高粱芒的丢失，研究结果对深入认识高粱籽粒芒从有到无的驯化和改良有重要意义。高粱基因家族分析成为年度热点，在高粱中鉴定到 81 个 *GRAS* 基因和 174 个 *SbbHLH* 基因、351 个 *CYP* 基因、8 个 *GRF* 家族基因、9 个 *Shaker* 家族基因和 20 个 *SbNRT1* 基因。此外，高粱遗传转化也取得一定进展，李杰勤等建立的遗传转化体系转化率达到 13.33%，沈祥陵等建立了高粱品种 BTx623 遗传转化及再生体系和原生质体瞬时表达体系，为开展高粱品种 BTx623 功能基因组研究奠定了基础。

3. 糜子前瞻性与基础研究

2021 年糜子基因功能鉴定取得良好进展。王文明等发现糜子过氧化物酶 β 结构域含有一个磷酸酶催化环和 5 个相关特异氨基酸和亲核氨基酸，与 Cys192 和 Cys219 形成二硫键共同对糜子过氧化物酶的磷酸酶活性起决定性作用。朱学海等发现糜子矮秆突变体 m819 属于赤霉素（GA）信号传导缺陷型矮秆突变体，赤霉酸不敏感候选基因可能为突变体 m819 植株矮化的关键基因。曹晓宁等研究结果显示，糜子全基因组有 5 个 *PSY* 基因，亚细胞定位显示蛋白定位于线粒体和叶绿体中，与谷子的 PSY 蛋白亲缘关系较近，启动区包含了激素类、光响应类、逆境胁迫类以及生长发育类。

（二）品种资源研究与新品种选育

1. 谷子品种资源研究与新品种选育

品种及其农艺性状的差异研究是谷子种质资源研究的重点内容。研究表明，谷子品种株高、叶重、旗叶宽度、秆重、千粒重、穗重和产量都有随年代更替增加的趋势；华北夏谷区骨干品种之间遗传差异较小，华北夏谷区品种和西北早熟春谷区品种间遗传差异较大；谷子种质资源抽穗时间、主茎长度和茎粗随着纬度降低呈下降趋势，穗长、穗粒重和千粒重相对稳定。

2021年产业体系专家团队以优质、轻简高效为主要目标，兼顾个性化和功能性消费需求，共筛选创制优质、早熟和高生物产量不育系、紧凑株型、抗病、抗除草剂、高遗传转化率等新材料86份，强力支撑了谷子品种持续改良。共育成谷子新品种48个，育成新品种品质得到大幅改良，全国优质米鉴评共评选出一级优质米27个，二级优质米23个，其中长生478、中谷19、冀杂金苗3号、金苗K4、中杂谷67等在优质、抗倒伏和适应性融合上取得突破。同时在特殊功能和超高产等方面也取得较大进展，育成了全国首个抗嘧草硫醚新型除草剂品种冀谷47和抗除草剂高油酸品种冀谷48，中谷989在河南伊川创下622.39千克/亩的高产纪录，中杂谷34两年华北区试较对照增产19.3%、辽宁大面积示范亩产达658.7千克，兼具优质和抗除草剂特性的冀杂金苗3号在内蒙古赤峰市平均亩产554千克，创制出同时适应两个生态区种植的豫杂谷2号、中杂谷55、中杂谷36、豫谷42、豫谷36、陕豫谷3号等品种，新品种选育为产业化生产提供了品种支撑。

2. 高粱品种资源研究与新品种选育

抗逆性和重要农艺性状鉴定评价是高粱种质资源研究的热点。葛玉彬等对国内外60份高粱种质种子萌发期耐冷性进行鉴定，发现种质耐冷性存在较大差异。陈冰嫣等对636份高粱材料种子萌发期盐胁迫下的相对出苗率差异及株高、抽穗期等进行了鉴定，筛选出耐盐研究的最优杂交组合。邱红波等对26份高粱种质SSR分子标记和表型性状的差异进行分析，检测出26个等位基因，有效等位基因数为21.84。陆晓春等利用EMS诱变获得一个能够稳定遗传的高粱叶夹角变小的突变体。体系其他团队创制高赖氨酸材料1份、抗草铵膦除草剂新材料1份、耐旱种质1份、萌发期强耐盐碱种质1份，选育优异高粱不育系2个、保持系2个、恢复系3个，为高粱株型、品质、抗除草剂、抗逆等育种提供了丰富的资源材料。2021年酿造、青贮、青饲等高粱育种更加注重优质、高产、广适、专用化和宜机收突破品种选育。体系团队选育出突破性优质专用高粱品种8个、高淀粉品种4个、食饲用低单宁品种3个、青贮型品种1个、高产广适品种4个，新品种支撑了高粱产业的持续发展。育成的吉杂165粗淀粉含量高达79.51%，吉杂169单宁含量低至0.03%，青贮型品种辽甜23比对照增产15.38%、蛋白质提高6.7%，川梁红9号区试平均亩产455.01千克、比对照增产14.6%。

3. 糜子品种资源研究与新品种选育

糜子种质资源品质和农艺性状遗传变异研究备受关注。郭世华等研究表明，糜子农艺性状差异大，主茎粗、穗重和籽粒重的遗传多样性指数大，穗重、单穗重和穗下节间长的变异系数较大。李涛等认为长生育期品种比短生育期品种主茎节数多，不同品种都伴有脂肪含量增加、淀粉含量减少的趋势。乔治军等检测分析表明，90份黍子种质资源的蛋白质呈正态分布，平均含量为9.43%；北方春糜子区80份黍稷资源的抗性淀粉含量无显著差异，宁夏高抗性淀粉含量的种质资源较多。李清泉等对黑龙江省糜子种质资源的研究表明，单株粒重与穗型和花序密度呈极显著正相关。李萍等研究表明，不同糜子品种光合作用和源库关系对产量形成影响不同，源小库大型品种叶光合速率较低，产量也较低，源大库小型品种叶光合速率虽较大，但产量仍较低，源库平衡型品种叶光合速率较高，产量也较高。2021年，体系专家创制出新型雄性不育系、光周期钝感、中矮秆、抗旱、优质等一批种质材料，育成了一批兼顾营养品质和食味品质、丰产性与广适性相结合的糜子新品种，支撑了产业的发展。

（三）抗逆、栽培与水肥管理

1. 谷子抗逆、栽培与水肥管理

2021 年度谷子栽培和水肥研究主要集中在播期、密度、植物生长调节剂和肥料运筹对谷子产量及农艺性状影响上。研究发现，生育期对谷子产量影响较大。随播期推迟，谷子株高和穗重等农艺性状、产量、脂肪和直链淀粉含量等呈现先升高后降低的趋势，而蛋白质含量呈先降低后升高的趋势。播期推迟使谷子出苗至抽穗的时间缩短，抽穗至成熟的时间延长。同一播期下，随密度增加谷子株高、穗长、穗粗、分蘖数、产量呈现先升后降的趋势，千粒重和抗倒伏能力呈下降趋势。种植模式的深入研究发现，覆膜穴播种植方式影响谷子生长发育、籽粒灌浆和水分利用率，在宁南干旱区不同覆膜穴播模式的增产效果排序为：渗水微膜覆盖＞普通微膜覆盖＞垄上覆膜+沟内穴播＞降解微膜覆盖＞不覆盖穴播（CK）。

研究显示，通过水肥调控和种植方式转变，可在一定程度上改善谷子根系形态结构、促进谷子生长发育、提高光合作用能力、增加产量。施用土壤改良剂腐植酸可提高苗期叶片过氧化物酶、超氧化物歧化酶、过氧化氢酶等活性，缓解干旱胁迫对谷子幼苗造成的氧化损伤；施用有机肥能够提高土壤中变形菌门和放线菌门的相对丰度，对调节土壤细菌群落结构起到积极作用；生物质炭、生物菌肥、微生物菌剂和硫酸锌对谷子光合作用、根系形态、干物质积累、产量及产量构成有明显的促进作用；长期施肥可以提高土壤速效磷、全磷、可溶性氮、根系碳含量和根内生真菌丰度，实现土壤质量改善和谷子产量提高。研究也发现，叶面喷施硒有利于提高叶片抗氧化酶活性、籽粒硒含量与产量，增加钾、铁含量，诱导产生硒代甲硫氨酸、硒代半胱氨酸等，降低谷子籽粒中重金属元素的含量；喷施植物生长调节剂多效唑、乙烯利和矮壮素，可以改善谷子茎秆特征，提高抗倒伏能力和产量。

2. 高粱抗逆、栽培与水肥管理

逆境胁迫对高粱种子发芽、生长等有诸多影响。研究表明，不同浓度土壤砷胁迫对甜高粱种子萌发和幼苗抗性产生不同程度影响，耐低氮型高粱在低氮胁迫时有着较高的相对籽粒产量和相对氮素利用效率。栽培模式影响高粱产量及其籽粒形成特性，宽行距种植能够提高高粱不同穗位籽粒干重、淀粉和氮磷钾累积量，宽行距适宜密植能延长上部籽粒灌浆活跃期，下部籽粒灌浆提前、灌浆速率提高，避免气候灾害（早霜）对高粱生产的影响。

在不降低高粱产量的前提下合理施肥能使氮肥利用效率提高至 50%～60%，接种不同丛枝菌根真菌（AMF）也能提升高粱的氮素利用效率。研究表明，高粱籽粒产量和淀粉含量与茎叶氮含量有显著的关系，施用 600 千克/亩酒糟发酵的有机肥有利于提高红缨子高粱产量、籽粒单宁和支链淀粉含量。适当比例的氮磷钾配施有机肥，也能显著缓解因连作而造成的高粱减产影响。喷施适宜浓度的茉莉酸可以有效地缓解盐分胁迫对饲草高粱种子萌发、幼苗生长、光合效率、抗氧化酶活性和干草与鲜草产量的抑制效应。适量施用腐植酸肥可缓解盐分胁迫对饲草高粱的不利影响。

3. 糜子抗逆、栽培与水肥管理

逆境胁迫对糜子生长发育有较大影响。光周期显著影响不同光敏感性糜子生长发育及内源激素含量，长日照显著延长糜子生育期、增加净光合速率，但降低籽粒蛋白质含量。镉胁迫下糜子株高、倒二叶叶长、叶宽、叶面积等指标均显著降低。富硒强化栽培能显著抑制糜子对有害物质的吸收和积累，促进部分有益元素的吸收积累，提高产品营养价值。

优化栽培模式和科学合理调控水肥有利于糜子产量和品质的提高。研究表明，利用具有微米级双层小孔的渗水地膜覆盖栽培可实现糜子增收，起垄覆膜种植方式是适合四川宁南干旱半干旱区糜子生产的有效栽培措施。柴胡与糜子套种时，以覆膜平作栽培模式最佳。研究也表明，合理追施钾肥可增加糜子生物量、茎粗和根重，增强抗倒伏能力，提高产量，追施纯钾 90 千克/公顷效果较好，控释氮肥 120 千克/公顷有利于糜子农艺性状及产量的提高。在陕北府谷地区，糜子 N、P_2O_5、K_2O 推荐施肥量分别以 75～120 千克/公顷、60～120千克/公顷和 0～45 千克/公顷为宜；在甘肃会宁地区，推荐施氮量为 90 千克/公顷可以显著提高糜子株高、茎粗、穗长、单穗粒重、千粒重及产量，也可提升氮肥农学利用效率和氮肥表观利用率；在宁夏引黄灌区，麦后复种糜子的合理施氮量为 120～150 千克/公顷。在水分亏缺背景下，重视拔节期和灌浆期水肥管理，是实现高产的关键措施。施用植物生长调节剂后，糜子穗粒数和千粒重增加，较未施用增产 16.22%。

（四）病虫草害研究

1. 谷子病虫草害研究

病害方面，陈培育等在河南南阳、新野首次发现圈绒泡菌在谷子上的侵染为害。研究者也对谷瘟病、白发病、黑穗病的机理及检测手段进行了大量研究。张宝俊等研究发现谷子植株受到禾生指梗霉病菌侵染后，植株矮化，叶片变宽变厚，叶面积减少，叶表皮毛数量增多。郝雅萍等建立了谷子粒黑穗病菌 PCR 检测体系，具有快速、准确、特异性和实用性强等特点，为谷子粒黑穗病的监测和有效防治提供技术支持。草害方面的研究多集中在谷子除草剂的筛选方面，畅灼等研究结果表明，10%苯磺隆可湿性粉剂推荐用量 225.0 克/公顷下，对谷子的伤害比较小，品种对除草剂的抗性存在差异，张杂谷 13 号、龙谷 39 号的抗药性最强，晋谷 21 号、豫谷 18 的抗药性最差。高鹏等研究发现谷子对烟嘧磺隆的抗性弱于玉米，品种间也存在差异。王雅情等研究发现，20%的使它隆（氯氟吡氧乙酸）兑水 225.0 升/公顷对谷田杂草防除效果最好，且对谷子产量没有显著影响。

2. 高粱病虫草害研究

高粱病害方面，在我国贵阳发现一种由 *Pestalotiopsis trachycarpicola* 引起的高粱叶部新病害。郭永霞等分离纯化获得黑龙江省高粱炭疽病病原真菌，并证实高粱炭疽菌是引起高粱炭疽病的病原真菌。郭成等证实高粱丝黑穗病发病率与接菌量呈显著正相关，与播期呈显著负相关，鉴定筛选出 2 份免疫、3 份高抗丝黑穗病材料；魏金鹏等筛选出 4 种对枯萎病有良好生防效果的拮抗细菌；陈满静等鉴定出 2 份高抗叶部炭疽病资源。高粱虫害方面，研究发现释放赤眼蜂有利于控制高粱田 3 种主要鳞翅目害虫种类和数量增长，显著降低高粱受害程度，3.5 万头/亩松毛赤眼蜂能有效防治高粱田玉米螟。高粱草害方面，陈敏菊等发现高粱除草剂苗前处理产生的药害差异较大，杂交种药害较轻，并筛选出可有效防治田间杂草，对高粱药害也较轻的处理。张建华等研究明确了高粱耐烟嘧磺隆的最高限量为 30 克/公顷。高晓娟等建立了高粱中 28 种农药残留检测的 GC-QQQ 内标法测定法，王堃等建立了高粱中 16 种农药残留同时分析 QuEChERS-气相色谱-串联质谱法。

3. 糜子病虫草害研究

研究表明，黑穗病菌胁迫下，糜子会通过提高自身的超氧化物歧化酶、过氧化物酶等抗氧化保护酶减轻活性氧对细胞的损害，该研究为糜子与黑穗病菌互作提供了科学依据。2021 年糜子适宜除草剂筛选取得了明显进展，研究发现单嘧磺隆在苗前进行土壤封闭处理，苯・唑・2 甲钠在三叶期进行茎叶喷雾有利于糜子田间杂草的防除，对糜子的安全性高，莠去津 7 克、异丙甲草胺 7 毫升连续两次防治糜田杂草效果最好。除草剂与安全剂混用时，如 600 克/公顷阔世玛（3.6%二磺・甲磺隆）与 0.015 克/公顷芸苔素内酯混用，100 克/公顷锐超麦（20%双氟・氟氯酯）与 14.7 克/公顷赤霉素混用在缓解除草剂药害的同时也能促进糜子的生长发育，提高糜子产量。

（五）加工利用研究

1. 谷子加工利用研究

国内主要研究了谷子品质的影响因素、小米的保健功能、谷子产品加工等方面。研究表明，在全生育期内适度的浇水量有利于谷子品质的改善，同一地区不同产地小米中叶酸含量有较大差异，对谷子进行遮光处理，峰值黏度、直链淀粉、胶稠度、脂肪含量等随着遮光程度增加呈先增后减趋势。谷子的品质也受气象因素影响，可以通过构建谷子品质与气象因子关系的对等模型来指导优质小米生产。谷子还可以利用硝酸-亚硒酸钠法硒化修饰进行富硒、富含色氨酸小米的开发。研究表明，小米具降压、降血脂等保健功能。12 周全小米膳食干预能显著提高轻度高血压受试者肠道菌群丰度，小米中多酚类物质是重要的抗氧化活性成分，小米对高脂血症小鼠也有辅助降血脂功效。

在小米产品研发方面，郄倩茹等研究表明小米粥感官品质与肉豆蔻酸、顺-11-十六碳烯酸和 2,4-二叔丁基苯酚含量呈显著正相关，与硬脂酸、α-亚麻酸、花生酸、二十三烷酸含量呈负相关。闫海丽等研究表明水中 Ca^{2+} 质量浓度 5～15 毫克/升时更适宜熬制小米粥。王新等提出一种真空冷冻干燥速食粥的配方：每 49.6 克小米中添加蛹虫草子实体粉 1.5 克，β-环状糊精 4.3 克，山梨糖醇 2.9 克。陈树俊等提出东方亮小米即食小米粥最佳加工工艺条件为：浸泡时间 40 分钟，料液比 1∶20，熬煮时间 30 分钟。高晓丽等研究确定小米发酵茶的最佳制备工艺条件是：益生菌发酵接种量 6%、白砂糖添加量 3%、发酵时间 8 小时、发酵温度 40℃、小米与茶叶的质量比 1∶3。付丽红等研究提出了小米馒头的最佳制作工艺：以小米粉和小麦粉混合粉 150 克为基准，小米粉添加量 38 克，加水量 74 克，酵母添加量 2.5 克，发酵时间 28 分钟，蒸制时间 15 分钟。

2. 高粱加工利用研究

在高粱食用领域，冯耐红等研究了高粱沙琪玛最佳配方工艺条件。研究发现，高粱蒸煮米饭的风味物质包括 5 种醛类、4 种酮类、2 种酯类、2 种醇类化合物，高粱外种皮提取液中鉴定出 10 种酚酸类物质、3 种原花青素和 7 种酚酸类衍生物。高粱添加量低于 20%并不影响面包制作和比容，高粱淀粉经辛烯基琥珀酸酐酯化可作为一种新型乳化剂，用 80%乙醇溶剂能从高粱米糠中提取到最多的黄酮。在高粱饲用领域，研究表明，高粱生物精料饲喂肉牛能显著增加牛瘤胃液细菌物种丰度及细菌群落多样性，饲用高粱作饲草比高丹草更有优势，甜高粱与苜蓿混合青贮更有利于肉羊复胃及小肠的发育和养分的吸收，添加瘤胃液能有效改善青贮甜高粱的发酵质量和生物降解性能，甜高粱添加沼液青贮90 天时生物强化作用效果最佳。在高粱酿造领域，研究证明利用甜高粱簇和叶中的蛋白质、脂肪和单宁能增加乙醇产品中风味化合物的含量，葡萄糖、果糖和阿拉伯糖是驱动中国白酒发酵过程中微生物多样性和代谢多样性的关键糖类，碳代谢是高粱醋发酵过程中有机酸代谢的主导途径，不同蜡质高粱品种在酒发酵过程对其微生物种群变化有影响。刘国英等在酿酒高粱蒸煮香气中鉴定出 82 种化学成分，主要是醇类、醛类、酮类、酸类、酯类和酚类等。

3. 糜子加工利用研究

糜子的加工利用研究主要集中在品质分析评价和加工工艺方面。研究表明，糜子氨基酸种类齐全，平均总氨基酸 12.83%，平均必需氨基酸 4.78%。不同糜子品种的粗脂肪、灰分、直链淀粉、溶解度、膨胀度和糊化特性等差异较大，可以满足不同加工的需求。糯糜子抗性淀粉的糊化温度最高，花青素对糜子淀粉的溶解度、溶胀力、糊化性能、结构和消化性能有极大的影响，随着花青素含量增加，淀粉的溶解度和溶胀力增大。周中凯等研究认为湿热处理对糜子粉及其淀粉的颗粒形态、热力学性质、糊化性质、结晶度、膨胀度、透明度均有影响。图雅等研究糜子炒米加工工艺，发现用电热滚筒烘炒技术制作炒米时，浸泡时间 3 小时、蒸煮时间 40 分钟、烘炒温度 300℃是最佳条件；降彦苗等采用索氏提取法以石油醚为溶剂，研究认为液料比 20.34 毫升/克、提取时间 30.27 分钟、提取温度 80.86℃是糜子油的最佳提取条件。此外，颜飞翔等确定了糜子麸皮中多酚的最佳提取工艺条件。糜子壳可制作胶囊，牛广财等采用喷雾干燥法进行微胶囊化包埋，认为糜子壳油微胶囊乳化工艺制造的产品的流动性和组织状态较好。糜子也是营养价值较高的饲草，糜子拔节期粗蛋白、粗脂肪、钙和磷含量均高于其他生育时期，粗纤维、中性洗涤纤维和酸性洗涤纤维含量较低，饲料相对值和粗饲料品质分级指数分级高，是高品质糜子饲草最佳的刈割时期。

（六）机械研究

1. 播种机械研究

杨志杰团队设计的谷子垄上双行播种机将双行导种管与双行开沟器配套使用，实现了一垄双行品字精量播种和深施肥、开沟、播种、覆土、镇压等一次作业。衣淑娟等设计了一种结构简单、制造方便的正负压型孔轮组合式谷子精量排种器，解决现有气吸式谷子精量排种器易堵孔造成的穴粒数不准问题。寇倩雯等设计了一种气吸辅助机械式谷子穴播机，满足谷子播种农艺要求，平均播深合格率达 99.07%、平均播种合格率达 88.46%。

2. 收获机械研究

原向阳团队联合研发的谷子、高粱无人驾驶联合收割机首次实现了无人驾驶联合收割，开启我国谷子高粱收获的智能化新时代。张全贵等研制成功一种用于分段收获的 4GK-900 型谷子收割打捆机。原向阳等研究结果表明，收获过早会增加清选损失、破碎率和含杂率；收获过晚会增加割台损失，在完熟期联合收获较为合适，并确定倒伏方向与播种行垂直、谷子倒伏节间范围在茎秆中部 5～8 节可采用链齿式割台收获；倒伏方向与播种行平行、谷子整株含水率＜15%时可采用拨禾轮式割台逆倒伏方向机械收获。原向阳等研究还提出，高粱完熟期机械收获的破碎率、含杂率和清选损失率均最低，枯熟期的割台损失率和总损失率最低，综合考虑高粱的联合收获以适当晚收为好。车刚等研究了糜子籽粒在不同热风温度、热风风速和物料厚度条件下含水率的变化过程，指出糜子可分段收获，先割倒晾晒、后熟 7～10 天再进行捡拾脱粒较好。

（国家谷子高粱产业技术体系首席科学家　刁现民　提供）

2021 年度燕麦荞麦产业技术发展报告

（国家燕麦荞麦产业技术体系）

一、国际燕麦荞麦生产与贸易概况

根据美国农业部统计数据①，2021 年全球燕麦收获面积为 943.2 万公顷，较 2020 年同期②缩减 5.14%，总产量约 2 277.1 万吨，较 2020 年减少 9.83%，产量降幅大于收获面积降幅，说明 2021 年燕麦单产水平有所降低。产量超过 50 万吨的国家和地区包括：欧盟（820.00 万吨）、俄罗斯（410.00 万吨）、加拿大（230.00 万吨）、澳大利亚（155 万吨）、英国（110.00 万吨）、巴西（92.70 万吨）、阿根廷（69.00 万吨）、智利（60.00 万吨）、中国（60.00 万吨，据国家燕麦荞麦产业技术研发中心统计，中国燕麦总产量为 78 万吨）、美国（58.8 万吨）。与 2020 年总产量相比，加拿大、澳大利亚、智利、中国、美国 5 个国家 2021 年的燕麦总产量有所下降，尤其是受严重旱灾影响的加拿大和美国，燕麦产量较 2020 年同期分别降低 48.89%和 38.04%。俄罗斯、古巴、阿根廷、英国与欧盟的燕麦产量比 2020 年略有上升。

2021 年，受新冠肺炎疫情影响，全球燕麦贸易量明显缩减，出口量较 2020 年同期下降 15.60%，进口量下降 9.83%。2021 年全球燕麦出口总量为 218.6 万吨，主要出口国家和地区包括加拿大（110 万吨）、澳大利亚（60 万吨）、欧盟（20 万吨）、英国（11.5 万吨）以及俄罗斯（10 万吨），除欧盟外，其他各国燕麦出口量均有不同程度的降低。全球燕麦进口总量为 207.3 万吨，主要进口国为美国（118.9 万吨）、中国（30 万吨）和墨西哥（10 万吨）。

根据 FAO 统计数据，2019 年全球荞麦收获面积约为 167.35 万公顷，总产量约为 161.22 万吨，较 2018 年同期分别降低 44.24%、44.51%，反映出全球荞麦单产与往年持平。荞麦产量超过 10 万吨的国家和地区包括：欧盟（88.84 万吨）、俄罗斯（78.57 万吨）、中国（40.02 万吨，据国家燕麦荞麦产业技术研发中心统计，中国荞麦总产量为 84 万吨），较 2018 年同期减少了两个国家。

根据联合国商品贸易数据库数据，2020 年全球荞麦出口量为 15.83 万吨，较 2019 年同期下降 18.37%；出口额为 1.02 亿美元，较 2019 年同期增长 22.59%，系 2020 年全球贸易平均价格上涨所致。俄罗斯、美国、中国、波兰、立陶宛、拉脱维亚是主要出口国，日本、乌克兰、意大利、波兰等国是主要进口国。

二、国内燕麦荞麦生产与贸易概况

据国家燕麦荞麦产业技术体系统计，2021 年，我国燕麦种植面积约 1 180 万亩，其中

---

① 美国农业部于 2021 年 11 月 9 日公布的最新数据。

② 鉴于数据的可得性，在此所提同期，对比的是 2020 年 11 月全球燕麦收获面积数据。

籽粒燕麦650万亩、饲草燕麦530万亩；收获燕麦籽粒78万吨，燕麦饲草320万吨，均比2020年略有增加。2021年，全国荞麦种植面积895万亩，其中甜荞445万亩、苦荞450万亩；分别收获29万吨甜荞和55万吨苦荞，虽然甜荞主产区陕西、甘肃、宁夏因为干旱有所减产，但云南、贵州、四川苦荞产量增加弥补了甜荞减产的空缺，荞麦总产量比2020年略有增加。

据中国海关进口数据统计，2021年1—10月中国进口燕麦干草17.83万吨，占各类干草进口量的11.37%，同比下降33.0%；进口金额5 993.02万美元，同比下降35.6%；平均到岸价336.20美元/吨，同比下降3.8%。中国燕麦草进口全部来自澳大利亚，受澳大利亚燕麦草生产工厂出口许可证到期影响①，澳大利亚可出口中国燕麦草工厂仅剩3个，进口量下降明显②。

三、国际燕麦荞麦产业技术研发进展

2021年国际上燕麦加工领域前沿研究进展主要聚焦在4个方面。①德国对燕麦风味物质进行了提取分离鉴定，并系统研究了加工过程（包括油炸、烘焙）中燕麦芳香物质的形成及其前体物质的变化。②美国发现了一系列新的燕麦甾体皂苷，建立了新的燕麦甾体皂苷系列的完整图谱，燕麦甾体皂苷含量为62.2～192.9微克/克。③西班牙研究了发芽燕麦富含优良的纤维、β-葡聚糖、赖氨酸、硫胺素、γ-氨基丁酸和游离酚类化合物，具有较高的抗氧化能力，营养、感官和保健特性得到进一步改善。④燕麦麸不溶性纤维和糊化淀粉混合颗粒可提高二酰基甘油（DAG）Pickering乳液的乳化和抗消化性。

2021年荞麦加工与营养领域国外研究大部分集中在物理方式对荞麦营养品质、贮藏特性等的影响，如：低温粉碎对荞麦皮活性成分的影响；超声波、气流超细粉碎对蛋白质、淀粉等的理化性质及消化性的影响；过热蒸汽处理对贮藏品质的影响；酸性电解水对功能成分及抗氧化活性的影响。此外，也有研究者聚焦于外源物添加对加工性能的影响，如添加膨化内源淀粉对无麸质面条加工性能的影响等。在功效研究方面，国外的研究热点同样集中在功能成分对血糖、血脂等的代谢调控方面，以及对肠道微生物菌群的影响。

燕麦饲草方面，表现在①不同燕麦饲草品种对饲草产量、营养组分以及青贮品质影响的研究热度突然增加，相关研究多聚焦在高寒地区、农牧交错带以及冬闲田等区域的品种筛选；②燕麦青贮添加剂尤其是微生物菌剂的研究热度持续增加，但菌剂性能评价指标已从传统的改善青贮发酵品质、降低营养物质损失以及提高有氧稳定性方面，转移到如何能够提高燕麦饲草在瘤胃消化率、提高产奶量、改善肉品质和降低甲烷产生；③更加注重燕麦饲草对动物生产性能影响的研究，尤其是在利用燕麦青贮饲料替代或部分替代全株玉米、苜蓿、大麦草和三叶草等饲草对奶牛和牦牛的产奶量、综合经济效益方面的研究大幅增加。

燕麦种质资源及育种在世界范围内的研究利用方向日趋多元化，主要研究内容集中在倍性育种、种质资源鉴别、分子辅助育种及生物、非生物胁迫特征的转录组测序，基因挖

① 海关总署澳大利亚燕麦草出口商名录里的工厂有效期为每年2月到期。

② https：//baijiahao. baidu. com/s？id=1717997220726592449&wfr=spider&for=pc。

掘等方面，相关文献共 44 篇，值得一提的是，燕麦相关文章比例明显增多，且我国科研工作者发表在国际刊物上的比例也明显提高。

2021 年，国际上对燕麦栽培的研究主要集中在肥料施用与开发、不同种植模式研究及模型构建等几个主要方面，生理生化研究也取得了一定进展，共发表 66 篇文章。在燕麦栽培管理方面，土壤—植物系统中的 N 动态、效率、平衡和氮肥分配仍然是全球不同国家科研人员研究的核心问题，研究人员针对作物制定综合施肥策略，提高燕麦的竞争能力，降低化肥面源污染风险，而且越来越突出精准管理和仪器的应用。如巴基斯坦伊斯兰堡国家农业研究中心利用一种集成光学传感器 GreenSeeker™ 测量作物对氮的需求。

2021 年国际上对燕麦病虫草害的研究较多，共 31 篇文章，主要集中在病害研究方面，虫害和草害研究较少。病害研究主要包括赤霉病、叶斑病、白粉病、锈病和红叶病，主要围绕病原物分离、毒素鉴定、抗病基因定位、种质资源抗性鉴定等几方面开展研究；虫害方面主要围绕引入寄生蜂扰动蚜虫群落结构和燕麦根表微生物菌群抑制根腐线虫繁殖开展研究；草害主要以施用除草剂后燕麦地杂草种群结构、燕麦籽粒草甘膦残留等方面开展研究。

荞麦方面，2021 年国外期刊集中在对荞麦淀粉、荞麦育种及开花习性等方面的研究。此外，还针对甜荞内生病毒（alphaendornavirus）、自交可育习性与穗发芽特性（self-fertility and preharvest-sprouting-resistant）、共花植物（co-flowering plants）对荞麦访花昆虫群体的维持等进行了开拓性研究。

四、国内燕麦荞麦产业技术研发进展

2021 年荞麦加工与营养领域，国内研究热点包括苦荞中的生物活性成分如黄酮类物质、膳食纤维等对糖尿病、高血压、高血脂等代谢性疾病的调控机理等。新产品开发研究方面，主要集中在荞麦主食（馒头、鲜湿面条）、方便食品（方便面、挂面）、代餐食品（代餐粉）及荞麦饮品（混合谷物饮品、发酵饮品）4 个方面。营养成分及品质分析方面，比较关注的是苦荞淀粉及蛋白质等成分在加工过程中的性质变化和萌发对营养成分及黄酮等功能成分的影响。

2021 年国内对燕麦栽培与生产技术研究可分为 7 个方向，分别为施肥、种植模式、播期和播种量、水旱条件、杂草防除、青贮及草产品、抗逆性等，涉及的文献有 91 篇，以施肥、种植模式及抗逆性研究居多。

2021 年国内学者根据区域特点，应用常规育种和分子育种技术，重点开展了不同地区燕麦的高产优质育种研究。依据自然条件和品种之间的差异，进行品比试验和适应性评价，结合适宜的栽培技术，在提高燕麦品质、产量上有很大进展，为燕麦品种因地制宜地用于生产提供了参考，其中关于种质筛选的文献有 19 篇，关于育种的有 12 篇。

2021 年国内学者发表的燕麦病虫草害的文章有 10 篇，其中病害 6 篇、虫害 1 篇、草害 3 篇。国内燕麦病害研究主要集中在发病植株生理生化测定、病原菌分离，虫害研究主要集中在发生种类、规律及为害规律，草害研究主要集中在除草剂配比、组合筛选。

荞麦方面，2021 年国内期刊研究主题分析表明，研究材料上，金荞麦占比 29.07%，栽培甜荞占比 11.63%，苦荞占比 3.49%。具体研究方向上，营养成分相关占比 13.95%、

NAC17 占比 4.65%、荞麦秸秆占比 4.65%，荞麦蛋白、重组自交系、抗氧化活性、加工工艺、新品种选育、栽培技术占比均为 3.49%。年度研究体现了研究者对荞麦本身营养成分及利用的重视，荞麦分子生物学重点关注 NAC、MYB 转录因子，荞麦秸秆利用也呈现出较高的关注度，体现了研究者对荞麦综合利用的关注。荞麦黄酮类物质相关研究占比近 2%，此领域研究亟待新方法、新材料、新观点等的引入，以期获得突破。

（国家燕麦荞麦产业技术体系首席科学家　任长忠　提供）

2021年度食用豆产业技术发展报告

（国家食用豆产业技术体系）

一、国际食用豆生产与贸易概况

（一）国际食用豆生产概况

2010—2020年，世界食用豆产量总体呈上升趋势，2020年，世界食用豆总产量达到8 635万吨，年均增长率为2. 39%。按照联合国粮食及农业组织统计，2020年，芸豆、鹰嘴豆、豇豆、豌豆、小扁豆、木豆、其他干豆和蚕豆所占比例分别是38%、16%、16%、8%、6%、6%、7%和3%。食用豆的主要种植区域在亚洲和非洲，2020年亚洲食用豆收获面积占世界食用豆总收获面积的50%，非洲食用豆收获面积占世界食用豆总收获面积的31%，美洲、欧洲和大洋洲分别占13%、5%、1%。主要食用豆生产国为印度、加拿大、缅甸、中国、尼日利亚、巴西、美国、埃塞俄比亚、尼日尔等。

（二）贸易情况

全球共有150多个国家出口食用豆，出口的主要食用豆产品有小扁豆、豌豆、普通菜豆、鹰嘴豆等，其中发达国家是主要的食用豆出口国，加拿大、美国和澳大利亚3国约占世界出口总额的44%，其他主要出口国还有缅甸、土耳其、阿根廷、俄罗斯和印度等。世界有200个左右的国家和地区进口食用豆，发展中国家是食用豆的主要进口国，印度是最大的食用豆进口国，2020年印度食用豆进口量占世界总进口量的14%。

二、国内食用豆生产与贸易概况

（一）国内食用豆生产概况

2021年全国食用豆播种面积和总产量总体较2020年略有下降。主要受玉米、大豆等大宗作物政府补贴政策的冲击、主要生产省份的不利气候和国际市场的影响，整体种植面积有所减少，但单产较2020年提高，总产略有降低。从豆种来看，2021年绿豆、普通菜豆、豇豆的面积都有所下降，但产量下降幅度不大；蚕豆、豌豆面积和产量增幅在5%左右；普通菜豆种植面积尽管略有下降，但由于单产水平的提高，产量较2020年有所增长。受鲜销市场高效益的驱动，适合鲜销生产市场的食用豆类，尤其是豌豆、蚕豆、普通菜豆、豇豆等鲜食市场逐年扩大。

（二）贸易情况

虽然食用豆进出口相对减少，但总体进口数量仍然较大。2021年1—10月，中国食用豆出口数量为19. 94万吨，同比减少24. 3%；出口额约为2. 92亿美元，同比减少41. 7%；食用豆的进口数量为220. 77万吨，同比减少8. 2%；进口额为9. 72亿美元，同比增加19. 2%。食用豆的净进口数量为200. 08万吨，净进口额为6. 8亿美元。其中普通菜豆是主要出口产品，其次是绿豆和红小豆，豌豆是进口最多的品种，2021年豌豆的净进口数量为186. 82万吨。

三、国际食用豆产业技术研发进展

（一）食用豆生物技术研究再上新台阶

国际食用豆生物技术研究主要集中在利用全基因组关联和高代遗传群体等进行重要农艺性状关键基因的定位和分子标记开发。其中绿豆、蚕豆等研究进展较为突出，小豆、豌豆等相对滞后。

Pooja Bangar 等对绿豆野生种、育成品种和农家品种的 3 份材料进行了全基因组重测序，在 5 339 个单核苷酸多态性中，野生祖种、野生种和地方种质的 815 个、790 个和 317 个基因中分别有 4 739 个和 1 795 个单核苷酸为非同义突变，并推测这些多态性变异位点可有助于提高绿豆的非生物和生物胁迫耐受。Eunsoo Lee 等利用 VC1973A（复合总状花序）和 IT208075（简单总状花序）杂交构建的重组自交系（RIL）群体，确定了一个决定花序类型的单基因座并将该位点定位于 4 号染色体，标记间隔为 520kb，包含 64 个基因。

小豆的上胚轴长度影响机械化除草和收获的效率。Mori 等通过长上胚轴小豆品种 Tokei1121和普通上胚轴小豆品种 Erimo167 杂交的 F_2 群体，利用 52 个标记，在第 2、第 4、第 7 连锁群上分别鉴定出 4 个 QTL 位点与上胚轴长短有关，这 4 个 QTL 占表型变异的 49.3%。

Shimaa Bahgat 等建立了蚕豆稳定的再生体系。Vande 等在 RFLP、RAPD、形态学和同工酶标记的基础上初步构建了蚕豆遗传连锁图谱，该图谱包括 17 个标记，分别位于 7 个连锁群。Torres 等基于 RFLP、RAPD、ISZ 等方法，利用 64 株 F_2 代群体建立了第 1 张包含 11 个连锁群的蚕豆遗传图谱。

Strelkov 等利用 Reward（感）×00-2067（抗）的 F_8 代 RIL 群体，通过多年、多点抗性评价，利用 13.2K 的 SNP 芯片和 222 个 SSR 标记，初步定位到 8 个与抗性相关的主效基因、13 个中效基因和 6 个微效基因，这些基因主要定位在豌豆的第 4～第 7 号染色体上。

Delfini Jessica 等进行了巴西普通菜豆多样性小组中谷物矿物质含量的全基因组关联研究。

（二）食用豆资源创新与品种改良

Bano Hussan 等利用多种农艺和生理参数指标筛选出 1 个抗旱绿豆品种（NM-13-1）和 1 个干旱敏感品种（NM-54），品种的光系统Ⅱ（PSⅡ）和光系统Ⅰ（PSⅠ）活性、脯氨酸积累、氧化损伤和抗氧化剂的变化表明，绿豆抗旱品种与植株水分状况、PSⅡ活性、Y(NPQ）和 POD 活性有关。Abhay Pandey 等从 296 份绿豆核心种质中，鉴定出 9 份抗根腐病材料。Lee 等在韩国育成并推广应用了一个抗豆象绿豆品种 Jangannogdu。

法国选育的 Line29H、英格兰的 Quasar 和波兰的 Fioletowy 等蚕豆品种对褐斑病都具有较好的抗性，但不同类型的抗性品种只能在特定的地区表现抗性；然而，ICARDA 选育的 BPIA71、BPIA60、BPL74 和 BPL2485 等抗褐斑病蚕豆品种在多个国家都表现出较好的抗性。西班牙、英国等筛选和选育出了一些抗锈病和赤斑病品种。国外学者也利用模式豆科作物的转化基因组学来识别和精细绘制与花期相关的 QTLs。在检测的 31 个与拟南芥（*Arabidoposis thaliana*）和鹰嘴豆（*Cicer arietinum*）的开花控制有关的候选基因中，有 25

个可以在一个蚕豆RIL群体中被鉴定出来。虽然大多数基因在相关的豆科植物中显示出保守的合成关系，但没有一个基因与确定的9个重要的QTL区域重叠。在豆科植物中，*FT*基因被认为控制开花时间，它与第5号染色体中最相关的稳定和保守的QTL相近。这些新的QTLs和候选基因为进一步阐明控制开花分子机制提供了依据。

美国农业部农业研究中心于2008年育成并释放了W6 26740、W6 26743和W6 26745 3个抗镰刀根腐病的豌豆品种，在2021年审定了RIL846-07、RIL847-08、RIL847-22、RIL847-28等8个抗丝囊霉根腐菌的豌豆品种，上述品种的应用，在很大程度上控制了美国豌豆根腐病的为害。

Susana等分析了普通菜豆在水分亏缺（WD）和枯萎病（Fop）组合胁迫和单一胁迫下，抗性材料和敏感材料的转录组学变化和表型反应，89个差异表达基因仅在易感群体的组合胁迫中鉴定，而在抗性群体中鉴定出35个。美国、加拿大等国研究学者利用回交和分子标记辅助选择，将抗炭疽病基因转移到优良品系中，培育出高产抗病普通菜豆品种。巴西学者利用核糖核酸（RNA）干扰法阻断病毒复制技术，培育出抗金色花叶病毒的转基因普通菜豆。

（三）食用豆病虫草害防控

1. 食用豆抗病及病原菌致病分子机制解析取得新进展

Bhosle和Makandar以豌豆抗病基因型和感病基因型为材料开展比较转录组分析，解析了豌豆抗白粉病的分子机制和豌豆白粉病菌的致病因子，发现抗病基因型JI-2480涉及的防卫和激素信号基因、过敏反应、活性氧、苯丙素类途径相关基因的表达在对白粉菌抗性中发挥关键作用；糖酵解是病原菌生长能源的重要途径。Dasgupta等基于转录组测序（RNA-Seq）比较分析解析了绿豆抗黄花叶病毒病复杂调控网络。

2. 发现了新的抗病基因及抗性机制

Richard等鉴定了一个普通菜豆抗菜豆炭疽病菌高毒力菌株基因*Co-x*，该基因编码的蛋白质不同于任何已知病害抗性基因编码蛋白，而是编码一个截断的嵌合CRINKLY4激酶，推测该蛋白可能作为一个诱饵在被病原菌分泌的一个还未鉴定效应子修饰后激活植物的免疫反应。如果是这样，这将是诱饵介导的真菌效应子识别的第一个例子。Costa等基于全基因组关联分析在菜豆Pv04和Pv10重复鉴定到显著SNPs，在Pv04菜豆基因组发现一个抗病基因簇，其中*CC-NBS-LRR*（*CNL*）和*TIR-NBS-LRR*（*TNL*）抗病基因被鉴定；进一步在Pv10也鉴定到两个抗病基因*Phavu_010G1320001g*和*Phavu_010G136800g*；序列分析表明这些基因与拟南芥的病害抗性蛋白（RLM1A-like）和假定病害抗性蛋白（At4g11170.1）同源。Caroline Marcela da Silva等研究表明*PvPR1*、*FLS2*、*NPR1*和*β-GLUC*这些基因可能参与了菜豆对*C. lindemuthianum*第65小种的防御系统。Wu等用13.2K SNP array和SSR标记在豌豆4号染色体约20cM区域鉴定了一个抗丝囊霉根腐病主效稳定QTL定位。

3. 新的食用豆病原菌被鉴定

Kelly等发现绿豆和黑吉豆白粉病由*Podosphaera xanthii*和*Erysiphe vignae*两种病原菌引起，其中*E. vignae*为一个新种。You等基于形态和分子鉴定确定在埃塞俄比亚发生的蚕豆泡泡病病原菌为节壶菌（*Physoderma*）而不是以前鉴定的油壶菌（*Olpidium*）。Torres Suarez等在世界上首次发现植原体16SrIII-J亚群引起的蚕豆病害，症状表现为黄化、矮化、芽增生、节间缩短、叶芽化和不结荚种子。澳大利亚研究者 Ijaz，Ayliffe，Adhikari 等分离纯化 2 个澳大利亚本土的蚕豆锈病小种，分别侵染了豌豆、鹰嘴豆、羽扇豆、小扁豆和豇豆等，鉴定其寄主范围，揭示了蚕豆锈病生理小种与寄主和非寄主之间的关系。

4. 探究极端环境变化对食用豆病害发生的影响

Haddoudi 等研究发现在离体条件下盐和干旱胁迫能够显著提高蚕豆一些真菌病原菌的生长率，表明当今世界大部分地区发生的土壤盐渍化和缺水能够提高植物病原真菌的进攻性。

5. 病害绿色防控获得新的进展

Shtaya 等研究发现蚕豆与小麦、小黑麦、燕麦、大麦等间作系统中谷类作物作为蚕豆锈菌孢子运动的屏障，寄主密度的减少和非寄主屏障延长了最初孢子堆出现时间和减小病害流行增长。Hashem 等研究发现巨大芽孢杆菌（*Bacillus megaterium*）生物合成的纳米硅能够有效防治丝核菌引起的蚕豆猝倒和蚕豆根腐病，促进植物生长。

6. 草害研究进展

在抗除草剂种质资源鉴定和品种培育方面，国际干旱地区农业研究中心（ICARDA）对 210 份来自不同地区的蚕豆材料于出苗后和开花前进行了三氮苯类除草剂嗪草酮（赛克津）和咪唑乙烟酸抗除草剂抗性鉴定和评价，筛选出 16 份稳定的抗性蚕豆种质。法国第戎大学开展豌豆抗除草剂突变体的筛选；澳大利亚西澳大学开展蚕豆抗咪唑酮类除草剂突变体的筛选；西班牙在抗列当、菟丝子、独脚金等寄生杂草研究方面，诱变筛选出高抗列当蚕豆种质。Abou-Khater 等筛选出 8 份耐嗪草酮和咪草烟蚕豆资源，并明确了这两个除草剂的使用不造成显著的籽粒产量损失。

在抗除草剂关键基因分子标记发掘方面，ICARDA 利用 SNP 和 GWAS 分析对 140 份蚕豆种质资源进行了抗咪唑乙烟酸关键基因发掘，研究发现调控酸性几丁质酶、丝氨酸/苏氨酸蛋白激酶、苹果酸脱氢酶以及参与调节光系统 I 的 PsaA 蛋白质表达与除草剂抗性高度相关。

在食用豆田间除草剂研发方面，澳大利亚针对耐咪唑乙烟酸蚕豆品种，研发并注册了 Intercept 除草剂。在生物除草剂研发方面，没有大的突破。

在食用豆田间草害绿色综合治理方面，以绿色、生态、环保为理念，基于耕作制度、农业生态体系和生物多样性，采用合理密植、农业措施、休耕轮作、水肥优化、机械中耕、生态调控、化学防控等综合技术是发达国家作物病虫草害治理的主要理念和方式。德国学者在开展田间杂草种群动态的研究发现，利用作物多样化种植模式可以有效防止田间优势杂草种群的大量繁殖，从而降低田间杂草密度，减少草害造成的产量损失，提高作物品质和商品性。西班牙学者开展了不同禾本科作物与豌豆间作对主要病害发生和流行规律的研究，结果表明间作可显著降低豌豆白粉病的发生和流行。在田间杂草预警和防控方面，法国学者基于作物—杂草时空上的互作动力学，构建了 FLORSYS 模型，用于田间杂草预警和农田生态管理。

（四）食用豆栽培与土肥

Al-Amri Salem 开展了利用不同微生物作为生物肥料，提高不同水分胁迫水平下普通菜豆的生长和产量的研究。Forbes 等试验结果表明 5 种化学生物调节剂可以提高食用豆的产量。草藻灭（Endothal）、碘化钾和碘化钾加乙烯降低豆荚水分含量的同时缩短生育期至少 10 天左右，另外一种材料 Al-ar 也增加了种子产量，但不降低水分含量。Garmendia 等提出早熟的豆类品种可以应对长期暴露于不断上升的二氧化碳环境下，但是可能同时对食品质量产生负面影响。

（五）食用豆产品加工

1. 植物基替代产品获得快速发展

在大健康、环境及碳排放问题压力之下，由植物原料制成的牛奶和肉类替代品越来越受到消费者欢迎。国际数据分析机构 Innova Market Insights 将“植物基跃进（Plant-Forward）”视为 2021 年食品产业主要发展趋势之一。食用豆来源的植物蛋白以其含量丰富，来源广泛，占据着市场上植物基产品中动物性替代蛋白的主战场。

荷兰知名食品集团 Fooditive 研制出一种以豌豆为原料，名为“GoPeasy”的代乳饮料。雀巢在欧洲市场上也推出了一款名为“Wunda”的黄豌豆基牛奶替代品。瑞士 Migros 集团推出了一款鹰嘴豆酸奶。

英国素食烘焙品牌 Oggs 推出了植物基的鸡蛋产品“Oggs Aquafaba”，该产品由煮熟的鹰嘴豆液体制作。以色列初创企业 Zero Egg 利用鹰嘴豆、豌豆和大豆蛋白开发出一款低热量素蛋产品。加拿大初创公司 Noblegen 以豌豆蛋白为原料研发出“the Egg”植物蛋粉。此外，植物基初创公司 Outstanding Foods 还推出用豌豆蛋白制成的“Pig Out Pigless Pork Rinds（非猪肉猪皮）”。

2. 食用豆蛋白功效新发现

在食用豆功效成分的研究上，目前仍较多聚焦在蛋白和多酚类物质上。相关功效研究也仍然聚焦在消费者普遍关注的肥胖、糖尿病以及非酒精性脂肪肝等慢性疾病的干预上。目前，不断涌现的证据也显示，豆类消费能显著改善机体的肠道微生态。此外，豆类蛋白的健康作用也获得国外权威机构的推荐。美国心脏病协会（AHA）发布的《2021 年改善心血管健康的饮食指南》中，指出应主选豆类和坚果类来源的蛋白质，其中，豆类蛋白包括大豆、小扁豆、鹰嘴豆以及豌豆等食用豆。

（六）食用豆机械化

1. 播种与田间管理机械化技术

在播种机械化技术方面，国外发达国家近年来的研究进展主要体现在播种智能化程度进一步提升，包括：①采用排种器转速自适应调控技术，实现播种粒距的无级调节，从而达到种植密度的按需调整；②采用播种作业参数实时在线检测和无线传输技术，实现播种质量参数、作业速度、播种面积等参数的实时检测并无线发送至云端；③采用播种智能显控技术，实现播种参数的灵活设置、接收以及可视化显示，使播种作业更加精准、播种过程更加舒适方便。

在田间管理机械化技术方面，国外发达国家近年来的研究进展主要体现在植保喷药作业更加精准，包括：①采用基于植株病虫害发生情况的精准对靶喷药技术，实施对靶喷药，提高药液施用效率和病虫害防控效果；②采用基于植株冠层密度的精准变量喷药技术，根据植株长势实时调控施药量，实现按需施药，减少药液用量、降低环境污染。

2. 收获机械化技术

在收获机械化技术方面，欧美等发达国家已有成熟的联合收获技术进行作业，主要应用于大型农场生产，近年来的研究进展主要体现在：①自动化技术深度应用，收获装备大都配置适度智能化作业和全车信息诊断系统，可以快速、准确收集田间作物信息、机具作业状态，并根据专家系统进行自动处理或分析后传递给驾驶人员，确保作业过程的高效性、稳定性和作业高质化；②功能多元化，联合收获机逐步具备作物脱粒、秸秆粉碎、收集进仓和产后预处理等多项功能，同时进行了深度人机工程学设计，大幅提高了驾驶舒适性和作业便捷性；③鲜食豆类收获机具开始进行产业应用，在鲜豌豆收获方面，Ploeger 公司研发出 EPD 540 型豌豆收割机，该机生产率高、脱净率高、破碎率低，但体积庞大，价格昂贵，适合大规模生产使用。

四、国内食用豆产业技术研发进展

（一）食用豆生物技术

Chang 等通过绿豆转录组分析，明确了与镰刀菌枯萎病抗性相关的候选基因，筛选出了 27 个绿豆抗枯萎病候选基因。钱猛等采用实时荧光定量 PCR 技术分析 6 个候选内参基因（*EF1α*、*TUA*、*TUB*、*CHS*、*GADPH*、*Actin*）在不同品种、不同部位（根、茎、叶）及镉诱导前后的表达趋势。结果表明，*Actin* 与 *TUA* 是所有样品中表达最稳定的内参基因。

中国农业科学院联合云南、青海、江苏相关研究机构共同开发了一个高通量、灵活、低成本的 Faba_bean_130K 定向下一代测序（TNGS）基因分型平台，开发出首个蚕豆液态 SNP 标记芯片，为加速蚕豆新品种选育提供了可靠的基因分型工具。

江苏省农业科学院袁星星等通过 NGS 和 SMRT 全长转录组测序技术，对春化蚕豆芽的全转录组进行了分析，筛选出 50 个在春化过程中发挥重要作用的基因。其中候选基因 *VfSOC1* 的表达对春化敏感，在拟南芥中的异源表达使开花期提前。高营等同源克隆了蚕豆 *VfGASA1* 基因，在蚕豆叶片和嫩荚中高表达，异源过表达 *VfGASA1* 导致转基因拟南芥开花延迟、莲座叶数量增多，外施赤霉素能够恢复这一现象。转基因试验证明 *VfGASA1* 可能是通过间接抑制 DELLA 蛋白的表达从而调控植物开花。

青海省农林科学院以 F_2 和 $F_{2:3}$群体为材料，研究表明亚有限生长习性由 2 对隐性核基因控制，2 对基因间存在显性上位效应。并定位到 2 个与生长习性相关的 QTL，分别位于 LG01 的 917.35～923.63cM 与 LG02 的 273.26～280.78cM 区间内，命名为 vfGH1 与 vf-GH2。

Chu 等利用 RNA-Seq 和 qRT-PCR 试验证明 *VaSDC1* 基因是调控黑色和红色种皮颜色的关键基因。在种子发育的 3 个不同着色阶段，*VaSDC1* 在黑色种皮中特异表达，激活类黄酮代谢途径的结构基因。因此，这导致了花青素的大量积累，形成了深蓝黑色。在红色种皮品种中，*VaSDC1* 的低表达水平导致花色素苷的积累较低。

（二）食用豆种质创新与品种改良

2021 年我国新增登记豌豆品种 56 个，其中鲜食类型 44 个，占比 78.6%，较以往年度有所下降。鲜食类型中以鲜食荚类型（软荚豌豆）为主，登记品种 23 个，其次为鲜食籽粒类型 12 个，鲜食茎叶类型 5 个。干籽粒豌豆品种为 11 个，较 2020 年增加 5 个；2021 年豌豆新品种的登记申请者由种业公司（21 个）、科研单位（5 所）、个人（1 个）构成。种业公司/企业占比较大，占全部登记品种的 82.1%。2021 年登记的 56 个豌豆品种中，高抗锈病品种 4 个、抗性品种 12 个和中抗品种 23 个。高抗（HR）和抗（R）的品种占比 28.5%，较 2020 年降低 61.3%。

2021 年国家食用豆产业技术体系共选育出适宜不同区域种植、高产多抗、优质专用且适宜机械化生产的绿豆、小豆和普通菜豆等新品种 59 个。其中，江苏省农业科学院育成的苏绿 M002 为高抗黄花叶病毒病、早熟、宜机收绿豆新品种，已通过缅甸国家品种审定，将有效解决缅甸绿豆产业因黄花叶病毒病发生严重而濒临灭绝的困境。龙芸豆 22、龙芸豆 26 为中早熟小白芸豆，直立抗性好，解决了小白芸豆秋季降雨多时籽粒易霉变、叶病斑等问题。青蚕 21 号为高产中晚熟粮菜兼用蚕豆新品种，青蚕 25 号为适于机械化粒用早熟蚕豆品种。蚕豆品种凤豆 23 号抗赤斑病、抗褐斑病、优质高蛋白、高产。成胡 23 号为中早熟蚕豆品种，具有生长势旺、抗旱能力强、苗期耐冷、花荚期耐旱、分枝力强、不裂荚、熟相好、中抗赤斑病等特性，干籽粒百粒重 111.2 克，蛋白质含量（干基）27.7%，淀粉含量（干基）35.5%。

（三）食用豆栽培与土肥

1. 食用豆在盐碱等逆境环境中发挥巨大作用

逆境中的盐碱、干旱、重金属等因子胁迫是目前国内食用豆研究的热点。

张文慧从绿豆转录组数据库中筛选出 41 条 *Dof* 基因，对其蛋白序列进行生物信息学分析和盐胁迫下表达分析。表明 *Dof* 基因能够不同程度响应盐胁迫，它们在绿豆抵御盐胁迫中发挥不同作用。朱雪天探究了盐胁迫下绿豆 *SOD* 基因的表达模式，结果表明，绿豆 SOD 蛋白都含有磷酸化位点，并且大多定位在叶绿体中，部分存在于细胞质、过氧化物酶体、线粒体，说明它们主要在这些细胞器中清除活性氧；研究发现绿豆 8 条 SOD 蛋白都可以响应盐胁迫。胡亮亮等对 346 份国内外绿豆种质苗期用 NaCl 进行胁迫处理，筛选到苗期高耐盐（1 级）绿豆 26 份，耐盐（3 级）绿豆 65 份，其中来自江西的 C04125、菲律宾的 C06310 等 10 份耐盐能力最强。

袁典等研究了碱性盐 Na_2CO_3 胁迫下 28 种绿豆的萌发特性，将 28 种绿豆分成了耐盐性较强、耐盐性中等和耐盐性较弱 3 种类型。郭亚宁等基于绿豆基因组及转录组数据探索了绿豆中 NACs 转录因子的特征及功能，鉴定得到 59 条 VrNACs 核酸序列，生物信息学研究表明绿豆 VrNACs 均为 N 端保守，C 端变异，均匀地分布于绿豆不同染色体上，参与绿豆的生长发育及逆境胁迫响应。黄年英等采用 10%甘露溶液模拟干旱胁迫，同时基于 SSR 扩增，明确了 56 份绿豆种质萌发期的耐旱性及其遗传特性。冷艳利用 RNA-Seq 技术，研究了绿豆根、茎、叶响应重金属镉的分子机制。

2. 创新优化种植结构，高效栽培模式促增收

禾谷类/食用豆类以及薯类/食用豆类一年两熟轮作模式在很多地区都有示范推广。云南省芒市形成的水稻—无筋豆—甜玉米等三熟高效种植模式，亩纯收入 9 012 元。福建省清流县推广的早芋—晚稻—荷兰豆轮作复种模式每亩纯利可达 4 500～5 000 元。安徽省萧县提出胡萝卜—豌豆—玉米周年三熟高产高效种植模式，亩产值可达 7 280 元，推广面积达 8 000 公顷。苏北地区集成了西瓜—豇豆—大白菜一年三熟大棚高效栽培模式，亩效益 9 310 元。

间作套种有利于充分利用土地和气候资源，提高复种指数。甘肃省凉州区积极推行玉米套种豌豆种植模式；高原旱作区青稞、黑麦、燕麦等禾本科作物与豌豆、蚕豆等食用豆类作物混播的生产模式日臻成熟，豆科作物能增加蛋白质含量，提高混播饲草的营养品质。浙江省江山市开发出高山生姜间作豇豆绿色高效栽培技术，亩产值 16 500 元，比单纯种植生姜每亩增效 4 000 元。

中国农业大学资源与环境学院李隆教授团队通过长达 10 年以上的定位试验研究，证实蚕豆/玉米和鹰嘴豆/玉米间作产量比单作玉米分别平均增加 22.5%和 27.05%，随着试验年限的增加，间作的增产效应比单作更加明显。长期间套作可以大幅度增加土壤的大颗粒（粒径大于 2 毫米）团聚体的含量。在部分土壤上还增加土壤有机质和全氮等指标。

3. 开展生态与土壤安全管理

初步摸清了北方使用地膜比较频繁的 7 个食用豆试验站主产县的地膜在土壤中的残留情况。结合品种鉴定试验，在安宁基地筛选出蚕豆低镉（Cd）品种 5 个，低铅（Pb）品种 5 个，Cd/Pb 低积累品种 1 个；豌豆低 Cd 品种 3 个，低 Pb 品种 3 个，低 Cd/Pb 品种 1 个；蚕豆易积累 Cd，而豌豆易积累 Pb。

（四）食用豆病虫草害防控

1. 发掘和鉴定了多个食用豆抗病相关基因

Yundaeng 等将绿豆抗尾孢叶斑病基因 *qCLS* 精细定位在绿豆 6 号染色体约 13kb 区域，并鉴定了一个编码 TATA-binding-protein-associated factor 5（TAF5）的 *LOC106765332*（*VrTAF5*）为候选抗病基因。Xue 等鉴定了一个甲基酯酶（Methyl esterase）通过调节苯丙酸合成和糖代谢信号途径贡献对菜豆枯萎病的抗性。Xue 等研究了普通菜豆 PvEG261 开放读码框结构与功能，发现该基因属于 Dirigent 超家族成员，包含 10 个氨基酸的信号肽序列，属于外分泌蛋白，正向调控普通菜豆镰孢菌枯萎病抗性和抗旱性水平。Chang 等开展了病原菌胁迫下抗感绿豆纯系比较转录组分析，筛选获得 27 个绿豆枯萎病抗性相关候选基因，包括 7 个 R 基因、7 个蛋白激酶基因、6 个转录因子基因和 7 个氧化还原酶基因。

2. 筛选出一批抗病虫、耐除草剂食用豆新品种（系）和种质

朱振东团队完成 52 个普通菜豆品种（系）对白粉病、80 个豌豆品种（系）对白粉病、17 个蚕豆品种（系）对锈病的抗性鉴定，分别筛选出 9 个、26 个和 6 个优异抗性品种（系）；杨晓明团队鉴定筛选出黑荚、抗旱、耐根腐病豌豆种质资源 1 份，筛选出耐苯达松、咪唑乙烟酸抗性豌豆品种麻豌豆、陇豌 8 号、NESPEA13。陈新团队利用基于叶绿素荧光和高光谱的高通量表型鉴定和评价技术，获得抗黄花叶病毒病、抗叶斑病、抗豆象、耐钙质土等 21 个绿豆新种质。

3. 利用生物多样性栽培控制病害及机制解析

Li 等研究发现小麦/蚕豆间作提高了蚕豆对镰孢菌酸生理和结构抗性，显著减少蚕豆枯萎病的发生和提高生长及产量。Lv 等研究表明在小麦/蚕豆间作系统中每公顷施 90 千克 N 肥能够显著控制蚕豆枯萎病的发生和提高产量，施 N 肥和与小麦间作能够控制蚕豆枯萎病的发生与蚕豆根分泌的有机酸成分及数量密切相关，其中酒石酸和苹果酸最丰富和重要，因为其对枯萎病菌生长和繁殖具有显著的抑制效果，对枯萎病防治有极大帮助。

4. 发现具有潜在应用前景的植物源农药

醉马草（*Achnatherum inebrians*）为禾本科芨芨草属（*Achnatherum*）多年生草本植物，是我国北方天然草原上的主要烈性毒草之一。醉马草致毒的主要因素是甘肃内生真菌（*Epichlo gansuensis*）。马亚玲和李春杰研究发现苗期带菌醉马草水浸液对豌豆蚜有较好的触杀效果，校正死亡率高，且触杀后当代繁殖力减弱，种群扩建时间延长，不利于其种群繁殖和增长；苗期醉马草水浸液具有很好的杀虫潜力，所采用水浸液制备方法简单，成本低，可为新型植物源农药研发提供重要理论依据。

5. 鉴定了多个食用豆新病害

Sun等鉴定了一个豇豆疫霉（*Phytophthora vignae*）新的专化型，豇豆疫霉绿豆专化型（*P. vignae* f. sp. *mungcola*），该病原菌引起绿豆疫霉病，为世界首次报道。Sun等在世界首次报道 *Pseudomonas syringae* pv. *tabaci* 引起绿豆野火病，Luo和Jiang在世界上首次报道 *Nigrospora oryzae* 引起菜豆叶斑病。Sun等在我国首次报道 *Paramyrothecium foliicola* 引起的绿豆叶斑病，Yan等在我国首次发现群结腐霉（*Pythium myriotylum*）和瓜果腐霉（*Pythium aphanidermatum*）引起绿豆根腐病，Deng等发现我国四川和重庆豌豆菌核病由 *Sclerotinia sclerotiorum*、*S. minor* 和 *S. trifoliorum* 3个核盘菌种引起，其中 *S. minor* 和 *S. trifoliorum* 引起的豌豆菌核病是在西南地区首次报道。此外，在我国台湾Sheu等首次报道 *Podosphaera xanthii* 引起绿豆白粉病，Chen等首次报道16SrII－V植原体引起绿豆多叶病。

6. 食用豆除草剂药害研究获得初步进展

杨晓明筛选出耐苯达松、咪唑乙烟酸中抗豌豆材料，明晰了芸苔素、碧护和磷酸二氢钾可用于咪唑啉酮类除草剂咪唑乙烟酸、三氮苯类除草剂嗪草酮对豌豆幼苗期药害的缓解；磷酸二氢钾可用于苯达松除草剂药害的缓解；通过水肥优化的研究，明晰了苗期结合苗水灌溉，亩追施4千克尿素，可有效缓解氟乐灵、二甲戊灵土壤处理导致的苗期药害。通过不同土壤处理除草剂对豌豆出苗影响的研究，明晰了过量使用二硝基苯胺类除草剂氟乐灵、仲丁灵、二甲戊灵除草剂可显著增加畸形苗，且对出苗有一定的抑制作用。在田间草害化学防控方面，研究集成了北方春播区蚕豆和豌豆全生育期田间草害防控技术。在豌豆播前5～7天，选用氟乐灵、二甲戊乐灵、仲丁灵+燕麦灵进行浅层土壤处理，在豌豆出苗前7～10天，在土壤墒情好的条件下，使用精异丙甲草胺复配制剂进行土壤封闭处理，在豌豆出苗至分枝期和始花前期，选用高效氟吡甲禾灵、精喹禾灵、喹禾糠酯、烯禾啶及其混剂防治禾本科杂草，选用苯达松、烯草酮及其混剂防治阔叶杂草。在豌豆绿色高效田间草害防控方面，研究集成甘肃中部灌区水肥优化防控豌豆田间杂草技术。结合前茬整地，秋季每亩施入碳酸氢铵40千克，并进行深翻，浇足冬水，春季豌豆出苗后，进行抗旱蹲苗，待田间大部分杂草萌发出苗前，进行苗期灌溉，每亩施入5千克尿素，促进豌豆幼苗快速生长封行，从而抑制田间杂草。

7. 病虫草害绿色防控示范推广成效显著

陈新团队利用抗性品种、生物防控药剂及其他农业措施等开展绿豆叶斑病与豆象及病毒病防控，总防控面积超过136万亩，每亩增效120元，合计新增经济效益16 320万元；在蚕豆抗赤斑病与病毒病等生物防控与综合防控方面，据不完全统计，抗性品种和生物防控技术累计使用面积超过170万亩，按每亩可增效60元计算，合计新增经济效益10 200万元。在绿豆晕疫病绿色防控方面，朱振东团队与河北张家口试验站、山西大同试验站、内蒙古呼和浩特试验站联合开展无菌种子防治绿豆晕疫病生产示范，防病效果明显，增产12.1%～32.7%。

（五）食用豆产品加工

在全球低碳减排和营养健康热潮的推动下，国内也在2021年继续食品产业的“植物基革命”。与国外产品研发不同，所开发的植物基产品类型、口味更贴近国人需求，像植物基五花肉、宫保鸡丁、包子、饺子植物基肉馅等新产品，其中主要的植物基蛋白来自豌豆、大豆。国内蒙牛、伊利、三元等传统乳企纷纷布局植物基饮品；休闲食品品牌百草味也在 2021 年推出了植物肉类休闲食品。然而目前国内推出的植物蛋白产品原料主要来自大豆，其次是进口豌豆，绿豆、小豆、普通菜豆等我国优势食用豆的开发利用度仍较低。

在绿豆等食用豆新产品开发和营养功能发掘方面，国家食用豆产业技术体系利用食用豆富含可转化植物蛋白的特点开发出系列 γ-氨基丁酸（γ-aminobutyric acid，GABA）富集的功能性产品，包括 GABA 绿豆、小豆、芸豆粉、芸豆休闲食品等，并在 2021 年获批发布了一项行业团体标准（T/CCOA 42—2021）。体系专家研究发现，绿豆蛋白可通过调控肠道菌群来改善小鼠的营养不良症状，此功能甚至优于牛奶来源的蛋白。此外，豌豆蛋白、绿豆皮在缓解高脂肥胖小鼠的血糖和血脂异常，调控肠道菌群、促进肠益生等方面的功效也得到了研究证实。类似的研究结果为食用豆蛋白及副产物资源的开发利用提供了新思路。

此外，国内学者以白芸豆为原料研发了白芸豆饼干、白芸豆水提取物、芸豆发酵乳酸菌饮料等，主打减脂功能。在鲜食豆类产品的研发上，体系专家筛选出适宜绿豆芽生长的温度梯度混合法及 LED 光质处理培养法，显著提高了绿豆芽的鲜脆品质特性和产量性状。

（六）食用豆机械化

1. 播种机械化技术

在食用豆播种机械化技术研究方面，2021 年度取得较大进展，具体如下。①播种质量实时监测系统研发，该监测系统对食用豆播种量的监测精度为 99.1%，对合格率的平均监测精度为 98.5%，可用于蚕豆、普通菜豆、豌豆等豆种精量播种的监测；②播种深度智能控制系统研发，通过对播种机开沟阻力实时检测获得土壤坚实度值，对播种单体下压力进行在线调控，从而保证播种深度稳定一致，确保苗齐苗全；③豌豆密植匀播铺管联合作业机具研发，一次进地可实现豌豆密植匀播、铺设滴灌管、覆土镇压等功能，种植密度可达 2.2 万～2.8 万株/亩；④稻茬冬闲田手扶式蚕豆播种机研发，采用防堵减粘开沟器和勺夹式精量排种器，对中小粒型蚕豆种子适应性好，适用于小地块稻茬冬闲田精量播种；⑤轻简型豆类精量播种机优化改进，增设凿式开沟机构、优化种勺结构、改进覆土镇压机构，提高了对黏重土壤的适应性，可实现丘陵山区蚕豌豆的精量播种。

2. 田间管理机械化技术

设计了一种中耕除草施肥一体机，一次进地可完成中耕除草、培土、深施肥等多项作业，能满足不同豆类、不同种植行距、不同追肥量的中耕需求。在机械化植保喷药技术集成与应用方面，将研发的药液精量喷施控制系统与喷杆式喷雾机集成，采用的基于 GPS 测速的药液流量精准控制方法，实现了喷药量与作业速度的实时精确匹配，提高了喷药精度和药液利用效率，减少药液浪费。

3. 收获机械化技术

联合收获技术方面，针对蚕豆等大粒型食用豆机械化收获存在破碎高，绿豆等小粒型食用豆机械化收获存在含杂多、损失大等难题，自主研制了一种集切割、输送、脱粒、清选、收集于一体的广适性食用豆专用联合收割机，该机能实现对高杂草环境下不同粒型食用豆机械化一次性联合收获，破碎率低于 2%、综合损失率和含杂率低于 5%，目前该专用机型已进行小批量生产应用。

分段收获方面，研发生产出适宜食用豆分段收获的手扶式割晒机，可以将食用豆秸秆一次性割倒铺放。创新设计了 2 款食用豆脱粒机，采用柔性脱粒技术，有效降低了食用豆脱粒损伤，保证种子发芽率不受影响，脱粒滚筒和风机由变频电机驱动，可根据不同品种食用豆改变脱粒转速，降低破碎率，提高脱净率，同时优化脱粒仓结构，可根据不同籽粒大小更换适宜孔径的网筛，便于快速清种，具有较好的作业适应性。

（国家食用豆产业技术体系首席科学家　程须珍　陈新　提供）

2021年度马铃薯产业技术发展报告

（国家马铃薯产业技术体系）

一、国际马铃薯生产与贸易概况

（一）生产概况

据FAO统计数据①，2020年全世界有马铃薯生产统计的国家和地区159个，种植面积为2.474亿亩、总产量3.59亿吨，基本与2019年持平。亚洲和欧洲马铃薯种植面积分别占全球面积的52.12%和27.71%。总产量世界十大主产国依旧是中国、印度、乌克兰、俄罗斯、美国、德国、孟加拉国、法国、波兰和荷兰。世界平均马铃薯亩产1 451千克，比2019年提高1.08%，美国的亩产最高，为3 386千克，新西兰和科威特紧随其后。2020年全世界马铃薯生产形势好于2019年。

（二）贸易概况

根据联合国商贸数据统计②，2020年世界马铃薯及其制品国际贸易总额为303.64亿美元，比2019年减少9.88%，其中出口额146.99亿美元，进口额156.65亿美元，分别下降了10.61%和9.18%。冷冻薯条仍然是第一大贸易品，出口额和进口额分别为67.72亿美元和68.83亿美元，分别占出口和进口总额的46.07%和43.94%；其次是鲜薯的出口额和进口额分别为32.57亿美元和34.37亿美元，占比分别为22.15%和21.94%；最后是鲜切脱水薯片薯条等，出口和进口贸易额分别为24.02亿美元和23.94亿美元，占比分别为16.23%和15.29%；其他产品所占份额较小，种薯、全粉和淀粉均稳定在5%左右。出口额排名前五的国家依然是荷兰、比利时、美国、加拿大和德国，分别占出口总额的19.21%、16.60%、11.53%、10.12%和8.59%，合计约为2/3。主要进口国家的集中度远低于出口，进口额排名前五的国家是美国、英国、法国、德国和荷兰，分别占进口总额的11.56%、6.28%、5.77%、5.61%和5.15%，合计约1/3。总体来看，由于新冠肺炎疫情的影响，2020年世界马铃薯国际贸易规模明显压缩，贸易活跃度有所下降。

二、国内马铃薯生产与贸易概况

（一）生产概况

根据国家马铃薯产业技术体系专家上报数据统计，2021年全国29个省（区、市）马铃薯种植面积为8 184万亩，鲜薯总产量12 206.05万吨，分别较2020年减少2.5%和0.7%。亩产为1 491千克、增幅为1.8%。面积超过1 000万亩的有贵州省、甘肃省和四川省，北方一作区面积下降明显，吉林降幅达30%，河北、内蒙古、黑龙江和宁夏等均出现10%以上的降幅，南方冬作区和西南一二季混作区均有增加，中原二作区几乎所有

---

① 数据来源于FAO统计数据库，http：//faostat.fao.org，2021年12月21日。

② 数据来源于联合国商贸数据库，http：//comtrade.un.org，2022年1月20日。

省份都有减少，河南降幅超过 20%。总产量超过 1 000 万吨的有贵州、甘肃、四川和云南 4 省，宁夏、吉林、黑龙江和内蒙古的总产量降幅分别为 27.0%、24.2%、20.2% 和 16.2%。因区域性灾害发生频繁，冬作区遭遇霜冻和收获期连阴雨天气，华北一季区生长季节遭遇冰雹灾害、西北地区高温少雨，东北一季区收获期降雨较多。宁夏、广东和广西亩产均降低 10%以上，河北、甘肃、贵州和吉林单产增幅明显。

（二）贸易概况

1. 市场价格

2021 年马铃薯市场价格仍呈现"前高后低"特征，整体价格较低，为近 3 年最差。产地价格有 8 个月低于 2019 年同期、9 个月低于 2020 年同期，春薯价格低于 2020 年同期，与 2019 年同期基本相当。1 月广东等地马铃薯少量上市，价格很好，之后随着上市量的不断增加价格逐渐下落。4 月山东四膜马铃薯开始上市价格较高，带动月度平均价格出现一个冲高，随后一路走低到 10 月最低点。11 月价格超过 2019 年和 2020 年同期，但 12 月却明显回落。批发市场价格有 7 个月低于 2019 年同期，9 个月低于 2020 年同期。与往年不同，2 月春节后即开始一路下跌，同时导致 2020 年库存薯亏损严重。7 月批发市场价格才得以稳定，10 月之后上扬势头明显，价格高于 2019 年和 2020 年同期。

2. 国内贸易

马铃薯全年收获后异地销售比例为 37.1%，高于 2020 年 6 个百分点左右。6 月山东大量收获时，因价格低，以入库为主；9 月中旬集中收获期，由于直接发向市场的需求不足，收获后开始陆续入库，华北地区和东北地区 10 月中旬完成入库，全年马铃薯总体贮藏率为 20.4%，明显低于 2020 年 27%的水平，但总体库存薯销售进度缓慢。

3. 国际贸易

全年我国马铃薯制品进出口总额 7.30 亿美元，较 2020 年增加 1.67 亿美元，增幅为 29.57%。进口额和出口额分别为 2.96 亿美元和 4.34 亿美元，分别较 2020 年增加 1.00 亿美元、0.66 亿美元，增幅分别为 51.35%和 17.99%。出口鲜薯 38.98 万吨，出口额 2.9 亿美元，占出口总额的 66.8%，比 2020 年减少 5.22 万吨，但出口额增加 200 万美元；速冻薯条出口 5.23 万吨，出口额 9 142.85 万美元，加工未冷冻马铃薯出口 6 047.5 吨，出口额 2 481.74 万美元，冷冻马铃薯出口 1.59 万吨，出口额 2 370.53 万美元，雪花粉及团粒出口 500.23 吨，出口额 171.62 万美元，细粉及粗粉出口 49.81 吨，出口额 7.96 万美元，淀粉出口 1 060.78 吨，出口额 165.12 万美元；种薯出口 17.48 吨，出口额 125.01 万美元。进口主要为速冻薯条和淀粉，两者进口额 2.32 亿美元，占总进口额的 78.38%，其中速冻薯条进口量和进口额分别为 7.43 万吨和 1.25 亿美元，分别减少 2.71 万吨和增加 894.08 万美元；淀粉进口量由 4.46 万吨增加到 9.39 万吨，进口额由 0.38 亿美元增加到 1.07 亿美元。

三、国际马铃薯产业技术研发进展

（一）遗传育种

主要在资源评价、基因组学、农艺和品质性状基础研究和单倍体诱导等方面取得了重要进展。组装了四倍体栽培种 Otava 3.1Gb 大小的四套单倍体基因组，注释了 148 577 个基因。波兰的 Zimnoch-Guzowska 等分析了波兰近 50 年马铃薯育种所用亲本对晚疫病和马铃薯 Y 病毒的抗病性；秘鲁的 Lindqvist-Kreuze 等分析了 380 份秘鲁、中国和埃塞俄比亚的四倍体抗晚疫病品种，挖掘到抗病相关 QTL；美国的 Pandey 等对美国马铃薯育种近 40 年的 214 个代表性品种进行了重测序，挖掘到与薯皮颜色、生育期、块茎形成等重要性状相关的调控基因；荷兰的 Eggers 等图位克隆并证明了自交亲和基因 *Sli* 编码一个 F-box 蛋白，仅在自交亲和植株花粉中特异表达；美国的研究者确定了二倍体材料 M6 的自交亲和性与 224kb 区域内的 6 个 KASP 纯合基因标记相关；转录因子 *StDREB1* 过量表达能提高块茎产量；日本的 Akiyama 等发现双加氧酶 DPS 通过催化螺旋甾碱烷 C-16 的羟化反应来促进龙葵素含量积累；美国的 Amundson 等重测序了 919 个双单倍体和 134 个四倍体栽培品种与孤雌生殖诱导者的杂种，证明了诱导者在双单倍体产生过程中传递全部或部分染色体信息，其配子的倍性在单倍体诱导中起重要作用。

（二）栽培与作物生产

水肥高效利用机制、保护性耕作、土壤—植物氮磷循环和种植制度优化是栽培生理与土肥的研究热点。明确了 6-苄基氨基嘌呤、脱落酸和高浓度 CO_2 联合使用对提升块茎产量有积极协同效应，揭示了苗后 15 天去掉花蕾的产量提升机制；推导出氮营养指数和氮素利用效率之间的新理论关系，解析了缺磷和毒性条件形态学和生化过程变化，提出叶片喷施磷酸一钾或柠檬酸钾能有效提升块茎淀粉含量；建立了根据不同生长阶段作物蒸散量，优化根区土壤含水量、减少灌溉水量、保持稳产的策略；利用深度学习、全植物氧化还原成像和遥感等方法，优化了水分、叶绿素、氮素和生物量等指标的无损快速监测的方法，显著提升生产管理的精准性；明确了在干旱、高温及其组合条件下，miR172b-3p 介导的 ERTF RAP2-7 类基因的负调控可以增强抗逆性；探索了生产系统应对气候变化路径，明确了通过种植制度优化、区域联合降低生产成本和环境代价的策略，如秸秆还田后增氮是提高块茎产量、利润率和土壤肥力等促进农业可持续发展的措施，增产可达 34%以上、增效 55%以上；利用 WOFOST 模型明确了品种更替和种植时间调整能够抵消气候变化带来的不利影响。

（三）病虫害防控

晚疫病为研究热点，主要在致病机理、基础抗性、群体遗传与综合防控等方面。Azad、Sabbadin 和 Zaynab 等多位科学家分别明确了金属蛋白酶、多糖单加氧酶、水通道蛋白和 PR1 在致病疫霉侵染中发挥重要功能，Soliman 等发现马铃薯呼吸爆发氧化酶同源物 A（*StRbohA*）的过量表达正调控植物对致病疫霉菌抗性。Dwivedi 等研究了马铃薯反应性丁香醇/榄香酚合酶（*StBUS/ELS*）的防御功能特征并明确在转录水平高度响应茄链格孢的侵染。新型琥珀酸脱氢酶抑制剂和黄花夹竹桃叶片提取物对早疫病菌有明显抑制作用。美国纽约州、俄勒冈州和华盛顿州，塞尔维亚和俄罗斯等地首次报道黑胫病的新菌株，巴西的 Corrêa 等首次发现疮痂病的新致病菌 *Streptomyces brasiliscabiei*。Onozuka 等建立了 PVY、PVX 和 PLRV 等病毒的一步法快速检测新技术，Lebedeva 等发现马铃薯 Y 病毒 VPg 的 R_{104} 残基在识别马铃薯帽结合 eIF4E 因子中起关键作用，Combest 等报道 PAMP（病原体相关分子模式）诱导的马铃薯肽 StPIP1 可诱导植物的早期防御，并与 PVY 的亲和互作中症状严重程度相关。Clements 等通过靶向 RNA 测序揭示了地理隔离、抗药的马铃薯甲虫种群中不同的转录表达模式。

（四）田间机械

荷兰 SolAntenna 作物智能化田间信息监测装置不仅可应用于整个种植、收获、贮存和运输过程，还可将多个设备放置在不同的种薯箱中，准确检查贮藏温度和二氧化碳水平等。SolAntenna 可真实、完整地测定马铃薯生长期温度、二氧化碳浓度和土壤湿度以及块茎生长信息并正确、快速地决策施肥或灌溉，能测量收获全过程中块茎遭受的物理冲击水平，并显示薯块损伤的确切位置及受损原因，利用无线 LoRa 技术通过网络传输将实时测量数据自动上传到云端，并具有检测数值超值预警功能。SolGrader 分级系统可以计算马铃薯田间产量，使用智能手机拍摄块茎样品，即可得到如块茎大小、重量、平均长度、大致总产量和等级分布等数据。

（五）贮藏与加工

巴基斯坦的 Hussain 等报道了通过超声处理提高马铃薯蛋白及其组分 patatin 的生物活性、功能、结构和消化率，丹麦的 Rasmussen 等研究了块茎中多酚氧化酶的鉴定及主要多酚氧化酶的纯化和表征，美国的 Agarwal 等研究了马铃薯的摄入量与美国青少年更高的饮食质量以及营养摄入量和充足性有关。英格兰 Al-Rekabi 等用原子力显微镜研究马铃薯片的纳米力学性能，德国的 Rottmann 等发现添加苯丙烯酸对油炸过程中丙烯酰胺浓度没有影响，英格兰的 Knight 等建立了薯片油炸过程中丙烯酰胺形成的动力学模型。秘鲁 Lescano 等研制了用马铃薯淀粉制作生物膜的技术。

四、国内马铃薯产业技术研发进展

（一）遗传育种

段艳凤等对 189 个晚疫病抗性种质资源进行了抗病性评价，鉴定出 10 个广谱抗性的资源，通过遗传多样性分析揭示了野生资源丰富的遗传多样性；Yan 等组装了二倍体原始栽培种 *Solanum stenotomum* 长度为 852.85Mb 的基因组并分析了进化基因家族及其相关功能；马玲等在自交亲和二倍体 RH89-039-16 与自交不亲和系杂交后代群体的花粉中克隆了自交亲和基因 *Sli*，发现仅含有 *Sli* 位点的花粉才能够进行受精；张春芝等利用基因组设计育种培育出了二倍体杂交马铃薯品系优薯 1 号。杜羽等筛选并发现晚疫病在马铃薯体内的靶蛋白 StMKK1，既能通过抑制病原响应基因和水杨酸响应基因的表达、减弱植株对致病疫霉菌的抗性，又可通过磷酸化 *StMPK7* 激活水杨酸信号通路，增强植株对致病疫霉菌的抗性；Begum 等发现过表达茉莉酸信号途径中的转录抑制因子 *StJAZ1*，能够抑制匍匐茎端块茎的起始和膨大，造成产量降低；Zhang 等发现转录因子 *StWRKY13* 通过调控花青素合成的关键基因 *StCHS*、*StF3H*、*StDFR* 和 *StANS* 的表达，进而促进花青素含量积累；牛雨萌等挖掘出了参与调节结薯时间的新基因 *StGI*、*StPRR* 和 *StEFM*，初步解析块茎结薯时间性状遗传机制。截至 2021 年 12 月 31 日，全国登记马铃薯品种 69 个。

（二）栽培与作物生产

围绕作物丰产优质与资源高效利用协同调控、逆境胁迫适应的栽培生理机制和种植制度优化开展研究，分析了马铃薯生长发育规律、产量和品质形成规律及其气候因素、土壤因素、生物因素和农艺措施的调控作用，在不同生态区研究了氮磷钾、微量元素和氨基酸等肥料对马铃薯生长发育的生理调控机制，进一步明确了肥料类型、施肥量、施肥种类和施用时期对马铃薯生长发育、产量、品质和肥料利用率的影响；系统评价了我国马铃薯 6 个主产区氮肥利用现状，探讨了提高马铃薯氮肥偏生产力的有效途径。研究了种植密度、种植模式、覆盖方式、栽培模式等因子对马铃薯生长发育、产量及资源利用效率的影响效应，优化了不同生态区马铃薯轻简化或全程机械化栽培模式。然而，目前国内栽培生理研究对马铃薯—土壤—微生物相互作用、水肥精准智能调控技术及环境效应评价的实质性交叉研究较少，亟须深入探讨作物—土壤—肥料匹配原理与作物养分资源高效利用机理，以及土壤水肥耦合机制及其对马铃薯绿色优质高产高效的影响。

（三）病虫害防控

晚疫病也是国内研究热点，主要集中在病菌生物学、致病机理、基础抗性、群体遗传和生物防治等方面。Zhang 等发现 TOR 抑制因子协同抑制晚疫病菌生长和发育，*PiTOR* 参与晚疫病菌对活性氧的响应。Wang 等发现 *eEF-1α* 的翻译后修饰和基因组组成协同影响致病疫霉环境适应性的证据，*eEF-1α* 补偿进化使致病疫霉菌快速适应环境胁迫。Luo 等报道致病疫霉 RXLR 效应子 *Pi04089* 扰乱多种防御相关基因从而抑制寄主植株免疫。Zhao 等发现 NLR 免疫受体 RB 被 *IPI-O1* 和 *IPI-O4* 同源但功能不同的效应蛋白靶向。*StMPK7*、*StLTP10* 与 *SlMYBS2* 正调控植物对致病疫霉抗性。谢忠奎报道了马铃薯根系分泌的苹果酸和棕榈酸是诱发枯萎病的主因，赵卫松等研究表明根际土壤真菌多样性降低和群落结构改变是黄萎病发生的重要原因。Cao 等首次报道了内蒙古的黑胫病新菌株 *P. parmentieri*；Wang 等和 Han 等分别首次报道了 *P. polaris* 和 *P. versatile* 引起的气生茎腐病，苏玉静等建立了品种黑胫病抗性鉴定技术。Wei 等和 Fan 等分别首次报道了 PVY 可侵染西葫芦和龙葵。Lin 等发现自然发生等位基因 *eIF4E1. S* 并开发了其共显性标记，可用于 PVY 抗性育种。Zeng 等发现了 vATPase F、G、C、E、H 和 B 等亚基以及 Jiang 等发现了几丁质合成相关基因对茄二十八星瓢虫幼虫发育至关重要，RNA 干扰后幼虫不能羽化甚至死亡。Kang 等研究证实类胰岛素途径下游转录因子 FoxO 参与调控马铃薯甲虫幼虫—蛹—成虫的转化，蛹的存在依赖于土壤中特殊菌群以适应其地下生活。

（四）田间机械

据不完全统计资料分析，国内马铃薯耕种收综合机械化率约 50%，机耕率约 78%，机播率约 31%，机收率约 32%。国内生产机具的企业数量不断增加，产品系列化、专业化程度持续升高；大、中、小型机械并齐发展，技术装备配套水平和产品结构档次逐步提升，国产中小型机械的机型增多，机械质量和作业效率有了突破性提高。在风机技术上发明创制了具有吸气和吹气共同作用的一体式风机，减少了气吸式马铃薯播种机的风机数量和传动系统，整机重量减轻 368 千克，播种精度提高了 1.25%，重漏播率降低了 0.86%，株距合格指数提高了 0.48%。研发了具有液晶高清触摸屏及中文操作系统的智能化电脑控制系统，具有施肥调整功能，按照不同配比自动、均匀、定时、定量精准施肥（药）系统；具有 EC 值和 pH 值、气象数据和土壤墒情检测和自动搅拌功能系统；配备自动运行和手动运行两种模式作业装置；具有支持功能扩展和定制功能，可增加通讯模块，实现与物联网对接系统。研发了自动随行导向和限深挖掘技术，能有效降低挖掘阻力和动力消耗，通过对多级分选和两级除茎排杂技术的研究，有效降低了阻力，提高了土薯分离效果，采用土薯混合物耦合技术以及对升运链材料的选用、长度进行优化，降低了机械化损伤且效果显著。

（五）贮藏与加工

Ma 等指出预切 NaCl 溶液处理通过影响多酚氧化酶活性和几种游离氨基酸含量有效抑制鲜切薯褐变，Tao 等通过广泛靶向代谢组学分析和体外试验鉴定发现黄苷是马铃薯中一种新型抗褐变化合物；Dong 等报道了一种新型天冬氨酸蛋白酶抑制剂抑制马铃薯酶促褐变。陈蓬凤等报道了马铃薯蛋白营养价值评价及其热处理后的消化特性，Guo 等报道了膳食马铃薯摄入量和二型糖尿病和妊娠期糖尿病的风险；赵金标等报道了不同的淀粉类型对生长猪饲粮有效能和营养物质消化率的影响，Zhang 等使用不对称流场-流分离结合多个检测器研究了马铃薯抗性淀粉（2 型）的结构和构象，Ding 等报道了马铃薯薄壁细胞的结构和体外淀粉消化特性，Jiang 等报道了马铃薯淀粉凝胶低于冰点温度及凝沉特性的测定。李小婉等研究了超声波和环氧丙烷改性马铃薯全粉的制备与性能。Hu 等报道了切割方式对鲜切薯品质、抗氧化活性、膜脂过氧化和褐变的影响。Zhang 等研究了脉冲电场预处理对薯片含油量的影响，提出超声预处理在提高油炸薯片品质的同时降低油耗。Bao 等研究了干燥方法对马铃薯粉及其面条性能的影响，Gong 等评价了醋酸预处理鲜切薯片的蒸煮、营养和品质特性。任顺成等采用近红外光谱法建立一种快速定量掺假马铃薯淀粉检测方法。

（国家马铃薯产业技术体系首席科学家　金黎平　提供）

2021年度甘薯产业技术发展报告

（国家甘薯产业技术体系）

一、国际甘薯生产与贸易概况

（一）国际甘薯生产情况

甘薯产业发展趋势相对平稳。FAO最新统计数据显示，2020年全球甘薯种植总面积740万公顷，与2019年基本持平，总产量8 949万吨，由于平均单产水平下降，导致总产量下降2.19%。亚洲和非洲是甘薯的主要种植大洲。106个甘薯生产国家和地区，主要分布在亚洲、非洲、北美洲、南美洲和大洋洲。亚洲甘薯种植面积占37.64%，总产量占62.56%；非洲单产水平低，种植面积略高于亚洲，总产量仅占32.18%。美洲和大洋洲甘薯总产量占比为5.27%。中国仍然是全球最大的甘薯生产国，种植面积占30.40%，总产量占54.97%。甘薯种植面积排名前10位的国家中，除中国和印度外，其余8个均位于非洲，例如尼日利亚、坦桑尼亚种植面积分别占20.42%和8.27%；全球甘薯总产量前10位的国家中，有7个位于非洲。亚洲是甘薯高产地区。2020年全球甘薯平均单产12.09吨/公顷，较2019年下降2.33%。亚洲、美洲甘薯平均单产分别为20.10吨/公顷、15.06吨/公顷，分别是全球平均水平的1.66倍和1.25倍，而非洲、大洋洲的甘薯平均单产分别为6.83吨/公顷、6.07吨/公顷。

（二）国际甘薯贸易情况

甘薯国际贸易总体呈现平稳增长的趋势。2020年全球甘薯进出口贸易总额14.21亿美元，较2019年增长2 071.6万美元，增幅1.48%。其中进口、出口贸易总额分别为7.33亿美元和6.88亿美元，但受新冠肺炎疫情等因素影响，2020年增长趋势放缓。甘薯出口贸易市场集中度高。美国和荷兰是2020年全球甘薯最主要出口贸易国，两国甘薯出口贸易额分别占27.53%和21.03%。其次是越南、西班牙、埃及、加拿大、日本、中国、洪都拉斯、葡萄牙等国家，甘薯出口贸易额前5位的国家出口额占比超70%，前10位的国家占比接近85%。欧洲是全球最重要的甘薯进口市场。2020年欧洲甘薯进口总额5.27亿美元，占全球甘薯进口贸易总额的71.89%。其中荷兰和英国是全球两个最大的甘薯贸易进口国，2020年两国甘薯进口贸易额占比达37.01%。2020年全球甘薯进口额排名前5位的国家和地区进口总额占比超过60%，前10位的国家和地区占比超过75%。进口贸易价格持续升高。2020年全球甘薯进口价格行情较好，平均单价904美元/吨，较2019年上升29.51%，达历史峰值。中国香港地区进口单价最高，达2 237美元/吨，其次是德国、日本、新加坡、泰国等市场，进口单价均在1 000美元/吨以上。

二、国内甘薯生产与贸易概况

（一）国内甘薯生产情况

甘薯种植规模继续缓慢下降，逐渐趋于平稳。FAO数据显示，2020年中国甘薯种植面积和总产分别为 224.99 万公顷和 4 919.56 万吨，分别较 2019 年下降 4.81%和 2.54%。统计部门、农业部门和专家调查甘薯生产数据差异较大，专家调研 2020 年种植面积 5 687.2 万亩，总产 9 390.2 万吨。西南薯区种植面积占比增大。西南及长江中下游薯区，甘薯种植面积和产量均约占全国总量的 50%，南方薯区占全国的 28.58%。主要集中在四川省、重庆市、山东省、河南省、广东省等，总产占比超过 60%；排名前 10 位的省份总产占比 82.48%。气候影响导致单产略降。2020 年全国雨水偏多，甘薯平均单产 21.87 万吨/公顷，较 2019 年下降 0.46%。大面积干旱造成 2019 年甘薯减产，2020 年单产继续下降，但仍然处于抛物线式增长的相对平稳期。2020 年北方薯区平均单产达 29.94 吨/公顷，长江中下游薯区平均单产 23.71 吨/公顷，南方薯区平均单产 17.41 吨/公顷。甘薯生产国际地位有所下降。2020 年中国以全球 30.40%的甘薯种植面积，产出全球甘薯总产量的 54.97%，全球占比持续下降，2020 年全球占比较 1999 年下降超过 30%。

（二）国内甘薯贸易情况

1. 中国甘薯出口贸易地位持续下降

2020 年中国甘薯出口贸易总额 1 558.6 万美元，2021 年 1—11 月出口贸易总额 1 201.12 万美元，与 2020 年同期（2020 年 1—11 月，1 283.86 万美元）相比下降 6.44%，出口贸易总额可能出现四连降。2020 年中国是全球第 8 大甘薯出口贸易国家，总排名较 2018 年、2019 年分别下降 5 个和 2 个位次，出口额占比同样两连降，至 2020 年仅为 2.27%。

2. 鲜甘薯仍为主要出口品种

2021 年 1—11 月中国甘薯出口产品仍然以鲜甘薯为主，出口额占甘薯出口总额的 82.22%，占比进一步下降；冷冻甘薯出口额占比 16.73%，较 2020 年高 6.05 个百分点；甘薯干出口额占比总体稳定在 1%以上；种薯出口量较 2020 年显著下降。出口平均单价三连降，形势进一步恶化。2016 年以来，甘薯出口单价上升很快，且增速呈逐年递增的趋势，并在 2018 年达峰值 1 316 美元/吨。但是 2019 年开始，出口贸易单价开始下降，至 2021 年已经出现三连跌。2020 年出口平均单价 685 美元/吨，2021 年 1—11 月出口贸易平均单价进一步下降至 588.89 美元/吨，分别仅为 2018 年价格峰值的 53.05%和 44.75%。

3. 甘薯出口利润优势不足

2020 年甘薯出口平均单价仅为全球平均水平的 3/4；在出口额排名前 10 位的主要出口国家和地区中，中国甘薯出口单价排名第 9 位；在当年所有甘薯出口贸易国家和地区中排名第 72 位，整体排名较 2019 年下降 12 位，较 2018 年下降 38 位，与高价出口国家或地区差价进一步扩大，中国甘薯出口单位价值亟待提高。

4. 进入不同市场价格差距显著

以鲜甘薯为例，数据显示，2021 年 1—11 月不同市场上，鲜薯出口平均单价最高值和最低值分别为菲律宾市场的 1.72 美元/千克和中国澳门地区的 0.20 美元/千克，二者相差近 8.6 倍。出口到菲律宾、俄罗斯、文莱、阿联酋、加拿大、荷兰、马来西亚、泰国等国家和中国香港地区市场的鲜薯平均售价均在 1 美元/千克以上，而出口越南、中国澳门等低价区平均单价均不足 0.5 美元/千克。

5. 甘薯出口贸易对象减少，但集中度有所提升

以鲜甘薯为例，2021 年 1—11 月鲜薯主要出口全球 14 个国家和地区，较 2020 年减少

5 个。其中最主要的出口对象是越南，对其出口总额占比为 70.08%，较 2020 年同期上升 11.95%。作为第二大鲜薯出口市场，对中国香港地区市场份额有所下降，2021 年 1—11 月对中国香港出口总额仅占比 15.73%，较 2020 年同期下降 13.11%。

6. 主要出口流通省份格局基本不变

2021 年 1—11 月，我国共有 15 个省、区、市海关口岸有甘薯相关产品出口的统计数据，较 2020 年减少 1 个。出口额前 4 位的省份仍然为云南、湖南、山东和广东，2021 年 1—11 月 4 省份甘薯出口总额 1 150 万美元，占全国甘薯出口总额的 95.74%，较 2020 年同期略降 1.93 个百分点。云南省和湖南省甘薯出口结构十分单一，鲜薯占比超过 99%。山东省主要以冷冻甘薯为主，占全省甘薯出口总额的 88.98%；而广东省则以鲜薯为主，占比 60.49%，冷冻甘薯占比也较为可观，达 37.22%。近年来我国甘薯进口额与出口额之比持续低于 1%。2021 年 1—11 月，我国甘薯进口总额 1.4 万美元，仅为 2020 年同期（2020 年 1—11 月 5.3 万美元）的 26.41%，仅为 2019 年同期（2019 年 1—11 月 17.1 万美元）的 8.19%，进口量与出口量之比仅为 0.12%。

三、国际甘薯产业技术研发进展

（一）生物技术

甘薯功能基因的发掘、组学及 QTL 定位研究进展较迅速。研究发现在甘薯中过表达 *IbLfp* 或 *IbFAD8* 基因能够增强块根低温贮藏能力。抑制甘薯 *swpa4* 基因的表达降低了非生物胁迫抗性。过表达 Golden SNP-Carrying Orange 基因提高了甘薯中类胡萝卜素的积累和热胁迫抗性。过表达 *IbHPPD* 基因增加了甘薯的非生物胁迫抗性。过表达突变甘薯橙色基因（*IbOr*-R96H）的转基因甘薯愈伤组织表现出更高的类胡萝卜素含量和非生物胁迫耐受性。木质素合成关键基因 *IbCAD1* 的表达水平取决于甘薯根的类型，并受到多种非生物胁迫的强烈诱导；过表达 *IbCAD1* 植株具有更低的根重和更低的块根与铅笔根的比率。比较转录组分析认为 ZEP 旁系同源物是参与黄肉甘薯胡萝卜素积累的关键基因。通过转录组学分析鉴定了几种对甘薯病毒病感染有反应的新型 microRNA，预测了一些靶向核苷酸结合位点的富含亮氨酸重复序列的抗病基因。对病毒感染后的 SPVD 敏感品种 Beauregard 中的 mRNA 和 microRNA 种群进行了深度测序，发现胁迫响应和信号传导通路受到病毒感染的显著影响，鉴定了几个对病毒感染响应强烈的 microRNA。在甘薯中鉴定了与块根花青素含量相关的 SNP 簇，并开发与之紧密连锁的 DNA 标记。鉴定到二倍体野生甘薯中根粗的主效 QTL。

（二）资源创新与品种改良

甘薯资源评价、创新与利用取得一定进展，专用品种改良受到重视。通过对 18 个甘薯品种农艺性状特征分析，发现形态特征、生物量分配和植物生长对亚湿润条件的适应性。研究发现野生基因型可能不是耐旱种质的来源，栽培甘薯可能存在显著的耐旱性。鉴定发现了 19 个对线虫具有抗性的品种，包括 Tanzania、Murasaki-29、Bwanjule、Jewel 和 Centennial。研究发现 S1652、S1712、S27 和 S1609 等基因型适合加工油炸薯条。用 15 个 RAPD 标记和 15 个 ISSR 标记分析了印度 44 份种质资源，多态性分别为 86.72% 和 81.64%，并将其分为两个不同的类群。利用 20 个 SSR 标记对国际马铃薯研究中心（CIP）5 979 份种质进行基因分型和遗传多样性分析，同时利用田间形态指标对其进行验证，其田间形态指标能很好地支撑分子标记数据，系统发育树揭示了秘鲁和拉丁美洲的品种资源具有较高的重复性。评估了基因型与环境相互作用（G×E）的大小对甘薯品质的影响，并在两个地点根据鲜薯产量和发病严重程度筛选出稳定和高产的甘薯基因型。CIP 提出了加速育种计划，利用非洲 14 个国家相关性状选择压的条件开展维生素 A、铁、锌、抗旱及抗病毒的生物强化，筛选了 55 个 OSFP 甘薯品种、27 个抗旱品种、2 个铁及锌生物强化品种。用 22 个商业品种作为亲本，将 386 个基因型材料进行了农艺性状、块根性状以及抗病性鉴定，获得了若干红心和白心优异甘薯基因型材料。研究了环境因素对不同基因型蜜薯中的甜度水平的影响，发现了 SP3 和 SP16 两种基因型蜜薯在不同区域都具有高产与高甜度，为当地提供了新的蜜薯品种。

（三）甘薯耕作栽培和营养施肥

新型栽培模式可以提高甘薯的产量和品质。搭架栽培与地膜覆盖相结合可以提高甘薯产量和商品率，其中倾角 60°和银灰地膜处理的组合产量最高。甘薯与芋头间作，堆肥穴施和撒施（1 200 克/穴）均可以提高甘薯产量，芋头的产量也有提高。通过栽培措施抑制或促进影响甘薯块根膨大和抗逆相关基因的表达，能够提高甘薯块根产量、品质以及抗逆能力。甘薯对逆境有很好的调节和适应能力。研究表明甘薯可以抵消气温升高和缺水的负面影响，维持可持续生产。甘薯可以通过生理适应避免水分胁迫条件下的蒸腾失水。Hetharie 等发现小叶、短蔓和分枝少的甘薯品种比较耐涝，能保持根系和地上部的生长。甘薯抗逆基因的表达可以有效减轻甘薯在水分胁迫条件下受损害的程度。甘薯的耐旱性与冠层温差、农艺性状以及叶片总叶绿素和多酚含量有关，这些性状均可作为鉴定甘薯品种耐旱性的有效指标。不同肥料对甘薯生长有显著的影响。堆肥（鸡粪、牛粪、猪粪）可显著提高甘薯块根产量和 N_2O 排放量，但是在豇豆茬，粪肥只能促进甘薯地上部生物量生长，而块根产量却显著降低。氮磷钾肥和混合喷施氧化锌纳米颗粒和抗坏血酸能显著提高甘薯产量。地膜覆盖能促进土壤中 CO_2 排放通量，但是秸秆还田、免耕及适量施氮量组合能促进土壤有机质含量的提高。甘薯除草剂和金属离子残留与环境有关。Hormenoo 等研究发现在除草剂处理的甘薯样品中均未检出丁草胺、咪唑乙哌、特布林和普罗奎特福，但是检测到了二甲戊乐灵和甲草胺残留。孟加拉国研究者发现在垃圾处理场区附近土壤养分元素的总浓度从高到低依次为 Fe＞Zn＞Mn＞Ni，甘薯为 Fe＞Zn＞Ni＞Mn；施用植物激素和抗坏血酸可以提高甘薯对苯达松和硝磺草酮苗后处理的耐受性。

（四）甘薯机械化

发达国家甘薯机械技术成熟，稳中缓进。美国、欧洲、日本等发达国家甘薯机械化生产技术起步较早，现其技术已较为成熟稳定。同时，作业质量监控、智能传感、智能导航、自动辅助驾驶等智能化技术不断应用于甘薯收获机械上，作业舒适性、作业质量不断提高。美国针对鲜食甘薯收获推广了一款牵引式小型联合收获机，该机将薯块挖掘后，经环形装置将薯块提升至圆盘清选平台，由人工清选后装袋，整机结构紧凑。国外部分厂家开始进军中国市场，其中韩国 Taechang、DOOROO 等公司的甘薯起垄机、深松除草机、挖掘收获犁等产品正在我国开展适应性试验，准备出口中国市场；日本井关农机株式会社的 PVH1 型单行自走带夹持式甘薯移栽机已通过国内合资企业东风井关农机有限公司对中国市场销售。

（五）甘薯病虫害防控

1. 甘薯真菌病害黑斑病防控和基腐病检测取得新进展

Sayed 等发现戊唑醇（TEB）和嘧菌酯（TRI）通过增强抗氧化防御系统减少了接种

甘薯黑斑病菌（*C. fimbriata*）甘薯的氧化损伤，并增加了过氧化氢（H_2O_2）、丙二醛（MDA）和电解质渗透率（EL）的水平，表明 TEB+TRI 可以通过抑制黑斑病菌的生长显著防治甘薯黑斑病。Parada-Rojas 等从美国 48 个甘薯品种（系）中鉴定出 Jewel 和 Covington最不易感黑斑病，地上部和地下部的发病率存在显著差异，相关性不显著。Madison 等发现管理不当有助于黑斑病菌传播侵染，薯块清洗后使用氯基消毒剂可以减少感染。Ai Maeda 等鉴定 *Diaporthe destruens* 是日本冲绳甘薯基腐病的病原。Kazuki Fujiwara 等建立了检测 *D. batatas* 和 *D. destruens* 的实时荧光 PCR 检测方法。

2. 象耳豆根结线虫能够侵染甘薯

Silva 等首次报道了象耳豆根结线虫在巴西北里奥格兰德州侵染甘薯。Peiris 等测试了有机防线虫药剂（含大蒜营养物和微生物）和化学药剂（杀线威）对甘薯根结线虫的防效。Oloka 等发现了一个与甘薯根结线虫抗性相关的 QTL。Lee 等对南方根结线虫抗感品种进行了转录组测序。

3. 建立了甘薯病毒检测新方法，鉴定出新的病毒株系和抑制物

Wanjala 等建立了甘薯羽状斑驳病毒（SPFMV）、甘薯褪绿矮化病毒（SPCSV）和甘薯卷叶病毒（SPLCV）的环介导等温扩增检测方法。Read 等首次在蜀葵上检测到 Orchid fleck virus（ORV）和 SPCSV 这 2 种病毒，并且 SPCSV 为一个新的分离物。Kumar 等在印度甘薯块根上检测到一种新的包含 2 823 个核苷酸的单组分菜豆金色花叶属病毒，甘薯曲叶孟加拉病毒，与世界上已报道的 35 个不同的 SPLCV 分离物聚集在一起，具有 85%～90%的核苷酸序列相似性。Rodamilans 研究发现 SPFMV 的 P1 蛋白可以同时替代马铃薯 Y 属病毒李痘病毒（PPV）的 P1 和 HCPro 蛋白，由聚合酶移码而产生的 P1N-PISPO 可为 SPFMV P1 提供额外的 RNA 沉默抑制能力。Kenesi 等发现本氏烟中的 Argonaute 2（AGO2）可以减轻甘薯轻斑驳病毒（SPMMV）侵染的症状。Bednarek 等对 SPVD 易感甘薯品种 Beaurerd 在病毒感染后的 mRNA 和 sRNA 群体进行深度测序，发现病毒感染显著影响寄主应激反应和信号传导相关的途径，这些途径中的 sRNA 组分主要在 SPCSV 和 SPFMV 共同感染的晚期受到影响。Andreason 等连续 4 年对 SPLCV 侵染的种子进行大规模育苗，对获得的 118 个不同品种约 23 034 株甘薯幼苗进行了评估，发现在防虫网和生长箱中萌发的幼苗上均检测不到 SPLCV，认为 SPLCV 不能通过甘薯种子传播。

4. 甘薯内源、外源及杀虫剂等有较好的防治甘薯虫害的作用

Nokihara 等以抗甘薯蚁象品种 K166 和易感品种 Tamayutaka 为试验材料，对 K166 和 Tamayutaka 的转录组进行了深入分析，发现可能是 K166 中的萜类合成相关基因参与了抑制蚁象化蛹进程。Igwe 等研究发现甘薯经香泽兰、番木瓜、辣木和印楝提取物处理后，害虫数量显著低于未用药处理。苦楝树的树皮、叶子、木屑和苦楝子的提取物对非洲甘薯小象甲和甜菜夜蛾均具有拒食作用，其中苦楝子提取物效果最好。Mohammed 等研究表明啶虫脒、吡虫啉、噻虫嗪、乙基多杀菌素和氟啶虫胺腈均可显著增长其后代从卵到出现寄生迹象的时间。Vafaie 等发现释放浆角蚜小蜂和植绥螨可以减少 25%～78%的杀虫剂用量，是替代传统杀虫剂的可行技术。Ichinose 研究表明，毒死蜱和邻甲苯酰胺可有效防治甘薯象甲为害，但氟虫酰胺和呋虫胺对象甲的防效较差。Huseth 等研究结果显示移栽前混合使用联苯菊酯和噻虫嗪，或混合使用联苯菊酯和吡虫啉均可显著降低金针虫类为害。Anyanga 等研究结果表明，高浓度及低浓度的羟基肉桂酸对甘薯象甲具有显著的致死作用，羟基肉桂酸与 Bt 蛋白组合使用对甘薯象甲致死作用增加，但这种作用是相加而非协同作用。Himuro 等研究发现西印度甘薯象甲雄虫的体型并不影响雌虫的不应期或交配持续时间。

（六）甘薯贮藏与产后加工利用

采用尼龙包装的甘薯品质较优。鲜切甘薯在 5℃下贮存时保质期可达 14 天，而在 30℃下贮存时，保质期仅 8 天；随着贮藏天数的增加，甘薯根在所有贮藏温度下的含水量、可溶性固形物含量、质构黏附性和颜色值显著增加，而质构硬度、质构断裂性和颜色值降低。甘薯提取物具有较强的生物活性。紫甘薯（5 个品种）外层花青素总含量高于内层，其提取物含有大量的酚类、类黄酮和花青素化合物，并且具有较强的自由基清除活性，能显著抑制肥胖小鼠的体重和白色脂肪的扩张；紫薯中咖啡酰奎尼酸衍生物修饰肝细胞线粒体功能的活性；Beauregard 品种甘薯提取物为酪氨酸酶抑制剂，抗氧化性能强，对皮肤细胞活力有积极作用。甘薯汁和甘薯粉等研究取得新进展。采用超声波、蒸汽以及蒸汽和超声波的组合进行加工的甘薯汁，β-胡萝卜素的生物可及性增加，抗氧化和酶活性无影响，但显著改变甘薯汁的色泽；甘薯淀粉糊温度与薯条的感知湿度和纤维度之间存在显著的负相关，而薯条密度与淀粉糊黏度和非淀粉醇不溶固形物含量呈正相关；添加直链淀粉含量低的甘薯粉和蛋清蛋白、谷朊粉，通过连续高效的挤压工艺生产米粉的物理特性和蒸煮品质均令人满意；添加浓度为 5%的蔗糖作为保护剂，紫薯复合酸奶品质较优；通过发酵对甘薯淀粉进行改性，进而改良甘薯粉，可以用来代替制作湿面条时的小麦粉；橘红肉甘薯粉替代小麦粉时最佳吸水率随甘薯粉添加量的增加而降低，面团发育时间则随着甘薯粉添加量的增加而增加；黄原胶的掺入显著提高了甘薯—小麦粉的峰值黏度和吸水率，面包具有更高的比容、更低的硬度和预期的血糖指数。甘薯皮中提取的酚类化合物的 DPPH 自由基清除活性为 476. 96 毫克 TROLOX/毫升，富含具有均匀大小和形状的负载天然抗氧化剂的纳米颗粒；甘薯皮经过黑曲霉发酵产生的草酸达 29. 02 克/升。

四、国内甘薯产业技术研发进展

（一）生物技术

中国在甘薯功能基因的发掘、组学及 QTL 定位方面取得较大进展。揭示了甘薯中 IbBBX24-IbTOE3-IbPRX17 三者协调作用，通过清除活性氧增强甘薯非生物胁迫耐性。利用基因编辑，通过 CRISPR-Cas13 靶向 SPCSV-RNase3，从而赋予对甘薯病毒病的抗性。发现 *IbMYB1* 基因在甘薯花青苷合成中具有作用，*IbMYB44. 1/3* 通过与 *IbMYB340* 互作来抑制花青素生物合成。甘薯转录因子 *IbGATA24* 与 *IbCOP9-5a* 互作，正向调节植物抗旱性和耐盐性。在低温条件下 *AOX* 基因诱导提高甘薯块根耐寒性。*IbACP* 基因在增强甘薯胁迫耐受性方面具有潜在用途。过表达甘薯基因 *IbSINA5* 增强了甘薯的耐寒性。甘薯基因 *IbBAM1. 1* 通过调节 ROS 稳态和渗透平衡增强抗旱性和耐盐性。甘薯 RING-H2 型 E3 泛素连接酶基因 *IbATL38* 增强了转基因拟南芥的耐盐性。过表达甘薯 *IbPAL1* 基因促进甘薯绿原酸的生物合成。*IbVP1* 通过调节碳通量影响甘薯淀粉代谢和产量。甘薯喷施草甘膦后主要通过上调 *EPSPS* 基因来减轻莽草酸积累的损害，参与草甘膦代谢的 *AKR* 基因也会快速上调表达。通过代谢组分析，发现 ANS 上调增强了紫肉甘薯块根的黄酮合成。转录组测序结果发现与正常徐紫薯 8 号绿色植株相比，白化突变植株中共有 2 418 个基因下调表达，这些基因负责叶绿体分化和发育、叶绿素降解和其他色素的合成。通过 SNP 遗传连锁图对甘薯野生二倍体近缘种的根直径进行了 QTL 分析。以徐紫薯 8 号和美国红的 F_1 代分离群体的 274 个单株为作图群体，构建了甘薯 SSR 分子连锁图谱，检测到 1 个与分枝数相关的 QTL、1 个与茎蔓直径相关的 QTL、2 个与最长蔓长相关的 QTL、2 个与叶柄长度相关的重要农艺性状 QTL。

（二）资源创新与品种改良

通过遗传多样性分析和品质分析精准鉴定种质资源。利用逆转录转座子插入多态性 RBIP 标记将 105 份甘薯种质分为 3 组。对江西省 28 个地方甘薯品种资源进行鉴定评价，筛选出综合表现优良的社岗红薯、铁石口菜薯和辛岭红心薯。利用 20 个形态标记将贵州引进的 33 份甘薯种质资源分为两大类群。从 14 种适宜贵州种植的早熟迷你甘薯中筛选出产量、食味及商品性好的两个品种浙 20 和浙 132。ISSR 分子标记分析表明，20 份福建甘薯育成品种平均遗传相似系数为 0.744。利用 cpSSR 分子标记对 104 份甘薯栽培品种和地方品种进行遗传多样性分析并构建指纹图谱。利用液质联用技术测定了 6 类共计 68 种花青苷的含量，筛选出 6 类花青苷含量较高的紫肉甘薯品种 3 份、单类花青苷含量较高品种 7 份。基于淀粉、可溶性糖、β-胡萝卜素和花青苷含量等，系统评价了 54 份橘红肉甘薯和 52 份紫肉甘薯品种资源。基于主成分分析的方法建立了食用型甘薯品种在红壤旱地适应性的综合评价模型。广菜薯 7 号、海大 7798 和黔菜薯 2 号为总黄酮质量分数高且稳定性好的优质叶菜型品种。不同甘薯品种叶片的抗氧化活性与总黄酮、花青素含量呈极显著正相关。以商薯 19 为试材，用 ^{60}Co γ 射线对其胚性悬浮细胞进行辐照处理后获得 1 个顶叶色变异株系 S19Y038，3 个干物率显著提高株系 S19Y116、S19Y215 和 S19Y219，1 个可溶性糖含量显著提高株系 S19Y013。登记甘薯品种 27 个，授权甘薯新品种权 9 个。

（三）甘薯耕作栽培和营养施肥

国内甘薯种植模式多样，效果明显。春甘薯和冬小麦—夏花生可以增加净收入，紫云英—水稻—甘薯‖大豆种植体系可以降低温室气体排放强度。甘薯连作降低了产量和品质，增加病虫害发生频率，使土壤养分失衡，改变生物学特性以及土壤微生物环境。休耕有利于缓解连作障碍；甘薯—小麦轮作与甘薯—玉米间作可提升微生物功能多样性。国内甘薯的种植模式还有玉米—绿豆套种甘薯、橡胶林下套种甘薯、甘薯（地瓜）套种西瓜“双瓜三收”、架豆套种甘薯等。水肥一体化栽培和地膜覆盖能够显著提高水肥利用效率。地膜覆盖和覆盖物能提高甘薯产量，提高移栽成活率，目前生物降解膜的效果还不如传统的 PE 膜。甘薯中后期适量灌溉（10 立方米/亩）能有效增强碳积累和碳水化合物的转运，叶面积系数、叶绿素含量、相对含水量和相对电导率等可作为甘薯抗旱鉴定的评价指标，耐干旱品种的叶片相对电导率、叶片和根的丙二醛（MDA）含量显著低于不耐旱品种。甘薯施肥总体原则是控氮降磷增钾。我国甘薯土壤肥力质量总体为中等水平，不缺氮肥、磷肥施用偏高、钾肥用量欠缺。适量的氮肥、磷肥和钾肥能影响甘薯的代谢和菌落的群落多样性和稳定性，显著提高甘薯产量。基施腐植酸钾肥和灌滴水溶肥能够有效控制甘薯前期旺长，提高甘薯产量。合理配施氮钾肥有助于协调甘薯地上部和地下部生长，提高甘薯块根产量；施用适当比例有机肥、复合肥均能显著提高甘薯产量，能够缓解氮肥施用过多导致的土壤酸化，显著提高甘薯产量及产量稳定性。微量元素和氨基酸螯合硒营养液能够有效提升甘薯品质，提高甘薯附加值。甘薯薯块中重金属、除草剂等残留量低。不同甘薯品种对重金属的吸收能力差异较大，甘薯叶片和薯肉累积较低，主要存在于细胞壁和液泡中，甘薯通过微生物群落重塑和离子组的拮抗与竞争，可降低重金属的吸收；在生产中施加生物炭可降低甘薯对重金属的吸收和积累。储存中的甘薯重金属残留主要在甘薯 0.5 厘米的表层内，内部没有残留；在生产上，前茬的烟嘧磺隆、莠去津施药量过大会对下茬甘薯生长产生抑制和残留，利用植物生长调节剂和土壤调理剂也可以缓解烟嘧磺隆的药害，降低土壤重金属含量。

（四）甘薯机械化

我国甘薯生产机械化技术实现突破。在覆膜起垄、复式移栽、种苗薯尖采收、联合收获等主要环节机具研发上部分技术逐渐成熟并应用，参与研发制造的企业也越来越多，新产品不断涌现。甘薯产业技术体系研发成果“甘薯机械化栽插与碎蔓收获技术”被农业农村部列为 2021 年农业主推技术，研发的“电动薯尖叶菜多用途采收机”通过了江苏省级产品专项鉴定，并入选农业农村部农机化总站“先进适用设施蔬菜种植机械装备”目录，进一步促进了甘薯产业发展。甘薯产业技术体系研发的甘薯旋耕起垄施肥施药机，实现了“弧形施肥、肥药分层”农艺要求，显著提高肥料农药利用率。连云港元帝科技有限公司研制的抛土覆膜机采用提土-抛土方式，可一次完成旋耕、起垄、覆膜、铺滴灌带四道工序。2ZYP-1 型甘薯盘夹式移栽机，采用塔轮株距调节、圆盘送苗等关键技术，增加人工摆苗机会，有效减少漏苗率。甘薯裸苗移栽出现新方法，山东滕州金薯王研制了甘薯苗横栽机，但其产量、耐旱性等还有待验证。山东火绒机械厂采用了夹取式移栽，可实现膜上移栽。甘薯体系优化自走式甘薯联合收获关键技术，可一次完成挖掘、输送、清土、去残蔓、选别、集果作业，同时为解决其后端低损省工集薯问题，研发了高度自适应落薯、物料筐自动供给自动卸筐系统。体系创制出第一轮牵引式鲜食型甘薯联合收获机，可根据实际需要，采用捡薯或捡杂等方式满足鲜食薯低含杂、低损伤收获需求。

（五）甘薯病虫害防控

甘薯真菌病害黑斑病防治研究成效明显。Wang 等利用 spoVF 操纵子增强了枯草芽孢杆菌对宿主的附着力和生防能力，在甘薯黑斑病防治中，突变体较野生型菌株对甘薯长喙壳菌显示出更高的抑制活性。Xu 等通过特基拉芽孢杆菌 XK29 挥发性有机化合物（VOC）对甘薯长喙壳菌的熏蒸，发现病原菌的细胞形态发生改变，病原菌的孢子形成和萌发受到抑制。Li 等研究表明单萜橙花醇（NEL）以剂量依赖性方式抑制黑斑病的菌丝生长和孢子萌发，通过降低麦角甾醇含量来损害细胞膜完整性，诱导细胞内活性氧（ROS）的积累。Chen 等首次发现喹啉酸（QA）可能是羊毛甾醇 14-α 脱甲基酶抑制剂，可降低黑斑病的发病率，对甘薯黑斑病的防治效果提高 75%。张德胜等研究表明，内吸性的甲基硫菌灵和非内吸性的百菌清在浸苗防治甘薯黑斑病时，浸苗时间、药液质量浓度、孢子浓度均为影响防治效果的关键因素。成纪予等发现 40 微升/升肉桂精油熏蒸处理能够有效减轻甘薯贮藏期间的病斑直径、病斑深度，降低失重率，保持更高的硬度，且总酚含量和多酚氧化酶（PPO）活性均维持较高水平。张成玲等根据已有的甘薯长喙壳菌全基因组序列，以山东潍坊样品中分离到的菌株 SD 为模板，扩增病菌重要致病因子果胶酸裂解酶基因 *CfPL*，该蛋白含有 92 个磷酸化位点、1 个信号肽，属于果胶裂解酶 C 类家族成员。Lai 等报道了植物弯孢菌（*Curvularia plantarum*）侵染甘薯叶片形成叶斑病。冯晓晓等发现甘薯茎基部褐化干枯是由 *Diaporthe destruens* 引起的甘薯基腐病所致。

鉴定出甘薯病毒新株系，建立 SPVD 抗性改良新技术。Liu 等利用 HTS 和 PCR 技术，首次从甘薯田常见杂草打碗花（甘薯近缘植物）上鉴定到 SPCSV 新株系 CH，与已知的 SPCSV 株系序列差异较大。Wang 等从我国甘薯上共鉴定出 21 种病毒，涉及 9 个病毒属，包括 12 种 DNA 病毒和 9 种 RNA 病毒。许泳清等建立了甘薯卷叶病毒重组酶聚合酶（RPA）等温扩增方法。张春雨等利用小 RNA 深度测序技术对混合样品进行检测，经RT-PCR 和测序验证，鉴定出样品中存在 10 种病毒，包括 6 种 RNA 病毒和 4 种 DNA 病毒。黄艳岚等对从湖南省多个市县采集的 180 份甘薯种质资源进行 SPLCV 和 SPBV 检测，发现 SPLCV 检出率为 12.2%，SPBV 检出率为 17.8%；SPLCV 和 SPBV 复合侵染率为 3.9%。Yu 等使用 CRISPR-Cas13 技术，将 SPCSVRNase3 作为靶点，成功建立了基于 CRISPR-Cas13 体系的 SPVD 抗性遗传改良技术，为 SPVD 抗性育种提供了新策略。Wang 等鉴定出 5 种化合物具有抑制 SPCSV RNase Ⅲ酶（CSVR3）的能力，从而减少植物体内病毒的积累。赵付枚等研究发现种薯携带 SPCSV 是苗期病毒病严重发生的关键因素。

建立甘薯细菌病害新的检测方法。Li 等利用甘薯瘟病菌特异性序列建立了环介导等温扩增技术。Gong 等发现组蛋白脱乙酰酶（HDAC）介导的组蛋白乙酰化在番茄对青枯病抗性中起重要作用。马媛媛发现果胶杆菌科 *Pectobacterium*、*Dickeya* 和 *Lonsdale* 属特有的保守标志基因，并以此设计特异性引物，建立特异灵敏的常规 PCR 和 qPCR 检测方法。He 等使用 *D. dadantii* 菌株 FY1710 作为免疫原产生了 4 种杂交瘤细胞系，利用产生的单克隆抗体对 *D. dadantii* 检测具有高度特异性和敏感性，开发了三抗体夹心酶联免疫吸附试验（TAS-ELISA）、点 ELISA（dot-ELISA）和组织印迹 ELISA（tissue-print-ELISA），均能可靠检测甘薯组织中的 *D. dadantii*。

成功鉴定和分离出甘薯虫害防控物质。Sun 等从土壤样品中分离到 4 株淡紫拟青霉菌，均对烟粉虱具有致病性。Hua 等克隆了甘薯蚁象 3 种 OBP 基因。其中 CforOBP1-3 与性信息素和其他被测配体具有很强的结合亲和力。通过 RNA 干扰成功地抑制了CforOBP1-3 的 mRNA 表达，导致 CforOBP1-3 缺陷的甘薯蚁象嗅觉部分缺失，并丧失了部分定位性信息素和寄主植物挥发物的能力。雷剑等采用 Y-型管测定了甘薯小象甲对 14 个甘薯品种的气味选择性，依据小象甲对不同甘薯品种的选择系数，确定鄂薯 15 对小象甲抗性最强，鄂薯 6 号和商薯 19 感病性最强。秦双等研究表明在栽种后 1 个月内 2 次在植株茎基部土壤喷施甲氨基阿维菌素苯甲酸盐对甘薯小象甲的防治效果最好，其次分别为阿维菌素、乙基多杀菌素、啶虫脒和氰氟虫腙。刘佰明等利用昆虫刺探电位技术研究溴氰虫酰胺亚致死浓度对烟粉虱传播番茄黄化曲叶病毒（TYLCV）具有良好的控制潜力。景亮亮等发现强力源、有机硅和怀农特 3 种喷雾助剂与吡虫啉、阿维菌素、苦参碱 3 种杀虫剂混配对防治烟粉虱均有增效作用，增效效果从高到低依次为强力源＞有机硅＞怀农特。郭笑笑等选择了 3 种集虫装置（瓶型、网袋型、塑料袋型），在北京和福建泉州两地开展了斜纹夜蛾性信息素的诱集比较试验，结果表明，北京地区瓶型集虫装置效果最好，泉州地区塑料袋型装置效果最好。

（六）甘薯贮藏与产后加工利用

明确了甘薯贮藏过程中的生理变化，筛选了延长贮藏的条件和物质。淀粉型甘薯在贮藏过程容易失水和腐烂，总淀粉酶活性和 β-淀粉酶活性在贮藏阶段呈现“N 型”趋势；高压交变电场对甘薯块根处理可有效增加其贮藏时间；12℃低温预处理 5 天和水杨酸羟肟酸处理，有利于延长甘薯冷藏时间；30℃，4 天的愈伤处理可加快甘薯伤口愈合，降低病原菌侵染甘薯的风险；40 微升/升肉桂精油可有效抑制长喙壳菌的侵染，延长贮藏时间；鲜切甘薯经甘草或甘草+高良姜浸泡 3 分钟后具有较好的保鲜效果；1-甲基环丙烯（1-MCP）和水杨酸能使甘薯在贮藏期间保持较好的品质，降低腐烂率；以壳聚糖/蒙脱石/乳清分离蛋白为原料制备可食性纳米复合保鲜材料作为新型甘薯涂膜剂，可延长甘薯保鲜时间；采用保鲜膜包裹、壳聚糖涂膜、喷施咯菌腈和 1-MCP 可有效预防甘薯软腐病。

初步明确菜用甘薯营养影响因子及甘薯营养物质的功能。叶菜型甘薯茎叶中总黄酮质量分数受采收期、品种两个因素的主导影响。叶片是决定茎尖总黄酮质量分数的主要器官；叶菜型甘薯叶尖是维生素 C、叶绿素、类胡萝卜素、游离氨基酸和矿物质的良好来源，钾钠比特别高，且叶尖含有相当多的咖啡酰奎宁酸（CQA）衍生物，特别是纯绿尖品种 GCS-3；微酸性电解水处理降低了甘薯游离酚酸和结合酚酸的含量，抑制多酚氧化酶和过氧化物酶活性，从而显著降低甘薯片的表皮、外周和中部的酶促褐变；甘薯叶多酚可缓解小鼠体重下降，降低空腹血糖，提高口服糖耐量；紫甘薯花青素可以减轻铅诱导的睾丸损伤、提高精子数量和活力以及降低精子畸形率，是一种潜在的预防铅引起的生殖毒性的治疗剂。

分析了甘薯加工品质的内在和外在影响因素。淀粉的糊化特性指标与面条品质之间存在显著相关性，淀粉糊化特性可作为判断其面条品质的重要指标；适量施用钾肥可以通过提高收获期块根小型淀粉粒的比例，增加支链淀粉含量，来提高块根烤后的口感品质；2-呋喃甲醇、糠醛和麦芽醇被确定为烘烤甘薯香气的主要来源，烘焙 1～2 小时可获得最高风味分数；真空冷冻干燥和蒸干结合热风干燥能较好地保留甘薯叶中总酚、绿原酸及衍生物、黄酮、维生素 D_3、α-生育酚、抗坏血酸等功能成分；经自然发酵的甘薯淀粉能够有效地改善甘薯粉条的加工特性；异丁醇、乙酸异戊酯、异戊醇、乙酸苯乙酯、苯乙醇、2,4 二叔丁基苯酚为紫甘薯酒主要风味物质；开发出磷酸二氢钠/乙醇双水相体系分离纯化紫甘薯花色苷的方法。

开发了甘薯副产物综合利用新途径。采用超声-微波协同法可以从甘薯皮中提取绿原酸；利用谷氨酰胺转氨酶（Tgase）可以催化甘薯蛋白 ε-(γ-谷氨酰胺基)-赖氨酸交联制备黏弹性和力学性能增强的甘薯蛋白凝胶；超声波可以增加甘薯蛋白酶解产物美拉德反应产物的鲜味、甜味和酸味，减少了其苦味；甘薯渣可以通过酶解制备高纯度结晶葡萄糖和可溶性膳食纤维；甘薯渣发酵后，其所含的可溶性膳食纤维、总酚、有机酸，稳定性、抗氧化能力均有所提高，且抗营养组分草酸含量降低；甘薯渣中提取的可溶性膳食纤维对小鼠肠道菌群有一定的改善作用。

（七）国内外甘薯领域存在的问题

1. 生物技术

近几年甘薯生物技术发展迅速，但是甘薯基因组复杂，研究队伍相对较小，对其基因组的认知很初步，发掘的功能基因有限；更高密度分子连锁图谱的缺乏影响了主要性状 QTL 的精细定位和图位克隆，实用分子标记少。

2. 资源创新与品种改良

目前甘薯品种的遗传背景较狭窄，需要进一步拓宽；高抗、优质的特异甘薯种质较少，优质、高抗、适合机械化种植的甘薯品种缺乏。

3. 甘薯耕作栽培和营养施肥

栽培技术系统研究不够，与生产需要的安全、轻简、高效需求结合不够；测土配方施肥较少，肥料种类、施肥方式、施肥时期研究较少；不同种植制度下的甘薯生理研究较少；甘薯种植过程中微量元素对产量和品质的影响及其潜在机制研究较少，污染物管控与修复研究亟待加强。

4. 甘薯机械化

区域发展不平衡、市场购买不旺、高效栽植收获机具供给不足等问题仍非常突出，无论是机具种类、性能，还是参与企业，与发达国家或国内主粮作物比仍有较大差距，其研发与推广仍然任重而道远。目前甘薯收获上虽研发了高度自适应集薯、自动限深挖掘等智能技术，但距推广应用还有距离。其次，我国地域广阔，种植规模与土壤条件差距明显，且甘薯用途及商品性要求各不相同，收获机具的研发推广应区别对待，如鲜食薯应重薯块外观、淀粉薯应重收获效率，在收获质量与收获效率上应有侧重，区别设计、推广专用型机具。

5. 甘薯病虫害防控

生防资源在持续开发中，但生防药剂作用不稳定，商品化投入生产还需要攻坚克难。多病联合防控处于起步阶段。

6. 甘薯贮藏与产后加工利用

甘薯贮藏病害的绿色高效防控、甘薯低温贮藏的保质减损、甘薯货架期延长保证品质等领域的研究还有待加强。对于甘薯营养成分的功能评价较多停留于细胞水平的试验，相关的机制及更进一步的深入评价还不足。甘薯及其副产物加工利用还存在基础理论研究与产业化应用衔接不足的问题，一些基础理论研究所采用的技术手段、所需要的设备、所需能耗，以及产品的特性等与产业化应用需要加强。

（国家甘薯产业技术体系首席科学家　李强　提供）

2021 年度木薯产业技术发展报告

（国家木薯产业技术体系）

一、国际木薯、辣木、咖啡、胡椒、菠萝蜜生产与贸易概况

（一）国际木薯生产情况

2021 年全球木薯生产规模继续扩大。在非洲，尼日利亚、刚果（金）是主要木薯生产国，种植面积分别是 773.78 万公顷和 503.65 万公顷，产量分别是 6 000.15万吨和 4 101.43万吨。在东南亚，木薯种植面积从 2020 年的 376.61 万公顷增加到 2021 年的 380.38 万公顷，产量从 7 658.78 万吨增长到 7 789.49 万吨，同比分别增长 1.00%和 1.71%，泰国木薯种植面积为 156.31 万公顷，产量为 2 949.33 万吨，同比分别增长 3.50%和 1.70%；印度尼西亚、柬埔寨、越南的木薯产量分别为 1 771.62 万吨、1 254.76 万吨、1 010.51 万吨，同比分别增长 1.52%、4.20%和 7.53%。在南美洲，巴西是最大木薯生产国，木薯种植面积和产量分别是 121.40 万公顷和 1 820.51万吨。

（二）国际辣木生产情况

印度在第二大辣木产区泰米尔纳德邦（种植面积约 1.3 万公顷，年产量约 67 万吨）设立辣木出口特区，推广叶用辣木品种，叶片产量高，可达 30 吨/公顷；菲律宾计划建设有机辣木生产和加工示范农场，建立辣木品种基因库，开发辣木种子和幼苗管理技术包，向农民推广高效的辣木种植技术；斯里兰卡启动国家辣木计划，呼吁公众发展家庭式辣木种植模式，发放 100 万株辣木树苗发展高级木本蔬菜；全球辣木市场产值超过 200 亿美元。

（三）国际咖啡、胡椒、菠萝蜜生产情况

世界咖啡主要分布在拉丁美洲、亚洲和非洲的热带地区，2020/2021 年度种植面积 1 000 多万公顷，产量 1 055.00 万吨；全世界种植胡椒国家 40 多个，种植面积 50.00 万公顷，总产量 59.20 万吨，其中亚洲区域产量占世界总产量的 80%；菠萝蜜在全球的栽种面积约 26.67 万公顷，年产量超 362.00 万吨，市场上大多在原产地以鲜果形式消费。

（四）国际木薯贸易概况

木薯作为淀粉和酒精的主要加工原料之一，进出口贸易规模扩大。作为主要木薯贸易国，泰国和越南的木薯贸易规模同比大幅增长。2021 年，泰国木薯干片出口量为 518.97 万吨，出口额为 12.59 亿美元，同比分别增长 69.12%和 88.67%；木薯淀粉出口量为 367.29 万吨，出口额为 16.30 亿美元，同比分别增长 32.03%和 47.37%。同期，越南木薯出口规模也呈扩大趋势，出口木薯和木薯产品数量为 287.68 万吨，出口额为 11.79 亿美元，同比分别增长 2.40%和 16.50%。东南亚其他木薯主产国以出口木薯干片和鲜木薯为主，出口规模相对较小，但出口规模在大幅扩张。2021 年，柬埔寨木薯干片出口量为 164.46 万吨，同比增长 8.45%；出口鲜木薯 110.42 万吨，同比增长 52.60%；出口木薯淀粉 3.59 万吨，同比增长 2.66%。

（五）国际辣木贸易概况

印度是世界辣木原料出口大国，2021 年印度辣木原料出口增长明显，出口量约 11.05 万吨；在印度工商部农业和加工食品出口发展局（APEDA）的支持下，印度辣木加工厂数量持续增加，并向美国出口辣木粉；德国为目前世界上最大的辣木油出口国，年出口量为 13.99 万吨，占全球辣木油出口总额的 20.67%，原料从印度尼西亚等国进口，出口到丹麦、波兰、荷兰和法国等欧洲国家。

（六）国际咖啡、胡椒、菠萝蜜贸易概况

2020/2021 年度，全球咖啡进口总量 798.18 万吨，出口总量约 854.22 万吨，巴西为第一大出口国，越南为第二大出口国。世界胡椒消费品主要为黑胡椒，占胡椒制品总量的 80%～85%，而白胡椒仅为 15%～20%；出口总量为 57.15 万吨，进口总量为 46.95 万吨。菠萝蜜进出口贸易量占产量的 10%左右，菠萝蜜加工品主要有脆片、果脯、果干、果汁、菠萝蜜糖等，加工量占产量的 5%～10%，越南、泰国、马来西亚是主要生产国，美国、日本、韩国和中国等国家是进口国。

二、国内木薯、辣木、咖啡、胡椒、菠萝蜜生产与贸易概况

（一）国内木薯生产情况

2021 年全国木薯生产规模稳步扩大。2020 年以来，我国木薯淀粉、木薯酒精等行业发展回暖，对木薯需求增加，导致主产区木薯收购价格上涨，带动了主产区农民种植木薯的积极性，使得木薯生产规模稳中略升。根据 FAO 数据，2020 年我国木薯收获面积为 450.63 万亩，同比增加 0.70%；但是受疫情影响产量小幅下降，为 488.46 万吨，同比下降 0.04%。2021 年我国木薯收获面积约为 457 万亩，产量约为 500 万吨，同比分别增长 0.70%和 2.46%。其中，广西木薯种植面积约为 275 万亩（2020 年为 260.66 万亩），产量约为 390 万吨（2020 年干片产量 167.48 万吨，折合鲜薯 368.46 万吨），同比分别增长 5.50%和 5.85%。从木薯市场价格来看，2021 年全国鲜木薯均价为 680 元/吨，较 2020 年上涨约 20 元/吨。木薯主产区的鲜薯收购价格仍存在较大的价差，其中广西地区的鲜薯价格区间为 680～780 元/吨，云南鲜薯收购价格为 650～750 元/吨，广东和海南鲜薯收购价格为 520～580 元/吨。

（二）国内辣木生产情况

2020 年下半年以来，国内辣木种植规模总体保持稳定，约 10 万亩，产量有小幅度的减少，原因是部分辣木生产企业因产品市场尚未完全打开，原料需求量减少，导致部分辣木种植园处于失管养树状态；关于辣木原料价格各地差异较大，以辣木鲜叶作为蔬菜为例，价格在 10～30 元/千克不等。

（三）国内咖啡、胡椒、菠萝蜜生产情况

我国咖啡、胡椒和菠萝蜜主要分布在海南、云南、广东、广西等热区，据统计，2021 年（2020/2021 年产季）种植面积 135 万亩，产量 13.55 万吨，同比增加 5.3%；胡椒总种植面积为 37.80 万亩，总产量 4.78 万吨，海南和云南种植面积分别为 33.50 万亩、4.30 万亩，产量分别为 4.50 万吨、0.28 万吨；据不完全统计，截至 2021 年年底，我国菠萝蜜种植面积约 50 万亩，年产量达 30 多万吨，其中海南菠萝蜜种植面积 30 万亩，产量为 20 多万吨。

（四）国内木薯贸易概况

淀粉和酒精产能的扩张以及国内加工原料的不足，导致 2021 年我国木薯干片和木薯淀粉进口规模急剧扩大。2021 年，我国木薯干片进口量为 551.88 万吨，进口额为 15.34 亿美元，同比分别增长 87.00%和 96.84%。期间，我国木薯干片主要进口自泰国和越南，进口量占我国木薯干片进口总量的比重分别为 88.58%和 9.98%。其中，从泰国进口的木薯干片数量和金额分别为 488.84 万吨、13.58 亿美元，同比分别增长 83.54% 和 116.82%；从越南进口的数量和金额分别为 55.10 万吨和 1.53 亿美元，同比分别增长 35.19%和 66.04%。从木薯淀粉进口情况来看，2021 年，我国木薯淀粉进口量为 348.54 万吨，进口额为 16.74 亿美元，同比分别增长 26.42%和 48.01%。同期我国进口的木薯淀粉也主要来自泰国和越南，从泰国进口的木薯淀粉规模扩大，从越南进口的规模缩小。其中，从泰国进口的木薯淀粉数量为 254.15 万吨，同比增长 50.33%，进口金额为 12.34 亿美元，同比增长 91.74%；从越南进口的数量为 61.20 万吨，进口额为 2.87 亿美元，同比分别下降 37.71%和 26.10%。

（五）国内辣木贸易概况

国内辣木原料基本能满足国内辣木产品加工企业，故辣木原料进出口贸易量较少，仅辣木产品有少量出口。根据中国海关总署数据显示，2020 年中期海南特色产品辣木茶实现首次出口，出口量为 648 千克；辣木籽因被我国海关总署列为外来物种，虽然国内有一定的需求量，但禁止进口。据海关网站查询结果显示，2021 年 11 月，在广州白云国际机场空港口岸截获辣木籽等外来物种 124 次。

（六）国内咖啡、胡椒、菠萝蜜贸易概况

2020 年我国咖啡及制品出口量 5.81 万吨，出口金额 1.90 亿美元，进口量 11.08 万吨，进口金额 5.45 亿美元；据统计，2020/2021 年度中国咖啡消费量 20 万吨，消费市场规模约 1 000 亿元。胡椒进口量为 1.28 万吨，其中未磨和已磨胡椒分别为 1.20 万吨和 0.08 万吨。菠萝蜜产量仍供不应求，每年从泰国、越南等国家进口 20 多万吨。

三、国际木薯、辣木、咖啡、胡椒、菠萝蜜产业技术研发进展

（一）遗传育种研究进展

1. 木薯

总结传统育种改进方法，研究基因型、环境及激素等对花发育及育性相关的影响。利用重测序及 GWAS 等系统开展木薯种质资源的遗传多样性、进化、杂合性及重要农艺性状功能分化研究。开展全基因组水平分子标记的发掘，鉴定基因家族及重要 QTL。发展主栽优良品种的遗传转化技术，对淀粉合成、抗细菌性枯萎病和褐条病、非生物胁迫响应等关键基因进行功能挖掘，利用分子育种技术培育高直链淀粉、抗病等新种质。利用组学技术（蛋白质组、小分子 RNA 等）分析抗病性的关联调控基因及卫星病毒。开展细菌性枯萎病的免疫反应及非生物逆境基因调控模块的分析。研究碳同化、糖转运及激素信号对储藏根发育的影响。

2. 辣木

国际农用林业中心收集保存辣木资源约 300 份，主要是非洲辣木和多油辣木；加纳、埃塞俄比亚和南非辣木认知度相对较高，西非是主要的辣木种植地；辣木鲜叶作为蔬菜，嫩果荚作为食品，干种子和幼苗根作为调味料，用以解决贫困地区蛋白质摄入不足问题。

古巴的辣木主要用作饲料，商业化种植规模不大。马来群岛、菲律宾群岛等有一定规模的种植。

3. 咖啡、胡椒、菠萝蜜

世界咖啡研究组织（WCR）正在加速选育咖啡品种，建立区域育种中心，加速筛选分子育种方法的基因和分子标记，巴西释放了 IAC Ouro Verde、IAC 1195-5-6-1 和 IAC 1195-5-6-2 等品种。世界各菠萝蜜产区已选育出多个优良品种，但推广范围不大，如马来西亚的 J-30、J-31 和 NS1，泰国的 Chompa Gob、Dang Rasimi 和 Leung Bang，印度尼西亚的 Bali beauty、Tabouey 和澳大利亚的 Cheena、Black Old 等。

（二）栽培技术与机械化研究进展

1. 木薯

施用 N 120 千克/公顷和 P_2O_5 92 千克/公顷可获得最高的块根产量，40 千克/公顷 N 和 92 千克/公顷 P_2O_5 的联合施用对于埃塞俄比亚季马地区和类似地区木薯生产效益最佳。研究表明，深翻可提高薯干产量，混合作物模式土地利用效率高于单一作物，豆科作物与木薯间套种可保持土壤水分，改善土壤质量；施微肥增产鲜薯，不同木薯品种对微肥效应存在较大差异；木薯接种丛枝菌根真菌反应的最大化取决于木薯和真菌的基因型；施肥改变木薯根际土壤真菌群落结构，增加潜在有益真菌数量，减少致病真菌数量，显著促进木薯生长和增产；土壤水分张力对产量影响很大，严重缺水会导致块根生长受阻；叶面喷施 1～5促分裂原活化的蛋白的复合营养/生防剂可降低木薯花叶病发病率，鲜薯产量增加。根据网络资源查询，2021 年度未见国外发表的木薯机械研究相关文献。

2. 辣木

国际上辣木栽培方面的研究重点体现在植物生理和土肥方面，沙特阿拉伯学者 Al-Shoaibi 研究发现多油辣木发芽最适温度为 25℃，萌发阶段表现出较高的耐盐性；古巴学者 Ontivero 等发现，红壤可增加辣木光合色素、株高和茎生物量，土壤：锯末（1：1）基质可增加叶和根的生物量；埃及学者 Atteya 等发现，蚯蚓堆肥可提高辣木豆荚、种子产量，推荐用量为 50 吨/公顷；南非学者 Managa 等发现辣木水培比田间种植叶中绿原酸、阿魏酸、香草酸和汉黄芩素化合物的浓度水平更高。

3. 咖啡、胡椒、菠萝蜜

国外咖啡种植广泛使用咖啡荫蔽树，有利于改进咖啡园生态系统，加以截顶矮化，咖啡质量显著提高；胡椒主产国多采用粗放式种植，越南、印度、柬埔寨等国逐渐采用我国精细栽培管理技术，出现了企业规模化种植；菠萝蜜主产国印度、孟加拉国等主要以庭院种植为主，栽培管理较为粗放，在马来西亚、越南和泰国开始了标准化种植。

（三）病虫草害防控技术研究进展

1. 木薯

国际上在重要有害生物监控方面取得良好进展。病害主要集中在田间智能监测技术、疫情动态和新病原鉴定、抗病种质筛选及重要病害抗性机制，花叶病（及褐条病）和木薯互作机理、种群多样性鉴定、检测监测技术、致病机理、分子育种，根腐病生防技术研发，细菌性萎蔫病菌致病机理等研究。国外研究发现玉米是防治木薯上草地贪叶蛾的理想间套作诱集作物，通过套种玉米能够大量诱集草地贪叶蛾，显著降低木薯上的虫口密度。国外草害防控主要集中在机器深度学习在杂草识别与清除上的应用，化感物质鉴定、表达调控、结构修饰、组合，植物源除草剂（抽提液—化合物），微生物除草剂（菌丝体—代谢物）研发等。

2. 辣木

国际上辣木病虫害防控方面鲜有报道，而辣木提取物作为药剂防治病虫害成为研究热点，研究显示辣木提取物对螨类、斜纹夜蛾、大斑螟、米象、豇豆象、稻象等均有较好防效；饲料辣木杂草管理方面，以色列研究表明辣木苗前施用除草剂是最有效、最安全的防治手段。

3. 咖啡、胡椒、菠萝蜜

国际原子能机构正在利用昆虫不育技术寻求减少地中海果蝇对咖啡业造成的损害。印度、马来西亚等国对胡椒枯萎病发生规律开展调查研究，尚未研发实用技术。国外对菠萝蜜叶斑病、果腐病、三带实蝇等主要病虫害的为害症状、发病规律进行研究，并总结防治措施，但还是以化学防治为主。

（四）加工与综合技术研究进展

1. 木薯

在食用安全方面，浙江大学发文首次探究了中国人群基于木薯及其产品摄入引起的氰化物膳食暴露量及其潜在的健康风险，建议木薯及其产品的生氰糖苷最大残留限量可适当扩大为200毫克/千克，进一步研发出一种利用超声预处理提高内源性生氰糖苷酶活力高效减控氰化物含量的新方法。研发出一种利用超声预处理提高木薯亚麻苦苷酶活性进而高效减控木薯汁氰化物风险的新方法。非洲木薯生产国常用发酵工艺来显著降低木薯食品氰化物含量，尼日利亚提出日常膳食木薯产品的限量。在加工利用方面，研究者在淀粉辛烯基琥珀酸酯、淀粉酚酸酯、3D打印适用性等高值利用方面进行了多方探讨，为木薯淀粉的多元化利用提供了有力的支撑。研发木薯皮饲料化利用技术与装备，并在非洲尼日利亚小规模女性农民组织（SWOFON）运营推广，研发暗发酵技术处理木薯加工废水，显著改善废水水质；此外，还研发利用木薯皮生产具有抗氧化活性的甘露低聚糖技术和利用超声技术处理木薯渣，提高了其水解效率。

2. 辣木

辣木以其高蛋白质、低脂肪、高纤维、高维生素含量的特性与特殊的降血糖、抗菌消炎、强心的保健效果而成为健康食品界的新宠，被誉为新时代的健康食物。根据世界辣木研究、开发的趋势，主要可以开发为功能食品、饮水或废水处理剂和日用、化妆品原料等多种类型的产品，其中美国和英国主要开发饮水、净水或废水处理剂。中国主要开发保健品和化妆品，非洲和印度主要开发食品和饲料添加剂。总体而言，世界辣木产业生产基本保持稳定，辣木销售各异，消费主要以蔬菜和粗饲料为主；世界辣木产业发展趋势是种植稳定而加工日趋多样化，销售逐步进入发达国家市场，辣木健康消费观念逐渐深入人心。

3. 咖啡、胡椒、菠萝蜜

国际上开展了厌氧发酵、酵素发酵等加工方法，并就杀菌方法对冰滴咖啡风味影响开展研究；越南黑胡椒加工厂数量和规模均最大，机械使用率最高；马来西亚、印度尼西亚等国也出现规模化加工，柬埔寨处于起步阶段，但发展较快。

四、国内木薯、辣木、咖啡、胡椒、菠萝蜜产业技术研发进展

（一）遗传育种研究进展

1. 木薯

绘制 388 份木薯种质的全基因组变异图谱，揭示了木薯群体水平杂合性变异影响木薯重要农艺性状的遗传机制；分析了 SC205 单体型基因组进化及功能分化规律，对与重要性状关联的基因家族及关键基因开展分析。验证了 *SBE2*、*SPL9*、*SLC30* 等基因在木薯淀粉合成及逆境响应中的功能，获得高直链淀粉、抗干旱等木薯新种质和新材料。对木薯感染细菌性枯萎病的免疫反应模块 MeHSP90.9-MeSGT1-MeRAR1 开展分析，开发木薯普通花叶病毒的病毒诱导基因沉默（VIGS）系统。分析 lncRNA 参与低温、CBL1/9-CIPK23-AKT1 复合体对低钾、MeRAV5 调节干旱等响应模式。获得共质体卸载对储藏根淀粉富集影响的证据。

2. 辣木

国内收集到的辣木种质资源 300 多份，包括全部 13 个种。利用云南省西双版纳州景洪、红河州红河谷、楚雄州元谋、玉溪市元江等地区特殊的气候条件，通过株选、复选、决选以及多点试验，培育出了菜用型、果用型和饲用型等潜力品系；发现并筛选到雄性不育辣木材料，有望在“十四五”期间开展育种利用。

3. 咖啡、胡椒、菠萝蜜

开展了咖啡、胡椒品质和抗病调控和功能基因发掘研究，筛选出一批可供区试和生产推广的优良咖啡品种（系），选育出热研 5 号、大丰 1 号咖啡品种 2 个和香蜜 17 号菠萝蜜品种 1 个，2021 年通过了海南省林业厅品种审定委员会认定。

（二）栽培技术与机械化研究进展

1. 木薯

国内研究表明，宽窄行木薯间作玉米提高了两者的根系养分、土壤养分含量和玉米产量，木薯与花生根系之间存在促进型互作效应；合理施钾促进木薯可溶性糖向淀粉转化，减施化肥提高木薯收获指数和肥料利用率；木薯块根膨大期留叶 81～90 片，有利养分积累和增产；土壤速效养分与 AMF 群落结构差异密切相关。平地宽窄行推荐斜插反向交错和平放顺向对称种植方式，提出垄作式木薯种植机作业质量评价方法，优化木薯种茎整理排序装置和茎秆粉碎还田机刀片离地间隙控制系统，研发单行木薯块根收获机仿生铲、拨辊式收获机、种茎切割机、青贮茎叶切碎机等。

2. 辣木

程世敏等报道土壤中氮、磷、钾纯养分用量分别为 0.28 克/千克、0.33 克/千克和 0.17 克/千克时，辣木新梢干物质累积量及养分累积量最高；袁淑娜等发现 70%遮光率处理利于辣木叶片 Ca、Fe、Zn 元素的富集；任保兰等研究表明在辣木幼苗期应加强涝渍防控，出现积水应及时排水，耐涝性依次为狭瓣辣木＞PKM1＞多油辣木；李广兴等报道在新鲜辣木叶脱叶机械化装置电机调速控制设计中运用发明问题的解决理论（TRIZ 理论），解决了稳压调速器带负载能力不足、输出电压和转速不稳定等问题。

3. 咖啡、胡椒、菠萝蜜

提出了在生产实践中应推广咖啡和槟榔株行距分别为 2 米×3 米和 3 米×4 米的种植模

式来提高土地单位面积经济效益。研发胡椒宽窄行宜机化种植模式和第一代粉垄式松土施肥一体机。海南、广东等地相继出现菠萝蜜规模化、标准化栽培生产基地，栽培管理水平有所提高。

（三）病虫草害防控技术研究进展

1. 木薯

国内研究主要集中在木薯对细菌性萎蔫病的结构抗性、根际有益微生物筛选、热激蛋白和乙烯反应因子诱导抗病机理，免疫反应调节机制，木薯与细菌性萎蔫病菌之间的互作机理，花叶病监测、病毒致病机理和转基因抗病育种，新发病毒株系鉴定等方面，以及根际有益微生物提高木薯抗细菌性萎蔫病的生理生化机制。虫害防控技术研究主要集中在木薯对二斑叶螨的抗性分子机理，以及对木瓜秀粉蚧抗性的生理生化和分子响应机制研究。草害防控主要集中在间作绿肥筛选，间作绿肥对草害发生和木薯生长的影响以及高效低毒化学除草剂组配等。

2. 辣木

2021 年度国内未见新发病虫害相关报道，辣木果腐病、回枯病、枝条溃疡病、瑙螟、天牛、蚜虫、螨类等仍是为害辣木的常见病虫害。针对重要病虫害明确了黑星菌和半裸镰刀菌是造成嫩梢萎蔫病、回枯病和枝条溃疡病的主要病原菌；建立赤斑白条天牛卵的发育历期预测模型；基于辣木瑙螟信息素和辣木叶挥发物研发 2 种引诱剂。

3. 咖啡、胡椒、菠萝蜜

筛选对重要入侵害虫咖啡果小蠹具有较好诱集效果的产品；集成了以咖啡抗锈病品种推广利用、高效低毒农药适时施用的锈病防控技术；研发了胡椒瘟病生防药剂及配套施用技术；明确了榕八星天牛和黄翅绢野螟等主要害虫的发生规律，防治技术问题已得到初步解决。

（四）加工与综合技术研究进展

1. 木薯

研发了木薯粉和木薯叶蛋白质发酵技术，木薯粉粗多糖含量提高近 5 倍，3kD 的小分子肽含量达 40%；明确了木薯粉贮藏过程游离脂肪酸的种类、食用木薯块根重金属吸收累积规律和新型木薯淀粉酚酸酯的抗消化作用及其机制，阐明了木薯淀粉酚酸酯的潜在调节肠道菌群作用机理；系统地分析了 30 个木薯品种的叶片黄酮种类，并建立指纹图谱库，为木薯粉和木薯叶的功能利用奠定基础；通过木薯淀粉的精细结构的分析，阐明了木薯淀粉的消化机理；研发了木薯整株饲料化利用技术，经 7 天发酵，有机酸含量增加了 200 倍，小肽率提高 4 倍，贮存期达 3 个月，集成木薯渣创制生物饲料新技术，并在企业进行产业化应用。

2. 辣木

辣木富含蛋白质、多糖、维生素、矿物质等，在加工生产中被广泛应用。食品生产中辣木可直接生产为辣木叶保健茶、辣木叶酸奶，作为辅料添加提高产品品质，如辣木叶豌豆粉、辣木叶腐乳、辣木叶功能性饮料、辣木全粉馒头。饲料生产中辣木的添加可使鸡蛋品质提高，显著影响动物繁殖性能。即使废料仍可有效利用，如辣木籽壳制备的磁性辣木籽壳生物炭。辣木营养价值极高，全株均可用，开发辣木产品可提高辣木综合利用率，促进地方经济发展。

3. 咖啡、胡椒、菠萝蜜

研发咖啡微水加工技术和使用专用机械设备进行无水脱皮，研发全新脱皮干燥设备机械一体化生产线；研发胡椒果皮熟化脱皮脱胶、高温灭酶护色组合干燥、鲜果全利用和活性成分组合提取分离等关键技术；研发菠萝蜜果干、脆片、菠萝蜜糖、薄饼等产品，但加工的能力和规模有限，工艺技术不高，产品质量中等，产业化程度低。

（国家木薯产业技术体系首席科学家　李开绵　提供）

2021年度油菜产业技术发展报告

（国家油菜产业技术体系）

一、国际油菜生产与贸易概况

（一）世界油菜收获面积增加，总产量与单产上升

据USDA①最新数据统计，2021年世界油菜总收获面积为3 485.4万公顷，较2020年的3 468万公顷增加了17.4万公顷。加拿大、中国、印度和欧盟收获面积仍排在前四位，其中，中国占比为19.41%。2021年世界油菜籽总产量为7 360.5万吨，较2020年的6 959.8万吨增加了400.7万吨，其中，加拿大排名第一，欧盟排名第二，中国排名第三，印度位居第四，中国油菜籽产量占比为18.32%。世界油菜籽平均单产为2 110千克/公顷，比2020年的2 010千克/公顷增加了100千克/公顷。其中，智利仍是单产最高的国家，为3 810千克/公顷。

（二）世界油菜籽、菜籽油贸易总量有所下降

据USDA最新数据统计，2021年世界油菜籽出口总量为1 797.9万吨，较2020年的1 591.5万吨增加206.4万吨；加拿大、澳大利亚和乌克兰仍排在出口国的前三位，其中加拿大占比为58.90%。世界油菜籽进口总量为1 666.1万吨，较2020年的1 571万吨增加95.1万吨；欧盟、中国和日本排在世界油菜籽进口国（地区）的前三位，其中中国进口量为279.5万吨，占世界油菜籽进口总量的16.78%。

2021年世界菜籽油出口总量为639.1万吨，较2020年的587.2万吨增加51.9万吨；其中，加拿大占世界菜籽油出口总量比重最大，为53.94%。世界菜籽油进口总量为632.0万吨，较2020年的579.8万吨增加52.2万吨；中国、美国和挪威仍排在菜籽油进口国的前三位，其中，中国进口份额占比为37.42%，美国为29.57%，挪威为9.67%。

二、国内油菜生产与贸易概况

（一）国内油菜生产概况

据USDA最新数据统计，2021年中国油菜收获面积为676.5万公顷，较2020年的658.3万公顷增加18.2万公顷，同比上升2.76%；全国油菜籽产量达1 404.9万吨，较2020年的1 348.5万吨增加56.4万吨，同比上升4.18%。2021年我国油菜平均单产为2 080千克/公顷，比2020年的2 050千克/公顷增加了1.46%。

（二）国内贸易概况

2021年度油菜籽价格总体呈现先降后升趋势。第一季度，油菜籽价格呈持续下跌趋势。第二季度的4月与5月延续第一季度的下跌趋势，5月国产油菜籽价格跌至本年度最

① 美国农业部，https：//apps. fas. usda. gov/psdonline/app/index. html#/app/advQuery。

低点，为 5 401 元/吨，2020 年同期油菜籽价格为 5 143 元/吨，同比上涨 5.02%。5 月之后，油菜籽价格呈现出快速上升的趋势，至 7 月跃升至 6 166 元/吨，之后呈现平稳上涨的趋势，在 12 月达到最高价 6 410.7 元/吨，呈现出良好的发展态势，预计未来一段时间国内菜籽价格不会大幅下降。各月具体价格见图 1。

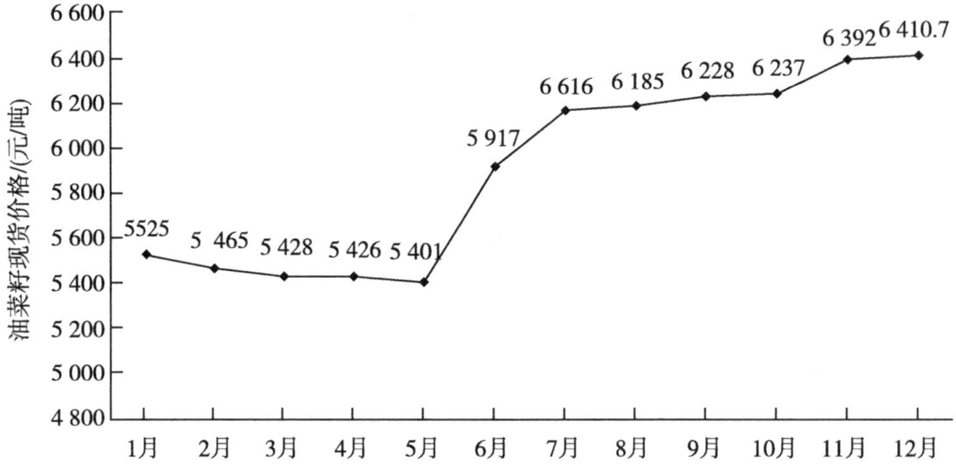

图 1　2021 年 1—12 月油菜籽月度价格（月平均值）

注：油菜籽月度价格根据布瑞克农业数据终端相关数据整理得出。

2021 年度我国菜籽油价格总体呈现上升趋势，上半年菜籽油价格呈现先升后降的趋势，5 月升至最高价 13 700 元/吨。从 6 月开始菜籽油价格疲软，下降的趋势一直持续到 8 月。随后，菜籽油价格持续快速上升，在 12 月达到最高价 14 114.3 元/吨，较 1 月上涨 5.44%。预计后期受季节性需求增加、国产油菜籽库存减少等因素影响，菜籽油价格会持续走高。各月份具体价格见图 2。

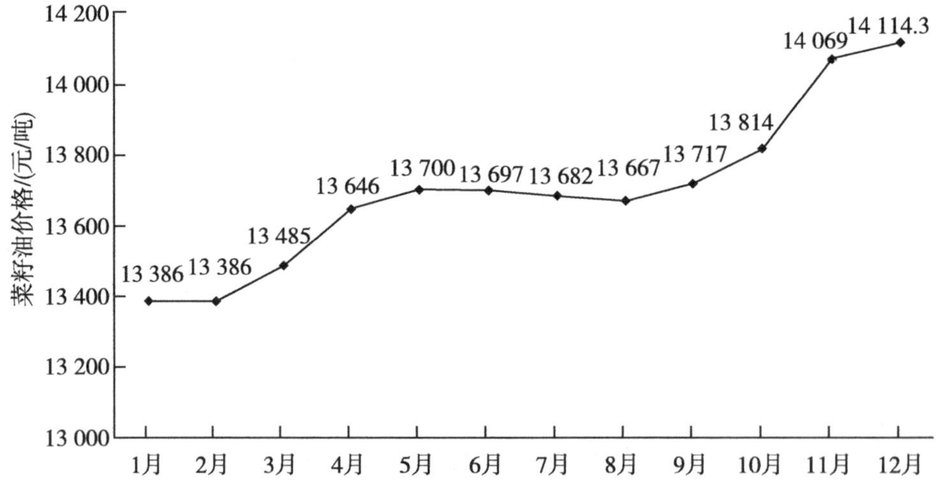

图 2　2021 年 1—12 月菜籽油月度价格

注：菜籽油月度价格根据布瑞克农业数据终端相关数据整理得出。

三、国际油菜产业技术研发进展

（一）遗传改良与品种改良

加拿大、澳大利亚以及欧洲油菜的效益高主要依靠规模化、机械化与优质高产稳产品种相结合。加拿大油菜产业的主要目标是不断提高油菜单产水平，我国油菜单产水平与加拿大相比尚存在一定差距。高油酸新品种的选育和推广应用是加拿大油菜发展的重点之一，目前加拿大高油酸油菜种植面积比较稳定，由于所生产高油酸菜籽油直接供应美国麦当劳，因此效益明显好于普通双低油菜。高维生素 E 菜籽油也较常见，销售价值略高于普通菜籽油。加拿大油菜产业近年来饱受根肿病的困扰，政府部门和企业都加强了科研力度，目前已鉴定出一批抗根肿病位点，培育出多个抗根肿病油菜新品种，但研究的难点是如何培育具有持久抗性的油菜新品种。澳大利亚通过基因工程开发了特殊多不饱和脂肪酸油菜，但目前还没有大面积推广应用的报道。加拿大和欧洲开始注重饼粕质量相关性状的育种工作，研究人员还通过基因编辑技术，创建了矮秆并且分枝数明显增加的油菜新种质。

（二）栽培与生产技术

高产、优质和抗逆一直是国际上油菜栽培研究的重点。相关研究表明，油菜产量的形成、生物量的积累与光能利用率、叶面积指数密切相关。油菜达到最小的叶面积指数均需截获 90%的入射辐射，而品种间的最大叶面积指数以及达到最小/大叶面积指数的时间存在着显著差异，通过检测，油菜的平均光能利用率为 3.7 克/兆焦耳·平方米。高叶面积指数与高光效存在着相关性，为油菜生长建模和育种提供了信息。渍水对油菜生长发育和产量的影响也逐步成为全球的共同关注点。研究发现，油菜在营养生长期和生殖生长期渍水后，产量将分别降低 17%～30%和 42%～69%；后期渍水减产主要是因为光截获量和光能利用率的恢复程度低。美国研究者主要开展了油菜与大豆轮作研究，结果发现前茬种植油菜后对大豆产量没有显著影响，但改善了土壤状况，如土壤含水量、土壤温度等。英国科学家则开发了一种覆盖物对叶片生理状态影响的研究方法，他们通过添加 TiO_2 增强抗蒸腾剂的白度、亮度和模糊度，通过喷施后比对叶片和水敏纸的图像，发现两者没有差别，因此，TiO_2 是一种很好的叶片嵌入剂，作为生理代谢指示物用于研究油菜在干旱等胁迫下的生理变化。

（三）植保技术

2021 年度国际上油菜菌核病研究的热点仍然集中在核盘菌分子生物学特性及其致病机理深度解析以及病害的绿色防控等方面，国内外学者揭示了 *SsCat2*、*SsTrx1*、*SsEmp24*、*SsErv25*、*SsFoxE3*、*SsATG8*、*SsNBR1*、*Sshk1p*、*Sscnd1* 和 *SsYCP1* 等基因的功能；我国学者和加拿大学者利用紫外诱变和二代基因组测序技术建立了研究核盘菌遗传学的技术平台；Soares 等发现生防菌木霉菌通过寄生核盘菌菌核可以影响土壤微生物群落组成；de Lima 等发现生物源 α-Fe_2O_3 纳米颗粒可增强木霉对核盘菌的生物活性；国内学者设计了新的具有卟啉金属有机骨架、金属酚醛涂层以及咪鲜胺负载碳酸钙载体的纳米农药，均能够显著抑制核盘菌的为害；Everhart 发现杀菌剂可以诱导核盘菌的基因组变异，进而从基因组变异层面上揭示了杀菌剂应用不为人知的风险；Duarte 等利用纳米电极激活微孔阵列高效捕获和定量分析了核盘菌的子囊孢子，该研究对菌核病的监控和预测预报具有显著的促进作用。油菜根肿病研究的热点主要集中在抗病基因挖掘、植物抗病机理以及根肿菌致病机理解析等方面，加拿大研究团队利用全基因组关联分析挖掘到 13 个与 4 种加拿大新发生理小种抗病相关的 SNP 位点，在其上下游鉴定获得 13 个抗病相关基因；Hasan 等利用甘蓝型油菜与白菜根肿病抗源材料进行种间杂交，在 A03 染色体定位一个抗 3 号生理小种的单基因，开发出一个基于 TIR-NB-LRR（TNL）候选基因的紧密连锁 SNP 标记；Pérez-López 等鉴定了一个根肿菌效应因子 SSPbP53，通过靶向半胱氨酸蛋白酶抑制十字花科寄主免疫反应。油菜黑胫病研究的热点主要集中在病原群体结构分析、病原与寄主互作以及病害防治技术等方面，法国 Balesdent 研究小组在油菜茎基溃疡病菌中发现了新的无毒基因 *AvrLm14*，在花椰菜中鉴定出新的抗茎基溃疡病资源；英国 Fitt 研究小组发现抗病品种与丙硫菌唑组合使用能有效抑制油菜黑胫病菌产生子囊孢子；King 和 West 在英国首次发现油菜黑胫病菌加拿大亚种。油菜虫害研究的热点主要集中在害虫的抗药性治理、可持续绿色防控以及抗虫品种的应用等方面，澳大利亚科学家 Stott-Ross 研究了利用蚜虫内共生细菌防治害虫；爱沙尼亚科学家 Veromann 和比利时科学家 Smagghe 探索利用 RNAi 技术和其他新型杀虫剂控制花露尾甲等害虫；印度旁遮普农业大学选育出多个抗（耐）蚜虫的芥菜型油菜品种。

（四）机械化装备

欧美发达国家农机装备还在持续向着高速、宽幅、高效和精量的方向发展，同时大数据、人工智能、无人驾驶等先进技术在农机装备上的应用也日趋成熟，农机装备逐步形成了“人—机—技”紧密结合的多元产品。耕种机械方面，注重机器对土壤和环境的影响，可通过对播种、施肥等环节的精准、变量控制，实现种子、肥料和水资源的高效利用。例如 AMAZONE 公司的 D9 6000-TC 牵引式播种机，可实现谷物、草和豆类等多种作物的旋耕、精量播种及覆土作业，播种性能好、精度高，结构紧凑，工作幅宽可达 6 米；Case IH 公司的 1200 系列播种机，配备 AFS 700 Pro 驾驶室内监控调节模块和 SpeedTube 模块，可以实现作业各环节的精量控制，同时能够根据客户农场的土壤类型、地形、化肥和农药应用需求以及作物残留管理偏好来进行专属定制。田间管理机械方面，欧美发达国家装备智能化趋势尤为明显。以病虫草害管理环节为例，各种各样的田间管理机器人逐渐走出实验室开始在大田测试与应用，如德国博世的 Deepfield Bonirob V3、美国约翰迪尔的 BRT、法国卡特公司的 Anatis、法国奈奥科技 Z440 等型号的机器人，普遍采用了基于人工智能的病虫草害识别、自主定位与建图、自动对行行驶等技术，集成对靶喷施、自动除草、表型探测等多种功能于一体。收获机械方面，欧美发达国家主要以大型、高效、智能化为主要发展方向，并配备自动导航、收获质量和工作状态监控等自动化、智能化模块，作业效率、质量、舒适性等指标远超国内水平。智能化管理与精准作业方面，无人农场和无人农机一直是欧美发达国家研发的重点，日本主要农机企业久保田、井关、洋马等相继推出了带有高精度卫星定位导航功能和遥控功能的自动化农机产品，以减轻机手长时间作业体力负担，提高农机作业精度；美国大中型农场都应用自动导航驾驶系统来实现拖拉机、联合收割机等装备的自动化作业，目前其农机自动导航驾驶系统普及率达到 90%；约翰迪尔、凯斯纽荷兰也都分别推出了无人拖拉机及配套农具，通过配备全方位感应和探测装置，能够侦测并避开障碍物，具备远程配置、监测及操作功能，在生产平台的管理和调度下可实现全天候无人作业。

（五）加工和检测技术

菜籽加工技术研发方面，国际上主要集中在菜籽油的改性和菜籽饼粕的高效利用。菜籽油的改性主要涉及菜籽油凝胶的制备和菜籽油的酶水解，菜籽饼粕的高效利用主要涉及其在动物饲料中的作用和作为潜在食品组分的应用。菜籽粕是菜籽油生产过程的共产物，目前主要用作饲料，很少用作食品配料，因此菜籽粕作为潜在食品组分的应用是研究的热点之一。Jia 等利用剪切细胞技术研究了菜籽蛋白浓缩物（RPC）作为肉类类似物的新蛋白质来源的潜力。纯 RPC 和 RPC-小麦面筋（WG）混合物在 140℃和 150℃条件下，干物质含量为 40%时，均能转化为纤维制品；在 140℃的温度下，在 RPC 中加入 WG 可以改善纤维结构，加入更多的 WG 可以使 RPC-WG 产品的颜色变浅；激光共聚焦显微镜图像显示，蛋白质形成一个连续相，而 RPC 固有多糖作为一个分散相。总的来说，RPC 被认为是继大豆浓缩蛋白之后用于肉类类似物应用的一种有前途的替代蛋白质来源。这项研究的结果证明了菜籽蛋白浓缩物在结构方面的潜力，这是其作为一种环境可持续的肉类模拟成分向商业用途迈出的一步。

四、国内油菜产业技术研发进展

（一）遗传改良与品种改良

2021 年度完成登记了一批油菜新品种，且尚有一大批新组合在各级区试之中。其中，适合机械化生产、综合抗性好（抗倒、抗根肿病和抗菌核病）、含油量高的新品种所占的比重越来越高，株型改良也取得阶段性进展，为油菜机械化生产水平的不断提高奠定了重要基础；高油酸品种全价值链、全产业链开发应用，树立了高附加值油菜产业发展的典型；北方强冬性甘蓝型油菜完成登记，将油菜种植向北移 4～6 个纬度，其生态保护意义重大；创制了耐密植育种亲本，以其为亲本配置的杂交组合在 2020—2021 年度湖北省高密组（4 万株/亩）区试中，平均亩产油量比低密（2.5 万株/亩）对照增 15%以上；利用自然鉴定与接种鉴定相结合，经连续多年鉴定与筛选，育成了抗菌核病优异新种质 JD093 等；筛选出的华油杂 158 等耐盐碱油菜品种，最高可耐 1.5% NaCl 胁迫。此外，还筛选和创制出一大批高油酸、高亚麻酸、抗根肿病、高抗裂角、有限花序、强抗低温、早熟、黄籽、苗期高生物量种质、高叶绿素种质、耐寒种质、高氮吸收材料和耐渍材料等类型丰富的新种质，为后续油菜育种提供了源源不断的急需资源。总之，油菜发展战略越来越符合当前我国油菜产业发展的实际，高效育种理论的不断丰富，育种技术的快速发展及其整合度的不断提高，对我国油菜产业发展的支撑力度体现得越来越明显，使我国已逐步成为国际油菜科学研究的中心。

（二）栽培与生产技术

初步建立了直播油菜绿色高产高效栽培技术体系，包括直播油菜水田“矮、密、早”栽培技术和旱地油菜“高、密、壮”栽培技术，提高了油菜单产，提升了种植效益，为油菜挖潜扩面提供了技术支撑。研发了油菜全苗壮苗的种子编织直播技术，为油菜一播全苗提供了新思路。进一步优化并调整了油菜专用缓释肥配方工艺为 25-7-8 和 18-7-5，分别适用于亩产油菜籽 150～180 千克产量目标的一次性施用和目标产量低于 150 千克/亩油菜种植的需求，在全国油菜主产区进行了示范与推广，增产节本增效显著。立足于土壤和产地环境污染管控与修复，绘制了全国、各省、自治区和直辖市油菜种植分布图、油菜规模比较优势指数图，初步明确了南方红黄壤土壤酸化的关键因子，为油菜种植土壤地力提升奠定了基础。高油酸油菜的产业化开发广度和深度得到进一步加强，逐步在各地形成了可复制的以“企业+基地+农民+电商”的紧密型利益联结机制。进一步示范和推广了硒滋圆系列菜薹品种周年种植技术模式，为推动油菜参与国际竞争、满足人民对美好生活的需求提供了坚实有力的科技支撑。统筹全国产学研力量，集成高油高产耐密多抗宜机油菜品种、无人机飞播、缓释专用肥靶向供应、田间管理智能作业、联合/分段收获、菜籽产地加工等最新技术，着力打造了“三全高效”模式，全产业链、全价值链挖掘油菜“油”“菜”“饲”“花”“蜜”产值，为服务油菜产业经济主战场、服务国家重大需求、服务人民生命健康作出了新的贡献。

（三）植保技术

油菜菌核病方面，选育出菌核病抗性较好的油菜新种质 6 份，其中农艺性状较好的中双 13 已进行新品种登记；解析了 SsEmp24 和 SsErv25 调控核盘菌菌核形成、发育以及致病的分子机制；利用 Pacbio 三代测序技术构建了油菜源的中国核盘菌菌株高质量参考基因组，该研究对于解析世界不同区域核盘菌致病力分化及其致病机理等具有十分重要的意义；通过研究核盘菌效应蛋白 SsSSVP1 与油菜的 QCR8 蛋白互作，发现 QCR8 在油菜 Westar 品种中存在 8 个同源拷贝，利用基因编辑技术降低 QCR8 的拷贝数，可以获得同时高抗菌核病和灰霉病但不影响主要农艺性状的油菜材料；提出了油菜田间核盘菌核心病毒组的概念，系统研究了真菌 DNA 病毒与核盘菌互作，解析了 DNA 病毒对核盘菌转录组的影响以及感染 DNA 病毒的核盘菌在油菜体内内生的分子机制。油菜根肿病方面，明确了我国油菜根肿菌生理小种存在 16 种类型，其中 Pb15 号生理小种为云南地区所特有；定位到 2 个新的根肿病抗病基因，1 个为白菜源显性抗病基因 *BraPb8. 3*，1 个为油菜源隐性广谱抗病基因 *cro*；利用基因聚合育种策略，创制出 2 份聚合 2 个抗病位点的抗根肿病油菜资源中双 11RS（CRa、BraPb8. 3）和华双 5RS（CRd、BraPb8. 3）；开发了基于 *Crr1* 基因的 SNP 标记，利用 KASP 分型技术可以准确高效地应用于油菜抗根肿病材料的分子标记辅助选择育种。油菜黑胫病方面，发现在新疆昭苏县局部田块，油菜茎基溃疡病流行呈上升趋势；明确了油菜茎基溃疡病菌存在 2 个遗传群体，油菜黑胫病菌芸薹亚类存在 4 个遗传群体，加拿大亚类存在 3 个遗传群体，其扩散轨迹为预防油菜茎基溃疡病菌的扩散提供了预警参考；明确了影响冬油菜区油菜黑胫病流行的主导因子是温度和降水量，其次是耕作方式，影响春油菜区油菜黑胫病流行的主要因子是降水量，其次是油菜类型；进一步优化了以检疫和轮作为基础，在监测/检测指导下以化学防治为应急措施的油菜黑胫病综合防控技术体系。

（四）机械化装备

2021 年全国油菜耕种收综合机械化水平达 59. 91%，油菜生产用工数量约 6. 11 天/亩，生产总成本约 929. 16 元/亩，油菜籽生产成本约 6. 71 元/千克；其中，人工成本 552. 26 元/亩，折合 3. 99 元/千克（占生产成本的 59. 44%）。耕种机械方面，目前春油菜区已实现较高的精量播种机械化水平，长江流域冬油菜区受地形、种植制度复杂化、多样化的影响，直播与移栽作业共存，大多采用中小型播种机与毯状苗移栽机开展作业，播栽机械对水稻秸秆还田适应性进一步提升，机械化种植水平逐年提升。其中，由农业农村部南京农业机械化研究所创制的 2ZGK-6 型联合移栽机已实现批量生产，销往江西、江苏、湖南、四川、安徽、广东等地区。该机具攻克了稻茬田黏重土壤、秸秆全量还田的机械移栽适应性差和栽植效率低的难题，创新了集旋耕灭茬埋秸—开沟做畦—平畦切缝—切块取苗—对缝栽插—推土镇压的联合移栽方式，一次作业完成传统作业方式的犁翻埋茬、旋耕整地、人工移栽的三道工序，耕栽一体、即耕即栽。田间管理机械方面，植保无人飞机已经在油菜病虫草害的防治上实现了大规模的应用，一方面，其最大有效载荷已经达到 40 升，喷洒幅宽也能达到 10 米左右，喷洒效率得到进一步提升；另一方面，其操控简易化和智能化程度、定位精度、飞行精度也得到进一步提升，已经具备仿地飞行、自主避障、失控保护等功能；此外，在无人飞机平台发展方面，国内主流植保无人飞机已经具备了模块化任务装备搭载，即通过药箱、种箱的快速更换，完成药液的喷洒以及颗粒肥、油菜籽的施播。集成了激光雷达、双目视觉、深度相机的地面田间管理机器人研发也取得重大进展，为油菜田间管理机械化应用提供了新型设备。收获机械方面，油菜高效割晒输送和低损拨禾机理研究取得突破，提出了切斜输送新原理，明确了油菜割晒铺放质量的影响要素，确定了油菜侧铺放最优参数组合，实现铺放高度变异系数小于 10%，铺放损失率不大于 1%；提出了一种双曲柄平面五杆拨禾轮机构，可实现零速入禾，对油菜角果冲击小，拨禾过程无缠绕和挂禾，为分枝多高大油菜高效拨禾提出了一种有效拨禾新方式；适应丘陵山地油菜自走式割晒机设计与试验也取得较大进展，研发的割台多自由倾斜原地转向式 4SY-1.8 型割晒机，可实现原地差速转向以及坡地仿行，能较好地满足丘陵山地油菜割晒收获作业要求。智能化管理与精准作业方面，在国际无人农场趋势的带动下，国内无人农场的探索在山东、江苏、黑龙江、福建等地逐步展开，多地开展了油菜无人农场的尝试。总的来讲，以机械化播种/移栽—无人机田间管理—机械化分段/联合收获三大技术为核心的油菜全程机械化技术模式已基本形成，实现了品种、栽培技术和机械装备的集成配套，“油菜精量联合播种与广适低损高品质收获技术”也成功入选 2021 年度农业农村部农业主推技术，为油菜全程绿色高效生产、提质增效提供了有力的科技支撑。

（五）加工和检测技术

初步探明了富硒油菜薹中硒的分布形态，硒总量为 0.186 毫克/千克，其中有机硒主要以硒代半胱氨酸、甲基硒代半胱氨酸和硒代蛋氨酸的形式存在，其中硒代蛋氨酸含量最高，占有机硒含量的 52.5%；无机硒主要以亚硒酸根和硒酸根的形式存在。富硒油菜薹经体外模拟消化（口腔、胃、肠）后，硒生物利用度为 81.5%。菜籽油中含硫化合物新物质鉴定及形成机制研究取得突破，采用硫化学发光检测器在不同品种菜籽油中鉴定出 4 种新的硫醇类化合物，并通过香气感知相互作用的研究方法证明与菜籽油其他重要成分呈协同生香作用。进一步采用高分辨液相色谱和稳定同位素定量技术在菜籽原料中首次鉴定出重要的风味前体物 S-甲基蛋氨酸。油菜籽同步压榨和固相精炼制油技术也取得初步进展，固体精吸附剂与油菜籽进行预混合，经低温压榨制备后，油中磷脂和酸价均有降低，色泽也有改善。其中，1%蔗糖脂肪酸酯、3%二氧化硅和 3%抗坏血酸棕榈酸酯处理，油中磷脂含量分别降低 71.4%、96.8%和 65.6%；3%蔗糖脂肪酸酯、3%碱式碳酸镁和 3%二氧化硅处理后的酸价分别降低 41.0%、35.6%和 42.3%；蔗糖脂肪酸酯和抗坏血酸棕榈酸酯的脱磷率分别为 40.5%和 73.5%；此工艺可以实现同步压榨和精炼，具有工序短、能耗炼耗低和环境友好等优点。

（国家油菜产业技术体系首席科学家　王汉中　提供）

2021年度花生产业技术发展报告

（国家花生产业技术体系）

一、国际花生生产与贸易概况

（一）国际花生生产概况

世界花生种植面积近年来总体呈现上升态势。据统计，全世界花生种植面积从2011年的2 801.133 3万公顷上升到2020年的3 618.827 8万公顷，增长了29.192%。从表1可以看出，最近十年世界花生种植面积在波动中发展，2012年面积增长最快，同比增加了7.910%，2013年、2016年以及2020年的花生种植面积增长也非常快，超过了5%，而2015年花生种植面积比2014年减少了3.230%。

从产量上看，自2016年开始，世界花生连续三年增产，2018年世界花生产量达到历史新高，2019年由于受到自然灾害的影响，花生减产幅度比较大，同比减产了2.536%。2020年世界花生产量攀升到7 168.569 7万吨，同比2019年增长了6.807%。

表1　2011—2020年世界花生种植面积、世界花生产量及其增长率

年份	花生面积/万公顷	面积增长率/%	世界花生产量/万吨	产量增长率/%
2011	2 801.133 3	—	5 604.656 2	—
2012	3 022.708 1	7.910	5 926.561 0	5.744
2013	3 191.573 7	5.587	6 397.417 4	7.945
2014	3 194.537 0	0.093	6 263.829 9	-2.088
2015	3 091.356 2	-3.230	6 102.571 8	-2.574
2016	3 283.760 1	6.224	6 262.626 4	2.623
2017	3 391.969 7	3.295	6 559.650 7	4.743
2018	3 439.845 5	1.411	6 886.366 5	4.981
2019	3 446.025 1	0.180	6 711.698 9	-2.536
2020	3 618.827 8	5.015	7 168.569 7	6.807

数据来源：FAO数据整理所得。

2020年，印度仍然是世界上第一大花生种植国。据统计，花生种植面积前3名的国家分别是印度、中国和尼日利亚，这和2018年、2019年的排名一样。其中印度花生种植面积为610.000 0万公顷（占比16.856%），中国为460.000 0万公顷（占比12.711%），尼日利亚为407.310 1万公顷（占比11.255%）。表2是2020年世界花生种植的主要国家，这 15 个国家的花生种植面积总和占世界花生种植面积的 73.251%。

表 2　2020 年世界花生种植面积前 15 位国家

序号	国家	种植面积/万公顷	占世界种植面积比重/%
1	印度	610.000 0	16.856
2	中国	460.000 0	12.711
3	尼日利亚	407.310 1	11.255
4	苏丹	319.718 1	8.835
5	塞内加尔	122.508 1	3.385
6	缅甸	113.237 1	3.129
7	坦桑尼亚	100.000 0	2.763
8	几内亚	97.612 7	2.697
9	尼日尔	89.718 1	2.479
10	乍得	75.821 3	2.095
11	美国	65.390 0	1.807
12	刚果民主共和国	49.500 0	1.368
13	布基纳法索	48.000 0	1.326
14	马里共和国	47.000 0	1.299
15	喀麦隆	45.000 0	1.243

数据来源：FAO 数据整理所得。

虽然印度花生种植面积世界第一，但是从花生总产量上看，中国仍然是世界第一，总产量高达 1 799.300 0 万吨，世界花生总产量排名第二的是印度，中国花生总产量是印度的 1.8 倍，而印度花生种植面积是中国的 1.3 倍，这说明中国花生种植的单产比印度要高出不少（表 3）。2020 年，中国花生单产是 3.911 5 吨/公顷，印度单产则为 1.631 5 吨/公顷，尼日利亚单产是 1.103 0 吨/公顷。

表 3　2020 年世界花生总产量前 15 位国家

序号	国家	总产量/万吨	占世界产量比重/%
1	中国	1 799.300 0	25.100
2	印度	995.200 0	13.883
3	尼日利亚	449.277 8	6.267
4	美国	278.229 0	3.881
5	苏丹	277.308 7	3.868
6	塞内加尔	179.748 6	2.507
7	缅甸	164.711 4	2.298

（续表）

序号	国家	总产量/万吨	占世界产量比重/%
8	阿根廷	128.543 1	1.793
9	几内亚	107.438 9	1.499
10	印度尼西亚	86.000 0	1.200
11	乍得	84.003 5	1.172
12	坦桑尼亚	69.000 0	0.963
13	巴西	65.113 0	0.908
14	尼日尔	59.414 5	0.829
15	喀麦隆	50.000 0	0.697

数据来源：FAO数据整理所得。

世界花生产量结构较为集中，前15个国家总产量占世界花生总产量的66.105%。中国是世界花生产量最大的生产国，2020年中国花生产量占世界花生总产量的25.100%，远远高于世界第二大花生主产国印度的产量占比13.883%。除中国和印度以外，2020年花生主产国前10位还包括：尼日利亚花生产量为449.277 8万吨（占比6.267%）、美国花生产量为278.229 0万吨（占比3.881%）、苏丹花生产量为277.308 7万吨（占比3.868%）、塞内加尔花生产量为179.748 6万吨（占比2.507%）、缅甸花生产量为164.711 4万吨（占比2.298%）、阿根廷花生产量为128.543 1万吨（占比1.793%）、几内亚花生产量为107.438 9万吨（占比1.499%）和印度尼西亚花生产量为86.000 0万吨（占比1.200%）。

（二）世界花生主产国的花生贸易格局

世界花生进出口贸易总体呈现上升态势。据统计，全世界花生贸易自2011年出口量的180.326 7万吨上升到2020年的324.339 2万吨，尤其2016年、2019年和2020年的花生出口量上升明显，同比分别增长了17.197%、29.790%和17.620%（表4）。

表4　2011—2020年世界花生进出口及其增长率

年份	进口量/万吨	进口金额/万美元	进口量增长率/%	出口量/万吨	出口金额/万美元	出口量增长率/%
2011	171.944 4	232 564.1	—	180.326 7	249 663.3	—
2012	163.707 5	273 907.8	−4.790	173.071 0	265 686.6	−4.024
2013	169.664 4	248 908.0	3.639	177.073 5	236 592.7	2.313
2014	174.860 7	231 630.5	3.063	175.010 4	214 991.7	−1.165
2015	192.341 8	242 763.1	9.997	179.657 8	220 637.3	2.655
2016	225.409 9	262 428.0	17.192	210.554 3	243 053.6	17.197
2017	244.993 7	304 290.0	8.688	201.959 5	249 701.1	−4.082
2018	237.310 5	283 504.4	−3.136	212.459 4	243 953.6	5.199

（续表）

年份	进口量/万吨	进口金额/万美元	进口量增长率/%	出口量/万吨	出口金额/万美元	出口量增长率/%
2019	311.867 8	335 243.2	31.418	275.751 5	303 637.4	29.790
2020	382.391 7	427 249.3	22.613	324.339 2	372 946.2	17.620

数据来源：FAO 数据整理所得。

2020 年世界花生出口量为 324.339 2 万吨，出口总金额为 372 946.2 万美元。世界花生出口结构相比花生产量结构更为集中。从表 5 看出，前 15 位国家花生出口量总和占世界花生出口量的 92.868%，花生出口金额总和占世界花生出口金额的 90.929%。其中阿根廷、印度、苏丹是世界前三大花生出口国，这 3 个国家的花生出口量分别占世界花生出口总量的 20.814%、20.546%和 10.131%（表 5）。此外，花生主要出口国家还有美国、巴西、塞内加尔、荷兰、中国、尼加拉瓜、坦桑尼亚、马拉维、越南、埃塞俄比亚、埃及和马达加斯加。

表 5　2020 年世界花生出口量前 15 位国家

序号	国家	出口量/万吨	出口金额/万美元	出口量占比/%	出口金额占比/%
1	阿根廷	67.508 3	85 539.1	20.814	22.936
2	印度	66.639 6	73 952.3	20.546	19.829
3	苏丹	32.859 7	27 178.1	10.131	7.287
4	美国	29.355 3	32 756.3	9.051	8.783
5	巴西	25.891 5	31 881.2	7.983	8.548
6	塞内加尔	25.106 7	19 027.1	7.741	5.102
7	荷兰	14.056 1	23 532.5	4.334	6.310
8	中国	10.396 3	17 080.0	3.205	4.580
9	尼加拉瓜	7.261 2	8 949.7	2.239	2.400
10	坦桑尼亚	4.675 9	1 495.9	1.442	0.401
11	马拉维	4.622 1	3 931.7	1.425	1.054
12	越南	3.998 2	5 681.0	1.233	1.523
13	埃塞俄比亚	3.609 5	2 663.6	1.113	0.714
14	埃及	2.767 2	4 628.9	0.853	1.241
15	马达加斯加	2.459 7	817.2	0.758	0.219

数据来源：FAO 数据整理所得。

从国别角度来看（表 6），2020 年世界花生出口结构与产量结构差异较为明显。中国作为世界最大的花生主产国，但其花生出口量占国内产量的比例小于印度、美国、苏丹、塞内加尔、缅甸、阿根廷、坦桑尼亚和巴西，位居第九。原因是中国花生主要用于国内消费，出口量占本国产量比重仅为 0.578%。而阿根廷、巴西花生产量虽然较低，但主要用于出口，其花生出口量占本国花生产量比重分别高达 52.518% 和 39.764%。尼日利亚、印度尼西亚、乍得、尼日尔和喀麦隆作为 2020 年的世界花生主要生产国，其花生产量几乎不对外出口，主要用于本国消费，几内亚则根本没有对外出口。

表 6　2020 年世界各主产国花生出口量占本国产量比重

序号	国家	产量/万吨	出口量/万吨	出口量占比本国产量/%
1	中国	1 799.300 0	10.396 3	0.578
2	印度	995.200 0	66.639 6	6.696
3	尼日利亚	449.277 8	0.098 6	0.022
4	美国	278.229 0	29.355 3	10.551
5	苏丹	277.308 7	32.859 7	11.850
6	塞内加尔	179.748 6	25.106 7	13.968
7	缅甸	164.711 4	0.527 3	3.201
8	阿根廷	128.543 1	67.508 3	52.518
9	几内亚	107.438 9	0	0
10	印度尼西亚	86.000 0	0.032 0	0.037
11	乍得	84.003 5	0.082 9	0.099
12	坦桑尼亚	69.000 0	4.675 9	6.777
13	巴西	65.113 0	25.891 5	39.764
14	尼日尔	59.414 5	0.030 4	0.051
15	喀麦隆	50.000 0	0.033 8	0.068

数据来源：FAO 数据整理所得。

二、国内花生生产与贸易概况

（一）国内花生生产概况

1. 花生种植面积出现高位回调

由于受到多种不利因素的影响，2021 年中国花生生产受到一定的冲击，花生种植面积预计在高位的基础上有所回落。国家花生产业技术体系各试验站的调查以及相关数据资料显示，2021 年各花生主产省（区）种植面积呈现不同的变化趋势，多数省份出现不同程度的下降，少数省份略有增长。举例来说，河南省由于受到洪灾的影响，花生面积预计比 2020 年减少 100 万亩；山东、贵州由于受到其他作物（主要是玉米）的冲击，花生面积减少较多，减幅在 5%以上；吉林由于 2020 年花生种植面积偏低，2021 年得到恢复性增长，面积增加较明显，增幅在 5%以上；其他如新疆、海南尽管增幅较大，但由于基数较小，面积增长有限。根据对各花生主产省（区）的调查信息，我们对全国花生主产省（区）的种植面积进行了预估，预计 2021 年全国花生种植面积为 7 428.7 万亩，比 2020

年减少 1.75%（表 7）。

表 7　全国 2021 年花生面积与产量

地区	播种面积/万亩	比 2020 年增减/%	总产量/万吨	比 2020 年增减/%	单产/（千克/亩）
全国	7 428.7	-1.75	1 797.2	-4.34	241.9
河南	2 200.0	-3.51	600.0	-12.28	272.7
山东	960.0	-7.20	284.2	-3.70	296.0
河北	365.0	-1.08	93.0	-8.82	254.8
广东	527.7	0.00	114.5	2.16	217.0
辽宁	470.0	-4.18	98.7	37.08	210.0
四川	398.0	0.51	69.3	-0.07	174.0
湖北	380.0	1.85	84.0	-6.40	221.1
吉林	380.0	5.56	83.6	-2.10	220.0
广西	330.0	-1.79	66.0	9.09	200.0
江西	260.0	1.17	51.0	-15.80	198.0
湖南	215.0	-4.44	36.6	-9.75	170.0
安徽	225.0	2.27	69.0	2.20	306.7
江苏	150.0	3.00	39.8	-5.81	265.0
贵州	71.4	-8.50	11.1	-2.00	154.9
福建	105.0	-3.67	22.0	1.43	209.5
山西	7.3	-38.93	1.3	-59.59	184.0
新疆	15.0	50.00	5.3	-27.26	354.0
云南	70.0	7.69	10.5	28.05	150.0
海南	60.0	20.00	13.0	30.00	216.7
其他	239.3	-8.61	44.5	-15.46	186.0

数据来源：主产省（区）数据为产业经济团队根据各省（区）试验站的调研估计，其他地区根据国家粮油中心报告数据估算。

2. 花生单产下降较为明显

花生单产受花生生长季节天气状况以及病虫害的影响较大。总体来看，2021 年花生生长季节的自然灾害较往年严重，以涝灾为主，个别地区出现旱灾和病害。分地区来看，河南受洪水影响，一些地方如安阳、开封、新乡洪涝灾害导致花生绝收；河北水灾较为严重，降水量比常年增加 60%，受灾 32 万亩，成灾 9 万亩；江苏、安徽受花生生长季雨水和病害影响，单产有所下降；山东的水灾主要出现在菏泽、聊城、德州等地，单产有不同程度的下滑；江西、湖南的水灾主要出现在播种期，有些地方推迟播种影响了花生长势；四川中后期雨水较多，而江西在中后期则出现干旱。上述不利因素导致全国花生平均单产下降较为明显，花生产业体系各试验站的调研汇总显示，全国花生单产平均为 241.9 千克/亩，比 2021 年减少 2.6%。

3. 花生总产量有较大回落

由于花生种植面积和单产均有不同程度的下降，2021 年花生总产量预计在 2020 年高位的基础上有较大回调。花生产业体系各试验站的调研汇总显示，2021 年全国花生总产预计为 1 797.2 万吨，较 2020 年减少 81.5 万吨，减幅为 4.34%。分地区来看，多数花生主产省（区）的花生产量都有所下降，下降较多的省（区）有山西、新疆、江西、河南、湖南、河北等，降幅均在 8%以上；总产量增加较多的省份有辽宁、海南和云南，增幅均超过 20%。

（二）国内花生贸易概况

1. 花生贸易概况

中国生产的花生主要用于满足国内市场的需求，对外贸易所占比重很小。从近几年的趋势来看，花生出口量均未超过 40 万吨，进口量虽然远大于出口量，但仍然只占国内产量的很小一部分，我国花生自给率基本在 95%左右。国家粮油信息中心数据显示，2021 年中国花生产量为 1 820 万吨，进口花生 130 万吨，出口花生 36 万吨，进口量和出口量分别占国内产量的 7.1%和 2.0%。

从消费形式和消费量来看，食用和榨油是我国花生的两个主要用途，2021 年度花生食用消费量为 840 万吨，榨油消费量为 1 000万吨，分别占国内花生年度总供给量的 43.7%和 52.0%（表 8）。

表 8　2019—2021 年中国花生贸易情况

类别	2019 年	2020 年	2021 年
生产量/万吨	1 752.0	1 799.3	1 820.0
进口量/万吨	142.4	145.6	130.0
食用消费量/万吨	826.0	830.0	840.0
榨油消费量/万吨	953.0	977.0	1 000.0
种用及损耗/万吨	62.0	63.0	61.0
其他消费量/万吨	20.0	20.0	21.0
出口量/万吨	31.0	26.0	36.0
自给率/%	94.1	95.2	94.7

数据来源：根据国家粮油信息中心数据整理计算。

2. 花生制品贸易概况

在花生制品方面，中国的花生油和花生粕也主要依靠国内生产，外贸依赖度很低。2021 年中国花生油产量为 315 万吨，进口 16 万吨，自给率为 94.9%，出口量非常小，基本可以忽略（表 9）；花生粕产量为 380 万吨，进口 8 万吨，自给率为 97.7%，出口 0.1 万吨，出口量占国内产量仅有 0.03%（表 10）。

表 9　2019—2021 年中国花生油贸易情况

类别	2019 年	2020 年	2021 年
生产量/万吨	300. 2	307. 8	315. 0
进口量/万吨	22. 6	34. 6	16. 0
食用消费量/万吨	320. 0	323. 0	332. 0
出口量/万吨	0	0	0
自给率/%	93. 8	95. 3	94. 9

数据来源：根据国家粮油信息中心数据整理计算。

表 10　2019—2021 年中国花生粕贸易情况

类别	2019 年	2020 年	2021 年
生产量/万吨	362. 1	371. 3	380. 0
进口量/万吨	12. 3	5. 1	8. 0
饲料消费量/万吨	330. 0	330. 0	343. 0
其他消费量/万吨	44. 0	45. 0	46. 0
出口量/万吨	0	0. 1	0. 1
自给率/%	96. 8	99. 0	97. 7

数据来源：根据国家粮油信息中心数据整理计算。

三、国际花生产业技术研发进展

（一）遗传改良

1. 抗性遗传育种

（1）抗叶部病害。Marka 等利用 *Tcchitinase-I* 基因育成抗叶部病害的转基因花生品种 ICG13942。通过 PCR、RT-PCR 和 Southern 印迹分析证实，转基因（T_0）已稳定整合与表达。转化率 63. 34%，所有转化（T_0）植株均可正常开花结实。T_0 植株自交后获得的 T_1 代中转基因植株呈 3 : 1 孟德尔遗传模式；与未转化的植株相比，病害在这些 T_1 植株中的潜伏期更长、感染率更低。将抗性转基因植株中的 *Tcchitinase-I* 基因表达与敏感对照进行比较，发现几丁质酶活性与褐斑病、黑斑病和锈病感染率呈显著负相关。

Wankhade 等鉴定出 2 个 MAGIC 系 ICGR171413 和 ICGR171443，黑斑病病斑直径＜1 毫米且叶面积损伤 4. 10%～5. 67%，被认为是限制病原体严重度的等位基因的宝贵来源。共有 20 个 MAGIC 系在接种后 105 天病害打分（5. 60～6. 89）显著优于抗性对照 GPDB4（6. 89）。

（2）抗番茄斑萎病毒（TSWV）。Catto 等利用对番茄斑萎病毒敏感型（SunOleic 97R）和具田间抗性（Tifguard）的花生品种，进行了 TSWV 侵染和不侵染的转录组组装，并对差异表达基因进行了比较。SunOleic 97R 和 Tifguard 分别有 4 605个 和 2 579 个显著差异表达基因（DEGs）。尽管 Tifguard 差异表达基因数量较少，但防御相关基因在 Tifguard 中上调表达的比例高于感病品种。通路分析显示，与防御和光合作用相关的基因在感病品种中的表达下调，而抗病品种则未见下调。这些结果表明，抗性品种的基本生理功能受到的干扰比感病品种少，TSWV 感染后的防御反应在抗性品种中比在感病品种中更强烈。

（3）抗黄曲霉。Commey 等对有、无种皮的花生仁进行黄曲霉体外定殖（IVSC）试验。结果表明：花生种皮对黄曲霉侵染具有物理屏障作用，抗性品系 55-437 种皮不溶性和可溶性提取物对黄曲霉抑制作用强于敏感品系 TMV-2。种皮生化分析发现，羟基肉桂酸和羟基苯甲酸衍生物是主要的酚类化合物，这些化合物添加在培养基上对黄曲霉生长有抑制作用。基因表达分析表明，与 TMV-2 种皮相比，55-437 种皮中涉及木质素单体、原花青素和类黄酮生物合成基因丰度较高。

2. 品质相关研究

O'Connor 等利用单粒花生仁近红外光谱，通过偏最小二乘判别分析，将花生仁分为高油酸花生和普通花生，总体分类错误率为 3.3%。

在花生高油酸育种中，Parmar 等用 KASP 法筛选 F_1 真杂种，999 个 F_1 中有 659 个为真杂种，真杂种率为 66%，育种效率提升了 34%。

Jadhav 等试图通过回交将 2 个高产、高油、抗叶斑病和锈病的普通油酸品种 GPBD4 和 G2-52 改良为高油酸品种。鉴于 2 个普通油酸品种 *FAD2A* 是突变型，所以仅需从 SunOleic 95R 转入 *FAD2B* 突变型基因即可。用 AS-PCR 和 KASP 法做前景选择，进行了 3 轮回交。BC_3F_2 鉴定出大量突变型 *FAD2B* 基因纯合的植株。鉴定出 6～10 个高世代单株，其油酸含量显著高于 GPBD4 和 G2-52。通过 ddRAD-seq（double-digest restriction site-associated DNA sequencing）鉴定，优系背景基因组恢复率为 59.2%～77.5%。

Karaman 等构建了花生甲基磺酸乙酯（EMS）（0.4%和 1.2%）诱变群体，就 M_2 进行了 *FAD2A*、*FAD2B* 和 *Ara 1.01*、*Ara 2.02* 基因的定向诱导基因组局部突变（TILLING），分析并估算了基因的突变率，但仅鉴定出 *FAD2A*、*FAD2B* 基因突变。

Korani 等利用 QTL-seq 方法鉴定出与 2 个花生种子脱红衣特性相关的 QTL。经进一步验证发现，在一个独立的 RIL 群体利用 2 个标记进行选择，可明显提高选择效率。

Muralidharan 等用蛋白质组学方法，研究了在高或低表达多酚的 RIL 间 82 种蛋白质的表达。富含多酚的 RIL p27-362 代谢变化表明，糖的酶促分解和苯丙氨酸的生物合成增加。

3. 加代研究

据 Parmar 等报道，ICRISAT 专门建造了面积为 371 平方米（53 米×7 米）的半控温室用于花生快速世代促进技术研究。温室内有 12 个中空的水泥柱子，以便于种植。水泥柱子里边按 4∶4∶1 的比例填装了淋溶土、沙子和充分腐熟的农家肥。土壤基质于 62 千帕 82℃条件下蒸汽灭菌 1 小时。温室采用雾灌，温度能比露天低 4℃。据报道，用该设施一年可种花生 3.5 代。扩大规模、努力优化以提高代数是当前的工作重点。

（二）栽培与土肥

在世界花生主产国中，美国不是花生面积最大、产量最高的国家，但美国花生施肥、植保等生产技术基本代表着世界花生产业的最高水平。美国花生产业的特点是全产业链结合，各环节如种子加工、种植管理收获、食品加工、食品安全、可持续性、促进政府购买花生产品、包装和处理等紧密联系，真正实现产业化种植、规模化生产、标准化品控、品牌化运营。美国花生委员会在美国花生产业中扮演独特角色，每两年举办一次国际花生论坛，提供交流机会，共同解决各环节存在的问题。

（三）病虫草害防控

1. 全球花生病虫害发生与为害概况

全球花生广泛分布于热带和亚热带地区，且多数种植于干旱、瘠薄等边际性土壤上，受自然生态和农业条件的综合影响，常年为害花生的病虫害达百余种，其中具有普遍经济意义的病虫害约 10 余种。随着气候变化加剧和种植规模扩大，全球花生病虫害发生与危害总体呈上升趋势。花生虫害主要包括蛴螬等地下害虫、蓟马、蚜虫和食叶性夜蛾类害虫，包括棉铃虫、斜纹夜蛾和甜菜夜蛾等，但虫害分布的地域和危害程度差异较大。花生病害主要包括晚斑病、早斑病、锈病及多种土传真菌病害（果腐病、白绢病、根腐病和茎腐病等）；在东南亚和非洲局部地区存在细菌性青枯病；在北美产区存在番茄斑萎病毒病、线虫病和花生黑粉病，在非洲少数产区存在花生丛矮病毒。此外，花生生长、收获、贮藏过程容易受到黄曲霉菌的侵染，黄曲霉毒素污染仍然是广大发展中国家的花生食品安全风险因子。据测算，全球花生病虫害所导致的产量损失占总产的 15%左右，年减产近 600 万吨（荚果），并不同程度地影响了花生产品的质量安全。

2. 国外花生抗病性研究进展

（1）病原研究。首次在肯尼亚发现侵染花生的条纹花叶病毒。在 14 个具有症状的叶片样品中通过 RT-PCR 对目标片段进行序列分析，鉴定为条纹花叶病毒。

首次在墨西哥发现引起花生炭腐病的菜豆壳球孢菌。在 1.5 公顷的田间发现了典型的炭腐病症状，发病率为 50%。发病植株在茎部和根部表现褐色病斑，叶片黄化，茎部产生黑色的微菌核。分离的病原菌在马铃薯葡萄糖琼脂（PDA）培养基上 5 天就产生黑色的球形或者椭圆形的微菌核。经过序列测定，及回接花生产生田间相似的症状，确定该病原菌为菜豆壳球孢。

在美国得克萨斯州的花生上发现引起种子腐烂、枯萎、出苗差、根系不发达和不结瘤症状的 2 种细菌，通过分子鉴定和回接花生试验，鉴定这 2 种细菌分别为皮氏罗尔氏菌 *Ralstonia pickettii* 和分散泛菌 *Pantoea dispersa*。

（2）抗性改良。加纳科学家利用野生花生通过多次杂交形成可育的双二倍体，将来自野生花生抗病虫的等位点渐渗到商业品种中。27 个种间杂交系分别在加纳的 2 个地点进行了早斑病和晚斑病的抗性鉴定，一些杂交系比感病的亲本抗病，通过 3 次回交可将抗病性状转移到感病的亲本中。在杂交后代中，早斑病症状显现的时间比感病亲本晚，但是晚斑病发病时间比感病亲本早。部分种间杂交系病害发生级别比感病亲本显著降低，还有部分杂交系比亲本增加了产量。在这些杂交系中鉴定获得抗病和高产的家系，表明可以通过打破低产和抗性的连锁，获得抗病和高产的材料。

印度科学家利用 13 个 SSR 标记对 119 个家系的基因型进行检测，然后结合表型性状（开花时间，荚果产量，籽仁产量，百果重和出仁率，锈病和叶斑病抗性）进行了主成分分析，发现很多性状的变异很大，69%的遗传变异源于基因型差异。多环境鉴定发现 ICGV-SM08587 和 ICGV-SM16579 产量最稳定，ICGV-SM06737、ICGV-SM16575、ICG12725 和 ICGV-SM16608 可用于品种改良。

阿根廷科学家利用感病材料与来自野生花生双二倍体杂交构建的群体，通过测序构建了 SNP 连锁群，1 819 个 SNP 标记构建了 21 个连锁群。鉴定到 2 个抗黑粉病的 QTL， *qSmIA08* 和 *qSmIA02/B02*，分别位于染色体 A08 和 A02/B02 上。*qSmIA08* QTL 区间为 15.20cM/5.03Mb，解释遗传变异率 17.53%，*qSmIA02/B02* 区间为 4.0cM/3.56Mb，解释遗传变异率 9.06%。2 个 QTL 的聚合能降低黑粉病发生率 57%，并且 3 年都很稳定。

美国科学家利用 48k SNP 花生芯片将美国资源库中的 5 个多粒型品种、抗黑粉病多粒型农家种 I0322 及其杂交后代进行了分析。利用最新构建的 SNP 分型平台获得的 14 000 个 SNPs 和 9 个 rhAmp，证实美国花生资源库中一份多粒型资源与抗黑粉病的农家种 I0322 具有 98.6%的相似性，推测美国资源库中也存在抗黑粉病的资源。

南非科学家对 12 个特异的花生亲本进行了双列杂交，将 33 个杂交后代和 12 个亲本在坦桑尼亚田间进行了锈病抗性鉴定。这些材料在锈病抗性、产量和产量相关性状间表现出显著差异。一般配合力和特异配合力分析结果表明，抗性受加性和非加性效应基因控制并受环境影响；Bakers 比例表明锈病抗性和产量性状受非加性效应控制。其中，ICGV-SM05570 和 ICGV-SM15567 是抗锈病和高产配合力最好的两个亲本，而 ICGV-SM16589 与 Narinut 和 ICGV-SM15557 与 ICGV-SM15559 的组合具有较好的锈病抗性，产量中等，中熟。

印度科学家对抗病、感病和一个抗性的杂交材料进行了转录组分析，分别在染色体 A02 和 A03 上鉴定到抗晚斑病的一个 RPP-12 类似物和一个 NBS-LRR 基因。在感病材料中霉菌抗性位点类似蛋白、重金属转运蛋白和泛素蛋白连接酶呈现上调趋势，在抗病材料中 TPR 蛋白、PPR 蛋白、几丁质酶、谷胱甘肽-S-转移酶、紫色酸性磷酸酶上调。在感病品种中，乙烯响应因子（ERF）、乙烯响应核蛋白（ERF2）和早期响应脱氢酶基因（ERD）可能跟落叶相关。

（3）防治技术。印度科学家研制了一种利用 Trichofusant（Fu21）和纳米银的防控花生白绢病的配方。与亲本菌株相比，Fu21 表现出对病原菌更好的抑制能力并且耐受杀菌剂。绿色纳米银颗粒是从 Fu21 分泌的胞外代谢物合成的。田间防效试验表明用纳米银处理后提高了出苗率，拌种剂中添加 Fu21 后提高了花生对白绢病的防效。拌种试验收获的荚果具有更高的含油量和油亚比。残留分析表明使用最小抑制浓度的纳米银拌种花生种子的残留量与对照花生种子相近。

埃及科学家利用纤维素链霉菌 Actino48 防控花生白绢病，在 10 个细菌中，Actino48 对白绢病菌菌丝抑制率最高，产生的几丁质酶量最高。扫描电镜观察，Actino 48 作用白绢菌后，引起菌丝异常、变形，菌丝的密度和干重都降低。在温室和田间条件下，所有的配方中 talc 细胞培养物在田间处理的效果最好，在温室和田间两个连续的生长季都降低了发病率。使用 Actino 48 提高了花生地上部分、根部的干重和荚果产量，提高了 3 个保护基因（*PR-1*、*PR-3* 和 *POD*）的表达量。

美国科学家考察了沟施氟吡菌酰胺对花生叶斑病的防效。在 2015 年、2016 年、2018 年和 2020 年开展了氟吡菌酰胺与吡虫啉混用和氟吡菌酰胺单用的试验。垄沟混合使用氟吡菌酰胺与吡虫啉跟未施用杀菌杀虫剂对照相比，降低了早斑病和晚斑病的发生。2020 年单独施用氟吡菌酰胺和与吡虫啉混合施用对叶斑病防效无差异。

美国科学家通过喷施 TSWV 的 *NSs* 和 *N* 基因双链 RNA 于烟草叶片，与未喷施的对照相比，喷施 dsRNA 激发了烟草对 TSWV 的抗性，接种 TSWV 后叶片几乎不产生症状。

美国科学家发现，地块、田间气候和防控措施的微环境对花生病害发生影响较大。灌溉对病害和产量没有显著的影响。白绢病、早斑病和晚斑病主要受季节环境的影响。同一田块，2017 年白绢病田间发病率为 12.9%，2018 年为 0.2%，2019 年为 3.2%；白绢病在不同田块间的发病率也存在差异。未施用杀菌剂的田块，2019 年叶斑病发生严重，播种后 126 天发病率达到 73%，同样的调查时间，2017 年该田块发病率为 15%、2018 年发病率为 35%。使用一种低投入杀菌剂的策略在所有区域都能降低叶斑病的发生，但是低洼地区的微环境下 2017 年和 2018 年叶斑病发生都比较严重，2019 年由于干旱，该田块发病较轻。季节差异和植株生长影响低投入策略的防治效率，导致荚果产量存在较大的差异，2017 年为 527 千克/公顷，2018 年为 2 235 千克/公顷，2019 年为 1 763 千克/公顷。

3. 存在问题与发展趋势

就全球而言，花生生产总体仍将呈增长趋势，病虫害对花生生产的影响总体呈稳定态势，而局部地区随着气候条件、品种特性、栽培管理、轮作制度、机械化生产技术的变化，病虫害将出现若干新的变化，在一些地方发现了新的病害，或者一些病害扩展到了新的产区。存在的主要问题和发展趋势包括：一是花生病虫害防控成本升高，需要研究集成高效、环保、低成本的综合防控技术；二是针对多数花生病虫害目前还缺乏高抗、高产、优质品种，尤其是兼抗性优良品种缺乏，需要加强兼抗性育种技术的研究和新品种的培育；三是花生绿色防控技术的研发和应用在主产国之间不平衡，对于一些新病害需要加强病理学基础研究和开展必要的国际合作。

（四）机械化

除了美国以外，其他发达国家鲜有花生规模化种植。美国从事花生工程领域相关研究的主要研究机构有美国农业部花生研究所、奥本大学等，但其多从事品种选育、栽培、干燥、贮藏等相关技术研究，具体的技术与装备研发工作主要由企业来承担，其中，开展播种技术研发和生产的代表性企业有 JOHN DEERE、GREAT PLAINS 公司，开展收获技术研发和生产的代表性企业主要有 KMC、AMADAS、COLOMBO 等公司。

美国花生生产机械化技术已成熟，代表了当前世界先进水平，其花生种植体系与机械化生产系统高度融合，耕整地、播种、施肥、灌溉、病虫害防治、收获、干燥、脱壳等各个环节早已全面实现机械化。

美国花生耕整地设备多为通用型设备，主要有犁、圆盘耙、缺口耙等，为保证播种质量、提高土壤通透性和种子发芽率，一般播前会采用圆盘耙、缺口耙等设备对地块进行耕整。美国花生播种机多为大型播种设备，作业幅宽可达 8 米以上，排种器型式主要为气吸式和指夹式花生专用型精量排种器，播种质量好，作业速度高，可达 13 千米/时；各个农场花生播种行距并不一致，但均与其保有的挖掘收获机和捡拾联合收获机作业幅宽相匹配；花生种子全部经过严格分级加工处理，并采用杀菌剂和杀虫剂包衣；风沙地条件下，为防止风蚀，常采取免耕播种作业。

美国花生收获技术以两段式收获为主，收获前通过专业手段确定最佳收获期，收获时先用花生挖掘收获机将花生挖掘、清土、条铺于田间，由于美国花生品种 80%以上为匍匐型，挖掘收获机可将花生植株上下翻转 180°，将花生荚果暴露在上部使其快速干燥，待花生含水率降至 17%左右时，再用牵引式或自走式花生捡拾联合收获机一次性完成捡拾、摘果、清选、集果、秧蔓打散抛撒等作业，相应的收获装备也早已实现了专用化、标准化和系列化。

近年来，GPS 卫星定位、自动导航等高新技术已逐渐应用在花生耕整地、播种和收获等作业环节。

美国花生收获后干燥、脱壳等初加工技术也相当成熟和完善，就车低温通风干燥、太阳能干燥、花生脱壳生产线广泛应用。美国花生田间收获后，荚果直接卸入干燥车内运往场地进行干燥，如果天气晴好且气温适宜，直接往干燥车内鼓入常温空气进行干燥即可，如果阴雨天气，需要采用燃气加热等方式将空气加热再鼓入干燥车内进行干燥，一般大约 12 小时后就能将花生含水率降至 8%左右，达到安全贮藏水平，干燥成本低，每吨仅约 5 美元。美国花生脱壳加工流水线广泛应用，可一次性完成脱壳、清选、分级，且可将完整花生和不完整花生进行分选，还能将完整花生分为多个等级，完整饱满的花生可用作花生种子，其余花生用作食品加工原料。

总体而言，美国花生机械化装备制造过程质量保证体系、制造质量和可靠性均能得到保障，机械化生产技术模式与装备均已相当成熟，成熟机具大面积应用的同时，企业作为技术创新的主体，还在对现有机型持续进行升级完善，使其产品不断向智能化、高效化、精良化等方向发展。

（五）产后加工

国外专家开展了原料品质快速无损检测技术、花生酱的营养功效、高水分挤压组织化对花生拉丝蛋白品质的影响机制、花生加工副产物综合利用技术等研究。

1. 花生品质快速无损检测技术

国外专家利用近红外、高光谱、拉曼、核磁共振等技术对花生等粮油原料的加工品质和适宜性进行快速分析和判断，开发出便携式检测设备，提高了检测效率，降低了检测成本。研究了基于机器学习和深度学习等新算法深度挖掘粮油原料的光谱和图像信息，构建原料品质预测模型，应用于品种选育和过程控制。对比了基于代谢组学和质谱组学研究不同产地粮油原料的差异性，以及加工过程中的品质控制。

2. 高水分挤压组织化对花生拉丝蛋白品质的影响机制

随着人们健康、生态、环保意识的增强，植物基肉制品部分替代动物肉已达成广泛共识，并已在中国打开市场。研究者立足蛋白种类和组分相互作用等来筛选适宜制备植物蛋白肉的原料和添加物，从原料前处理、调控酶等角度探究揭示高水分挤压组织化加工原料适宜性分子机制，利用抗溶剂沉淀、机械拉伸、冷冻组织化等技术制备植物蛋白肉的研究也取得了重要进展，同时研究者还聚焦产品营养安全、风味保留、杀菌与贮藏等方面。

3. 花生黄曲霉毒素安全控制技术

黄曲霉毒素为花生质量安全的最主要风险因子，受到国内外专家的高度关注，国外专家研发了黄曲霉毒素快速检测、绿色防控和安全脱毒解毒技术，控制花生及其制品黄曲霉毒素污染。针对黄曲霉合成调控，通过 PacBio 和 Oxford Nanopore 长读技术，结合 Illumina 短读测序技术，对黄曲霉 NRRL 3357 基因组的 8 条染色体进行了端粒到端粒的组装和重新注释，共预测了 13 715 个蛋白质编码基因；利用 RNA-seq 数据，预测的 5′和 3′非翻译区域得到了显著的改善，这些区域被纳入了新的基因模型。基于重组 aflR 基因免疫蛋白，研发了一种新型 ELISA 试剂盒，用于检测花生等食品中的 AFB1，检测限＜1 纳克/毫升；基于金纳米双锥体（AuNBPs）研发了一种用于无标签检测 AFB1 的光电生物标记技术，检测在 0.1～25 纳摩尔/升范围内呈线性，检出限为 0.1 纳摩尔/升。

毒素防控方面，研究证明花生种皮是花生抗黄曲霉侵染的一种理化屏障，种皮中的羟基肉桂酸和羟基苯甲酸衍生物具有明显的抑菌活性；解析了根际细菌抑制黄曲霉的机制，发现关键组分吡啶酸在花生抗黄曲霉侵染中起重要作用；发现非产毒黄曲霉特有挥发性有机物（VOCs），可有效抑制黄曲霉毒素的产生，证明生防菌株应用的控制机制涉及一种或多种 VOCs 引起的化学感应。研发出了壳聚糖纳米聚合物包埋的依兰香精油，以及辣木种子和叶提取物组成的复合乳液制备的花生生物膜，均可高效抑制花生黄曲霉生长和产毒；而低剂量（2kGy）的 γ-辐照与浓缩 0.5 微升/克的八角茴香精油组合处理，对抑制高粱和花生中黄曲霉和寄生黄曲霉生长和产毒具有协同作用。探究了油炸、加压蒸煮和焙烤对花生中 AFB1 的脱毒效果，其毒素降低效果依次为：焙烤+NaCl+柠檬酸组合＞压力蒸煮+NaCl+柠檬酸组合＞油炸。针对毒素污染的花生原料，为实现高值化利用，通过非催化酯基转移作用将污染花生转化为生物柴油，在 365℃下，1 分钟内转化率达到 95.2%，并能高效去除黄曲霉毒素；分离到可高效抑制黄曲霉生长和降解 AFB1 的链霉菌。

四、国内花生产业技术研发进展

（一）遗传改良

1. 抗性遗传育种

（1）抗青枯病。张兰芳等选育出抗青枯病花生新品种日花 3 号，适宜在山东、河南、河北等花生产区作为春播大花生品种推广种植。杨光等在田间病圃对 27 个花生品种青枯病抗性进行鉴定，筛选出高油花生品种远杂 9102 和信花 425、高油酸花生品种信花 14 号和驻花 11 号、普通型花生品种远杂 21 号和豫花 149 号为适宜河南信阳种植的抗病品种。

Zhao 等研究了高抗青枯病花生栽培品种 H108 和感青枯病花生品种 H107 的基因表达谱，发现防御素基因特别是 *AhDef2.2* 和 *AhDef1.6* 在 H108 中表达上调。在本氏烟和花生叶中过表达防御素基因 *AhDef2.2* 增强了对青枯病的抗性。

（2）抗叶部病害。张霞等以 50 个花生品种为材料，在田间开展黑斑病抗性调查，并在温室条件下对其中 7 份材料进一步进行抗性鉴定，田间自然发病和温室人工接种鉴定结果表明，冀农 G94、豫花 47 号和晋花 10 号 3 份材料中抗黑斑病。

Kuo 等在我国台湾鉴定出抗锈病资源。同时发现在一些其他地区鉴定为抗锈病的材料，在台湾却表现感病，由此推测台湾锈病生理小种可能不同于外地。

（3）耐旱。苗昊翠等对花育 25 号、花育 33 号给予不同时期干旱处理，分析了农艺性状、光合特性、抗旱特性等指标。发现花针期是干旱胁迫最敏感时期，其次为结荚期和全生育期，苗期对干旱最不敏感。

Zhang 等采用裂区设计，在花生开花期和结荚期分别进行重（45%田间持水量）、中（55%田间持水量）、轻（65%田间持水量）3 个水平的水分亏缺处理。结果表明，开花下针期干旱-复水锻炼能缓解结荚期干旱胁迫，适度干旱胁迫有利于增强干旱、半干旱地区花生抗旱性，显著提高花生水分利用效率。

刘博宽等通过对 13 份花生品种生理指标和表型的测定和分析，筛选出了抗旱性较强的品种 L186、L147、L221 和 L149。程增书等连续 2 年试验结果显示，冀花 323、冀花 311 适宜旱作雨养种植，在正常灌溉条件下种植也可以获得较高产量。冀花 341 在干旱年份旱作雨养种植表现较好，但正常灌溉或多雨年份种植产量不高。杨秀丽等利用从甲基磺酸乙酯（EMS）诱变抗旱花生品种后代突变材料中筛选的 9 份早熟材料和 1 份对照材料，比较花生萌发期的抗旱性，结果显示 4-8601 萌发期抗旱性最强。宁东贤等以山西南部种植的 12 个黑花生品种（系）为材料，通过盆栽控水干旱试验，筛选出综合抗旱性较强的晋花 9 号、中花 9 号、赣花 9 号和临黑 5 号等 4 个品种（系）。

徐媛等对干旱胁迫下花生根系进行转录组测序和 miRNA 测序。转录组测序发现了 13 个显著持续上调的差异基因和 13 个显著下调的差异基因；miRNA 测序筛选到 8 个持续下调表达的 miRNA（ahy-miR156-3p、ahy-miR159、ahy-miR167-5p、ahy-miR156a、ahy-miR156b-5p、novel_miR103、novel_miR83 和 novel_miR70）。这些差异表达基因和 miRNA 为花生抗旱分子机理研究与抗旱育种提供了分子依据。

（4）耐盐。闫彩霞等对大田条件下 22 个花生育成品种（系）进行耐盐碱能力综合评价，不同品种的耐盐碱能力差异较大，饱果期耐盐碱能力高于结荚期。筛选出花育 9312、花育 6303、花育 9305 和花育 9310 4 个耐盐碱花生品种。陈娜等筛选出 R17-3、R17-4、花育 9118 和花育 9125 等高油酸花生品种（系），可作为盐碱地种植的主推品种（系）。品质测定结果表明，大多在盐碱地种植的高油酸品种（系）蛋白含量、脂肪含量和油亚比降低。

张鹤等以 68 个东北地区主栽花生品种为试验材料，结合萌发期、幼苗期室内鉴定及田间评价结果，最终鉴定出适合东北地区种植的在萌发期和幼苗期均耐冷的花生品种农花 5 号和冷敏感型花生品种阜花 18 号。

Zhu 等从耐盐突变体 M34 中克隆了属于 WRKY IIc 亚家族的新型转录因子 *AhWRKY75*，并通过 NaCl 胁迫处理诱导 *AhWRKY75* 表达。结果表明，*AhWRKY75* 基因通过提高胁迫处理下 ROS 清除系统和光合作用效率，赋予转基因花生耐盐性。

Qiao 等从花生耐盐突变体 M34 中分离出 *AhLea-3*，构建过表达载体并转入花生品种花育 23 号。qRT-PCR 分析发现，转基因植株中 *AhLea-3* 表达水平比非转基因植株高 10 倍以上。用 250 毫摩尔/升 NaCl 浇灌 5 天后，与非转基因植株相比，转基因植株叶片枯萎程度较轻，超氧化物歧化酶、过氧化物酶和过氧化氢酶等抗氧化酶类活性较高，而丙二醛含量较低。相对于非转基因植株，转基因植株在盐胁迫处理后净光合速率、气孔导度和蒸腾速率较高，而胞间 CO_2 浓度较低。表明 *AhLea-3* 过表达增强了转基因花生的耐盐性。

温赛群等选用鉴选出的不同耐盐性花生品种，采用 NaCl 温室内盆栽试验模拟田间盐胁迫，研究其在不同盐胁迫强度下的光合特性、抗氧化能力和相对含水量等生理响应特征。结果表明，盐胁迫下花生品种抗盐耐逆的主要生理响应特征是提高光补偿点和最大净光合速率，增强叶片持水能力和物质代谢能力，以及提升抗氧化和渗透调节能力。

（5）抗播种出苗期低温高湿种衣剂筛选。Wang 等测试了在东北产区广泛种植的花育 665、花育 668、花育 961、花育 962、花育 965 5 个高油酸花生品种和 4 种含杀虫剂/杀真菌剂成分的拌种剂对保护高油酸花生免受低温高湿环境胁迫的效果。结果表明，对于花育 665、花育 668 和花育 965，护卫三宝为最佳选择；对于花育 962 来说，威利丹也是可以接受的。

2. 种皮颜色研究

朱树良等建立了一种准确、简便和经济的种皮颜色识别标准。采用阿里云智能云计算平台颜色识别系统，测定黑、紫、粉、白等不同种皮颜色花生的 HSV 颜色空间数据，同时结合花生种皮花青素含量数据，构建花生种皮颜色指数（p）与种皮花青素含量（i）相关性模型，并用群体验证其准确性。研究结果表明，p 和 i 相关系数达 0.932，根据 p 值将花生种皮颜色划分为黑色（≥0.600 0±0.023 8）、紫色［（0.400 0±0.023 8）～（0.600 0±0.023 8）］、粉色［（0.200 0±0.023 8）～（0.400 0±0.023 8）］、白色（≤0.200 0±0.023 8）4 个组别；采用 AI 智能种皮颜色识别模型能够快速、准确鉴定 RIL 群体后代的种皮颜色，具有准确性高、上下界明显等优势。

Chen 等利用花生粉色种皮品种 Fuhua 8 和红色种皮品种泉红花 1 号为亲本，构建了一个 F_2 群体。遗传分析表明，红种皮颜色由一个单显性位点控制。该位点命名为 *AhRt1*（*Arachis hypogaea Red Testa 1*），经分群分析法（BSA）测序初定位于 A03 号染色体。进而将 *AhRt1* 精细定位到一个 580kb 的基因组区域。分析表明，一个编码 bHLH 转录因子的预测基因可能是 *AhRt1* 的候选基因。

Zhang 等将远杂 9102（粉色种皮）与中花 12（红色种皮）和湛红 2 号（红色种皮）杂交，构建两个 F_4 群体。遗传分析表明，红种皮受一个隐性单基因控制，命名为 *AhRt2*（*Arachis hypogaea Red Testa 2*）。利用 BSA-seq 方法，将 *AhRt2* 初步定位于第 12 号染色体，并利用 220 个重组品系进行连锁作图，将其定位到 530kb 区间。功能注释、表达谱分析、序列变异分析证实花青素还原酶（ANR）Arahy. IK60LM 是 *AhRt2* 最有可能的候选基因。*AhRt2* 第三外显子的一个 SNP 位点改变了编码的氨基酸，与红种皮有关。另外还开发了一个与红种皮性状紧密连锁的分子标记。

Xue 等利用粉红色种皮的山花 15 和红色种皮的中花 12 花生品种为材料，进行转录组和代谢组的联合分析。共检测到 198 种黄酮类代谢产物，其中中花 12 矮牵牛花素 3-O-葡萄糖苷和花青素 O-乙酰己糖苷在 R7 期分别比山花 15 高 15.23 倍和 14.72 倍，揭示了与红种皮有关的花青素。转录组分析结果显示，在不同生长期山花 15 和中花 12 的差异表达基因分别为 6 059 个和 3 153 个。这些差异表达基因在类黄酮生物合成、次生代谢产物生物合成和代谢途径中显著富集。转录组和代谢组联合分析显示 *CHS* 基因（*arahy. CM90T6*）、*F3′ H* 基因（*arahy. 8F7PE4* 和 *arahy. K8H9R8*）、*DFR* 基因（*arahy. LDV9QN*、*arahy. X8EVF3*）可能是控制花生粉色和红色种皮形成的关键功能基因。花青素生物合成途径中的转录因子 *MYB*（*arahy. A2IWKV*、*arahy. US2SKM*、*arahy. SJGE27*、*arahy. H8DJRL*、*arahy. PR7AYB*）、*bHLH*（*arahy. 26781N*、*arahy. HM1IVV*、*arahy. MP3D3D*）和 *WD40*（*arahy. L6JJW9*）在中花 12 中显著上调，可能是种皮色素形成的关键调控基因。

李佳伟等以花青素类型和含量存在显著差异的紫色种皮花生品种紫珍珠、红色种皮红珍珠、粉色种皮 G110 和白色种皮白珍珠为研究材料，取开花下针 30 天和 45 天样品进行转录组、代谢组分析以及双组学联合分析。RNA-Seq 分析共鉴定出 32 805 个差异表达基因，液相色谱串联质谱（LC-MS/MS）法进行代谢组分析结果表明，差异代谢物包括原花青素、矮牵牛素、芍药素、锦葵素、飞燕草素和矢车菊素及其衍生物。转录组-代谢组的联合分析结果表明，类黄酮生物合成是种皮颜色形成的关键合成通路，飞燕草素和矢车菊素为主要差异代谢物。

胡梦蝶等利用花斑种皮花生 VG-02 为研究材料，采用液相色谱串联质谱（LC-MS/MS）法检测不同发育阶段种皮中花青素的相对含量变化，共检测到 12 种与种皮颜色相关的代谢物质。分析表明，花翠素和矢车菊素是导致着色区与非着色区颜色差异的主要代谢物。RNA-seq 结果显示，1 050 个差异基因中筛选出与花斑种皮颜色形成高度相关的差异表达基因共 27 个。同时利用花斑种皮花生 VG-02 为研究材料，对种皮着色区与非着色区进行 miRNA 测序，共筛选出 86 个差异表达 miRNA，其中 20 个与花生花斑种皮颜色合成相关。通过 miRNA 测序与转录组联合分析结果表明，类黄酮生物合成是花生种皮花斑形成最直接的代谢途径。

3. 开花特性

吴丽青等利用菏花 18 号为试验材料，设置 4 个钙肥梯度（0 千克/公顷、150 千克/公顷、225 千克/公顷、300 千克/公顷），得出花生的总开花数随施钙量的增加而降低，果针数随钙肥的增加变化不显著，成针率和成果率随施钙量增加而增加。在施加氧化钙（CaO）225 千克/公顷（T_2）时菏花 18 号的株型、开花结荚习性、荚果特性、产量和品质等综合表现最优。

李华东等以白沙 1016 与 ICGV86699 杂交构建的 RIL 群体为材料，基于高密度遗传图谱，利用 QTL IciMapping 完备复合区间作图法（ICIM）对供试材料 3 个环境下始花期、开花期、盛花期性状进行 QTL 定位。在 14 个连锁群上定位到 43 个 QTL。其中 *QIFD12-2*、*QFD-12-2*、*QFBD-12-2* 为调控始花期、开花期和盛花期的 3 个主效 QTL，位于 12 号连锁群的同一标记区间内，区间大小为 2. 58Mb。

4. 株型及机械化

（1）株型。花生侧枝夹角（第一对侧枝与主茎间的夹角）是重要的株型性状，与产量和机械化收获密切相关。为使农机农艺更好地结合，降低劳动成本，需选育适合机械化采收、高产株型花生品种。

孟鑫浩等以直立型花生品种冀花 5 号和匍匐型种质 M130 构建的重组自交系 F_6 群体为试验材料，挖掘与花生侧枝夹角性状相关且能在多环境下稳定表达的 QTL。共获得 41 个加性 QTL，其中 8 个与侧枝夹角相关，16 个与主茎高相关，3 个与侧枝长度相关，6 个与株型指数相关，8 个与扩展半径相关。4 个 QTL 聚集区分布在 A04、A05、A06 和 A08 等染色体上。在 7 个环境下共得到 59 对上位性 QTL，涉及侧枝长、株型指数和扩展半径等 3 个性状，可解释表型变异的 0. 25%～12. 25%。

（2）品种机械化收获适宜性。花生荚果的力学特性是花生机械化收获的重要参考因素，而果柄强度和破壳力是花生力学特性的主要指标。收获时若果柄强度偏低则易落果，造成荚果损失；若果柄强度偏高则导致果柄连在荚果上，不利于机械收获。花生果壳是保护花生籽仁完整性的重要屏障，破壳力低的花生品种在机械化收获过程中破损率高，不仅影响外观品质，而且易感染黄曲霉等病菌，降低籽仁品质。因此，研究机械化收获相关特性对于培育适宜机械收获的花生新品种具有重要指导意义。

王传堂等对 27 个高油酸花生品种进行了鲜花生果柄强度、鲜荚果和干荚果三向果壳强度测定及鲜食感官品质评价。结果表明，花育 962、花育 964、花育 965、花育 666、花育 662、花育 665、花育 963、花育 663、花育 9623、花育 668、花育 966、花育 9622、花育 661、花育 961 共 14 个品种适合鲜果机械收获；除花育 664、花育 964 以外的 25 个品种适合干荚果机械收获。

许静等以 173 份花生品种（系）为材料，测定其鲜荚果的果柄强度、荚果破壳力、结实范围、产量和品质等指标，筛选出 P19-9、P19-29、P19-30、P19-31、P19-38、

P19-43、P19-99、花育 19 号、花育 21 号、花育 25 号、花育 36 号、花育 38 号、花育 50 号、花育 55 号、花育 911、花育 9120、花育 913、花育 919、花育 33 号、花育 43 号和花育 23 号等果柄强度适中、增产的花生品种（系），为后续培育适应机械化收获的花生新品种提供优异的育种材料。

刘龙等以河南地区主推种植的 3 个花生品种（豫花 37 号、豫花 65 号、豫花 9326）为研究对象，利用微机控制电子万能试验机、水分测定仪等相关试验仪器设备，对挖掘晾晒的花生植株各部分含水率随晾晒时间的变化以及果柄与荚果轴线同轴和不同拉伸角度的摘果力进行测定，并研究了从挖掘到含水率降至 10%左右时，花生茎秧、果柄和荚果的含水率变化及力学性质。拉伸角度为 30°、捡拾收获晾晒时间 3~4 天，摘果力最小。研究结果为两段式捡拾收获提供了最佳收获时间。

5. 品质相关研究

（1）高油酸。郭敏杰等对中国 165 份高油酸花生品种的主要品质性状进行主成分分析和品质分类。结果表明，中国高油酸花生培育单位广泛分布于 10 个省份，以山东、河南和河北居多，分别占总数的 36. 97%、32. 12%和 21. 82%，脂肪、蛋白质和油酸平均含量分别为 52. 90%、24. 75%和 79. 28%。

刘岩等以粉皮高油酸花生品系 G94（基因型为 *ol1ol1ol2ol2*）与紫皮常规花生品系黑珍珠（基因型为 *OL1OL1OL2OL2*）为亲本配制杂交组合，利用等位基因特异性 PCR（AS-PCR）方法，采用 *ahFAD2A/ahFAD2B* 引物筛选 F_2 群体中真杂种单株。$F_{2:3}$家系种皮色泽 χ^2 检测结果表明，该组合双亲在种皮色泽性状上存在 1 对差异基因，种皮紫色对粉色为完全显性。利用 AS-PCR 方法鉴定 *ol1ol1ol2ol2* 基因型的紫色种皮 F_3 单株，通过系谱选育，获得遗传稳定的紫色种皮高油酸新种质 4 份。这些新种质不仅油酸含量高于 75%而且种皮内富含花青素类物质，对丰富中国高油酸花生种质资源遗传多样性具有重要意义。

Wang 等完成我国 104 个高油酸花生品种（系）和突变体的遗传多样性分析。结果表明，该团队选育的品种（系）遗传多样性程度均高于登记品种，说明随着新种质应用，高油酸花生育种的遗传基础得以拓宽。

（2）其他。Guo 等鉴定出 2 个主效且稳定的与花生含油量相关的 QTL。许静等对花生油脂合成相关基因进行了表达谱分析。

黄冰艳等对花生巢式群体脂肪含量进行了遗传分析，发现在不同杂交组合中脂肪含量的遗传模式有所不同，6 个组合分别符合无主基因模型、1 对主基因加性显性模型和 2 对主基因等显性模型 3 种遗传模式。各种遗传效应的估计值也各不相同，主基因遗传力从 32%到 80%不等，说明不同杂交组合中，控制脂肪含量的基因位点差异及其重组和分离方式不同。

牟大林等采用数量性状主基因+多基因混合遗传模型方法，以杂交组合潍花 8 号×12L49 的 5 个家系世代群体作为材料，对花生脂肪和蛋白质含量进行多世代联合分析。蛋白质性状的遗传模型为 MX1-AD-ADI 模型（1 对加性-显性主基因+加性-显性-上位性多基因），主基因加性效应为 $[d]=-0.143$，表现为负向加性效应，多基因加性效应值为 $[d]=-1.2126$，多基因显性效应为 $[h]=0.6563$，显性效应大于加性效应，F_2 和 $F_{2:3}$主基因的遗传率分别为 27. 02%和 30. 28%；多基因遗传率分别为 37. 79%和 38. 11%，多基因遗传率比主基因遗传率高。脂肪的遗传模型为 PG-AD（加性-显性多基因），多基因加

性效应为 [d]=1.124 8，F_2 和 $F_{2:3}$多基因的遗传率分别为 32.08%和 32.63%。蛋白质含量和脂肪含量主要受多基因遗传控制，在育种的中晚期世代进行选择，效果较好。

于海洋等为探讨高油花生品系农大 D666 含油量的遗传模式，以农大 D666 为中心亲本配置了 4 个杂交组合（DP、PD、SD、3D），同时利用农大 D666 的亲本丰花 2 号和 Krapt. st. 16 配置了正、反交组合（FP、PF），以上述 6 个组合的 F_2 群体为材料进行含油量的主基因+多基因遗传模型分析。结果表明，6 个群体的含油量分别符合 3 种遗传模型：DP 和 PD 含油量符合无主基因遗传模型（0MG），受微效多基因控制；SD 和 3D 符合 2 对主基因的加性-显性-上位性遗传模型（2MG-ADI），加性效应与显性效应均为正向调控，以加性效应为主，主基因遗传率分别为 33.64%和 37.80%，2 个群体基因效应值相近，增效基因来自高油亲本；FP 和 PF 符合 2 对主基因的等显性遗传模型（2MG-EAD），主基因遗传率分别为 51.17%和 63.56%，正、反交组合的遗传模式相同，表明含油量以细胞核遗传为主，加性效应均为正值，增效基因来自高油亲本。综合分析表明，农大 D666 含油量性状的超亲现象一方面是受其亲本 Krapt. st. 16 的 2 个主效基因控制，另一方面存在多个微效基因的累加效应。

高芳采用田间测定和室内分析相结合的方法，以中国北方主栽的 13 个花生品种为试验材料，筛选花生源库性状评价指标，并进行源库类型划分。研究花生产量品质形成过程中的源库差异机理，并探讨不同源库调控措施对花生产量、品质形成的影响。不同源库类型花生品种产量表现为冀花 5 号产量最高，其次是山花 9 号和中花 24，花育 36 号产量最低。产量构成因素方面，冀花 5 号千克果数最少，山花 9 号千克果数最多。冀花 5 号和花育 36 号出仁率较高，山花 9 号和中花 24 出仁率较低。4 个品种中中花 24 粗脂肪含量最高，其次是冀花 5 号，花育 36 号粗脂肪含量较低。

刘玉兰等选取 7 个不同品种的花生制取花生酱，对花生酱中挥发性风味成分的种类和含量进行检测，并结合感官评价、粒径、流变学特性、质构、色度等指标，对比分析花生品种对花生酱风味及综合品质的影响。结果表明以四粒红为原料制作的花生酱挥发性风味成分丰富，感官评价及综合品质更好，是适宜制作花生酱的品种。

6. 指纹图谱

徐彪等利用 SSR 标记对 50 份花生种质资源进行遗传多样性分析及 DNA 指纹图谱构建。38 对 SSR 引物在 50 份种质资源中共扩增出 141 个基因位点，每个引物平均有 3.71 个位点，多态性扩增位点 126 个，多态性率为 89.36%，平均多态性信息含量（PIC）为 0.52，变异范围为 0.40～0.88；采用非加权组平均法（UPGMA）进行聚类，在遗传相似系数（GS）0.648 处可将 50 份花生种质资源聚为 4 个类群，50 份花生种质资源的 GS 介于 0.436～0.955，平均值为 0.735。利用 38 对 SSR 引物构建了一份独特的 DNA 指纹图谱 QR 编码。

7. 分子细胞遗传学研究

染色体突变体在作物育种和遗传研究中发挥重要作用。单链寡核苷酸（oligo）探针的开发简化了荧光原位杂交（FISH）过程，并促进了许多物种的染色体鉴定。基因组测序为寡核苷酸探针的开发提供了丰富的资源，但由于缺乏有效的染色体标记，花生相关研究进展甚微。Fu 等利用栽培品种 Tifrunner 和栽培种二倍体祖先种 *Arachis ipaensis* 开发出 114 条寡核苷酸探针，并进一步根据其位置和重叠情况分为 28 类。鉴定出 14 个染色体辐射突变体。28 条代表性的 oligo 探针中，4 条为 B 基因组特异性的，1 条为染色体特异性的。新寡核苷酸探针的开发提供了一套区分花生染色体的有效工具，FISH 物理作图揭示了花生染色体中重复寡核苷酸的基因组组织。

三维（3D）染色质组织为研究基因表达调控和细胞稳态提供了关键基础。Zhang 等展示了野生型和突变异源四倍体花生品系的首批 3D 基因组结构图，这些图说明了 A/B 区室、拓扑相关域（TAD）和广泛的染色质相互作用。大多数花生染色体臂（52.3%）具有活性区域（A 区室），具有相对较高的基因密度和较高的转录水平。在突变系中，大约 2.0%的染色体区域从无活性变为有活性（B-to-A），其中包含 58 个富含类黄酮生物合成和昼夜节律功能的差异表达基因。与野生型相比，突变花生显示出更多的全基因组顺式相互作用。研究揭示了突变株系中的一种新 TAD，它产生不同的染色质环并含有特定的上游 AP2/EREBP 结合基序，这可能会上调 *GA2ox* 基因表达并降低活性赤霉素（GA）含量，使突变植物矮化。研究结果揭示出 3D 染色质结构与植物转录调控之间的关系。

8. 基因组编辑

基因组编辑技术能够通过定向修饰基因组中的特定位点从而调控基因的表达，以获得新的具有重要价值的突变体，成为研究基因功能的重要手段。

张旺等根据花生 *ahFAD2* 基因序列，设计相应 sgRNA 序列，构建了能够敲除 *FAD2A* 和 *FAD2B* 两个花生油酸脱氢酶的 CRISPR/Cas9 基因编辑载体。对靶基因分析发现，16 株转基因花生含有 29 个 *FAD2A* 基因突变，其中有 16 个突变能引起蛋白质序列变化，11 株转基因花生含有 30 个 *FAD2B* 基因突变，其中有 17 个突变引起蛋白质序列变化，为研究花生脂肪酸合成及高油酸花生育种提供了宝贵的基因突变体材料。

石磊等通过对棕榈酸含量相关基因进行编辑，获得了一批低棕榈酸花生种质。王传堂等利用基因编辑技术将普通油酸品种花育 23 号编辑为高油酸的花育 23 号，油酸含量由 52%提高到 80%以上，油亚比由 2 提高到 47 以上。这些研究为花生种质创制和品种改良奠定了很好的基础。

（二）栽培与土肥

我国是世界花生的生产、消费和出口大国，花生是中国为数不多的具有明显竞争优势的出口创汇农产品。但是，我国花生产业技术发展方面长期面临着机械化生产、施肥、植保和精深加工技术相对落后等问题，导致我国花生国际市场竞争力逐年下降，花生出口所占份额越来越少。

2021 年，国家花生产业技术体系创建了 8 项花生减碳提质增效技术模式。其中，免膜花生浅埋滴灌水分高效管理技术有效弥补了地下滴灌铺设困难、一次性投入费用较高的不足，显著提高了花生出苗率和出苗整齐度，增加了单株结果数和平均果重。与膜下滴灌相比，荚果产量可增产 17.8%，同时解决了地膜残留导致的“白色污染”问题。在花生全程可控施肥重大关键技术攻关方面，新型肥料研发试制和机械化分层施肥技术取得实质性进展，创立了花生分层施肥技术，可实现花生垄内 2 层施肥。与农民习惯性施肥相比，缓释掺混肥采用机械化分层施肥的方式可增产 16.7%～27.3%；集成建立了“小麦—玉米//花生粮油周年绿色稳粮增油增效技术模式”和“多元化粮油作物周年绿色高效种植模式”2 个关键技术模式。建设节本增效、绿色高效的粮油作物周年高效生态种植百亩示范方 11 个、千亩示范方 1 个，建立示范基地 5 个，累计建设核心示范方 3 114.1 亩，取得了良好的示范效果。花生单粒精播节本增效栽培技术、玉米花生宽幅间作技术和镉污染稻田原位钝化联合微肥调控技术 3 项技术模式入选农业农村部主推技术。

（三）病虫草害防控

1. 花生主要病虫害发生与为害概况

我国花生种植区域十分广泛，各地自然生态和农业条件复杂多样，花生病虫害发生种类也较多。2021 年度我国花生苗期病害（全部产区）主要为根腐病、茎腐病和冠腐病，除少数区域病害发病较重，大部分产区发生较轻；苗期主要虫害为蓟马和蚜虫。开花下针期部分地区茎腐病、早斑病中度发生；结荚期早斑病、晚斑病在部分产区中度发生；成熟期早斑病、网斑病、白绢病和果腐病在部分产区发生严重；相比 2020 年，2021 年果腐病发病区域更广，部分产区发病严重；白绢病在少数产区发生严重。开花下针期到成熟期蛴螬、斜纹夜蛾、甜菜夜蛾在部分地区大量发生，为害较重。

2. 国内抗病性研究进展

（1）病害发生动态。冀东果腐病在 7 月 5 日结荚期始发，8 月 5 日果腐病为害逐渐加重，到 8 月 20 日饱果成熟期病情达到最高点。果腐病发病程度受温度、降水量等因素影响，其发病率随日平均温度的升高和降水量的增加而快速加重；果腐病发病率还随土壤黏质程度升高，土壤含水量的增加，连作年限的延长和施肥量的增加而显著增加。冀东地区对果腐病抗性相对较好的品种有唐花 9 号、冀花 18。

（2）病原研究。2021 年度我国多家单位的科学家对花生病原开展了研究，主要集中在早斑病、疮痂病、青枯病、果腐病、白绢病和炭疽病的研究，对一些病原菌完成了全序列测定，推测了致病机理。

叶斑病原　对来自辽宁的 119 个花生早斑病的样本进行了病原菌分离和鉴定，发现早斑病病原的菌丝和分生孢子的适宜生长温度为 20～30℃、pH 值为 6～8，光照对菌丝生长无显著影响。

首次在我国山东莱西发现引起花生叶斑的 *Fusarium ipomoeae*，田间发病率为 5%左右。

焦斑病菌　完成了引起国内花生焦斑病的落花生小光壳菌株 JB313 基因组全序列分析，基因组大小为 47.66Mb，G+C 含量为 49.05%。

疮痂病菌　对花生疮痂病痂囊腔菌素合成的蓝光受体基因 *EaWC1* 进行了生物信息学分析，全长为 3 261bp，具有一个完整的开放阅读框，编码长度为 1 086 个氨基酸的蛋白质，相对分子质量 11.95kD，理论等电点为 8.81，具有核定位信号，为稳定亲水性蛋白。qPCR 定量分析表明，*EaWC1* 基因表达受到蓝光诱导，其表达模式与 ESC 毒素含量呈显著正相关。

对疮痂病菌次生代谢物相关 PKS 基因簇进行了发掘，发现与毒素生物合成相关基因 *ESCB1*，基因组含有 6 条 PKS 和 PKSNRPS 基因簇，*ESCB1* 开放阅读框全长 6 636bp，编码长度为 2 212 个氨基酸，分子量为 238.84kDa，理论等电点 5.65，亚细胞定位在叶绿体中，是一个主要由 α-螺旋和无规卷曲组成的亲水性蛋白。qPCR 定量分析表明，*ESCB1* 表达模式与毒素积累趋势基本一致，光照条件下 *ESCB1* 基因的表达量显著高于黑暗条件。

白绢病菌　对河南 5 个花生主产区白绢病的发病率进行了调查，发病率为 3.6%～50.4%；28 株花生白绢病菌株在菌落形态、菌丝生长速率、菌核在 PDA 平板上的分布及菌核的数量、干质量、直径上均存在差异，且菌株的菌核数量、干质量和直径三者之间存在显著相关性；被划分为5个MCG，最大的MCG1包含来自4个主产区的15株菌株，除商丘外，其他主产区出现的MCG与菌株的地理来源无相关性；28株菌株的香农-威纳多样性指数（H）为1.13，对萎锈灵均表现为敏感，EC_{50}平均值为0.182毫克/升，且不同主产区菌株对萎锈灵的敏感性均无显著差异。河南省花生白绢病菌群体具有相对较低的多样性，萎锈灵可作为防治花生白绢病的有效药剂。

河南汝南县白绢病菌生长最适温度为30℃，pH值为6.0，并发现戊唑醇对该菌具有较强的毒力，EC_{50}值为0.462 9毫克/升。

完成了引起花生白绢病的强侵袭力菌株ZY和弱侵袭力菌株GP3基因组序列分析，基因组大小分别为70.51Mb和70.61Mb，编码17 097个和16 743个基因。通过对这2个菌株的基因组的比较，发现GP3和ZY分别含有58个和45个特异的病原—寄主互作基因，ZY比GP3含有更多的分泌型的碳水化合物水解酶，尤其是糖水解酶家族，碳水化合物酯酶家族，多聚葡萄糖水解酶家族。GP3和ZY含有不同的效应子和次生代谢物基因家族。这些结果表明，不同的PHI、分泌型CAZymes、效应子和次生代谢物可能是引起这2个菌株侵袭力差异的原因。

果腐病原 河北新乐、大名和昌黎引起花生果腐病的病原菌为新孢镰刀菌。

根腐病原 引起花生根腐病的尖孢镰孢菌、层出镰孢菌和茄腐镰孢菌的孢子形态和大小不同，致病力也存在差异，尖孢镰孢菌致病力最强。

青枯菌 完成了来自福建的花生青枯菌Rs-P.362200的全序列分析，基因组大小为5.86Mb，编码5 056个基因，平均G+C含量为67%。在这些编码基因中，发现了75个Type Ⅲ效应蛋白和12个假基因。41个青枯菌株的序列进化树表明，青枯菌的分群主要根据地理来源，然后根据演化型和寄主种类。不同菌株的效应子和其他毒性因子的数量和分布不同。与其他4个致病菌株相比，Rs-P.362200存在29个家族113个特异基因。在这些基因中，2个编码毒力蛋白的同源基因可能与它的寄主范围相关。这个菌株的30个致病岛和6个原噬菌体含有378个基因、7个效应子和363个基因、8个效应子，可能与致病性水平转移有关。虽然HA4-1与Ts-P.362200的寄主都是花生，但是它们有各自独特的基因组，HA4-1中基因岛和原噬菌体的数量比Rs-P.362200多，表明青枯菌在迅速变异。

（3）抗性鉴定。

叶部病害 结合温室人工接种鉴定和田间自然发病鉴定，从50份材料中筛选获得冀农G94、豫花47号和晋花10号3份中抗晚斑病的材料。

结合室内离体接种和田间抗鉴圃自然感染诱发，发现不同花生品种（系）间对花生网斑病的抗性存在显著差异，37个花生品种中，抗病品种4个，分别为中花2号、翼9801、锦花5号和锦花7号。

土传病害 通过两年的病圃鉴定，筛选到高抗果腐病的材料豫航花7号，抗病材料安花10号、濮花55号和安花3号。

采用幼芽水培接种对128个花生品种进行黑腐病抗性鉴定，获得高抗和中抗的花生品种数分别为1个和13个。其中，高抗材料为T09（HR），中抗材料包括花小宝1号、AS09等。

田间病圃筛选出抗青枯病的品种桂花39、泉花646、泉花27、远杂21、豫花149号、信花 14、远杂 9102。

（4）抗性机理研究。对花生抗青枯病基因进行全基因组鉴定，发掘抗病候选基因 4 156个，其中 RLK、RLP、NL、CNL、TNL 这 5 种典型抗病基因分别有 536 个、490 个、232 个、182 个和 149 个。抗病基因在染色体上分布不均匀，多数抗病基因集中在 B02 染色体上。转录组测序发现，抗病材料中特异表达的基因有 111 个，感病材料中特异表达的基因有 104 个，抗、感病材料均有表达的基因 2 216 个、均不表达的有 1 725 个。筛选出第 1 类响应青枯菌诱导的抗病基因 5 个，第 2 类持续上调表达抗青枯病基因 65 个。

（5）防治研究。

土传病害 筛选出防治白绢病的药剂 21%噻呋酰胺·咯菌腈·嘧菌酯悬浮种衣剂，施用剂量为有效成分含量 48 克/100 千克种子，防治效果可达到 70%以上，高于 25 克/升咯菌腈悬浮种衣剂、10%嘧菌酯悬浮种衣剂、240 克/升噻呋酰胺悬浮剂和 30%萎锈·吡虫啉悬浮种衣剂的防效。

解淀粉芽孢杆菌 WS3-1 滤液对白绢病的抑制率达到 95. 04%，在温度为 40℃、60℃、80℃以及 pH 值为 8～10 的条件下，抑菌活性稳定，抑菌率均在 80%以上，同时活性物质具有较好的抗紫外线分解能力。

贝莱斯芽孢杆菌 BS-1 可产生蛋白酶、纤维素酶、淀粉酶和嗜铁素，其无菌发酵滤液具有显著的拮抗作用，接种白绢病菌 2 天后喷洒 BS-1 菌液的处理效果最优，防治白绢病的效果可达 66. 15%。

筛选出 27%苯醚·咯·噻虫嗪悬浮种衣剂 600 毫升/100 千克种子效果优于 25%咯菌嗪悬浮剂和 30%苯醚甲环唑悬浮种衣剂。苯醚·咯·噻虫嗪悬浮种衣剂用量为 6 毫升种衣剂/千克种子，花生茎腐病和白绢病的病情指数下降了 37. 91%和 30. 00%，金针虫和蛴螬的荚果受害指数分别下降了 41. 96%和 22. 84%，花生的百果重和荚果产量均显著提高。

使用氟啶菌酯悬浮剂，对花生白绢病、根腐病、叶斑病、果腐病的平均防效分别为 91. 75%、83. 22%、81. 55%、94. 84%，平均增产率 16. 45%；唤醒乳剂对花生白绢病、根腐病、叶斑病、果腐病的平均防效分别为 91. 75%、81. 82%、80. 25%、94. 58%，平均增产率 15. 87%。

贝莱斯芽孢杆菌 Hsg1949 对 3 株镰孢菌分离株具有稳定的拮抗活性，其无菌上清液活性物质耐高温、耐强酸但不耐强碱，在 pH 值为 11 的环境下拮抗活性显著降低，Hsg1949 菌悬液 2×10^8 CFU/毫升和 5×10^8 CFU/毫升可显著降低花生果腐病发病率，对花生果腐病的防治效果分别为 66. 54%和 71. 27%，与化学药剂多菌灵防效（75. 11%）相当。

解淀粉芽孢杆菌、多粘类芽孢杆菌和真菌生防菌拌种剂均对花生有一定的增产作用，且对根腐病菌和白绢病菌均具有一定的控制作用。1 000 亿 CFU/毫升解淀粉芽孢杆菌+1 亿CFU/克真菌生防菌（TB）处理花生种子后出苗率、增产率和综合防效最高，其出苗率和增产率分别为 94. 35%和 23. 15%；出苗 30 天后根腐病防效为 76. 95%，出苗 60 天后根腐病和白绢病防效分别为 83. 54%和 83. 88%。

施用钙肥可以在花生幼苗周围的土壤显著富集粘质沙雷氏菌和其他 3 个主要的菌株。在花生结荚期 *Sphingomonas changbaiensis* 和 *Novosphingobium panipatense* 等 10 个主要的菌株可被钙富集，粘质沙雷氏菌发酵液施用于土壤中可以抑制茄腐镰刀菌和黄曲霉的生长。结荚期施用 *Novosphingobium panipatense* 可以抑制白绢病菌和焦斑病菌的生长。

叶部病害 200 克/升氟唑菌酰羟胺·苯醚甲环唑悬浮剂 75～105 克/公顷，比 30%苯醚甲环唑·丙环唑防效高，防治叶斑病效果显著高于 40%苯醚甲环唑、50%甲基硫菌灵。

贝莱斯芽孢杆菌 BP-1 对花生网斑病菌的抑菌带可达 27.0 毫米。其发酵原液稀释 200 倍后，对花生网斑病的田间防治效果达 60.65%；可致花生网斑病菌孢子畸形、破裂，并可导致菌丝体内电解质泄漏，细胞膜上麦角甾醇的合成受阻，膜脂过氧化产物（丙二醛）含量明显升高，同时显著抑制菌丝体内蛋白质含量。

在微胶囊中添加不同分子量的 PEG 影响微胶囊药剂的释放和在叶片的附着区。吡唑醚菌酯微胶囊与 PEG200、PEG400、PEG800 和 PEG1500 的释放率分别为 80.61%、90.98%、94.07%和 97.40%。扫描电镜观察微胶囊的弹性随着 PEG 分子量的增加而增加。雨水对 PDG1500 添加的微胶囊滞留十几天的影响相对其他分子量 PEG 较小，表明添加 PEG1500 增加了微胶囊的黏着性。

3. 存在问题与发展方向

我国花生种植效益和市场竞争力等方面的优势，决定了花生生产将进一步扩大，而减化肥、减农药、减地膜、秸秆禁烧、机械化等绿色高效生产发展要求给花生有害生物的绿色防控提出了新的要求。综合分析，今后我国在花生植保技术研发与应用方面存在的问题及方向包括：一是如何克服减少农药使用量与主要叶部病害有效防控之间的矛盾？二是如何应对逐年不断加剧的土传真菌枯萎病和烂果病，尤其是如何将主要土传真菌病害抗性整合到高产优质品种中去？三是如何加快花生病虫害防控技术与机械化相融合？

（四）机械化

我国花生耕、种、收三大环节机械化率进一步提升，分别有望超过 80%、57%和 50%，花生机械化耕整地、播种、收获设备无机可用问题得到有效破解，设备适应性、可靠性和技术性能不断提升，而且呈多元化和高效化发展趋势。花生产后初加工（主要包括干燥、脱壳、清选、分级、包衣等环节）机械化生产水平也在稳步提高。除了花生荚果干燥、种用花生脱壳、花生种子包衣等作业尚未实现机械化以外，适用于食品加工、榨油等加工作业需求的花生脱壳、清选、分级等设备已在主产区广获应用。

2021 年度，相关科研单位及企业从播种、收获、产后加工主要环节，对宽幅高效播种、麦茬免耕播种、高效捡拾联合收获、高效半喂入联合收获、花生脱壳、荚果干燥等持续开展了大量技术研发与试验示范等工作，主要技术研发进展如下。

1. 播种技术

（1）宽幅高效播种技术。体系研发的适合于规模化种植的 3 垄 6 行花生覆膜播种联合作业机、4 垄 8 行可折叠式大型花生覆膜播种联合作业机在主产区得到了示范应用，同时还针对高效、高质量播种作业需求，重点对花生高速、低损伤排种技术进行持续研究，但目前尚无成熟的技术可用于实际生产。

（2）麦茬免耕播种技术。适合于麦茬全量秸秆覆盖地作业的洁区播种技术得到了新一轮优化提升和示范应用，碎秸行间集覆、碎秸均匀覆盖等不同型式的系列播种设备性能已能较好地满足小麦花生轮作区花生播种需求，在河南、安徽等主产区示范应用面积进一步扩大。2021 年，研究机构与企业针对市场需求，新研发出了具有独立限深功能的八行平作花生免耕播种机，并在主产区进行了较大面积的播种作业，受到了农机专业合作社和种植大户的普遍认可。

2. 收获技术

（1）半喂入两行花生联合收获技术。半喂入两行花生联合收获技术已成熟，相关机具已在种植规模大、种植与管理相对规范的黄淮海花生产区广泛应用，已能满足主产区规范化和一定规模化种植的花生机械化收获需求，但仍存在着生产效率、适应性等方面问题，国家花生产业技术体系、临沭县东泰机械有限公司等研发机构与生产企业仍在不断对半喂入两行花生联合收获技术进行优化升级。

（2）半喂入四行花生联合收获技术。经过持续多年试验与改进，国家花生产业技术体系研发的半喂入四行花生联合收获技术已经成熟，为了进一步提高机具作业效率和作业质量，2021 年度持续开展了关键部件作业参数实时监测和故障预警等智能化技术研究，目前，相关成果已在协作单位实现了小批量生产，但由于半喂入四行花生联合收获机对种植模式（起垄种植、行株距适宜）、植株高度等要求相对较高，因此限制了其在主产区的大面积推广应用。

（3）捡拾联合收获技术。2021 年度，为提升机具作业质量、提高设备可靠性、减少作业扬尘排放，科研机构和农机企业开展了捡拾联合收获技术新一轮优化提升工作，重点对设备的捡拾、摘果、集果、扬尘减控等关键技术进行了全新设计或优化提升，研发生产出的多款自走式花生捡拾联合收获机在河南、山东、辽宁等主产区得到了快速推广应用，但依然还普遍存在着作业扬尘污染大、作业质量不高（破损率高、含杂率高等）、设备可靠性低等问题。

（4）场地式摘果技术。就其摘果技术本身而言，2021 年度未见到有相关技术取得突破性进展的报道，相关技术特别是适合于晾晒后干花生摘果作业的技术早已成熟。由于场地式大型花生摘果机可与农村保有量大的中小型挖掘收获机相配套作业，并且场地式花生摘果机购买者为了获得种植户的花生秧蔓，往往免费为种植户提供摘果服务，因此其在河南、山东、河北、东北等传统花生主产区广获应用，并已成为主产区应用较为普遍的一种花生收获机械，但也存在着消耗人工多、扬尘污染大等问题；随着捡拾联合收获机等高效联合设备推广应用面积的持续增加，场地式摘果机可能被捡拾联合收获机逐步替代。

3. 脱壳技术

近年来，随着花生生产比较效益的提高，花生规模化种植面积不断扩大，大规模集中脱壳加工企业（个体户或种植大户）日益增加，对高效、大型、高质量的花生脱壳设备，尤其是对种用花生脱壳设备的需求日趋迫切。制造企业应市场需求，在小型脱壳设备基础上改进生产了大型脱壳机组，且在一些批量花生加工企业中得到了一定程度的应用。该类设备具有气力输送、脱壳、多级分选功能，可完成花生荚果提升、去石。脱壳、壳仁分离、破碎种子清选、复脱等作业，生产效率 1～8 吨/小时不等，可满足集中规模化加工需求。此外，部分花生脱壳制造企业根据用户需求设计并建成了可一次完成花生初清、去石、脱壳、仁果分级的花生脱壳生产线，可满足油用、食用花生高效加工需求，但难以满足种用花生脱壳技术要求。

应市场需求，国家花生产业技术体系针对花生种子脱壳长期存在的技术难题进行攻关，从适于脱壳的品种筛选入手，累计筛选适于脱壳的花生品种近 20 个，探明了可实现低损脱壳的最佳生长期、干燥方式、收获（摘果）方式。为进一步提升脱壳质量，研发团队农艺农机融合互动，开展了脱壳设备关键部件创制及整机创新提升，采用新材料设计并创制关键部件数十种，研发适合大、中小粒花生脱壳相协调的花生脱壳设备 5 种，包括 6BH-30、6BH-600、6BH-800 脱壳设备 3 种，小批量生产试制小区育种花生种子脱壳设备 1 种，筛选改进 2 吨/小时花生脱壳设备 1 种，引进消化吸收 3 吨/小时花生脱壳设备 1 种，提升熟化可一次完成种子提升喂料、去石去杂、脱壳、破碎种子选别的脱壳成套设备 1 套。

4. 荚果烘干技术

近年来，随着我国花生规模化种植面积不断推广及机械化收获的快速推进，高效收获作业使荚果短期迅速大量堆积，晒场资源日益紧张，机械化干燥技术与装备需求日趋迫切。为此我国个别地区开始使用机械干燥方式干燥花生，但干燥机械多为兼用干燥机械，没有配套的控制模拟模块及相应的干燥工艺，无法对花生荚果干燥速率、干燥终止点进行科学控制或预测，易出现干燥不均匀、干燥过度和干燥不充分并存的状况，难以保证花生的干燥品质。

在干燥特性研究方面，持续针对薄层花生进行研究，考察干燥温度、风速、相对湿度对干燥过程的影响，在此基础上优化了花生薄层干燥方程，不断改善物料层干燥均匀性问题。

在干燥装备研究方面，重点针对上一轮花生混流循环干燥机中存在的干燥后期顶部漏风、集料斗中花生黏结滞流、土杂振动筛除机构易堵塞、垂直提升效率低、能量利用率低等问题，开展了顶部均匀布料、无堵滞通风排料、棒条筛式振动除杂、高效无损提升、余热回收等相关技术研究；完成设备改进调试，并通过权威机构检测，设备作业性能良好，干燥速率较上一轮样机提升约 45%，能耗成本降低至 0.15 元/千克。

通过多年研究，现已研发出系列花生产地烘干技术设备（设施）5 种，系列花生烘干设备可适应不同规模种植户的需要，为花生收获后的及时干燥提供有效的技术装备支撑。具体装备包括①仓储式烘干设备（每批次 500 千克，适宜小面积种植户）；②5H-1.5 型烘干设备（每批次 1 500 千克，适宜 5～30 亩种植大户）；③5H-5 型烘干设备（每批次 5 000千克，适宜 50 亩以上种植大户）；④5H10 型花生低温混流循环干燥机；⑤花生干燥设施：可折叠晾晒架，为不同用户花生干燥提供了多种选择方案。现有 5H-5 型烘干设备、5H10 型花生低温混流循环干燥机，较现有传统干燥设备节能 30%以上。

（五）产后加工

国内专家主要开展了花生储藏技术、快速无损检测技术、鲜食花生营养品质评价技术、花生蛋白高水分挤压组织化技术、黄曲霉毒素快速检测及脱毒技术等研究。

1. 花生储藏技术研究

为规范花生储藏技术，王殿轩等完成的粮食行业标准《粮油储藏　花生储藏技术规范》通过审定，按规定相关程序审查，近期可发布。提出的加工厂花生储存控温技术方案，得到了一些企业采纳和持续改进。干燥花生荚果后期储藏中吸湿与霉变以及储藏发热霉变机制对生产应用起到了指导作用。研究了 32 个花生品种的挥发物质种类与数量，发现多数花生品种对储藏主要害虫印度谷螟引诱作用显著，已醛、棕榈酸、2-戊基呋喃、2-乙基-1-戊醇等挥发物可能起重要作用，有 3 种高油酸花生不利于印度谷螟的生长发育，具体表现为存活率较低、发育历期较长。以不同品种花生为饲养材料的印度谷螟发育历期差异显著。

2. 花生品质快速无损检测技术

花生球蛋白、伴花生球蛋白及亚基含量显著影响蛋白质的凝胶性和溶解性等功能特性，进而影响其在肉制品、植物蛋白饮料中的应用效果。目前常采用提取蛋白质后再用电泳及光密度法测定球蛋白、伴球蛋白及亚基含量，操作步骤烦琐，样品损失量大。王强等构建了花生蛋白组分及其亚基近红外快速检测技术，研究收集了 178 个花生品种，分别提取蛋白，采用电泳法测定球蛋白、伴球蛋白、23.5kDa 和 37.5kDa 亚基含量，在此基础上，利用近红外光谱技术进行整粒花生样品的光谱扫描，将其与传统方法测定的化学值进行拟合，采用偏最小二乘回归（Partial Least Squares Regression，PLSR）化学计量法构建数学模型。通过比较单一和复合光谱预处理方式，对比模型相关系数和误差评估预测模型性能。研究基于近红外光谱技术实现了对整粒花生进行球蛋白、伴球蛋白、23.5kDa 和 37.5kDa 亚基含量的同步、快速和无损检测，为育种专家加工专用品种选育和蛋白加工企业原料选用提供了根据。

3. 鲜食花生营养品质评价技术

花生仁含有丰富的氨基酸，人体不能合成的亚油酸、亚麻酸等不饱和脂肪酸以及具有抗衰老功能的白藜芦醇、黄酮和叶酸等成分。付春等对特色花生新品系的营养品质进行分析，认为高亚油酸、高蛋白质、高含糖量，硒含量及白藜芦醇含量高的花生品种适合鲜食及休闲加工。花生仁还含有胰蛋白酶抑制剂等抗营养成分，它会抑制人体内胃蛋白酶的活性，造成食物难以消化，产生胀气感。罗虹等对 13 个花生品种的胰蛋白酶抑制剂活性进行了检测鉴定，发现不同花生品种的胰蛋白酶抑制剂活性存在显著差异，花生品种天府 10 号花生仁中的胰蛋白酶抑制剂活性最低，通过比较发现，胰蛋白酶抑制剂可以作为评价花生的指标之一。现有研究只对脂肪、蛋白质、总糖、水分这 4 种基本指标提出了要求，对其他指标未进行研究，如粗纤维含量会影响鲜食花生的口感，粗纤维含量低的花生品种口感更细腻，咀嚼后残渣少。

4. 新型植物基肉制品加工过程智能调控技术与颠覆性产品创制

植物基肉制品产业发展对于有效缓解因人口增加带来的动物肉短缺、改善居民营养健康等具有重要意义。王强等构建了新型植物基肉制品高水分挤压综合物理能量场及核心加工工艺装备链，揭示了纤维结构形成的分子机制，创建了国内外首个新型植物基肉制品“制备过程—蛋白结构变化—品质精准调控”可视化平台。立足平台建立了在线调色调味、一体化成型等系列关键核心技术，创制了植物蛋白素牛肚、素肠、素鸡块、素风干牛肉等颠覆性新产品 10 余个，攻克了高水分挤压法制备新型植物基肉制品质地和风味难以精准调控的难题。与低水分挤压工艺相比，生产效率提高 50%以上，能耗降低 2/3 以上，营养损失减少 20%左右。该成果已在全球最大的休闲零食企业良品铺子股份有限公司转化应用，技术转让费 1 000 万元，并得到了国际知名企业 Impossible Food 公司、嘉吉投资（中国）有限公司的高度认可。以世界卫生组织 Gerald G. MOY 教授为组长的国际同行评议专家组一致认为：该成果是植物基肉制品加工颠覆性技术，引领了植物基肉制品产业科技创新与发展，整体处于国际领先水平。

5. 花生黄曲霉及毒素快速检测技术

黄曲霉及其毒素污染是影响花生质量安全的主要原因之一，威胁粮食安全、食品安全和人民生命健康。早期发现黄曲霉污染并及时防控，可有效地减少黄曲霉对人类健康的危害。邢福国等建立了一种基于重组酶聚合酶扩增（RPA）的快速、灵敏的花生黄曲霉现场快速检测方法。该方法可在环境温度（26℃）和体温（36℃）下 30 分钟内完成检测，检测限为 10 个孢子/克样品，特异性与实时 PCR 相当，该 RPA 分析方法在花生黄曲霉检测领域应用前景巨大；花生样品基质复杂，而黄曲霉毒素含量和限量极低，因此高效特异性样品前处理技术是高灵敏精准检测黄曲霉毒素的关键之一。浙江大学发明了基于三聚氰胺泡沫和金属有机骨架的吸附响应型杂合海绵，用于快速收集/清除和检测真菌毒素。相比于传统的检测方法受到收集效率低和检测程序烦琐的限制，在这项工作中，通过整合多孔荧光发光金属-有机骨架（Zr-LMOF）和坚固的三聚氰胺海绵，同时吸附/去除和检测霉菌毒素；杂合海绵在 10 分钟内达到了 15.8 毫克/克的高负载能力，并且在较宽的 pH 和温度范围内都能很好地工作。这种简单、耐用且低成本的双重功能杂合海绵，检测限（LOD）最低为 1.6 微克/千克，线性范围宽为 31.2 微克/千克～15.6 毫克/千克。这种低成本、坚固耐用且具有弹性的杂合海绵在构建新型传感器方面具有巨大潜力，可实际应用于环境和农业安全领域。

6. 花生黄曲霉毒素绿色防控及脱毒技术

花生黄曲霉毒素的防控技术主要包含两个方面，即主动预防（黄曲霉生长控制）和被动脱除（黄曲霉毒素脱除）。在主动预防方面，邢福国等研究发现茉莉酸甲酯（MeJA）可高效抑制黄曲霉生长和毒素合成，扫描电镜 SEM 和透射电镜 TEM 分析表明，MeJA 处理后黄曲霉的超微结构明显被破坏。RNA-Seq 检测结果显示 *AFs* 基因表达差异不显著，但 *AFs* 基因簇中后期合成基因表达明显下调，这可能与全局调控因子尤其是 *AtfB* 的表达下调有关。更重要的是，两个新的调控因子（*AFLA_085880* 和 *AFLA_015850*）参与了抑制，并被证明是 AFs 合成的正调控因子。这两个基因突变体中，AFs 合成途径基因及相关调控基因的表达萧条，并抑制 AFB1 的生物合成；陕西科技大学发现孜然精油中的孜然醛可以阻碍花生中黄曲霉的生长以及 AFB1 的生物合成。研究发现，通过使用孜然精油（CEO）可防止花生在储藏期间发生黄曲霉污染，时间可长达 9 个月。进一步研究表明，孜然醛对黄曲霉生长和 AFB1 合成均有很强的抑制作用，RNA-Seq 测序显示一些涉及麦角甾醇和 AFB1 合成途径的基因转录表达受到孜然醛的显著抑制。

在被动脱除方面，邢福国等重点研发了花生及花生粕臭氧脱毒技术和芽孢杆菌生物降解抑菌脱毒技术，对 AFB1 的降解率均达到 90%以上，并在青岛天祥食品集团进行示范应用；河南工业大学分离并鉴定出两种能够降解 AFB1 的菌株 *Bacillus velezensis* H16v8 和 *Bacillus megaterium* HGD9229，并纯化到胞外解毒酶。在 37℃下培养 12 小时，初始 AFB1 浓度为 100 微克/升条件下，两种芽孢杆菌混合培养的上清液显示 AFB1 降解率为 56.7%，与单菌相比，降解效率分别提高了 87.7%和 55.3%。混合培养方法提供了一种增强 AFB1 解毒的新途径，被认为是食品和饲料行业 AFB1 降解的一种实用选择和环保工艺。

（国家花生产业技术体系首席科学家　张新友　提供）

2021 年度特色油料产业技术发展报告

（国家特色油料产业技术体系）

一、国际特色油料生产与贸易概况

1. 国际特色油料生产概况

2021 年世界芝麻种植面积 1 295 万公顷，总产量 620 万吨，分别比 2020 年增加 1.2%和 1.6%。前三大主产国分别为缅甸、印度、苏丹，种植面积为 150 万公顷、149 万公顷、125 万公顷，较 2020 年增加 0、-2.0%和 1.6%；产量分别为 75 万吨、70 万吨和 55 万吨，较 2020 年增加 2.7%、-4.1%和 5.8%。世界胡麻种植面积 401 万公顷，总产量 331 万吨，分别比 2020 年增加 11.9%和-1.6%。俄罗斯、哈萨克斯坦和加拿大是前三大胡麻主产国，种植面积分别为 140 万公顷、126 万公顷、38.7 万公顷，较 2020 年增加 44.8%、-6.2%和 4.3%；产量分别为 110 万吨、84 万吨和 38 万吨，较 2020 年增加 40.5%、-20.6%和-34.3%。世界向日葵种植面积 2 987 万公顷，总产量 5 757 万吨，分别比 2020 年增加 6.5%和 14.2%。向日葵种植主要集中在乌克兰、俄罗斯、欧盟等国家和地区，种植面积分别为 685 万公顷、947 万公顷、454 万公顷，较 2020 年增加 1.5%、13.1%和 2.4%；产量分别为 1 680 万吨、1 530 万吨和 1 057 万吨，较 2020 年增加 20.9%、14.0%和 18.8%。以上 3 个国家和地区产量占世界葵花籽总产的 74.1%。

2. 国际特色油料贸易概况

2021 年世界芝麻贸易总量 484.7 万吨，比 2020 年增加 1.2%。其中，主要出口国为苏丹、尼日尔、印度、坦桑尼亚、埃塞俄比亚等亚非国家；苏丹为年度最大出口国，出口量 39 万吨，占世界贸易量的 16.2%。主要进口国为中国、土耳其、日本、欧盟等国家和地区。中国为第一进口大国，年度进口芝麻 117.4 万吨，占世界总进口量的 46.91%，比 2020 年增加 20.30%；主要从尼日尔、坦桑尼亚、苏丹、多哥等非洲国家进口。世界胡麻籽年度贸易总量约 310.9 万吨，比 2020 年增加 3.5%。其中，主要出口国为俄罗斯、加拿大、哈萨克斯坦等国家，俄罗斯为年度最大出口国，出口量 53 万吨；主要进口国家和地区为欧盟、中国、美国等，中国为年度第二大进口国，进口量 40.3 万吨。世界葵花籽年度贸易总量 584.4 万吨，比 2020 年减少 18.6%。其中，主要出口国家和地区为欧盟、俄罗斯、中国、摩尔多瓦、哈萨克斯坦等，出口量分别为 61.5 万吨、52.8 万吨、42.7 万吨、33.5 万吨、25.6 万吨；主要进口国家和地区有土耳其、欧盟、乌兹别克斯坦、中国等，其中欧盟年度进口量 81.7 万吨。

二、国内特色油料生产与贸易概况

1. 国内特色油料生产概况

2021 年全国芝麻种植面积 52.0 万公顷，同 2020 年持平；主要分布在河南、湖北、安徽和江西等产区。全国平均单产 1 257 千克/公顷，总产量约 64 万吨。全国胡麻种植面积 28 万公顷，同比增加 7.7%；平均单产 1 586.0 千克/公顷，比 2020 年提高 10%；总产 44.4 万吨，同比增加 26.9%。其中，内蒙古鄂尔多斯单产较高，达到 2 250 千克/公顷，单产同比提高 20%。全国向日葵年度种植面积 92 万公顷，总产量 260 万吨，比 2020 年增加 6.1%。向日葵种植主要集中在内蒙古、新疆等西部地区。

2. 国内特色油料贸易概况

2021 年我国芝麻年度需求量 150 万吨，同比增加 11.5%，由于供给相对偏紧，进口持续增加；年度进口芝麻 117.4 万吨，比 2020 年增加 15.5%；主要从尼日尔、多哥、苏丹、埃塞俄比亚、坦桑尼亚等非洲国家进口，进口量占比分别为 25.4%、14.1%、12.7%、10.3%、9.4%。我国年度出口芝麻 4.7 万吨，比 2020 年增加 6.3%，主要出口到韩国和日本等国家。我国胡麻年度需求量 71 万吨，同比减少 6.9%。年度进口胡麻 40.3 万吨，同比增加 8.2%。俄罗斯、加拿大、哈萨克斯坦是我国胡麻主要进口来源，进口占比分别为 45.6%、39.7%和 14.5%；其中，从俄罗斯进口胡麻连续两年显著增长。我国年度出口胡麻 577.1 吨，同比减少 39.8%。我国葵花籽年度需求量为 276.6 万吨，同比增加 6.9%。其中，进口葵花籽 11 万吨，同比减少 39.0%；从哈萨克斯坦进口 5.6 万吨，占 50.9%；年度出口葵花籽 42.7 万吨，同比减少 15.9%；主要出口到土耳其、伊拉克、埃及、伊朗等国家，分别占出口总量的 18.4%、13.2%、12.2%和 8.0%。

三、国际特色油料产业技术研发进展

1. 特色油料种质资源研究进展

国外研究主要集中在资源鉴定与评价、新种质创制等方面。芝麻资源研究方面，尼日利亚学者在 19 个环境条件下，对 16 个芝麻品种的产量和产量构成因素进行了评价；印度学者用 10 个 SSR 标记对 50 份芝麻材料进行了分子标记分析和遗传多样性评价，这些材料具有丰富的遗传变异性；埃塞俄比亚学者利用化学诱变剂叠氮钠（NaN3）处理芝麻种子，创制出的新材料遗传变异表现多样性；Habibullah 等对 119 个芝麻品种进行不同淹水时间处理，筛选出 2 个高耐湿品种。胡麻研究方面，筛选出胡麻 SSR 标记 25 871 个，利用 96 对 SSR 标记对 26 份亚麻种质进行了鉴定和多态性分析；研究发现 Angora 和 Baikal 等亚麻品种对金属污染土壤的植物修复适应性较好；通过对 9 个亚麻杂交种进行 4 个浓度 NaCl 处理，发现不同盐胁迫下发芽率、根长、芽长和幼苗活力指数差异显著。利用 32 条 ISSR 引物对来自美洲和欧亚大陆 5 个国家的 10 个亚麻种群进行了遗传结构和多样性分析，群体间差异较大。向日葵种质资源研究主要集中在抗病性鉴定方面，对 22 份向日葵种质根腐病抗性进行鉴定，筛选出 2 个高抗根腐病材料；发掘定位了向日葵抗锈基因 *R17* 和 *R18*。

2. 特色油料遗传育种研究进展

2021 年芝麻遗传育种研究主要集中在重要农艺性状遗传解析方面，印度学者研究认为芝麻紫花唇受 2 对隐性基因控制；以色列学者发现开花期和产量相关关联基因组区段；土耳其开展了芝麻高密度遗传图谱构建和抗落粒性状基因定位，开发出 InDel 和 CAPS 标记并用于辅助选择；美国学者以耐旱品种 TEX-1 和敏感品种 VEN-1 为材料，对根系进行了转录组分析，发现基因型与耐旱性间存在显著互作效应。胡麻遗传育种研究主要集中在抗逆分子机理研究方面，对亚麻盐胁迫研究发现，耐盐性与脯氨酸和丙二醛含量有关，而且通过细胞渗透压调节抵抗盐胁迫；通过全基因组关联分析对亚麻开花时间进行了遗传解析，鉴定出 27 个相关候选基因；通过 GWAS 及转录组分析解析亚麻抗旱分子机制；对亚麻锈病和白粉病抗性遗传研究，发现亚麻锈病及白粉病抗性均由单个显性基因控制；建立了一种非基因型依赖的亚麻遗传转化体系；通过遗传图谱构建，定位与单株荚果数相关的 QTL 4 个、单株荚果重相关的 QTL 2 个、单株粒重相关的 QTL 2 个、抗枯萎病相关的 QTL 2 个；在 4 种环境下对 200 份亚麻核心种质进行全基因组关联分析，发掘出与产量、品质、抗病等性状相关的 QTL 27 个；发现亚麻抗枯萎病相关基因组区段；亚麻 *FAD2A* 和 *FAD3A* 基因能增强拟南芥种子不饱和脂肪酸积累及幼苗耐寒性。向日葵遗传育种研究主要集中在遗传改良方法和雄性不育方面，对 8 个向日葵细胞质雄性不育系配制的组合、6 个纯系品种配制的半双列杂交组合配合力进行了测定；通过向日葵组学研究，提出了采用多组学开展向日葵遗传改良的方法。

3. 特色油料病虫渍旱害防控研究进展

在芝麻研究方面，巴基斯坦学者首次发现球黑孢导致的叶枯病；发现芝麻种子接种绿木霉和枯草芽孢杆菌可以显著降低萎蔫病的发病率；印度学者对接种菜豆壳球孢（MP）后的芝麻抗感茎点枯病品种 GT-10 和 RT-373 进行了转录组分析，鉴定出 1 153 个和 1 226 个差异表达基因；韩国学者通过重组自交系全基因组关联分析（GWAS），定位一个与疫病抗性相关的 QTL，贡献率为 12.79%～13.34%。在胡麻研究方面，法国学者发现亚麻派斯莫病菌有性生殖对派斯莫病流行起着重要作用；俄罗斯学者发现除草剂 Frontier Optima 可以有效控制亚麻田间杂草。在向日葵研究方面，国外研究主要集中在对菌核病、黄萎病、列当防控方面，对 100 份向日葵材料菌核病抗性进行了鉴定，发现 8A＊/LC1064C、H156A/H543R 等材料对菌核菌具有特异抗性；土壤中链格孢菌遇适合气候条件可以侵染向日葵，造成向日葵叶片病斑坏死，且严重危害向日葵的产量和品质。通过向日葵列当转录组学研究，发现抗列当涉及对列当的识别以及随后形成的物理屏障；研究发现丙已二酮是向日葵列当萌发的抑制剂，为向日葵列当防控提供了新思路；从向日葵抗列当品系 DEB2 中发现一个显性高抗基因 Or_{Deb2}，这种抗性为一种附着后抗性，该基因位于 1.38Mb 的基因组区间，包含一组受体激酶和受体蛋白基因。

4. 特色油料耕作栽培技术研究进展

国外特色油料作物耕作栽培研究主要集中在种植技术、肥水高效管理等方面，适期早播、合理密植可以显著提高胡麻、芝麻和向日葵的籽粒产量。亚麻与大豆垄沟间作，芝麻与谷子、绿豆间作可以改善生长环境，实现增产。施用硫肥可以提高芝麻全生育期的养分吸收和分配，提高干物质积累和充实籽粒；叶面喷施硒肥可以提高芝麻的耐旱性。在旱作条件下，芝麻喷施多效唑可以减少落粒损失，提高产量。利用土壤电导率和施氮量的关系可以评价盐碱地向日葵产量潜力；叶面喷施锌、硼、硫等微肥可以提高向日葵结实率和产量。施用硫基肥料可诱导向日葵抗旱性。

5. 特色油料加工技术研究进展

世界特色油料加工研究主要集中在特色油料功能物质成分、加工技术等方面，重点研究了特色油脂中木酚素，绿原酸、多酚类、甾醇类等营养物质及功能成分；利用微波、活性酶等技术提高油脂加工质量；通过比较热榨和低温压榨油品不同香气关键芳香活性化合物，对香油产品风味精确控制技术进行了探索；对特色油脂生产工艺中提高抗氧化性能的方法进行了研究。在营养品质评价方面，饼干添加烘烤亚麻籽后，饼干的总酚含量、抗氧化活性和香气挥发性均有提高；强化面包添加亚麻籽后，面包的升糖指数（GI）显著降低；利用乳酸杆菌和双歧杆菌发酵互补作用，可以提高黄酮类和木脂素生物活性物质含量，改善亚麻籽饮料的营养成分。

四、国内特色油料产业技术研发进展

1. 特色油料种质资源研究进展

国内特色油料作物种质资源研究主要涉及资源鉴定、遗传多样性分析、新种质创制等方面，年度收集芝麻资源 146 份、胡麻 209 份、向日葵 183 份；对 1 544 份特色油料作物资源产量、品质、抗病、抗逆等性状进行了鉴定，筛选出优异新种质 55 份；通过远缘杂交、理化诱变等途径创制出优异新种质 29 份。通过 SSR 标记对江西、山西芝麻资源、地方品种遗传多样性及群体结构进行了分析，划分了类群；建立了向日葵核心种质群。

2. 特色油料遗传育种研究进展

国内特色油料遗传育种研究主要集中在重要性状 QTL 定位、相关基因克隆、新品种选育等方面，克隆出芝麻雄性不育相关基因 *SiKASI*、*Si4CLL1*，抗旱耐湿耐盐基因 *SiNAC56*，根系调控基因 *SiLLR*、*SiBRB*，株型调控基因 *SiPT1*，含油量调控基因 *SiOC1*、*SiOC2*，蒴果长度调控基因 *SiCS2*、*SiCS3*；发现与胡麻亚麻酸合成相关的 2 个重要基因 *LOX2*、*PAH2*；完成了胡麻基因编辑载体的构建。开展了向日葵脂肪酸生物合成通路 9 个关键酶基因的表达模式分析，确定与种子油酸含量显著相关的基因 4 个。完成了胡麻主栽品种陇亚 10 号的 PacBio、Bionano 测序、Hi-C 测序及组装和生物信息学分析。年度培育出优质高产多抗芝麻、胡麻、向日葵新品种 68 个，其中突破性品种 30 个（增产≥10%）；适于联合机收的芝麻新品种 2 个、适于机械化种植的胡麻新品种 2 个。在苏丹选育出的高产早熟芝麻新品系 CSS2 实现了大面积示范应用，较苏丹当地对照品种增产 50%以上，为我国“一带一路”农业走出去奠定了坚实的基础。

3. 特色油料病虫草渍害防控研究进展

在病虫害防控方面，明确了向日葵籽粒锈斑与花蓟马为害相关；确定花蓟马（*Frankliniella intonsa* Trybom）是目前为害向日葵的单一种。发现咯菌腈和嘧菌酯对芝麻枯萎病菌及茎点枯病菌的菌丝生长均具有很强的抑制作用。筛选出防控向日葵菌核病的杀菌剂 6 个、化学药剂 3 个，防控盘腐病的诱抗剂 1 个。筛选出防控芝麻枯萎病、茎点枯病和棒孢叶斑病的生防菌剂 2 种、化学农药 3 种、种衣剂 3 种和灌根药剂 1 种，完善了“一施一拌三喷”的绿色防控技术，防病增产效果显著。制定了胡麻病虫草害绿色防控技术，抗枯萎病防效达 85%左右。研究发现油葵、芝麻的根、茎、叶组织可较高富集重金属 Cd，但籽粒吸收量低，可用于重金属污染农田边生产边修复。

4. 特色油料耕作栽培技术研究进展

国内特色油料耕作栽培研究主要集中在养分管理、高效种植模式、机械化收获等方面，基于向日葵施肥模型，建立了向日葵养分专家系统（NE）；构建了胡麻抗倒伏宜机收栽培技术体系；明确了含水率对食葵机械化收获籽粒商品质量的影响；改进了芝麻联合收割机的前置往复快速割送系统；采用切流双滚筒脱粒装置，降低了割台落粒损失和籽粒损失率，实现 10.0 千克/秒喂入量的转变，脱粒效率大幅度提升。结合向日葵插盘晾晒技术特点，改进了去除拨禾链及割刀，加装滚动拨禾轮，填补了去除拨禾链条后漏出的缝隙，保障割台不漏籽；整个过桥与割台之间角度下调 15°，方便捡拾插盘高度过低的葵盘，实现了大面积应用。

5. 特色油料加工技术研究进展

国内特色油料加工研究主要集中在功能物质、质量安全、加工技术、产品开发等方面，系统开展了芝麻、亚麻籽、葵花籽细胞壁骨架多糖的分子微观结构分析，确定了籽粒中半纤维素、果胶等结构性多糖提取纯化方法，明确了多糖结构、功能特性差异；研究了特色油料籽粒中多糖发生分子链解离及糖化学反应与功能特性的相关关系。研究了芝麻皮果胶多糖的结构和功效，确定了提高多糖的降解技术，为开发芝麻多糖提供了理论依据。发现芝麻油中 57 种关键香气物质，其中 28 种是首次被鉴定；发现油炸、烧烤食品中新风险物质杂环胺（HCAs），为制订产品标准提供了依据。系统分析了高温芝麻香油生产过程中产生的有害物杂环胺的发生规律，建立了蒸制炒制联合调质技术，提高了芝麻香油传统水代工艺的生产效率。建立了亚麻籽压力炒籽生产浓香亚麻籽油方法、亚麻籽鲜食植物乳制备方法。开发出黑芝麻百合代餐粉、黑米黑豆黑芝麻乳饮料、胡麻蛋白饼干、胡麻蛋白冰激凌等保健食品。

（国家特色油料产业技术体系首席科学家　张海洋　提供）

2021 年度棉花产业技术发展报告

（国家棉花产业技术体系）

一、国际棉花生产与贸易概况

（一）2021 年全球棉花生产和消费情况

国际棉花咨询委员会（ICAC）12 月预测 2021/2022 年度全球棉花产量 2 573 万吨，同比增加 143 万吨，增幅 5.88%。其中，印度 590 万吨，同比下降 10 万吨；中国 573 万吨，同比下降 18 万吨；美国 396 万吨，同比增加 78 万吨；巴西 268 万吨，同比增加 32 万吨；巴基斯坦 98 万吨，同比下降 5 万吨。

（二）2021 年全球棉花贸易情况

全球棉花消费量 2 563 吨，同比下降 3 万吨，降幅 0.12%。其中，中国消费 820 万吨，下降 20 万吨；印度消费 570 万吨；巴基斯坦消费 215 万吨。

全球棉花出口量 1 015 万吨，同比下降 45 万吨；美国 338 万吨，同比下降 25 万吨；巴西 206 万吨，同比下降 34 万吨；印度 82 万吨，同比下降 51 万吨。

全球棉花进口量 1 015 吨，同比下降 10 万吨；中国 252 万吨，孟加拉国 169 万吨，越南 155 万吨，巴基斯坦 120 万吨，土耳其 117 万吨。其中巴基斯坦同比增加 33 万吨，中国同比下降 28 万吨，其余三国与 2020/2021 年度持平。

全球棉花期初库存 2 035 万吨，同比下降 191 万吨，降幅 8.58%；期末库存2 046万吨，同比增加 11 万吨，增幅 0.54%；全球棉花产大于需 10 万吨，扭转 2020/2021 年度产不足需局面；全球棉花期末库存消费比为 79.8%，较 2020/2021 年度上升 0.5 个百分点。

二、国内棉花生产与贸易概况

（一）2021 年国内棉花生产与供需平衡情况

2021 年全国棉花总产 573.1 万吨（其中新疆棉花产量占全国的 89.5%），同比减少 18.0 万吨，下降 3.0%。全国棉花播种面积 302.81 万公顷（其中新疆棉花播种面积占全国的 82.8%），同比减少 14.08 万公顷，下降 4.4%。棉花单产 1 892.6 千克/公顷，同比增加 27.4 千克/公顷，增长 1.5%。

据国家棉花产业技术体系产业经济研究室数据，2021/2022 年度我国棉花进口量约 220 万吨，产量和进口量合计 793 万吨；棉花消费量 820 万吨，同比下降 2.4%，供需处于紧平衡状态。

（二）2021 年中国棉花进口情况

据海关数据，2021 年我国累计进口棉花 214.4 万吨，同比下降 0.6%。

（三）市场份额

美国为第一大进口来源国，占中国的进口份额为 39%，但较 2020 年下降 6 个百分点；巴西占比约为 30%，同比基本持平，排在第二位；印度占比为 19%，增加 7 个百分点，排在第三位；澳大利亚占 2%，排在第四位。

（四）棉价变动

4 个主要来源国中美国和印度棉花价格下跌，澳大利亚和巴西棉花价格上涨。

三、国际棉花产业技术研发进展

1. 遗传改良研究

美国、澳大利亚在抗虫棉的研发和生产标准化技术上有所升级，同时在抗虫和抗除草剂的叠加及基因组指导的棉花育种方面依然处于领先地位。印度、巴基斯坦为代表的发展中棉花生产大国十分重视抗虫棉的引进、改进、选育和生产推广，在棉花材料创制、基因克隆及生物技术创新方面也有所发展。例如，巴基斯坦将抗虫基因和抗除草剂基因叠加转化到棉花中获得了兼具抗虫和抗除草剂的转基因棉花新材料。此外，国际上对棉花抗旱、节水、耐盐性鉴定及其调控机制的研究也有所增加。

2. 耕作栽培研究

①在盐碱地植棉方面，探究了盐碱旱地沟播覆膜下土壤保水、抑盐、增产的机理，优化了沟播覆膜技术；基于长期微咸水灌溉对土壤盐分动态和棉花产量影响的研究，评估了长期咸水灌溉的风险；研究了盐碱干旱影响棉花种子活力、立苗的负效应，建立了基于根区盐分差异分布水分调控的滴水出苗促早发调控技术。②在化学调控方面，研究明确了缩节胺调控棉花株型、冠层、棉铃形成与分布的机理，优化筛选出基于各棉区生产特点的化学打顶药剂和脱叶催熟剂配置。③针对地膜残留污染问题，分析了 5 000 万亩覆膜耕地的地膜污染残留量，搭建了全国面源污染监测评价（新疆）土壤样本库和数据信息库，并在新疆建立了 130 多万个耕地图斑的土壤成果数据库。④针对膜下滴灌节水问题，探究了膜下节水控盐滴灌系统影响水盐分布的机理，确定了适宜冬春灌模式及水盐阈值；筛选出滴灌定额与种植密度的节水高产最佳组合，优化建立了基于水肥一体化和化肥减量增效技术的养分管理系统。⑤针对养分管理与土壤培育，研究创新了基于棉田土壤养分、微生物数量与活性提升的耕层重构技术，研究明确了麦（油）棉周年秸秆还田影响土壤质量的正负效应、两熟模式下养分在土壤—植株系统中的转化与运移机制及增密减肥增效机理，优化了麦（油）棉两熟适宜的调亏灌溉模式、有机物料替代化肥的化肥减施技术。⑥在棉花轻简绿色高效栽培技术研发方面取得重大突破，在三大棉区集成建立多项技术体系，大面积应用效果显著。如棉花优质高产协同栽培理论与关键技术，在麦棉两熟种植模式下籽棉亩产达 356 千克、在南疆达 708 千克；短季棉轻简高效栽培技术实现籽棉亩产 335 千克。另外，“棉花防早衰丰产集中成熟高效栽培关键技术创建与应用”“中国棉花系统调控轻简化栽培技术体系的创建与应用”“棉花生产智能精准管理技术与装备研发应用”等获省部级奖励；“盐碱地棉花量质协同高效栽培技术”等技术入选 2021 年“科创中国”技术应用案例。

3. 棉花植保研究

在病害防控方面，棉花枯萎菌 4 号小种在美国广泛蔓延，取食枯萎病株的绿盲蝽和褐蝽可将病原菌传播到健康植株是枯萎病传播的因素之一；4 号小种存在 T 型和 N 型，T 型的致病力强于 N 型，该小种在抗病品种根表的分生孢子数量和孢子萌发数量均显著低于感病品种，枯萎菌在抗病棉株中生长较慢；藤仓镰刀菌可导致美国新墨西哥州长绒棉叶片枯萎，该菌还能引起大豆根腐病和枯萎病；大丽轮枝菌 Velvet 结构域蛋白 Vel1、Vel2 和

Vel3 在调控微菌核形成和黑色素产生中发挥重要作用。在虫害防控方面，综述了扶桑绵粉蚧的生物学和生态学特性、综合治理方法，澳大利亚棉铃虫对 Bt 棉花的抗性治理对策，分析明确了印度北部 Bt 棉花大面积种植后刺吸式害虫发生加重趋势、集约化种植景观格局下棉花害虫发生程度和杀虫剂使用增加规律，结合利用 Bt 棉花和辐射不育技术使红铃虫在入侵美国一个世纪后被成功绝灭，证实了食虫蝙蝠对澳大利亚棉花害虫防控的生态功能。在草害防控方面，种植双价或三价转基因抗除草剂棉花品种，减缓或避免杂草除草剂抗药性发展；通过抗性及敏感杂草的多组学联合分析，解析抗性杂草演化过程及对土壤生理生化和共生微生物的变化，研究制定抗性治理对策。

4. 棉副产品加工

近年来，棉油脱酚精炼、棉籽蛋白提取等方面研究已取得重要进展，包括美国、澳大利亚、印度、埃及等国家，已将棉籽油进行精细脱酚脱色，其棉籽油用于制作高档植物黄油，脱酚棉籽蛋白作为食品或食品添加剂已进入商业化应用。另外，棉籽油除食用外，还作为生物柴油、维生素 E 及其他营养成分提取等研究也已取得较大的进展。此外，在美国和澳大利亚等国，清花废料的加工利用也取得显著进展。而对于提高棉籽品质为目的的育种研究也有显著进展，采用基因工程手段降低棉籽中的棉酚含量，培育成的仅种子低酚的棉花品种已获得商业许可，正在美国得克萨斯州棉区商业应用。

5. 棉花机械研究

目前国际上棉花全程机械化技术已经很成熟，就播种环节来说，无论美国还是澳大利亚大多采用气吸式或者机械式精量播种机，播种效率很高，作业速度可以达到 9 千米/小时，作业面积 400～500 亩/天。植保环节来说，无论是化控还是病虫害防治，均采用自走式高地隙智能化施药装备，幅宽 20 米左右，作业效率 800～1 000 亩/天。目前在向变量施药技术方向发展，根据病虫害发生实际情况实现按需施药。在棉花采收方面，大家都认识到了棉花采收打包的高效和方便性，都开始使用迪尔公司制造的打圆包采棉机械，凯斯带打方包的采棉机也慢慢被市场所淘汰。

6. 棉花产业经济研究

在棉花产业经济方面，2021 年全球棉花经济信息研究咨询机构主要有国际棉花咨询委员会（ICAC）、美国农业部（USDA）的世界棉花展望、英国利物浦棉花展望公司（Cotlook），以及一些国际著名跨国集团和贸易公司如路易达孚、嘉吉等。这些组织、机构与企业均建有自己的棉花经济信息数据信息库，并对全球以及主要国家的棉花生产、消费、进出口贸易、库存以及棉花大国的政策调整等密切关注，侧重于分析其对全球棉花市场的影响。2021 年由于中美贸易摩擦和新冠肺炎疫情对全球棉花产业影响较大，国际棉花咨询委员会（ICAC）、美国农业部（USDA）都开展了大量关于中美贸易摩擦对棉花产业的影响、新冠肺炎疫情对全球棉花供应链、产业链的影响及未来全球棉花产业布局的走向的研究。同时加强了全球棉花市场平衡预警报告的发布和对全球棉花市场的预警作用。上述研究分析咨询报告对世界主要棉花生产国、消费国和贸易国的棉花产业发展以及棉花经营企业的经营决策具有重要的参考作用。此外，2021 年美国出台了“涉疆法案”引起了全球棉花供应链的震荡。2021 年国际主要机构关注于“涉疆法案”对国际棉花供应链的影响以及全球纺织产业格局的变动，同时对于《区域全面经济伙伴关系协定》（RCEP）建立后对全球纺织业的布局、贸易等都进行了分析。

四、国内棉花产业技术研发进展

1. 遗传改良研究

在品种审定方面，棉花新品种审定朝着早熟、高产、优质、多抗等方面稳步发展。2021 年国家审定棉花品种 39 个，地方审定棉花品种 99 个。在遗传改良研究方面，基因组测序、基因编辑、转基因技术等在棉花中深度应用初见成效，一些功能基因被发掘并在向育种材料转育，一大批转基因材料获批转基因安全评价证书，为我国棉花遗传改良研究提供了强有力的理论依据及物质基础。在转基因研究方面，2021 年度农业农村部科技教育司批准了 126 个新申请的棉花转基因生物安全证书（生产应用）。

2. 耕作栽培研究

在栽培理论研究方面，研究揭示了干旱、高温、盐分、养分亏缺等非生物胁迫影响棉花生长发育的生理机制，探讨了外源调节物质如脱落酸、油菜素内酯、茉莉酸、褪黑素等抗逆调节机理及作为抗逆调节剂的可行性。在栽培技术研究方面，主要围绕棉花水肥高效利用开展工作。①评价了非常规水（生活污水、再生水、微咸水等）安全利用性及其对肥料吸收利用的影响。②研究明确了灌水方式（地下或地表滴灌、喷灌、沟灌等）及亏缺灌溉影响棉花产量品质的生态与经济效应，探讨了灌溉频次、灌溉量等对土壤养分矿化及棉花养分利用的影响，提出了确保灌溉收益的适宜灌水方式、灌溉量。③研究揭示了农艺措施（秸秆覆盖、生物炭等）调控棉花高效用水的生理生态机制，并明晰了其提高水氮利用效率的综合效应。④深入研究了棉花响应肥料（氮、磷、钾、硼等）施用的生理生态机制，优化建立了基于适宜氮、钾施肥量与种植密度组合的精准施肥技术。另外，研究探索了新型调节剂如高剂量甲哌鎓、2,4-D 激素除草剂、金属纳米材料提高棉花产量和品质的施用技术；基于保护性耕作（免耕、轮作、覆盖耕作与有机肥施用等）影响棉田土壤质量、微生物活性和群落结构的生态效应研究，提出了相应的适宜耕作措施；评价了有机肥料施用、覆盖耕作对温室气体 N_2O 的排放作用，筛选了最适的有机肥料种类及使用方式、适宜的覆盖耕作措施。

3. 棉花植保研究

在病害防控方面，木质素生物合成基因 *Gh4CL30* 通过调控木质化和酚酸的含量，从而提高棉花对黄萎病的抗性，*GhMYB36* 可同时调控棉花对黄萎病的抗性和耐旱性；新疆棉花黄萎菌为 2 号生理小种，分为 1A 和 2B 两个谱系，2B 谱系的菌株多为非落叶型菌株，1A 谱系的菌株多为落叶型菌株；大丽轮枝菌通过分泌木聚糖酶 VdXyn4 破坏植物导管，引起棉花黄化萎蔫；球毛壳菌产生的 chaetoviridin A 可抑制大丽轮枝菌生长和微菌核萌发，并增加棉花抗黄萎病能力。青花菜残体还田通过调节根际微生物组成而有效防治棉花黄萎病。在虫害防控方面，对我国棉花害虫测报技术体系的发展历程和前景进行了综述，对当前及今后一段时间我国棉花害虫绿色防控研究重点进行了阐释，明确了黄河流域棉区 Bt 棉花种植规模压缩导致棉铃虫区域种群数量及在玉米等非 Bt 作物上的发生为害不断加重趋势，以及由昆虫食物网结构介导的寄生蜂对棉蚜的生物控害功能，研发了牧草盲蝽性诱剂、选择性 LED 诱虫灯等防控新技术。在草害防控方面，研究筛选植保无人机等新型植保器械施用除草剂作业规程和关键技术参数，将恶性杂草与棉花竞争除草纳入杂草综合防护技术，研发新基因新性状及双价转基因抗除草剂棉花品种。

4. 棉副产品加工

由于资源缺乏，我国棉副产品的综合利用方面走在世界的前列。棉籽油（清油）一直是我国棉区的主要食用油，目前我国的食用油中棉籽油占 20%左右，对于保障食用油供应起到重要的作用。榨油后的棉籽饼粕则作为重要的蛋白资源被用于反刍动物及其他畜禽饲料，棉籽蛋白又是我国饲料业中的重要蛋白质来源。棉籽壳则是食用菌的重要培养基，培养食用菌后的棉籽壳菌渣返田，并开始用于制作再生炭。棉秆用于冬季豆类作物的支架，或用于食用菌培养，但大多被用于返田。近年来，有关棉籽品质改良，特别是油分、蛋品质和棉酚等性状的改良已取得较大的进展，棉籽油及脂肪酸含量、蛋白质及氨基酸含量的快速分析方法已取得较大的突破；降低棉籽棉酚含量的专用棉育种也已取得显著进展，育成的低酚棉品种已在生产上大面积应用，年推广面积近 100 万亩，推广面积居世界领先水平。同时，还开展了棉籽油制作生物柴油和棉籽维生素等的营养成分提取，棉籽壳培养高档食用菌等研究与产业利用。然而，我国对于棉副产品的利用还处于较初级阶段，特别是棉副产品的精深加工研究进展滞后，除食用油外，棉籽蛋白质及其他产品还未用于食品业。

5. 棉花机械研究

国内棉花生产全程机械化设备主要集中在施药、采收、残膜回收方面。在施药方面目前用的还是简易的喷杆式喷雾机，施药效果差，有效利用率不到 50%，棉花脱叶效果不理想，是影响棉花品质的重要原因之一。大型自走式智能化喷雾机国内已经研制成功，但大面积推广使用还需要进行试验示范。近年来国内数家企业实现了采棉机的产业化，主要以 6 行或者 3 行带打包的采棉机为主。国产品牌采棉机销量已远超外资品牌，但国产采棉机从高速采摘头、自动打包及控制系统、动力分配及控制系统等方面的制造质量和生产工艺还跟迪尔公司相比存在很大差距，影响到采棉机整体的技术性能和可靠性。残膜机械化回收方面，目前陈学庚院士科研团创制成功一次作业完成全套作业程序的残膜回收联合作业机，当季残膜收净率达到 90%，每小时作业速度 7～9 千米，每天作业面积 150～200 亩，回收后的残膜含杂率低、并实现了自动卷收。2021 年经过 3 万余亩的作业考核，可靠性得到了验证，具备了规模化量产的基本条件。

6. 棉花产业经济研究

2021 年棉花产业的研究重点集中在 3 个方面：一是“涉疆法案”对棉花及棉纺织业的影响。目前，我国棉花生产区域布局高度集中，近 90%的棉花在新疆生产。美国主导出台的“涉疆法案”以“人权问题”为由限制我国纺织品、部分在疆纺织企业生产的纺织品进入美国市场。并依靠非政府组织、媒体等对国际大型纺织品牌施加压力，迫使其中断与使用新疆棉花的纺织企业的合作关系。同时又进一步限制所有的新疆棉花及其纺织品进入美国市场。此举对我国棉花造成了一定的市场恐慌，影响了棉花产业的稳定运行。全程跟踪美国“涉疆法案”进展、具体规定、企业和产业受到的影响、应对策略研究等，成为国内 2021 年棉花研究关注的重点问题之一。二是关于稳定发展棉花生产的研究。近些年我国棉花生产大幅萎缩，全国棉花生产区域布局高度集中，对我国整个棉花产业安全和经济安全都造成了较大不利影响。2021 年国内对于造成棉区萎缩的原因、恢复棉花的思路措施等进行了深入分析。三是“十四五”我国棉花供需形势研究。2021 年是“十四五”的开局之年，“十四五”期间我国棉花生产状况、贸易状况、库存状况、消费状况、加工状况等方面将如何变动调整直接影响我国“十四五”期间的棉花产业政策。因此，2021 年国内分别利用了不同的方法对于“十四五”期间我国棉花供需形势进行了分析研究。

（国家棉花产业技术体系首席科学家　喻树迅　提供）

2021年度麻类产业技术发展报告

（国家麻类产业技术体系）

一、国际麻类生产与贸易概况

全球工业大麻合法市场持续扩张，至2021年全球共有70多个国家已将某种形式的医用大麻管控放开，其中26个国家为医疗患者提供合法途径以获取高四氢大麻酚（THC）含量的大麻，10个国家已将成人用大麻管控放开，6个国家采用了管制分销制度，北美仍然是全球大麻经济的中心，占2020年合法大麻销售额的97%。剑麻面积逐步恢复，但世界剑麻纤维总产量仍然长期维持在20万吨左右的低水平，国际市场供需缺口仍然较大，近年受巴西剑麻纤维价格波动和中美贸易摩擦影响，世界剑麻纤维价格有所下降。全球苎麻生产与贸易保持稳定增长态势。受新冠肺炎疫情影响，全球亚麻籽进出口贸易有所下滑，出口量同比下跌13%，出口金额同比下跌30.7%，进口量同比下跌14.9%，进口金额同比下跌31.7%；黄/红麻进出口贸易同样呈现下滑趋势，2020年进口量为20.58万吨，出口量22.51万吨，同比分别下降22.34%、16.87%，进口金额、出口金额同比分别下降4.20%、2.61%。

二、国内麻类生产与贸易概况

2021年5月26日，国家药品监督管理局发布《化妆品禁用原料目录》，将大麻仁果、籽油、叶提取物和大麻二酚等原料列为化妆品禁用组分，国内工业大麻化妆品行业面临转型的挑战。虽然国内化妆品行业被禁，但工业大麻作为高值化经济作物，仍具有巨大发展潜力，云南省和黑龙江省均将工业大麻写入“十四五”发展规划中。2021年黑龙江工业大麻种植面积22.96万亩，相关企业575家，麻籽和茎秆总效益与水稻收益相当，青冈县、孙吴县近几年发展大规模连片种植，成为县域经济发展的重要抓手。云南省年产工业大麻种子100吨，可满足60万亩花叶用工业大麻种植需求，至2021年云南省有29家单位获得加工许可证。2021年国内剑麻种植面积17.12万亩，收获面积14.82万亩，纤维产量约5.06万吨，同比增长25.1%，由于单产的提高，纤维产量和价格呈平稳回升趋势，2021年在0.96万～1.38万元/吨，农业产值逐年提高。受新冠肺炎疫情影响，2020年亚麻进口数量和金额都有所下降，分别为16.33万吨和4.5亿美元。2020年我国黄红麻的进口数量为2.58万吨，出口数量为36吨，进口金额为1 830万美元，出口金额为9.2万美元，进口状况持续走低，出口状况比起2019年的历史最低点稍有提升。进口渠道受阻将为国内麻类原料种植的增加提供契机。

三、国际麻类产业技术研发进展

（一）遗传育种

工业大麻育种向基因组测序和基因组学开展。研究发现大麻标记与少量萜烯的变异相关，其浓度由萜烯合酶基因串联阵列的遗传变异控制；从41个核SSR中筛选出20个高度多态性和鉴别位点；开发出区分不同大麻素合成酶基因的高度特异引物；诱导出四倍体大麻，发现其叶片较大，气孔增大而密度减半，大麻二酚（CBD）含量增加 9%。在工业大麻种子生理方面，研究了影响芽生长和植株生长的变量；花芽干重与株高、茎粗呈正相关，与成熟天数无关；研究了胚子体发育阶段与芽长的关系，小孢子和花粉淀粉体含量，以及小孢子离体培养前冷预处理对离体芽的影响。

亚麻主要在抗逆育种、脂肪酸合成机理等方面开展研究。筛选到 2 个重要耐旱候选基因。水分胁迫下，褐色籽亚麻的木酚素含量增加，籽产量性状遗传力高于黄色籽亚麻；发现木酚素参与了亚麻渗透胁迫应答。亚油酸和 α-亚麻酸含量的遗传受基因加性效应影响，而油酸含量的遗传显示出非加性效应。

红麻主要在抗虫育种、营养药理等方面开展研究。红麻与近缘种种间杂交的 F_1 对南方根结线虫具有抗性。Satpathy 等认为杀虫剂对红麻种子萌发和幼苗生长没有毒害，却可减少粉蚧和跳蚤甲虫的侵害。Zaharuddin 等发现红麻籽蛋白水解物具有较高的 ACE 抑制活性，可降低小鼠收缩压。Chu 等和 Sim 等综述了红麻的营养成分以及抗氧化、抗菌抗癌、降血脂等药理活性。

黄麻主要在基因挖掘、抗逆育种等方面开展研究。利用 16 个 SSR 标记和 16 个形态性状对黄麻进行了遗传多样性和种内关系的评价。从黑黄麻基因组中共发现了 119 个 *CoAP2/ERF* 基因，并分析水涝、盐渍、干旱胁迫下这些基因的表达情况。发现盐胁迫诱导 *PP2C* 基因显著上调，通过阶段性复制的方式参与黄麻耐盐应答。

剑麻主要在抗病育种等方面开展研究。Teodoro 等分离出对茎腐病菌有直接拮抗作用的 9 株菌株。Campos-R 等研究了龙舌兰 NBS-LRR 基因的变异和进化。Anicet 等（2021）发现转剑麻基因 *AsHSP70* 增强了棉花对高温的耐受力。

（二）病虫草害防控

工业大麻病害方面，在意大利南部坎帕尼亚第一次发现大麻白根腐病。红麻病害方面，证实了红麻枯萎病的病原为 *Coniella javanica*；开展抗猝倒病种质特性的研究。亚麻病害方面，对亚麻枯萎病菌菌株开展染色体水平的组装，揭示了复杂的多房室化基因组组织，描述了其多样的进化动态。

（三）机械设备

国际上以研制工业大麻收获和加工机械为主，Hempflax 和 Groenoord 公司联合开发了一种用于收获工业大麻的新型双层联合收割机，该收割机的特点是割台上半部分可以收割工业大麻叶子和花，下半部分收割大麻茎秆。

（四）加工技术

国际上麻类纤维主要用作增强体制备复合材料，开展了基于麻类全秆的非织造材料研究，添加秆芯粉制备力学性能好、可降解的 PBAT 基复合材料；制备麻纤维和用硅藻土制备抗压、抗热的无机泡沫复合材料；将红麻、亚麻纤维与玻璃纤维、聚乳酸等制备轻质、廉价、抗冲击、机械性能好的复合材料；从大麻副产品中提取纤维素纳米材料。对黄麻活性炭进行了表征，并对其在 181 种多类农药残留检测中的清除效率进行了评价。以亚麻副产物和燕麦皮为原料，研制了水处理吸附剂。此外，国际上对工业大麻和亚麻籽仁在食品方面的开发也不断深入。

四、国内麻类产业技术研发进展

（一）育种与资源挖掘

我国麻类作物育种目标继续以高纤维品质为重点，向专用、兼用、多用深层次拓展，分子育种技术水平提升。麻类体系全年育成麻类新品种 19 个。

苎麻在组学分析、抗逆育种等方面开展研究。基于苎麻基因组组装和重测序的驯化分析表明，在苎麻的驯化历史中韧皮纤维性状是比较集中的，进而鉴定纤维产量性状的遗传位点及育种选择；利用泛素化组学、磷酸化蛋白质组、差异蛋白质组学揭示了苎麻韧皮纤维生长的调控机理；评估了苎麻对镉的富集能力。

工业大麻主要在品种培育、育种技术等方面开展研究。培育出 3 个 CBD 含量超过 6% 的工业大麻新品种（云麻高酚 1 号、中麻植雅 1 号和中麻喆雅 1 号）和 1 个籽用工业大麻品种（晋麻 3 号）。技术方面，首次实现了稳定的基因编辑，发现可能参与植物生长发育和抗逆防御等生物学进程，以及发现铅主要以不溶性草酸沉淀形式集中在工业大麻根中。

亚麻主要在基因挖掘、纤维合成、亚麻籽营养等方面开展研究。利用 GWAS 技术对亚麻 *WRKY* 基因家族进行了全面的全基因组鉴定；利用亚麻特异性、一致性和稳定性（DUS）测试对 30 份亚麻品种进行多样性分析；分析认为粗蛋白质、总氨基酸、铁和 α-亚麻酸含量可以作为亚麻籽营养品质的综合评价指标；研究发现青海省不同产地、品种的亚麻籽木脂素含量不同，但均具有良好的抗氧化能力。

红麻主要在雄性不育机理、抗逆育种等方面开展研究。红麻不育系和保持系中线粒体内的核位点和转录因子可能参与线粒体转录；叶绿体中共发现了 9 个 SNP。研究分析了镉、铬、盐胁迫下红麻的生理生化及基因表达模式。

黄麻主要在基因挖掘、构建核心种质等方面开展研究。率先公布黄麻染色体水平的参考基因组，解析了黄麻起源于驯化过程，挖掘了提高次生纤维细胞壁的生物合成有关的基因和耐盐的关键基因，初步鉴定了光周期诱导成花的关键基因，构建了黄麻应用核心种质的 DNA 分子身份证。

剑麻在抗病育种、分子标记等方面开展研究。完成了普通剑麻叶绿体基因组序列测定，获得对烟草疫霉抗性的转基因植株，建立了剑麻紫色卷叶病相关植原体单管巢式 PCR 检测技术，进行了剑麻紫色卷叶病、剑麻溃疡病调查及其传病因子分析，发现 matK 序列在剑麻种质中的遗传多样性更高。开发了剑麻 SSR 标记并开展种质资源鉴定和指纹图谱构建。

（二）栽培与土肥

国内研究主要集中在抗逆栽培、农艺措施对产量和品质影响等方面。

苎麻在栽培方向，进行了连作与非连作根际微生物的多样性研究，探讨有机肥对群体光合特性和农艺性状的影响，研究了生长调节物质、叶面喷施多效唑对苎麻生长及生理代谢的影响。在土壤抗逆方面，发现富里酸促进了苎麻对汞污染农田土壤修复，苎麻和蜈蚣草不同间作密度对农业土壤中铅和砷的植物吸收。

工业大麻探究了盐碱胁迫下、不同营养液配方对其种子发芽或幼苗生长的影响，研究了水氮互作对工业大麻生长、光合特性及产量的影响。在抗逆研究方面，解释了原花青素缓解工业大麻镉胁迫的机理，氮肥可以改善工业大麻修复铅污染土壤的能力，在碳酸氢钠胁迫下的基因表达差异。总结并展望了工业大麻纤维产量、品质影响因素及纤维发育相关的基因研究进展，分析了工业大麻植物工厂栽培的优势和技术需求。

亚麻在栽培模式上，研究了施氮后移处理对亚麻关键生育时期的影响，探究了不同施氮量、隔根模式对亚麻/大豆间作优劣势和种间竞争力的影响。在重金属胁迫方面，发现根际促生菌的加入提高了亚麻对重度 Cd、As 污染农田的修复效果。

红麻在逆境胁迫方面，在分子水平探究了镉胁迫、干旱胁迫发生后红麻的响应机制。通过盆栽控水法研究了不同水分胁迫条件对红麻叶片中叶绿素含量的影响。在生理方面，探究了红麻茉莉酸合成途径中关键基因（*HcAOC1*）的调控机理，挖掘出红麻雄性不育核基因，解释了红麻花蕾败育的分子机理。

针对剑麻紫色卷叶病展开了田间调查及其传病因子的分析，建立了一种剑麻紫色卷叶病相关植原体单管巢式 PCR 检测体系，为后续研究提供技术支持。

（三）病虫草害防控

麻类病虫害防控方面，发现 B 型烟粉虱（*Bemisia tabaci*）能够在烟草上传播苎麻花叶病毒。测序和注释了大麻害虫麻小食心虫（*Grapholita delineana*）的完整有丝分裂基因组，证实了此前的形态学和多基因研究。分离鉴定了剑麻病原菌——新暗色柱节孢（*Neoscytalidium dimidiatum*），并将病害名称暂定为剑麻 *Neoscytalidium* 黑斑病。麻类杂草防控方面，发现甘肃省亚麻区 4 个等级杂草种类有 163 种。麻阔光用量为 200 毫升/亩时，对胡麻田阔叶杂草具有良好的防除效果。

（四）机械设备

苎麻方面，由农业农村部南京农业机械化研究所设计研制的 4MZK-200 型苎麻联合收割机通过了农业机械产品试验检测，作业效率为 6～9 亩/小时。中国农业科学院麻类研究所研制的 6BZQ-170 型轻简化全自动苎麻剥麻机实现了剥麻的全程自动化作业，作业工效超过 50 千克/小时；4BM-450 型直喂式苎麻剥麻机实现一次性从鲜茎获得粗制纤维，通过湖南省农业机械鉴定站检测，工效可达 29.03 千克/小时；4SZ-1.6 型山地苎麻收割机，可满足丘陵山地苎麻的收获要求，工效为 5.5～6.5 亩/小时。青州新航机械设备有限公司成功研发了 SBJ 型苎麻粉碎机。

工业大麻方面，农业农村部南京农业机械化研究所改进了 4MD-160 型工业大麻割铺机，黑龙江省农业机械工程科学研究院研发出 4GL-285 型汉麻收获机，河北吉龙农业机械有限公司研发出谷耘丰自走式工业大麻/汉麻收获机，齐齐哈尔市东阳机械厂生产出工业大麻脱叶机械，巩义市国信机械制造有限公司生产出一种网带式 GX-WDHMY-08 型麻叶花烘干机。

黄红麻方面，中国农业科学院麻类研究所研制出 4BH-460 型红麻鲜茎剥皮机，作业工效≥1 100 千克/小时（鲜皮）；履带自走式红麻鲜茎剥皮机，作业工效 1 200 千克/小时（鲜皮）。河南伍德机械设备有限公司生产的 WD-30 型剥麻机，含杂率≤0.2%。

剑麻方面，曲阜华圣机械设备有限公司研发了 HS-4G100 型苎麻剑麻收割机，湛江市伟达机械实业有限公司生产的 ZGM-4401 型自动刮麻机，湛江麻章区神马机械厂生产的 SGM-200、SGM-250 剑麻纤维生产成套设备，实现纤维提取一体化作业。

（五）加工技术

麻类脱胶研究主要关注生物脱胶工艺的研发与优化，重点依然在于微生物脱胶，包括菌种的筛选、基因改良等；酶法脱胶侧重于多种脱胶功能酶的高效表达和复配。此外，生物—化学联合脱胶工艺蓬勃发展，创新点为使用环保型的化学试剂与生物脱胶方法相结合。

麻类纤维性能改良方面，黄麻非织造布包装袋研究取得积极进展，建成了 600 万平方米非织造布生产线；广东东方剑麻集团开发剑麻纤维的非织造产品，应用非对称合股、包覆纺纱加工技术研发麻纱线新产品。开展麻纤维二元酸二元醇共聚酯合成技术和设备的改进以及 PLA 合成中关键催化剂技术。在麻纤维的测试、评价上，开展更便捷的近红外技术鉴定麻纤维成分。

副产物综合利用方面，主要集中于基质化、饲料化应用。研究了大麻秸秆栽培珊瑚猴头菌，并对其生长特性、营养成分含量以及食用安全性的影响进行评价。探究了苎麻秸秆为原料替代传统草炭基质可以改善复配基质的各项土壤理化性质。研究了饲粮中添加大麻籽、大麻籽粕和大麻籽壳对黑山羊生长性能、瘤胃发酵、肉品质及血清生化指标的影响。

麻籽食品开发方面，研究了菌酶协同处理优化亚麻籽粕风味的工艺；通过脂质组学揭示了亚麻籽油受焙烧影响的脂质剖面变化；探究了大麻籽油脂质体的制备及理化稳定性；对大麻蛋白水解抗氧化肽进行了鉴定；通过动物试验对火麻籽多肽的降血脂功能性进行研究；探究了 H_2O_2 诱导的氧化应激条件下大麻油对黑腹果蝇幼虫抗氧化的影响；评估了乳酸菌发酵大麻副产品的益生潜力及生物活性挥发物。

（国家麻类产业技术体系首席科学家　朱爱国　提供）

2021年度糖料产业技术发展报告

（国家糖料产业技术体系）

一、国际糖料生产与贸易概况

（一）世界食糖生产与消费情况

2020/2021年度全球食糖产量为1.8041亿吨，和2019/2020年度基本持平，微增0.02%，甘蔗糖和甜菜糖产量分别占81%和19%；全球食糖消费量达1.8132亿吨，较2019/2020年度微增0.27%；库存消费比为39.37%，较2019/2020年度减少1.93个百分点，是自2016/2017年度以后新低。

目前，巴西、印度、欧盟、中国、美国、泰国、巴基斯坦、墨西哥、俄罗斯、澳大利亚为前十大主产糖国（地区），占全球食糖产量的77%。预计2021/2022年度全球食糖将增产1.17%，原因主要是泰国种植面积增加、气候适宜，以及欧盟部分国家允许使用新烟碱处理的甜菜种子，使得泰国和欧盟食糖增产超过干旱和霜冻对巴西食糖减产的影响。

（二）世界食糖贸易情况

2020年，全球食糖出口量为6225万吨。2020/2021年度，全球食糖出口贸易下降3.2%。全球食糖出口高度集中到巴西、泰国、印度和澳大利亚，四国食糖出口量占全球出口贸易的71.8%，同比增加了3.7个百分点。其中，巴西出口量占全球食糖出口量的47.3%，2021年巴西出口食糖2784.5万吨，同比下降9.6%。印度出口量占全球食糖出口量的12.8%，出口补贴政策激励了食糖出口。泰国食糖持续减产后，2021年出口量下降33.8%至402万吨。

全球食糖进口国相对分散，中国、印度尼西亚、美国、阿尔及利亚、孟加拉国、马来西亚、韩国、尼日利亚、阿联酋、欧盟、沙特阿拉伯是主要进口国（地区）。2021年中国食糖进口再次超过印度尼西亚，是全球最大的食糖进口国。

二、国内糖料生产与贸易概况

（一）我国食糖生产与消费情况

2020/2021年度全国食糖产量为1066.66万吨，较上年度1041.51万吨增产2.41%。其中，产甘蔗糖913.4万吨，较上年度增长了1.24%；产甜菜糖153.26万吨，较上年度增长了10.04%。内蒙古食糖产量增长22.9%，成为第三大食糖主产区、第一大甜菜主产区。

由于经济复苏下游用糖企业生产增长和淀粉糖增量替代放缓，全国食糖消费需求同比小增，增幅在2.61%。全国食糖消费量约为1570万吨。

（二）我国食糖进口情况

2020年5月22日贸易保障措施到期后配额外进口糖关税由85%降至50%，7月1日实施进口报告管理，宽松的进口政策导致进口糖大增。2020/2021年度我国食糖进口量

633万吨，增幅69%，创历史新高；2020/2021年度我国进口糖浆80.85万吨（折糖54万吨），同比微增0.75万吨。2020/2021年度，我国进口糖和进口糖浆折糖合计进口糖687万吨，远超国内产需缺口。进口糖和糖浆大增使得国内食糖库存累积，供给过剩风险加大。

（三）我国糖料生产情况

2020/2021年度我国糖农收入同比增加21亿元，糖企持续第二年盈利。2020/2021年度全国制糖行业利润9.26亿元，连续第二年盈利；上缴财政税收20.28亿元，同比增长8.4%。2020/2021年度全国制糖企业成品糖累计平均销售价格为5 379元/吨，比上年度下滑145元/吨。

2021/2022年度，我国糖料播种面积下降9%左右，主要是甜菜播种面积大降近40%、甘蔗播种面积小幅下滑所致。内蒙古甜菜播种面积2021年达到130万亩，较2020年下降100万亩，降幅56.5%；新疆、黑龙江甜菜面积下滑明显，广西、云南也出现不同程度的下滑，种植面积降至2 000万亩以下。其中，甘蔗和甜菜种植面积分别为1 673万亩和216万亩。受甜菜播种面积下降、广西甜菜含糖分减少、新疆寒潮影响，预计2021/2022年度产糖量降至1 023万吨。

三、国际糖料产业技术研发进展

（一）国际甘蔗产业技术研发进展

1. 甘蔗遗传改良创新

2021年，新冠肺炎疫情在不同程度上影响了各国甘蔗育种科研状况，但仍取得重要进展，美国农业部、巴西、印度等国家先后选育释放了一些新品种。国际甘蔗育种技术研究的重点是培育适合各国或地区经济、社会发展的高产高糖且抗当地主要病虫害的新品种、创制新种质、研发高效育种技术，尤其是基于组学信息的精准育种和高效选择技术，如甘蔗重要性状关联标记的鉴定、甘蔗基因组破译、利用组学技术和已公布基因组信息研究各类家族基因和调控重要性状形成的分子基础，评估基因型与环境互作效应等。突出进展有中国完成的甘蔗热带种、首个甘蔗栽培种（中蔗1号）染色体水平的基因组组装和解析，迄今信息尚未公开；通过甘蔗野生种割手密和热带种基因组的比较，研究糖转运、抗逆转录因子等基因家族的进化与功能多样性；利用甘蔗SNP芯片和重测序技术研究自然群体、杂交群体和育种群体，开发有效关联标记，上述研究所获得的关联标记或基因的实际应用价值还有待评估。针对抗逆育种，从形态、生理生化、分子等层面研究病原和非生物逆境胁迫介导的抗性及相关基因的克隆与功能鉴定，利用转基因技术改良抗旱性、抗病性等。

2. 甘蔗病虫防控技术

一是虫害防控技术方面，重点围绕甘蔗螟虫、金电子、蚜虫、蓟马等主要害虫，开展了利用赤眼蜂、绒茧蜂、性诱剂、绿僵菌等防治试验与示范，开展了转基因甘蔗、甘蔗品种抗虫性评价试验，印度专家构建的基于田间害虫寄主作物数量和受害程度的害虫防控决策系统不断优化。但总体来看，目前化学防治仍是甘蔗害虫的主要防控手段。

二是病害研究方面，主要针对甘蔗花叶病、黄叶病、赤腐病、梢腐病、锈病、根腐病等，开展了病原菌快速高效检测技术、病原菌生理小种分子监测、品种抗病性接种试验、脱毒健康种苗技术等研究和试验示范工作。但总体来看，选育抗病品种仍是防治病害最有效的方法。

3. 栽培耕作技术

甘蔗耕作栽培技术主要针对甘蔗生长所需的水、肥关键因素开展研究工作。节水栽培与覆盖研究较多，在生产上，滴灌特别是生长关键期灌溉、覆盖保水等节水技术已显示出良好的前景。在养分上，国外主要甘蔗生产国根据甘蔗生长量大、土壤肥力消耗大，且无条件进行轮作的情况，深入研究蔗地保肥、培肥技术，以轻简化保护性耕作技术为目标，进行蔗叶覆盖，形成以绿色为基础的环境友好型甘蔗生产系统，促进根系细菌的多样性。收获后，采用机械深松耕促进宿根生长及养分吸收，深松与机械化宿根管理结合，促进宿根蔗持续丰产。

4. 设施与设备

国际上，基于自动导航的固定轨迹作业技术应用于甘蔗生产全程机械化各个环节。智能化技术和全程机械化技术深度融合，以提升机械化作业效率、降低作业成本。在种植环节，主流技术是切段式甘蔗收割机、田间转运车和蔗段种植机等组成机械化种植系统。在田间管理环节，采用大型高效机具完成中耕培土、施肥、除草集成作业。甘蔗封行后的无人机喷药得到广泛应用。收获环节，以切段式收获技术为主流。田间收获、运输、糖厂卸料、后勤保障、安全生产等环节的系统管理和物流调度技术在澳大利亚和美国得到普遍应用。

5. 产后加工

国际上，甘蔗主要用于食糖生产，少量生产燃料乙醇。食糖的生产，除印度、印度尼西亚及缅甸等部分国内消费食糖采用“一步法”生产外，其他国家均采取“两步法”生产，即在甘蔗产区生产原糖，然后供国内或出口至世界各地进行精糖加工；原糖加工副产物糖蜜用于生产酒精、朗姆酒及牛饲料，蔗渣主要用作燃料生产蒸汽和电力，滤泥直接还田或处理后作肥料。有研究者对酵母发酵生产乙醇的菌种进行重新筛选，发现移动发酵单胞菌的生物量少，乙醇产量多，这种细菌可能是乙醇生产的潜在候选者。

（二）国际甜菜产业技术研发进展

1. 甜菜遗传育种

甜菜育种方面，依然以分子标记辅助育种和多样化甜菜种质资源评价方法为研究热点，利用分子标记 s17 和 o7 鉴定 *Rf1* 和 *Rf2* 育性基因的组成，同时对甜菜育种材料生产力和技术指标进行综合评价，选出有竞争力的杂交种。基于灰色关联度分析和主成分分析法评估糖用甜菜品种的适应性，筛选出最适宜当地种植的产量、质量高并抗根腐病的糖用甜菜品种，为甜菜良种选育提供理论基础。摩洛哥科学家对野生甜菜与栽培甜菜种间杂交的评价，证明了种间甜菜杂交的成功，强调了杂交基因型间的高度变异性，这对甜菜改良和育种计划以及种间杂交模式的了解具有重要意义。同时，甜菜分子育种方面，一系列与产量、品质和抗性等性状相关的基因家族被克隆并进行功能鉴定，如促进硅吸收和生产改良的甜菜 *NIP* 基因、从甜菜和番茄上克隆到的双联病毒 A 基因、对甜菜土传病害甜菜坏死黄脉病毒（BNYVV）具有抗性的 *Rz1* 基因等均可为甜菜分子育种提供理论基础和候选基因。

甜菜生物技术研究方面，甜菜的遗传转化仍是难点和限制因素，遗传转化率低仍没有较大突破。埃及科学家利用农杆菌介导同时转化抗草甘膦和抗虫相关基因，并对转化体系进行了优化，转化效率有所提高（为 2.3%），但与其他作物相比，仍有很大提升空间。成熟稳定的甜菜遗传转化体系的建立仍然是甜菜重要基因功能验证和利用生物技术手段改良甜菜品种的重要研究方向和技术保证。

2. 栽培技术

甜菜栽培技术出现了新技术的应用研究，如利用 Beta 模型预测田间条件下不同土壤质地和土壤含水量的甜菜幼苗出苗时间，从而预测甜菜种子在不同土壤含水量下克服杂草的适宜播期。利用高光谱遥感快速无损地估算冠层叶绿素含量对于监测植被的生理状况或估算作物地上部氮素状况至关重要，相关研究提出一种利用地面高光谱影像估算甜菜冠层相对叶绿素含量（SPAD）的最优方法，提出的指标可以实现大范围环境条件下利用近端高光谱传感器对甜菜 SPAD 值的预测。利用多光谱 UAS 图像预测甜菜根系产量，结合甜菜生育前期的辐射和冠层结构数据，论证甜菜产量模型的潜力。这些早期生长阶段的额外图像对于建立一个健壮和通用的甜菜根系产量模型至关重要。美国科学家研究了雨养条件下甜菜生产系统中覆盖作物间作的影响，套种覆盖作物在甜菜生产系统休耕期为保护土壤提供了很好的选择，不会对甜菜产量或品质产生负面影响。

3. 病虫草害

甜菜病虫草害的研究集中于对主要常见病害的致病菌或病毒的检测方法的改进和基础理论的研究，如美国科学家提出的基于 CRISPR 的下一代甜菜病毒检测等温诊断方法，德国科学家提出了一种基于甜菜根部病毒 RNA 的自动提取及其相对和绝对定量的实时荧光定量 PCR（qRT-PCR）和数字 PCR（dPCR）的替代和成功的表型分型方法，这种方法可以改进研究的标准化，并在 ELISA 试验中准确定量病毒滴度较低的样本。通过比较简单和多元线性回归模型与人工神经网络（ANN）模型预测根腐病产量损失的有效性，证实基于模型的简单性，虽然人工神经网络模型对预测更为准确，但简单线性回归模型是最好的模型。波兰科学家从甜菜中分离得到一株具有抑制丝核菌（*Rhizoctonia*）的生防菌——松青霉（*Penicillium pinophilum*），结果表明，松果体具有降低立枯病菌引起的阻尼的潜力，但最适宜的松果体浓度及其缓解机制仍需进一步研究；立陶宛维陶塔斯·马格纳斯大学试验站采用不同非化学除草方法生产有机甜菜，通过采用机械行间松解和柴油机驱动的除草机器人，可提高甜菜的能源利用和降低温室气体排放。美国科学家对美国内布拉斯加州西部地区甜菜立枯病形态遗传多样性的纵向研究取得进展。一种与甜菜共生的重要菊苣线虫 *Hemiccycloophora poranga* 在越南被首次报道。

4. 甜菜副产品的开发应用

甜菜的产品加工工艺和副产品的开发应用仍然是值得关注的研究热点，尤其是甜菜浆的特性及新型应用的开发。埃及科学家研究表明，甜菜糖副产品和废弃物的循环利用提高了甜菜生产效率和盐在盐渍土中的再分配，施用经过处理的甜菜糖滤饼和糖蜜提高了土壤中钙、镁和钾的有效性，经过处理的滤饼是一种很有前途的有机土壤改良剂，通过改善土壤的理化性质，使甜菜的产量提高了 29%；也有研究分析贮藏对根组织强度的影响，确定造成组织强度差异的原因，寻找甜菜基因型与组织强度、损伤易感性和耐贮性之间可能的关系，研究结果建议在育种和正式品种试验中引入组织强度作为品种特性之一可有助于减少今后的收获和贮藏损失。此外，俄罗斯研究者对磁场处理甜菜块根的试验研究表明，磁场处理可减少甜菜贮藏期间的失重，提高加工工艺品质和经济效益。

四、国内糖料产业技术研发进展

（一）2021 年度我国糖料生产技术发展趋势

1. 2021 年甘蔗生产技术发展趋势

一是甘蔗自育新品种取代新台糖系列，在生产中占主导。2021 年，体系研发的甘蔗自育品种播种面积继续扩大，占比达到 76.70%，较 2020 年增加 10.21%，新台糖系列品种降到 23.3%。二是种植模式逐渐向高产高糖良种及减施化肥农药、病虫害绿色精准防控的轻简高效技术转变，形成了多种甘蔗绿色发展模式，包括脱毒种苗+滴灌+水肥药一体化+蔗叶还田增肥技术，旱地全膜覆盖一次性施肥施药、高效缓释肥和蔗叶还田保护性栽培的甘蔗绿色丰产集成技术等。三是广西、云南、广东正因地制宜集中示范推进甘蔗生产全程机械化，云南丘陵山地边境州市（德宏、临沧、西双版纳）机收有明显推进，2020/2021 年度，德宏州陇川县甘蔗机收率达到 40.7%，这些举措切实降低了甘蔗生产成本，支撑了产业持续发展和转型升级。

2. 2021 年甜菜生产技术呈现的发展趋势

2021 年甜菜产业呈现几个发展趋势：一是由多种模式种植转向机械化作业模式，甜菜生产全程机械化占比已达 95%以上；二是甜菜规模经营明显提升，2021 年内蒙古百亩连片种植占总播种面积的 80%以上，甜菜种植日益朝 100 亩以上大户集中；三是轻简高效栽培技术进一步得到应用，甜菜专用肥使用面积渐增，栽培过程中节水节肥特征明显，逐渐转向滴灌和机械化作业结合的滴灌甜菜节本增效综合栽培技术模式。

（二）2021 年我国糖料产业技术研究进展

国家糖料产业技术体系紧紧围绕“保供固安全、振兴畅循环”，以节本减损、提质增效、提高农民收益和产业竞争力为目标，2021 年聚焦“以机械化为核心的甘蔗新品种选育及节本增效综合栽培模式集成示范、基于甜菜全程机械化的新品种引（育）及节本增效综合栽培模式集成示范”，积极推进甘蔗、甜菜两大糖料作物新品种选育及筛选、甘蔗健康种苗和优良品种利用、综合栽培技术模式和农机与农艺配套技术构建、病虫草害防控技术和糖料生产机械化、副产物综合利用、产业风险预警预测评估、双高基地建设所需科技支撑及产地拓展等方面研究示范，有效推进了我国糖料产业的技术进步。

1. 现代育种技术创新

甘蔗分子育种技术方面，完成了热带种（LA PURPLE、福果 1 号）、割手密（NP）和栽培种（中蔗 1 号）基因组的测序、组装和解析，获得了染色体水平的高质量基因组；同时对现代育种的重要节点材料、亲本和种质资源进行深度的重测序，糖分、形态等多年多点鉴定，人工和自然接种抗病（黑穗病、梢腐病、花叶病、白条病等）鉴定，获得大量的基因型和表型数据，为基于组学信息的精准育种奠定了坚实基础；定制了甘蔗 SNP 芯片并对 F_1 群体进行基因分型，且平均 SNP calling 率高达 97.75%；开发了适合同源多倍体甘蔗使用的 polyBAS-seq 快速筛选目标性状关联标记的方法，并通过结合 R570 单倍体基因组和转录组数据，快速获得标记相关基因信息；构建了分选斑茅染色体的流式分选技术体系，完成了斑茅基因组单条染色体测序组装与分析；在甘蔗对病原胁迫和旱、寒、低氮逆境胁迫的响应研究上，聚焦利用高通量测序获得的组学数据，分析不同逆境胁迫后的组学变化，结合基因表达的定量检测，筛选在性状对立基因型中显著差异表达的基因，并进行功能鉴定，获得抗梢腐病和花叶病的转基因材料，以及对转基因甘蔗钾利用效率以及抗虫性状改良进行评价的研究报告。

甜菜育种技术方法创新，初步建立了基于 MS 为基本培养基附加 6-BA 和 KT 外源激素诱导的稀有野生甜菜种质资源离体快速繁殖保存技术体系。完善了甜菜农杆菌介导法转基因技术体系，并制定了技术标准，获得抗草甘膦甜菜遗传转化苗 273 株；收获抗草甘膦甜菜母根 16 株，收获 T_0 代种子 2 份。利用 CRISPR/Cas9 基因组编辑技术开展了甜菜单倍体诱导系创制，建立了甜菜基因组编辑技术体系 1 套，构建了用于甜菜单倍体诱导系创制的基因组编辑载体 4 个，编辑效率达 15%以上，获得编辑载体 kat-CENH3 和互补载体 GFP-CENH3 编辑后的甜菜单株母根 45 个，收获载体 GFP-CENH3 的种子 1 份，kat-CENH3 的种子 2 份。进一步完善了串联重复序列（VNTR）标记多态性细胞质育性分析技术，完成了 186 份材料的 1 860 株细胞质育性分析，鉴定出 S 型雄性不育细胞质 1 377 株，Owen 型保持系 N1 型 337 株。采用室内接种镰刀菌的方法，对 45 份国内外主要甜菜品种进行抗镰刀菌根腐病的鉴定。筛选出抗镰刀菌根腐病材料 5 份，易感镰刀菌根腐病材料 12 份。设计、构建高产植物表达载体 4 个。

2. 种质资源创新和新品种选育推广

甘蔗着重加速自育优良新品种健康种苗的产业化应用，甜菜着重推进品种筛选与多点精准鉴定和自育品种选育。

2021 年，加速甘蔗茎尖脱毒技术和种茎温水脱毒技术生产的健康种苗在广西和云南大面积产业化应用。我国杂交育种规模继续保持在 100 万株苗以上，育成 21 个品种获得农业农村部甘蔗新品种登记证书，福果 1 号获得植物新品种保护权，粤糖 09-13 获得美国植物品种登记证书，选育了一批有潜力的新品系正开展试验示范。自主选育的以桂糖 42 和柳城 05/136 为代表的高产高糖品种应用面积进一步扩大，自育甘蔗新品种在广西蔗区种植面积占比已超过 90%，我国甘蔗品种单一化问题基本解决。收集保存编目的甘蔗种质资源高达 3 846 份，“国家甘蔗种质资源库创建及高糖多抗种质创新利用”获 2020 年云南省科技进步奖一等奖。由于长期连作，我国主栽品种对黑穗病、白条病等病害抗性差的问题凸显，亟须研发高效抗病性鉴定技术、筛选创制抗病种质，才有望培育出聚合多种抗病性状的品种。亟须研发适合机械收获、宿根性强、中茎高糖、抗倒、机械破损率低的品种，如桂糖 44 号、中蔗 10 号等正在广西、广东蔗区示范应用。通过亲本开花技术调控，创制了一批含热带种和新割手密种血缘的新材料，但在甘蔗大茎野生种的开发、新亲本的创制和筛选方面有待加强。在高糖育种方面，广西大学成功完成了甘蔗糖分等品质性状的高通量检测，检测能力提高了 20 多倍，基本满足糖厂按质论价的技术需求；国家甘蔗新品种的联合区试和新登记品种的展示示范、家系评价、看蔗选种等加速了新品种的选育推广力度。

着重推进品种筛选与多点精准鉴定。根据目前我国甜菜生产中，适宜机械化作业优良品种少，抗病性差、品种使用混乱的问题，联合开展了品种筛选、多点精准鉴定、登记品种验证工作，目的是推荐适宜不同区域优良品种的推广应用，减少品种使用的盲目性。2021 年度正在登记甜菜品种 6 个，筛选、多点精准鉴定、验证甜菜品种 97 份，为我国甜菜产区推荐国内外适宜优良品种 15 个。目前甜菜生产中种植面积 10 万亩以上的 13 个主栽品种中有 11 个品种为体系筛选推荐的，占比已达 84. 6%。

甜菜自育品种选育取得新进展。鉴定评价种质资源 236 份，评价出产糖量较高且较抗丛根病资源材料 14 份。新育成甜菜单芽雄性不育系及保持系 7 对，选育出优异多胚授粉系育种材料 11 份。配制甜菜杂交组合 752 份；筛选出优异杂交组合 11 个；通过多点鉴定，鉴定出产糖量达国外对照品种 90%左右且丛根病抗性较强的品种 6 个。

3. 综合栽培技术研发

我国甘蔗轻简化栽培、持续丰产栽培和节水减肥栽培研究应用取得突出进展。甘蔗轻简技术，以糖料蔗全膜覆盖和一次性施肥技术结合，不需要进行甘蔗中期田间管理和物料投入，轻简技术成果在主产蔗区推广应用 110 万亩，亩减少劳动力投入 20%，增产 35%；在甘蔗持续丰产上，以宿根蔗低铲蔸为关键技术，通过研究利用机械或人工铲去上季甘蔗的高位蔗蔸，有效地促进甘蔗地下芽位的萌发，延长年限 2 年以上；在节水减肥栽培研究上，进行水肥一体化研究应用，在有水源、集中耕作、田面平整且连片地区，地表布设滴灌带，研究形成了甘蔗不同生长时间的滴溉量，节约用水 60%以上，减少肥料使用 30%；在化肥减施技术上，通过深入调研主产蔗区施肥状况和肥料利用率，提出了减施 25%的高效施肥技术模式，通过主产蔗区试验示范，肥料减施 25%配套地膜覆盖、化肥深施技术，可以有效提高肥料利用率，增产 2%。

2021 年度甜菜着重推进了甜菜连作障碍机理及调控研究、盐碱地甜菜提质增效关键栽培技术研究、不同生态区甜菜水肥一体化高效栽培技术研究、平衡施肥技术研究、甜菜新型肥料与化控技术研究。这些研究分别从节本增效科学施肥、土壤养分管理与地力修复协同发展的视角，在优质稳产的前提下减肥减水、提高水肥利用效率；因地制宜改善土壤尤其是盐碱地耕层土壤理化特征；通过测土配方施肥、甜菜生物有机菌肥、酵母液冲施肥、生长缓释剂可以显著提高甜菜产量和产糖量。

4. 病虫草害防控技术研究

甘蔗虫害防控研究方面，重点针对甘蔗螟虫、蓟马、蚜虫和地下害虫（金龟子、白蚁、天牛）等，开展了发生期精准监测和预警、赤眼蜂无人机高效投放、性诱剂诱杀防控、水肥药一体化等防控技术的研究与试验示范工作。技术示范推广方面，利用植保无人机喷雾农药防控甘蔗中后期病虫害在广西、广东、云南蔗区大面积推广应用，害虫精准测报技术获得制糖企业的普遍认可和应用，并在害虫统防统治和联防联控工作中发挥指导作用。上述研究和示范推广工作，为甘蔗产业的高质量绿色发展提供害虫防控技术支撑。甘蔗病害研究方面，针对甘蔗真菌、细菌、病毒等主要病害，开展了病原菌分子高效检测技术、病原菌生理小种鉴定技术、病害田间监测及甘蔗品种抗性评价等研究与示范工作，优化建立了基于温水脱毒和组织培养脱毒的甘蔗健康种苗病菌检测技术体系，探索开展化学防治早期甘蔗主要病害的试验示范，这些研究示范为甘蔗品种科学布局、抗病育种、健康种苗生产等提供了技术支撑。

甜菜病虫草害防控方面，利用高通量测序研究甜菜上重要的致病菌丝核菌和甜菜尾孢菌真菌病毒的多样性；制备甜菜黄化病毒运动蛋白抗血清，能够检测本生烟中瞬时表达的甜菜黄化病毒运动蛋白，抗血清效价和灵敏度分别为 1∶128 000 和 1∶32。建立了一种甜菜对根腐病抗（耐）性的室内快速准确鉴定技术和一种甜菜尾孢菌快速分离纯化和抗药性监测的方法。前者将镰刀菌抗病品种的筛选周期从 3 个月缩短到 96 小时，后者为甜菜褐斑病的科学用药提供了依据。测定了甜菜尾孢菌对吡唑醚菌酯的敏感性基线。初步筛选出 4 种对甘蓝夜蛾幼虫、1 种对甜菜夜蛾幼虫有较好防效的药剂；初步建立了旋幽夜蛾抗性评价基线。

5. 机械化生产技术推进

设施与设备方面，2021年甘蔗种植机仍需要人工喂种，关键技术攻关集中在自动喂种和自动充排种技术的研究。宽窄行中耕培土机关键技术已取得突破，并进入技术熟化阶段。切段式收割机研究的重点是降杂减损。广西开始重视分段收获技术，将引发国内分段收获技术研究的小高潮。智能化技术在甘蔗种植、中耕管理和收获机具研发方面的应用得到重视，构建了甘蔗田间生长状态远程监测系统和大数据服务平台，有望实现全程精准监测，以缓解含杂率高、田间损失率高等问题。2020/2021榨季全国甘蔗机收率5.29%，生产上机收率总体上推进缓慢，但在部分劳动力严重短缺的边境州市（云南德宏州、西双版纳州和临沧市）甘蔗机收有局部突破。

依据甜菜各产区不同生态条件，进一步优化了耕、种、管、收各环节的机械化配置参数，在不同生态区，推广甜菜机械化节本增效综合栽培模式11套，西北核心示范区平均增产9.6%，增糖0.68度，亩增收318.58元；华北核心示范区平均亩增收724.82元；全国甜菜全程机械化生产占比已达95%以上，有效推动了我国甜菜产业规模化、集约化、机械化快速稳步发展。

6. 产后加工技术研发及其质量安全检测

我国甘蔗加工技术取得明显进步。以纳米级无机膜过滤的甘蔗混合汁绿色澄清技术，已进入推广应用阶段，目前可生产甘蔗原汁、原色糖浆及高品质红/黑糖、“零添加”砂糖等产品，并已投放市场；甘蔗产品多元高值化生产技术的研究与应用取得长足进步，如甘蔗汁生产朗姆酒、蔗糖生产益生元、糖蜜生产酵母和酵母抽提物等技术已实现产业化生产，甘蔗汁复合饮料、甘蔗啤酒、甘蔗梢/蔗渣生产反刍动物饲料、甘蔗浓缩糖浆等产品已投入市场。另外，甘蔗植物水提取技术已具备产业化条件并进入应用建设。以蔗渣作燃料对外供电仍是我国蔗渣利用的主流，但蔗渣绿色拆解制备高端材料、生物燃料联产化学品研究已引起关注；甘蔗渣还可以通过改性去除环境中的污染物，功能与商用活性炭相当。目前滤泥主要用于复合肥和有机肥生产，但生产饲料、炭基缓释肥、有益活性成分的研究已成为滤泥高值化利用热点，可生产甘蔗蜡、高级脂肪醇、植物甾醇和叶绿素等。糖蜜研究主要集中在发酵制备生物燃料、有机酸及其衍生物、碳水化合物及其衍生物。

甜菜开展了生长调节剂、微生物菌肥、酵母液冲施肥、滤泥、液体启动肥及多肽氨基酸水溶肥对甜菜产量和质量形成的调控作用及其技术研究。开展了农药残留检测研究，建立了气相色谱法测定甜菜中20种有机氯农药残留的测定方法；完成了10种不同分子结构的甜菜农药规律的分析；利用气相色谱建立了甜菜中16种有机磷农药的联合测定方法。

（三）我国糖料产业需重点开展的技术研究内容

针对产业中存在的主要技术问题，重点抓好糖料生产节本增效技术研究应用，大力推进糖料生产高质量绿色发展。加快优质新品种选育推广应用；加快全程机械化综合栽培技术研究、集成、应用，实现农机农艺融合，推进甘蔗生产机械化水平；加强节水节肥节药和控膜的高效绿色的丰产高糖综合栽培技术模式研发集成；扎实推进“2+X”试验和示范工作；推进病虫害绿色防控技术研发与应用，加快糖料产业提质增效；开展副产物综合利用与产业链延伸，促进产品向纵深发展，降低吨糖成本，提升综合竞争力。

1. 加快优新品种选育和推广，加强甜菜种业自主创新研究

开展针对高产高糖、抗病、抗除草剂、耐寒、耐旱、适宜机械化作业和氮磷高效等特定目标的甘蔗、甜菜优良新品系选育；加快培育绿色优质甘蔗、甜菜新品种。建设以甘蔗脱毒健康种苗为核心的良种繁育基地，形成完整的甘蔗良种繁育技术推广体系；着力推进甘蔗脱毒种苗的标准化应用。加强甜菜良种繁育基地建设，加快甜菜种子加工分级与丸粒化包衣加工技术的研发速度，完善种子丸粒化加工设施设备，促进自育品种丸粒化加工后的甜菜种子尽快大面积用于生产，推进国内自育优良品种的推广应用，以确保我国甜菜种子的数量安全和质量安全。

2. 探索加速科技创新转化的产学研深度融合模式

当前无论是甘蔗优良新品种产业应用，还是甘蔗生产全程机械化，或是产后加工的高值化产业应用，均存在产业应用滞后于科技创新的问题。在良种良法技术推广补贴试点的背景下，建议加快机收环节和高值化应用的产学研深度融合试点，鼓励企业、高校和研究所项目合作，探索产学研融合试点的有效模式，大力缓解有产品无市场、有市场无产品的现象，促进知识技术的有效更新和进步，加快成果应用到产业中去。找准糖企不愿参与创新的关键堵点，是经营理念问题、资金投入问题还是营销人才问题，对于经营理念问题，通过企业家协会，实行定期培训；对于营销人才问题，试行“科学家+糖企+引入终端用户”机制，加快产品到市场的转化效率。同时优化创新市场环境和法制环境，降低企业参与产学研合作的搜寻成本、沟通成本及各种潜在风险。

3. 加快绿色轻简高效良法研发推广

根据绿色农业持续发展需要，甘蔗大力推广秋冬植蔗，春植蔗推广全膜覆盖、减施化肥农药、病虫害绿色精准防控的轻简高效技术，以及蔗叶粉碎还田、地膜回收、制糖副产物综合利用技术，实现绿色生产。

甜菜大力推广甜菜专用肥、滴灌和机械化结合的滴灌节本增效综合栽培技术模式、不同生态区精量施肥水肥一体化技术、化肥减量减施技术、高密度栽培、病虫草害精准监测预警和绿色防控技术、农残药害安全监测及管控技术。

4. 加快推进甘蔗生产全程机械化水平

通过规模化土地整治，按照机械化作业要求规范，加快推进机耕、机种、机管、机收全程机械化进程。因地制宜推进各区域的机械化模式，大力推进农机农艺技术融合。重点研发适应我国丘陵山地、作业质量高效的中小型切段式甘蔗收获机，加强自主研发适应中小地块的以高效、低茎秆破损率为核心技术的甘蔗整秆式收获机。加快研发伤芽率低、精量排种的蔗段种植机。

5. 节本增效科学施肥、土壤养分管理与地力修复协同发展

通过速效与缓效、有机与无机、养分形态与功能相融合的新型肥料配发及剂型配置，实现节本增效科学施肥；结合养分平衡等土壤质量调控技术，削减中低产蔗田土壤和环境障碍因子，形成蔗叶还田、配方肥、合理轮作、水肥协同、多元养分系统等土壤培肥及节本增效养分综合管理技术，延长宿根年限；形成“生长抑制剂+生物刺激素+养分因子”的多维调控，探索增糖技术与土壤改良协同。

6. 推动糖料产品多元化高值化发展

目前甘蔗产业已经通过膜物理澄清技术，形成了绿色制糖生产技术，并已经开发了甘蔗植物水、甘蔗原汁、食用糖浆、朗姆酒及高品质红（黑）糖、黄金砂糖、化妆品、稀有糖等系列产品，接下来需更多引领糖厂理念转换。膜物理澄清技术已经开始走向产业化，正逐渐推动糖料产品多元高值的产业化，加快走向市场的速度。将单一产品结构的糖业重新定义为多元结构的糖料资源利用产业，开发多元产品，使糖料全产业链资源要素充分利用。

（国家糖料产业技术体系首席科学家　白晨　提供）

2021年度蚕桑产业技术发展报告

（国家蚕桑产业技术体系）

一、国际蚕桑生产与贸易概况

（一）生产

世界茧丝生产继续保持以中国为主，并包括印度、乌兹别克斯坦、巴西、泰国及越南等其他国家在内的国际蚕桑生产格局，预计2021年世界桑蚕茧生产量约90万吨，其中，中国约占77%，印度约占18%，乌兹别克斯坦、巴西、泰国和越南等国家约占5%。

20世纪80年代以来，印度成为仅次于中国的世界第二大蚕丝生产国，桑园面积约38.6万公顷，2021年新冠肺炎疫情全国蔓延，经济严重下滑，丝绸消费受到冲击，印度年生丝需求在2.0万吨，估计生丝缺口降低至0.6万～0.9万吨，在2021年印度对生丝进口关税提高的背景下，其国内企业出口压力加大。

乌兹别克斯坦政府十分重视蚕桑丝绸产业发展，目前鲜茧产量4万吨左右，位居世界第三。

（二）贸易

据中国海关统计，2020年全国真丝绸商品出口金额10.71亿美元，同比下降50.62%。2021年随着国内外疫情得到有效控制，新冠肺炎疫苗广泛接种，经济恢复进入常态化，有利于丝绸消费的加快恢复，行业营收和利润指标开始出现止跌回升态势。

2021年1—11月，真丝绸商品进出口总额为15.49亿美元，同比增长29.81%，占我国纺织品服装进出口总额的0.49%。丝、绸、绸缎制成品三大类在出口中占比基本稳定，其中丝类出口由降转升，绸缎制成品出口增幅继续扩大。其中，丝类出口金额2.30亿美元，同比增长2.89%，占比19.49%；真丝绸缎出口金额3.40亿美元，同比增长40.19%，占比28.77%；丝绸制成品出口金额6.12亿美元，同比增长21.99%，占比51.73%。

我国真丝绸商品对欧盟市场出口同比增幅持续扩大，排名前五位的市场依次为：欧盟（占比27.14%）、美国（占比18.80%）、中国香港（占比8.96%）、日本（占比7.53%）、印度（占比5.10%）。

据欧盟统计局统计，2021年1—11月，欧盟27国丝绸贸易额为94.35亿美元，同比增长11.47%。进口主要来源地为中国（金额15.72亿美元，同比增长13.51%，占比32.81%）。

据印度商工部统计，2021年1—10月，印度丝绸贸易额为30.13亿美元，同比增长23.87%。进口主要来源地为中国（金额1.32亿美元，同比增长25.04%，占比45.73%）。

据美国商务部统计，2021年1—11月，美国丝绸贸易额为43.79亿美元，同比增长25.68%。进口主要来源地为中国（金额12.68亿美元，同比增长21.73%，占比33.25%）。

据日本财务省统计，2021 年 1—11 月，日本丝绸贸易额为 14.67 亿美元，同比下降 10.44%。进口主要来源地为中国（金额 6.93 亿美元，同比下降 3.61%，占比 52.88%）。

据澳大利亚统计局统计，2021 年 1—10 月，澳大利亚丝绸贸易额为 5.84 亿美元，同比增长 36.89%。进口主要来源地为中国（金额 3.74 亿美元，同比增长 35.63%，占比 68.21%）。

二、国内蚕桑生产与贸易概况

据蚕桑主产省（区、市）生产主管部门的初步调查统计，2021 年全国桑园面积 1 195 万亩，比 2020 年减少 28 万亩，减幅 2.26%；发种量 1 724 万张，比 2020 年增加 46 万张，增幅 2.74%；桑蚕茧产量 71.72 万吨，比 2020 年增加 2.76 万吨，增幅 4%。柞蚕放养面积约 1 090 万亩，同比增加 0.58%；柞蚕茧产量 9.5 万吨，同比增长 13.18%。

2021 年我国蚕桑生产继续向西部地区转移和集中，东部（江苏、浙江、广东、山东、海南）的蚕茧产量占比由 2020 年的 14.43%下降至 2021 年的 12.64%；而西部（广西、四川、重庆、云南、陕西、贵州、甘肃、新疆）的蚕茧产量占比由 2020 年的 79.14%上升至 2021 年的 80.89%。与 2020 年受新冠肺炎疫情影响大部分省份减产不同，2021 年在疫情的持续影响下，多数省份却实现了增产，其中主产省（区）浙江、广西、四川、云南分别增产 10.16%、8.21%、3.61%和 1.79%。排名前三的广西、四川和云南的蚕茧产量分别为 40.74 万吨、8.6 万吨和 5.7 万吨，占比分别为 56.8%、11.99%和 7.95%。

随着新冠肺炎疫情对供给和需求的冲击得到有效控制，2020 年下半年丝价开始逐步回升，2021 年 4A 级生丝价格从年初的 33 万元/吨波动上涨至年底的 45 万元/吨。丝价持续上涨带动 2021 年茧价大幅上升，桑蚕春茧价格同比上涨 63.21%，夏秋茧价格同比上涨 37.45%，创历史新高。茧价上涨带动蚕茧产值大幅增加，2021 年全国桑蚕茧产值达 367.15 亿元，比 2020 年增加 52.99%，无论绝对值还是增幅，均创历史新高，预期 2022 年全国蚕桑丝绸生产可以保持基本稳定。桑苗价格经过 3 年的下跌，2021 年年初跌至成本价附近，之后受茧价涨幅影响，呈现反弹，传统桑苗产地的浙江海宁和桐乡等地桑苗价格涨幅较大，桑苗价格在 0.6～0.9 元/株，主要销往广西、四川、贵州、安徽等蚕桑产地。

2021 年 1—11 月，我国真丝绸商品主要出口省市出口同比普遍增长，山东省超过上海市列第四位，主要省市排名依次为：浙江（占比 35.02%）、江苏（占比 17.14%）、广东（占比 11.14%）、山东（占比 8.45%）、上海（占比 8.14%）。前五位省市出口合计占全国出口总额的 79.89%。内销市场持续增长，据商务部监测，1—6 月全国 50 家丝绸样本企业销售额为 14.83 亿元，从分月份销售数据看，自 3 月开始当月销售金额同比增长幅度均超过 30%，显示出丝绸内销市场得到有效恢复。

三、国际蚕桑产业技术研发进展

2021 年，全球新冠肺炎疫情的形势依旧严峻，但国际蚕桑专家克服困难，围绕蚕桑遗传育种、转基因家蚕品系培育、医用蚕丝材料、蚕桑资源多元化利用等领域开展了相应研究并取得重要研究进展。

印度科学家从 415 份桑树资源中鉴定出了 21 份高抗根结线虫种质资源。根据生根能力，8 份种质材料可作为抗性育种材料或抗性砧木。印度尼西亚科学家对桑树耐盐品种进行了选育，选育出了一个耐盐品种 M6。

日本科学家通过将现有的孤雌生殖家蚕品系与二化性品系杂交，培育出非滞育孤雌生殖品系，该品系只有在低温下母卵发生时才能产生不滞育的卵，利用该品系可显著提高转基因家蚕的制备效率以及重组蛋白的产量。

澳大利亚科学家首次在蚕丝纤维和蚕丝纤维剥离后的微纤丝（MFS）上原位合成了纳米银颗粒（AgNPs）。该工艺速度快，生产的 MFS-AgNPs 蛋白纸具有优良的性能，为开发基于蚕丝纤维和功能纳米材料的智能蛋白提供了基础。

德国科隆大学的研究者以家蚕蚕茧提取的丝素为主要成分，将抗菌肽修饰的丝素蛋白与二氧化硅纳米结构整合在一起，三维打印出具有分层多孔性的抗菌、生物相容性和仿生混合气凝胶支架，在骨修复缺损中表现出良好性能。此外，采用静电纺丝技术制备的聚乙烯醇/丝素/纳米银复合纳米纤维支架，可用作骨组织工程的基质。

蚕、桑中的活性物质在功能食品、药物靶标及饲料等领域的应用价值得到进一步阐明。目前韩国蚕茧生产量较少，主要开发蚕粉降血糖制剂、雄蚕蛹（蛾）男性增进剂、丝素化妆品、桑面条、桑饮料、桑果酒等蚕桑资源产品。韩国科学家在扩大试验群体规模，减少蚕丝蛋白添加剂量的基础上证实了蚕丝蛋白是一种有效、安全的增强免疫功能的食品添加剂。泰国科学家研究发现家蚕丝胶可通过降低免疫反应和抑制表皮增生对大鼠皮肤银屑病起到积极的治疗作用。蚕茧提取物、蚕蛹提取物和非丝胶提取物可抑制单纯疱疹病毒与宿主细胞的结合，进而抑制病毒在 Vero 细胞中的感染。意大利科学家发现纯化的家蚕血浆可作为天然抗菌制剂的来源，用于外用制剂。日本科学家发现桑叶中的非瑟酮具有预防血管异常收缩的作用。韩国研究者发现桑树根皮提取物二氯甲烷可通过抑制 STAT3 活性来诱导结直肠癌细胞的凋亡。桑椹苷 C 和桑树内生菌对 HIV-1 复制具有潜在的抑制作用，有望从桑椹苷 C 中开发出一种新的抗 HIV-1 的候选药物。波兰科学家分析了兔子日粮中添加蚕蛹粉对营养物质的消化率、氮利用率、胃肠生理指标及血液生化指标的影响，发现兔子日粮中蚕蛹粉的最大添加比例为 5%。泰国的学者研究发现蚕蛹粉可用于狗粮配方，添加量控制在 14%为宜。

四、国内蚕桑产业技术研发进展

我国蚕桑产业科技以推动高质量发展为目标，聚焦产业重大问题，服务巩固脱贫攻坚成果同乡村振兴有效衔接，通过开展跨学科、跨领域合作的产业重大技术攻关，为产业稳健发展提供技术支撑，产业基础研究继续保持国际领先水平。

（一）遗传育种

启动“数字家蚕”计划，完成 1 078 份代表全球多样性家蚕种质资源的深度重测序、其中 545 份核心种质的三代测序，构建了高质量泛基因组，设计家蚕第一张全基因组高密度 SNP 育种芯片（～40K）。基于“数字家蚕”的育种性状解析、优异种质筛选、分子设计育种得到快速发展。

近 2 年来，华康 2 号、华康 3 号、粤蚕 8 号、川优 1 号（川山×蜀水）、川蚕 27 号（芳・绣×白・春）、锦苑 3 号（锦・苑×绫・州）、鲁菁 1 号（鲁菁×华阳）、苏玉 1 号（苏荣×锡玉）、锦绣 1 号（锦・绣×潇・湘）、锦绣 2 号（韶・辉×旭・东）、苏秀春丰（苏秀×春丰）共计 11 个蚕品种通过了国家畜禽遗传资源委员会审定，这些新品种 2021

年在全国主要蚕区示范和推广，展示出广泛的适应性和优良生产性能，有力推动了我国蚕品种的第六次更新换代。此外，育成了工厂化全龄人工饲料育专用蚕品种中 2016×日 2016，为工厂化养蚕提供了技术支撑。

强桑 3 号、强桑 5 号获得农业农村部植物新品种权，桑梓 1 号获得国家审定林木良种，草本化栽培收获、畜禽饲用、果用、菜用、茶用、生态用桑品种选育取得较大进展。这些品种与前期育成的强桑系列、桂桑系列、粤桑系列等，构成了优良桑品种阵列，有力地推进了桑树良种化。

（二）栽桑养蚕技术

桑树苗木繁育技术体系健全，全年繁育桑苗 8.5 亿株。在主产区广泛开展规模化集约化标准化蚕桑基地建设，宜机化的丰产桑园、桑园立体种养、桑园水肥一体化、杂交桑高密度栽培及全年多次条桑收获、水平拳式养成条桑、嫁接桑密植条桑、机械化条桑收获、桑园多类型施肥机等新技术广泛建立和应用。同时，轻简化树型养成等果桑栽培技术、桑果菌核病绿色防控技术、果桑周年挂果技术等取得重要进展，助力全国果桑栽培面积已经突破 3.5 万公顷。此外，饲料桑、菜用桑、茶用桑的栽培模式也逐步建立。

小蚕共育环境智能化控制系统、高效切桑机、多种类型小蚕饲育机、升降伸缩式蚕台撒粉消毒机等先进设备在小蚕和大蚕饲养阶段广泛应用，劳动效率提高了 5 倍以上，小蚕商品化共育率达到 80%以上。大蚕轨道喂蚕车、大蚕多层循环式饲育机、方格蔟及自动上蔟升降机、自动采茧机等技术集成，工效比传统养蚕提高 2 倍以上，采茧工效提高 2 倍以上。国家蚕桑产业技术体系试验示范区综合劳动生产率提高 20%以上，综合效益提高 20%以上。

人工饲料适应性蚕品种素材培育、低桑叶粉饲料配方优化、相关饲育技术标准制定、宜机化改造及试验示范取得重要进展。在全国蚕茧主产区建立了 50 余个小蚕人工饲料共育示范基地，单个共育室一次饲养量超过 400 张种，小蚕共育劳动生产率比桑叶育提高 3 倍左右，小蚕共育专业户的张种纯收入增加 80%以上。据浙江巴贝集团信息，该集团进一步优化高密度全龄人工工厂化养蚕技术和工艺，2021 年全龄人工饲料饲养规模达到 16.7 万张种，实现年生产鲜茧 5 000 吨，占浙江省蚕茧总产量的 24.3%。

（三）病虫害防控技术

利用自动化灯诱、食诱和性诱等准确掌握虫情发生时间及发生量，开展了广谱寄生蜂桑螟聚瘤姬蜂生物防治研究，研制了快速释放纳米辛硫磷制剂，建立了桑树病原快速检测新技术，制定了适合规模化生产模式下的桑树细菌病毒病发生防控技术与应急措施。集成创新数字化桑园绿色防控技术及配套设备，有效降低了桑园病虫害及农药中毒的损失，保障了养蚕安全。桑树病虫害减药增效绿色防控技术取得新进展，病虫害预测预报系统逐步建立。无人机、自走式治虫机械、烟雾治虫机械等设备也在主产区开始规模化应用。

创制了抗家蚕微粒子病、血液型脓病等转基因素材，研发了家蚕主要病原快速检测系统及家蚕疫病防治与检验新技术，研制了人工饲料育细菌病、家蚕微粒子病防治新药剂。高效二氧化氯蚕用消毒剂和防治家蚕微粒子病新药物阿苯达唑制剂克微灵 1 号已在全国主要蚕区推广应用。研发了柞蚕场黑广肩步甲绿色安全防控技术，采用诱捕器与化学防治相结合的立体防控生产试验，可降低黑广肩步甲为害 95%。

（四）资源利用技术

桑叶茶、桑芽菜、桑果酒、桑枝食用菌、桑枝中药材等利用技术在生产中得到大面积推广应用。开发了桑椹蓝莓复合果浆、桑椹复合果蔬咀嚼片新产品；建立蚕蛹油脂绿色加工技术工艺，研发了同时富含α-亚麻酸（ALA）、二十二碳六烯酸（DHA）、二十碳五烯酸（EPA）的功能性油脂；研发了桑枝叶作为功能饲料应用于健康养殖关键技术，桑叶饲料产品在肉牛、奶牛、肉猪、鸡、罗非鱼、草食性鱼类等养殖中得到试验性应用；开展了桑饲料抗营养因子消减技术研发。饲料桑在江苏、湖北、内蒙古、陕西等省（区）开始大面积示范推广，目前全国饲料桑面积达到50万余亩。

蚕丝蛋白创新利用方面，创造出了一种绿色、低成本、可规模化制备丝素纳米纤维的方法；利用精氨酸通过静电作用和氢键连接中和家蚕丝胶的负电荷，研制出了纳米纤维支架；初步建立了工厂化医用蚕丝材料的标准与主要技术指标；采用蚕丝为原料制备丝素蛋白编织网片能有效促进自体腹壁组织再生；开发了使用绿色低共熔溶剂溶解提取丝素蛋白以及剥离制备丝素蛋白纳米纤维的新方法，制备的蚕丝纳米纤维膜可用于生物医用材料和生物传感等领域。

（五）生态与碳汇功能

“双碳”目标引领蚕桑生产技术体系转型升级。黄土高原沟壑区现栽植生态桑60余万亩，每亩减少土壤侵蚀量8.6吨，每年减少输入黄河泥沙500余万吨；土壤水分提高1.7%～2.1%，土壤有机质增加43.3%。初步对四川桑园历年植被碳汇和全国桑园土壤碳汇强度进行了评估，桑叶和桑枝碳汇量分别占桑园总碳汇量的44.44%和26.65%，对实现我国碳达峰、碳中和具有重要意义。

国家蚕桑产业技术体系基地县桑园间作模式带动亩桑增产1 134.8元，增加经济效益7.86亿元。桑树Cd污染土壤治理安全利用研究发现，全国90%以上的该类污染土壤理论上可被蚕桑产业安全利用。集成利用蚕桑功能饲料养殖、塘泥无害化肥料化处理等技术，建立了高密度养殖条件下单塘内循环水体污染综合防控治理新模式，打造出环境优美、绿色生态、效益显著的现代桑基鱼塘并在珠三角地区推广。

（国家蚕桑产业技术体系首席科学家　代方银　提供）

2021年度茶叶产业技术发展报告

（国家茶叶产业技术体系）

一、国际茶叶生产与贸易概况

（一）国际茶叶生产

预计2021年全球茶叶产量较2020年上涨6%，达到667万吨。其中，中国茶叶产量预计为313万吨，约占全球茶叶总产量的47%。据国际茶叶委员会统计，2021年1—9月，斯里兰卡茶叶产量23.44万吨，同比增加16.56%；印度茶叶产量95.63万吨，同比增加11.35%（其中，北印度茶叶产量77.34万吨，南印度茶叶产量18.29万吨，分别同比上涨10.68%、14.32%）。据国际茶叶委员会统计，2021年1—8月，肯尼亚茶叶产量34.24万吨，同比减少8.87%；坦桑尼亚茶叶产量2.01万吨，同比减少5.07%；2021年1—6月乌干达茶叶产量2.57万吨，同比减少33.48%。

（二）国际茶叶贸易

2021年全球茶叶贸易预计略有下滑。据国际茶叶委员会统计，2021年1—8月，肯尼亚茶叶出口38.90万吨，同比上涨20.36%；印度茶叶出口11.88万吨，同比下滑11.62%。2021年1—10月，斯里兰卡茶叶出口20.42万吨，同比增加6.30%；印度尼西亚茶叶出口3.08万吨，同比减少6.12%。在进口贸易中，根据国际茶叶委员会统计，2021年1—9月，美国进口茶叶8.49万吨，同比增长8.42%，其中美国绿茶进口1.25万吨，同比增加4.21%；英国进口茶叶8.06万吨，同比缩减21.48%；日本进口茶叶2.06万吨，同比减少2.47%，其中绿茶和红茶进口量分别为0.24万吨、1.20万吨，分别同比变化-23.56%、8.97%；2021年1—10月，巴基斯坦进口茶叶20.30万吨，同比减少4.55%，其中红茶、绿茶进口量分别为20.09万吨、0.21吨，分别同比变化-4.62%、2.19%。2021年4—6月，俄罗斯进口茶叶6.94万吨，同比下降4.67%。

（三）国际茶叶消费与价格

全球茶叶消费以红茶为主，占比超过60%。2021年，全球茶叶消费量预计超过600万吨。市场调研机构Technavio分析显示，全球茶叶市场规模2019—2023年复合增长率约为5%，2023年将达到126.2亿美元，且58%来自亚太地区。

据国际茶叶委员会统计，2021年1—10月，斯里兰卡茶叶拍卖均价较2020年有所下滑，科伦坡茶叶拍卖均价为615.81卢比/千克，同比下滑2.12%；印度北部加尔各答拍卖市场叶茶拍卖均价为215.48卢比/千克，末茶为199.74卢比/千克，分别同比下滑3.40%和9.95%；印度东北部高华哈第拍卖市场叶茶均价为187.69卢比/千克，末茶均价为182.22卢比/千克，同比降幅分别为7.99%和16.32%；孟加拉国吉大港拍卖市场叶茶和末茶拍卖价格分别为195.62塔卡/千克和213.28塔卡/千克，分别同比上涨20.87%和7.55%；肯尼亚蒙巴萨茶叶拍卖价190.00美分/千克，同比下降 2.06%。

二、国内茶叶生产与贸易概况

（一）国内茶叶生产

2021 年我国茶叶生产规模稳中有增，茶类结构相对稳定。根据国家茶叶产业技术体系调研数据和国家统计局数据推算，2021 年，全国茶园面积约为 4 906.53 万亩，其中开采面积 3 902.87 万亩，分别同比增长 1.69%、2.81%，增幅与 2020 年持平；预计全国茶叶产量约为 313 万吨，同比增长 6.76%；茶叶农业产值超过 2 162亿元，同比约增长 10.3%。体系调研数据显示，2021 年各茶类均不同程度增产，绿茶、红茶、乌龙茶、黑茶、白茶、黄茶、其他茶产量预计分别约为 211.21 万吨、30.31 万吨、32.23 万吨、21.02 万吨、6.57 万吨、0.89 万吨和 10.77 万吨。绿茶、红茶、乌龙茶、黑茶产量占比分别为 67.48%、9.68%、10.30%、6.72%，与 2020 年基本一致。

（二）国内茶叶销售与价格

体系调研数据显示，2021 年 59%的产区茶叶销售有不同程度的增长，增幅为 2%～30%；且干毛茶均价达到 68.8 元/千克，同比增长 2.9%。体系监测的 18 个产地批发市场 92 个经营户的交易数据分析也发现，1—10 月产地干毛茶交易量同比上升 1.9%，价格同比上升 12.7%。此外，国家统计局数据显示，第一、第二、第三季度茶叶生产价格指数分别为 102.3、103.5、100.9，较 2020 年同期有所上涨。

（三）国内茶叶出口贸易

据海关统计，2021 年 1—11 月，我国茶叶累计出口量为 33.69 万吨，同比增长 3.91%，出口额为 20.96 亿美元，同比增长 9.24%，1—11 月出口均价为 6.22 美元/千克，同比上涨 7.36%。分茶类看，我国茶叶出口仍以绿茶为主，2021 年 1—11 月，绿茶出口量为 28.53 万吨，占总出口量比重为 84.7%，同比增长 1.17 万吨，增幅 4.3%；红茶出口量为 2.69 万吨，同比增长 365 吨；乌龙茶出口量为 1.70 万吨，同比增加 10.5%；花茶出口量 5 345 吨，同比下滑 3.7%；黑茶出口总量 2 333 吨，其中普洱茶 2 006 吨，同比下滑 35.8%。

三、国际茶叶产业技术研发进展

（一）遗传育种

印度提出了 PPI 网络 TeaGPIN 和基于 R 包的分析工具 TEnGExA，报告了首个印度无性系茶条形码，鉴定出扩展蛋白等一批茶树胁迫或生长发育有关基因，提出脱落酸和甘露醇预处理促进球形胚生长。肯尼亚构建了基于 DArT-seq 标记的遗传连锁图谱并鉴定了产量 QTL，提出茶叶品质性状的基因组选择（Genomic selection，GS）预测模型。日本确定了 25 个日本品种的单亲本来源，鉴定出 6 个 CPC 样蛋白基因。巴基斯坦在 γ 辐射材料中发现 16 个独特的等位基因。伊朗鉴定出 15 个茶树抗性 *PLD* 基因，提出总酚含量、抗氧化活性和氧清除系统作为耐旱鉴定指标。

（二）栽培技术

印度在大吉岭低山丘陵茶园土壤中开展了溶磷微生物的耐受性研究，发现从茶园土壤中分离出的磷酸盐溶解微生物（PSMs）联合体对甲拌磷、红霉素、氟康唑等杀虫剂、抗生素和抗真菌剂具有较高的耐受性，茶园常规无机化种植会诱导微生物的耐受性。

（三）病虫害防治技术

印度挖掘出一批茶树害虫高效生防资源，如：黄荆 *Vitex negundo*、大蒜 *Allium sativum*、过江藤属植物 *Lippia alba* 等提取液防治咖啡小爪螨 *Oligonychus coffeae* 有较好效果；一株球孢白僵菌对茶角盲蝽 *Helopeltis theivora* 的毒力与化学农药噻虫嗪相当；一株蜡蚧轮枝菌 *Lecanicillium lecanii* 对茶园蓟马 *Scirtothrips bispinosus* 有良好控制效果；黄斑粗喙椿象 *Eocanthecona furcellata* 可用来防治尺蠖 *Hyposidra talaca*。

（四）加工技术

日本应用体外模拟试验，探明了表没食子儿茶素-3-O-没食子酸酯缩合降解形成茶黄素的新机理；采用冷等离子体非热处理技术降低绿茶中微生物总量，并保持多酚、黄酮含量和感官品质；发现蔗糖脂肪酸酯和皂苷等乳化剂能抑制高温下抹茶色泽的变色。巴西研究发现微波和冷冻干燥机能够保持较高的总酚类含量和抗氧化能力。法国通过设计基于核心微生物群的特定微生物菌群发酵康普茶，可改善感官特性，增加特定健康代谢物。德国采用茯苓发酵绿茶汁，可将绿茶汁的青气转变为花香、茉莉花香和柑橘香；采用担子菌发酵绿茶后，可产生多种愉快的气味物质，提升茶饮料感官品质。

四、国内茶叶产业技术研发进展

（一）遗传育种

获得了植物新品种权 1 个，38 个品种通过登记。利用 SNP 标记构建茶树品种资源分子身份证，组装了单倍型解析的基因组，构建了 pYLCRISPR/Cas9Pubi-H-CsHB1 载体转化到茶愈伤组织中定向突变 *CsHB1* 基因，成功分离叶肉原生质体并以其为载体定位多个次生代谢产物合成酶，构建了包含 8 956 个高质量 SNP 的 15 个连锁群的高密度遗传图谱，鉴定出 25 个与叶面积相关的潜在 QTLs。从全基因组鉴定出儿茶素等合成、嫩度、育性相关基因及一大批抗性相关的基因。

（二）栽培技术

研究发现茶园施氮量在 285～474 千克/公顷时，决定夏季绿茶滋味的茶氨酸、谷氨酸等氨基酸组分和主导绿茶呈香的 β-芳樟醇和橙花叔醇含量最高，绿茶品质最优。研究缺氮条件下茶树根部的茶氨酸和类黄酮代谢，发现大多数编码茶氨酸合成途径中相关酶的基因在转录或蛋白质水平上受到氮缺乏的抑制，而类黄酮代谢中的大量酶在转录和翻译水平出现上调，利用泛素化修饰可调节茶氨酸和类黄酮物质代谢关键酶基因的表达。研究发现用 $CaCl_2$ 溶液提取的土壤可交换镁（Ex-Mg）与茶树组织中的 Mg 浓度相关性高于其他提取液，可作为茶园土壤中有效镁的提取方法，镁肥施用效果和利用效率与土壤中总镁、全氮等呈负相关。依据 2016—2020 年 492 个田间施肥试验结果，构建了茶叶养分管理专家系统（NE），并通过 56 个田间验证结果表明，基于 NE 系统的茶园肥料使用推荐模式，可避免过量施肥并降低了环境风险。

（三）病虫害防治技术

采用三代纳米孔测序技术结合二代转录组数据，获得灰茶尺蠖接近完整的基因组 787.4Mb、31 条染色体和 18 746 个编码基因，详细注释了化学感受与解毒相关基因家族，这是首个破译的茶树害虫全基因组，并为灰茶尺蠖基因组学及种群与寄主的生态适应性研究提供了关键的基因组信息。茶尺蠖、灰茶尺蠖幼虫取食诱导茶树释放的挥发物，可激活邻近茶树的茉莉酸信号途径、提高其直接和间接防御水平，其中，(顺)-3-己烯醇、芳樟醇、法尼烯和 *DMNT* 可激发邻近植株释放 β-罗勒烯，从而提高茶树对茶尺蠖雌成虫的驱避能力。明确了茶园主要害虫、天敌对不同颜色的趋性反应，在此基础上，利用黄、红双色研发出天敌友好型诱虫板，与市售黄色色板相比，夏、秋季黄红双色诱虫板对茶小绿叶蝉诱捕量分别提升 29%、66%，对天敌的诱捕量分别平均下降 30%、35%。此外，夜间白光、绿光照射可使田间茶小绿叶蝉种群数量降低 30%左右。

（四）加工技术

在茶叶加工理论与技术方面，主要是采用化学计量法、智能传感技术、分子感官科学、代谢组学等先进分析手段，探究了不同茶类、速溶茶、红碎茶、抹茶、茉莉花茶等传统茶及新型茶的香气物质与滋味物质组成，鉴定出了与茶叶品种、产地、贮藏时间、生长环境、加工等因素密切关联的关键呈香物质及相关因子与滋味品质化学成分的关系，鉴定了茶叶加工过程中形成的新滋味物质，阐明了不同种类茶叶加工过程中香气与滋味品质形成机理。基于靶向代谢组学分析，明确了不同储藏年限白茶的感官特征和化学变化。

基于茶叶的光谱特征、介电参数、机器视觉、力学性质，利用近红外分析技术在线检测茶叶在制品水分，利用机器视觉技术非线性捕捉发酵叶片或做青叶片的色彩空间，使茶叶加工干度、红茶发酵度和乌龙茶做青度的智能判别成为可能，为茶叶加工技术参数智能化精准调控提供了基础。建立了基于高压脉冲电场的普洱茶物理灭菌新技术，具有绿色环保、低耗的特点。采用接种红曲霉发酵技术优化人工发酵和普洱茶风味的控制，可促成特征香气形成。研究发现低浓度抗坏血酸（AA）可以保护茶饮料中的没食子儿茶素没食子酸酯（EGCG），而高浓度会加速 EGCG 降解，茶饮料中的 Fe^{2+} 通过增强儿茶素的降解，显著增加了过氧化氢（H_2O_2）的生成量，而 Fe^{2+} 和 H_2O_2 一起加重了热处理后绿茶浸提液的香气劣变。

茶与健康研究主要聚焦在茶叶功能成分化学，茶叶的抗氧化和促氧化，茶叶对癌症、心血管疾病、神经退行性疾病、高血压、高血脂、高血糖和过敏等人体疾病的预防和治疗效果及其作用机理等多方面的研究成果，这些研究成果对于健康驱动茶叶消费和推进茶叶深加工产业发展具有重要意义。

（五）机械

提出一种基于改进 YOLO-v3 模型的茶叶目标识别技术，一种基于 YOLOv4 网络的茶尖检测方法，采用分段式采茶手结构进行图像采集，通过 HSV 分割和凸包检测方法计算采摘点，模型的平均准确率为 93%左右。提出一种基于 Ostu 分水岭算法（OWA）和改进的 SE 结构模型用于区分茶芽。提出了一种田间茶叶检测算法和基于深度相机的茶叶定位方法。提出了一种改进 *Watershed* 的名优茶识别分割算法和基于 *Shi-Tomasi* 的名优茶采摘点定位算法。将茶园与分布式光伏有效结合起来，将物联网技术应用于茶园远程监测，开发了基于物联网的光伏茶园监测系统。研制开发了具备自适应能力的茶园自动喷药装置，实现对靶喷施。

（国家茶叶产业技术体系首席科学家　杨亚军　提供）

2021 年度食用菌产业技术发展报告

（国家食用菌产业技术体系）

一、国际食用菌生产与贸易概况

（一）生产

自 1961 年以来，全球食用菌的生产面积总体呈现不断扩大的趋势，尤其是进入 21 世纪生产面积已达上万公顷。以 FAO 连续统计数十年的蘑菇和块菌为例，2020 年生产面积超过 27 万公顷，比 1999 年增加了 28.6 倍，较 2019 年增长 26.69%。

近 50 年来，全球食用菌单产呈倒“U”形变化趋势，1961 年的单产 167.84 吨/公顷，1971 年突破 200 吨/公顷，1981 年突破 300 吨/公顷，1984 年突破 400 吨/公顷，1988 年达到历史高峰后转入下跌趋势，2000 年跌破 400 吨/公顷。此后单产呈现持续下降趋势，尤其是近两年下降幅度较大，跌破 200 吨/公顷，重回 20 世纪 60 年代的单产水平。造成这种现象的主要原因是产业由生产效率高的发达国家向生产效率低的发展中国家转移。

在总产量上，自 1961 年以来呈稳定增长态势，1961 年总产量 49.51 万吨，1974 年突破百万吨，2001 年突破千万吨，2020 年更是达到了 4 279 万吨的新高，较 2001 年增长 3.28 倍，近 10 年呈现稳定增长态势。

（二）贸易

在国际贸易方面，世界食用菌贸易规模总体呈现增长趋势。以蘑菇和块菌及食用菌罐头为例，进出口贸易数量由 1961 年的 26 219 吨增加到 2020 年的 265.5 万吨，增长了 100.25 倍；贸易总额由 1961 年的 2 299 万美元增长到 2019 年的 67.63 亿美元，增长了 293.16 倍，创历史新高。

（三）市场

在价格方面，不同国家的食用菌产地价格差异较大，且价格有升有降。2020 年有 4 个国家，即文莱、新加坡、以色列和冰岛的生产者价格保持在 5 000 美元/吨以上，有 1 个国家即澳大利亚的生产者价格跌到 5 000 美元/吨之下。其中，文莱生产者价格大幅上涨，由 2019 年的 6 885 美元/吨涨到了 2020 年的 8 698 美元/吨，涨幅达 26.33%；新加坡的单价则由 2019 年的 8 797 美元/吨降到了 8 697 美元/吨，下降了 1.14%；以色列和冰岛 2020 年价格分别为 6 827 美元/吨和 5 538 美元/吨，分别比 2019 年降低了 2.67%和 3.13%；澳大利亚则由 2019 年的 5 163 美元/吨降到了 4 814 美元/吨，降幅为 6.76%。匈牙利和土耳其的单价则为 1 000 美元/吨，2020 年两个国家单价分别为 857 美元/吨和 998 美元/吨，仅为文莱的 1/10左右。

二、国内食用菌生产与贸易概况

（一）生产

我国食用菌产业的成长性表现良好，产量呈现持续稳定增长的发展局面。2003 年产量突破千万吨大关，2009 年突破 2 000 万吨大关，2013 年突破 3 000 万吨大关，2020 年全国食用菌总产量达到 4 061.43 万吨，比 2019 年增长了 3.2%。

（二）对外贸易

2021 年 1—11 月，我国食用菌仍然保持贸易顺差，但出口量和进口量同步减少。

在出口数量上，2021 年 1—11 月，食用菌出口数量减少。其中，出口鲜或冷藏的香菇 16 218.1 吨，同比增长 7.02%；但同期出口干香菇 47 407.1 吨，同比减少了 14.40%。食用菌罐头出口 214 256.7 吨，同比下降 8.63%，其中，出口盐水小白蘑菇罐头 3 194.3 吨，同比增长 10.22%；出口小白蘑菇（洋蘑菇）罐头 128 965.6 吨，同比减少 3.76%；出口其他伞菌属蘑菇罐头 22 285.2 吨，同比减少 39.76%；出口其他蘑菇罐头 59 811.6 吨，同比减少 1.30%。

在出口金额上，2021 年 1—11 月，香菇出口金额 519 934.4 万元，较 2020 年同期减少了 20.49%。其中，鲜或冷藏的香菇出口金额 28 084.6 万元，同比增长 10.98%；干香菇出口金额 439 312.2 元，同比则减少了 21.76%。食用菌罐头出口金额 593 982.3 元，较 2020 年同期减少了 5.24%，其中，盐水小白蘑菇罐头出口金额 3 443.3 万元，同比增长 5.05%；小白蘑菇（洋蘑菇）罐头出口金额 168 744.4 万元，同比增长 48.56%；其他伞菌属蘑菇罐头出口金额 41 216.7 万元，同比减少 50.35%；其他蘑菇罐头出口金额 380 577.8 万元，同比减少 10.86%。

在进口数量上，2021 年 1—11 月，食用菌进口数量减少。干香菇进口量 5.2 吨，同比减少 5.57%。食用菌罐头进口量 46.6 吨，同比减少 19.40%，其中，小白蘑菇（洋蘑菇）罐头进口量 2.0 吨，同比减少 87.86%；其他伞菌属蘑菇罐头进口量 2.9 吨，同比增长 84.63%；其他蘑菇罐头进口量 41.7 吨，同比增长 4.43%。

在进口金额上，2021 年 1—11 月，干香菇进口金额 60.3 万元，同比减少 22.03%。食用菌罐头进口金额 216.0 万元，同比增加 10.20%，其中，小白蘑菇（洋蘑菇）罐头进口金额 3.4 万元，同比减少 88.09%；其他伞菌属蘑菇罐头进口金额 26.5 万元，同比增长 138%；其他蘑菇罐头进口金额 186.1 万元，同比增长 18.94%。

（三）国内市场

经历了 2020 年一段时期高价位运行后，2021 年，国内食用菌价格在正常价格区间平稳运行。以福建闽福鼎市场为例，香菇现货价在 2020 年 3 月至 7 月上旬在 20 元/千克左右高价位运行，2020 年 7 月下旬香菇市场逐渐回归正常，市场价格稳定，2021 年全年香菇价格在 14 元/千克上下波动。

三、国际食用菌产业技术研发进展

（一）国际食用菌育种技术发展动态

作为新一代基因编辑技术，CRISPR/Cas9 介导的基因编辑技术在食用菌中得到不断突破，继灵芝、蛹虫草、金针菇、裂褶菌等种类之后，2021 年，日本京都大学 YoichiHonda 在糙皮侧耳中采用 CRISPR/Cas9 进行高效基因组编辑获得成功；韩国国立忠北大学 HojinRyu 采用 CRISPR/Cas9 在香菇中获得成功；中国南京师范大学陆玲在刺芹侧耳中对 CRISPR/Cas9 系统的核心组分 cas9 基因进行了密码子优化，对乳清苷-5′-磷酸脱羧酶编码基因 *pyrG* 基因进行编辑，成功获得杏鲍菇尿嘧啶营养缺陷型菌株。

（二）国际食用菌栽培生理发展动态

国际上主要栽培食用菌种类包括双孢蘑菇、香菇、平菇、黑木耳、金针菇、杏鲍菇、真姬菇、灰树花、滑菇、草菇等，有关食用菌的研究主要集中在中国、日本、韩国、美国、印度、马来西亚、荷兰等国，研究内容主要在于食用菌的野生资源开发、栽培技术、功能成分、智能化控制系统、新型基质开发、基质降解机理、产品加工、药品开发、市场分析、菌渣资源化利用以及食用菌产业发展概述等方面。栽培食用菌的常用原料包括玉米芯、木屑、稻草、麦秸、棉籽壳、甘蔗渣、鸡粪、麸皮、玉米粉等，开发的新型栽培原料有蔬菜茎叶、果树木屑、草本植物茎秆、咖啡渣、蚕豆壳、大豆秸秆、葡萄渣、玉米秸秆、木薯副产品等。食用菌研究涉及的学科包括微生物学、生物化学与分子生物学、植物学、真菌学、药理学、计算机科学、微电子学等领域。国际食用菌论文发表数量较多的机构主要集中在国际知名的高校和科研院所，食用菌领域专利申请和专利及技术市场主要集中在亚洲，中国既是食用菌领域专利技术最主要的申请来源，也是最主要的技术市场，其次是日本、韩国、美国、俄罗斯、德国等国家。

（三）国际食用菌病虫害防控技术发展动态

国外学者主要关注植物精油、生防细菌和噬菌体在食用菌病害生物防治中的潜力。科学家们揭示了贝莱斯芽孢杆菌抑制侵占木霉但不抑制双孢蘑菇的机制，分析了双孢蘑菇病原菌对杀菌剂咪鲜胺锰盐产生抗性的风险及分子机制。发现在 *Pseudomonas tolaasii* 致病过程中非核糖体肽合成酶基因 *tol A* 起关键作用，鞘氨醇杆菌（*Sphingobacterium* sp.）能引起平菇褐斑病，放线菌属细菌可引起双孢蘑菇细菌性褐斑病。大蒜粗提液、生防菌株枯草芽孢杆菌和解淀粉芽孢杆菌及其发酵上清液对平菇黄斑病病原菌均有较好抑制效果。食用菌与感染病毒的互作机制研究是国内外研究的热点问题，双孢蘑菇中 AhMV1、灰树花中 GfPV1、梯棱羊肚菌中 MiEV1 等病毒感染后无症状表现，但平菇 PoV-ASI2792、香菇 LeNSRV1等病毒具有致病性，在菌丝表型及子实体产量上产生负面效应。

国外学者在食用菌害虫防治研究中发现，食用菌所含蛋白质、抗氧化物、酚类和黄酮类物质含量对墨西哥按实蝇（*Anastrepha ludens*）生命周期有影响，而食用菌不同品系间蛋白质和抗氧化剂含量存在差异，对雌雄果蝇、可育和不育果蝇的生命周期影响也有所不同。有些食用菌本身就有抑制害虫危害的物质，从其中提取此类物质并得以应用，应用转基因和遗传育种技术培育抗虫品种是食用菌害虫防治的主要方向之一。

（四）国际食用菌生产装备与智慧管控发展动态

食用菌装备与管控设施设备的研发主要集中在企业进行。大多数装备企业能够根据生产需要研发新装备，努力向自动化、智能化生产方向发展。融合物联网技术，根据预设数据和电脑控制，结合外界的温度、湿度、二氧化碳含量及光照等环境因子，模拟食用菌最佳的生长环境，为产品的产量和质量保障提供技术支撑。此外，工厂化和专业化生产的机械化、自动化发展较快，新型装备已经覆盖制种、栽培、采收、包装、加工等各个环节，包括液体菌种生产、空气净化、培养料制作、菌棒（包）生产、环境控制、产品干制、保鲜、食品加工和深加工等。从原料生产到菌种菌棒（包）制作，从菇房设计建造到温湿光气自动控制，从采收到各类加工品，产业链的各环节都具备了与其综合条件相适应的较为完整的“设施—装备—工程”一体化的生产技术装备体系。

（五）国际食用菌加工技术发展动态

1. 食用菌加工技术研发进展

2021 年，国际学者主要研究了高效低能耗干燥、功能成分精制工艺和植物肉产品开发等食用菌加工技术。传统的热风干燥和冷冻干燥效率低、能耗大，会破坏食用菌中致热敏生物活性化合物。相比之下，电流体动力干燥能明显降低双孢蘑菇的营养成分，减少风味物质流失，干燥时间缩短了 25%，能耗降低了 35%。几丁质葡聚糖复合物常作为生物活性材料被广泛用于食药、化妆品等领域，食用菌中的几丁质葡聚糖复合物具有稳定性高、致敏性低的特点，但传统的热水浸提工艺流程烦琐，效率低。利用“碱溶—脱蛋白”两步法可以从平菇中高效提取结晶度为 58. 43%的多孔纤维状几丁质葡聚糖复合物，最终提取率达到 49%、热稳定温度高达 150℃。为了破除动物肉主导的消费市场现状，提高食用菌附加值，以双孢蘑菇、杏鲍菇、金针菇和草菇等食用菌蛋白为主要原料，利用高水分挤压、3D 打印、高静压、脉冲电场等技术开发高弹性、易咀嚼和蒸煮损失小的食用菌基植物肉制品。

2. 食用菌保鲜技术研发进展

国际上对于食用菌保鲜技术的研发主要集中于保鲜剂的开发和部分保鲜包装材料的开发等方面。保鲜剂的开发仍以果蔬保鲜剂在食用菌保鲜上的二次开发为主，受限于食用菌采后生理研究基础的不足，保鲜剂的开发仍处于缓慢发展的阶段，且保鲜效果未能达到在果蔬保鲜上的应用效果。其他诸如等离子体保鲜等技术的开发，由于设备后续完善进度较慢，仍然处于前期研究阶段，未能在生产上得以实质性的应用。保鲜包装材料的开发进展较快，如复合型保鲜包装材料达到了一定的保鲜效果。但新开发的保鲜包装材料的成本及添加材料的安全性等问题，限制了这些新型保鲜包装材料的使用。目前，保鲜技术仍然需要在食用菌采后生理深入研究的基础上，以低温保鲜结合气调保鲜作为主要的保鲜贮运手段。

3. 食用菌质量分析与营养评价技术研发进展

2021 年，国际上对食用菌质量分析及营养评价的工作主要聚焦于食用菌的农残及重金属检测分析方法的创新上。食用菌重金属的研究主要包括含量测定及存在形式两个方面，高效液相色谱-电感耦合等离子体质谱技术（HPLC-ICP-MS）、原子荧光光谱技术（HG-AFS）、高效液相色谱-电喷雾电离质谱联用技术（HPLC-ESMS）、X 射线吸收近边谱技术（XANES）、感应耦合等离子体质谱仪和动态反应池技术（ICP-DRC-MS）等高精确度检测技术应用到重金属成分的检测分析工作中，开发了一系列的检测方法。而在农药残留上，更加关注了在食用菌贮藏及食用过程中的农残含量变化，尤其是在冷藏保存及冷冻保存过程中农药残留的半衰期变化，食用菌食用前的洗涤以及不同烹饪方法，如煮沸、微波和油炸过程中农药残留与时间的变化特征进行了细致的分析探讨，为食用菌的安全健康食用提供了依据。而红外光谱技术、核磁共振技术则在食用菌的水分、脂肪、蛋白质等营养成分定量分析，颜色、水活度、质地、pH 值和持水能力等物理特性检测，以及化学成分定量检测上获得应用。此外，核磁共振的辅助成像系统还可提供组织内部结构的变化等信息，并通过建立与微生物生长之间的关系评估食品质量的恶化程度。

四、国内食用菌产业技术研发进展

（一）国内食用菌遗传育种创新能力进一步增强

在定向育种理论与技术创新方面，一是筛选出线粒体 *rrnL* 基因作为香菇细胞质类群鉴定分型分子标记，深入开展香菇细胞核和细胞质遗传研究，明确单单杂交过程中核迁移路径和细胞质遗传规律。二是通过高质量的全基因组序列和遗传连锁图谱，解析平菇菌盖颜色遗传基础，并在对色素的理化性质和微观形态方面，解析平菇菌盖颜色化学基础。三是全面开展表型组关键核心技术研究，构建食用菌分子育种模拟平台，探索模拟仿真育种。四是研发的新品种结合羊肚菌种袋栽培技术，显著降低生产成本、劳动强度和污染率，中试效果十分理想。

在菌种质量控制和菌种繁育方面，阐明了 pH 值对香菇菌种质量的影响机制，并针对工厂化生产中菌种退化和质量不稳定的问题，建立种性维护技术，在龙头企业示范应用 3.5 亿袋。

（二）国内食用菌生产栽培技术研究进展较快

食用菌产业在疫情的影响下仍得到健康、平稳的发展，2020 年全国食用菌总产量达到 4 061.43 万吨，比 2019 年增加 3.2%，食用菌产量在 300 万吨以上的省份是河南省、福建省、山东省、黑龙江省、河北省，产量在 300 万吨以下、100 万吨以上的省（区）是吉林省、四川省、江苏省、湖北省、贵州省、江西省、辽宁省、陕西省、湖南省、广西壮族自治区，产量 50 万吨以下的有山西省、重庆市、甘肃省、天津市、新疆维吾尔自治区、上海市、北京市、西藏自治区。产量超过 100 万吨的食用菌种类依次是香菇、黑木耳、平菇、金针菇、杏鲍菇、双孢蘑菇、毛木耳等，产量在 30 万～99 万吨从高到低依次为茶树菇、滑菇、银耳、秀珍菇、真姬菇等。大宗菇类中香菇、黑木耳、杏鲍菇、毛木耳产量平稳增长，平菇、金针菇、双孢蘑菇产量下降，羊肚菌、秀珍菇、松茸、大球盖菇、真姬菇、灰树花、茯苓/猪苓、牛肝菌、猴头菇等食用菌种类产量增幅较大。

食用菌产业从主要追求产量和依赖资源消耗的粗放经营转变到数量、质量和效益并重，更加注重科技创新、产业结构优化和绿色发展。香菇、黑木耳和平菇的总产量占我国食用菌总产量的 60%以上，仍以传统农业式生产为主，这种农业式生产模式还将在相当长的时间里继续存在，专业化分工将成为 3 种食用菌生产的主要方式，“专业化制棒（袋）+生态化出菇”模式在各主产区逐渐普及。工厂化品种是我国食用菌产业发展的重要组成部分和发展方向，产业生产技术水平已经达到较高程度，但是目前具有自主知识产权的品种仍非常缺乏，管控智慧化水平和基质配方改良仍具有较大的发展潜力。地方特色品种及珍稀种类逐步成为食用菌生产者差异化生产新选择及市场消费新热点，基于地方资源禀赋、气候特点的区域化，特色品种及珍稀种类的轻简化、多元化绿色生态栽培技术将成为产业发展的新增长点，但目前大部分地方特色品种仍处于简单农法生产阶段，种质资源创新严重缺乏、关键生产技术研发投入严重不足，亟须体系从品种选育、栽培技术研发、病虫害绿色防控及产品精深加工等方面进行系统研发和集成示范，推动地方特色品种实现标准化绿色生态发展。

在新型基质利用方面，研究表明芦苇、桄榔木屑、葛根渣、金银花枝条、竹屑、茶树枝条、油茶木屑、茶渣、银耳菌渣、杏树枝条、桑树枝条、豆秸、玉米秸秆、橄榄果渣、天麻茎秆、马铃薯秸秆等新型基质可用于食用菌栽培，并开发了香菇、黑木耳、平菇、双孢蘑菇、毛木耳、杏鲍菇、茶树菇等不同品种的新型基质配方，节本增效显著。

在栽培生理方面，广泛开展了基质理化特性、基质处理方式、环境条件对平菇、香菇、黑木耳、金针菇等子实体生长发育和活性成分影响的相关研究，基因组学、转录组学、蛋白组学、代谢组学应用于解析食用菌栽培过程中的分子表达模式，对改善栽培条件具有重要的指导意义，李玉院士团队上线食用菌组学数据库，其中包括了 95%商业性栽培食用菌的基因组、转录组和 700 余份菌株的重测序数据，提出了一种准确性高且计算高效的基因组预测方法，根据表型的遗传复杂程度智能化选择最优预测模型来提高基因组预测的准确性。

（三）国内食用菌病虫害防控技术研究持续深化

国内学者首次筛选出香菇在抗深绿木霉侵染过程中起重要作用的类甜蛋白基因 *LeTLP1*，建立了香菇深绿木霉抗性鉴定模型。明确高山被孢霉和拟盘多毛孢对羊肚菌致病性，揭示了双孢蘑菇绿霉病发病率与厉眼蕈蚊（*Lycoriella ingenua*）数量的关系。明确了香菇对木霉菌、双孢蘑菇对有害疣孢霉（*Mycogone perniciosa*）均表现出了从高感到强抗的抗病能力分化，在黑木耳和卵孢长根菇木霉菌抗性品种选育中已经成功应用。在真菌病害防治方面，国内学者主要集中在植物粗提物类和生防细菌筛选方面。在侧耳属、金针菇、双孢蘑菇等细菌性病害研究中，发现提前接种弱毒菌株或接种高温灭活后的病原菌培养液都可诱导平菇对托拉斯假单胞杆菌的抗性，侧耳对托拉斯假单胞杆菌表现出明显的品种分化。北京泛菌能引起杏鲍菇软腐病，二氧化氯浓度超过 50 毫克/升时可抑制北京泛菌生长。二氧化氯、次氯酸钙、胶体银对食用菌细菌性黄斑病及软腐病等都有较好防治效果。在病毒病防治方面，香菇一步法多重 RT-PCR 病毒检测技术被开发，对优良母种进行菌丝碎片脱毒和化学试剂脱毒等处理，能有效控制食用菌病毒病发生。

国内学者研究发现异硫氰酸烯丙酯（AITC）对异迟眼蕈蚊各个时期都有很好的熏蒸作用，对成虫的效果尤为显著。6 种食用菌中平菇对异迟眼蕈蚊的吸引力最强。在食用菌基质中分离出黄曲霉和卷叶毛霉，趋性分析发现，雌性蕈蚊成虫对卷叶毛霉的趋性更强，靠取食卷叶毛霉菌的幼虫能完成整个世代的发育，而以非真菌为食或者取食黄曲霉的幼虫无法正常存活。平菇不同菌株对腐食酪螨的卵孵化率、存活率和生长发育的影响存在差异，表明通过品种选择可有效防控害螨。

（四）国内食用菌生产调控装备平台技术不断成熟

食用菌机械设备的生产厂家继续致力于食用菌机械加工设备的自动化、智能化产品的研发，研发出具有自主产权的高水平、智能化的食用菌机械设备。智能化产品已被广泛应用，涵盖了食用菌的栽培、加工、拌料、装袋、扎口、灭菌、接种、烘干等成套自动化生产设备。这些先进设备和生产线，具有生产效率高、能耗小、低碳环保等特点，许多设备还加入了 AI 人工智能等最新的智能化技术，以满足食用菌工厂化栽培、加工和生产的要求，比如形成基于机器视觉的菇体定位，在此基础上研发试制采收机器人，在双孢蘑菇等方面成功应用。

由于农业数字化技术前期已有较好的沉淀积累，技术门槛逐年降低，同时环控设备具有相通性，其他相近领域如原先大规模应用在蔬菜上的监测设备、塑料大棚/日光温室调控设备均可用于食用菌农业式生产；在工厂化生产方面，则可借鉴暖通空调工程、医药自动化生产等领域内成熟设计方案。2021 年发布的《“十四五”全国农业农村科技发展规划》中要求“到 2025 年农业领域原始创新能力大幅提升”，同时行业外部环境特别是芯片领域自主化能力进一步增强，特别是核心控制器如宏晶科技的 51 系列、龙芯中科的

1C/B 系列等均可做环控设备控制器的国产化替代，从政策和技术上双重保障了食用菌行业环控设备自主水平持续提升。

（五）国内食用菌加工产业技术水平不断提升

1. 食用菌加工产业技术水平不断提升

2021 年，我国食用菌加工产业技术研究主要集中在调味品、复合饮品、即食食品和功能食品的开发。除了金针菇、杏鲍菇、双孢蘑菇、鸡腿菇等大宗食用菌外，蛹虫草、姬松茸、猴头菇逐渐成为产品加工技术研究的热点。以滑子菇、草菇、双孢蘑菇、杏鲍菇、姬松茸、鸡腿菇、茶树菇和香菇为原料，利用米曲霉无盐固态发酵法酿造蘑菇酱油，并发现亚油酸乙酯、2,3-丁二醇、十六碳酸乙酯为酱油的特征香气成分，解决了传统调味基料营养不足、呈味效果弱、综合利用率低的产业问题。以猴头菇、陈皮和罗汉果为原料，通过浸煮蒸制技术开发了一款颜色清亮、口感柔和、口味舒适的袋泡茶，保留了山珍猴头菇的色、香、味及营养成分，为食药用菌资源的开发利用提供了一条新的途径。基于感官评价体系调制出了一款色泽鲜亮、咀嚼性好、质地紧密、麻辣鲜香的金针菇干制即食食品，为开发食用菌即食方便产品提供理论依据。添加杏鲍菇可提高传统肉质香肠的膳食纤维，降低其脂肪含量，制得的杏鲍菇复合香肠口感软嫩不油腻，颜色红白分明，丰富了动物肉主导的消费选择，发挥食用菌在大健康产业中的作用。以壳聚糖和海藻酸钠为壁材，制备一种包埋率高、成型性良好、耐高温的球状鸡腿菇多糖微胶囊，具有助消化、增强免疫、降血糖等保健功效，为食用菌精准营养产品的开发提供理论依据和技术支撑。

2. 食用菌保鲜贮运技术开发

我国目前食用菌保鲜贮运技术研究主要集中于新型保鲜剂、保鲜材料的开发，以保鲜剂的开发作为研究热点。保鲜剂一般多以在果蔬保鲜上常用的 1-甲基环丙烯（1-MCP）等作为主要的备选材料进行研究，但保鲜效果不理想。保鲜材料的开发以复合性材料为主，受限于原材料成本及加工后产品成本限制，目前尚未能在生产上广泛推广。保鲜技术的开发仍然以食用菌采后生理控制为主要技术切入点，以采后技术与保鲜技术的完善衔接为主要的技术手段，在生产上进行应用。

3. 食用菌质量分析与营养评价技术进步

2021 年我国在食用菌质量安全检测方面建立改进了 QuEChERS 提取和净化方法，并结合气相色谱-质谱联用法测定了食用菌中的 17 种农残含量。并且，针对食用菌重金属吸收、富集的特点，基于种类、培养基、生长环境条件、大气污染情况、栽培模式和方法、其他寄生物干扰等因素，通过改变 pH 值、优选品种、培养基料以及离子拮抗作用，改变食用菌对重金属的吸附。此外，通过对样品进行酸碱微波消解，提高食用菌样品重金属检测的重复性、稳定性、灵敏度，实现对铅、镉、汞、砷 4 种重金属快速、准确的定量分析。

（国家食用菌产业技术体系首席科学家　谭琦　提供）

2021年度中药材产业技术发展报告

（国家中药材产业技术体系）

一、国际中药材生产与贸易概况

（一）国际中药材生产

据估计，2018—2023 年全球草药市场将以 5.88% 的复合年增长率增长（Report Ocean，2020 年 8 月）。全球草药市场规模在 2019 年为 830 亿美元，2020 年估计为 1 102 亿美元，预计到 2030 年将达到 5 500 亿美元，到 2030 年的复合年增长率为 18.9%（Source：insight SLICE，2021 年 2 月）。按地区划分，全球草药市场分为北美、欧洲、亚太、中东-非洲、拉丁美洲等。欧洲主导了全球草药市场，预计在整个预测期内也将保持领先地位。德国预计将以 6.5%左右的复合年增长率增长，而欧洲其他市场将达到 358 亿美元。亚太地区有望在预测期内显示出最快的增长速度，印度和中国是亚太地区草药产品的主要市场。目前中国在全球市场上占有 18.4%的份额，作为世界第二大经济体，预计到 2026 年将达到 329 亿美元的市场规模，在分析期内的复合年增长率为 10.8%。其他值得注意的地理市场包括日本和加拿大，它们在分析期内的增长率分别为 7.4%和 7.1%。由于美国草药使用量的增加，预计北美市场规模将会增长。据估计，2021 年美国草药市场的规模将达到 228 亿美元。由于中东地区对草药的认识不高，预计中东市场的增长将会缓慢（全球行业分析师公司，2021 年 10 月）。

（二）国际中药材贸易

2020 年全球草药总出口额约为 68.92 亿美元，全球出口额排名前六的国家依次为：中国、印度、德国、美国、加拿大、埃及。其中排名第一的中国出口额约为 9.32 亿美元，占全球出口总额的 13.53%，是第二名印度出口额占比 5.04%的 2.68 倍，展示了中国草药丰富的产量和巨大的市场潜力［联合国商品贸易统计（UN Comtrade）数据库］。

2020 年全球草药总进口额约为 68.95 亿美元，全球进口额排名前六的国家和地区依次为：美国、德国、日本、中国香港、中国（不含香港、澳门、台湾）、其他亚洲国家。其中排名第一的美国进口额约为 4.34 亿美元，约占全球总进口额的 6.29%。其他 5 个国家或地区进口占比依次约为 5.41%、3.74%、3.43%、2.17%、2.00%（UN Comtrade 数据库）。

二、国内中药材生产与贸易概况

（一）国内中药材生产

根据国家中药材产业技术体系各岗站的反馈，预计 2021 年全国中药材种植面积超过 9 000 万亩，其中贵州、云南、四川、广西等省（区）面积居前列。2011—2020 年，国家统计局的公布数据显示全国中药材播种面积由 2 073 万亩增长到 4 346 万亩，年均增长率为 8.57%，实现连续增长。

（二）国内中药材贸易

预计 2021 年我国中药材市场成交额将逼近 1 800 亿元。2021 年我国中药材进口量达 6.77 万吨，同比下降 0.5%，进口额达 3.05 亿美元，同比增长 52.7%。出口量达 12.6 万吨，同比下降 4.5%，出口额达 9.62 亿美元，同比增长 1.6%。2021 年中式成药出口量达 1.16 万吨，同比下降 7.7%，出口额达 3.05 亿美元，同比增长 17.5%（海关总署）。中药在此次的新冠肺炎疫情中发挥了巨大作用，展望未来，中药材进出口贸易仍将保持增长趋势。

三、国际中药材产业技术研发进展

（一）中药材资源、中药材育种、种子生产

中药资源方面，对罗马尼亚、意大利等国家中药资源的保护现状进行了详细了解。罗马尼亚采用建立自然保护区等方式保存芍药野生资源、濒危野生药用资源。意大利等欧洲国家在国家和城市公园内专门设置药用植物园，收集保存常见的中药资源和药食同源植物，并通过展示牌等方式介绍植物功能和生存现状。

育种技术方面，目前最前沿的分子育种技术在中药材育种研究上不断应用，如遗传图谱构建、性状分子标记、药效成分合成分子通路解析等多有开展，三七、丹参、人参、博落回、红景天、白木香、黄芩、甘草（日本）等药用植物全基因组图谱已成功绘制。

（二）中药材栽培及田间管理

国外药用植物人工种植规模和品种不断增加。但整体来说，国外药用植物种植规模还比较小，种植技术以仿野生栽培或者生态栽培为主。韩国主要种植高丽参、五味子、东当归等种类，种植技术主要采用的是类似我国的仿野生栽培技术，对生长环境有严格的要求，病虫害防治以物理防治为主，不用化学农药。日本每年生产大量的汉方药，其药材 80%以上来源于我国，自主生产的药材主要有三岛柴胡、信州大黄、都甘草、当归、人参等少量品种，种植技术多侧重于生态种植，严格把控化肥及农药的施用。近年来，日本汉方药企业草药种植有明显向东南亚国家，如老挝、缅甸等拓展的趋势。在欧洲、北美等地区，主要开发以植物药为原料的保健品，种植药材主要为洋甘菊、薰衣草、西洋参等，栽培技术多侧重于基于机械化的生态种植。南美洲传统草药玛咖、阿萨伊等越来越受到市场关注。美国、以色列和韩国在植物合成生物学方面研究较多，通过细胞内水平调控在植物底盘中合成了阿魏酸、黄芩素等代谢产物。

（三）病虫草害防控技术

病虫草害的控制一直以来是一个不断改进和完善的领域。使用抗菌剂、生防制剂，以及化学合成农药都是防治药用植物病害的主要措施。但是由于化学农药容易造成大量的环境污染、生物制剂的特异性以及病原体的耐药性，仍然需要继续探索新的防治手段。近年来“纳米技术”在多个领域出现，成为国内外药用植物病虫草害防治的新方向。目前已研制出多种用于控制药用植物病害的纳米材料、用于诊断中药材病害种类的纳米材料，以及可激发中药材植株抗性的纳米材料。这些纳米材料成为抵御植物病虫害的新武器，是农业生态系统的关键组成部分。除此之外，越来越多的新技术不断涌现，为药用植物病虫草害的防治提供了新思路，包括太阳能病虫害防治技术、超声波和通电除虫技术、辐射昆虫不育防治害虫技术和人工诱发作物自身抗虫害能力技术等。

目前仍然主要使用除草剂来进行草害防控，在除草剂喷洒技术上引入了杂草智能识别

技术与遥感技术，通过与无人机技术的结合，建立一种新的杂草精准自动防控综合管理体系，对于除草剂的减量增效具有重要意义。

（四）中药材机械研发

药用植物人工栽培在国外主要集中在日本（汉方药）、韩国（韩药）、印度（阿育吠陀医学）、越南等亚洲国家，及北美与欧洲等地区，其农机应用以机械化播种、除草、采收、干燥、粗加工与深加工为主。欧美、日本、韩国等发达国家在根茎类药用植物的播种和收获装备领域的研发与制造水平相对成熟，尤其是一些高附加值的大宗药材，如韩国高丽参和美国西洋参等均已实现种植到采收的全程机械化生产，并逐步向规模化、无人化、智能化方向推进。日本近年来在药用植物设施栽培与智能化管控技术研发方面有较大发展，甘草和当归的设施穴盘育苗技术不断深化，蛇根草和金莲花等药用植物的人工光照研究已取得突破性进展。在机械化干燥领域，国际前沿的研究主要集中在以实现智能化、精细化干燥控制为目标，对干燥过程药用植物品质的机理变化、生产效率和能耗的相互关系、多阶段控制和新型干燥技术组合的智能装备开发已进入产品化阶段。在深加工技术领域则多以新型工艺研究为主，如药用有效成分的绿色高效萃取技术、活性成分的过程转变机理、热敏性成分的降解机理和优化调控策略等。

（五）中药材加工利用技术

目前国际市场的药用植物加工产品多样化，主要集中于利用植物提取物开发功能产品及日化产品，比如德国企业用缬草提取物开发助眠片；日本企业利用橘皮提取物、柳兰提取物开发爽肤水及水凝露等系列护肤产品，以及生产紫苏水乳等产品。日本汉方制剂品种有 149 种，因厂家剂型不同，共计 903 个品种，日本汉方药材大约有 85%依赖进口（主要来源中国）。日本把低温提取、真空浓缩、冷冻干燥和真空沸腾造粒等现代制药技术，都运用于中药制药工艺中，提高了产品质量。韩国在药用植物加工方面，对主产药用植物进行了系列化开发，维持人参原形的产品有天参、良参、切参等；传统产品有全参、参片和参粉；新开发产品有人参精丸、人参锭、人参胶囊、人参口服液等；此外还有人参系列化妆品，100 多种产品已广泛进入商场、超市、药店、机场和旅游景点。韩国实行原料栽种加工定点生产，产品统一收购后，由政府规定在唯一的红参加工厂按标准加工再出售。所有上市饮片在切制前必须经过严格清洗，均匀一致。韩国、日本两国目前研制的药材加工机械包括刀式直片切药机、旋转式斜片切药机、滚筒式药材清洗机、炒药机、润药机等，规格型号共有 30 多种。

四、国内中药材产业技术研发进展

（一）中药材资源、中药材育种、种子生产

2021 年度，国家中药材产业技术体系新品种保护成效显著，完成的黄花蒿、甘草属等《植物新品种特异性、一致性和稳定性测试指南》通过技术委员会专家组审定，提交国家标准《中药材（植物药）新品种评价技术规范》（报批稿）；收集种质资源超过 1 500 份，筛选优良种质 400 余份，11 个新品种获得植物新品种授权或通过认定（鉴定、登记），其中 2 个牡丹皮新品种秾俪唱春、秾滟香语被国家林业和草原局授予植物新品种权，9 个新品种通过河南、安徽、海南、云南等地的省级认定（鉴定、登记），其中艾草 2 个（郑艾 2 号、郑艾 3 号）、野菊花 1 个（野菊 2 号）、白木香 3 个（棋香 21 号、棋香 31 号、中科 1 号）、砂仁 2 个（云砂 1 号、云砂 2 号）、红花 1 个（郑红 1 号）。另外，蕲艾（蕲青 1 号、蕲黄 1 号）、远志（汾远 6 号）、黄芪（恒芪 1 号）等新品系通过了田间认定，黄芩（国芩 1 号、国芩 2 号）和金荞麦（国荞 1 号）3 个新品种保护申请进入实质性审查。

（二）中药材栽培及田间管理

国家中药材产业技术体系继续引领中药生态农业研究与实践，丰富了基于“天地人药合一”和“逆境效应”的中药材“拟境栽培”生态种植理论，提出了三大核心策略：土壤综合治理、病虫害绿色防控和杂草绿色防控；阐明了四大核心机理：生态位最佳利用提升产量、逆境效应提升品质、生态系统稳态抗病虫害、土壤正反馈提高土壤质量；获发布《中药材生态种植技术规范（55 项）》中华中医药学会团体标准，涉及药用植物 50 种，标志着中药材生态种植技术迈入标准化时期；构建了中药生态农业经济效益评价体系，通过对林下种植、间套作、轮作等 30 种中药材的生态种植模式的分析，发现生态种植较常规种植每亩年均增收 4 000 余元，其中 25 种生态种植模式下的中药材，平均增产 17. 58%。同时，生态种植促进了中药材种植与农、林、草、畜业的有机结合，正在形成药用植物与农林植物生态位相互补充、生境立体开发，资源循环利用的生产格局。

在田间管理方面施加外源添加剂如萘乙酸、油菜素内酯、茉莉酸甲酯等，可以缩短百合、沙棘、青蒿等培育时间，增强抗寒性，提高活性成分含量。整形修剪和地膜覆盖等技术可以明显提高连翘、当归等药材品质。有机肥料进一步得到应用，土壤的健康状况不断增强。

中药材设施栽培发展出地膜覆盖、遮阴、牵引栽培、拱棚、连栋温室栽培、避雨栽培等多种模式；在设施育苗方面，重楼、黄精、人参、三七、白及等珍稀濒危药用植物的设施直播育苗都取得了长足的进展。中国学者在植物合成生物学方面有较大进展，通过多个模块调控以植物为底盘合成了高产莨菪碱和人参皂苷 Rg3 等代谢产物。

（三）病虫草害防控技术

基于中药材生态种植模式，综合各项非化学病虫草害防控技术，更适合中药材绿色高效发展的要求。2021 年度，国家中药材产业技术体系病虫草害防控研究室联合云南农业大学研发构建了中药材种植新模式——林下有机中药材种植技术体系。该技术立足生物多样性资源禀赋，利用生物多样性“相生相克”和“生境耦合”原理，针对常规中药材大田生产过程中由于单一品种的大面积种植及大肥大水的管理措施，常导致病、虫、草、鼠害暴发流行的问题，利用生物间相生相克的原理，将中药材的生物学特性与森林物种和生境相耦合，创造适宜中药材生长的环境条件，创建中药材林下有机种植技术体系，从源头解决中药材质量下滑难题，也极大缓解了中药材与粮食和经济作物争地的问题，缓解了土地资源匮乏的矛盾，为克服现行中药材农田种植模式的弊端提供了关键技术支撑。

（四）中药材机械研发

中药材全程机械化的发展愈加得到重视，很多学者对全国不同省市地区、不同品种的中药材机械化的发展提出了针对性发展建议，关于中药材生产机械的研究热度进一步提高，主要集中在根茎类中药材（黄芪、三七、山药、半夏、板蓝根、白芷、麦冬、元胡等）收获机械的研发，其次在种子丸粒化、小籽粒播种、花类药材收获、药材切片、蒸制、干燥，及其设施育苗方面的机械开发与装备研制均进行了有益探索。同时，无人驾驶、智能控制、图像处理等新兴技术开始在浅根茎类收获机械上初步应用，部分取得了突破性进展。

目前，国内一些专业研究机构和生产厂家纷纷涉足中药材机械化装备研发，促使我国中药材人工栽培的技术模式出现新趋势，部分中药材种苗由传统的露地育苗转向设施育苗方向发展，近期新建了一些大型连栋温室专用于中药材育苗。这对中药材设施作业机械有了新需求，但也出现一些技术误区和产业误判。不少温室厂商把蔬菜与花卉育苗的设施与装备直接应用于中药材育苗，造成种苗形态和根系不适合大田移栽，难以达到大田育苗的同等效果。在中药材加工方面，对不同中药材干燥特性开展了多种干燥方式组合式技术开发与干燥过程品质动态变化研究，但均处于试验样机阶段，尚未达到市场推广水平。另外，产地趁鲜加工受到重视，山东省、陕西省等地制定了相关技术指导意见，但趁鲜加工关键技术和设备研发尚需科研院所和企业等各方的共同努力。

（五）中药材加工利用技术

国内建立了多成分、多指标数据模型来综合评价初加工工艺对百合、枳壳等中药材质量的影响；对中药材初加工中的发汗等特殊初加工工艺对中药材质量影响进行评价，建立了茯苓等根茎类药材控温控湿模拟发汗代替传统堆积发汗工艺，提升了发汗效率、防止中药材的污染。开展了产地趁鲜切制加工的可行性评价和中药材产地加工炮制一体化进程，发布了初加工和产地片加工技术规范的地方标准和团体标准 16 项。针对山药传统加工工艺中采用硫黄熏蒸导致硫超标的食品质量安全问题，开发了乳酸芽孢杆菌 DU-106 发酵液新型护色剂，建立乳酸芽孢杆菌 DU-106 发酵液山药护色新技术，能替代传统硫黄熏蒸工艺，有效保障山药品质和保留活性成分，提高山药质量安全。

（国家中药材产业技术体系首席科学家　黄璐琦　提供）

2021 年度绿肥产业技术发展报告

（国家绿肥产业技术体系）

一、国际绿肥产业发展概况

绿肥/覆盖作物种植利用在国外应用普遍。在农业生产规模化和种养一体化发展较好的国家，通常利用绿肥对轮休土地或季节性闲置地进行地表覆盖，以减少水土流失、抑制病虫草害、实现生态多样。基于免耕或少耕的可再生农业在不少国家受到推崇，主要是通过绿肥作物/覆盖作物的高效管理，改良土壤结构，强化土壤养分循环，改善农场生态功能，进而保障农业可持续发展。日本在生态农业实施过程中，采用种植绿肥，并配合秸秆还田、施用粪肥等措施培肥土壤，实现有机资源的高效利用，保持生产系统的生物多样性。美国等利用绿肥提高土壤微生物、昆虫、天敌与蜜蜂等物种多样性，从而增强对病虫草害的生态调控作用。

国际上基于覆盖作物的政策支持较为系统。从 2008 年开始，美国农业部（USDA）持续推广土壤保护管理计划（Conservation Stewardship Program），为项目参与者制定专属保护计划，包括在耕作环节种植多品种绿肥作物，改善土壤、水、空气和栖息地质量。一些欧美国家对于没有在农田生产中纳入覆盖作物的，不认定为现代可持续农场，可能失去政府补贴和保险政策。近期，USDA 宣布启动农业创新计划，以保证到 2050 年美国农业产量增长 40%的同时减少 50%的环境足迹。推广覆盖作物一直是 USDA 推动农业可持续生产的政策内容，覆盖作物被认为是农场增加经济效益和美国乡村振兴的希望。

国际绿肥种子贸易总量有限，2021 年与 2020 年基本持平。我国绿肥种子的国际贸易以出口为主，主要是向日本和韩国出口紫云英和苕子等绿肥种子。据不完全统计，2021 年累计出口种子 1 190 吨，出口额 2 200 多万元。我国绿肥种子进口量不大，2021 年从美国、阿根廷、泰国等国家进口黑麦草、柱花草、白三叶等绿肥种子 206 吨。

二、国内绿肥产业发展概况

2021 年春、秋，习近平总书记分别在福建和山东两次考察绿肥生产现场，是对绿肥产业发展的重要肯定和关怀。总书记的关怀是今后绿肥产业发展的重要机遇，一年来，国内绿肥产业顺势而为，在更高平台上做文章，在更强支撑上下功夫，努力为新时代乡村振兴提供绿肥实践。

绿肥种业呈现规模效应，对绿肥产业的保障能力有所加强。安徽芜湖弋江籽、河南信阳种、福建闽紫、湖南湘紫等系列紫云英种子的区域优势和企业品牌优势稳固发展。云南曲靖的光叶苕子集中生产区以及甘肃武威的毛叶苕子、箭筈豌豆种子生产也逐步实现规模化。绿肥育种进入快车道。2021 年国内绿肥种子市场相比 2020 年略有回升。据不完全统计，2021 年度的绿肥种子交易量 4.02 万吨、金额 6.28 亿元，其中，主栽绿肥种类紫云英 1.53 万吨、苕子 1.37 万吨、箭筈豌豆 0.42 万吨。

绿肥生产基本实现轻简高效，绿肥面积稳中有增。稻区绿肥—稻秸联合应用技术普遍应用，各地绿肥—主作物轻简化高效生产及一体化养分管理技术模式全面建立。绿肥关键生产环节的专业配套装备装置体系基本形成。绿肥生产规范化不断加强，两大技术入选2021 年农业主推技术，一批农业行业标准和地方标准发布实施。在一系列关键技术进步、专业装备装置、高效模式集成等方面的系统支撑下，2021 年度全国绿肥生产稳中有升。据 23 个省（区、市）的调查结果，2021 年绿肥种植面积 6 021 万亩，其中农田 4 840 万亩（含水田 2 581 万亩）、果园 1 181 万亩。绿肥种植可减施纯氮 18. 5 万吨，相当于全国农用氮肥用量减少了 0. 72%。

“绿肥+”产业多元生态开始发育，绿肥特色产业路径逐步明朗。“绿肥+”大米和“绿肥+”果品为主的产业模式继续壮大，绿肥元素已有效植入“南陵大米”“好充食”柑橘等区域公共品牌，品牌内涵更加丰富。华北地区的“绿肥+”苹果、梨以及西北地区的“绿肥+”高原夏菜、面粉、枣、牛羊肉等模式逐步探索建立，“绿肥+”产业展现多元发展格局。2021 年度，“绿肥+”产业效应开始放大，“绿肥+”产品贸易额 12. 5 亿元。其中，“绿肥+”大米和果品产值分别为 2. 6 亿元和 8. 2 亿元；“绿肥+”茶叶、面粉、牛羊肉等产值 1. 5 亿元，增速明显。此外，绿肥蜂蜜、箭筈豌豆淀粉、蛋白等绿肥功能与加工产品产值 1 700 多万元。

绿肥在县域经济发展中显现作为，各地生产生态相宜的绿肥发展模式增多。总书记视察过的福建武夷山茶区，绿肥不仅为茶园增绿，同时是茶叶提质增效的重要技术。在安徽南陵，绿肥种业、“绿肥+”产业、绿肥文化及旅游业等绿肥产业成为县域经济社会发展亮点。在四川西充，“绿肥+”柑橘业是县域支柱产业，“果园绿肥”正在向“绿肥果园”演变，绿肥将逐步成为西南橘园的打底色。广西灵川的绿肥有机稻米及文旅、河南信阳的绿肥种业和绿肥优质稻、湖南赫山的绿肥清洁稻米等，绿肥贡献度高、显示度强。

三、国际绿肥产业技术研发进展

绿肥作物遗传机制与育种研究不断进步。箭筈豌豆育种基础和种质创新取得系列进展。日本学者报道了箭筈豌豆参考基因组草图，分析野生自然群体 SNP 多样性和箭筈豌豆品种 KSR5 基因组特征；西班牙学者利用 545 份箭筈豌豆种质资源，进行了遗传多样性分析并构建了核心种质库，对 135 份箭筈豌豆种质资源的抗寄生植物菟丝子特性进行鉴定；波兰学者对 44 份欧洲箭筈豌豆种质资源的表型及种子营养成分进行了鉴定；土耳其学者运用细胞遗传学及核学鉴定，描述了箭筈豌豆亚种间的复杂性，并发现干旱胁迫下箭筈豌豆根器官比芽器官有更强的反应；埃及学者基于种子贮藏蛋白模式分析，揭示了 51 份野豌豆属种质资源的遗传多样性和系统发育关系。美国学者在对满江红共生蓝藻的比较基因组研究中发现一个具有三组固氮酶基因能产生高度活性的激素并具有高侵染能力的特殊菌株，还发现远红光可以诱导细叶满江红的孢子果形成。

国际社会持续关注绿肥培育健康土壤、改善农田生态环境功能。种植绿肥能缓解地力消耗，增加土壤含水量及磷、钾、钙、镁的有效性；驱动土著微生物活性，增加锌活性，改善小麦生长。国外重视应用绿肥调控碳氮排放和养分流失。据世界银行最新发布的数据，当前美国、中国、法国、德国、英国五国覆盖作物固碳能力每年分别为 9 600 万吨、4 300 万吨、1 100万吨、700 万吨和 400 万吨碳当量。蚕豆绿肥的种植降低 NH_3、N_2O、

CO_2 排放，野豌豆和大麦混播相比单作能够降低 CH_4 和 N_2O 的排放，大麦与毛叶苕子混播替代氮肥处理的 N_2O 年均排放比单独施氮处理降低 29.7%。生物炭与红萍配合后水稻氮素吸收增加 23.9%。利用绿肥修复土壤生态功能是重要发展趋势。绿肥油菜可降低土壤镉有效性和水稻镉转移系数。紫云英、炭基肥、减量化肥搭配，能抑制镉在水稻中的迁移积累；绿肥与生物炭、黏土矿物以及石灰等原位钝化材料联合使用可提升镉污染土壤的治理效果。此外，韩国学者发现红萍可去除废水中的环丙沙星。

绿肥是国外常用的主作物病虫草害综合治理措施。绿肥作物通过改变土壤和地面环境，影响地下和地上生物种类、结构与功能，继而发挥生物多样性在病虫草害防控中的作用。轮作小黑麦可降低草地贪夜蛾对玉米的为害。葡萄间作绿肥可提高对葡萄花翅小卷蛾的自然控制。绿肥覆盖作物在翻压利用后通过化感作用对杂草抑制的效果明显。肥田萝卜和野豌豆等绿肥的提取物显著降低了牛筋草的发芽率。菊科、十字花科、豆科、禾本科和蓼科等绿肥作物可代替除草剂抑制热带农业生态系统中的杂草数量。

发达国家的绿肥生产装备研发一直处于领先优势。意大利 Agricola Italiana 公司研发了气吸式播种机，大幅提高小颗粒种子利用率；Magica 公司研制出行距自动调节精量播种机，实现不同作物间作播种农艺；Krone 公司设计可变填充喂料打包装置，实现了紫花苜蓿青饲打包。德国 Lemken 公司针对大马力拖拉机研制了 12 铧犁绿肥翻压装备，极大提高生产效率；Class 公司的系列种子联合收获机增加预加速脱粒和自动补偿侧风装置，可适收白三叶等种子；Fendt 公司研制的 742Vario 绿肥粉碎翻压机，完成了绿肥粉碎后翻压一体化作业。奥地利 Wintersteiger 公司研制出系列小区育种试验收获机械，可配备多款割台，实现超净脱粒和单独取样。

多国探索了绿肥综合利用途径与加工方法。印度、孟加拉国和伊朗等尝试将绿肥作为潜在的植物蛋白、饲料蛋白来源，发现葫芦巴中的多糖组分可作为功能成分加以开发。印度学者发现田菁种子油脂性状特殊，可在高温、高速剪切等特殊环境中应用以及用作隔热和冷却变压器油。伊朗与印度学者发现羽叶满江红是优质鸡、羊和牛蛋白源饲料。印度等国还尝试将葫芦巴作为构建输送植物营养素的凝胶粒子新型递送载体，使类姜黄素和乳香酸的生物利用度分别提高 24.8 倍和 6.9 倍。

四、国内绿肥产业技术研发进展

1. 绿肥作物遗传基础

组装了首个紫云英的染色体水平参考基因组，解析了紫云英共生结瘤的遗传基础；从全基因组范围内鉴定设计 SSR 引物，对 68 份箭筈豌豆种质资源进行了遗传多样性分析。利用小 RNA 测序技术鉴定了箭筈豌豆干旱胁迫响应新型 miRNA 调控网络；开发了 40 个箭筈豌豆内含子长度多态性标记。利用 NGS 技术开发甘蓝型油菜全基因组 SSR 标记，为绿肥油菜种质资源鉴定和遗传多样性评价奠定了基础；筛选出耐低氮优异绿肥油菜种质资源 6 份，初步解析了油菜氮效率差异机理。

2. 绿肥种质创新与种子高产繁育

收集野生、逸生资源 1 596 份，获得育种中间材料 500 多份，登记、认定新品种 8 个。筛选出西北春播和秋播下养分高效截获的毛叶苕子、箭筈豌豆等种质资源，评价了其与高效根瘤菌株的共生匹配性。明确了紫云英群体密度对光温水气等自然资源的利用效率及对结实的影响，基本形成微量元素及调节剂调控紫云英群体技术，初步构建紫云英种子产量分层生产力预估模型。

3. 绿肥栽培利用技术

绿肥—稻秸协同利用技术普遍应用，完善了西北春小麦—绿肥制度下绿肥免耕精量直播轻简高效化生产、柑橘园绿肥周年覆盖轻简化种植等技术模式，提出机械投入少、节肥效应强、绿肥产量高、小麦水分利用效率高的西北春麦区免耕绿肥/麦秸协同还田技术模式。在南方稻区，多年多点研究证明了利用绿肥是减施化肥、保护“耕地”要害的高效手段，全面量化了绿肥的节肥养地效应，深入揭示了绿肥调控农田碳、氮、磷循环作用机制。不同类型障碍土壤的绿肥配置模式在生产中不断得到验证，退化土壤、生地的绿肥改良技术研发与应用逐步深入。

4. 绿肥标准规范

2021 年度，发布实施了农业行业标准《南方稻田绿肥种植与利用技术规范》（NY/T 3840—2021）、《旱地豆科绿肥种子生产技术规程》（NY/T 3843—2021），湖南《双季稻田紫云英种植与利用技术规程》（HNZ291—2021）、《南方一季稻区紫云英多年免播循环留种技术规程》（HNZ292—2021）、《双季稻田秸秆与紫云英绿肥联合利用技术规程》（DB43/T 2096—2021），河南《旱地紫云英种子生产技术规程》（DB41/T 2051—2020）、《秋播箭筈豌豆种子生产技术规程》（DB41/T 2052—2020），安徽《果园绿肥种植利用技术规程》（DB34/T 3983—2021），广西《生态茶园建设与管理规范》（DB45/T 2349—2021），河北《夏玉米间作夏大豆与冬小麦复种技术规程》（DB13/T 5452—2021），青海《果园果树间作绿肥技术规范》（DB63/T 1813—2020）、《绿肥复种套作减施化肥技术规范》（DB63/T 1742—2019），江西《饮用菊花与绿肥间套作栽培技术规程》（DB36/T 1464—2021），山东潍坊《冬绿肥—春谷子周年轻简化栽培技术规程》（DB3707/T 030—2021）、《冬绿肥—春花生省肥高效栽培技术规程》（DB3707/T 029—2021）。“南方稻田豆科绿肥与稻草联合利用养地减肥技术”和“热带果园间作柱花草提质增效技术”入选 2021 年农业主推技术。

5. 绿肥生产装备

优化提升绿肥开沟播种一体机和绿肥种子低损高效联合收获机，研制出大载重量绿肥飞播装置、仿人工铲挖翻土过程的微型绿肥段切翻压机、绿肥种用收割打捆机、绿肥种子初清和精选分级装备等。针对稻田，升级碎土更好、抛撒更匀的开沟作业装置，集成“水稻收获—稻草粉碎抛撒—促腐—绿肥播种”多功能装置并被推荐为农业农村部农业资源高效利用典型模式；研制出粉碎长度约 5 厘米的稻草粉碎装置，更加适应绿肥—稻草协同生产需求；研发了紫云英种子和秸秆“双收”装置，提升绿肥秸秆综合利用效益。研制出旱地绿肥粉碎翻压一体机。

6. 绿肥植保技术

绿肥作物病虫害种类更加明晰，新发现二月兰叶斑病和毛叶苕子叶斑病。绿肥植保功能开始显现，“绿肥+”产品品质与质量安全得到保障。利用紫云英、毛叶苕子等绿肥作物促进草地贪夜蛾防治、紫云英—水稻轮作控制水稻害虫、黄土高原苹果园间作白三叶、鸭茅等降低苹果园土传病害等技术均有报道。

7. 绿肥高值利用

确立了箭筈豌豆淀粉、蛋白、纤维“干湿结合分离”的工艺，中试量产结果显示，比传统“酸浆法”节水 50%以上。优化纯种乳酸菌发酵制造淀粉新技术，加工出的凉粉品质出众。开发绿肥纳豆 14 种，箭筈豌豆、田菁、鹰嘴豆等纳豆的外观和品质优异，实现鹰嘴豆和白箭豌纳豆的中试生产。探索应用绿肥巢蜜生产技术。

8. 绿肥产业经济

提出绿肥种植“一基准、一调整”生态补偿优化原则，生态补偿优化要以农户受偿意愿为基准，应根据农户异质性特征确定补偿方式、调整补偿资金使用结构，并初步提出异质性农业经营主体的差异化补偿标准与补偿方式精准匹配方案。

（国家绿肥产业技术体系首席科学家　曹卫东　提供）

2021年度大宗蔬菜产业技术发展报告

（国家大宗蔬菜产业技术体系）

一、国际蔬菜生产及贸易概况

（一）国际蔬菜生产

据FAO数据预测，2020年世界蔬菜收获面积约为5 829.8万公顷，比2019年增长约77万公顷，增长约1.34%；世界蔬菜总产量约为11.48亿吨，比2019年增长约0.19亿吨，增长约1.66%。2019年蔬菜产量排名前五的国家为中国、印度、美国、土耳其和越南，分别占全球总产量的51.91%、12.29%、2.88%、2.26%、1.48%，上述五国产量占全球总产量的70.83%；蔬菜收获面积排名前五的国家为中国、印度、尼日利亚、印度尼西亚和越南，分别占全球收获总面积的40.03%、15.68%、7.24%、2.04%、1.71%，上述五国蔬菜收获面积占全球总收获面积的66.69%。

（二）国际蔬菜贸易

1. 贸易总量

据联合国统计署数据（UN Comtrade数据库），2020年世界蔬菜进出口贸易总额约为1 949亿美元，较2019年上涨2.78%。其中，出口额约为980.5亿美元，较2019年上涨1.22%，占全球商品贸易的份额约为0.57%；进口额约为968.2亿美元，较2019年上涨4.42%，占全球商品贸易的份额约为0.55%。

2. 贸易结构及流向

2020年世界蔬菜出口额排名前十位的国家依次为中国、荷兰、西班牙、墨西哥、美国、意大利、比利时、法国、加拿大、德国，分别占世界蔬菜出口额比例为13.81%、13.44%、10.07%、8.89%、6.89%、5.40%、5.09%、3.98%、3.71%、2.48%；世界蔬菜进口额排名前十位的国家依次为美国、德国、英国、法国、荷兰、加拿大、日本、比利时、意大利、西班牙，分别占世界蔬菜进口额比例为16.83%、10.07%、6.67%、5.97%、4.51%、4.32%、4.30%、2.85%、2.56%、2.39%。

二、国内蔬菜生产及贸易概况

（一）国内蔬菜生产

国内蔬菜产业规模稳定。根据2021年蔬菜产业运行实际情况，预计2021年全国蔬菜播种面积与2020年持平，受灾害性天气影响，预计蔬菜产量较2020年略减。

价格略高于2020年，全年菜价呈“两头高中间低”的态势。据商务部数据，2021年全国30种主要蔬菜批发均价为4.98元/千克，比2020年全年均价4.74元/千克略增0.24元/千克，增长5.1%；分月份看，菜价于1月达到全年最高点6.20元/千克，此后菜价呈下降趋势，7月降至谷底，为4.12元/千克，8月开始稳步上升，在11月升至5.91元/千克左右。与2020年相比较，2021年全国30种主要蔬菜批发均价1—3月春菜价格较高，

4—9月夏秋菜价格较低，10—12月冬菜价格较高。

（二）国内蔬菜贸易

蔬菜出口额小幅增加。2021年我国蔬菜出口额为157.7亿美元，同比增长5.6%；进口额11.9亿美元，同比增长14.4%；蔬菜贸易顺差145.8亿美元，同比增长4.9%。其中，鲜冷冻蔬菜出口额为73.7亿美元，同比增长6.7%，约占当年我国蔬菜出口总额的47%；加工保藏蔬菜出口额53.8亿美元，同比增长5.5%，约占当年我国蔬菜出口总额的34%；干蔬菜出口额为28.1亿美元，同比增长3.9%，约占当年我国蔬菜出口总额的18%；蔬菜种子出口额为1.1亿美元，同比下降3.1%，约占当年我国蔬菜出口总额的1%。

三、国际蔬菜产业技术研发进展

（一）遗传改良与品种选育

1. 蔬菜基因组学研究与重要性状基因克隆鉴定

发表了菠菜雌株的基因组Spov3和一版菠菜基因组SOL_r1.1。对控制辣椒果实朝向的*up*基因进行了定位和克隆。用RNAi技术抑制*GIGENTEA*同源基因*GK1*的表达，发现了光周期基因可以调控白菜芥子油苷类物质的合成，进而影响白菜品质。在开花机理研究方面，发现春化后开花抑制基因*Circadian 1*（*BrCIR1*）在晚花植株中显著上调，而*CONSTANCE 1*过表达抑制基因（*BrSOC1s*）在早花植物中显著上调。在胡萝卜基因组内鉴定到8个E2F转录因子基因，进一步进行表达分析及在拟南芥中的遗传转化。

2. 重要性状QTL定位、重要分子标记开发

利用新组装的菠菜新基因组SOL_r1.1将菠菜抽薹基因定位到3个QTL位点（qBt2.1，qBt3.1，qBt3.2）。鉴定到多个与菠菜抽薹相关的转录因子和关键基因和多个参与菠菜抽薹的lncRNA。在辣椒中克隆了与PepYLCIV和PepYLCAV抗性相关的隐性基因*pepy-1*。利用双酶切限制性位点相关DNA测序（ddRAD-Seq）技术，对黄瓜果实硬度和脆度进行了QTL定位。开展了番茄青枯病抗性的全基因组关联研究和分子标记的开发。通过全基因组关联分析对栽培番茄8个果实性状相关的QTL位点进行了分析。

3. 种质资源研究与创制

从栽培和野生番茄种质中鉴定到新的耐热种质。发掘出番茄斑萎病毒抗性新种质，并利用种间（栽培番茄和多毛番茄）创制出抗生物胁迫的F_1砧木。对作为砧木的栽培番茄和多毛番茄的杂交材料的高世代进行了遗传分析。发现叶柄上毛状体密度较高的胡萝卜品种能够抑制蚜虫的取食并降低其群体数量，Afro F_1、Kongo F_1、Napa F_1和Nipomo F_1对蚜虫具有较高的耐受性。

4. 育种技术研究与基因编辑

单倍体育种方面，提供了一种提取白菜游离小孢子并培育双单倍体（DH）系的方法。在小孢子培养技术体系上，发现茄子小孢子胚状体发生率高的基因型间内源激素水平无差异，但与培养基中添加不同的植物生长调节剂有关。4℃处理1天可以使观赏甘蓝小孢子胚胎发生率达到37.75胚/皿，传统的32℃不是必要的诱导条件。在蔬菜基因编辑研究上，日本筑波大学利用基因编辑技术研发出含有比自然品种多4～5倍的γ-氨基丁酸番茄，并已批准上市；韩国国立江原大学Park等首次报道了利用辣椒原生质体在辣椒中实

现了 CRISPR 基因编辑；印度学者 Mishra 利用 CRISPR/Cas9 在辣椒中对炭疽病的感病基因 *CaERF28* 进行了基因编辑，提高了炭疽病抗性；Pramanik 等利用 CRISPR/Cas9 介导的基因编辑创制出抗番茄黄化曲叶病毒病和白粉病的番茄新种质。

（二）栽培与生产技术

1. 栽培技术与模式

验证了间隔 30 分钟、喷洒时间 5 分钟的喷嘴（喷嘴口径 11.24 微米）喷雾在气雾培系统中对莴苣栽培的适用性。研究了莴苣在不同波长的 LED 灯的叶背面补光对其外部叶片衰老、光合作用和植株生长的影响。适宜的流量作为一种正胁迫，能给予根系适当的机械刺激，促进根系生长，吸收更多的养分，提高植株的整体生长。电刺激通过激活根毛形成和活性离子转运增强营养吸收。筛选出了促进作物生长、抑制土传病害的多样性种植模式 11 种。如：草莓—辣椒、玉米—豇豆、菜豆—大蒜等间套作模式，适用于蔬菜作物种植的白三叶草、黑麦草、燕麦、毛苕子等填闲作物。

2. 品质调控

Orange（*Cm Or*）基因可以通过转录后修饰的方式来增强甜瓜果实中 β-胡萝卜素的积累。含有辣椒渣的土壤上接种解淀粉芽孢杆菌（B3），提高了温室栽培长辣椒的产量和叶酸含量，同时降低了其矿物质含量。在营养液中使用蛋白质水解物能使胡萝卜中的花青素（+461.7%）和总酚（+12.4%）增加，而莳萝的鲜重（+13.5%）和抗坏血酸（+17.2%）增加。在冷藏过程中，单独 LED 处理在不影响品质参数的情况下促进了番茄的成熟，提高了番茄的营养价值。与 HPS 照明相比，具有覆盖整个 PAR 范围的发射光谱的 LED 灯具可以提高番茄的光能利用效率（LUE）、产量和次生代谢物含量。

3. 产地废弃物综合利用

在蔬菜废弃物厌氧产沼气方面，研究者通过优化和改进厌氧发酵的相关工艺条件提高了果蔬废弃物的甲烷转化效率和经济可行性。蔬菜废弃物的其他能源化利用方式主要包括制取氢气；生产乙醇；提取电活性抗氧化剂构建可充电生物电池、直接喂养动物获得昆虫蛋白替代饲料、肥料化利用、作为强效杀蚊剂，回收 4-羟基苯甲酸、生产类胡萝卜素类着色剂、用于低成本生物传感器的蔬菜废物支架、提取抗氧化剂或用于分离膳食纤维及结晶纤维素、生物活性物质、药用活性物质等。

（三）设施蔬菜技术

1. 设施结构与环境调控

研究了参数化控制的采光百叶系统，通过使用参数化角度的反射板，可以响应太阳的运动，从而收集尽可能多的日光。开发了一种计算流体力学与虚拟现实（VR）相结合的温室环境仿真模型，并利用该模型识别温室内种植番茄作物的主要空气动力学特征，解决温室内通风环境问题。分析了温室由高压钠灯（HPS）向 LED 照明过渡的过程，提供了 LED 总节能的量化。

2. 温室能源与新材料

伊本佐尔大学开发了一套用于温室增温的主动式太阳能供暖系统（ASHS）。巴里大学开发了一种温室多联产加热系统，该系统由太阳能系统和空气-水热泵组成。苏丹卡布斯大学在干旱地区温室中埋入土壤空气换热器。瓦尔米亚和马祖里大学开发一种温室堆肥加温设备。阿尔梅里亚大学提出太阳能热场与生物质锅炉组合应用，425 千瓦时用于蓄热系统，4 234千瓦用于生物质发电。

3. 蔬菜作业机械装备

Thaper 等进行了一系列标准化测试以评估旋转盘式撒布机混合肥料的养分分布，分析旋转盘速度和进料率对其影响。Zinkevičiené 等应用 EDEM 软件开发一个用于离心式颗粒状有机肥撒肥机的模拟模型，运用数值模拟分析颗粒撒肥机机械物理特性，评估撒肥均匀性。西班牙 Perez-Ruiz 等为保证三行链夹式番茄穴盘苗移栽机相邻栽植模块的栽植定位精度以及栽植同步性，设计了一种基于作物运动学的移栽机质量评价工具。

4. 智能化作业与管理

基于不同种类辣椒的切面（切片）纹理和种子纹理，颜色空间 RGB 和 Lab 下的模型识别精度分别达 89%和 90%。建立了基于 Penman-Monteith（P-M）方程的蒸腾模型，通过对蒸腾速率与辐射量（Rad）和蒸气压差（VPD）进行补偿实现了更高的回归系统，实现了蔬菜生产的精准灌溉决策。Garcia-Manso 等研制的智能化花椰菜收获机，通过集成视觉系统对花椰菜的成熟度与病害进行判断，采用的轻简化深度学习算法可以实时运行在低成本硬件上，分类准确率达 97%。设计了基于遥感图像和机器学习的智能温室系统，可以实现对蔬菜的远程监测；设计一套基于 ZigBee 无线传感器网络技术的农业数字温室系统，采用粒子滤波优化技术下的 PID 控制器对相应数据采集系统的误差进行优化，提高了数据采集系统的稳定性和有效性。

（四）病虫害防治

1. 蔬菜土传病原菌致病机理及防治

Braus 团队报道了大丽轮枝菌（*Verticillium dahliae*）在其生长、发育和侵染寄主的不同阶段都需要 Velvet 蛋白，包括 Vel1-Vel2、Vel2-Vos1 和 Vel3-Vos1 异源二聚体。埃及开罗大学及农业研究中心联合首次报道了生防菌哈茨木霉的纳米制剂，该研究将哈茨木霉制备成氧化锌纳米颗粒（ZnONPs），这一新剂型具有全新的更高效的抑菌活性，能够完全抑制镰刀菌（*Fusarium* spp.）、立枯丝核菌（*Rhizoctonia solani*）及菜豆壳球孢菌（*Macrophomina phaseolina*）等土传病原真菌的生长，并显著减轻其对寄主幼苗的伤害。

2. 微生物种子包衣技术创新

Zvinavashe 等开发了一种基于生物聚合物的两层种子包衣，利用蚕丝蛋白/海藻糖内层和果胶/羧甲基纤维素外层将益生菌包裹在菜豆种子周围，在播种时包衣会吸水重新膨胀并充当保水层，以提高半干旱沙质土壤的发芽率和耐水压性。Prasad 等制备了哈茨木霉孢子的壳聚糖-聚乙二醇混合物作为种子包衣，并对其储存稳定性、在土壤中的持久性以及对花生和红花种子和土壤传播病原体的生物功效进行研究。

3. 农药及绿色防控

Francesco Corrias 通过使用稳定的聚山梨醇酯 80，利用介质研磨技术制备了苯酰菌胺的纳米悬浮剂，其药剂颗粒大小为 227 纳米，分散指数为 0. 247。Khun 研究虫生真菌杀虫剂和化学杀虫剂对乙酰甲胺磷和茚虫威的协同增效作用，发现虫生真菌杀虫剂与化学杀虫剂具有协同活性，比单用化学杀虫剂的效果要好。Meshram 系统介绍了自主喷药机器人，并将自主喷药机器人分为 4 类：平台移动性和转向类机器人、定位和导航控制类机器人、传感与目标检测类机器人、农药喷洒装置类机器人。

（五）采后处理与加工

以3%改性蚕豆淀粉、15%罗勒叶提取物和25%山梨醇为增塑剂制成的膜液涂抹茄子，可保留茄子水分损失和硬度，延缓总可溶性固形物的增加，延缓贮藏期间的颜色变化。茄子在不同的加工方式中，生物活性成分的含量不同：微波烹饪可以提高茄子抗氧化和抗菌能力，煎炸使深紫色茄子总羟基肉桂酸增加最高（74%），烘焙和烧烤则会产生更多的生物可利用的咖啡酰奎宁酸。在空气炸锅中，半熟茄子中单宁酸含量最高，而全熟茄子中绿原酸含量最高。

（六）花卉种质资源与新种质创制

1. 种质资源鉴定

营养生长期生物量和叶片数与开花品质显著正相关，可以用于预测蝴蝶兰开花潜力和产品品质。*RhMLO1* 和 *RhMLO2* 是白粉病感染月季所需的两个等位变异，是月季抗病育种的敏感靶点。抗病和感病月季品种在响应白粉病侵染的转录调控机制，玫瑰系 IIHRR13-4 被白粉病病原体感染时，会诱发形成包括超敏反应在内的不同防御机制的获得性抗性。提出了蔷薇属皮刺的分类方法，认为刺不是特化的毛状体，与当前的主流假说有所不同。分析了香石竹花色多样性形成的细胞和生理机制。发明了多重 RT-PCR 一次鉴定无症状病毒、黄瓜花叶病毒、百合斑点和车前草花叶病毒 4 种主要百合病毒的新方法。

2. 新种质创制与育种

建立了菊花 EMS 体外诱变技术和突变体早期分子标记鉴定技术，并创制出系列突变新种质。利用离子束辐射诱变技术创制出非洲菊系列花色、花型和育性变异新种质。通过 C 类基因（*CAG1s*、*CAG2s*）共沉默（共抑制）诱导菊花头状花序的雌雄蕊等生殖器官长出花瓣化表型的新种质。

四、国内蔬菜产业技术研发进展

（一）遗传改良与品种选育

1. 蔬菜基因组学研究与遗传图谱构建

解码了萝卜属 11 个具有广泛种、亚种和变种代表性的基因组，构建了属级多层次的泛基因组，揭示了栽培萝卜、野生萝卜和杂草萝卜之间的全基因组遗传变异和基因交流，以及基因组演化特点和机制。利用 SLAF-seq 技术构建了辣椒高密度遗传图谱，并对抗疫病 QTL 进行了挖掘。揭示了多倍化和结构变异对白菜种内分化的影响，继续升级了白菜参考基因组 v3.5。鉴定了基因 PAV 变异、基因组结构变异以及 SNPs，比较了这 3 种形态型之间叶片形态和开花相关的基因结构和表达。揭示了不结球白菜维生素 C 和硫代葡萄糖苷营养物质的代谢调控机制。构建了高质量的 Bin 遗传连锁图谱并定位到 12 号染色体上约 7kb 区域中，其中一个基因可能是皮刺形成的功能基因。

2. 蔬菜重要性状基因克隆鉴定

发现了组氨酸生物合成途径中的限速酶基因 *BrHISN2* 是叶片遇冷变黄的候选基因，*BrHISN2* 在乌菜的驯化和风味形成中起到了关键作用。用 F_2 群体鉴定了大白菜白花基因 *BrWF3*，并开发验证了 *BrWF3* 的功能标记 TXBH83。克隆了控制辣椒开花时间的基因 *CaFFN* 和控制辣椒青熟果浅绿果色基因 *CaPP2C35*。开发了与辣椒恢复基因相连锁的 KASP 标记。通过转录组，预测了黄瓜抗霜霉病的潜在分子机制。*CsMYB60* 通过增加黄瓜原花青素的生物合成，增强黄瓜对枯萎病的抗性。鉴定了胡萝卜、香菜和芹菜中的生长素响应因子。克隆了一个胡萝卜 ABFs 基因 *DcABF3*，在拟南芥进行异源表达证明 *DcABF3* 参与调节拟南芥的气孔发育，并降低了拟南芥对脱落酸（ABA）的敏感性。克隆了甘蓝育性发育相关基因 *BoCYP704B1*，发现该基因在甘蓝花药绒毡层中特异表达。分别克隆了甘蓝自交不亲和相关基因 *BoPUB8*、*BoPUB9*、*BoPID*。*BoPUB8* 在柱头中表达量最高，定位于细胞质间，可能在甘蓝柱头细胞质间参与自交不亲和信号传导和调控。

3. 重要性状基因定位或 QTL 定位

中国农业科学院蔬菜花卉研究所菠菜课题组筛选到 2 个与抽薹开花相关的候选基因，并且对抗霜霉病 *RPF2* 进行精细定位，开发了 2 个紧密连锁标记。对菠菜叶长、叶宽、柄长和叶长宽比进行调查，并进行 QTL 定位。发现 *BrHSF16* 过表达可以显著提高植株的耐热性。鉴定分析了大白菜 ACA 家族，发现 *Bra002762*、*Bra035649* 和 *Bra031701* 与低温和盐胁迫响应有关。利用 QTL-seq 定位萝卜肉质根根形指数 QTL，一共检测到 4 个 QTL 位点。基于萝卜高密度遗传图谱定位了抽薹和开花性状基因，检测出 5 个基因与萝卜抽薹和开花性状相关。

4. 育种理论研究与种质创制

建立了番茄单倍体诱导系统。建立了菠菜霜霉病人工接种鉴定方法，耐抽薹性鉴定方法，营养物质测定方法，对 100 多份菠菜资源进行鉴定评价，筛选了抗病、耐抽薹等重要种质资源。在 15 份茄子种质中筛选出最不易褐化的种质“F”。对 236 份黄瓜种质资源的 12 个重要的农艺性状进行遗传多样性分析。建立了花椰菜霜霉病苗期抗病鉴定方法，并结合 Ppa3、Pp523 和 Ppa207 分子标记，从 96 份材料中鉴定出抗霜霉病材料 19 份。聚类分析将 322 份花椰菜自交系划分为极早熟类群、晚熟类群、中晚熟类群、早熟类群。利用甘蓝 Rfo 育性恢复系，恢复了 Ogura 细胞质雄性不育（CMS）抗根肿病材料的育性，获得了含有根肿病抗性基因 *CRb* 的甘蓝正常胞质根肿病抗性材料。

5. 育种技术研究与基因编辑

发现 2,4-D 对芥蓝小孢子胚胎发生的作用因基因型而异，自然加倍率为 22.7%。在培养基中加入 5～40 毫克/升抗坏血酸对羽衣甘蓝游离小孢子成胚和再生植株有利，褪黑素终浓度为 0.05～0.10 毫克/升有利于培育不结球白菜小孢子植株。建立了一套高效的黄瓜大孢子培养技术体系。通过基因组荧光原位杂交结合 oligo-FISH 技术筛选出 4 种异附加系材料。在大白菜抗根肿病基因位点 CRs 开发了 5 个 KASP 标记并且成功应用于抗感材料的筛选。利用分子生物学手段 SSR 标记技术对茄子双亲及杂交一代福茄 8 号进行特异性位点扩增，进行亲缘关系及纯度鉴定分析。建立了 PARMS-SNP 分型体系。利用 CRISPR/Cas9 基因编辑系统创制了青花菜新种质。评价了不同类型 Cas9 核酸酶蛋白编码元件和 U6 启动子的基因组编辑活性，并将 STU-Cas9 基因组编辑系统应用到黄瓜中。通过 CRISPR/Cas9 基因编辑以及过表达验证了 *CsHEC2* 作为 *CsGL3* 和 *CsTu* 的重要辅助因子，直接刺激黄瓜细胞分裂素生物合成，从而促进瘤的形成。

（二）栽培与生产技术

1. 栽培技术与模式

在极少排液的条件下，营养液 EC 值 1.6～2.4 为限根栽培提高番茄果实品质的最佳处理，同时大量减少营养液浪费，减轻环境污染。向循环水养殖系统（RAS）尾水中适当添加营养能够促进水培生菜生长，并提高水培生菜品质。珍珠岩基质营养液栽培技术可有效提高莴苣的产量和品质。微咸水灌溉可以显著提升品质，但开花至拉秧期间持续灌溉却会大幅度降低番茄产量。微生物菌剂对于基质袋栽培下的番茄生长指标、番茄产量、品质等方面均有不同程度的改善。筛选出了能有效提高产量、抑制病害的多样性种植模式20多种。轮作模式如：水芥—黄瓜、小白菜—茄子/甜椒/豇豆/番茄、景天/春黄瓜—水菠菜—秋黄瓜轮作；间套作模式如：伴矿景天/辣椒、玉米/辣椒、甜椒/迷迭香。

2. 土壤重金属污染与防治

对采集自我国蔬菜产区41个试验站59个采样点共133份土壤样品进行分析，发现有14个采样点的土壤样品Cd含量高于风险筛选值，Cd污染超标严重采样点主要分布在华中长沙、华南南宁、西南攀枝花等地。大气沉降能够促进萝卜对Pb的积累。当生物质炭施用量为5%时，不同蔬菜镉积累量显著降低，其生物富集系数急剧下降。添加石灰明显降低了土壤中DTPA-Cd、DTPA-Pb和DTPA-Zn含量。籽粒苋与铁剂生物炭钝化剂联合施用可以显著降低土壤重金属Hg、Cr和Ni的含量以及青花菜对重金属的积累量。固体菌剂C2可以提高生菜干重和维生素C含量，减少生菜吸收Cd和Pb含量，降低土壤有效态Cd和Pb含量。枯草芽孢杆菌的微生物菌肥可以显著抑制重金属镉在小白菜中的积累和从地下部向地上部的转运，促进小白菜的生长。

3. 产地废弃物处置

通过配施秸秆腐熟剂加速了蔬菜秸秆在土壤中的矿化降解速率。蔬菜秸秆还田会增加下一茬蔬菜作物的病虫害发生率，并会抑制蔬菜幼苗的生长。研究了蔬菜废弃物产沼气潜力和特性、不同秸秆添加量对尾菜裹包青贮饲料品质的影响、氨基酸副产物对蔬菜废弃物青贮饲料发酵品质及消化率的影响。优化了蔬菜废弃物的厌氧发酵工艺条件。开发了针对蔬菜秸秆还田的机械装备。

（三）设施蔬菜技术

1. 设施结构与环境调控

对比分析了日光温室平面墙体、凹凸墙体和蜂窝状墙体的蓄放热性能，指出蜂窝状墙体具有良好的保温蓄热性能。使用光线追踪技术和植物功能结构建模方法分析中国东北部辽沈型节能日光温室典型无云晴天的动态光分布。通过应用冷凝器、喷浆蓄热块、新型保温被等保温蓄热设施设备，优化了新型结构日光温室的热力学性能。

2. 温室能源与新材料

中国农业大学设计开发了一套表冷器-风机集放系统，集热量达到了390.6～693.0兆焦耳，提出了通过热泵将集热过程与储热过程分离的思路。中国科学技术大学以济南地区日光温室群为研究对象，采用以冰源热泵为核心的跨季节蓄冷系统实现温室群的全年冷热管理，运行至全年结束仍有14 509.47吉焦耳剩余能量，可满足温室群全年供冷供热需求。西北农林科技大学试验研究证明采用隔热涂料+气凝胶+橡塑保温棉的组合隔热效果良好，可用于温室储热器保温。

3. 蔬菜作业机械装备

文永双等基于提高蔬菜穴盘苗移栽效率以及自动化程度，设计了一种牵引式两排全自动移栽机。韩长杰等设计了一种辣椒穴盘苗自动移栽机，主要由全自动取投苗系统与栽植机构组成，采用整排取苗再分苗投苗的方式，可实现128(16×8)穴辣椒穴盘苗的自动取苗以及投苗工作。胡飞等设计了一种复合曲柄摇杆式蔬菜膜上双行栽植装置。田素博等公开了一种基于转杯式蔬菜移栽机的自动喂苗装置。

4. 智能化作业与管理

利用高光谱成像技术研究油菜受温度胁迫的健壮苗识别方法，筛选出 554～714 纳米波段 MA 曲线面积、正切特征值、213 纳米和 1 567 纳米处反射率以及小波特征等，建立了多特征融合的温度胁迫 Fisher 判别模型。研制了一套蒸腾反馈智能灌溉系统，包括蒸腾检测组件、通信组件、决策组件和灌溉组件。设计了一种基于区块套行作业模式的路径规划方法，以地块轮廓点数据和障碍物轮廓点数据为基础，结合用户输入的作业方向、作业幅宽、转弯半径和起始方位等作业参数生成无人驾驶农机的指令路径。设计了一种机械驱动式辣椒穴盘苗自动取投苗系统，构建了机械自动取投苗机构驱动装置的运动学模型，在取投苗速度 80 株/分钟时效果最佳。

（四）病虫害防治

1. 蔬菜土传病原菌致病机理、防治策略及资源挖掘

欧阳寿强团队在 *The New Phytologist* 发现尖孢镰刀菌番茄专化型（*Fusarium oxysporum* f. sp. *lycopercisi*）侵染番茄过程中产生一种跨界 miRNA Fol-milR1，Fol-milR1 被转运至番茄细胞中与番茄抗性基因 *SlyFRG4* 结合而沉默该抗性基因，从而干扰宿主免疫反应以实现成功侵染。沈其荣团队发现番茄根际普遍存在青枯菌的同盟细菌，这些细菌有助于青枯菌的生长定殖及致病显症。肖炎农团队首次报道了丝状真菌中核糖体蛋白专用分子伴侣系统，该研究解析了亲环蛋白 PlCYP5 作为核糖体蛋白专用分子伴侣调控核糖体生物形成的新机制。张建法团队在 *International Journal of Biological Macromolecules* 报道开发出琥珀聚糖 Riclin 作为一种新型的碳水化合物型土壤改良剂，发现 Riclin 的添加能够降低土壤真菌丰度，提高植物益生菌的丰度，增强对土传病原菌的拮抗作用。

2. 病毒、植株和介体互作过程

刘玉乐与李大伟发现一种病毒蛋白通过与 V-ATPase 亚单位 B2 的相互作用抑制液泡 H^+-ATPase 活性，从而抑制液泡酸化以促进病毒感染。刘玉乐团队发现植物通过识别植物病毒侵染过程中保守的分子模式，创伤诱导的钙流，启动植物抗病毒 RNAi 防御的分子机制及其相应的病毒反防御机制。Rosa Lozano-Durán 课题组揭示了植物 DNA 聚合酶 α 和 δ 介导双生病毒的复制机制，发现 miRNA 靶基因的适当水平和分布需要两个质膜和胞间连丝定位蛋白 BAM1 和 BAM2 来维持，并因此在根木质部模式中起作用。李向东教授团队发现烟草脉带花叶病毒（TVBMV）侵染烟草后，TVBMV 复制酶 NIb 能够被 *NbBeclin1* 介导的自噬识别并降解，为阻止该现象的发生，TVBMV 通过招募 *NbRPL1* 来与 *NbBeclin1* 竞争性结合 NIb，以抑制降解并促进侵染。

3. 虫害防控

陈学新团队联合詹帅课题组报道了寄生蜂毒液蛋白参与寄生蜂不同的寄生策略，揭示了寄生蜂形成不同寄生策略的新机制。张友军团队研究发现了一个关键抗性细胞色素 P450 基因（*CYP4C64*），证实该基因的过量表达是导致烟粉虱对新烟碱类杀虫剂噻虫嗪产生抗性的重要原因。张友军团队解析了对 *BtCry1Ac* 杀虫蛋白高抗的小菜蛾中 MAPK 信号途径激活后反式调控不同中肠受体和非受体同源基因差异表达的复杂四级信号级联放大路径，该研究首次揭示了 MAPK 信号途径参与农业害虫抗药性的分子调控网络的拓扑结构和功能机制，对于指导重大农业害虫对 Bt 抗性的监测预警以及转 Bt 基因抗虫作物的抗性治理具有重要的理论和实践意义。

（五）采后处理与加工技术

10 毫摩尔/升 $CaCl_2$ 溶液能有效地延长青花菜的货架寿命，采后 24 小时难以实现预冷时，采前 10 毫摩尔/升 $CaCl_2$ 溶液处理可有效抑制采后青花菜品质劣变。高湿（相对湿度 96%～99%）贮藏不仅能有效延缓青花菜的黄化，还可通过维持较高的活性成分含量和抗氧化酶活性，从而保持采后青花菜较高的抗氧化活性和营养价值。与超声预处理相比，热烫和冻融处理可以较好地降低青花菜茎叶汁中挥发性成分的种类和含量。

（六）花卉种质资源与新种质创制

1. 种质资源鉴定技术

利用 ITS、trnP-psaJ-rpl33 和 psbB-psbH 基因序列标记建立了一种快速可靠鉴定 45 种野生百合的 DNA 条形码方法，该方法可用于野生百合特别是濒危百合分类，为百合新品种选育提供了一种有效方法。刘庆林团队发现温度诱导的脂蛋白基因 *DgTIL1* 的赖氨酸巴豆酰化等转录后修饰可以抑制 DgnsLTP 降解，进一步提升 POD 活性、减少转基因植株在低温胁迫下的 ROS 积累，从而增强菊花耐冷性。

2. 新种质创制与育种技术

南京农业大学利用 TGSII 载体系统将蝶豆花 CtA3′5′ GT、风铃草 CamF3′5′H、飞燕草 DgAA7GT、DgAA7BG-GT1 和 DgSCPL2 共转入南农粉翠，成功获得转基因蓝色菊花；并揭示了飞燕草 DgAA7GT、DgAA7BG-GT1 和 DgSCPL2 在菊花中可能具有催化功能，可使花青苷更加稳定从而花色表现更蓝；同时还发现蓝目菊 OhF3′5′H 在菊花花瓣中具有催化活性，可促使花瓣中大量合成飞燕草色素，使花色变成蓝紫色。张秀新团队成功培育出一系列奇缺花色的“秾”系牡丹新优品种，在特异花色、抗逆性或油赏两用等方面取得突破。周树军团队发明了利用 2n 配子倍性间杂交创制染色体水平高度变异的奇数异源四倍体百合新种质的新技术。张启翔团队在中国特色蔷薇属植物资源开发、分子辅助育种技术研发和新品种选育推广应用等方面取得系列突破。

（国家大宗蔬菜产业技术体系首席科学家　张友军　提供）

2021年度特色蔬菜产业技术发展报告

（国家特色蔬菜产业技术体系）

一、国际特色蔬菜生产与贸易概况

（一）国际特色蔬菜生产

根据FAO统计，2020年世界水生蔬菜中，芋头种植面积180.949万公顷，总产量1 283.87万吨，尼日利亚、埃塞俄比亚、中国、喀麦隆、加纳居产量前5位，中国占比14.99%。辛辣蔬菜中，鲜大蒜种植162.934万公顷、总产量2 804.21万吨，中国、印度、孟加拉国、韩国、埃及产量居前5位，中国占比73.65%；鲜辣椒种植206.999万公顷、总产量3 613.23万吨，中国、墨西哥、印度尼西亚、土耳其、西班牙产量居前5位，中国占比46.17%；洋葱547.865万公顷、总产量10 455.45万吨，中国产量排名第二，占比22.69%；生姜40.784万公顷、总产量432.83万吨，中国产量排名第三，占比14.82%；干辣椒161.514万公顷、总产量415.72万吨，中国产量排名第三，占比7.40%。

（二）国际特色蔬菜贸易

2020年辛辣蔬菜国际贸易显著增长。辣椒出口额85.51亿美元，同比增长10.41%，其中鲜辣椒、未磨辣椒干、已磨辣椒分别为61.18亿美元、13.39亿美元、10.94亿美元，增长9.04%、12.56%、15.86%；保鲜大蒜出口额31.69亿美元，同比增长12.66%；生姜13.85亿美元，增长41.44%，其中未磨生姜12.79亿美元，增长42.71%；干洋葱4.36亿美元，增长17.65%。水生蔬菜中，芋头出口额1.19亿美元，同比减少13.63%；莲藕及荸荠2.07亿美元，增长66.67%。中国在芋头、保鲜大蒜、未磨生姜、已磨辣椒和已磨生姜出口额均居第一，世界占比分别为65.91%、65.11%、53.57%、39.24%和31.33%。

二、国内特色蔬菜生产与贸易概况

（一）国内特色蔬菜生产

2021年特色蔬菜种植面积约670.0万公顷，总面积稳中略增且区域布局调整特征愈加明显。其中辣椒225.0万公顷，小幅增长，四川、重庆、陕西等传统产区种植面积下降，新疆、内蒙古、甘肃加工辣椒种植面积增加，且规模化、机械化生产基地数量持续增长。受西南地区高温、湖南春季阴雨、华东水灾和病虫害影响，辣椒总产量下降10%。大蒜种植面积略有增加，达到83.0万公顷，产量2 400万吨，库存处于历史较高水平，山东、江苏、安徽、甘肃、四川产区扩种。生姜种植面积40.0万公顷，产量1 080万吨，分别比2020年增加28.76%和21.76%，其中山东11.2万公顷，种植面积增长8.39%，河北、内蒙古等新产区增幅明显。韭菜播种面积43.5万公顷，产量2 280万吨，与2020年持平，河南、山东、河北、辽宁等北方韭菜产区种植面积基本稳定，云南、广东、贵州的韭菜、韭黄面积增幅较大。水生蔬菜种植面积86.7万公顷，其中莲藕50.0万公顷、芋头

13.3 万公顷、茭白 6.67 万公顷、荸荠 4.0 万公顷，种植面积与 2020 年基本持平，且气候条件较好，产量增幅在 10%以上。湖北种植面积较为稳定，浙江茭白、莲藕面积有所下降，云南、贵州、四川等地水生蔬菜面积有所增长。草莓种植面积 18.0 万公顷，北方产区规模稳定，长江中下游产区略有增长。

（二）国内特色蔬菜贸易

2021 年特色蔬菜在出口创汇中继续发挥重要作用，全国鲜、冷、冻、干及暂时保藏类蔬菜出口总额 112.64 亿美元，其中特菜占比 42.50%。大蒜、辣椒、洋葱、生姜位居前列，分别占比 22.94%、6.20%、5.08%、4.14%。受疫情持续影响，2021 年特菜出口呈现“量额双减”，出口量 402.86 万吨，同比减少 13.73%，鲜或冷藏类特菜下滑明显，但加工类特菜增幅较大；出口额 47.36 亿美元，同比减少 2.25%，但比 2019 年高 3.93%；出口价格涨幅较大，同比增长 13.31%，除未磨生姜和芋头外，其余种类均有上涨，弥补了出口量下降的损失。其中鲜大葱、其他鲜大蒜、未磨辣椒干、干大蒜、已磨生姜、已磨辣椒、干洋葱、芥菜出口额分别为 0.55 亿美元、1.17 亿美元、1.50 亿美元、5.92 亿美元、0.37 亿美元、4.64 亿美元、0.56 亿美元、2.14 亿美元，增幅分别为 25.93%、25.47%、19.10%、16.32%、9.34%、7.97%、5.56%、5.14%，荸荠、莲藕出口额分别为 0.10 亿美元、0.36 亿美元，增幅 2.90%、2.11%。

三、国际特色蔬菜产业技术研发进展

1. 新品种选育与育种技术

在辣椒抗疫病材料 PI201234 中定位到 23 个抗疫病候选基因；疫病抗性 QTL Ext-Pc5.1 被定位，其中抗菌肽基因 *Snakin-1* 发挥重要作用；发现 CaERF28 和 NLR 蛋白 CbAR9、CbCN 调控辣椒对炭疽病抗性；首次通过基因编辑技术获得抗炭疽病辣椒植株；明确辣椒育性恢复基因为单基因显性遗传。筛选出与莲根状茎膨大相关候选基因。完成洋葱、生姜基因组测序；开发出低辣洋葱育种程序；诱导出韭菜单倍体植株。进一步完善了芥菜基因组研究技术平台，获得稳定遗传且可育新异源四倍体芥菜。明确了草莓的八倍体原始亲本，构建了八倍体草莓基因组数据平台，开发出草莓品种鉴定和病毒检测高通量测序技术。

2. 栽培技术与品质提升技术

发现 2,4-D 诱导的辣椒单性结实果实中辣椒素含量显著升高，表明辣椒素与单性结实有关；固氮蓝藻中提取的生物活性分子，具有促进辣椒幼苗生长的作用，可用于提高无土栽培系统下辣椒的产量。明确硅通过提高生姜 SOD、POD、CAT 活性和光合效率而降低 ROS 积累，进而提高除草剂二甲戊灵胁迫下的产量；温室条件下施 3%生物炭可改善生姜根茎的生长性能，提高土壤酶活性，改善土壤养分供应。发现高浓度 CO_2 能显著抑制茭白木质化相关酶和褐变相关酶的活性，延缓酚类物质含量的下降速度，保持水分含量。发现 30℃下 14 小时光周期大蒜鳞茎生长素（IAA）等激素和大蒜素含量最高，有利于鳞茎形成；3 白光：1 蓝光有利于大葱中含硫化合物积累；补充绿光不仅促进生姜新梢数、冠层密度和体积增加，且有效增加光合基因的表达和光合速率，提高光合产物的积累。

3. 病虫害绿色防治技术

基于人工智能和遥感技术的辣椒根腐病检测系统被应用，纳米生物农药应用于辣椒细菌性叶斑病和枯萎病的防治。莲藕腐败病病原物的快速检测取得重要进展，通过病原物的线粒体特异序列位点以及样品处理方法的优化，实现对病原的快速准确检测；发现并鉴定了莲藕潜根线虫；茭白上首次发现由 *Fusarium andiyazi* 引起的鞘腐病；发现了芋头呼肠病毒，新鉴定出细菌性软腐病菌，报道了大蒜、洋葱新病原，基于高光谱近端传感与机器学习被用于监测田间韭葱病害发生动态；利用壳聚糖纳米粒子处理、过氧化氢处理和微波辐射、十字花科植物秸秆土壤熏蒸、噬菌体灌根等技术可明显控制葱蒜类蔬菜种传和土传病害的发生；施用生物炭可减少洋葱叶枯病的发生；采用紫外线衰减膜可防治蓟马。明确中国生姜茎基腐病的病原，并在印度也被发现和证实；寡雄腐霉菌可显著抑制茎基腐病的发生，高地芽孢杆菌对生姜根结线虫有防治效果。报道了芥菜炭疽病新病菌，发现芥菜黑腐病病原菌，根肿病和黑斑病抗性 QTL 被鉴定；土壤施用熟石灰对防治根肿病更有效。

4. 产后处理和加工技术

发现壳聚糖和腐胺可有效保持辣椒的颜色、硬度和持水性；芦荟凝胶可食用涂层结合低温保藏可有效延长辣椒采后寿命。明确 1-甲基环丙烯可降低生姜发芽率；高原芽孢杆菌可预防鲜姜茎基部损伤和微生物侵害，减少腐败。发现壳聚糖、10 毫摩尔/升草酸处理和 0. 50%海藻酸钠、0. 27% L-半胱氨酸、0. 76%柠檬酸涂膜处理，可延缓鲜切莲藕褐变及腐败；高压 CO_2 处理和 90 瓦射频处理可抑制鲜切茭白褐变；高压 CO_2 和外源富氢水处理均可抑制鲜切荸荠褐变。

5. 生产设备研发与新产品

日本无人机植保设备可较好地调整喷洒过程中农药在非靶标作物上的漂移量，日东工业设计的机械式与喷流式结合的莲藕采收机应用较多。意大利、英国公司的自动定植机技术成熟，日本小型旱地自动定植机可适用于丘陵小地块及设施温室作业。美国 OXBO VPC Ⅱ型辣椒收获机地形适应性强。欧美国家的收获机具偏向于多功能联合作业，如加拿大洋葱收获机、荷兰盘式洋葱收获机；亚洲研发的洋葱收获机具偏向于中小型联合作业，如日本 HT20A-MSET2A 洋葱收获机。

四、国内特色蔬菜产业技术研发进展

1. 种质资源、育种技术与新品种选育

收集辣椒、水生蔬菜、葱姜蒜韭、芥菜、草莓等特色蔬菜种质资源 875 份，创制优异种质资源 75 份。发现草莓属可分为南北两大类群，共同起源于东亚地区，首次报道了草莓新种峨眉草莓。发现长江流域野莲遗传多样性高于北方地区；筛选出用于大蒜、韭菜遗传多样性分析的 SSR 引物。首次建立芋疫病抗性鉴定技术；研发了区分大葱种质抽薹性的方法。发掘了辣椒抗番茄环纹斑点病毒病新种质，筛选出辣椒抗象耳豆根结线虫材料 5 份、耐盐材料 2 份、耐低氮材料 3 份；筛选出适宜软化和耐盐水芹种质。在辣椒 ZCM334 材料中定位到 26 个抗疫病候选基因，明确辣椒脱水素基因抗逆作用机理；研究了长链非编码 RNA 在茭白孕茭中的作用；挖掘了芥菜开花和种子大小等性状相关候选基因，定位和挖掘了系列芥菜多心室、不育系恢复基因；发现莲藕花青素合成和花型候选基因；筛选出 4 种洋葱黄酮类合成相关结构基因；对草莓关键风味物质及其相关基因进行了发掘。获得辣椒种子、种苗生产技术相关专利 85 个；莲种子做种技术取得初步进展；明确了大葱熊蜂辅助授粉成功率显著高于人工授粉；开发了茭白高效种苗繁育技术，繁殖系数为 450。研发出生姜组培苗生根壮苗技术，培养时间缩短 20 天以上。

获辣椒品种权 60 个，登记辣椒品种 592 个。其他特色蔬菜通过品种鉴定 24 个，其中，莲藕3个，茭白1个，生姜2个，韭菜12个，草莓6个。

2. 栽培技术与品质提升技术

调查了辣椒的Cd积累及土壤风险阈值，间作修复Cd污染效果好，接种丛枝菌根真菌可控制Cd由根部向地上部转移。建立了莲基因组数据库，明确光信号和激素信号可促进莲藕的发育和膨大；莲子中UGT708N1和UGT708N2两种酶可催化黄酮C–葡萄糖苷形成。发现莲藕套养小龙虾可显著提高小龙虾品质；莲藕施用缓释肥（N：P_2O_5：K_2O = 18：10：18）增产提质效果好。鉴定到芡实类黄酮途径关键基因。发现水芹苗施150千克有机肥+25千克无机肥时生长好、产量高；施用巨隆缓释肥（N：P_2O_5：K_2O = 20：10：15）可提高茭白产量和品质；大棚、地膜双膜覆盖栽培可实现茭白提早上市。夏季强光照下补充绿光可促进生姜生长和功能成分积累；播种深度为10厘米和硅处理能显著增加生姜产量；集成了北方地区拱棚生姜微喷灌水肥一体化高效技术。评价了传统栽培和有机栽培的白蒜和黑蒜的生物活性和理化性质；集成了大蒜—生姜—大蒜周年栽培模式、设施网架小型西瓜—大蒜套种栽培模式、高原露地蒜苗高效栽培技术、大蒜间作鲜食花生种植技术、高原特色独头蒜优质高效栽培技术；集成了基于有机肥、生物有机肥和菌剂替代的氮肥减施大蒜高产、优质栽培技术，集成了大蒜的控释氮肥及腐植酸施肥技术。研究了氮素形态配比及施肥技术对设施韭菜生长、品质及产量的影响，研发出一套河南地区韭菜轻简化栽培技术。发现洋葱花青苷含量与鳞片颜色深浅呈正相关；30% PEG引发促进洋葱种子萌发和幼苗生长。集成了马铃薯—西瓜—甜玉米—芥菜一年四茬四熟高效模式；明确了热激处理可作为芥菜芽苗富集褪黑素的有效手段。

3. 病虫害绿色防治技术

番茄斑萎病毒导致的辣椒病毒病和辣椒叶斑病首次在北京和海南发现；弗氏链霉菌G-1、贝莱斯芽孢杆菌F1-1、拟香味类香菌YW-1可防治辣椒土传病害；二苯乙烯类、四霉素、乙蒜素等植物源提取物可有效控制辣椒病害；氟吡菌酰胺和杀虫环兼治辣椒根腐病和辣椒根结线虫病。一种塘底淤泥处理方法被用于预防莲藕病害；辽宁茭白瘟病病原鉴定为梨孢菌；多粘类芽孢杆菌hzz1501可用于胡麻斑病防治。开发了生姜茎基腐病和青枯病快速检测方法，氯化苦、棉隆熏蒸和网隔栽培可显著降低姜茎基腐病和姜瘟病发病率。尖孢镰孢菌可引起大蒜和韭菜根腐病；铜绿假单胞菌、枯草芽孢杆菌、哈茨木霉21990对韭菜灰霉病、大蒜细菌和真菌病害防治效果明显；0.3%丁子香酚可有效防治韭菜疫病；山东和河南韭菜蜗牛和蛞蝓为害加重，葱蒜和韭菜烟蓟马呈加重趋势，冻土毛霉菌株和“日晒高温覆膜”防治韭蛆效果明显。有机硅类助剂显著提高农药对香葱疫病的防治效果。鉴定出洋葱黑霉病和茎腐病病原分别为黑霉菌和葡萄球菌；1%申嗪霉素能有效防治洋葱茎基盘腐烂病。放线菌*Zhihengliuella aestuarii* B18及其发酵液可抑制芥菜根肿病菌休眠孢子萌发，土壤改良剂牡蛎壳粉可降低根肿病发病率；芥菜品种甬榨4号对白锈病、病毒病具有较强抗性；18.7%烯酰·吡唑酯和32.5%苯甲·嘧菌酯对榨菜白锈病和病毒病有良好防效。

4. 产后处理和加工技术

发现2,4-BR、猪毛蒿精油和1,8-桉叶素处理均可维持辣椒品质，延长货架期。二氧化氯缓释剂结合自发气调包装处理可有效延缓鲜蒜腐烂。1微升/升的1-甲基环丙烯熏蒸处理鲜姜+20天脉冲间歇式熏硫处理，可显著降低鲜姜失重和根茎腐烂。己二酸-对苯二甲酸丁二酯气调呼吸膜能有效抑制沙葱腐败。低温贮藏和气调包装均能显著抑制鲜切莲藕褐变；冷水预冷能显著降低莲藕失重率、延缓色泽变化、维持硬度。1.0%的 $CaCl_2$ 浸泡 45 分钟后采用低密度聚乙烯包装可最大程度延缓茭白采后衰老。乙醇处理、热处理和联合处理可延缓荸荠褐变，以联合处理效果最好；高压 CO_2（2 兆帕、31℃、5 分钟）处理可有效抑制鲜切荸荠褐变。

5. 生产机械研发与新产品

开发了温室辣椒种苗剔补移栽装置；研发出辣椒自走式定植机，设计了鸭嘴式双曲柄五连杆栽植机构。研制出藕田水陆两栖底盘，以螺旋推进式底盘为基础，设计出了 4W0-280 型螺旋推进式挖藕机；设计了一种履带自走式高效低损伤水力采藕机和船式水力自走喷流式莲藕采收机。设计出一种离心侧抛式撒肥器、牵引式荸荠采收机及应用于水田的机械扰动式多级刷辊式荸荠采收机；试制了一种振动分级定量装箱的新型振动筛式荸荠分级机与一种荸荠芽根旋切装置。开发了菱角采摘自动生产线和菱角采摘船，试制了菱角分级脱壳一体机、夹持式菱角脱壳机。研发了藜蒿分苗机构，设计了一种挖掘链夹持式芋头收获机、一种芋头双抖土收获机。利用机器视觉及人工智能技术对大蒜鳞芽朝向的调控进行了研究；研制了第五代平铺式大蒜播种机，推出了 4DS-45 型大蒜联合收获机。研发了履带自走式大葱联合收获机、挤切抖挖式大葱收获机和推动式大葱收获机。研发自走式精准大姜播种机适用于小田块作业；提出了一种基于机器视觉的生姜检测和姜芽朝向判定方法，研发了生姜联合收获机。发明了一种可以防止洋葱滞留的收获机。研发了一种韭菜保鲜转运存储箱和多行韭菜收割机。

（国家特色蔬菜产业技术体系首席科学家　邹学校　提供）

2021年度西甜瓜产业技术发展报告

（国家西甜瓜产业技术体系）

一、国际西甜瓜生产与贸易概况

1. 国际西甜瓜生产面积持续增长

西甜瓜在世界水果生产中占有重要地位，21世纪以来，西甜瓜产业进入快速增长阶段，种植面积和产量持续增加。联合国粮食及农业组织数据库数据显示，2019年西瓜收获面积为308.42万公顷，总产量由2001年的8 345.79万吨增加到2019年的10 041.49万吨，是世界上产量最高的水果。2019年世界甜瓜收获面积为103.97万公顷，总产量由2001年的2 011.43万吨增加到2019年的2 750.14万吨。

世界西甜瓜种植主要集中在亚洲，其中，中国是世界上西甜瓜产量最高的国家，其次为美洲和欧洲。联合国粮食及农业组织数据库数据显示，2019年亚洲西瓜收获面积220.70万公顷，占世界总收获面积的71.56%；甜瓜收获面积为72.21万公顷，占世界总收获面积的69.46%。2019年中国西瓜和甜瓜产量分别占全世界总产量的60.61%和49.23%。

西甜瓜生产效率不断提高，单产逐年递增，且中国单产明显高于世界平均水平。2001—2019年，世界西瓜单产年均增速为1.35%，2019年世界西瓜单产为32.56吨/公顷，中国西瓜单产为41.36吨/公顷，是世界平均水平的1.27倍。2001—2019年，世界甜瓜单产年均增速为1.72%，2019年世界甜瓜单产为26.45吨/公顷，中国甜瓜单产为35.29吨/公顷，是世界平均水平的1.33倍。

2. 国际西甜瓜贸易规模稳中有升

2001—2019年西瓜全球进口数量和出口数量年均增速均保持在6%以上，甜瓜年均增速保持在2%左右。联合国粮食及农业组织数据库数据显示，2019年国际西瓜出口总量为424.26万吨，出口总额为18.63亿美元，主要出口国家为西班牙、墨西哥和伊朗；进口总量为430.65万吨，进口总额为19.08亿美元，主要进口国家为美国、德国和伊拉克。2019年国际甜瓜出口总量为230.48万吨，出口总额为16.13亿美元，主要出口国家为西班牙、危地马拉和巴西；进口总量为219.57万吨，进口总额为17.60亿美元，主要进口国家为美国、荷兰和法国。

中国是世界西甜瓜最大生产国。中国西瓜进出口贸易以进口为主，2019年中国西瓜进口量占世界进口总量的6.92%；中国西瓜出口数量占世界总出口数量比重一直维持在1%左右，2019年比重为1.20%。中国甜瓜进出口贸易一直为净出口，2019年中国甜瓜出口数量占世界总出口数量的3.49%，进口数量占世界总进口数量的0.79%，且甜瓜进出口总体呈现出口增加、进口基本稳定的趋势。中国西甜瓜进出口贸易量在世界的比重不高，国际市场变动对国内市场的影响不大。

二、国内西甜瓜生产与贸易概况

1. 面积产量基本稳定

根据《中国农村统计年鉴—2021》，2020 年全国西瓜播种面积为 152.81 万公顷，总产量为 6 234.4 万吨，单产为 40.80 吨/公顷，西瓜播种面积、单产和产量较 2019 年均略有缩减。受疫情影响，广西等国内生产企业、种植大户在缅甸、越南等东盟国家的跨国种植面积大幅萎缩。2020 年全国甜瓜播种面积为 39.5 万公顷，总产量为 1 380.8 万吨，单产为 34.96 吨/公顷，甜瓜播种面积和单产略有增加，总产量比 2019 年增长了 1.9%。全国西甜瓜总体生产情况趋于稳定。

2. 优势产区趋于集中

西瓜生产布局依然是华东、中南两大地区主导，华东六省一市、中南六省的西瓜产量分别占到全国的 32.19%和 39.84%，西瓜产量前十位的省（区）是：河南、山东、江苏、湖南、安徽、湖北、新疆、河北、甘肃、浙江。甜瓜以华东、中南、西北三大产区为主，华东六省一市、中南六省、西北地区的甜瓜产量分别占到全国的 28.30%、23.02%、26.74%，甜瓜产量前十位的省（区）是：山东、新疆、河南、河北、江苏、内蒙古、陕西、甘肃、浙江、湖北。

3. 品种结构不断优化

我国在西甜瓜育种技术领域已处于国际领跑地位。一些优质抗病品种成为生产的主导品种，逐步构建起涵盖大中小、早中晚熟、有籽无籽、新育成优良品种与地方传统品种协同发展的完整品种体系，基本满足了市场多样化需求，实现了周年不断档供应。近 10 年来西瓜主要育种方向是优质、大果型、早熟、抗病、高产或丰产，无籽、小果型礼品瓜、抗裂果、彩色瓤等特色西瓜品种越来越受到关注。设施保护地优质厚皮甜瓜品种和优质薄皮甜瓜品种的生产面积不断扩大，呈现明显区域特色。

4. 栽培模式因地制宜

西甜瓜栽培技术更加规范，播前处理技术、滴灌技术、有机肥替代技术等得到广泛应用，产量和品质有所提升，单位面积效益增加。各地在生产管理实践中因地制宜地推广应用露地栽培、覆盖栽培、间作套种等多种栽培模式，形成基于典型区域特点与品种特性的八大栽培模式。黄淮海西瓜以春夏茬栽培为主，其中以大棚和小棚为主的设施栽培约占总面积的 40%。长江中下游地区以夏秋茬栽培为主，以大棚和小棚为主的设施栽培约占总面积的 30%。华南冬春季设施栽培西瓜生产季节优势明显，面积仅为全国的 10%左右，但效益居全国前列。黄淮海甜瓜主要生产模式为春夏茬的设施栽培，西北地区以露地厚皮甜瓜、压砂瓜栽培模式为主，东北地区主要种植模式以夏秋茬露地栽培为主。

5. 机械化水平进一步提升

根据西甜瓜主产区及示范县调研，目前我国露地和设施栽培西甜瓜机械化生产主要集中在耕整地、植保、水肥一体化等环节，种植、植株管理、收获等环节仍主要采用人工作业。2021 年我国露地栽培西甜瓜耕种收综合机械化水平为 30%～40%，设施栽培西甜瓜耕种收综合机械化水平不足 30%。国家西甜瓜产业技术体系针对西北露地西甜瓜“双膜种植”与“垄作沟灌”模式研发出有机肥深施机、铺管铺膜坐水移栽复式作业机、小拱棚覆膜机与施肥喷药开沟覆膜覆土复式作业机等西甜瓜专用施肥、耕整地、移栽机械，通过技术创新集成，建立了哈密瓜露地优质绿色高效轻简化栽培技术，在新疆、甘肃等适宜区域开展了大面积的示范推广，有效提升了示范区西甜瓜生产机械化水平、规模效益与劳动生产率，入选农业农村部 2021 年度农业主推技术。

6. 品牌建设能力持续增强

根据农业农村部农产品质量安全中心公告，2021 年新增全国名特优新西瓜甜瓜产品共计 17 项，含西瓜产品 6 项，甜瓜产品 11 项。各地坚持走质量兴农、品牌强农之路，更加注重品牌建设情况，优质品牌不断增多，产品优质优价机制逐渐形成。全国命名的西甜瓜之乡、地理标志产品以及名优产区超过 30 个，主营西甜瓜的合作社和品牌企业在整个瓜菜产业中居首，西甜瓜生产大县（2 000 公顷以上）合计播种面积约占全国西甜瓜总播种面积的 60%以上。宁夏中卫市政府主导建设的 25 万亩硒砂瓜标准化生产基地和 5 万亩富硒功能西瓜生产基地产量和品质都得到了保证，产品远销区内外。随着互联网、电子商务等新业态新技术出现，进一步推动了西瓜甜瓜产业链、供应链和价值链变革，形成了分级包装、直营直销、线上线下并行的多元化销售渠道，进一步放大品牌优势，实现品牌裂变增长。

三、国际西甜瓜产业技术研发进展

2021 年度国际西甜瓜产业技术研究主要包括种质资源鉴定、品种改良技术研发、栽培技术创新、病虫害防控技术、采后处理加工技术与新型农机创制等方面。筛选鉴定出一批抗枯萎病、病毒病、细菌性果斑病等主要病害的西甜瓜优异基因资源，挖掘出西瓜半矮生决定基因、甜瓜风味物质关键 QTL 等关键基因与遗传位点，系统研发出西甜瓜双单倍体技术流程操作指南，建立了基于纳米颗粒、LED 补光、硅肥与丛枝菌根的高效栽培技术，开发了高灵敏度病害检测与高效防控技术体系，优化了西甜瓜加工产品的安全贮藏保鲜技术，研制出耕种、嫁接、采收等一系列西甜瓜生产全程机械化作业装备。

在西甜瓜种质资源研究领域，国外学者利用三维 X 射线对利比亚和埃及出土的埋藏种子进行了分类分析，进一步明确了西瓜的起源与进化历史。利用 211 份西瓜种质资源进行了种子结合游离氨基酸和总蛋白的评价鉴定，结合基因型数据进行了群体结构和全基因组关联分析。完成了 118 份甜瓜资源由革兰氏阴性菌引起的枯萎病评价与鉴定，发现了 4 份高抗甜瓜资源。完成了 47 份甜瓜核心种质的黄瓜绿斑驳花叶病毒抗性鉴定，发现一份日本品种 Freeman's Cucumbe 具有很高的抗性，是重要的抗病育种资源。发现甜瓜材料 I-136 和 A-43 对细菌性果斑病表现出高水平抗性，果实没有出现果斑病症状，种子传播率仅为 0.6%和 2.5%，可以作为果斑病抗性育种的抗性基因资源。

在西甜瓜品种改良技术领域，国外学者首次定位了一个西瓜半矮生决定基因 *sdw-1*。采用气相色谱-质谱联用技术（GC-MS）检测了 82 种甜瓜风味物质，共鉴定出 166 个 QTL。主要 QTL 簇位于第 8 号染色体，与成熟相关 QTL ETHQV8.1 共定位。利用渐渗系验证了 27 个修饰糖含量、改变果实形态或参与果实发育成熟的 QTL，定位到 3 个控制果皮颜色及花纹的 QTL。通过全基因组关联研究（GWAS）获得了西瓜种子氨基酸及蛋白质含量的基因组关联位点。鉴定到 9 个甜瓜霜霉病抗性 QTL 与 3 个西瓜蔓枯病抗性 QTL，在西瓜 8 号染色体上预测到 4 个蔓枯病抗性候选基因。鉴定到 23 个甜瓜抗枯萎病菌 1 号、2 号小种的等位基因、30 个抗 1 号小种的等位基因、69 个抗 2 号小种的等位基因。双单倍体技术可以快速纯化杂种材料，不仅在育种实践上具有重要价值，对快速、大量获得永久作图群体、重要基因定位及克隆工作也具有重大意义。2021 年 Springer Protocols 丛书出版了双单倍体技术特刊，系统收录了从材料准备、化学药品到操作流程等完备的西甜瓜双单倍体制备技术，形成了非常详细的操作指南，对西甜瓜科研工作者开展基因挖掘与种质创新具有重要参考价值。

在西甜瓜栽培技术领域，国外学者对种子萌发、育苗质量、胁迫耐受性、砧木嫁接、果实品质和代谢调控等方面进行了研究，发现氧化锰纳米颗粒（MnO-NPs）作为安全的种子诱发剂能够改善西瓜幼苗叶绿素和抗氧化活性，高浓度锌可以诱导系统抗性，发现二氧化硅纳米颗粒在促进西瓜生长的同时，对西瓜枯萎病同样具有抑制作用。研究了不同 LED 灯光对西瓜苗嫁接愈合的影响，发现蓝光促进维管束重连，而红光提高幼苗质量。研究了砧木嫁接对甜瓜亲和性的影响，发现接穗基部的淀粉含量是早期预测嫁接亲和性的指标，嫁接口处过多的淀粉和胼胝质积累导致了嫁接不亲和。发现施用硅肥可以显著提高西甜瓜叶片吸水率，减少了叶片水分损失，促进叶片表皮和角质层显著增长，表现出更强的抗病性。接种丛枝菌根真菌同时添加硅使西瓜的抗氧化效率提高，为克服西瓜盐碱胁迫提供了新的技术方向。系统比较了耐旱西瓜种质和不耐旱种质在自然和人工环境下对干旱胁迫的生理响应，发现野生西瓜砧木对西瓜品质有一定的促进作用，有助于实现科学灌溉管理与水资源的高效利用。

在西甜瓜病虫害防控技术领域，国外学者利用重组聚合酶建立了 37℃ 恒温扩增检测体系，可用于实时定量检测，检测下限达到 1×10^{-15}克/微升，已经在美国佛罗里达州田间检测中开始应用。研发了基于 LAMP RT-PCR 的黄瓜绿斑驳花叶病毒（CGMMV）种子带毒一步检测法，灵敏度是目前 RT-PCR 常规检疫方法的 100 倍。建立了基于 PAS 蛋白编码 S-box 结构域的 qPCR 检测方法，有助于种子果斑病带菌检测，特异性达 100%。开发了一种新型抗原免疫层析荧光试纸条，可成功检测到大肠杆菌和西瓜噬酸菌等杂交瘤细胞培养物，结果与间接 ELISA 法一致且用时仅 5～15 分钟，比间接 ELISA 法用时缩短了 95%。研究发现硝酸盐促进瓜类黑腐病菌生长，而铵盐则抑制病菌生长，施用二氧化硅纳米颗粒能抑制西瓜枯萎病，外施棕榈酸能降低枯萎病发病率。提出一套用于确定瓜类白粉病菌结构、多样性、致病力表型、病害流行规律的模型。发现了烟粉虱“偷盗”植物解毒基因 *BtPMaT1* 进而降解植物产生的抗虫次生代谢产物酚糖，揭示了烟粉虱 RNA 甲基化通过调控 P450 基因表达从而形成对噻虫嗪的抗药性机制。研究发现红色型二斑叶螨 *GluCl3* 基因的 I321T 新突变可能参与了阿维菌素抗性。筛选出具有生防潜力的球孢白僵菌菌株，喷施防控瓜蚜的同时也增强作物的抗虫性，可释放出更多对天敌具有引诱能力的挥发性物质，进而增强作物的抗虫能力。完成并公布了瓜蚜的线粒体基因组序列，为进一步研究瓜蚜发育及高效防控技术奠定基础。

在西甜瓜采后处理与加工技术领域，国外学者研究发现臭氧处理是减少西瓜汁中微生物的一种有效的非热处理工艺。发现西瓜渗透浓缩汁的香气更受欢迎，并且在感官评级上优于热浓缩液。鲜切是国外西甜瓜的重要消费方式，围绕这一消费特征，国外学者研究发现 4℃ 是抑制李斯特菌增殖进行鲜切甜瓜安全贮藏的理想温度，牛至提取物有利于抑制甜瓜果实中沙门氏菌和李斯特菌的增殖，香芹酚有抑制甜瓜果实中假单胞菌和李斯特菌的作用。

在西甜瓜生产管理机械化技术领域，随着深度学习、计算机视觉等人工智能技术的不断发展，日本、欧美等发达国家的农业机械化研发机构如 Agrobot、Octinion、DogTooth、Shibuya、Seiki、Panasonic、SAIA 等研制了一系列适应温室环境作业的收获机器人。利用彩色相机及机器学习算法智能识别靶标作物，利用深度相机技术获取目标物的深度信息并计算目标物中心的空间坐标和直径，研制了一种垂直机械臂结构作为收获机器人的执行终端。开发了适宜西瓜直播方式的整地、播种、灌溉、施肥等全程机械化作业的联合作业机与适用瓜类条播方式的旋耕整地装备。嫁接作业占种苗生产全过程用工量的 20%～30%，属于劳动密集型工种，对精细化作业和时间节点要求非常高。嫁接机械的研发与应用是提高生产效率的重要途径。日本井关、洋马、三菱、荷兰 ISO、韩国 Helper Robotech、意大利 TEA Project 等企业均研发了日趋成熟的嫁接设备。针对嫁接机械夹持造成的砧木损伤问题，设计了一种吸力式砧木夹持装置，成功率达到 98.33%。采摘机器人已成为智能农机领域的研究热点。美国研发出自动西瓜收获机器人，通过橡胶垫拍打西瓜使其产生一定频率的回声，并由麦克风捕捉噪声频率，从而收获成熟西瓜。日本研发出西瓜采摘机器人，从摄像机远端感知西瓜并移动至其附近，再近距离检测西瓜并完成采摘动作。以色列研发出多臂西瓜采摘机器人，通过框架上的机械臂抓取西瓜，并放置在相邻的传送带完成采摘作业，大大提高了采收效率。

四、国内西甜瓜产业技术研发进展

2021 年度国内西甜瓜产业技术研究主要包括种质资源鉴定、品种改良技术研发、栽培技术创新、病虫害防控技术、采后处理与加工技术和新型农机创制等方面。筛选鉴定出一批抗枯萎病、炭疽病和白粉病等主要病害的西甜瓜优异基因资源，西甜瓜基因组、代谢组、蛋白质组等组学研究水平进一步提升，基因工程与基因编辑技术日益成熟，挖掘出西瓜蔓枯病抗性、瓤色、果形、雄性不育等关键基因，研发出植株水分生理监测柔性传感器、负压灌溉系统、连作障碍修复等高效栽培技术方案，研发获得了西甜瓜主要病害多功能生防菌株、抗螨抗蚜基因资源与高灵敏度检测技术，建立了西甜瓜采后贮藏冷害防控与臭氧保鲜技术方案，研制了西甜瓜高效率低损伤嫁接移栽机械化装备。

截至 11 月 30 日，农业农村部发布了第 382、403、426、446、456 和 480 号共 6 个非主要农作物品种登记公告，共计登记西瓜品种 173 个，登记甜瓜品种 147 个。10 个西瓜品种申请植物新品种保护，10 个甜瓜品种获得甜瓜植物新品种保护。目前已进行西瓜品种登记的省（市）共有 23 个，西瓜品种登记数量排名前十的为河南（21 个）、安徽（18 个）、山东（17 个）、北京（14 个）、黑龙江（13 个）、陕西（13 个）、云南（11 个）、甘肃（10 个）、河北（10 个）、天津（8 个），占全国西瓜登记品种的 78%。其中企业登记品种 143 个，科研院所登记品种 26 个，高等院校登记品种 4 个；联合选育品种 27 个。CNKI 数据库共报道育成西瓜品种 17 个，其中小果型西瓜 8 个，中果型西瓜 6 个，大果型西瓜 3 个；甜瓜品种 12 个。超过半数的西瓜新品种耐低温、弱光条件，适合西瓜提早、延后生产，调动西瓜生产者的积极性；在含糖量高、口感好的基础上，均有皮韧、耐裂、耐贮运的特点，利于西瓜产品销售端；即当前的育种方向同时兼顾生产、销售两端，与市场需求结合紧密。

在西甜瓜种质资源研究领域，湖北省农业科学院戴照义团队利用西瓜抗枯萎病、炭疽病和白粉病分子标记分别筛选出相应的抗性种质 60 份、20 份和 35 份，通过人工接种鉴定进一步筛选出 8 份高抗枯萎病西瓜种质。宁夏大学王晓敏等采用镜检法、ITS 序列分子鉴定和国际通用的甜瓜白粉病生理小种鉴别寄主与标准鉴定体系，筛选出对白粉病免疫的甜瓜材料 1489，高抗材料 1464、Sweet 和抗病 F-3800。喀什大学布美热木·克力木等对新疆伽师瓜的品种资源和生物学特性进行研究发现，伽师地区甜瓜品种资源分为早熟甜瓜类型、中熟甜瓜类型和晚熟甜瓜类型，阿和马普特、开热克孜、阔克土那、阔如克齐、马木提卡孜、卡赞齐等 12 个品种不同程度面临濒危，麦克这一品种已灭绝，伽师瓜品种资源遗传多样性亟待保护。

在西甜瓜品种改良技术研发领域，2021 年在 NCBI 上可检索到该领域研究论文共计 82 篇。我国在西甜瓜功能基因挖掘与育种技术创新领域产出一批标志性成果，我国学者为第一作者或通讯作者的占其中 50 篇，数量已超过其他所有国家之和，另有 49 篇中文研究论文。其中有国外由于新冠病毒肆虐影响科研的因素，但主因仍是我国在该领域整体研究水平的长足进步和崛起，我国在该领域已明显处于国际领跑地位。另外，这些科研论文中大多数（73 篇）受产业技术体系专项资金资助，由西甜瓜产业技术体系专家及团队完成，充分体现了农业农村部现代农业产业技术体系对我国西甜瓜产业科技进步的巨大推动作用。

西甜瓜基因组、代谢组、蛋白质组等组学研究水平进一步提升。浙江大学张明方团队利用三代测序技术结合 Hi-C 辅助组装方式完成了典型薄皮甜瓜材料 HS 的基因组组装，为薄皮甜瓜重要基因挖掘利用奠定了基础。山东农业大学史庆华课题组利用基因组甲基化与转录组联合分析手段，挖掘出甜瓜白粉病抗病相关的基因组位点。东北农业大学西甜瓜分子育种团队对西瓜甜瓜细胞器和核基因组进行了比较分析，发现在西瓜甜瓜进化过程中核基因组与细胞质中的两个细胞器基因组之间发生了大量遗传物质交换。内蒙古大学哈斯阿古拉团队利用 miRNA 测序和降解组测序手段鉴定出和甜瓜果实发育密切相关的 miRNA393。中国农业科学院郑州果树研究所刘文革团队利用代谢组学结合转录组学方法分析了西瓜果实发育、不同西瓜果肉颜色驯化机理、果实风味形成机制、籽瓜、黏籽和普通西瓜果实差异形成机制；西北农林科技大学张显团队利用蛋白质组学技术对西瓜雄性不育机理进行了初步分析；中国农业科学院蔬菜花卉研究所王怀松团队利用代谢组学手段分析了甜瓜果皮颜色的形成机制。

西甜瓜基因工程与基因编辑技术日益成熟。在西瓜遗传转化和基因编辑方面，北京市农林科学院许勇团队和西北农林科技大学张显团队均处于国际前沿，完成了西瓜果实含糖量、成熟调控、种子发育与雄性不育等多个重要农艺性状的基因编辑与功能验证研究。西北农林科技大学袁黎团队利用西瓜内源嵌合基因 *ClGRF4-GIF1* 将西瓜遗传转化效率较以前提高了近 9 倍，进一步突变 *ClGRF4* 内部 miR396 的靶向位点，将遗传转化效率进一步提高到 67.27%。

鉴定出一批西甜瓜重要性状基因。西北农林科技大学袁黎团队证明驱动蛋白 KIN 基因家族成员在西瓜果实发育早期起关键调控作用；江苏省农业科学院羊杏平团队证明西瓜 GDSL 基因家族成员对蔓枯病抗性起到作用；西北农林科技大学张显团队鉴定了西瓜和甜瓜中乙烯代谢相关 ACS 基因家族，并初步揭示了这些家族成员在西甜瓜性别分化和发育中的作用，该团队还分析了西瓜中的 SWEET 基因家族及其对生物和非生物刺激响应；山东农业大学史庆华团队分析了甜瓜 WRKY 转录因子家族，并鉴定了抗白粉病基因家族成员；甘肃农业大学园艺学院在西甜瓜中鉴定出了 7 种 SOD 基因且其中多数参与耐逆反应。东北农业大学栾非时团队鉴定出西瓜浅黄色果肉决定基因、金黄色果肉决定基因、浅绿色果肉决定基因、西瓜果皮硬度主效基因以及甜瓜柱头颜色和果柄长度相关基因。西北农林科技大学袁黎团队将导致二倍体少籽的易位区段定位于 6 号染色体上 2.09Mb 区间，为培养二倍体无籽西瓜奠定了理论基础。西北农林科技大学张显团队克隆出西瓜雄性不育调控基因 *ClATM1*，加速了西瓜雄性不育系的分子标记辅助育种应用进程。北京市农林科学院马建和西班牙学者同时发现了甜瓜果型决定基因 *CmOFP13*；中国农业科学院蔬菜花卉研究所王怀松团队联合中国农业科学院郑州果树研究所利用高分辨率图谱精细定位了决定甜瓜果实大小的关键 QTL；河南农业大学杨路明团队与中国农业科学院郑州果树研究所刘文革团队合作，定位并克隆了西瓜少杈基因 *Clbl*。中国农业科学院郑州果树研究所马双武团队精细定位了决定椭圆形果实的基因与种子大小的基因；河南农业大学杨路明团队和西北农林科技大学张显团队合作，定位到了西瓜果皮条纹形成相关基因 *ClGS* 和 *ClSP*。上述研究成果为西甜瓜重要性状基因功能及调控机理解析奠定了基础。

在西甜瓜栽培技术领域，浙江大学西甜瓜岗位科学家团队研发了一款形似“文身”的柔性传感器，贴附在西瓜茎秆、果柄表面，可以通过无线信号实时接收到植物径流动态，实现了在自然无损状态下的植物生理监测，为西瓜全生育期植株生理状态监测与节水灌溉技术研发提供了新的解决方案。河北农业大学乜兰春团队研发了一套负压灌溉系统，实现了精准控制供水和稳定的土壤含水量。与普通沟灌相比，该系统显著减少了作物生产过程的用水量，提高设施西瓜生产的水分利用效率。西北农林科技大学团队研究了水—氮耦合在不同二氧化碳浓度下对西瓜产量的影响。发现在低灌溉或低氮条件下，二氧化碳加富处理可促进西瓜光合速率和生长，为西瓜栽培过程中氮肥、水分的综合高效利用技术研发提供了新的思路。土壤酸化后导致活性铝的含量增加，是引起西瓜连作障碍的原因之一。国内学者研究发现，外源水杨酸（SA）能有效降低质膜过氧化水平，缓解铝胁迫对西瓜幼苗根长和鲜质量的影响，对根系长度抑制的缓解效果达 62.7%，对根系鲜质量的胁迫缓解效果达 108.9%，对根系中丙二醛（MDA）含量的降幅达 29.6%，缓解幼苗对 Na、K、Mg、Ca 等元素的吸收障碍。施用甲壳素也有利于促进西瓜生长、提高土壤酶活性、改善土壤微生物群落结构，缓解西瓜连作障碍。孟佳丽等提出西瓜连作土壤采用杀菌剂处理或适量添加生物有机肥和微生物菌剂有利于土壤微生态环境的改善，在西瓜连作土壤中添加适量的氰氨化钙能够显著降低枯萎病发病率，促进西瓜生长发育，提高连作西瓜产量。研究明确了氨基酸类代谢途径在西瓜抵抗干旱胁迫中占主导地位，为深入研究西瓜的抗旱机制提供了试验基础；发现糖裂解、糖酵解、发酵、活性氧清除、细胞壁修饰、细胞周期调控、微管重塑、激素信号和 ERFs 转录因子等相关基因在内涝诱导甜瓜不定根产生过程中发挥了重要作用。发现夏季温室超声波增湿处理能够缓解室内大气干旱对作物的不利影响，增湿处理下甜瓜全生育期耗水量显著降低 14.7%，甜瓜单株产量显著提高 9.9%，甜瓜产量-水分利用效率显著提高 27.9%。尚怀国等结合生产实际分析了西甜瓜产业下一步发展的着力方向，并提出了促进西甜瓜绿色高质高效生产的建议。

在西甜瓜病虫害防控技术领域，国内学者筛选出多功能生防细菌菌株 ZJT2，在正常土壤中该菌株对西瓜枯萎病原菌的防治效果高达 100%，且可耐受 pH 值为 4.0、NaCl 质量分数为 11%的培养基，为西瓜枯萎病生物防治与土壤酸化及盐渍化治理提供了新的思路。筛选出伯克霍尔德氏菌 YZU-S230，对防治西瓜枯萎病具有较好的防效；筛选出对西瓜枯萎病具有防治效果的拮抗菌株 SFJ11，其 20%的发酵液几乎能完全抑制西瓜枯萎病菌菌丝的生长，对孢子萌发的抑制率为 95%，田间防治效果最高可达 78%。海南大学发现四氧化三铁纳米颗粒（Fe_3O_4-NPs）可以作为新型植物生长刺激剂和抗真菌剂，对西瓜等作物的种子萌发和活力指数有显著促进效果，同时对尖孢镰刀菌等病原微生物也有一定的抑菌活性。赵子婧等应用微滴数字 PCR（ddPCR）建立了同时检测瓜类种子携带果斑病菌和角斑病菌的方法，可检测到带菌率 0.2%（$n=500$）的西甜瓜种子样品，灵敏度优于 real-time PCR 法。曾海娟等制备了一种检测果斑病菌的荧光免疫层析试纸条，其检出限为 3.1×10^6CFU/毫升，操作简便、耗时短，不需设备和复杂程序，可实现瓜类果斑病菌的快速检测。研究明确了北京、南京和新疆地区西甜瓜优势虫害及其化学防控策略，筛选出具有抗螨特性的西瓜品种嘉美。首次发现糖转运蛋白 VST1 敲除能够抑制瓜蚜对西瓜的取食为害，未来有望通过基因编辑技术来提高西瓜对瓜蚜的抗性。

在西甜瓜采后处理与加工技术领域，研究发现浓度为 1.0%的正丁醇处理液浸泡果实 30 分钟，能够提高果实抗氧化酶活性，缓解哈密瓜冷害的发生，有效降低因低温贮藏冷害给哈密瓜产业带来巨大的经济损失。发现西瓜果皮提取的果胶具有良好的成膜性能，可作为食品级可食用薄膜，为西瓜生产废弃物环保再利用与可生物降解薄膜开发提供了新的方向。研究明确了臭氧抑制 *Fusarium sulphureum* 病菌生长及甜瓜白霉病的分子机理，为基于臭氧杀菌的甜瓜无污染、无残留贮藏保鲜提供理论基础。

在西甜瓜生产管理机械化技术领域，国内学者基于机器学习和多视图融合方法设计了在线视觉检测系统，可以快速、精准地掌握种苗发芽生长信息，穴盘苗和穴位检出率达到了 95.16%和 100%，为提高葫芦科嫁接机器人的自动化水平提供了研究基础。针对西瓜直插式嫁接砧木在生长点去除前定位与处理的损伤问题，充分利用气动原理设计研发了通过气囊的膨胀与收缩完成砧木苗取放操作的新型夹苗、压苗、接穗苗切削等部件，解决了传统夹苗机构伤苗现象。采用前后对称的双压辊式压苗机构，夹持损伤率和压苗损伤率为 0，解决了嫁接过程中易造成子叶根部折断的问题。创制了多种新型移栽机构、取投苗装置，有效减少了穴盘苗钵体损毁情况，提高栽植合格率；结合机器视觉、深度学习等人工智能技术，研发了穴盘幼苗分级移栽系统、全自动移栽机取苗喂苗控制系统等，可实现蔬菜基质块苗的成排输送、自动取苗、单株定植等功能，漏栽率、倒伏率降至 1.3%、3.4%，栽植合格率为 95.3%，实现了高效稳定的自动化移栽作业。

（国家西甜瓜产业技术体系首席科学家　许勇　提供）

2021年度柑橘猕猴桃产业技术发展报告

（国家柑橘产业技术体系）

一、国际柑橘、猕猴桃生产与贸易概况

（一）国际柑橘生产和消费概况

根据FAO数据，2020年世界柑橘种植面积860.70万公顷（约1.29亿亩），产量为1.45亿吨。世界柑橘类水果总产量位列前五的国家依次为：中国、巴西、印度、墨西哥和美国。世界甜橙的主产地是巴西、印度和中国；宽皮柑橘的主产地是中国、欧盟和土耳其；柚（含葡萄柚）的主产地是中国、越南和美国；柠檬和莱檬的主产地是印度、墨西哥和中国。

根据美国农业部（USDA）数据统计，2020年世界甜橙的主要消费地区分别为中国、欧盟和巴西，上述地区的消费量分别占世界甜橙总消费量的24.46%、19.59%和15.10%；世界宽皮柑橘的主要消费地区分别为中国、欧盟和美国，上述地区的消费量分别占世界宽皮柑橘总消费量的69.98%、8.90%和3.07%；世界柚（含葡萄柚）的主要消费地区分别为中国、欧盟和墨西哥，上述地区的消费量分别占世界柚（含葡萄柚）总消费量的78.39%、6.36%和5.77%；世界柠檬和莱檬的主要消费地区分别为墨西哥、欧盟和美国，上述地区的消费量分别占世界柠檬和莱檬总消费量的28.17%、26.14%和21.53%。欧盟、美国和中国是橙汁的最主要消费地区。

（二）国际柑橘贸易概况

根据UN Comtrade数据，2020年世界柑橘类产品出口额与出口量分别为161.66亿美元和1 286.28万吨。其中，甜橙的出口量最大，宽皮柑橘的出口额最大；柠檬和酸橙、葡萄柚及柚以及其他柑橘属水果的出口比例相对较少。

（三）国际猕猴桃生产概况

根据FAO最新数据，2019年世界猕猴桃收获面积26.88万公顷（403.2万亩），产量为434.80万吨。在世界23个猕猴桃生产国中，总产量位列前六的国家依次为：中国、新西兰、意大利、伊朗、希腊和智利，上述国家的总产量占全球总产量的93.99%。除中国、新西兰、意大利、智利等国家具有美味猕猴桃绿肉类型、中华猕猴桃黄肉类型和少量中华猕猴桃红肉类型外，其他生产国的栽培品种基本上是以海沃德为主的美味猕猴桃绿肉类型。从猕猴桃生产大国新西兰年报看，2021年该国生产商品果56.88万吨，海外生产果品8.46万吨，分别比2020年增加8.74%和23.04%；新西兰在海外生产的黄肉和绿肉猕猴桃均较大幅度增加，实现了果品周年供应。

（四）国际猕猴桃贸易概况

据FAO数据统计，2019年世界猕猴桃出口额和出口量分别为29.08亿美元和151.11万吨。其中，出口量位列前四的国家是新西兰、意大利、希腊和智利，上述国家的出口量占全球总出口量的76.66%；出口额位列前四的国家是新西兰、意大利、智利和希腊。

2019 年世界猕猴桃进口额和进口量分别为 32.19 亿美元和 158.20 万吨。其中，进口量位列前四的国家是中国、比利时、西班牙和德国；进口额位列前四的国家是中国、日本、比利时和德国。

从产量和贸易量来看，中国是世界猕猴桃第一生产大国和进口大国，每年除消费完本国生产的果品外，还大量从国外进口，近 3 年平均年进口量超过 11.8 万吨，出口量仅 6 500 余吨，占年产量的 0.31%，是典型的内销型国家。

二、国内柑橘、猕猴桃生产与贸易概况

（一）国内柑橘生产概况

根据国家统计局数据库数据以及柑橘产业技术体系调研数据估算，2021 年我国柑橘总产量 5 060.45万吨，较 2020 年的 5 121.87万吨减少了 1.2%；从种植面积上看，2021 年我国柑橘种植面积 268.57 万公顷（4 028.60万亩），较 2020 年的 259.42 万公顷（3 897.31万亩）增长了 3.5%；另外，柑橘平均单产从 1978 年的 2.15 吨/公顷增加到 2021 年的 18.84 吨/公顷，年均增长率达 5.18%。

总体来看，2021 年全国柑橘面积和产量总体上表现比较稳定。从地区来看，我国柑橘生产延续东减西增的态势。江西、浙江和湖南柑橘产量呈现负增长态势，重庆柑橘产量增长速度放缓，云南、贵州、广西等中西部主产区柑橘产量近年大幅度增长。从品种结构来看，我国柑橘品种结构进一步得到优化，2021 年增产绝对量和相对量均较大的主要是杂柑类，包括沃柑、不知火等，主要原因在于主产地西江流域柑橘带的大面积投产。温州蜜柑减产主要是由于主产区湖北 2021 年是小年；椪柑和南丰蜜橘减产主要是因冻害引起。从上市时间来看，“中间大两头小”的格局依然存在，但成熟期已明显向两头延伸，我国柑橘熟期结构进一步优化，特早熟与晚熟品种增加势头良好。主要表现为，云南、湖北、湖南一带特早熟温州蜜柑投产；近年来广西、云南发展晚熟的沃柑以及湖北、四川和重庆等地发展的晚熟脐橙、血橙、杂柑等大量上市。

（二）国内柑橘贸易概况

根据中国海关总署统计，2021 年我国柑橘鲜果进口量为 45.38 万吨，进口额为 5.32 亿美元，进口额同比增长 7.01%；柑橘鲜果出口量为 91.77 万吨，出口额为 13.36 亿美元，出口额同比减少 15.31%。在柑橘类加工品进出口上，2021 年我国冷冻橙汁进口量为 8.96 万吨，进口额为 1.29 亿美元；柑橘罐头出口量为 26.20 万吨，出口额为 3.06 亿美元。柑橘贸易总体保持顺差。

（三）国内猕猴桃生产概况

根据中国园艺学会猕猴桃分会 2021 年对各产区调研的结果估计，至 2020 年年底，我国猕猴桃种植面积 28.65 万公顷，其中结果面积 18.69 万公顷，2020 年产量 322.27 万吨，与 2019 年相比，总种植面积略有降低，年产量却增加近 8%。种植面积减少的原因主要有两个，一是 2020 年上半年受新冠肺炎疫情影响，部分新建果园和细菌性溃疡病感染严重的果园因疏于管理导致毁园；二是 2020 年下半年国家最新确保粮食安全的相关政策实施，一些在基本农田上刚建的幼年园响应国家政策，积极退林还耕，让果于粮。

我国猕猴桃种植区域在不断扩大，如中华/美味猕猴桃的生产最南端由广东和平县已延伸至云南屏边县，最北端从陕西省延伸至天津市。据统计，猕猴桃已发展到全国 21 个省（区、市），其中中华/美味猕猴桃种植面积超过 6 667万公顷的省（市）有陕西、四

川、贵州、湖南、河南、江西、浙江、湖北、云南和重庆。2020 年猕猴桃产量位列前五的省份依次是陕西、四川、贵州、江西和河南，其中陕西省的产量达到 135 万吨。

据 FAO 统计，我国猕猴桃单产总体水平在世界 23 个国家中排第 17 位，一是近几年幼年果园发展较多，未结果面积占 36%；二是红阳等红心品种因受溃疡病影响，产量较低；三是大量山区果园，土地利用率低，导致产量较低。

（四）国内猕猴桃贸易概况

据 FAO 数据统计，中国已成为猕猴桃重要的生产和消费大国，每年进出口量持续增加。2019 年中国猕猴桃进口量为 19.32 万吨，中国（不含香港、澳门、台湾）、中国台湾、中国香港和中国澳门分别占中国总进口量的 66.83%、17.89%、14.55%和 0.73%。从进口价格来看，中国（不含香港、澳门、台湾）、中国台湾、中国香港和中国澳门的价格分别是 3 521美元/吨、3 198美元/吨、2 072美元/吨和 1 690美元/吨。

2019 年中国猕猴桃出口量为 2.77 万吨，中国香港、中国（不含香港、澳门、台湾）出口量分别占中国总出口量的 67.86%和 31.93%，但中国香港没有生产猕猴桃，是二次出口市场。

三、国际柑橘、猕猴桃产业技术研发进展

（一）遗传育种

1. 柑橘优良抗性资源发掘与利用取得新进展

开展了柑橘抗黄龙病和抗疫霉根腐病、耐盐等资源挖掘与利用；基于特异资源或杂交材料开展了柑橘抗性机制研究；佛罗里达大学研发了一种新的柑橘种质资源溃疡病抗性鉴定方法。

2. 柑橘品种重要性状的形成机制研究发展迅速

开展了果实重要品质（糖、苦味、粒化、熟期）性状形成机制等多方面的研究。日本科学家通过基因分型，明确了类胡萝卜素代谢通道关键位点等位基因差异与柑橘汁胞色泽的差异；我国以及日本分别定位了影响柑橘酸积累的 SNP 位点。

3. 分子标记、基因编辑、代谢组学和基因组学等技术普遍应用于柑橘育种

起始密码子靶向（SCoT）分子标记、CAPS 标记、InDel 标记、双亲（ncSSR）和单亲（orgDNA）标记广泛应用于柑橘品种和品系鉴定；继续利用 CRISPR/Cas9 的基因编辑技术进行分子育种研究；代谢组学和基因组学研究持续深入，其中基因组测序开始进入泛基因组时代。

4. 重视柑橘育种技术创新

西班牙通过培育三倍体获得低呋喃香豆素的葡萄柚品种；澳大利亚选育的甜橙晚熟品种 Villa11 以及南非选育的早熟克里曼丁橘 Early Esbal，获美国专利保护；美国加州大学河滨分校利用澳指檬为亲本，旨在选育耐柑橘黄龙病的砧木，取得新进展。

5. 注重猕猴桃新材料创制

基于 CRISPR/Cas9 的基因编辑技术，新西兰科学家通过同时敲除 *CEN4/SyGl* 基因，产生了可以自花授粉并早花的猕猴桃新种质。

6. 猕猴桃果实成熟相关机制研究较多

乙烯合成及其转录调控一直是猕猴桃成熟研究领域中的热点。近年来，相继有 NAC、AP2/ERF、WRKY 等转录因子被鉴定参与猕猴桃果实中乙烯合成的调控。

（二）栽培与土肥

1. 推行柑橘宽行种植和控草技术

美国等发达国家采用 5~7 米宽行种植；推广行间生草栽培、机械控草、树盘覆盖或除草剂控草，气候干燥产区机械修剪树枝粉碎后用于地面覆盖。

2. 重视柑橘果园肥水管理

水肥一体化以微灌为主，适度实施机械挖沟施肥，肥料配方以叶片营养诊断为基础，配合土壤分析，对每个果园配制 BB 肥（Bulk blending fertilizer），BB 肥占比约 80%，每吨果实的纯氮用量低至 3~6 千克。

3. 机械应用于柑橘修剪和加工果采收

采用机械篱壁修剪，或树冠中部开槽修剪，但鲜食橘园仍有人工修剪；加工果机械采收占一定比例，机器人采果处于探索阶段。

4. 关注柑橘精准自动化栽培管理技术研发

开始注重数据高效采集、人工智能、机械和农艺相结合的精准自动化栽培管理技术研发，如基于无损诊断与信息系统的实时全程综合管理，基于大数据土壤、叶片分析的精准养分诊断与管理“4R（Right source、Right rate、Right time and Right place）养分管理”等。

5. 猕猴桃叶面钙肥研发取得新进展

研究了叶面钙肥对海沃德猕猴桃果实品质和营养状况的影响，发现喷钙处理能增加果肉硬度，且对总可溶性固形物和酸度无明显影响。

（三）病虫草害防控

1. 柑橘黄龙病研究仍然是全球关注的焦点

研发高灵敏检测黄龙病菌、抑制木虱传播力等技术；发现新型抗菌肽；利用衰退病毒载体抑制 Rieske、细胞色素 P450 和 BH4 可高效杀灭木虱；筛选鉴定耐病相关调控因子；对病菌与木虱互作机制有所推进。

2. 重视柑橘麻风病、炭疽病等病害研究

首次证实柑橘病毒 A 与石果病相关；评估了南美洲柑橘麻风病病毒 C 的种群构成、遗传演化规律；发现澳大利亚刺盘孢菌新种系澳大利亚柑橘炭疽病的病原；构建了柑橘蒂腐病重要病原可可毛色球二孢菌的基因组草图。

3. 橘小实蝇、柑橘木虱等害虫研究进展较好

发现线虫对橘小实蝇幼虫有较好防效；阐明影响阿里山潜蝇茧蜂、亮腹釉小蜂分别对橘小实蝇、柑橘木虱防效的环境因素。

4. 注重柑橘园杂草抗性研究

发现 ABC 转运蛋白基因上调表达可显著提高小蓬草对草甘膦的抗性水平。

5. 关注猕猴桃溃疡病研究

发现咪唑生物碱可有效用于溃疡病的生物防治；分析了溃疡病菌左旋糖苷酶 Lscβ 及 lscγ 的表达活性。

（四）采后处理与加工

1. 从柑橘采摘和分选阶段开始挑选适宜鲜食和加工的原料

通过机器视觉基于不同图像成像对比，可对柑橘成熟度进行检测后再采摘；高光谱反

射成像技术和基于卷积神经网络的算法也可较好实现在线柑橘缺陷检测。

2. 重视柑橘汁加工新技术研究

主要是基于新技术（如超声波、酶解等）降低柑橘汁中的苦味物质，减少橙汁中功能性成分的损失，增强橙汁的抗氧化能力以及对人体的保健作用等；采用错流微滤法浓缩柑橘汁，可富集类胡萝卜素、类黄酮和果胶，降低果汁中糖含量，改善柑橘汁的营养成分配比。

3. 关注柑橘次生代谢产物的提取与利用

超声波辅助稀酸水解橘皮可有效提高果胶和精油的提取率，提取后的水解液可用于细菌纤维素发酵生产；柑橘提取物中的黄酮类物质对李斯特菌有显著抗菌效果；柚皮苷能抑制金黄色葡萄球菌的细胞膜生成，可用于食品防腐保鲜。

4. 猕猴桃采后保鲜技术研发进展较好

相对于已经成熟的低温贮藏保鲜方式，气调贮藏（CA）或自发气调包装贮藏（MAP）开始在软枣猕猴桃上有所尝试；1-MCP 处理可以延缓猕猴桃果实软化，延长其货架期；涌现出一批新颖且有效的化学保鲜方法，如柠檬醛处理、香豆酸处理等；一些新的物理保鲜技术，如电子束辐照处理（Electron-beam irradiation）通过调控活性氧代谢延缓猕猴桃果实衰老，从而延长果实贮藏期。

（五）机械化

1. 柑橘果园运输机械不断优化

设计了柴油液压驱动的果园运输机械，最大爬坡角度 50°，最大负载 840 千克，平均行驶速度 0.77 米/秒，遥控距离 455 米。

2. 柑橘果园植保作业技术取得新进展

以静电喷头设计为载体，通过喷头结构设计、充电技术改进、双流体技术应用等提高静电植保作业效率；结合喷雾形状、雾锥角及破碎长度等喷雾参数，通过气相流量及风送结构等设计，实现精准喷雾作业。

3. 重视信息技术在柑橘生产中的应用

基于 DSSD 网络模型，实现自然环境下青柚的识别和计数；提出目标检测和射影几何原理相结合的柑橘果实尺寸计算方法，实现柑橘产量快速评估；基于改进 YOLOv4 轻量化识别模型，实现自然环境下柑橘花识别；应用偏最小二乘回归分析法分析叶片高光谱图像，实现柑橘始叶螨病虫害识别分类。

四、国内柑橘、猕猴桃产业技术研发进展

（一）遗传育种

1. 聚焦柑橘种质资源发掘、创制和评价利用

利用芽变选种、细胞工程和杂交育种手段在柑橘杂种创制上取得新进展；综合利用组学及生物信息学技术揭示了柑橘近缘种蚝壳刺抗溃疡病的分子机制；明晰了柑橘棕色果皮变异的分子机制；定位了苦味与鼠李糖糖苷转移酶相关等位基因。

2. 关注柑橘重要性状形成机理

在柑橘熟期、砧木—接穗相互作用、酸度、自交不亲和等重要性状形成机理方面取得了进展。

3. 基因编辑技术和重测序技术快速发展

基因编辑技术开始应用于分子育种及种质创制，比如采用通过 CRISPR/Cas9 基因编辑技术产生抗溃疡病的邓肯葡萄柚；采用重测序等技术开发特异分子标记，用于区分各种柑橘品种及其系统发育起源。

4. 重视猕猴桃砧木研究

发现猕猴桃嫁接相容性与砧—穗亲缘关系显著相关；评估了海沃德砧木和大籽砧木的抗涝性，其中大籽砧木显著优于海沃德，能够提高接穗的光合速率；以桂林猕猴桃为砧木进行嫁接，可增强中华猕猴桃品种的溃疡病抗性。

5. 猕猴桃果实成熟机制研究较多

发现 *AdMsrB1* 过量表达可促进猕猴桃果实中乙烯合成前体含量，且乙烯释放量也得到提高；利用一致性共表达网络分析（CCNA）方法从猕猴桃果实成熟过程中分离鉴定出了 AdDof3 和 AdZAT5 锌指类型的转录因子；构建了猕猴桃风味代谢调控网络并揭示了猕猴桃果实风味物质转录调控新机制。

6. 猕猴桃功能成分挖掘取得新进展

研究不同种类猕猴桃的生物活性成分及植物化学物质，并探讨其在抗氧化、抗炎、抗高血压、抗癌、抗菌、神经保护、抗肥胖和肠道健康方面的作用。

7. 培育多个新品种

2021 年，我国登记柑橘品种 10 个，除了华柑 4 号是新选育的无核椪柑，其余均是老的品种和品系，其中柚子 4 个，椪柑 3 个，其他宽皮橘 3 个；授权猕猴桃品种 10 个，如金丽，新受理猕猴桃品种保护 14 个，如中科猕砧 2 号。

（二）栽培与土肥

1. 柑橘黄龙病防控栽培技术在疫区得到较好普及

在科学规划的基础上，综合应用生态建园、高标准改土、宽行窄株、起垄栽培、大苗定植、动态清除黄龙病株、精准防治柑橘木虱、果园树盘覆盖地布+行间生草或种植绿肥、肥水一体化设施及果园机械应用等技术措施，集成了柑橘黄龙病灾后恢复生产技术新模式。

2. 柑橘简化栽培技术推广面积扩大

宽行窄株起垄建园、生草栽培、轻简化管理树形和维护技术、机械施肥喷药、水肥一体化、微灌等简化栽培技术推广面积不断增加。

3. 柑橘配方施肥技术研究和推广应用进展良好

柑橘专用肥进一步得到推广，达到了减肥提质增效目标，近年开始实现真正意义上的柑橘配方施肥。

4. 柑橘果实留树越冬技术得到不断改进，应用面积增加

树冠覆盖、果实套袋保护、设施栽培保护果实越冬技术进一步完善，晚熟和晚采柑橘面积增加。

5. 关注柑橘高品质栽培技术研究

发达地区的设施高品质栽培面积继续增加，相关研究增多。

6. 重视生长调节剂在猕猴桃生产上的应用

生长调节剂被广泛应用于猕猴桃的生长过程中，以促进果实的膨大。通过施用不同浓度的氯吡脲（CPPU）和噻苯隆（TDZ），评价其对猕猴桃果实品质的影响。

（三）病虫草害防控

1. 柑橘黄龙病研究取得新进展

基因组测序分析、效应子致病机制、抗病种质创制、品种响应病菌的耐感性机制、基于菟丝子介导的组学分析、前噬菌体鉴定与分类、虫生真菌防治木虱等研究取得新进展。

2. 重视柑橘衰退病、黄脉病、叶斑驳病等病害研究

阐明导致长线形病毒多样性的分子机制；明确衰退病毒 p23 蛋白可引导 CP-FKBP17-2复合体沿细胞壁移动；建立了黄脉病、叶斑驳病的 RT-RPA 检测方法；完成 3 种柑橘黑点病菌和柑橘褐斑病菌基因组的注释；明确褐斑病菌转录因子的功能和调控网络。

3. 橘小实蝇、橘蚜等虫害研究进展较好

发现橘小实蝇短神经肽 F、长链非编码 RNA 分别调控嗅觉和马拉硫磷抗性；证明 BdorOBP56f-2 是橘小实蝇感受甲基丁香酚的受体；证实微 RNAs 有防治橘小实蝇的潜力；解析 Ac_ lnc54106. 1 调控橘蚜翅发育的分子机制。

4. 关注柑橘园生态控草模式

建立了红壤丘陵区柑橘园间种竹豆模式等。

5. 溃疡病是猕猴桃病害研究的焦点

发现 300 毫克/升臭氧处理 1 小时可有效杀灭花粉中的溃疡病菌且不影响花粉活力及果实品质；采用石菖蒲、黄芩、丁香、广藿香、大蒜和牡丹 6 种中药材组成的最佳复配物，对溃疡病具有较好的防治效果；明确氨基寡糖素能诱导猕猴桃抗溃疡病；阐明溃疡病菌的Ⅵ型分泌系统发挥其致病力的作用机制；开展主栽品种溃疡病抗性评价，为生产上高抗病品种的选择提供依据。

6. 注重猕猴桃软腐病等病害研究

成功构建 *Pestalotiopsis microspora* 及 *Diaporthe actinidiae* 荧光菌株，为分析软腐病致病菌对猕猴桃果实的侵染进程奠定了基础；基于表面增强拉曼光谱技术，开展猕猴桃果实感染拟茎点霉属的早期预警研究；分析了植物精油、假丝酵母及寡聚半乳糖醛酸苷对软腐病的防治效果。

（四）采后处理与加工

1. 柑橘罐头加工自动化水平提升

柑橘自动剥皮设备已在全国进行推广，大型工厂基本实现剥皮自动化；柑橘分瓣设备采用机器视觉算法检测分瓣线，并采用切割刀代替钢丝切割，设备稳定性和可靠性有很大提升。

2. 非浓缩还原（NFC）橙汁市场需求不断攀升，果汁饮料产品秉承天然健康的理念

胡柚青果茶饮料采用胡柚青果外壳塞入普洱茶制成茶饮料，为陈皮茶产品增加了新的品种；柑橘汁产品更加多元化，如气泡柠檬汁、柑橘果茶、柑橘鸡尾酒等市场需求增加；非热杀菌技术被更多的学者和企业关注，超高压果汁产品在大城市受到高端消费市场的青睐。

3. 柑橘皮渣加工取得新进展

柑橘皮渣提取的精油具有较强的抗氧化作用，且对金黄色葡萄球菌的抑菌效果显著，可提高食品防腐能力，提升食品风味与品质。

4. 关注猕猴桃贮藏保鲜技术研发

发现2℃比0℃更适于翠香猕猴桃果实低温贮藏，2% O_2+5% CO_2气调贮藏徐香猕猴桃的效果比其他气体成分更好；相比气调库高建设成本，自发气调包装简单、便宜，特别适宜软枣猕猴桃贮藏；利用1-MCP和乙烯处理组合为红阳猕猴桃即食供应带来了新的方法；发现采前喷施糖醇螯合钙可提高猕猴桃贮藏效果。

5. 猕猴桃加工工艺和产品研发取得进展

以猕猴桃为主，研发配有其他水果的复合类猕猴桃加工产品，如杧果猕猴桃复合果酱等；优化传统加工工艺或研发新加工技术并应用，如热辅助超声波处理、低温等离子体处理、超高压微射流均质技术等；研发一些新颖的休闲零食加工产品和保健功能产品，如猕猴桃酵素饮料。

（五）机械化

1. 柑橘果园运输装备进展较好

应用渡越时间方法，结合深度相机设计了山地果园单轨运输车避障系统；基于台架试验分析了不同因素对牵引式运输车的绳轮摩擦磨损规律，构建了绳轮系统模型。

2. 重视柑橘喷雾机械研发

通过内部、外部流场分析，对风送喷雾机械的内部导流装置进行优化设计；设计了果园喷雾靶标探测与追踪系统，能够实时调整喷雾角度实现精准对靶。

3. 柑橘果园信息技术发展迅速

提出多维度特征Slim-FOCS目标检测算法，实现自然环境下成熟柑橘高效快速检测；提出适用于嵌入式系统的YOLOv4-Tiny柑橘木虱识别模型，为黄龙病防治提供技术积累；采用物联网技术和深度学习方法，结合尺度可变视频流信息，设计了柑橘病虫害动态识别系统；基于连续投影-K近邻算法预测柑橘汁内部品质变化，模型准确性和敏感性分别达到0.970和0.923以上。

（国家柑橘产业技术体系首席科学家　邓秀新　提供）

2021年度苹果产业技术发展报告

（国家苹果产业技术体系）

一、国际苹果生产与贸易概况

根据美国农业部（USDA）2021年12月发布的 *Fresh Apples*, *Grapes*, *and Pears*: *World Markets and Trade* 报告，预计2021/2022产季世界苹果总产量将增加130万吨，达到8 180万吨，其中美国苹果产量达到460万吨，智利的产量将保持110万吨，墨西哥的产量将达到78万吨，新西兰的产量为57.8万吨，南非的产量为99.7万吨，土耳其的产量将保持在430万吨，印度的产量将保持在230万吨左右。

2021/2022销售年度，世界苹果进口总量达到620万吨，出口总量达到660万吨。主要苹果进口国家和地区有俄罗斯、欧盟、白俄罗斯、墨西哥、伊拉克和加拿大等，主要出口国有中国、美国、智利、南非和新西兰等。欧盟将在非商业果园减产50.8万～1 170万吨。意大利和法国供应量减少，将使苹果出口量降至110万吨。由于南半球供应商出货量增加，预计苹果进口量将增加3万吨，达到35.5万吨。供应的改善将增加对高端市场的出货量，墨西哥和加拿大的苹果出口量预计增加到78.5万吨，进口量将达到13万吨。智利苹果出口量仍为63.5万吨。新西兰出口量将增加至38万吨。南非苹果增产致使其供应量提升，将推动出口量达到56.5万吨。俄罗斯的苹果进口量将保持在63万吨的水平。

二、国内苹果生产与贸易概况

2021年全国苹果面积预计为3 159.12万亩，比2020年增长0.84%。新疆、黑龙江、宁夏苹果面积有较大幅度增长，分别增长9.40%、6.47%和5.61%；山西、河北、河南苹果面积有所减少，分别减少1.07%、2.32%和2.65%；黄土高原优势区（陕西、山西、河南与甘肃）面积增加幅度为1.3%；环渤海湾地区（山东、河北与辽宁）苹果面积减少幅度为1.98%，其他地区苹果面积增长幅度为0.2%。2021年全国苹果总产量预计为3 934万吨，比2020年增产2.30%；其中黄土高原优势区产量为2 160万吨，较2020年增产5.52%；环渤海湾产区产量为1 375万吨，较2020年减产1.43%；其他地区苹果产量为399万吨，较2020年减产0.99%。

2021年中国鲜苹果预测出口量为118.14万吨，较2020年上升11.66%；出口金额为16.62亿美元，较2020年上升14.62%。2021年鲜苹果平均出口单价为1 344.43美元/吨，比2020年同期单价（1 326.09美元/吨）上升1.36%。从出口目的地国家看，按出口量排名，前三位分别是孟加拉国、菲律宾和越南，出口量分别是13.73万吨、12.23万吨和12.09万吨。进口方面，2021年全年鲜苹果进口量预测为6.80万吨，较2020年下降10.17%。鲜苹果进口单价方面，2021年我国鲜苹果进口单价较2020年有所上涨，比2020年同期上涨20.82%。从进口国家方面，中国鲜苹果进口量较大的国家是新西兰和南非。

三、国际苹果产业技术研发进展

（一）国际苹果遗传育种研发进展

美国是当前世界上保存苹果资源最多的国家，保存总数为 13 586 份，共有 8 个单位开展苹果资源保存，其中保存数量最多的单位是美国农业部植物遗传资源保存中心（USDA-ARS），保存资源 6 072 份；瑞士保存资源 9 007 份；德国 5 047 份；波兰 4 217 份；意大利 3 642 份；俄罗斯 3 397 份；乌克兰 2 966 份；比利时 2 538 份；英国 2 400 份；奥地利 2 168 份。保存方式主要采取田间保存和休眠枝芽超低温保存。开展的资源深度研究主要集中于种质资源遗传多态性分析、抗性和品质分析与鉴定、资源亲缘关系、重要性状遗传基础等方面。

目前，对于世界苹果品种选育工作影响力最大的国家仍然是美国、日本和新西兰，法国、意大利、澳大利亚等国家的苹果育种工作也卓有成效。2021 年美国释放了 NJ150、Regal D17-121、SO7、Eastman、DS102 5 个苹果新品种，其中 3 个为蜜脆系。法国释放了 4 个，分别为 Babylove、R202、R203、Regalnat。新西兰释放了 PremA093、PremA003 和 HOT84A1 3 个苹果新品种。澳大利亚释放了苹果新品种 Bella Rosa。

育种目标与战略方面，培育优质、丰产、高抗、易管理的苹果新品种仍然是现代苹果育种的总体目标与发展战略。此外，功能性苹果品种的培育逐渐被各国重视。美国仍以抗火疫病和优质为育种目标，同时重视利用标记辅助育苗（MASS）来缩短育种时间，提高育种效率。育种工作者还试图整合基因组学和多平台代谢组学来解析苹果中基因型—表型间的关联。波兰持续筛选火疫病抗性基因用于抗病品种的选育；比利时尝试利用多倍体育种来增强苹果对黑星病的抗性；克罗地亚开始重视本地传统苹果品种的营养价值以及在功能性苹果育种方面的潜力。日本重视利用基因组预测和全基因组关联来加速苹果果实品质性状遗传改良。

新的育种方法和技术方面，杂交育种、芽变选种和实生选种等常规育种方式是苹果新品种选育的主要手段，但苹果育种周期长，致使苹果育种进程缓慢。在提高苹果育种效率方面，基于基因组学的全基因组关联分析（GWAS）和基因组选择（GS）得到广泛应用。美国开发出世界首个苹果基因组学和代谢组学一体化平台，利用已获得 10 000 个 SNPs 和表型数据对 124 份苹果种质资源进行代谢物 mGWAS，获得了 1 000 多个与各种代谢物相关的 mQTL。捷克开发了一种基于 17 个 SSR 标记的苹果基因分型试剂盒，适用于对大量苹果样品进行基因分型验证。美国学者综述了基因编辑对果蔬及花卉的影响，认为基因编辑未来可能最大限度地减少采后损失。CRISPR/Cas12a 与常用 CRISPR/Cas9 系统相比，具有不同特点和功能，德国利用 CRISPR/Cas12a 技术成功对苹果 *MdPDS* 基因进行了定点敲除。

苗木繁育方面，国外苗木繁育几乎全部采用自根砧。美国康奈尔大学选育出的抗病、抗重茬、抗寒、耐盐碱的矮砧 G 系得到推广，尤其以 G41、G935 和 G11 表现突出。各国自己选育的砧木，如加拿大 K 系、德国 J 系、瑞典 BM 系、苏联 B 系、波兰 P 系、捷克 JT-E 系、以色列 MH 系、罗马尼亚 V 系、日本 JM 系等也有应用。

（二）国际苹果栽培技术研发进展

矮化栽培方面：①砧穗组合及区域适应性。Rufato 等发现 G210 砧木适应重茬障碍表现较好，可作为当地 Gala 和富士连作种植的候选砧木。Milosevic 等发现砧木对果实品质影响较大，与 M26 和 MM106 相比，M9T337 作砧木果实品质最好。②抗性。Vinson 等认为 G969 和 G214 砧木是抗火疫病的砧木。Moran 在美国缅因州对该地栽培的苹果砧木进行越冬性评价，表明 G41 和 M9T337 在连续两年内冻害发生比例不大；G4013 和 G814 砧木两年内抗寒性显著降低；B9 连续发生冻害，损伤部位在形成层，而木质部未发生损伤；V6 在-35℃的低温下几乎没有损伤。Hezema 等研究表明，B9、V3 和 G41 渗透胁迫下抗性较好，其次是 G935、M26 和 B118。Heidarian 等研究表明，M9 与 Red Delicious 和 MM106 与 Red Delicious 砧穗组合的发病率分别为 12.50%和 16.76%，抗白粉病能力强。Choi 等研究表明 G 和 CG 砧木对根腐病的敏感性普遍低于 M 系列，M 系列砧木对白绢病的敏感性高于 G 和 CG 系列砧木，G11、G202、G214 和 CG5087 对苹果绵蚜免疫，而 G935、CG4814、M26 和 M9 对苹果绵蚜不免疫。③繁殖。Sahil 等发现，生长素浓度的增加与 M116 生根率和生根植株的生长呈正相关。④砧木及根域环境。Sharaf 等发现不同砧木对根际细菌群落结构无独立影响，砧木与肥料处理之间存在很强的交互作用，碳循环是与土壤细菌群落相关的最显著的功能变化。

果园生态方面：Tustin 等假设，将果园系统行距减少到 1.5～2.0 米将增加光截获和生产力，使用二维窄平面树篱树来维持冠层内的辐照度。Palmer 等提出纺锤系统中有 90%的光截获。Bhargava 和 Bansal 提出了一种新的苹果多品种品质评价方法。Javaid 等评估了克什米尔地区苹果园土壤中 SOC、TN 和 S 含量的变异性，土壤有机碳和全氮随海拔高度、降水量和黏粒含量的增加而增加，而与土壤酸度和土壤容重呈负相关。研究结果可为制定农业发展计划或确定土壤保持工作的优先区域提供科学依据。

花果管理方面：宾夕法尼亚州立大学 Sarah 等发现在苹果开花前喷杀虫剂，苹果花粉和花蜜中可检出除砜虫啶外的其他 5 种杀虫剂残留，但残留量不会直接杀死蜜蜂（24～48 小时内死亡）。葡萄牙 Nídia Rosa 等发现应用苯嗪草酮疏果时，必须考虑夜间高温。孟加拉国 Ahmed 等发现在成熟的奶油冻苹果中，果实套袋可以保护苹果免受粉蚧侵扰，从而提高果实质量。土耳其学者研究发现，采前 4 周喷施 75～225 毫克/千克 AVG 可有效预防 Redchief 和 Braeburn 采前落果。巴西圣卡塔琳娜州立大学发现 GA_{4+7} 增加了果形指数（PB）、可滴定酸和果肉硬度（PH），降低了着色指数；ProCa 降低了乙烯生成量、果实可溶性固形物含量和着色指数。宾夕法尼亚州立大学 Yuan 等研究建立了基于无人机（UAV）的热成像相机和 RGB 相机对苹果园进行防霜冻的供热需求评估方法。德国 Wittich 研究发现，苹果阳面表皮温度和苹果核平均最高温度比最高气温分别高 7℃ 和 4℃，根据能量平衡原理开发出苹果日灼风险评估模型。德布勒森大学 Szabo 研究发现，防雹网影响了微气候，其遮阴作用降低晒伤和蒸腾，气温、叶温、叶片干物质含量分别降低 2.9%、7.3%和 4.8%。

果实品质调控方面：研究发现 N、P、K、Ca、Fe 等元素的吸收利用与果树的负载量紧密相关，在果实负载量较低的情况下，可以降低 N、P、Ca 含量，但是要增加 K 的施用量。Shoffe 等发现采前用 γ-氨基丁酸（GABA）处理蜜脆苹果，对抑制果实软化以及低温造成的冷害具有一定的缓解作用。Sha 等表明适量施用多效唑可以合理调节苹果果实的碳氮营养，进而改善果实品质。Kalcsits 等发现砧木和灌溉条件会引起养分的不平衡，进而诱导接穗中缺钙及苦痘病的发生。Abdel-Rahman 等发现利用外源性施用壳聚糖（2 克/升和 4 克/升）和壳聚糖纳米（2 克/升和 4 克/升）颗粒，可以提高苹果果实对蓝霉病的抗性防御相关基因的表达，进而维持果实品质。

土壤管理方面：Wei 等、Zheng 等和 Luo 等研究了果园生草和覆盖对土壤理化性质的影响。结果表明果园生草覆盖提高了土壤真菌多样性；生草覆盖减少了径流，并相应减少了土壤有机碳和溶解性有机碳的损失；覆盖处理均能不同程度地提高土壤养分含量，但自然生草覆盖为火龙果园提供了最佳的土壤环境。Zhao 等、Zhang 等、Chen 等、Tian 等和 Zydlik 等研究了生物炭的应用效果，发现生物炭可以有效地保持土壤中的养分，改善土壤的水力特性，并通过吸附作用减少养分从土壤中的淋失，还降低了表层土壤的重金属 Cd 及 Pb 的含量。

养分管理方面：国外苹果园普遍采用滴灌施肥，Huang 等综合考虑节水和提高果实品质，60%～75%的田间持水量是最适宜的陶瓷根系灌溉水平。Arellano 等研究表明在黏壤土中 1 个滴灌孔效果最好，在砂壤土中 3 个滴灌孔效果最好。Rafiya 等研究表明开花和坐果期和果实生长期适当灌水是苹果叶片生理活性最佳和养分吸收适宜的关键生育期。Jiao 等、Duan 等、Hui 等发现生物炭通过改变土壤性质改变了土壤微生物群落结构，从而调控了苹果根区土壤氮素转化过程和 N_2O 排放。Wang 等表明长期覆盖作物通过提高表层土壤总磷、微生物磷、有机磷和某些形态的无机磷含量，提高了土壤磷的生物有效性。Hou 等发现 0～20 厘米是评价苹果生产系统土壤质量变化的适宜取样深度。

水分管理方面：国外研究主要集中在苹果园的耗水规律、蒸散量、水分需求、果园土壤含水量变化规律、节水灌溉等方面。Mobe 等认为，原始 Fisher PT-JPL 模型在所有果园的蒸腾速率估算中表现不佳，改进的 PT-JPL 模型在估算苹果园从果树定植到盛果期的 ET 及其组分是基本适用的。Huo 等利用法国蒙彼利埃的三维 Hi-sAFe 模型模拟和试验等量化了旱地苹果树—甘蓝型油菜间作的垂直和水平方向的种间水分关系动态。Abdel-Sattar 等发现每年 10 月 1 日到 11 月 14 日 45 天的秋季灌溉是对安娜苹果生产力和农业实践非关键期最有效的处理方法。

果园污染防控方面：Gao 等和 Ordikhani 等认为通过施用有机肥，以科学家和技术人员、政策制定者、社会企业和小农为中心，强调良好治理、绿色生产技术、合作是减轻环境污染实现可持续发展的途径。Wang 等揭示了苹果生长素响应基因 *MdIAA24* 在 Cd 抗性方面的作用，*MdIAA24* 的过量表达，降低了苹果 Cd 吸收相关基因的表达，导致 Cd 积累量减少，同时增强了苹果的光合能力，激活了光合作用活性氧清除系统，增加了其生物量积累，提高了 Cd 耐受性。

连作障碍克服方面：Wang 等发现苹果连作土壤中的酚酸类物质明显高于未连作土壤，根皮苷为苹果属特征酚酸，是引起苹果连作障碍的重要因素。Rao 等发现长期连作使自毒化合物、真菌多样性和丰富度增加，养分失衡是造成烟草连作障碍的重要因素。Duan 等分离得到一株细菌 QSB-6，可以显著降低土壤中镰刀菌的丰度并改善土壤真菌群落结构。Balbin-Snarez 等发现根系暴露于发生苹果连作障碍的土壤中可能是由于受到干扰的土壤微生物群落的激活，导致 ARD 引起的因子的低迁移率，从而诱导植物产生强烈的防御反应和根面微生物群落失调，并导致根系损伤，表现出再植病。

（三）国际苹果病虫害防控技术研发进展

解析了苹果树腐烂病菌和轮纹病菌重要致病因子的功能，明确了轮纹病不同症状的形成机制，鉴定了该病菌毒素——蜂蜜曲菌素；建立了预测苹果褐斑病菌孢子萌发的温度和湿度模型，筛选了多种枝干和叶部病害生防菌并阐明其防病机制。发现 5 个炭疽致病新病原，为害苹果的炭疽病原菌已有近 20 个种。牛眼病的病原主要为 *Phlyctema vagabunda* 和 *Neofabraea kienholzii*。将拟南芥 EFR 转入苹果，增强火疫病抗性。落花期喷施琥珀酸脱氢酶抑制剂类杀菌剂（如氟唑菌酰胺、氟吡菌酰胺、氟唑菌酰羟胺、吡噻菌胺）对苹果霉心病防治效果相对较好。证实 β-氨基丁酸（BABA）能有效诱导苹果对链格孢病菌的抗性。利用寄生蜂等生防天敌、信息素、生物农药等绿色防控技术控制苹小卷叶蛾等苹果害虫是国际上研究的热点。传统化控模式是依赖完善的虫情测报体系，严格遵照杀虫剂残留限量标准，应用高效大型弥雾机械及时精准喷雾，将害虫控制在防治指标之下。

（四）国际苹果机械与装备研发进展

欧洲、美国、新西兰等苹果种植模式多为矮密集约化栽培，大部分果园已经实现机械化管理，并逐步向专业化和智能化发展。果园动力更适合果树种植农艺，多采用专用拖拉机，如意大利 CARRARO 系列。种苗培育标准化、机械化程度高，苗圃起垄、栽植、打药、起苗、淋洗、贮藏等均有机械装备。苹果园普遍采用生草制，行间株间割草机成熟。美国、意大利等采用超低量喷雾、静电喷雾、精确对靶喷雾技术等。美国采用果园专用作业平台辅助苹果采收，法国的加工果品采用振摇树体方式集中收集。苹果采摘机器人在美国、新西兰、日本等有研究。国外的“3S”技术已应用到苹果园管理中，如美国天宝 Autopilot 自动导航驾驶系统，偏差可控制在 2.5 厘米以内，利用 Landsat 遥感图像获得苹果树品种、面积等相关信息。国外苹果采后商品化处理率达 90%以上，保鲜剂与动态气调贮藏相结合是目前国际苹果贮藏技术的研究方向，基于人工智能和图像处理的苹果外观品质及内部品质无损检测是研究热点。

（五）国际苹果加工技术研发进展

国际苹果内部鲜食量总计 7 574 万吨，其中中国 3 938万吨，欧盟 1 162.7 万吨，土耳其 405.1 万吨，美国 397.6 万吨。Chowdhury Onik 等发现褪黑素处理降低了苹果采后贮藏期间乙烯的生成并保持了果实的品质。Adam 等研究了等离子体集成低压冷却对鲜切苹果沙门氏菌的灭活和快速冷却。Kliks 等发现了连续发酵系统中不同稀释率对苹果和苹果/梨苹果酒中挥发性成分的影响。Włodarska 等比较了紫外、可见光、近红外光谱和化学计量学快速筛选苹果汁质量。Valková 等研究了品种对苹果果实总多酚含量和抗氧化活性的影响。Demiray 等利用可溶性大豆蛋白酶解苹果渣生产低成本生物乙醇。国际苹果产业中，关于农药和真菌毒素的残留检测仍主要借助 GC、HPLC、GC-MS/MS、HPLC-MS/MS 等大型仪器。当前国际苹果营养品质评价主要集中于理化指标的探究，如糖、酸、氨基酸、类黄酮、花青苷（素）、维生素 C、酚类和挥发性香味物质。

四、国内苹果产业技术研发进展

（一）国内苹果资源创新与遗传改良研发进展

截至 2021 年 9 月，我国 5 个国家级资源圃共计保存苹果资源 3 257 份，其中国家果树种质兴城苹果圃 2 039 份，国家果树种质公主岭寒地果树圃 497 份，国家果树种质云南特有果树及砧木圃 147 份，国家作物种质资源新疆特有果树及砧木圃（轮台）218 份，国家果树种质新疆伊犁野苹果圃 356 份。除 5 个国家级资源圃，其他资源育种相关单位共计保存各类苹果资源 4 106 份次。材料保存主要采取田间保存。

2021 年，我国授权苹果新品种权 5 个，分别为瑞香红、秦月、辽苹、苹优 2 号和中苹一号。登记新品种45个，登记单位主要是中国农业科学院果树研究所、中国农业大学和中国农业科学院郑州果树研究所。

新的育种和研究技术方面，高通量组学分析及新技术开发应用广泛，中国科学院武汉植物园联合华中农业大学、山东农业大学对497份苹果资源的果实重要性状进行了全基因组关联分析。西北农林科技大学基于297个苹果基因组测序并联合已报道的117个苹果基因组测序结果，研究了人类活动对苹果驯化的影响。中国科学院新疆生态地理研究所利用CRISPR/Cas系统对新疆野生苹果基因组进行了编辑，并首次同时编辑了两个靶标。南京农业大学建立了一种高效的苹果原生质体瞬时表达系统，发现AtUBQ10和MdUBQ10比CaMV35S启动子在苹果原生质体中的表达效率更高，该体系的建立将为苹果基因的分子和生化研究提供有用的工具。

我国苹果苗木繁育基地分布与苹果主产区布局具有一致性，主要集中在环渤海湾优势区和黄土高原优势区，其中排名前10的省（区）依次为陕西、山东、甘肃、河北、辽宁、云南、新疆、河南、山西和宁夏，其中陕西、山东、甘肃和河北4省2020年苗木产量均超过1 000万株。从苗木类型上来看，矮化苗木占比为86%，其中矮化自根砧和矮化中间砧苗木占比分别为31%和55%。截至2020年，我国形成了年产约5 800万株矮化自根砧和约1亿株矮化中间砧的产量，我国苹果苗木繁育正在经历由实生乔化苗木向无性系矮化苗木繁育的转变。目前繁育的矮化砧木类型主要包括M系中的M9-T337、M26，抗重茬砧木，青砧系砧木。其中M系矮化砧木的生产量约占矮化自根砧总产量的88%，抗重茬砧木约占总产量的6%，青砧约占总产量的4.1%，据调查，因国家“非粮化”政策的出台，M系自根砧木市场相对饱和，抗重茬砧木市场潜力巨大，市场份额呈现大幅度上升趋势。

（二）国内苹果栽培技术研发进展

矮化栽培方面：韩振海等发现富士/八棱海棠根系比富士/SH40根系分布更广。杨廷桢等表明随着中间砧致矮能力的增强，嫁接品种株高和新梢生长量降低，分枝数量和中短枝比例增加；新梢速长期顶部叶片IAA、ZR、ABA含量与枝条长势呈正相关；新梢缓长期中部叶片IAA/ZR、IAA/ABA与树体矮化性状及分枝性状呈一定的负相关，而顶部幼叶IAA/ZR、（IAA+GA_3+ZR）/ABA与树体矮化性状及分枝性状呈正相关。杨伟伟等表明M26作为基砧和中间砧时，有效提高长富2号的耐弱光能力和低CO_2浓度利用效率。张军科等表明矮化砧木的富士接穗的高盐抗性大小顺序为G935＞M9T337＞SH6。何天明等表明耐盐碱能力由强到弱依次为八棱海棠＞野苹果＞平邑甜茶＞小金海棠＞山定子＞白海棠＞湖北海棠。

果园生态方面：冯建文等发现成熟果实糖心组织中Ca含量显著高于非糖心组织，是非糖心组织的1.80～2.79倍。杨素苗等对河北省44个苹果园及当地气象因子进行分析表明，气候因子对果实的着色指数、裂果指数、质构特性影响显著，对单果质量、可溶性固形物含量、可滴定酸含量没有显著影响。马玉平等表明气温、降水、日照时数和相对湿度是影响蜜脆苹果品质的关键气象因子，影响时段主要集中在5—9月。邵主恩等利用大田试验和STICS模型相结合的方法研究农业管理措施和气候对黄土高原苹果园生态系统服务的影响，并在此基础上对黄土高原南部半湿润区和北部半干旱区土壤氮可利用性、气候调节、水循环调节和果实生产4种苹果园生态系统服务进行了系统的评估。

花果管理方面：徐臣善等研究表明授粉品种影响糖含量及代谢酶活性，导致了果实糖积累的差异。刘业萍等研究显示 0.05%钻石、道格、红丽对富士授粉品质最佳，坐果率在合理范围内，具有提升果实品质效果。王久照等研究了荒漠绿洲交错带苹果园授粉技术，发现在始花第 3 天进行液体授粉，既能保证坐果率，又比点粉和器械喷粉更省工省力，可大面积推广应用。王贵平等和王志华等认为新红将军在山东中部的适宜采收期为 9 月 30 日；寒富在山东中部适宜采收期为 10 月 10 日，在辽宁西部适宜采收期为 10 月 15—20 日；华红在辽宁西部适宜采收期为 10 月 5—15 日；龙丰在东北采收时间为 9 月 17—23 日；维纳斯黄金在山东威海 11 月 10—23 日采收。

果实品质调控方面：段鹏伟等发现海拔高度与果实质构特性显著相关。唐岩等发现叶面喷施 800 倍“红侠”钾肥促进富士苹果果实着色。张学勇等发现根部灌施硅肥，可改善果实的风味品质，提高果实的贮藏性。张艳珍等研究认为施氮量为 200 千克/公顷时，果实中总钙含量最高。刘丽等研究发现 300 毫克/升调环酸钙处理能提高果实的光泽度。王鑫研究表明喷施适宜浓度氮肥和钾肥对苹果增产提质均具有促进作用，但浓度过大则会产生负效应。李凡等发现苹果树成熟期施用氮肥改变了果实可溶性糖的组成，导致果实甜度和品质降低。张雯等发现钾元素可以通过调节琥珀酸脱氢酶（SDH）活性、蔗糖合成酶（SS）活性和酸性转化酶（AI）活性影响果糖积累。高传彩等发现适度的干旱胁迫有利于果实着色，使颜色更深，品质保持在较高水平。Wang 等发现水浇和配施多巴胺均能够明显提高苹果果实中类黄酮和可溶性糖的积累，进而提高果实品质。

土壤管理方面：郭晓睿等总结了果园生草对土壤肥力和生产力的影响，指出果园生草有利于土壤理化性状的持续改善，可有效提高土壤养分、调节土壤温度和水热条件。刘业萍等总结得出弯叶画眉草和加拿大披碱草对土壤影响效应优良，极具推广价值。王迅等发现光叶紫花苕和鼠茅草不仅影响土壤理化性质和微生物功能，在果园天敌控害功能方面也有重要作用。郭龙等和朱佳芯等研究了配施有机肥料、新型生物菌肥、土壤改良剂等改良效果，发现施用这些改良剂可有效改善土壤结构，改变微生物群落。王凯等指出当前土壤改良技术中，较多技术在理想化状态下表现较好，但在田间应用时，由于温度、pH 值等干扰因素影响，会受到诸多限制而无法实现土壤改良目的。因此，在进行土壤改良时，要深入分析果园土壤退化原因及土壤现状，结合因地制宜原则的指导，科学制定土壤改良方案。

养分管理方面：明确了富士苹果适宜的秋施肥时间为采收前 15 天左右；矮砧密植苹果园最佳滴灌施肥技术参数为一行两管、滴头间距 30 厘米、施肥周期 15 天；适宜氮磷配施可提高土壤磷素有效性；烟富 3 苹果/SH6/八棱海棠内环施氮有利于提高细根根长密度与土壤氮的空间分布吻合度和^{15}N 利用效率；成熟期施氮改变了果实可溶性糖的组成，导致果实甜度和品质降低；4 微摩尔/升 Zn^{2+} 提高了幼苗对氮素的同化利用；10 毫摩尔/升的 $CaCl_2$ 能增强生物膜稳定性和通透性，达到缓解盐胁迫的效应。微生物菌肥、生物活性素、本泥炭、壳聚糖、腐植酸钾均有利于提高苹果产量和品质及氮肥利用效率。刘无喜等总结了庄浪县苹果有机肥替代化肥的 8 种技术模式。傅国海等表明有机肥替代 40%化肥能够实现化肥减量增效。

水分管理方面：国内苹果园水分管理与节水栽培研究主要集中在苹果需水、径流变化、果园耗水规律研究、覆盖保墒、调亏灌溉、水肥一体化等节水灌溉方面。万发等表明引黄灌区苹果年蒸腾量为685.8毫米，7月、8月、9月蒸腾耗水量均较大，建议该地区苹果应在7—9月视降水量及时补充灌溉。张维敏等发现矮砧苹果树曲线峰值出现时间较乔化苹果树偏早1～2小时，且日耗水量也较乔化苹果树多。李亚利表明灌溉当天日茎流量值下降，说明水分过多可能抑制果树蒸腾作用。王宪志等发现深层土壤有效水含量降低是制约果树生长中后期产量提高的最主要因素，在降水不足的年份果树会利用更深层土壤水分。刘星等得出黄土区苹果节水增产应采用中水量分根交替滴灌的方式。曹辉等认为生育期灌水定额为22.5厘米，灌水次数21次为南疆矮砧密植苹果适宜的灌溉模式。

果园污染防控方面：马艳婷等和韩佳乐等指出，有机无机肥配施能显著提高果树的氮肥利用率、降低综合温室气体排放强度，在保证产量的前提下更有利于苹果园的可持续发展。李钊等发现旱地果园施加生物炭，也可以达到保水固碳效果。

连作障碍克服方面：闫助冰等、李炳韵等和程云飞等表明贝莱斯芽孢杆菌XC1菌肥、生物有机肥、平菇渣及石灰氮均可显著改善土壤养分含量，减轻连作障碍。陈冉等和程亚东等发现贝莱斯芽孢杆菌XC1、苯三酚和对羟基苯甲酸可促进拟南芥侧根发根，降解引起苹果连作障碍的特征酚酸——根皮苷，显著降低苹果连作土壤酚酸类物质的含量。连作土壤中细菌多样性降低、真菌多样性提高，病原真菌积累是引起连作障碍的主要原因。潘凤兵等利用不同物料蛋白发酵物（蚯蚓发酵物、大豆粕发酵物、杂鱼发酵物）防控苹果连作障碍，不同物料蛋白的发酵物均能通过调节微生物群落结构、改善连作土壤环境、促进植株生长等途径不同程度地缓解苹果连作障碍对苹果幼树造成的危害。

（三）国内苹果病虫害防控技术研发进展

研究明确了低温等环境因子和枝条龄期等寄主因子对腐烂病菌侵染致病的影响，阐明了其致病成灾机理，鉴定了腐烂病菌转录因子。评价了枯草芽孢杆菌、植物源农药等生防制剂单独或与化学农药混用对苹果枝干和叶部病害的防效，为绿色防控提供了潜在资源。2021年首次在我国报道了*Venturia asperata*引起的非典型黑星病。*Colletotrichum aenigma*为侵染非金冠系品种澳洲青苹的炭疽叶枯病菌。苹果连作土壤中微生物群落的状态发生了改变，表现出α多样性和β多样性的改变，影响苹果根际和根面微生物群的正常发育，伴随症状出现，再植的壤土中真菌多样性升高。苹小卷叶蛾在我国北方一年发生3～4代，以幼虫在果树老翘皮、剪锯口、芽鳞片内等部位越冬，为害面积扩大。对顶梢卷叶蛾的生物学特性、发生规律、天敌防控、性信息素监测、诱杀和迷向方面都开展了研究。套袋前，蚜、螨、蚧、绿盲蝽等刺吸式口器害虫是防控重点；免套袋是发展趋势，面临食心虫为害上升的压力，橘小实蝇等成为防控重点对象，复合诱杀技术取得一定研究进展，显示出较好的应用前景。

（四）国内苹果机械与装备研发进展

2021年，国内高校院所、农机企业对果园机械研发投入加大。有多家果园装备企业参加了年度“农机地头展”，其中山东、河北、江苏三省的果园机械制造企业占50%以上，部分果园机械产品质量正在缩小与国际水平的差距。2021年，潍坊拓普机械制造有限公司、威海新元果业技术服务有限公司、石家庄鑫农机械有限公司等继续研发和改进果园作业平台，均可实现上下升降，多数可实现左右伸展，有的应用于山地丘陵果园。针对不同产区和种类苹果的需求，开发苹果品质无损检测与智能分选线，具有自主知识产权的国产智能分级装备方面存在“卡脖子”技术瓶颈。智能化技术装备开始系统研究与应用，开发了便携式苹果多品质一体化无损检测仪，突破了基于数字图像处理的苹果叶片营养诊断、基于云平台的水肥精准管理、施肥机自动驾驶与深度自动调节等关键技术。河北农业大学农机农艺融合打造以矮密集约栽培苹果为主的“农业创新驿站”成为科技助力乡村振兴的典型样板。2021 年，山东农业大学、江苏大学等 8 所高校都对智能果园装备进行了研究。

（五）国内苹果加工技术研发进展

开展了免套袋栽培模式下苹果农药残留安全性评估。从全国苹果主产区采集了 150 余份免套袋苹果样品，同时调查了病虫害发生与用药情况，已完成色泽和质地的分析检测，明确免套袋苹果农药残留的水平、膳食暴露风险、产区差异性、与套袋苹果的差异性等；锚定苹果采后商品化处理和苹果加工中的关键问题，建立加工原料定位—分级—区别加工—副产物利用的技术体系。对加工原料进行了科学分类、定位；挖掘黄土高原地区疏弃幼果、洛川苹果延迟采收原料特性，持续和企业合作进行加工副产物高值利用和 NFC 果汁生产，为加工原料的高值利用提供依据。国内关于苹果中农药残留的研究主要集中在残留提取方法建立、多残留检测、风险评估、风险管控等方面。重金属研究方面，主要集中在苹果中的重金属含量测定及其与果园土壤重金属含量之间的相关性。吡噻菌胺、丁香菌酯、丁醚脲等 12 种农药虽然制定了苹果中最大残留限量，但均无配套检测方法，影响了农残限量标准的实施和苹果农残监管。戊菌唑在苹果上的登记产品日渐增多，至 2021 年达到 72 个，主要用于斑点落叶病、轮纹病、褐斑病等的防治。2021 年我国苹果农药有效登记产品 2 782 个，比 2020 年增加了 13%。对黄土高原地区加工原料进行了科学分类、定位。对苹果蒸馏酒品质提升及果酒产业培育、以苹果醋为代表的果醋类产品工程化转化应用及技术服务、食用苹果酵素微生物多样性与代谢产物进行了相关性研究。开发苹果幼果减肥产品 1 个，苹果渣饲料添加剂 1 个，并中试生产苹果渣功能饲料添加剂 5 吨。刘欢等研究了 1-MCP 和 $CaCl_2$ 对四川省甘孜州糖心苹果采后贮藏保鲜效果的影响；李学进等研究了不同贮藏温度对套袋糖心富士苹果采后品质的影响。梁佳蕊等研究了澳洲青苹与红富士苹果冷破碎混合果浆发酵酒品质；康三江等研究了超声辅助微滤澄清苹果酒优化工艺。刘俊红等优化了超声波结合溶菌酶对鲜切苹果保鲜的工艺。徐梦等进行了苹果非浓缩还原汁加工适性评价及适宜品种筛选。冯述娜研究了苹果渣的饲料化利用技术及其对动物生产和经济效益的影响。马千程等研究了干燥方式和粉碎程度对苹果皮全粉理化特性及酚类生物利用度的影响。

〔国家苹果产业技术体系首席科学家　马锋旺　霍学喜（代）提供〕

2021年度梨产业技术发展报告

（国家梨产业技术体系）

一、国际梨生产与贸易概况

（一）国际梨生产概况

2021年全球梨产量预计将达到2 342.4万吨，同比2020年增长3.7%。世界梨产量最多的10个国家和地区依次是中国、欧盟、美国、阿根廷、土耳其、南非、印度、日本、俄罗斯、智利。其中，中国是世界第一大产梨国，梨产量预计达到1 800万吨，约占世界梨总产量的77%，同比增长约9.1%（表1）。

表1　世界主要梨种植国家（地区）产量（2014—2021年）　（单位：万吨）

国家和地区	2014年	2015年	2016年	2017年	2018年	2019年	2020年	2021年*
中国	1 582	1 653	1 596	1 641	1 400	1 731	1 650	1 800
欧盟	256.6	251.3	234.0	238.4	259.2	206.1	238.1	172.7
美国	75.4	72.9	66.8	66.3	72.6	65.8	60.8	60.5
阿根廷	59.0	58.0	54.0	58.0	59.0	60.0	61.5	59.0
土耳其	30.5	46.4	47.2	50.3	52.0	53.0	55.0	53.5
南非	41.1	43.0	43.2	40.8	41.3	40.7	42.3	42.5
印度	31.7	32.3	34.0	28.0	30.0	31.0	30.8	31.0
日本	27.7	27.8	27.5	25.9	25.9	25.9	23.9	23.9
俄罗斯	16.0	15.5	23.6	21.8	24.2	29.0	24.7	24.7
智利	29.0	26.7	29.0	26.2	25.2	22.2	23.3	21.7
其他国家和地区	68.1	60.4	59.4	65.0	56.1	55.5	47.7	53.1
总和	2 217.0	2 287.2	2 214.6	2 261.8	2 316.4	2 320.6	2 258.0	2 342.4

注：*为预计值。数据来自美国农业部。

（二）国际梨贸易概况

从梨进口国来看，俄罗斯在2014年以来一直是梨进口量最多的国家，虽然俄罗斯政府提出农产品进口替代战略，并支持本国种植梨，但仍未改变这个格局。2021年俄罗斯仍将保持世界第一梨进口国家。进口量排名第二位到第七位的国家和地区分别是印度尼西亚、欧盟、巴西、白俄罗斯、越南和墨西哥，其中2021年印度尼西亚和越南进口量排名比之前提高了一位。美国的进口量将保持不变，从韩国的进口增长被从阿根廷、智利的进口下降抵消了。由于欧盟梨减产，其2021年进口量将增加到20.0万吨（表2）。

表2　世界主要梨进口国家（地区）进口量（2014—2021年）　（单位：万吨）

国家和地区	2014年	2015年	2016年	2017年	2018年	2019年	2020年	2021年*
俄罗斯	26.5	26.7	25.2	28.5	26.1	19.4	24.0	22.0
欧盟	22.1	22.4	20.8	19.9	16.8	18.4	18.6	20.0
印度尼西亚	8.6	9.2	15.5	18.0	14.5	23.6	19.6	21.0
巴西	17.9	14.7	15.6	15.8	15.4	13.8	12.4	12.5
越南	4.3	7.3	7.9	8.7	6.3	13.0	9.7	9.0
白俄罗斯	18.6	15.1	15.2	13.3	11.8	11.9	11.1	10.5
墨西哥	8.5	7.7	6.7	7.2	9.2	8.4	7.3	7.5
其他国家和地区	56.7	58.1	58.4	60.2	57.2	60.0	70.9	68.9
总和	163.2	161.2	165.2	171.6	157.0	170.0	173.6	171.4

注：*为预计值。数据来自美国农业部，欧盟数据中仍包含英国的数据。

从梨出口国来看，中国是世界上梨出口量最多的国家，预计2021年为53.0万吨。虽然阿根廷与欧盟（包含英国数据在内）梨出口量并列排名第二，但由于两国梨产量减少，其出口量都有所下降。由于欧盟与俄罗斯的稳定进口，南非的梨出口量比较稳定，2021年保持在24.5万吨。美国梨出口没有变化，是因为向墨西哥出口的增加被向加拿大等国的出口下降抵消了。智利由于产量下降，出口量下降至11.2万吨，达到2014年以来的最低水平（表3）。

表3　世界主要梨出口国家（地区）出口量（2014—2021年）　（单位：万吨）

国家和地区	2014年	2015年	2016年	2017年	2018年	2019年	2020年	2021年*
中国	33.2	40.1	50.9	54.3	36.6	61.9	48.0	53.0
阿根廷	33.3	31.0	28.0	32.0	31.0	34.0	35.0	31.0
南非	20.5	25.0	26.6	22.2	22.6	22.7	24.2	24.5
欧盟	41.7	41.5	41.5	45.2	42.0	40.7	37.4	31.0
美国	17.5	15.6	12.6	12.2	14.4	13.0	10.9	11.0
智利	14.4	12.9	15.2	12.9	13.2	11.4	12.0	11.2
白俄罗斯	16.3	12.2	9.2	8.3	7.0	1.6	5.4	5.0
其他国家和地区	6.7	7.3	6.9	10.0	15.0	15.0	11.3	5.7
总和	183.6	175.2	180.0	186.4	165.4	169.7	184.2	172.4

注：*为预计值。数据来自美国农业部，欧盟数据中仍包含英国的数据。

二、国内梨生产与贸易概况

（一）国内梨生产概况

全国梨栽培面积基本平稳，由于2021年全国梨主产区没有明显气候异常与灾害，受灾面积减少，且多个主产区大幅增产，例如，新疆梨增产超过20%，河北、甘肃等主产区梨产量增长率超过30%，使全国梨产量恢复性增长，2021年中国梨产量预计为1 800万吨，同比 2020 年增长约 9.1%。由于梨产量上涨，2021 年国内梨果价格有所回落。

（二）国内梨贸易概况

中国是世界上梨出口量最大的国家，2021 年梨出口量预计为 53 万吨，主要是对印度尼西亚的出口量增加。根据中国海关统计数据，2021 年前 10 个月，我国梨产品出口额为 5.8 亿美元，比 2020 年同期下降 9.6%，梨果出口量为 48.9 万吨，比 2020 年同期下降 10.2%。其中，鲜梨出口额下降 9.6%，出口量下降 9.7%；加工梨产品出口额下降 9.5%，出口量下降 13.9%。从具体品种看，雪花梨及鸭梨出口额增长 6.9%，出口量增长 1.7%；库尔勒香梨出口额增长 30.9%，出口量增长 60.6%；其他鲜梨出口额下降 10.9%，出口量下降 21.3%。梨汁出口额增长 9.9%，出口量增长 4.1%；梨罐头出口额下降 22.4%，出口量下降 24.4%；其他加工品出口额增长 53.1%，出口量增长 10.7%。由此可以看出，2021 年我国梨出口面临较大压力。不过，不同品种也呈现了一种分化态势。库尔勒香梨、雪花梨及鸭梨出口出现恢复性增长。从出口价格看，总体出口价格略微上涨，其中鲜梨价格基本稳定，加工梨价格有所上涨。

2021 年 1—10 月，中国梨进口总量为 8 228 吨，与 2020 年同期基本持平，进口额为 1 496 万美元，同比增长 4.8%。从进口梨的种类看，主要以西洋梨为代表的鲜梨进口为主。2021 年由于欧盟梨减产，中国从欧盟的梨进口量将下降。

三、国际梨产业技术研发进展

（一）国际梨栽培技术研发进展

1. 栽培模式

东亚地区梨栽培模式主要为以日本为代表的各种棚架树形。除了传统的三大主枝的平棚架形外，日本各地近年来新建梨园采用单干式联合平棚架栽培模式的梨园越来越多。另外，日本神奈川县农业试验场最近又开发了联合“V”形树形，比早期的联合平棚架整形效率更高，而且更适合机械化的需求，在日本其他地区也已经开始推广。

在西洋梨栽培的国家和地区，新建的梨园基本上采用榅桲矮化砧苗木和适宜机械化的整形模式。美国在高密度栽培方面有了进一步的推广，欧洲的栽培模式开始由 3D 时代向 2D 时代转变。近年来，一些国家为了适应智能化栽培的需要，一种新的叫作“cordon”整形方式开始流行，这种树形是一种典型的 2D 树形。这种树形最早在家庭园艺中使用，经过改造，现在开始在商业化的梨园应用。这种树形就是距离地面 50～60 厘米平行于地面的两个主枝上每隔 40 厘米左右生长出直立的骨干枝，骨干枝上着生短果枝结果。这种树形平面结果，结果部位相对固定，适合于机械采果等，将来有可能广为推广。这种树形的一个变形就是定植时将一植株按 30°～45°的角度沿行向斜栽，然后从发出的新梢中每隔一定的距离如 40 厘米选择一个直立枝条做骨干枝，然后在这些骨干枝上直接着生结果枝。另外，欧洲传统的树墙整形（espalier）方式由于是 2D 树形，在一些梨园也有应用，便于人工智能操作。细纺锤形和上述的 2D 树形皆适宜机械修剪。目前梨树的机械修剪已经在欧洲的意大利等国和南美洲的乌拉圭开始在商业化果园中小规模使用。

2. 土肥水管理

（1）养分管理。充足的果实氮含量是影响梨果实贮藏潜力的主要因素，但梨树等果树的肥料氮利用效率普遍较低。春季施用氮在收获时对叶片、果实和芽的分配效率最高，夏季硝酸钙的施用效率要低得多，收获后硝酸钙的施用损失更高，达 30%。

国际植物营养研究所（IPNI）和中国农业科学院农业资源与农业区划研究所近年建立了基于产量反应和农学效率的推荐施肥方法，并结合计算机技术形成了养分专家系统（Nutrient Expert，NE）。NE 系统可以通过微信终端，了解地块过去几年的施肥历史和产量水平并进行施肥推荐，有利于解决梨园施肥过量、比例失调以及肥料利用率低等问题，是一种较简单可行的推荐施肥方法。

（2）水分管理。调控亏缺灌溉（RDI）可以提高水的有效利用，减少水资源匮乏地区水分对梨果实质量的影响，可作为一种有效的灌溉技术广泛应用于干旱条件下的梨生产。

3. 花果管理

人工进行花果管理的繁重劳动以及劳动力成本的上升被认为是果树生产的普遍性问题。带有功能性软材料的自动智能机器人授粉技术将促成创新的农业系统，可以缓解全球的梨树授粉用工问题；寻花昆虫的物种鉴定表明，除蜜蜂外，没有相似的关键物种对授粉服务有显著贡献，不同传粉媒介物种之间的相互补充可能是开放情况下梨昆虫授粉的机制；在果实管理方面，由于果实成熟期乙烯生物合成和信号转导的诱导增强，乙烯处理可以改善冷藏南果梨的香气品质；壳聚糖涂层的水果表现出较低的腐败变质，限制了多酚氧化酶活性，防止褐变并延长梨果实的贮藏期。

4. 果园机械化

欧美等发达国家基于标准化果园的生产机械装备技术已较成熟，割草机、精准注入式施肥装备、修剪机具、植保机械等产品齐全，基本实现了果园全程机械化，目前向智能化和无人化机器人作业方向发展。新型产品包括意大利 Orizzonti 公司生产的 DHS 系列树下割草机、美国 Micron Group 公司的 Spraydome 系列树下除草机、荷兰 Van Wamel BV 公司生产的 DR 系列变割幅割草机等。

（二）国际梨遗传育种技术研发进展

2021 年度国际梨分子育种领域取得的进展主要包括基因功能挖掘、基于梨群体的组学研究、转录组测序、基因家族分析等几个主要方向。

1. 挖掘梨果实品质、果实发育等功能基因

梨果实的外观品质是热点研究内容之一，在红早酥梨中，发现 *PbbHLH2* 与 *R2R3-MYB* 转录因子 *PbMYB9*、*PbMYB10*、*PbMYB10b* 相互作用，证实了 MIR 结构域在 bHLH 与 R2R3-MYB 转录因子相互作用中发挥重要作用。光照显著上调了云南红梨 *PyMYB10* 和 *PybHLH* 基因的表达，*PybHLH* 分别与 *PyMYB10* 或 *PyWD40* 相互作用，*PyMYB10* 可以直接与编码花青素生物合成酶花青素合成酶（PyANS）基因的启动子结合。明确了梨黄褐色果皮的表型与 *PpRus* 基因的一个等位基因有关，*PpRus* 基因编码 *MYB36* 转录因子的 LOC103929640 位点引起梨黄褐色果皮性状，其启动子的 W-box 元件介导梨木质素积累并参与黄褐色的着色调控。发现梨果实半锈化是由角质和木栓质导致的，α,ω-二羧酸占木质素单体的比例最大，*MYB*、*NAC*、*bHLH* 和 *bZIP* 家族的转录因子均存在表达差异。从中国白梨中克隆了 *PbPRX2*、*PbPRX22*、*PbPRX34*、*PbPRX64* 和 *PbPRX75* 5 个基因，其中 *PbPRX2* 的酶活性和动力学分析揭示了其在白梨果实木质素聚合中的作用。

2. 梨群体遗传学研究取得新进展

研究者利用 312 份砂梨材料，对 11 个梨果实性状进行了全基因组关联研究（GWAS），确定了 37 个与 8 个果实品质性状相关的基因和 5 个与 3 个物候期性状相关的基因，GWAS 中发现的一个候选基因 *PbrSTONE* 在功能上被证实参与调节石细胞的形成。在 GWAS 中实现混合线性模型和贝叶斯多 QTL 模型，识别出 56 个与果实性状相关的 SNP，位于 7 号染色体上靠近酸性转化酶基因 *PPAIV3* 的 SNP 和 11 号染色体上新发现的 SNP 分别对蔗糖和葡萄糖的积累有很大影响。研究者对 206 份梨品种进行石细胞性状测定和 RNA-seq 测序，通过基因共表达模块分析，筛选到 7 个模块与石细胞形成相关，成功构建了梨石细胞 eQTL 图谱。

3. 基因组、转录组、蛋白组测序方面的进展

2021 年度有两个独立研究组测定了砂梨基因组，其中一个是以日本梨品种二十世纪，另一个是以翠冠梨为研究对象。通过对砀山酥梨正常的果实（NFs）和硬化的果实（HFs）进行转录组分析，探讨了果实硬化的分子机制；苹果和梨果实不同发育阶段的比较转录组学等。对丰水梨的 3 个发育期进行蛋白质组学研究，鉴定出 6 763 个蛋白质，鉴定出了 160 个与果实品质相关的蛋白，14 个与果实发育相关的 ABC 转运蛋白。这是近年来梨蛋白组为数不多的研究，有待进一步深入。

4. 基因家族分析研究有较快增长

随着梨全基因组数据的释放，基因家族的分析相关研究日益增长，家族分析有助于了解基因的进化历程、结构特征、预测功能，但是相关研究相对浅显，有待进一步功能验证。

5. 遗传转化体系研究

关于梨愈伤组织遗传转化体系的探索，有研究建立了一套高效稳定的杏叶梨愈伤组织遗传转化体系，对愈伤组织生长状态的主要影响因素进行深入探讨，为梨相关基因的功能研究提供了技术支持。

（三）国际梨病虫害防控技术研发进展

1. 梨火疫病防控

在意大利托斯卡纳区二年生梨园首次发现梨火疫病。哈萨克斯坦南部和东南部的 13 个主要水果产区普遍存在两种细菌病害，包括解淀粉欧文氏杆菌（*Erwinia amylovora*）引起的火疫病和丁香假单胞菌（*Pseudomonas syringae*）引起的花枯病。开发了一种新的梨火疫病田间诊断方法（LFIA），该法对梨维管束组织的检测效果较叶片组织更好。从伊朗塞姆南省的梨、榅桲和苹果上均分离到梨火疫病菌，梨品种 Dargazi 和 Spadona 的花和 Duchess 和 Chini Hesar 的未成熟果实较抗病。易感火疫病的梨品种实行高密度种植（2 500 株/公顷）可明显降低火疫病为害的风险。以色列对西洋梨抗火疫病的高分辨率遗传图谱进行了 QTL 分析，旨在开发适应温暖的地中海气候和抗火疫病的梨品种。证实 N-酰基高丝氨酸内酯（AHL）乳糖酶与解淀粉欧文氏杆菌分泌的 AHL 具有高活性，并能减轻火疫病的感染。

2. 梨病害防控

塞尔维亚从感染青霉病的梨果中分离鉴定出 5 种青霉菌（*Penicillium*）。阿根廷首次报道 3 种枝孢菌（*Cladosporium*）可导致梨果腐烂。韩国报道梨果炭疽病由果生刺盘孢

（*Colletotrichum fructicola*）所致。从梨健康枝条上分离出的内生菌 *P. citrinum* ZZ1，可降低梨腐烂病菌（*Valsa pyri*）的菌丝生长、分生孢子萌发和在枝条上的致病力。木霉菌（*Trichoderma* spp.）和枯草芽孢杆菌（*Bacillus subtlilis*）对由枯萎病菌（*Stemphylium vesicaria*）和大孢霉菌（*Pleospora allii*）引起的梨病害具有生防作用。从葡萄座腔菌中鉴定到一种新的双组分线状病毒（BdBV1）和一种新的线粒体病毒（BdMV3）。cAMP 依赖性蛋白激酶 PKA 的催化亚基基因（*AaPKAc*）在梨黑斑病菌的生长和致病中起着重要作用。从俄勒冈梨花和果中分离鉴定到 3 种链格孢，它们对不同梨品种的致病程度有异。西洋梨锈病的危害程度与梨品种的叶肉组织厚度、气孔密度等形态差异相关。从梨黑星病菌中鉴定到新的生理小种（race 4～7），梨品种 Kinchaku 和 Xiangli 对该病菌的所有生理小种都具有抗性。通过病菌侵染后的转录组分析，揭示钙调蛋白（PbrCML30）可能是梨抵抗轮纹病菌侵染的关键蛋白。4—6 月叶面喷施 4 次电解氧化水（EO 水）可有效防治梨锈病。产酶溶杆菌 OH11 能显著抑制梨果生刺盘孢生长。50 毫克/升 HSAF 可显著降低梨炭疽病的发生。逆转录重组酶聚合酶常温扩增技术（RT-RPA）对梨叶中苹果褪绿叶斑病毒（ACLSV）的检测具高灵敏性、高效性和高特异性。韩国梨的主要病毒为苹果茎沟病毒（ASGV）和苹果茎痘病毒（ASPV），ASGV 的系统进化与其寄主来源密切相关。在南非梨园普遍发生苹果软枝病毒 2（ARWV-2）。从杜梨实生苗可检测到 ASGV、ASPV、ACLSV 和苹果锈果类病毒（ASSVd）。

3. 梨虫害防控

将两种合成性引诱剂等量混合作为陷阱对梨叶斑蛾进行引诱，最佳诱捕半径为 25 米，捕获量随着温度升高和相对湿度降低而增加，且陷阱放置在阴坡上捕获量更多。通过对梨剑纹夜蛾的线粒体基因组测序和注释进一步证明其属于剑纹夜蛾亚科，并发现夜蛾科物种间存在一种新的单系关系。使用合理的方式施用松毛虫赤眼蜂可以将梨园中苹果蠹蛾造成的损失减少 50%，当果园虫害较重时，仍需要与其他兼容措施结合使用。使用基于引诱剂的雌性去除（FR）策略能够有效防治梨园中的苹果蠹蛾，可以作为一种新策略与干扰交配策略和施用杀虫剂的方法结合使用。基于气候数据对苹果蠹蛾的全球风险进行预测和评估，预测随温度变化，苹果蠹蛾分布的北部边界会从大约 60°N 扩大至 75°N。

（四）国际梨贮藏加工技术研发进展

随着色谱串联质谱检测技术的发展，高通量代谢组分分析测定梨果实采后香气等品质变化规律及生理病害防控与预警技术取得了明显进展。通过综合监测果皮中 α-farnesene、GABA、谷氨酸、丙氨酸及脯氨酸等组分变化，有望实现低氧或超低氧胁迫精准防控 D' Anjou 梨虎皮病发生的同时又不造成果心褐变。1-MCP 处理圆黄梨果实具有较高的蔗糖、脱水抗坏血酸、丙氨酸、苏氨酸和 γ-氨基丁酸含量以及较低的果糖和葡萄糖含量。另外，可食性涂膜技术在日韩砂梨采后保鲜中的应用前景不断明朗，壳聚糖结合茶籽油或水杨酸多层涂膜技术可明显提升黄金梨、圆黄及丰水等砂梨采后贮藏品质；基于介电弹性体振动（dielectric elastomer actuator，DEA）梨果实硬度无损检测技术被提出。另外，研究发现采前喷施 1-MCP 可显著提升圆黄和 Conference 耐贮性。

国外主要梨加工产品是梨罐头、浓缩汁、鲜榨汁、鲜切梨、梨丁和梨酒等。欧美等国家生产西洋梨加工梨罐头产品依然畅销。鲜切梨可作为配菜，如沙拉之类使用。梨丁作为酸奶添加原料，有少量生产。日本、韩国生产的梨果酒（含多种水果混合果酒）、富含益生菌的梨（一般为混合果蔬）酵素产品深受消费者喜欢，并且以小规模加工为主。未来功能性果汁饮料、梨膏、酵素等，将具有良好的发展前景。

四、国内梨产业技术研发进展

（一）国内梨栽培技术研发进展

1. 栽培模式

国家梨产业技术体系研发出梨“四化”栽培模式，即“宽行窄株栽植方式+适宜栽植密度（1.0 米×4.0 米）+圆柱形树形”，实现了矮密化、省力化、机械化、标准化的“四化”栽培。目前已在河北、新疆、上海、云南、山西、甘肃、北京、安徽等 16 个省（区、市）建立示范园。应用品种由原来的雪青、红香酥推广到黄冠、新梨 7 号、库尔勒香梨、翠冠、苏翠 1 号、夏露等 10 多个品种。国家梨产业技术体系研发的高密度棚架栽培模式，树形结构简单，整形修剪技术得以标准化和规范化，技术易学易推广，同时提高了果实均一性和商品性。

2. 土肥水管理

土壤有机质、速效钾、有效铁、有效锰、有效铜及叶片氮、磷、钾养分含量是影响江苏省苏翠 1 号梨果产量的关键因子。上海地区翠冠梨园叶片磷含量较适宜，35%的梨园叶片氮含量不足，钾过量和缺乏并存。果园生草，种植绿肥；化肥减量，施用腐熟有机肥和生物有机肥；以产定肥，测土配方，平衡施肥；采用水肥一体化、缓控释肥等高效施肥技术可有效提高肥料利用率。在湖北省利川市梨园调查中同样发现土壤碱解氮、有效磷和速效钾存在丰缺失衡现象。综合江苏、上海和湖北等多地调查发现，施肥种类和用量差异大，总体上肥料利用率低成为阻碍梨产业发展的重要因素。

有机肥替代化肥、枝条堆肥和果园生草等方法可以达到减少化肥施用、改良土壤质量的目的。生物有机肥料配合腐植酸液肥可显著提高土壤 pH 值，提高土壤养分有效性。与化肥相比，生物有机肥及其与腐植酸的混合作用显著增加了侧根数、总侧根长和根活性、相对生长速率、叶面积、厚度、光合特性和微量元素浓度，生物有机肥料及其混合腐植酸处理显著降低了梨树的早期落叶率。而生物有机肥与硅钾钙改良剂配施同样可以缓解土壤酸化，增加土壤微生物活性，增加土壤肥力，而且补充梨园土壤流失的矿质元素，从而保证梨树生长所需养分的可持续供应。施用枝条堆肥能提高黄冠梨的果实品质；施用羊粪可提高土壤有机质的含量，但土壤 pH 值亦显著增高；而枝条堆肥+生物有机肥的施用组合较纯化肥处理有显著的增产效果，同时可促进果实中可溶性固形物含量、可溶性糖含量和维生素 C 含量的积累，并能明显提升土壤有机质、碱解氮和有效铁含量，且显著降低土壤 pH 值，起到改良土壤的作用。果园生草方面有研究发现田间种植大叶黄花苜蓿可显著提高土壤有机质含量，但短期内生草栽培对梨果实品质和产量的提升效果并不显著。

3. 花果管理

研究表明，花前复剪、果实补钙杀菌技术的应用能够增强树体的管理效果；采用熏烟技术依然是预防梨树冻害的有效措施；无人机这一先进的技术设备开始运用到梨树种植中的花果管理、调整树势等环节；采用适合的果树促控剂稀释液可以有效控制梨树的脱萼；梨树在果实采前进行覆膜控水，能够影响果实内部糖分积累和转化，是一项有效的果实增糖技术措施；在果实生长期使用滴灌施肥方式，梨树水溶肥组合可显著提高产量，尤其是提高了商品果产量；梨树沼液水肥一体化的施用效果显著，不仅实现了精准化和简捷化，还提高了梨果产量及品质。

4. 果园机械化

国家梨产业技术体系果园耕作机械化岗位设计了一款可伸缩单边避障式割草机，通过避障割草刀盘运动轨迹的理论分析和田间试验，实现了梨园棚架地桩和树下的无损割草。国内地面果园风送喷雾机产品种类多，正逐步取代大容量喷雾的喷枪，无人驾驶仿形精准喷雾作业是研究热点，树体管理机械化岗位研发的履带式无人驾驶喷雾机采用履带底盘，爬坡、转向田间适应性好，同时可实现自动避障，包含障碍物的探测、类型识别，对于静态障碍物选择绕过或报警，对于动态障碍物选择躲避，并可重新规划路径。经国家农机具质量监督检验中心检验，规划路径导航精度达到 1 厘米。果园航空植保装备也因具有机动灵活、场地适应性好等优点，得到快速发展，尤其在丘陵山地果园和地面机具难进入的郁闭果园，植保无人机龙头企业大疆、极飞公司 2021 年分别推出适用果园的新机型，载重提升到 40 千克，并采用雾滴大小可调的离心式喷头。

（二）国内梨遗传育种技术研发进展

1. 育种目标与成绩

我国梨育种目标重点在优质、抗病、抗寒等方面，尤其是培育特色鲜明新品种，红皮梨品种选育仍然是目前的热点之一。2021 年育种成绩显著，当年文献报道的梨新品种有 11 个，杂交育成 5 个，芽变选种育成 3 个，实生选育 2 个，地方品种 1 个。其中红皮梨 5 个，着少量红晕 2 个，占比 63.6%；大果型 8 个，占比 72.7%。多数为脆肉型，风味甜，均为鲜食品种。品种登记工作逐渐受到梨育种工作者的重视，2021 年有 37 个品种进行了非主要农作物品种登记，其中已获得国家植物新品种授权品种 2 个。

2. 育种方法与效率

通过发根农杆菌直接侵染杜梨苗的方法，成功实现了外源基因在杜梨新生不定根中的表达，此方法操作简便，转化率高，周期较短，为梨基因功能研究和遗传改良提供了新型工具，为提高梨遗传转化成功率奠定了基础。建立了农杆菌 GV3101 和 EHA105 高转化效率的杜梨叶片瞬时转化方法，最高转化效率分别为 100%和 83.33%，菌株 GV3101 转化效率高于 EHA105，并建立了相应的最适转化条件。在茄梨愈伤组织中成功建立了 CRISPR/Cas9 双靶点基因编辑系统及 ChIP-Seq 体系，编辑效率为 66.7%，为梨的功能基因组学和分子育种研究提供了一定技术基础。利用毛细管电泳技术建立了高效、稳定的梨品种 SSR 分子鉴定技术体系，用其中的 6 个 SSR 标记，就可以达到区分 68 个梨品种的目的。开发了 6 对 InDel 特异性分子标记引物，可用于梨属和苹果属远缘杂种的苗期鉴定。

3. 梨种质资源保护与利用

对河南、山西、河北、内蒙古 4 个省（区）的杜梨古树种质资源、湖南怀化市的梨种质资源、新疆落叶果树种质资源、山东的杜梨种质资源开展了调查，结果显示我国梨种质资源丰富，优异性状明显，是梨新种质创制的重要资源，但由于保护不到位，导致有些梨种质资源被破坏，尤其古树资源亟待被保护。

（三）国内梨病虫害防控技术研发进展

1. 梨病害防控

电加热自动消毒修枝剪在工作状态下可以 1 秒之内完全杀死沾染在刀片上的梨火疫病菌，从而降低由修剪工具带菌造成的田间传播扩散。蜜蜂传粉会导致花期梨火疫病的加重，研究表明“蜜蜂导向盒+库尔勒香梨花上分离的一株解淀粉芽孢杆菌”技术，在库尔勒香梨花期可以有效控制由梨火疫病菌引起的花腐病和枝枯病。类芽孢杆菌 HN89 菌株和假单胞杆菌 SN37 菌株对梨火疫病菌具有抑菌作用，雷伯氏菌 TN50 对梨火疫病菌具有竞争作用。从新疆库尔勒香梨种植区土壤中获得了 11 株菌株（9 株为芽孢杆菌、2 株为乳杆菌）对梨火疫病菌具有显著拮抗作用。使用 31%丙环・福美双（美金子）悬浮剂 1 000 倍液防治梨炭疽病的效果较好。甾醇脱甲基化抑制剂戊唑醇与杀菌剂双胍三辛烷基苯磺酸盐(1∶6)、戊唑醇与吡唑醚菌酯（4∶1）的复配使用，可有效降低梨褐斑病的危害。梨锈病的防治适期为 3 月下旬降雨之前，80%代森锰锌可湿性粉剂 500 倍液、30%唑醚・戊唑醇悬浮剂 800 倍液和 10%苯醚甲环唑可湿性粉剂 800 倍液均有很好的效果。43%氟菌・肟菌酯悬浮剂、30%戊唑・多菌灵悬浮剂和 80%代森锰锌可湿性粉剂对梨白粉病均有一定的防治效果和增产作用。从农用植物酵素液中分离的 68 株细菌中初筛出 15 株对梨黑腐皮壳菌具有抑菌作用的细菌。从梨树腐烂病发病枝条中分离获得一株内生真菌 JK2，鉴定为青霉属产紫青霉，对梨树腐烂病表现出较好的防治效果。五味子、三七、银杏提取物对梨黑斑病有不同程度的抑菌效果。

2. 梨虫害防控

冬型梨木虱对不同颜色粘虫板的趋向不同，绿色粘虫板诱杀效果最强。将瓦楞纸板诱虫带扎绑至距离梨树第一分枝处 10～20 厘米时，对梨木虱诱集效果最佳，且该诱虫带在“Y”形与纺锤形梨树上诱集效果较好。梨木虱在梨主干、主枝部位越冬，平均温度为 0℃时进入越冬态，可使用石硫矿物油对梨木虱进行驱避，使用瓦楞纸+黑膜提高梨木虱越冬场所温度，增加其死亡率。梨木虱分布于我国北纬 25°～45°，随纬度增加和温度降低，梨木虱代数减少。矿物油类助剂（迈道和 GY-T12）以及植物油类助剂（GY-T1602）能提高 5%阿维菌素微乳剂、20%呋虫胺可溶粒剂和 4.5%高效氯氰菊酯微乳剂对梨小食心虫的防效。性信息素和杀虫剂结合能更好地压低梨园梨小食心虫种群数量，降低其交配率并且减少其为害。采用性诱剂诱集法监测新疆库尔勒不同地区香梨园食心虫消长动态时，发现梨小食心虫 1 年发生 4 代，苹果蠹蛾 1 年发生 3 代，发生动态基本一致，性信息素迷向防治技术对库尔勒香梨园食心虫，尤其是梨小食心虫防治效果显著，迷向率和防治效果均能达到 99%以上。性信息素迷向丝可较好地防治浙江嘉兴地区梨园及混栽梨园梨小食心虫，单植梨园应用迷向丝对梨小食心虫成虫迷向率为 100%，混栽园迷向率为 100%，单植梨园幼虫蛀果率防效为 89.3%，混栽园幼虫蛀果率防效为 86.1%。通过测定 7 种杀虫剂对梨瘿蚊幼虫和对天敌异色瓢虫一龄幼虫和成虫的毒力，筛选出 5%氯虫苯甲酰胺悬浮剂和 60 克/升乙基多杀菌素悬浮剂对梨瘿蚊毒力高而对异色瓢虫毒力低。

（四）国内梨贮藏加工技术研发进展

我国梨贮藏保鲜技术研究主要集中于新型保鲜剂的筛选和应用。重点开展了脱落酸、褪黑素、水杨酸、多胺、L-赖氨酸、茉莉酸甲酯及脯氨酸等处理对南果梨、酥梨及早酥梨等品种采后香气、内在品质、虎皮病及真菌侵染性病害的影响，并对其作用机制进行了初步解析。另外，研究发现环境湿度对库尔勒香梨贮藏过程中蜡质的化学组分及晶体结构具有较大影响，尤其是总蜡质、烷烃及醛等组分，较高的环境湿度可显著延缓其衰老；利用 160 毫克/升结合氧调控可显著提升高成熟度巴梨贮藏品质，延长贮藏期；基于多组学测序技术挖掘梨采后贮藏保鲜关键组分的研究亦有相关报道。同时，自发气调包装技术和气调保鲜技术在新品种上的应用取得了较大进展。

我国梨加工产品依然主要是梨罐头、梨汁/梨汤、梨膏、梨干/梨茶。受新冠肺炎疫情影响，功能性梨膏（包括秋梨膏、药食同源梨膏）产品成为梨加工热销产品；梨发酵产品梨果酒、蒸馏酒和酵素显示出发展势头，冻梨产品（含冻梨干）受到关注。梨汁加工除了生产浓缩梨汁外，大多生产梨汁饮料。现代化的梨汁加工企业拥有榨汁、浓缩、无菌灌装等生产线。非浓缩还原汁（NFC）梨汁受到高度关注，物理杀菌（超高压和静电场预处理）技术在 NFC 梨汁生产中前景好。

（国家梨产业技术体系首席科学家　张绍铃　提供）

2021 年度葡萄产业技术发展报告

（国家葡萄产业技术体系）

一、国际葡萄生产与贸易概况

（一）国际葡萄生产概况

据 FAO 数据库，2020 年世界葡萄园收获面积为 6 950 930 公顷，总产量为 7 803.4 万吨，单产为 11 226.5 千克/公顷。葡萄收获面积、总产量和单产分别比 2019 年增加了 0.36%、1.16%和 0.80%。

从葡萄种植的区域性分布来看，欧洲是面积最大的地区，但产量继续低于亚洲。2020 年欧洲的葡萄产量占世界的 36.24%，比 2019 年（34.63%）增加 1.61 个百分点，而葡萄园收获面积占世界的 49.74%，占比与 2019 年相比略有下降；2020 年亚洲葡萄产量居世界第一，约占世界总量的 38.22%，与 2019 年相比增加 0.43 个百分点；收获面积占世界的 29.11%，比 2019 年增加了 0.37 个百分点；面积和产量居第三至第五位的依次为美洲、非洲和大洋洲。2020 年世界葡萄产量最高的前五国依次为中国、意大利、西班牙、法国和美国，而收获面积最大的前五国依次为西班牙、中国、法国、意大利和土耳其；在产量最高的前十五位国家中，单产最高的国家是印度，为 22 321.4 千克/公顷，其次是埃及、巴西、中国和南非。

（二）国际葡萄及加工产品贸易概况

据联合国贸易统计数据库，2020 年全球鲜食葡萄贸易出口量及进、出口额均有所增加。2020 年世界鲜食葡萄贸易进口量为 443.0 万吨，与 2019 年相比降低了 2.95%；进口额 97.68 亿美元，与 2019 年相比增加了 4.12%；出口量 462.03 万吨，比 2019 年增加了 2.90%；出口额 92.62 亿美元，比 2019 年增加了 6.44%。按贸易额算，鲜食葡萄主要进口国有美国、德国、荷兰、英国和中国等；主要出口国有中国、智利、秘鲁、意大利和美国等。

2020 年全球葡萄酒（含散装葡萄酒、瓶装葡萄酒、起泡酒）进出口贸易额和出口量有所下降，进口量略有增加。与 2019 年相比，2020 年葡萄酒进口量为 929 464.35 万升，增加了 1.20%；出口量为 917 462.51 万升，降低 6.03%；进、出口额分别为 346.35 亿美元和 339.59 亿美元，分别比 2019 年降低 4.02%和 4.75%。美国、英国、德国、加拿大和中国处于葡萄酒进口国前五位，而法国、意大利、西班牙、澳大利亚和智利是较大的出口国。

2020 年的全球葡萄干贸易量和贸易额均呈现下降的趋势。与 2019 年相比，2020 年葡萄干进口总量为 77.70 万吨，降低了 3.61%；出口总量为 65.90 万吨，降低了 2.01%；葡萄干进、出口额分别为 16.19 亿美元和 14.32 亿美元，分别降低了 10.89%和 14.30%。英国、德国、荷兰、印度和日本是主要的葡萄干进口国，土耳其、美国、南非、智利和乌兹别克斯坦为主要的葡萄干出口国。

2020 年世界葡萄汁的贸易量和贸易额均有所下降。与 2019 年相比，葡萄汁进、出口量分别为 72.13 万吨和 64.17 万吨，分别比 2019 年降低了 8.95%和 5.85%；进、出口额分别为 7.22 亿美元和 6.95 亿美元，降低了 1.54%和 2.08%。主要葡萄汁的进口国为美国、日本、德国、加拿大和沙特阿拉伯，而西班牙、阿根廷和意大利是较大的出口国。

二、国内葡萄生产与贸易概况

（一）国内葡萄生产概况

据《中国农业统计资料》，截至 2020 年年底，我国葡萄栽培总面积为 73.07 万公顷，居世界第二位，仅次于西班牙；产量达 1 431.4 万吨，比 2019 年同期增加 0.84%，单产平均 19 589.43 千克/公顷。自 2010 年后一直位居世界葡萄产量的第一位。2016 年至今，伴随中国居民收入的增长和市场消费升级，葡萄产业进入调整升级和提质增效新阶段；经营者对产品优质优价、提质增效的意识更强，控产提质的理念得到普遍认可，葡萄产出总量增速降低，品种结构进一步优化，产品质量普遍提升。

（二）国内葡萄及加工产品贸易概况

据中国海关统计，2021 年 1—10 月，我国鲜食葡萄贸易呈现明显下降趋势。鲜食葡萄进口量为 19.26 万吨，与 2020 年同期相比下降了 20.92%；出口量为 26.50 万吨，比 2020 年同期下降了 15.78%；进口额为 5.24 亿美元，比 2020 年同期下降了 15.38%；出口额 5.95 亿美元，比 2020 年同期下降了 32.55%。2021 年 1—10 月，出口单价为 2.25 美元/千克，比 2020 年同期下降了 19.91%；进口单价为 2.72 美元/千克，比 2020 年同期增加 7.00%。我国鲜食葡萄的主要出口市场是泰国、越南、印度尼西亚、菲律宾、孟加拉国，进口来源国有智利、澳大利亚、秘鲁、南非、印度等。

我国葡萄酒（含散装葡萄酒、瓶装葡萄酒、起泡酒）进口贸易显著下降，仍以进口贸易为主，为世界前五的主要葡萄酒进口国。2021 年 1—10 月，葡萄酒的进口量为 35 637.46 万升，比 2020 年同期降低了 0.14%，进口额为 13.88 亿美元，比 2020 年同期下降了 7.51%；出口量为 342.35 万升，出口额为 0.72 亿美元，比 2020 年同期分别增加了 196.96%和 232.03%；进口葡萄酒单价下降，出口单价增加了 11.81%。进口葡萄酒主要来自法国、智利、意大利、西班牙、澳大利亚，主要集中在小容器包装（≤2 升）的葡萄酒。

2021 年 1—10 月，中国葡萄干呈现进口贸易增加、出口贸易下降的趋势，并保持贸易顺差。2021 年 1—10 月，葡萄干出口量为 1.60 万吨，比 2020 年同期下降了 33.53%；出口金额 0.33 亿美元，比 2020 年同期下降了 23.14%。进口量为 1.55 万吨，比 2020 年同期增加了 6.05%；进口金额为 0.29 亿美元，比 2020 年同期增加了 24.59%；葡萄干进出口单价均比 2020 年同期增加 15%以上，出口价格高于进口价格。中国葡萄干的主要进口来源国为乌兹别克斯坦、美国、智利、澳大利亚、土耳其，中国葡萄干主要出口到日本、阿联酋、德国、英国、沙特阿拉伯等。

中国葡萄汁的贸易量和贸易额都比较少，进口贸易和出口量均有所增加。2021 年 1—10 月，中国葡萄汁的进口量为 3.21 万吨，比 2020 年同期增加了 79.04%；进口额为 5 311.15 万美元，比 2020 年同期增加了 83.53%。出口葡萄汁 606.97 吨，比 2020 年同期增加了 56.95%；出口额 126.77 万美元，比 2020 年同期降低了

3.62%；存在明显的贸易逆差。西班牙、智利、以色列、阿根廷是我国葡萄汁的主要进口来源国。

三、国际葡萄产业技术研发进展

（一）育种技术

1. 转基因和基因编辑辅助育种

过表达 *VviNAC33*，西拉叶片失绿，器官生长受抑制；过表达 *VaPAT1*，41B 抗寒性增强；巨峰果实中注射 *VdbHLH037*，瞬转后果实更快变紫；在无核白中稳定转化 *VvNAC72*，提高对葡萄霜霉病的抗性；分别转入 *VpCDPK9*、*VpCDPK13*，提高了无核白对白粉菌的抗性；过表达 *VaSAP15*，无核白抗寒性增强；将 *MrRPV1* 转入西拉，对霜霉病的抗性增强。利用 CRISPR/Cas9 介导的 PAT1-ED 诱变，抑制了玫瑰香冷处理期间 ValOX3 和 JA 水平的积累；利用 CRISPR/Cas9 技术，靶向编辑糖代谢相关的 *TMT1* 和 *TMT2*，导致葡萄含糖量降低；利用 CRISPR/Cas9 靶向诱变 *HSFB1* 基因，获得纯合的 HSFB1 突变体，对灰霉病抗性增强。

2. 葡萄重要性状 QTL 定位和基因挖掘

利用高通量测序技术，定位了 7 个果实品质相关 QTLs，2 个白粉病抗性相关 QTLs，4 个霜霉病抗性相关 QTLs，1 个白腐病抗性相关 QTL，1 个根瘤蚜抗性相关 QTL，2 个耐逆性相关 QTLs。筛选出 16 个果实品质相关候选基因，10 个耐逆性相关候选基因，3 个果实抗病相关候选基因。

（二）栽培技术

以美国、法国、意大利等为代表的国家建立起了适于机械化作业的栽培模式及整形修剪技术体系，基本实现了整形修剪的机械化作业；以日本为代表的国家建立起了精细的花果管理技术体系和严格的果品质量追溯体系；以意大利、法国、美国和日本等为代表的国家均推行生草制，多根据叶与土壤分析平衡施肥；精准施肥和配方施肥等土壤和养分高效管理技术，根域局部干燥及调亏灌溉等节水技术广泛应用，智能灌溉开始应用。设施葡萄是世界设施果树栽培的主要树种，以日本和意大利等为代表的国家开始将物联网技术应用到设施葡萄生产中。精准施肥、节水灌溉、智能灌溉和品质调控等是 2021 年的研究热点。

（三）病虫害防控技术

（1）病害方面。主要针对葡萄霜霉病、灰霉病、白粉病、炭疽病、枝干病等病害开展了病原菌的致病机理、抗性基因挖掘与利用、病害发生预警模型、新型杀菌剂筛选评价、杀菌剂抗性风险评估、生防制剂的筛选等研究工作，同时探索了外源 dsRNA 这一新型生物防治技术在霜霉病防控中的应用前景。

（2）虫害方面。主要针对葡萄花翅小卷蛾、葡萄根瘤蚜及斑翅果蝇等害虫开展了预测预报、生物学、防治技术等研究工作，并探索了嗜线虫致病杆菌、天敌昆虫、信息素及生态调控等绿色防控技术的研发与应用。

（3）病毒病方面。报道了 2 种侵染葡萄的新病毒；研发了小 RNA 高通量测序和光谱法检测葡萄病毒技术；开展了昆虫（葡萄蚜虫、三刺苜蓿角蝉等）传播病毒的研究；发现雷司令对葡萄扇叶病毒的抗性表现，是由位于葡萄 1 号染色体上的单个隐性因子决定的。

（4）果实病害。国外针对葡萄果实病害防控技术研发内容主要围绕杀菌剂防控葡萄果实病害效果的监测、具有抑菌效果的生物制剂、生防菌和生物活性物质的筛选等。

（四）生产机械化技术

研究了基于光探测和测距（LiDAR）传感器的冠层密度测量系统的果园精确喷洒系统，生成了树冠密度图，实现了精准喷药；研究了采用脉冲宽度调制（PWM）电磁阀控制喷药喷嘴流量，实现精密喷雾；研究了圆盘碎肥的深松机，使肥料均匀分布；研究了小型背负式液态肥点施器；研究了 MVU-8 有机肥撒肥机，试验分析了圆盘排肥器、施肥性能参数和作业效率的关系，试验证明，施肥圆盘与水平面的倾角在 25°～30°，工作宽度和施肥均匀性的施肥效果最好；研究了圆柱形有机肥撒肥机，采用 EDEM 模拟仿真了撒施部件，确定了机械参数；综述了林果修剪机器人在机器视觉、机械臂、末端执行器、路径规划和避障等方面的技术进展，提出了开发自动修剪系统的解决方案。

（五）国外商品化处理和加工技术

葡萄酒酿造工艺技术，特别是针对葡萄酒香气调控研究集中在葡萄原料、浸渍方式、外源添加物的不同处理、防氧化剂替代物、酵母混合发酵、非酿酒酵母的应用、不良香气控制、葡萄酒陈酿方式等方面。葡萄酒微生物仍是 2021 年度葡萄加工领域的主要研究方向，主要研究本土酵母/乳酸菌对葡萄酒品质的作用。值得注意的是，非酿酒酵母的研究逐渐向 *Lachancea thermotoleran*、*Torulaspora delbrueckii* 和 *Hanseniaspora* 集中。关于白葡萄酒的研究显著增加，主要关注白葡萄酒的陈酿化学。关于黑比诺的研究增加，主要关注黑比诺发酵浸渍工艺与多酚。

四、国内葡萄产业技术研发进展

（一）育种技术

1. 转基因辅助育种进展

瞬时沉默 *VvCSN5*，可显著提高无核白叶片白粉菌抗性；过表达 *VvPIF3*，无核白赤霉素（GA）含量显著提高，生长素（IAA）含量显著下降；过表达 *VlbZIP30*，无核白的茎表皮和次生木质部表现出木质素的显著沉积；过表达 *VviHKT1;7* 基因，葡萄根系在盐胁迫下的适应能力增强；过表达 *VvCYP707A1*，降低了鄞红果肉中脱落酸（ABA）含量；将 *VqSTS9*、*VqSTS21* 转入无核白后，提高了对白粉菌的抗性。

2. 葡萄重要性状 QTL 定位和基因挖掘

采用高通量测序技术，获得了 1 个抗霜霉病 QTL、4 个抗寒 QTLs、3 个果实形状 QTLs，发掘 4 个果粒大小相关基因、6 个香气物质代谢相关基因、3 个单萜含量相关基因、调控果形基因 *VvIQD10*、果实发育基因 *vvi-miR172s*、无核基因 *VvMADS4*、裂果相关基因 *CE*、抗霜霉病基因 *VpPR4b*、卷叶病相关基因 *GLRaV-7*、盐胁迫相关基因 *VviHKT1*、4 个响应高温胁迫基因、7 个干旱响应相关基因、4 个抗白腐病基因，开发了抗寒分子标记 VACH1、无核性状分子标记 VviAGL11-KASP。

（二）栽培技术

研发出适合南方非埋土防寒区的鲜食葡萄“多 H”整形修剪技术，为葡萄的轻简化、标准化和机械化生产奠定了基础；明确了红地球和巨玫瑰等鲜食葡萄矿物质营养的吸收、分配与需求规律，完善了葡萄“5416”测土配方推荐施肥技术，研发的国内首款葡萄同步全营养配方肥已进入产业化和规模化应用阶段；完善了基于葡萄树体水分状况的肥水网络化自主供给系统；创新研发出酿酒葡萄风味调控技术；明确了葡萄主栽品种在各产区品质最优成熟期及最优果实品质所需的气候因子，研发出熟期调控技术；创新集成了盐碱地土壤改良与高效利用技术；调查明确了葡萄园 Cd、Pb 污染现状并开展了大气沉降对葡萄园 Cd、Pb 积累的定量解析，为开展葡萄园重金属污染土壤修复技术研发打下基础。“一改二精三高”鲜食葡萄优质高效栽培技术入选农业农村部 2021 年主推技术。

（三）病虫害防控技术

（1）病害方面。针对葡萄霜霉病、灰霉病、白粉病、枝干病害等病害开展了发生与流行规律、病原菌种类与分布特点、致病机理、抗性基因挖掘与利用、杀菌剂的抗药性监测、新型杀菌剂筛选评价，探索了嗜线虫致病杆菌、荧光假单胞菌等微生物对病害的防控作用，上述结果为病害的高效防控奠定了基础。

（2）虫害方面。针对葡萄根瘤蚜、绿盲蝽、蓟马、白星花金龟等开展了发生规律、基因组学、生物学及防治方法等研究工作，其中防控研究主要集中在化学防控技术，同时也探索了生态调控技术、杀虫灯及粘虫板对虫害防控的应用前景。

（3）病毒病方面。鉴定并报道了多种葡萄新病毒，其中，首次在国际上报道 2 种，在国内报道 2 种；明确了热处理结合化学处理脱除葡萄斑点病毒和沙地葡萄茎痘病毒的效果。

（4）果实病害。国内共研发形成果实病害防控相关技术 14 项，技术内容主要围绕葡萄果实病害防控技术的建立、高效化学药剂的筛选及抗药性的检测和生物活性物质的筛选。

（四）生产机械化技术

国外学者研究了基于 EDEM 模拟仿真的分层交错式葡萄防寒土弧形清土叶轮技术，研究了基于 PID 算法的葡萄越冬用防寒布的平整卷收速度控制系统技术，研究了基于双目相机实时探测葡萄叶幕深度和冠层体积的变量喷药技术，研究了基于机器视觉的果园喷药除草机器人视觉系统，开发了基于 Android 终端交互的果园变量喷药控制系统，研究了基于仿形控制原理的株间除草精准避障技术，研究了避障割草机器人的作业空间与割草刀的运动轨迹，研究了果园有机肥深施机土肥混合分层回填装置，研究了对行开沟分层深施肥铲，研究了基于北斗导航系统的履带式变量施肥机，公开了《北方葡萄埋土防寒机械化作业技术规范》和《北方露地葡萄机械化施药作业技术规范》团体标准。

（五）国内商品化处理和加工技术

国内学者对于葡萄酒工艺的研究主要包括葡萄混酿、浸渍工艺、添加外源物质、酵母混合发酵、本土微生物资源利用、发酵后混酿及物理处理等，特别是酵母（酿酒酵母、非酿酒酵母）对葡萄酒风味及其质量的影响与调控，以及浸渍工艺对葡萄酒质量影响的研究。值得注意的是，国内对于黑比诺的研究增多。同时，葡萄酒技术的创新向设备创新和酿酒微生物创新转变，智能化或自动化酿造技术（设备、方法）快速发展，本土酵母商业化速度加快。此外，国内对包括氨基甲酸乙酯、生物胺、高级醇等葡萄酒不良/有害因子防控的关注在增加。

（国家葡萄产业技术体系首席科学家　段长青　提供）

2021年度桃产业技术发展报告

（国家桃产业技术体系）

一、国际桃生产与贸易概况

2021年度全球桃产量预计约为2 180万吨，比2020年度的2 000万吨略有增加。中国是最大的桃生产国，2021年度中国桃产量上升至1 700万吨左右，弥补了欧盟、土耳其等地区的减产。中国、欧盟、美国、土耳其和俄罗斯的桃产量占世界总产量的比重高达96.4%。

欧盟：由于西班牙、意大利、希腊和法国连续第二年遭受破坏性霜冻和降雨，预计欧盟桃产量将下降到270万吨。预计出口量将降至17.5万吨，进口量将达到4万吨。

美国：产量预计增加至71.6万吨，随着东海岸各州从2020年的冰冻状态中恢复过来，所有主要生产州预计都将出现更高的产量。出口量预计为7.2万吨，进口量预计略增至3.3万吨。

土耳其：部分种植区受到冻害和霜冻损害，产量将下降至83万吨。尽管恶劣天气影响了2021年的收成，但近年来，由于种植者对高产品种的投资以及建立利用新品种、砧木和培训系统的高密度果园，桃和油桃的质量和产量都在提高。

二、国内桃生产与贸易概况

根据各产区报告数据统计，2021年全国桃栽培面积约1 500万亩，18个主产区桃栽培面积约1 400万亩，其中前十位的省份分别是山东、河南、河北、安徽、贵州、四川、云南、山西、湖北、江苏。

中国桃产品主要向亚洲国家和地区出口。由于我国自身的桃产量较高，一般不需要进口鲜桃，只在个别年份有少量进口。主要进口国家为澳大利亚、西班牙、新西兰；鲜食桃主要出口国家和地区有哈萨克斯坦、俄罗斯、越南、中国香港、吉尔吉斯斯坦。近年来，我国鲜食桃出口量基本保持平稳上升，桃加工品出口量也在逐步增加。

三、国际桃产业技术研发进展

（一）育种技术研发进展

1. 种质资源鉴定评价

（1）桃。保加利亚学者对3个早熟、2个中熟和3个晚熟品种的营养成分和抗氧化活性进行了研究。意大利学者通过滴定、HPLC和UHPLC-MS对201份桃的滴定酸和10种有机酸含量进行精准评价。

（2）樱桃和枣。对于樱桃种质资源的鉴定及分类的研究已经从形态学过渡到分子生物学，在种质资源研究领域，分子标记多应用在樱桃品种的鉴别和亲缘关系鉴定研究，逐渐兴起的目标起始密码子多态性标记方法也已得到广泛的应用；Kim等通过对韩国6个主要樱桃品种进行二代测序分析，为将来进行分子标记辅助育种提供理论依据。Ozturk等提出 1-MCP 可用作延缓采后品质损失和在整个冷藏过程中维持枣果实中植物化学成分的有效策略。

2. 生物技术及分子生物学研究

（1）桃。加拿大和美国学者联合，利用 132 个品种资源群体开展了 SNP 位点与成熟期（MD）和果实发育期（FDP）的关联分析；美国 USDA 研究站在转桃 *CBF* 基因的苹果株系 M26 中表达观察到生态休眠的转换以及出芽时间的变化。

（2）樱桃和枣。Klagges 研发了樱桃 6K SNP 微阵列分析技术，构建了第一个甜樱桃 SNP 遗传连锁图谱。Sandefur 等针对 PavMYB10 区域设计了一种 Pav-Rf-SSR 分子标记，可以用来预测甜樱桃果实颜色。德国波恩大学研究了全球气候变暖的背景下，20 个甜樱桃品种的开花时间对休眠期温度升高的响应，发现部分品种的开花时间同时受到蓄冷量和蓄热量的影响，另一部分只受到蓄冷期温度的影响。

3. 品种选育

（1）桃。国外育成的桃品种按照果实类型划分：普通桃 18 个、油桃 10 个、油蟠桃 2 个、蟠桃 1 个；按照果肉颜色划分：白肉 12 个、黄肉 10 个、红肉 6 个、3 个不详；按照果核黏离性划分：半离核 8 个、离核 5 个、黏核 15 个、3 个不详。法国选育的 6 个不同成熟期的红肉油桃，是 2021 年度国外桃品种选育的亮点之一。

（2）樱桃。世界甜樱桃生产中应用的品种达数百个，如宾库、拉宾斯、0900 Ziraat、哥尔摩斯多费、斯克奈德斯（Schneiders）等。

（3）枣。韩国通过株系选优选育出了红颜、无等、月初、福枣等优良品种。罗马尼亚、澳大利亚、美国、伊朗等国通过引进金丝小枣、壶瓶枣、临猗梨枣、灰枣、大白铃、大白枣、鸡蛋枣等中国品种筛选适宜本国的栽培品种。

（二）病虫害防控技术研发进展

1. 虫害防控技术

（1）桃小食心虫。Li 等利用转录组分析鉴定桃小食心虫雌成虫和雄成虫触角和口器的 12 个气味结合蛋白，推测其中性信息素结合蛋白和一般气味结合蛋白，并构建系统发育树。

（2）桃蛀螟。Jing 等对桃蛀螟的气味结合蛋白进行了鉴定，发现桃蛀螟会识别桃李的挥发物以寻找寄主。利用同源模型预测了桃蛀螟气味结合蛋白的结合位点，表明 GOBP1 和 GOBP2 对法尼醇的结合效率最高。

（3）梨小食心虫。Li 等通过测定梨小食心虫 CSP 的组织表达模式和结合特性，研究了 CSP 在梨小食心虫中 GmolCSP8 可能参与正己醇和其他小脂肪醇的识别和转运。

（4）桃蚜。Isasmendi 等研究表明液化淀粉杆菌 CBMDLO3 对桃蚜有很好的杀灭效果；Dardouri等发现迷迭香挥发物对桃蚜有显著的排斥作用；Tariq 等利用基因沉默技术发现 *MpNav* 是一个可行的 RNAi 生物杀蚜剂的候选靶基因。

（5）蝇类。Bakr 等利用药膜法和饲喂法，表明成虫期对两种药剂比蛹期更加敏感；Demant 等通过生物测定评估了巴西地中海实蝇不同种群间对溴氰菊酯杀虫剂的敏感性存在差异。

2. 病害防控技术

（1）桃褐腐病。哥伦比亚地区桃生产过程中褐腐病发病较严重，经过分离、纯化确定当地褐腐病害病原物为长度 550bp 的 *Monilinia fructicola* 和 545bp 的 *M. fructigena*。

（2）桃采后腐烂病。采后果实经紫外线照射也是一种新的生物诱导方法，可降低果实的腐烂率、延长果实的贮藏期，研究表明 UV-C 和 UV-B 的存在使得桃果的贮藏期延长。

四、国内桃产业技术研发进展

（一）育种技术研发进展

1. 种质资源鉴定评价

（1）桃。浙江大学对庚村阳桃等 5 个红肉桃品种的外观和风味品质指标进行了评价；河南农业大学发现桃的特定品种中 *GID1c* 基因编码区的单个碱基突变将第 191 位丝氨酸改变为苯丙氨酸，从而阻断该蛋白与 DELLA1 蛋白的互作，进而导致植株出现矮化表型。石河子农业科学研究院评价了 7 个设施桃品种的需冷量和需热量，认为金秋晚水蜜、春雪等 4 个品种可以保证设施桃树早开花结果；山东农业大学比较了 3 个不同需冷量桃品种在自然休眠诱导期的生理指标变化。南京农业大学报道热空气和 UV-C 处理通过脂类氧化酶的活性调节，加强冷藏桃的香气物质产生。

（2）樱桃。刘胤等以源自中国樱桃主产区 7 个群体，80 份地方种质资源为试材，对其叶片、果实及果核 26 个表型性状进行多样性分析。

（3）枣。塔里木大学建立了针对 16 个鲜食枣品种 12 种果实品质的综合评价体系，为当地引进鲜食枣品种提供依据。西北农林科技大学选取测定陕北 13 个鲜食枣品种 3 个成熟阶段的 21 个品质指标，选出 4 个适合在陕北地区栽培推广的品种。

2. 生物技术及分子生物学研究

（1）桃。中国农业科学院郑州果树研究所与华中农业大学、美国康奈尔大学合作报道基于 480 份桃全基因组重测序解析桃育种历史的研究成果，聚焦相关 QTLs 位点；北京市农林科学院农业生物技术研究中心和林业果树研究院联合报道基因组重测序揭示桃果实可食性进化历史的研究。

（2）樱桃。屈玥婷等发现砧木能够通过影响地上部多胺代谢来影响休眠以及开花的进程，关键基因 *PavPAOs* 和 *PavADC* 的高表达影响花芽内多胺水平，*PavADC* 使多胺含量升高从而促进休眠解除以及提早开花。金万梅等鉴定了决定果实颜色的 3 个 *PavMYB10. 1* 等位基因，开发出甜樱桃果皮颜色选择 DNA 分子标记。

（3）枣。北京林业大学等在枣全基因组中鉴定出了 PG、TLP、TCP 等家族成员并进行了生物信息学分析。塔里木大学等基于转录组数据分析了枣裂果、胚发育及枣疯病响应过程中基因的差异表达，为寻找相关基因提供参考。西北农林科技大学结合了转录和代谢信息对果实成熟过程中类黄酮的积累及果皮花青苷的成分、生物合成及转录调控进行了系统的研究。

3. 品种选育

（1）桃。近 2 年国内发表选育桃新品种共 32 个，砧木 1 个（中桃抗砧 1 号），其中白肉普通桃：伏蜜、中桃 9 号、秋珠蜜、中农寒桃 2 号、中农寒桃 3 号、保佳俊、陇蜜 11 号、陇蜜 10 号、秋露蜜、脆玉、丹玉、世纪之星；黄肉普通桃：锦硕、徽黄 3 号、金黄金 3 号、黄金蜜桃 1 号、美阳；黄肉蟠桃：中蟠 13 号、中蟠 15 号、中蟠 17 号、中蟠 19 号、瑞蟠 101；红肉蟠桃：金陵血蟠；黄肉油蟠桃：中油蟠 5 号、中油蟠 7 号、中油蟠 9

号；白肉油桃：中油 15、枣油 1 号、中农早珍珠、中农晚珍珠；黄肉油桃：中油金帅。黄肉品种 14 个，占总品种数的 43.75%，蟠桃品种 9 个，占总品种数的 28.10%。

（2）樱桃。国内已先后自主培育甜樱桃新品种 60 余个，储备优系 300 余个，选育的品种更好地适应我国的栽培条件，并将在生产上逐渐得到应用。

（3）枣。迄今为止，通过地方品种株系选优、实生选种、诱变育种等途径，全国共选育（审定和新品种保护）枣新品种 190 多个，其中国审品种约占 10%。

（二）病虫害防控技术研发进展

1. 虫害防控技术

（1）梨小食心虫。冉红凡等发现国产迷向丝和进口迷向丝均对梨小食心虫具有较好的防治效果。

（2）桃蚜。张娅等发现 75%呋虫胺·吡蚜酮可湿性粉剂处理防治桃蚜效果明显高于对照药剂；刘艳红等明确了人工感染沙雷氏菌可以提高桃蚜对短翅蚜小蜂和高温胁迫的防御作用。

（3）绿盲蝽。宁夏大学研究发现绿盲蝽越冬卵主要分布在灵武长枣枝条修剪口处的周皮部与髓心部，据此提出封闭剪口与早春整枝修剪是防治绿盲蝽为害的关键措施。

（4）枣瘿蚊。塔里木大学通过对新疆阿拉尔垦区枣瘿蚊的动态调查及药剂筛选，提出了一年喷药两次的防治方法。

2. 病害防控技术

（1）桃褐腐病。马玉华团队筛选出咪唑嘧菌酯对桃褐腐病的防治效果较好，其次是苯醚甲环唑以及锰锌·腈菌唑。

（2）桃枝枯病。纪兆林等采用菌丝生长抑制法，明确 W10 和咪鲜胺按 1：1、1：2 复配能够对枝枯病菌有明显的增效抑制作用，这样不仅提高生防比例和效果，也减少了化学农药的使用。

（3）桃褐斑病。姚秀英等从国槐枝中分离得到一种枝顶孢属真菌，能有效拮抗褐斑病菌。

（4）早期落叶病。在采果后加强修剪高光效整形修剪基础上，6—8 月每月交替喷洒 1～2 次 10%苯醚甲环唑 1 000～1 500 倍液或者 75%肟菌·戊唑醇 2 000～3 000 倍液、25%吡唑醚菌酯 1 200 倍液+6%春雷霉素 1 000～1 500 倍液等防控早期落叶病。

（5）枣裂果病。西北农林科技大学探究叶面喷肥对枣裂果的影响发现，叶面喷施钙肥后佳县长枣等 4 种枣裂果率显著降低。

（6）枣疯病。山西省农业科学院摸索了采用荧光显微技术快速、便捷、定量定性判断枣疯病病原的试验条件，发现了祛疯灵和土霉素滴注能使患病枣树正常结果。

（三）栽培管理技术研发进展

1. 花果管理技术

周慧娟等发现缩短套袋时间将促进花青素的累积而降低类胡萝卜素的含量，是色泽代谢关键蛋白的表达受到调控所致；陈巍等发现果实色泽与纸袋的透光率紧密相关，采前进行除袋可以减少套袋对果实内在品质的影响，为定向生产不同色泽的黄桃提供思路。

2. 肥水管理技术

方庆研究发现在 0.4%的浓度下喷施一次氯化钙处理可提高冬桃果实的品质；李宏业

发现猪粪沼液和蚯蚓肥搭配施用对桃果实的产量和品质提高效果更显著。

塔里木大学研究表明抓住果实膨大的关键期追施适量钾肥对骏枣效果最为显著；新疆农业科学院试验了控释肥轻简化使用技术，在枣树萌芽前一次性施用控释肥作基肥，可达到提质增产、减量减施的效果。

3. 树体管理技术

陈海江团队调查研究不同株行距的主干形、挺身小“V”形、“Y”形、四挺身形、双株错位“V”形等树形冠层参数及生长结果情况，进行根系修剪调控桃树生长势试验。

（四）桃加工技术研发进展

中国农业科学院郑州果树研究所对不同桃品种的加工特性进行了评价，认为黄肉品种加工桃汁的综合品质较好，中熟品种优于早熟品种，成熟度高的果实制得的桃汁品质较好；中国农业科学院农产品加工研究所针对桃汁/浆加工技术研究发现，高压均质处理较好地提高了复合汁稳定性以及生物活性物质的生物利用度，超细研磨技术能够显著改变果浆的流体类型，改善桃浆的悬浮稳定性；桃干架加工技术研究表明中短波红外干燥比热风干燥具有更高的干燥速率和有效水分扩散率，可以保持桃整个干燥过程的高干燥速度和均匀的干燥过程；此外研究了超声辅助糖液渗透预处理对真空冷冻干燥桃片品质和吸湿性的影响，结果发现超声波辅助糖预处理可以改变桃片的真空冷冻干燥特性，减缓桃片的吸湿性，并影响桃片的贮藏稳定性。

汤莹等以萨米脱甜樱桃为试验材料，分别采用 PE 膜、PVC 膜和高 CO_2 渗出保鲜袋等不同薄膜包装，并在 0℃ 下贮藏。结果表明，采用薄膜包装可以有效延长甜樱桃的贮藏期，其中 0.03 毫米 PVC 包装的甜樱桃果实腐烂率、褐变率、果柄干枯率最低，保鲜效果最好。张佳楠等以红灯樱桃为试材，发现不同的被动气调包装均能不同程度抑制抗坏血酸含量的下降，维持总花青素含量的较高水平，促进总酚和总黄酮的生成，抑制过氧化物酶（POD）活性下降，维持高水平抗坏血酸过氧化物酶（APX）活性，诱导超氧化物歧化酶（SOD）活性上升，有效延长了甜樱桃果实的贮藏期。总的来说，40 微米聚乙烯包装能够最有效促进非酶促系统抗氧化物质的生成，诱导酶促系统关键酶活的增强，有利于提高甜樱桃的抗氧化能力，延缓采后甜樱桃衰老进程。

西北农林科技大学张晓荣等研究了高浓麦汁中添加红枣汁对酵母发酵性能及啤酒风味的影响，发现红枣汁的添加能显著提高酵母的发酵性能，其中 30%红枣汁添加量促发酵效果最优；塔里木大学朱星宇等研究了混菌酿造红枣果醋的工艺，并对其品质和风味进行了分析。获得了混合菌种的最优发酵条件：发酵温度 29℃，初始糖度 14%，接种量 7%（果酒专用酵母 SY：植物乳杆菌 GIM1.191 为 1：3）；红枣醋饮料配方为红枣醋 12.14%，红枣汁 13.38%，蔗糖 1.92%，柠檬酸 1.49%。

（国家桃产业技术体系首席科学家　姜全　提供）

2021 年度香蕉产业技术发展报告

（国家香蕉产业技术体系）

一、国际香蕉生产与贸易概况

（一）生产

香（大）蕉是重要的水果和粮食作物，2020 年位居世界水果产量第一，是世界鲜果贸易量最大的水果，也是一些发展中国家农民的主要食粮。2020 年世界香（大）蕉收获面积 1 172.03 万公顷，其中香蕉 520.35 万公顷、占比 44.4%，大蕉及其他蕉类 651.68 万公顷、占比 55.6%；2020 年世界香（大）蕉产量 16 295.03 万吨，其中香蕉 11 983.37 万吨、占比 73.54%，大蕉 4 311.66 万吨、占比 26.46%。

1. 收获面积

（1）香蕉。FAO 统计数据显示，近 20 年来，世界香蕉产业整体发展平稳，收获面积从 2001 年的 453.22 万公顷增长到 2020 年的 520.35 万公顷，增长了 67.13 万公顷，涨幅为 14.81%，年均增长 0.73%，具体变化趋势如图 1 所示。2020 年，亚洲、非洲、美洲、大洋洲和欧洲的香蕉收获面积分别为 198.4 万公顷、174.07 万公顷、136.02 万公顷、9.92 万公顷、1.94 万公顷，占世界总收获面积的比例分别为 38.13%、33.45%、26.14%、1.91%和 0.37%。2020 年，世界香蕉收获面积前 10 位的国家分别为印度（87.80 万公顷）、巴西（45.50 万公顷）、中国（35.35 万公顷，含台湾地区 1.49 万公顷）、坦桑尼亚（32.34 万公顷）、刚果（22.61 万公顷）、菲律宾（18.76 万公顷）、卢旺达（16.61 万公顷）、布隆迪（16.36 万公顷）、秘鲁（16.07 万公顷）、厄瓜多尔（16.06 万公顷），前 10 位国家收获面积总和占世界香蕉收获总面积的 59.09%，如图 2 所示。

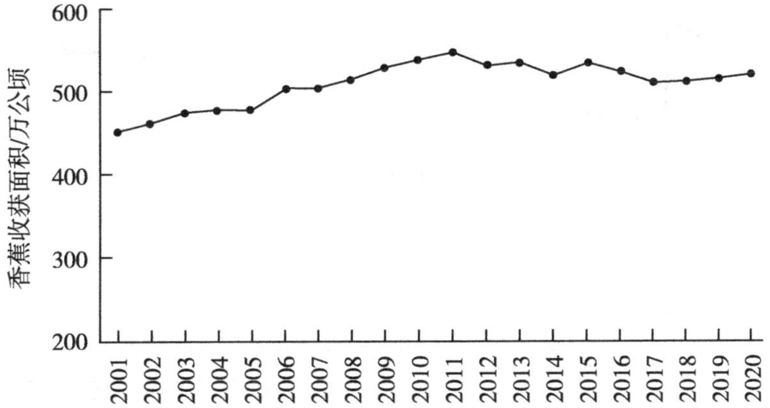

图 1　2001—2020 年世界香蕉收获面积变化趋势

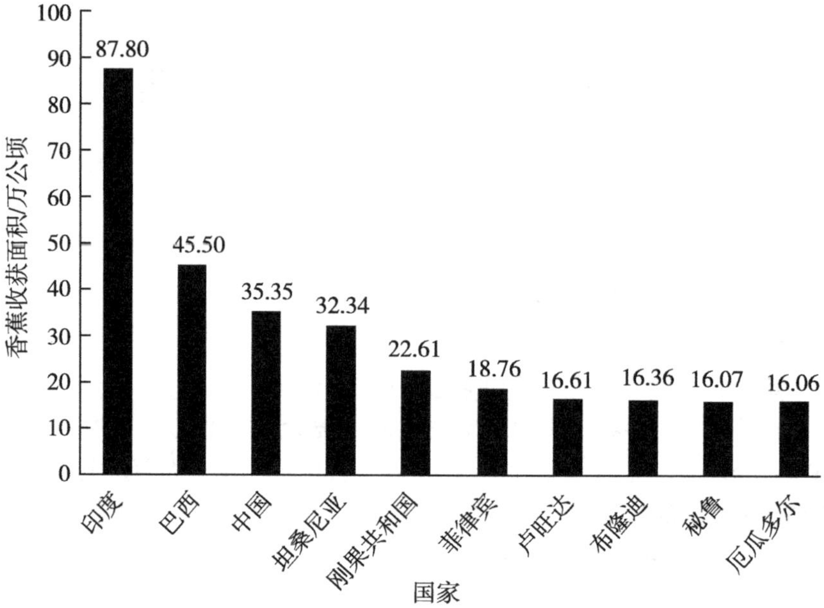

图 2　2020 年世界香蕉收获面积前 10 位国家

（2）大蕉。近 20 年来，大蕉收获面积从 2001 年的 480.00 万公顷增长到 2020 年的 651.68 万公顷，增长了 171.68 万公顷，涨幅为 35.77%，年均增长 1.62%，具体变化趋势如图 3 所示。2020 年，非洲、美洲和亚洲的大蕉收获面积分别为 534.28 万公顷、74.51 万公顷和 42.78 万公顷，占世界总收获面积的比例分别为 81.99%、11.43%、6.58%。2020 年，世界大蕉收获面积前 10 位的国家分别为乌干达（177.20 万公顷）、刚果共和国（110.56 万公顷）、科特迪瓦（50.17 万公顷）、尼日利亚（49.28 万公顷）、加纳（41.84 万公顷）、喀麦隆（31.41 万公顷）、坦桑尼亚（30.33 万公顷）、哥伦比亚（28.39 万公顷）、菲律宾（26.36 万公顷）、厄瓜多尔（12.79 万公顷），前 10 位国家收获面积总和占世界大蕉收获总面积的 85.67%，如图 4 所示。

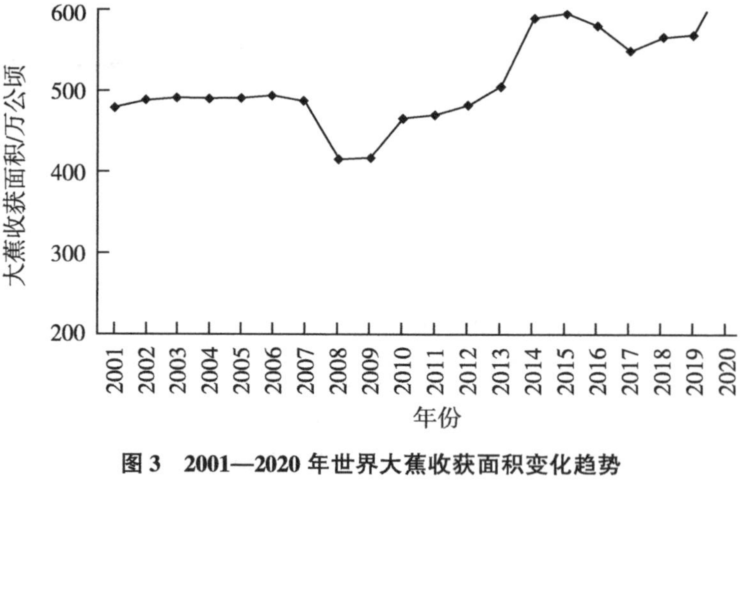

图 3　2001—2020 年世界大蕉收获面积变化趋势

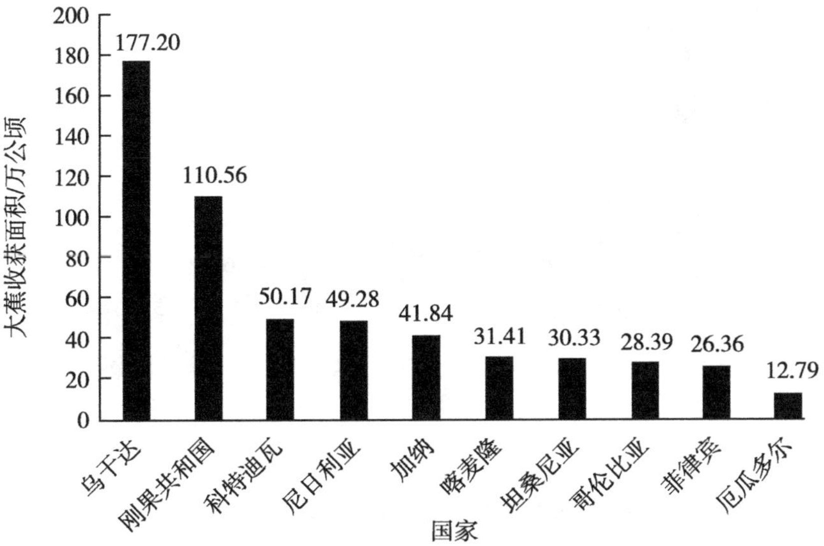

图 4　2020 年大蕉收获面积世界前 10 位国家

2. 总产量

（1）香蕉。FAO 统计数据显示，世界香蕉总产量从 2001 年的 7 005. 18 万吨增长到 2020 年的 11 983. 37 万吨，增长了 71. 06%，年均增长达 2. 87%，如图 5 所示。2020 年，亚洲、美洲、非洲、大洋洲和欧洲的香蕉总产量分别为 6 473. 07 万吨、3 150. 00 万吨、2 125. 39 万吨、169. 64 万吨、65. 27 万吨，分别占世界香蕉总产量的 54. 02%、26. 29%、17. 74%、1. 41%、0. 54%。2020 年，世界前 10 位香蕉生产国分别为印度（3 150. 40 万吨）、中国（1 187. 26万吨，含台湾地区 35. 96 万吨）、印度尼西亚（818. 28 万吨）、巴西（663. 73 万吨）、厄瓜多尔（602. 34 万吨）、菲律宾（595. 53 万吨）、危地马拉（447. 67 万吨）、安哥拉（411. 70 万吨）、坦桑尼亚（341. 94 万吨）、哥斯达黎加（252. 87 万吨），前 10 位国家产量总和占世界香蕉总产量的 70. 69%，如图 6 所示。

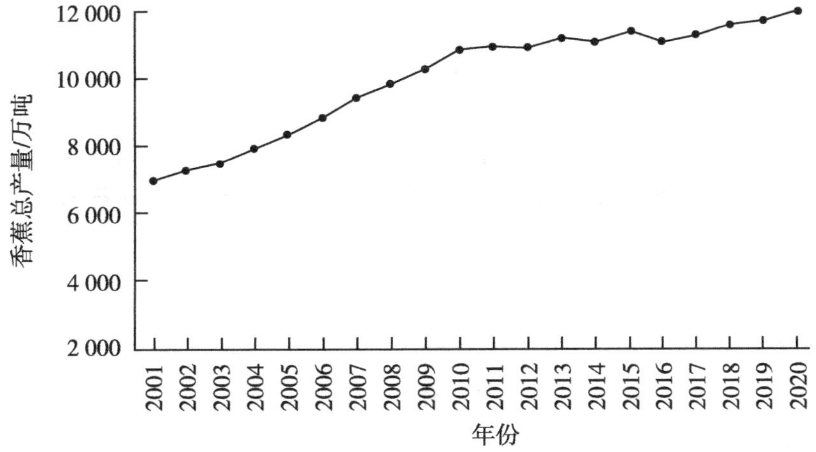

图 5　2001—2020 年世界香蕉总产量变化趋势

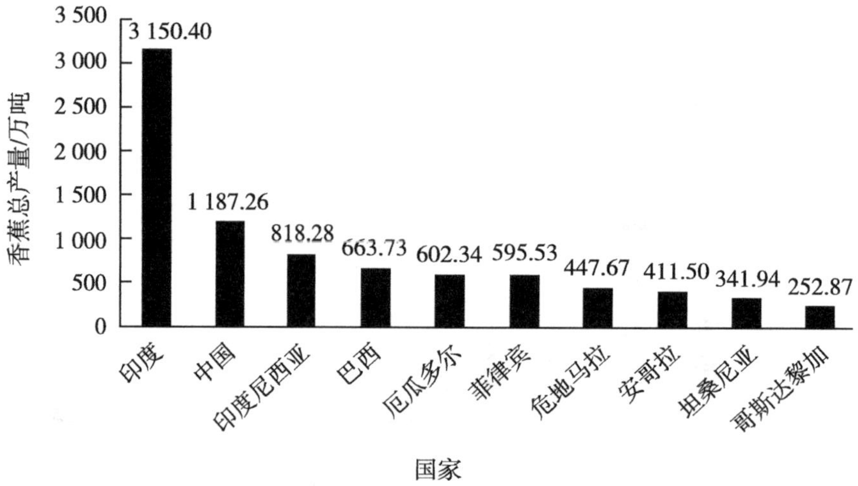

图 6　2020 年香蕉总产量世界前 10 位国家

（2）大蕉。世界大蕉产量从 2001 年的 2 943.65 万吨增长到 2020 年的 4 311.66 万吨，增长了 46.47%，年均增长达 2.03%，如图 7 所示。2020 年，非洲、美洲、亚洲和大洋洲的大蕉总产量分别为 2 991.19 万吨、759.11 万吨、560.46 万吨和 0.90 万吨，分别占世界大蕉总产量的 69.37%、17.61%、13.00%和 0.02%。2020 年，世界前 10 位大蕉生产国分别为乌干达（740.16 万吨）、刚果共和国（489.20 万吨）、加纳（466.80 万吨）、喀麦隆（452.61 万吨）、菲律宾（310.08 万吨）、尼日利亚（307.72 万吨）、哥伦比亚（247.56 万吨）、科特迪瓦（188.28 万吨）、缅甸（136.14 万吨）、多米尼加（105.31 万吨），前 10 位国家产量总和占世界香蕉总产量的 79.87%，如图 8 所示。

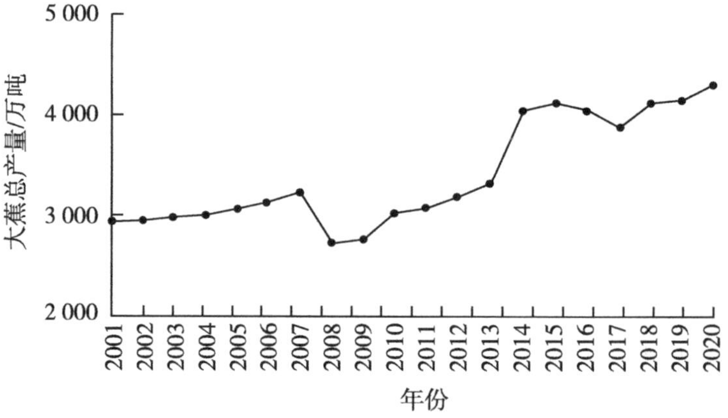

图 7　2001—2020 年世界大蕉总产量变化趋势

（二）贸易

FAO 数据显示，2020 年世界香（大）蕉总贸易量达 5 071.58万吨，进出口贸易额达 307.32 亿美元。

1. 出口

世界香（大）蕉出口量从 2011 年的 1 920.86 万吨增长到 2020 年的 2 596.09 万吨

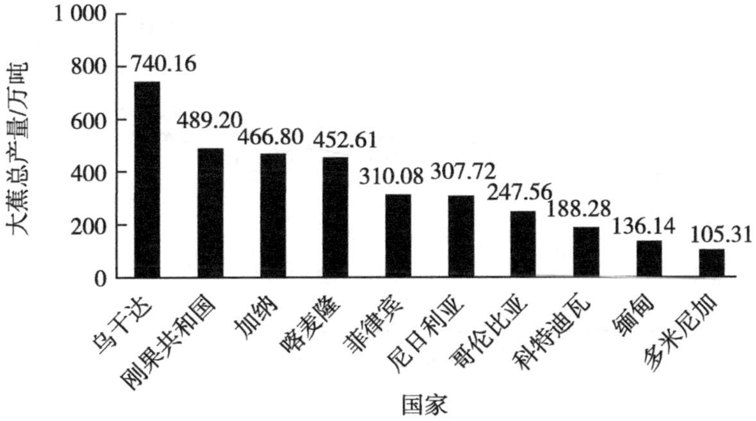

图 8　2020 年大蕉总产量世界前 10 位国家

(其中香蕉 2 449. 71 万吨、大蕉 146. 38 万吨)，这 10 年中世界香（大）蕉出口量增加了 575. 23 万吨，年平均增长率为 3. 4%，总体保持上升趋势。世界香（大）蕉出口额从 2011 年的 89. 55 亿美元增加到 2020 年的 142. 43 亿美元（其中香蕉 133. 56 亿美元、大蕉 8. 87 亿美元)，10 年中世界香蕉出口额增加了 52. 88 亿美元，年均增长率为 5. 29%，具体如图 9、图 10 所示。2020 年，世界香蕉出口前 10 位国家的出口量占世界的 76. 32%，前 10 位香蕉出口国的出口量如图 11 所示。2020 年厄瓜多尔香蕉出口量为 703. 98 万吨，占世界香蕉总出口量的 27. 12%。

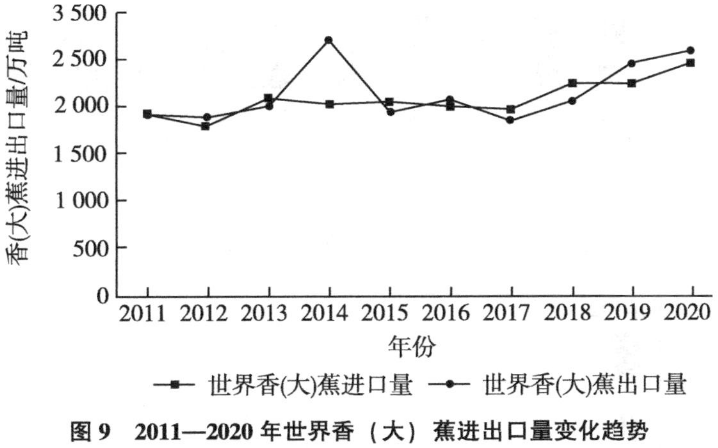

图 9　2011—2020 年世界香（大）蕉进出口量变化趋势

2. 进口

世界香（大）蕉进口量从 2011 年的 1 943. 57万吨增长到 2020 年的 2 475. 49 万吨(其中香蕉 2 337. 61 万吨、大蕉 137. 88 万吨)，这 10 年中世界香（大）蕉进口量增加了 531. 92 万吨，年平均增长率为 2. 72%。世界香蕉进口额从 2011 年的 136. 77 亿美元增加到 2020 年的 164. 89 亿美元（其中香蕉 156. 07 亿美元、大蕉 8. 82 亿美元)，增加了 28. 12 亿美元，年平均增长率为 2. 1%，具体如图 9、图 10 所示。2020 年，世界香蕉进口前 10 位国家的进口量占世界的 61. 82%，前 10 位香蕉进口国（中国含台湾地区进口 7. 23 万吨）的进口量如图 12 所示。

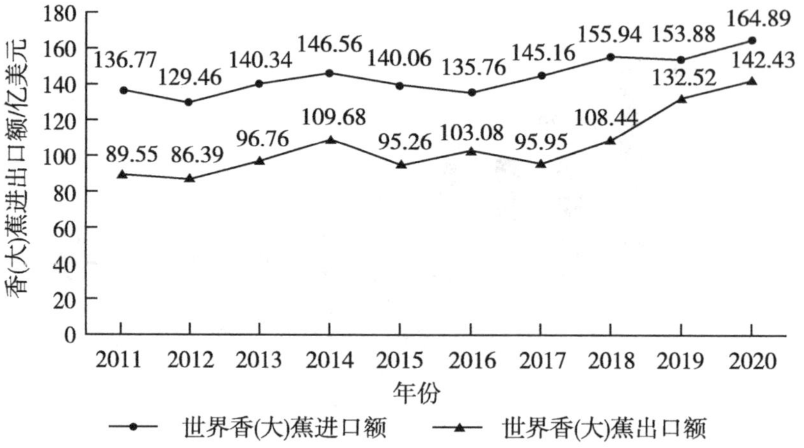

图 10　2011—2020 年世界香（大）蕉进出口额变化趋势

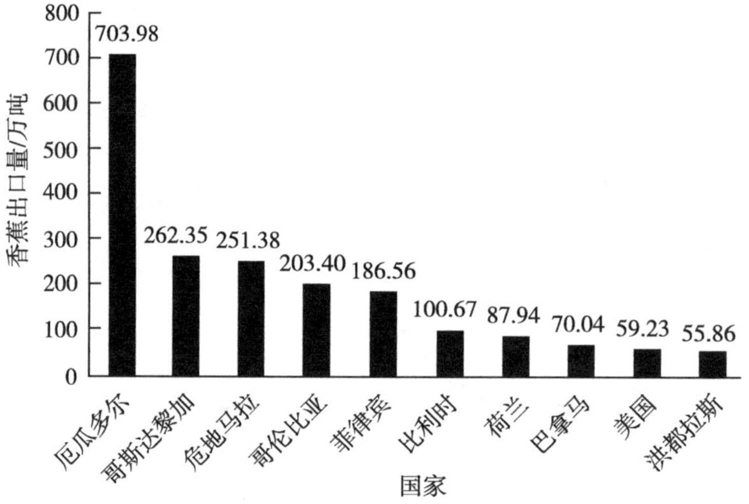

图 11　2020 年香蕉出口量世界前 10 位国家

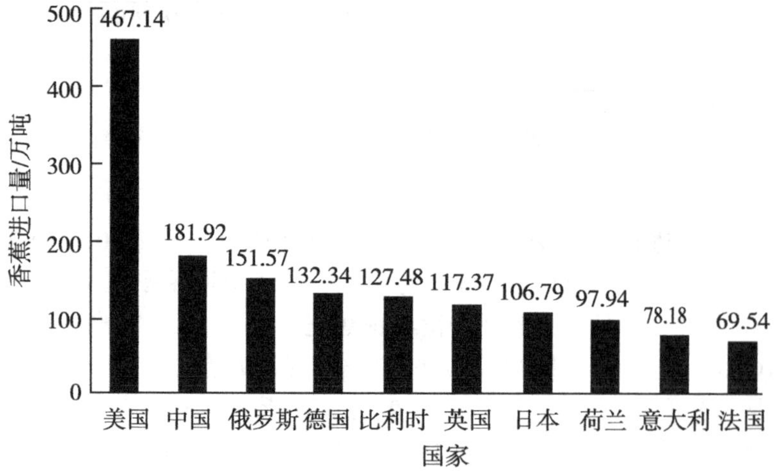

图 12　2020 年香蕉进口量世界前 10 位国家

二、国内香蕉生产与贸易概况

（一）生产

1. 种植面积

我国香蕉种植主要分布在广东、广西、海南、云南、福建和贵州，重庆、四川、西藏和台湾也有少量种植。据《中国农业统计资料》、农业农村部南亚办和《中国统计年鉴》数据显示，除台湾以外，2001 年我国香蕉种植面积为 24. 5 万公顷，随着农业产业结构不断调整，我国香蕉种植面积不断扩大，到 2020 年全国香蕉种植面积达到 32. 6 万公顷，年均增长率为 1. 53%，具体变化趋势如图 13 所示。

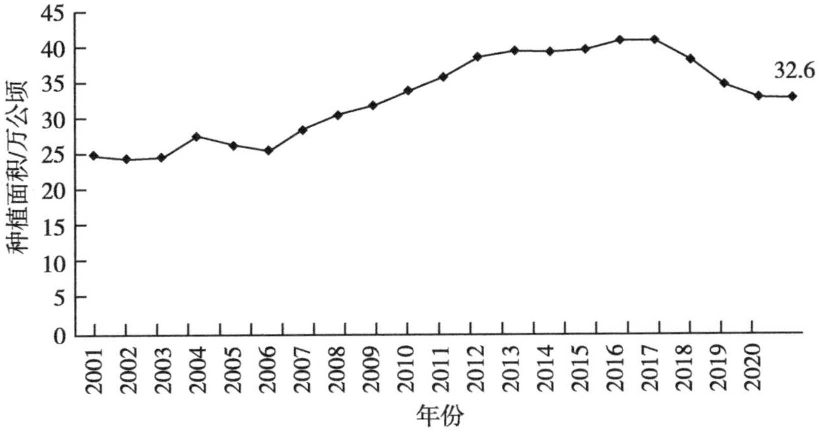

图 13　2001—2020 年中国香蕉种植面积变化趋势

2. 总产量

据《中国农业统计资料》、农业农村部南亚办和《中国统计年鉴》数据显示，除台湾以外，2020 年全国香蕉总产量为 1 151. 3 万吨，其中广东 478. 7 万吨、广西 303. 7 万吨、云南 197. 6 万吨、海南 112. 9 万吨、福建 45. 82 万吨。2001—2020 年中国香蕉总产量变化趋势如图 14 所示。

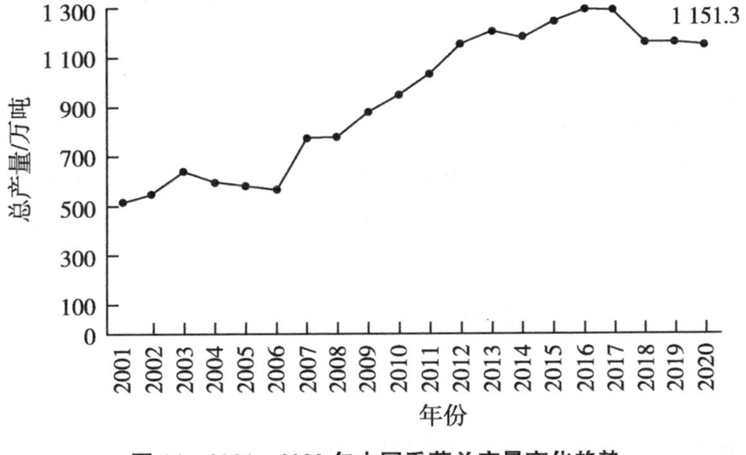

图 14　2001—2020 年中国香蕉总产量变化趋势

受 2018—2020 年香蕉市场行情稳定且上涨的影响，2021 年收获面积和总产量有所增长，但因受病虫害和比较效益不高等因素限制，产业规模增长有限。根据国家香蕉产业技术体系经济岗位和综合试验站抽样调查，2021 年香蕉种植面积、收获面积和总产量预计达 505 万亩、474 万亩、1 175 万吨，相比 2020 年分别增长 3.1%、1.3%、2.1%。

（二）贸易

1. 出口

中国香蕉出口从 2012 年的 0.79 万吨上升到 2021 年的 2.03 万吨（同比上涨 2.53%），总体呈上升趋势，上升幅度为 156.97%，但总量较小；贸易值从 581.9 万美元上升到 1 843.9 万美元。主要出口国家和地区为蒙古国、俄罗斯、中国香港和中国澳门。

2. 进口

中国香蕉进口主要是两个途径：海关和边境贸易。

中国香蕉海关进口量从 2012 年的 62.67 万吨上升到 2021 年 186.3 万吨（同比上涨 6.65%），年平均增长率为 12.87%；进口额从 3.66 亿美元上升到 10.40 亿美元，年平均增长率 12.3%。2021 年，主要从菲律宾、柬埔寨、越南、厄瓜多尔进口，分别进口 84.72 万吨、35.84 万吨、35.40 万吨和 21.61 万吨。从柬埔寨进口香蕉数量增长迅速，2019 年从柬埔寨进口 1.75 万吨，2021 年增加到 35.84 万吨。

边境贸易从老挝、缅甸、泰国和越南进口，主要从老挝和缅甸进口，疫情对边贸进口影响较大，缅甸香蕉约有 20%即 20 万吨的产量无法返销国内，直接熟烂在树上，综合估计 2021 年边贸进口香蕉约为 165 万吨。受疫情影响，中缅口岸约有 5 个月时间不能通过，严重影响“走出去”到缅甸种植的香蕉返销国内；老挝香蕉虽然能返销国内，但通关效率低下和通关成本显著增加，每天能通关的车辆和数量仅是正常情况下的 40%～50%。2014—2019 年从老挝、缅甸、越南等国进口的数量约占海关进口和边贸进口总和的 59%～65%，每年平均 180 万吨，从东盟国家通过边贸进口的部分香蕉量并未统计到国家海关数据。2020—2021 年，受疫情影响，通过边贸进口的香蕉量有所减少，两年平均 153 万吨。

柬埔寨 2021 年香蕉出口量达 42.32 万吨，出口量同比增长 27.02%。其中，中国是柬埔寨香蕉最大的出口市场，2021 年出口量 35.84 万吨，占其总出口量约 84.69%。中国 2021 年从柬埔寨进口的香蕉量同比增加 48.59%。2021 年，受新冠肺炎疫情影响，全球香蕉贸易运输风险增加、物流成本上升，如菲律宾香蕉出口商因物流成本上升和运输延误而困难重重，运输成本同比 2020 年平均增加 15%～20%，香蕉出口的整体利润可能因此至少减少 15%。而和我国接壤的部分东南亚国家（如越南和柬埔寨）占据地理优势，进一步抢占我国进口香蕉市场份额，柬埔寨和越南出口到中国的香蕉平均每箱比菲律宾价格低 1.5～2.0 美元（9.75～13 元）。

三、国际香蕉产业技术研发进展

（一）育种与种苗

1. 种质资源

Waman 等完成了对香蕉种质资源不同基因组类型茎尖培养条件的评价（环境条件、外植体类型和大小、表面杀菌技术、培养基成分、培养环境、适应条件等）。John 等探究了野生蕉种子保存的温度和湿度条件。Jamsari 等分析了西苏门答腊 7 种基因型香蕉淀粉的理化性质。Singh 等收集了印度曼尼普尔的 25 个基因型的香蕉资源，并采用 PCR-RFLP 和 RAPD、ISSR 标记对其进行鉴定。Yu 等开发了快速识别香蕉病害的网站 EM-ERNet。Edwards 等利用泛基因组揭示了香蕉属和亚组之间的差异。

杧果原产于亚洲东南部的热带地区。据统计，杧果属（*Mangifera*）植物约有 69 个种，其中大多数种类原产于马来半岛、印度尼西亚群岛、泰国、印度支那地区和菲律宾。包括普通杧果在内本属至少有 26 个种的果实可以食用，这些种类主要集中在东南亚地区，其野生种在印度、斯里兰卡、孟加拉国、缅甸、泰国、柬埔寨、越南、老挝、中国南部、马来西亚、新加坡、印度尼西亚、文莱、菲律宾、巴布亚新几内亚、所罗门及加罗林群岛，其中马来半岛是杧果属植物自然分布的中心。据估计，全球现有 1 000 个以上的杧果品种，1 500 份以上的杧果资源，但是进行商业栽培的杧果品种只有 200 多个，主要出口杧果品种有 20 多个。印度是世界上品种最多的国家，主要有 Alphonso、Kesar、Dashehari、Rajapuri、Vanraj、Bombai、Langra、Fazri、Himsagar、Sukul、Bathua、Langra、Bombay Green、Chausa 等；除亚洲及一些非洲国家外，许多国家的杧果生产品种都是以来自美国佛罗里达州的品种的 Haden、Tommy Atkins、Kent、Keitt 等为基础而发展起来的。

2. 育种技术

Rijzaani 等报道了香蕉的第一个跨属组，基于基因存在-缺失变异（PAV）的聚类可以明显区分紫毛蚶，并确定了芭蕉科之间的差异基因，这些信息可能有助于香蕉的育种。Cenci 等提出了导致目前 ABB 品种多样性的不同途径，包括初级 AB 杂种的途径、导致共享同源的交换（HEs）的途径以及致使 B 基因过剩比例的途径。Arunachalam 利用 41 个质量性状对 5 个常见香蕉品种进行了研究，并根据品种内一致性（零香农指数）、品种间差异（不同品种间模态得分不同，模态类与非模态类的显著二项分布）对判别性状进行了筛选，提出了一种快速鉴定香蕉品种的方法。

一直以来，在杧果育种技术上主要采用传统的杂交育种、实生选种和辐射育种等技术。目前生产上栽培的杧果品种绝大多数来源于早期优良的实生后代，如印度选育出 Alphonso、菲律宾培育的 Carabao、泰国选育推广的 Nam Dok Mai 等。实生选育的品种往往只强调高品质，很少能兼顾到抗病、不同熟期、矮化等性状。因此，完善常规杂交育种技术，确定符合新时代需求的育种目标，目前国际上通常用花期套袋、网罩、父母本混种 3 种方式进行人工定向杂交育种，美国通过控制每个用于杂交的花序保留不多于 10 个花的处理方法，可使杂交坐果率由原来的 0. 23%～1. 57%提高到 3. 85%，大幅度提高了获得杂种苗的比率。印度早在 1912 年就开展了杧果的杂交育种工作，到目前为止选育了几十个品种，另外，美国、以色列、澳大利亚、巴西、南非等国家也通过杂交育种选育了不少品种。

3. 品种改良

国际上，2021 年研究内容涉及香蕉果实成熟调控网络解析、采后生物与非生物胁迫分子调控机制、香蕉根际微生物互作机理、非生物胁迫等。成果主要来自体系专家团队。金志强团队通过遗传转化 MaMADS36 转录因子至红香蕉，发现其可以与 74 种蛋白互作形成共表达网络，并证明 MaMADS36 能够直接结合 MaBAM9b 启动子的 CA/T(r)G 盒，调控香蕉果实成熟及淀粉降解。陆旺金团队发现 25 个转录因子参与不同的成熟通路，从而调控了香蕉果实成熟过程；同时，证明了 MAP 激酶 MPK6-3 磷酸化转录因子 bZIP21 加快了香蕉果实成熟。李敬阳团队解析了水通道蛋白 MaPIP1;1 能够提高转基因香蕉的抗旱、抗冷和抗盐性。

（二）栽培与土肥

与以往传统化肥的研究相比，2021 年度研究主要集中于不同类型的肥料研究（如有机肥、生物肥、生物有机结合肥、微生物提取物和钾肥、硅肥等）和微生物结合香蕉枯萎病研究（如微生物对香蕉苗生长影响、香蕉土壤微生物、香蕉土壤与枯萎病、生防菌与枯萎病、微量营养元素与枯萎病研究等）对香蕉生长、产量和品质的提高。值得关注的是 Win 等利用 *Bacillus velezensis*，*B. subtilis* 和 *Penicillium* spp. 3 种组合菌取得显著的防控效果；Ocimati 等研究认为平菇培养基质可以在实践中应用于枯萎病的防控中。文献还报道了巴西半干旱地区大纳茵香蕉营养和非营养限制的确定模型，为香蕉的养分供应提供了理论依据。Cabanás 等利用可培养和非培养（高通量测序）方法表明香蕉根内层微生物多样性较低，香蕉母株和吸芽内生菌群存在显著差异，同时假单胞菌作为香蕉根内生菌的优势属，在香蕉根内生菌群中起着重要的作用。Nakkeeran 等从香蕉内生菌种群结构、内生真菌触发免疫抑制植物病原体机制等方面，探讨了利用潜在的细菌内生菌群和利用内生菌开发纳米制剂来防控香蕉枯萎病前景。

（三）病虫害防控

香蕉枯萎病仍是国内外研究的热点，国际上发表与香蕉枯萎病相关的文献有 72 篇，大多数研究论文由中国学者发表。主要涉及以下研究内容。①香蕉抗病品种的评价与筛选：香蕉品种 IBP 5-B/IBP 5-61/IBP 12/Highgate/Cocos/Hom Thong Mokho 的抗性评估、抗 Foc TR4 香蕉种质 GCTCV 215/GCTCV 247/CJ19 的筛选、Musadmr6 突变体、Grand Naine 品种无性系。②Foc 致病机理分析：致病相关基因 *FocCP1* 和分泌型金属蛋白酶 FocM35_1的功能分析、Foc 分泌蛋白质组研究。③香蕉抗病机理分析：香蕉免疫反应和结构形成的分子机制、抗性相关基因 *MbLOX* 和 *MaTGA8* 等功能研究、卡文迪什香蕉响应 SA 的转录组分析、香蕉根（lncRNA）转录组谱。④遗传多样性研究：Foc TR4 的 01213/16 的基因组草图、Foc TR4 不同 VCG 的比较基因组、VCG0124 中 SIX 基因的多样性研究。⑤香蕉枯萎病综合防控：杂草内生真菌对 Foc4 的拮抗活性、土壤 pH 值/N/土壤化学性质/氮肥和石灰对枯萎病的影响、6 种裸子植物的植物分泌物与枯萎病关系、拮抗菌的抑菌机理（链霉菌 SCA2-4-T、内生真菌 DYSJ3 和 YKM5、链霉菌 H4、链霉菌 HN6、解淀粉芽孢杆菌 GKT04）等。

在虫害报道方面，印度次大陆根茎象甲［*Cosmopolites sordidus*（Germar）］和假茎象甲［Odoiporuslongicollis（Olivier）］（鞘翅目，象甲科）被认为是该地区香蕉最重要的经济害虫；而以叶和果实为食的鞘翅目甲虫给印度、孟加拉国和东南亚其他地区的北部和东北部地区的香蕉种植者造成重大损失。

（四）果园生产机械化

在果园施药方面，主要围绕精准变量施药开展果树冠层体积、冠层密度等信息探测以及精准施药装备的设计和药液的沉积特性研究。如不同算法对果树体积计算结果的差异化研究，果树冠层不同部位密度的检测。在果园施肥方面，主要集中在变量施肥技术中施肥信息的传感检测、施肥机械的优化设计以及智能控制技术的研究应用上。如近红外技术在动态变量施肥和减少田间变异性方面的应用研究，田间氮含量实时检测与变量施肥装置的研发。在水果采收运输环节，主要使用机器视觉、深度学习、机器学习以及多传感器数据融合等手段对果实进行纹理识别、重量估计、数量统计与位置定位以及运输装备减震结构优化。

（五）采后保鲜和加工

印度尼西亚学者报道了 9%的淀粉和纤维素纳米可食性涂膜（CNF）可以延缓果实衰老，保持果实品质。泰国学者报道了高分子量壳聚糖涂膜抑制了 HomThong 香蕉果实的软化。伊朗学者报道了基于羧甲基纤维素水凝胶的纳米复合材料处理香蕉果实，可以吸收贮藏过程中释放的乙烯和降低包装袋内湿度，从而延缓香蕉果实成熟和维持果实品质。海南大学报道了褪黑素处理可以增强香蕉果实耐冷性，缓解果皮褐变；体系贮运保鲜岗位发现采后施用甜菜碱，可以减轻香蕉果实冷害。

（六）质量安全与品质调控

我国以及大多数西方国家对农产品质量的评价仍停留在农/兽药残留、重金属污染等安全指标的阶段，反映农产品品质与营养的指标与标准尚未系统建立。目前，只有少数西方发达国家开始对农产品的营养品质进行规范化、标准化的管理。国外涉及农产品营养标准的有国际食品法典委员会（CAC）的营养标签指南、欧盟食品营养及健康标签规例、美国生物强化讨论文件以及日本功能性标识食品制度等。在食品安全标准基础上对农产品实施营养品质标准规范是未来的发展趋势。

四、国内香蕉产业技术研发进展

（一）育种与种苗

1. 种质资源

体系品种改良岗位选育的热科 2 号在广西成功引种，并进行了香蕉 EST-SNP 标记的开发。韦绍龙团队完成了桂蕉 9 号在香蕉连作地抗枯萎病评价。岳建伟团队完成了红研香蕉品种对枯萎病的抗性评价及 3 种评价方法的对比。体系育种技术与方法岗位探究了不同香蕉品种假茎和果轴制造生物乙醇的特性，利用 EMS 创建香蕉抗寒种质并进行了筛选研究，完成了桂抗 2 号在海南试种评价。郑泗军团队评价了从国际生物多样性中心引进的 11 份香蕉对香蕉枯萎病抗性。王永芬团队对巴西蕉、宝岛蕉、热科 1 号、热科 2 号、热科 4 号在云南干热河谷的农艺性状进行了评价。

我国的杧果资源收集保存量已居世界第二位，主要保存在中国热带农业科学院、广西壮族自治区农业科学院、云南省农业科学院、中国科学院、四川攀枝花农林科学院、福建省农业科学院和贵州省农业科学院等单位，涵盖近缘种 6 个，包括普通杧果（*Mangifera indica* Linn.）、泰国杧（*Mangifera Siamensis Warbg.* ex *Craib*）、扁桃杧（*Mangifera persiciformis* C. Y. Wu et T. L. Ming）、冬杧（*Mangifera hiemalis* J. Y. Liang）、长梗杧（*Mangifera longipes* Griff.）、林生杧（*Mangifera sylvatica* Roxb.），各类资源共 1 080 份，形成了国家圃、农业农村部圃、地方圃三级保护体系，资源保护有较稳定的经费保障和支持。

2. 育种技术与品种改良

国内关于品种改良方面的报道主要集中在体系内，内容涉及香蕉新品种、品质/抗逆/抗病生理生化及相关基因的研究。赵淑妙团队利用高通量测序技术获得了香蕉高拷贝 DNA 分子的基因组资源，采集了香蕉科 3 属（*Ensete*、*Musa* 和 *Musella*）的 13 个野生种和

8 个栽培品种，对香蕉的质体和线粒体 DNA 序列树进行了比较分析，将有助于鉴定杂交香蕉的亲本。体系育种技术与方法岗位以海南本地粉蕉不定芽为外植体，建立了粉蕉化学诱变技术体系，获得具有理想株型、生育期缩短、产量高、果实品质优良、抗风等特性，且稳定遗传的突变体株系 RF1。李伟明等探讨了 3 个野生近缘种与不同栽培蕉的杂交亲和性，以 5 类栽培蕉为亲本，两两组合进行杂交，检测不同组合的结籽率、种子萌发率、正常苗率，较为系统地开展了香蕉杂交试验，为香蕉杂交育种研究提供了参考。

我国杧果由于遗传多样性较低、育种周期长等原因杂交育种研究相对滞后，20 世纪 80 年代初开展杧果的杂交育种工作，广西农学院（现广西大学）以秋杧为母本、鹰咀杧（Golek）为父本培育出的桂香杧是我国比较成功的一个杂交品种典例，但是推广面积较小。

（二）栽培与土肥

国内研究主要涉及抗（耐）病品种栽培试验、生物防控菌株筛选、生防措施（如套种冬瓜、三叶草等）应用后对土壤微生物种群结构的影响。如分别施用抗菌剂、生物菌剂和生物有机肥对土壤理化性质、根际微生物群落及香蕉枯萎病的发生进行了评估。其次，在滴灌和减量施肥的条件下，对香蕉养分利用和产量也进行了系统研究，为制定合适香蕉生产的水肥一体化施肥方案提供依据。此外，以典型蕉园酸土为研究对象，通过施用腐植酸功能型肥料对蕉园酸土的理化性质、微观结构和香蕉生长进行评估，研究表明可有效改良土壤酸度、改善土壤理化性质和微生物结构，促进香蕉生长。同时，研究了香蕉间作和猪屎豆覆盖还田的耕作模式对土壤培肥效果的影响，为香蕉种植合理利用绿肥提供参考。

（三）病虫害防控

国内研究仍主要集中在香蕉枯萎病新品种选育与栽培技术、拮抗菌筛选与应用、病原与寄主互作、综合防治等方面。香蕉象甲和蓟马仍是为害我国香蕉生产的主要害虫。在象甲的外皮、消化道及粪便中可以非常迅速地检测到 Foc 的可行接种物，研究认为香蕉象鼻虫与香蕉植物的宿主—害虫相互作用使其成为香蕉枯萎病菌重要的潜在载体。

（四）果园生产机械化

在果园施药方面，设计并优化环流式循环风送喷雾机、山地果园固定管道喷雾装置，并开展不同浓度对药液雾滴沉积特性的研究。在果园施肥方面，设计矮砧果园开沟施肥装置，基于果树冠层大小的可变量自动调节施肥机，并开展果园分层施肥机理与关键部件的研究。在水果采收运输环节，研究了基于轻量级多特征融合深度神经网络（MFN）的香蕉果轴分割方法，涉及了丘陵果园运输小车减震结构以及开展果园运输车减震降损性能的研究。

（五）采后保鲜和加工

香蕉品质生物学研究方面，①体系品种改良岗位解析了转录因子 MaMADS36 和 MaMADS55 协同调控 *MaGWD1* 表达介导香蕉采后淀粉降解的分子机制；本岗位揭示了乙烯调控香蕉果实淀粉降解的可能机制是乙烯信号转导通路上的重要转录因子 MaEIL2 直接靶定淀粉降解相关基因来实现。这些研究结果为了解转录因子如何调控果实淀粉降解提供了理论依据，丰富了香蕉果实品质形成的调控网络；也为香蕉果实品质改良，促进香蕉产业发展提供了重要的基因资源。②体系种质资源收集与评价岗位利用 CRISPR/Cas9 基因组编辑技术，以主栽的巴西蕉为材料，对乙烯合成关键基因 *ACO1* 进行敲除突变，获得了 ACO1 突变且能稳定遗传的新种质，创制出耐贮存的香蕉。2021 年度还有 2 项与香蕉果实品质生物学研究有关的项目获得国家自然科学基金资助。成果奖励方面，体系品种改良岗位刘菊华研究员牵头完成的“香蕉 MADS-box 转录因子对果实品质的调控作用”成果获海南省自然科学奖一等奖。该成果历时 12 年，采用多学科交叉的手段深入解析了 MADS-box 转录因子对果实品质的调控作用机制。该成果为通过生物技术调控转录因子和靶基因表达进而调控果实品质提供了理论依据，对于香蕉乃至其他热带水果品质改良、实现人民对高品质生活的需求具有重要意义。

（六）质量安全

由于起步晚，我国农产品营养品质标准及规范还有很大的上升空间。体系质量安全及品质调控岗位利用营养质量指数和营养素摄入初步构建了香蕉品质营养评价标准体系，筛选出香蕉营养品质评价指标，并将这些指标纳入了评价规范中，依此制定了农业行业标准《香蕉品质评价规范》（NY/T 3973—2021）。标准的制定回答了什么是香蕉特质营养成分，为香蕉新品种选育、生产、交易和消费，提升产品市场竞争力，引导产业转型升级提供了科技支撑。

（国家香蕉产业技术体系首席科学家　谢江辉　提供）

2021年度荔枝龙眼产业技术发展报告

（国家荔枝龙眼产业技术体系）

一、国际荔枝龙眼生产与贸易概况

世界荔枝生产的地理集中度很高。因世界相关国家荔枝统计数据存在滞后性，主产国官方统计数据和相关文献最新数据估算至2020年。2020年，世界荔枝总面积约1 200万亩，同比下降0.09%。其中，中国、印度、越南种植面积约占世界的92%，产量约占世界的90%以上。2020年世界荔枝总产量约400万吨，同比增长接近16%。2020年荔枝主产国家产量分别为：中国255.35万吨（2021年281.41万吨），印度72.7万吨，越南31.1万吨，马达加斯加约10万吨，泰国约10万吨，墨西哥约2万吨，南非约1.1万吨，其他国家合计约12万吨。产量居于前5位国家分别占世界总产量的情况为：中国63.85%，印度18.18%，越南7.78%，马达加斯加2.50%，泰国2.50%，其他国家5.19%。世界荔枝主要以鲜果进入销售市场，加工比例较小。荔枝作为热带亚热带水果，受上市期集中、保鲜难度大、货架期极短以及消费偏好等影响，消费以本地市场为主，2020年鲜果国际贸易量约24.3万吨，占总产量的6.08%。

世界龙眼主要在中国、泰国、越南种植，3个主产国面积占世界龙眼种植面积的90%以上。2020年世界龙眼种植面积接近900万亩，同比有所下降；龙眼产量约368万吨，同比增长约1.3%；龙眼出口贸易量为60万吨左右，约占总产量的16.30%，以鲜果出口为主，龙眼干、肉次之，罐头最少。

二、国内荔枝龙眼生产与贸易概况

（一）产业现状

我国实现荔枝龙眼生产连续两年“大年”。根据国家荔枝龙眼产业技术体系调研计算，2021年全国荔枝面积792.61万亩，总产量281.41万吨，比2020年的255.35万吨提高10.21%，接近历史最高的2018年。广东、广西、海南分别增产11.58%、18.86%、6.38%。福建、云南、四川分别减产19.16%、38.91%、5.68%。主栽品种各有不同程度的增产，桂味比2020年增产42.28%，3个大宗品种妃子笑增4.84%、黑叶增12.67%，怀枝增6.30%。妃子笑已连续3年成为产量最高的品种。荔枝上市期自4月上旬至8月上旬，共137天。按地头价计算，全国荔枝总产值为311.80亿元，同比微降9.36%；按收购价计算荔枝总产值为194.74亿元，同比下降16.66%。按照4∶6比例综合计算2021年荔枝产值，测算产值为241.56亿元，较2020年下降13.05%。主干加工企业荔枝总加工量3.74万吨，是2020年（8 850吨）的4倍。出口荔枝罐头2.5万～3.0万吨，消耗原料3万～4万吨。主干加工企业荔枝加工量约8万吨。按主干加工企业与其他小微企业或个体加工量各占50%计算，2021年鲜荔枝总加工量估计在16万吨左右。

2021年全国龙眼面积407.17万亩，产量约160.93万吨，比2020年增产9.36%。广东、广西和云南增产，其中广西增产幅度最大，达到 69.45%；海南产量与 2020 年持平；四川减产 46.38%。龙眼上市期自 6 月中旬至 9 月上旬，共 83 天。按地头价计算全国龙眼总产值为 102.03 亿元，同比增长 37.88%；按收购价计算龙眼总产值为 91.89 亿元，同比增长 35.45%；按照 4∶6 比例综合计算 2021 年龙眼产值，测算金额为 95.95 亿元，较 2020 年增长 36.47%。全国加工龙眼鲜果量约 35 万吨。其中加工桂圆肉的鲜果量 30 万吨，加工龙眼干的鲜果量 3.5 万吨，用于冻干龙眼果肉及奶茶原料约 0.1 万吨。

（二）产业发展趋势

荔枝龙眼主产区（海南，粤西、粤中和粤东，桂南和桂东南）地位仍然巩固，逐步形成云南高原地带立体生产区和四川合江特晚熟特色产区。荔枝龙眼果园生产机械应用加速，智慧果园建设开始受到重视。

1. 政府对荔枝龙眼产业发展的重视程度持续增强，为产业发展构建良好的制度环境

农业农村部南亚热带作物中心牵头于 2021 年 5 月成立"全国荔枝产业联盟"，参与举办"中国荔枝开采节""中国荔枝产业大会""全国优质荔枝擂台赛"等活动受到各界欢迎，推动荔枝产业科技赋能和顺利营销，取得良好成效。全国优质荔枝擂台赛共收到荔枝样品 69 份，经过指标检测、综合指标评比、专家组打分和分数核算等评比过程，评选出金奖 4 个、银奖 7 个和铜奖 11 个，带动了荔枝果品品质提升、品牌打造和效益提升。

作为荔枝第一大产区的广东省，对荔枝产业的重视程度不断升温。广东省委省政府提出打好产业、科技、文化和营销四张牌，组织"荔枝 12221 市场营销活动"，推动由荔枝林变荔枝园，推动建设荔枝特色小镇。目前，广东省建设有 1 个国家级现代农业产业园、4 个省级现代农业产业园、19 个荔枝专业镇。中国荔枝产业大会连续落户广东，广东充分利用产业大会影响力，提升荔枝全产业链实力，巩固产业在全国乃至全球的地位。数字化程度不断升级，已建成首个荔枝"智慧果园"，高标准"五化"果园，荔枝田头小站建设取得积极进展，同时全球首个以市场为导向的中国（广东）荔枝产业数据中心在茂名建成，通过信息化带动农业产业化，大数据正逐步成为广东荔枝流通的新引擎。

2. 荔枝龙眼产业将保持稳定发展势头，产业素质不断提升

农业科技政策和支持政策力度加大，农民收入倍增计划使市场消费能力趋升。荔枝龙眼农业农村部园艺作物标准园、热作示范园和产业技术体系试验示范基地的建设，在单产、品质等方面树立起产业标杆。产业经营中人工费用的持续提升倒逼果农改变劳动密集型生产方式，荔枝龙眼果园管理机械化与精细化相结合，推动产业更加可持续发展。据体系调查，2021 年全国荔枝园、龙眼园新增农机具数量约 8.5 万台（套）。近几年一批"新农民"加入荔枝龙眼产业。其中，有来自其他产业的具有经营意识和经营资本、经验、能力的人才转战荔枝龙眼产业，也有受了良好教育具备系统专业知识的"农二代"大学生返乡就业。在多重作用下荔枝龙眼产业将向资本技术型生产方式逐步变革，产业素质不断提升。

3. 以均衡产期和优化品质结构为目的的品种区域布局和区域品种布局调整持续进行，但应重视新格局下的结构平衡

基于品种结构不合理导致季节性供求不平衡、特优鲜食品种比例偏低等产业现实，近几年来荔枝龙眼品种结构调整得到有力推进。据国家荔枝龙眼产业技术体系研发中心统计，荔枝高接换种技术应用最多的地区集中在广西的钦州、玉林，广东茂名、湛江等主产区。自 2009 年体系成立以来，所覆盖产区内荔枝高接换种面积达到 91.95 万亩，其中 2021 年高接换种面积约 10.41 万亩。

随着高接换种技术水平的提升和优质新品种收益的增加，高接换种示范果园示范效果逐步显现，将驱动荔枝龙眼高接换种的推广应用，加快荔枝龙眼品种结构调整的步伐。需要注意的是，在品种结构调整过程中应综合考虑品种在不同生产区域上市期的合理性、差异性和承接性，考虑全产业链中品种结构的功能性分布，避免在新品种格局下再现同质化竞争。

4. 社会化专业服务队伍日益壮大，服务规范化和专业化水平及其影响力将进一步提升

根据体系调查数据，全国单个荔枝园的平均面积约 19 亩，而 10 亩以下的荔枝园占比高达 70%以上，因此分散经营仍是荔枝生产的主流状态。通过土地流转方式，很多单个荔枝园面积扩大到数十亩至 200 亩，逐步向规模化经营发展。

在广东茂名、阳江，广西钦州、玉林等主产区连成片的小型荔枝园，为荔枝产业技术的社会化专业化服务提供了基础。近几年社会化专业化服务的发展不仅缓解劳动力需求压力、降低经营成本，更重要的是促进了荔枝产业的标准化、规范化发展。体系调研数据显示，93.33%的荔枝果农存在生产环节外包行为，从荔枝各生产环节来看，施底肥环节外包比例 78.67%，疏花环节为 42.67%，除草环节为 66.67%，打药环节为 84.00%，追肥环节为 72.67%，灌溉环节为 18.00%，疏果环节为 12.67%，摘果环节为 79.33%，整形修剪环节为 75.33%，环割环节为 59.33%。在产业需求日益迫切的大形势下，发展社会化专业服务这一趋势将得到延续并加强。

5. 荔枝龙眼一二三产业融合发展开始提速

靠近都市圈的荔枝果园开始从单纯的荔枝生产园向荔枝生态、采摘、休闲公园转型。广东增城仙村镇基岗村等地提出打造“荔枝特色小镇”的发展目标并付诸行动。加工品方面，富 γ-氨基丁酸（GABA）荔枝混合果汁产品、含荔枝龙眼果肉（酱）焙烤休闲食品、荔枝酸奶果粉及泡腾片系列产品等多元化加工品得到大力推广。多样化的服务团队，如策划、信息服务以及金融服务等已融入荔枝龙眼产业中来。而“全国荔枝产业联盟”和“广东省荔枝产业联盟”的建立，力求实现生产者组织化，辐射带动周边产业发展，创新产前、产中、产后技术服务机制，建立共享平台和提供生产性技术服务，为产业共享信息，联合开展市场形势分析研判、市场营销和品牌打造等提供很好的平台。广东省政府对荔枝加工高度重视，拟投入 1.5 亿元，由广药集团牵头制定了《广东荔枝千亿时尚产业发展 136 方案》，已在广州从化、茂名成立了两家全资子公司，计划打造广药王老吉广州从化荔枝产业总部及茂名·高州荔枝产品生产总部，形成双总部模式引领带动荔枝深加工全产业链发展。投产后年鲜荔枝加工量将达到 5 万吨以上，年加工产值达到 5 亿元以上。

6. 新型流通方式加速发展，倒逼产业升级的作用日益凸显

在“构建经济内外双循环的新发展格局，形成强大国内市场”的政策推动下，随着预冷、分级、冷藏、冷链运输技术的日益普及，我国荔枝龙眼产业的物流处理和冷链贮运能力显著提升，荔枝龙眼销售的电子商务发展迅速，社区电商的发展尤为值得关注。多种模式电子商务的完善和活跃，在一定程度上激活了传统荔枝龙眼产业，推动产业从生产导向转变为市场导向，倒逼产业升级。这种作用将主要表现在：第一是生产组织化水平提升；第二是生产标准化、规范化程度提升，产品品质要求提高；第三是加快产品分级推广应用步伐；第四是产业内和产业外资本进入冷链物流设施建设，提升产业冷链物流水平；

第五是提高从业人员市场意识，驱动品牌化发展。

三、国际荔枝龙眼产业技术研发进展

主要检索到在成花坐果生理、养分管理、病虫害研究、采后保鲜与加工、功能性成分研究方面的研究进展。

印度 Lal 等研究了 Shahi、China 和 Bedana 3 个荔枝品种的花粉和授粉时间对荔枝坐果的影响，最佳授粉时间分别是上午 6：00—7：00，6：00—8：00 和 7：00—9：00，用新鲜花粉获得了最高的坐果率，但上一季-20℃保存的花粉也有较高的坐果率。评价了自花授粉和开放授粉对 9 个不同荔枝品种坐果和果实特性的影响，坐果率从 17.41%～68.14%，只有 3 个品种 Ajhauli、Dehradoon 和 Rose Scented 自花授粉获得果实，坐果率分别为 0.28%、0.41%、2.11%，认为 Trikolia、Dehra Rose 和 Deshi 是完全自交不亲和品种。

Zannat 等研究表明孟加拉国迪纳杰布尔地区荔枝园土壤肥力水平为中等，建议该地区农民施用改良剂改良土壤后种植荔枝。Priyadarshi 等研究表明植物生长调节剂和微量元素显著改善荔枝果实所有理化性质，其中 50 毫克/升 GA_3 可增加果实大小和果重，最小果皮百分率、果肉与果皮比值和果皮颜色受单独喷施硼酸或硼酸+$ZnSO_4$ 的影响较大。Oyinti 等研究发现喷施 0.4% $ZnSO_4$ 使荔枝株高和冠幅分别提高 5.78%和 6.65%，施用 0.4%硼砂使株高提高 8.72%，喷施 2.5 毫克/升 NAA 促进荔枝成花效果较好，喷施 0.4%硼砂果肉重最高，而裂果率最低，喷施 0.4% $ZnSO_4$ 处理落果率最低。

Anal 等报道链格孢 *Alternaria alternata*（Fr.）Keissl. 可引起荔枝叶、穗和果实枯死症状。印度学者 Tirthankar 和 Srivastava 等报道了印度荔枝蒂蛀虫的生物学特征与防治策略，并对荔枝蒂蛀虫季节性灾发的主要环境因素进行较全面的研究，定义荔枝蒂蛀虫为荔枝果期头号害虫。

Shilpa 等研究发现蒸气冷却处理（6 小时）有利于荔枝果实维持可接受的果皮颜色并延长贮藏期至 14 天（对照 7 天）。Deshi 等研究发现茉莉酸甲酯通过保持较高的单果重、可溶性固形物含量、酸度和花青素含量，有效地减少果皮褐变，使贮藏期延长到 16 天。Mohammed 等研究发现采后真空浸渗 H_2S（2 毫摩尔/升）可减轻氧化损伤和果皮褐变，延长冷藏期。Ali 等研究了抗坏血酸 40 毫摩尔/升和草酸 2 毫摩尔/升组合可延缓荔枝果实褐变并维持果实外观。Hossain 等报道了 1-甲基环丙烷（1-MCP）和高密度聚乙烯（HDPE）联合处理作为维持果皮红色、提高品质和延长荔枝果实货架期的可持续策略。Suwalee 等报道了超声辅助渗透脱水可以显著提高荔枝果实在冻融过程中的品质。Chamnan 等研究表明，将龙眼置于 8 500 毫克/升臭氧气体中处理 5 分钟，可延长其保质期至 35 天，比未经臭氧处理的龙眼保质期延长 57%。Chumyam 等报道了 ClO_2 可能触发 H_2O_2 诱导的过氧化还原酶——硫还原酶（Prx/Trx）氧化还原循环和 MAPK 活性，从而减少龙眼果皮在贮藏期间的褐变。Intarasit 等研究表明抗坏血酸引发的 H_2O_2 和 NO 生成可能激活了龙眼果皮的抗氧化防御机制，从而减少果皮褐变。

Edokpayi 等研究发现荔枝种子粉 LSP 可以作为一种潜在的低成本的吸附剂，用于去除水中染料的污染。Hussain 等报告了使用荔枝种子提取物合成银（Ag）、硒（Se）、银硒（AgSe）和 5FUAgSe 纳米颗粒在细胞毒性反应（PTT）治疗中显示出广谱抗癌活性。Kittipongpatana 等研究报道了龙眼种子具有较高的抗性淀粉含量，在食品及相关工业中具有潜在的应用价值。Hong-in 等研究建议采用热老化处理方法，将龙眼种子提取物作为药妆活性成分，将龙眼果肉提取物作为抗炎活性成分。

四、国内荔枝龙眼产业技术研发进展

（一）技术应用

体系凝练形成的间伐、回缩、高接换种技术得到进一步推广，水肥一体化以及农机具也被更多的果园接受应用。

2021 年新增荔枝园间伐面积 18.45 万亩，累计 219.45 万亩；新增回缩荔枝园面积 61.90 万亩，累计 381.13 万亩；新增高接换种 10.41 万亩，累计 91.95 万亩；新增灌溉设施 5.72 万亩，累计 68.17 万亩；新增水肥一体化技术应用面积 2.89 万亩，累计 29.20 万亩；新增购置各类农机具 5.46 万台，累计 15.90 万台，包括无人机、喷药机、疏花机、修剪机、开沟机、碎枝机、割草机、施肥机、果园综合作业机、山地轨道、物候监控系统、物联网系统等。

2021 年新增龙眼园间伐面积 11.17 万亩，累计 101.20 万亩；新增回缩 15.87 万亩，累计 88.81 万亩；新增高接换种 0.94 万亩，累计 13.50 万亩；2021 年新增安装灌溉设施 1.92 万亩，累计 26.22 万亩；新增水肥一体化技术应用面积 1.29 万亩，累计 8.36 万亩；新增龙眼园农机具 3.09 万台，累计 8.77 万台，包括喷药机、疏花机、修剪机、开沟机、碎枝机、割草机和施肥机等。

（二）研发进展

针对产业发展关键问题，以国家荔枝龙眼产业技术体系专家为主的研发团队开展了种质资源评价与品种选育、优质安全省力栽培、采后品质维持及产品深加工等相关的应用基础研究和技术研发工作。

1. 品种选育与种质资源评价

叶向阳等从荔枝实生群体中选育出桂爽，该品种具有出果大、晚熟、品质优、易成花、丰产稳产等突出优点。严倩等利用 EST-SS 和 SNP 标记对荔枝果实进行分子鉴定和聚类分析，从荔枝实生变异单株中选出优质晚熟荔枝新品种离娘香，该品种具有浓郁玫瑰花香味，在广州地区果实 6 月中下旬成熟，适宜在广州及珠三角区域种植。郑少泉等报道了龙眼新品种宝石 1 号、冬香和翠香。

胡福初等利用 SRAP 分子标记分析 30 份特早熟及早中熟荔枝种质资源的亲缘关系，结果表明供试荔枝种质间遗传变异较大，并根据 UPGMA 聚类分析，将 30 份荔枝样本分成 4 类，其中第Ⅰ类 20 份，占 66.7%，包括绝大多数特早熟荔枝资源；第Ⅱ类 4 份，占 13.3%，包括妃子笑与部分杂交早熟资源；第Ⅲ类和第Ⅳ类各 3 份，分别占 10.0%，为特早熟荔枝种质资源发掘、评价及新品种培育提供理论参考。胡福初等以紫娘喜和妃子笑荔枝种质资源的 178 个子代 F_1 群体为材料，采用基因分型-测序（GBS）方法构建了基于单核苷酸多态性（SNP）的高密度连锁图谱，共检测到 8 个矮化相关性状的 37 个数量性状位点。丁峰等设计了两种高效分子标记，在苗期鉴定易开花和难开花的荔枝种质资源，将幼苗接穗嫁接到成年荔枝树上，可显著缩短苗期。Tan 等研究发现长江上游地区生长的荔枝不仅具有成熟晚的特点，而且是酚类化合物和抗氧化剂的良好膳食来源，其中，妃子笑和井岗红糯多酚含量高，抗氧化能力强，综合品质优越。Jiang 等对 5 个不同基因型成熟荔枝果实的多酚代谢产物进行分析，共鉴定出 8 类 126 种多酚代谢物，首次发现每个品种的 15 种常见差异代谢物和 20 种特异性差异代谢物，早熟荔枝品种酚类物质含量明显高于中晚熟品种。郑锦锦等分析 6 个荔枝主产区的 8 个荔枝品种营养品质特性及差异性，结果表明紫娘喜和糯米糍荔枝单果重和可食率分别最高，妃子笑荔枝维生素 C 和还原糖含量最高，桂味荔枝蔗糖含量和可溶性固形物含量最高，不同产地相同品种的荔枝品质指标存在差异。

各地就荔枝新品种区域性试验做了大量工作。黄川等以从广东、广西引进国内近年选育的 18 份荔枝新品种为研究材料，对荔枝果实性状进行综合鉴定和评价，提出优质、特异和特殊性状概念。郭映云等在禾荔（怀枝）高接观音绿，成活率为 44.4%，认为观音绿可用于优化当地荔枝品种结构。李发勇等引种广东糯米糍到浙江省亚热带作物研究所马站试验站，结果表明糯米糍适应温州苍南地区气候条件，枝条生长快、易成花结果，果实成熟期 7 月下旬，较元红晚 5～7 天，较原产地晚 25～30 天，初步判定糯米糍适宜苍南地区种植。林金利等在糯米糍荔枝树高接换种凤山红灯笼，表现为生长旺盛，丰产优质，裂果率低于 1%，比糯米糍荔枝约早熟 7 天。宋云连等研究了钦州红荔和草莓荔在云南怒江干热河谷地区的果实品质性状，认为钦州红荔综合性状表现较好，品质性状优于原产地，适宜在云南干热河谷区种植；草莓荔品质低于原产地。毛海啸等在四川泸州市对 9 个龙眼品种进行引种试验，福晚 1 号、福晚 8 号、高宝、福晚 9 号、96-68 和立冬本嫁接成活率较高，福晚 8 号、宝石 1 号、高宝、榕育 8 号和松风本嫁接后枝梢生长较快，福晚 1 号和福晚 9 号嫁接后枝梢生长相对较弱。大枝嫁接在成活率、侧枝数量、枝梢长度和粗度上均优于小枝嫁接。马稞等介绍了荔枝大枝挑皮嫁接换种技术的基本操作及嫁接后配套管理技术措施，并分析了大枝挑皮嫁接成活率低的原因。

2. 成花与坐果

梁立峰等指出“大年”过量挂果耗竭树体内养分是影响次年成花的主要内因，而冬春寒潮是制约荔枝成花的最重要环境因素，强调荔枝成花需要充足的体内养分及适当的天气条件，而调整荔枝树体的生理状态是不良环境条件下荔枝促花保果的主要手段。Su 等研究表明环剥处理桂味荔枝树，开花率为 100%，非环剥处理荔枝树开花率为 20%，研究表明荔枝开花与淀粉、蔗糖、半乳糖、亚油酸的代谢途径相关。董晨等研究发现妃子笑花穗疏花处理 14 天后木葡聚糖内切葡聚糖酶/水解酶 *LcXTH* 家族大部分成员表达上调，推测疏花对 *LcXTH* 的表达起到正调控作用；喷施烯效唑后 *LcXTH* 家族成员的表达下调，推测其处理对 *LcXTH* 的表达起到负调控作用。

Yi 等研究发现红皮龙眼呈现鲜艳的红色主要是由于矢车菊素衍生物在果皮中积累，*F3'H* 和 *F3'5'H* 基因可能在选择合成哪些花青素成分中起着重要作用。Jue 等利用高密度 SNP 遗传图谱在龙眼品种凤梨朵与大乌圆的杂交 F_1 群体中，对单果重和可食率进行了 QTL 定位，获得了 3 个决定单果重的关键候选基因：*Dlo_007693.1*（*DlEXP4*）、*Dlo_011045.1*（*DlCNR8*）、*Dlo_034894.1*（*DlCYP450*）。丁峰等通过全基因组重测序方法研究了禾荔（怀枝）特晚熟焦核突变体 GLL-1 的全基因组变异情况，认为 MYB、bHLH、WD40、bZIP、WRKY、MAPK 及 PPR 等家族基因的突变可能是导致 GLL-1 果实特晚熟及焦核发生的一个主要原因。Qin 等建立了一种快速高效的发根农杆菌介导的荔枝毛状根转化系统，验证了荔枝花青素关键调控基因 *LcMYB1* 可以诱导花青苷、原花青素和黄酮醇合成通路中的结构基因和 *LcGST4* 上调表达。Wang 等鉴定了荔枝中 5 个蔗糖合成酶基因

（*SUS*，ec2. 4. 1. 13），对基因结构、系统发育关系和表达谱进行了表征。Yi 等研究发现荔枝中 *LcERF2* 基因通过协调细胞壁代谢，抑制 UDP-葡萄糖-4-差向异构酶基因（*LcUGE*）的表达，调控花梗生长，介导果实脱落。赖彪等研究了 LcMYB1 转录因子参与调控 *LcDFR* 和 *LcUFGTI* 基因的表达从而调节荔枝果皮花色苷生物合成的机理。郭志雄等研究发现，随着果实成熟和果皮色泽变红，离子结合态过氧化物酶（BPox）活性启动并升高，其活性受转录水平调控，参与荔枝果皮的着色和成熟进程。陈哲等研究发现 *LcGA2ox*（Gibberellin 2-oxidase）在株型差异显著的两个荔枝品种中表达差异显著，推测 *LcGA2ox* 基因通过负调控赤霉素合成从而影响荔枝株型形成。Ma 等研究发现喷施外源油菜素内酯（BR）类似物 2,4-epibrassinolide（EBR），可抑制荔枝果实乙烯释放，降低荔枝落果率。Ma 等发现 LcEIL2/3 激活木聚糖糖基酶/水解酶基因 *LcXTH4/7/19* 参与荔枝果实脱落。Ma 等研究分析了套袋对荔枝花青素积累及其生物合成相关基因的影响，研究结果初步揭示了光通过相对保守的 UVR8-COP1-HY5 信号通路调控荔枝花青素生物合成。

3. 养分管理

任盼盼等以桂味、糯米糍和井岗红糯荔枝为材料，研究发现稀土元素叶面肥在显著提升光合作用的同时，极显著提高了成花枝率，提升幅度达 50%，显著提高坐果，提升幅度接近 60%。花静静等研究表明，采前喷施次磷酸钾 980 毫克/升，可提高妃子笑单果质量和着果率，有利于增加产量，改善果实品质，增强果实耐贮性。朱陆伟等研究表明在荔枝秋梢生长和果实膨大期，硝铵混合氮源比单一形态氮源更有利于荔枝对钾、钙和镁营养的吸收，提出在秋梢老熟期至开花前可以叶面喷施钙肥和镁肥，为荔枝补充钙和镁营养。吴文碟等采集 49 个海南省荔枝园 0～30 厘米土壤样品，评价土壤有效养分丰缺情况，建议平衡施肥，改良土壤酸度，增施有机肥，重视镁、硼肥施用。陈菁等以白糖罂为材料集成了疏植、化肥有机替代、配方施肥、闭合环割、适时灌溉等化肥减施增效技术，跟踪 3 年结果表明，在化肥用量减少 64. 1%条件下，除 2018 年纯利润略低于对照外，2019 年和 2020 年荔枝产量、种植利润均显著高于对照，3 年平均产量和利润分别比对照提高 22. 0%和 23. 4%，肥料成本降低 71. 1%。白翠华等研究表明，钾氮肥滴施比例对荔枝果实品质、风味和病害发生的影响大于施肥方式的影响，推荐砖红壤以 1∶1 比例滴施钾氮肥，配合滴施钙、镁和硼肥及土施磷肥，可获得最高产量和最好稳产性，果实品质、风味和耐贮性也较好。廖海枝等以妃子笑荔枝为材料，研究发现在果实发育期喷钙和钙+镁处理降低果肉可滴定酸含量，但喷镁则促进可滴定酸的累积，喷施 0. 3%氯化镁可解决果皮滞绿问题，喷施 0. 3%氯化钙提高果实品质，喷施 0. 3%氯化钙+0. 3%氯化镁可克服果肉退糖现象。查晋燕等研究表明枝叶粉碎深埋+羊粪 10 千克+过磷酸钙 1 千克+尿素 0. 25 千克最有利于妃子笑秋梢生长。

4. 病虫安全防控及机理

廖美敬等防治试验发现，5 种杀菌剂、3 种施药方法针对发病中轻度的荔枝干腐病均表现出良好的防治效果，病株恢复正常生长率达 75%～100%，其中杀菌剂以 300 克/升苯甲・丙环唑乳油和 40%苯甲・吡唑酯乳油防治效果较好；防治方法以“沾药液的棉布敷贴病部后再用塑料薄膜包裹”或“刮除病灶后再用沾药液的棉布包裹”更有效。凌金锋等针对荔枝麻点病，研究表明 250 克/升吡唑醚菌酯乳油 125～250 毫克/升、60%唑醚・代森联水分散粒剂 300～800 毫克/升、250 克/升嘧菌酯悬浮剂 166. 7～250. 0 毫克/升、

450 克/升咪鲜胺水乳剂 250～450 毫克/升、325 克/升苯甲·嘧菌酯悬浮剂 216.7～325.0 毫克/升和 62%多·锰锌可湿性粉剂 885.7～1 240.0 毫克/升这 6 种药剂推荐用于荔枝麻点病的田间防治，在挂果期田间施药 3～4 次后，荔枝果实中各药剂农药残留量均符合国家食品安全标准（GB 2763—2016）。Gao 等首次报道在海南陵水桂花香荔枝上发现一种由变红镰刀菌（*Fusarium incarnatum*）为害果实引起的新病害。Ling 等报道了松针炭疽菌（*Colletotrichum fioriniae*）为害荔枝。Kong 等建立了基于 M90 序列的荔枝霜疫霉环介导等温扩增反应（loop-mediated isothermal amplification，LAMP）检测技术，能够准确有效地检测到荔枝霜疫病的病原菌，可在早期通过检测土壤进行预测和防病。Guo 等进行了荔枝霜疫霉的重测序和重新组装与生物信息学分析，为该病原菌提供了新的生物信息学数据。Li 等发现荔枝霜疫霉中的细胞色素 b5 蛋白 PlCB5L1（cytochrome b5-like protein）调节病原菌生长、致病力和氧化压力耐受性，是病原菌致病的关键基因。Zheng 等研究发现 PP19 菌株采前处理可降低 H_2O_2 积累和提高 SOD 活性，提高荔枝对荔枝霜疫霉的抗性。车建美等研究发现短芽孢杆菌 FJAT-0809-GLX 对龙眼焦腐病菌生长具有较强的抑制作用。Chen 等研究表明酶处理诱导的细胞壁多糖分解是龙眼焦腐病菌侵染采后龙眼的重要途径，从而导致病害的发生和果实软化。Xu 等研究发现苯并噻二唑（BTH）可能是一种防治荔枝采后霜霉病和延长荔枝果实货架期的潜在化合物。

李文景等研究发现 LED 白光夜间能抑制荔枝蒂蛀虫成虫的活动和繁殖，能显著降低该虫田间种群数量，并抑制成虫在果实上产卵。全林发等研究发现荔枝蒂蛀虫雌蛾对 LED 白光和黄光的趋光性较弱，夜间适当的 LED 白光（400～700 纳米）和黄光（570～575 纳米）持续照射可有效降低成虫交配率和繁殖力。周成辉研究结果表明绿色灯光对荔枝蒂蛀虫成虫的引诱效果最佳，在夜晚 20：00—21：00 采用绿色灯光诱捕的效果最好。美国富美实公司的产品 200 克/升氯虫苯甲酰胺悬浮剂（PD20100677），扩作登记防治荔枝蒂蛀虫，登记使用剂量分别为 12～15 毫升/亩、3 000 ～6 000 倍液，使用方法均为喷雾。全林发等研究发现 5—6 月荔枝蒂蛀虫卵、蛹和成虫在荔枝园内趋向以挂果荔枝树为中心的聚集分布，不同时期蒂蛀虫聚集分布的成因随种群密度变化有所不同。Meng 等初步阐明除虫脲对荔枝蒂蛀虫的杀卵机制。Yao 等研究表明单一寄主化合物或混合物成分均能影响荔枝蒂蛀虫寄主选择与定位，同时改变嗅觉基因的表达。叶进等提出了一种基于多特征融合的荔枝虫害识别方法，利用计算机视觉技术对荔枝的田间害虫进行全天候实时监测，对荔枝蝽、卷叶蛾、龙眼鸡 3 种常见害虫的总体识别率为 95.35%，基本达到实用化水平。

5. 采后保鲜与加工

Qu 等发现，ABA 和 GA_3 能减少荔枝褐变并保持较高的花青素含量，ABA 促进花青素合成，而 GA_3 则抑制花青素降解。Li 等研究发现植物精油对延缓荔枝品质劣变、褐变和老化具有一定的作用。Ma 等建立并验证了一种新的植物仿叶壳聚糖基 MAP 膜，该膜包埋了载抗微生物单宁酸（TA-CPM）的壳聚糖多孔微球作为气体开关，试验表明，0.05% TA-CPM/紫胶和 0.10% TA-CPM/紫胶包膜，尤其是 0.05% TA-CPM/紫胶，能产生理想的室温贮藏气体环境。He 等研究表明，α-硫辛酸预处理荔枝果实，通过上调 *LcDORN1s* 的表达，维持较高的细胞内 ATP 水平并激活细胞外 ATP 信号，间接提高抗氧化能力，延缓荔枝果皮褐变。Zhang 等研究表明，褪黑素通过调节苯丙烷和戊糖磷酸途径以及能量代谢，诱导荔枝产生抗性。Zhang 等首次构建了由褪黑素介导的延迟荔枝衰老和果皮褐变的重要调控因子和途径的全球图谱。Liu 等报道了内源性褪黑素可能通过调节采后冷藏过程中荔枝果实的细胞氧化还原状态，而赋予其抵抗冷胁迫的保护作用。Yun 等研究表明 0.7 毫克/升的氢水（HW）诱导的抗氧化系统相关性状可能直接或间接地提高荔枝的抗氧化能力，延缓果皮褐变。

Tian 等研究了荔枝果肉与蜂蜡、κ-卡拉胶和黄原胶混合凝胶剂的流变学、微观结构和 3D 打印特性，结果表明混合凝胶油墨（HGI）具有良好的剪切稀化、恢复和机械性能。Chang 等研究制备了一种基于杏鲍菇（*Pleurotus eryngii*）、荔枝汁和结冷胶的创新结构水果（SF）产品，经评估可以成为改善营养摄入和减少水果浪费的良好解决方案。Liu 等将纳米二氧化钛（nano-TiO_2）和荔枝皮提取物（LPE）加入壳聚糖（CS）基体中，制备了一种活性食品包装膜和水果保鲜膜。Liu 等研究发现龙眼与酿酒酵母共接种和连续接种可以调节龙眼酒的理化特性、电子感官特性和芳香特性。Gan 等比较研究了新鲜龙眼（FLP）和热风干燥龙眼（DLP）中性多糖的结构和免疫调节活性，DLP 增加了龙眼多糖的分枝度，显著影响了龙眼多糖的免疫调节活性。

6. 功能性成分研究

Yao 等研究表明荔枝核提取物可能有降低收缩压和减轻高血压肾损害的作用。Zhang 等报道了荔枝核总黄酮（TFLS）联合紫杉醇（PTX）对前列腺癌耐药细胞的增殖抑制作用。Lai 等用比较代谢组学研究了石硖与储良龙眼的初级和次级代谢产物的差异。Lan 等报道，新鲜和干燥龙眼果肉的葡聚糖均具有免疫调节活性，能抑制 LPS 诱导的炎症反应。Li 等研究表明龙眼果肉可通过 RAS/MEK/ERK 信号通路改善 D-gal/AlCl3 联合不规律饮食所致阿尔茨海默病（AD）小鼠认知功能损害。He 等报道了龙眼核多酚（LSPs）对熟淀粉的消化有明显的抑制作用，调节淀粉类食物餐后血糖反应具有潜在应用价值。Cheng 等研究了龙眼花提取物对果糖诱导代谢综合征大鼠心脏的抗凋亡和促存活作用。Lan 等首次从龙眼干果肉中分离到一种水溶性富葡萄糖多糖（LPsx），通过 Ca^{2+} 和 CR3 介导的 MAPKs 和 PI3K-AKT 信号通路诱导巨噬细胞的活化。

7. 果园生产机械化

Li 等研制了一种新型龙眼干半自动去籽脱皮装置，果肉与种子分离成功率可达 86.7%。华南农业大学工程学院团队针对研发荔枝和龙眼果实采收机具开展了一系列的基础性研究。Wang 等提出了一种基于 YOLOv3 的 YOLOv3-荔枝模型来检测大视觉场景中密集分布的荔枝果实，该模型对小而密的水果具有较好的检测性能。Yu 等提出了一种基于红-绿-蓝深度（RGB-D）相机的成熟荔枝识别方法，用于荔枝果实产量的估计，对绿色荔枝和红色荔枝的识别准确率分别为 89.92%和 94.50%。Ye 等提出了荔枝采摘机器人的无碰撞运动规划，使拣选机器人能够避开工作区中的障碍物并有效地完成拣选任务。Li 等利用无人机模糊图像预处理方法、基于卷积神经网络（CNN）的龙眼检测及红、绿、蓝和深度（RGB-D）三者结合的优势，提高基于视觉的无人机对龙眼拾取目标检测定位的速度和精度。

（国家荔枝龙眼产业技术体系首席科学家　陈厚彬　提供）

2021 年度天然橡胶产业技术发展报告

（国家天然橡胶产业技术体系）

一、国际天然橡胶生产与贸易概况

2021 年，依种植面积排名，世界前 10 位植胶国家及其种植面积分别为印度尼西亚 377.6 万公顷、泰国 352 万公顷、中国 115.3 万公顷、马来西亚 113.71 万公顷、越南 92.2 万公顷、印度 82.9 万公顷、缅甸 66.3 万公顷、柬埔寨 40.42 万公顷、菲律宾 23.25 万公顷、危地马拉 10.89 万公顷。相较于 2020 年，前 10 位植胶国家天然橡胶种植面积由 1 268.37 万公顷略微增长到 1 273.01 万公顷。根据天然橡胶生产国协会（ANRPC）统计，2021 年全球天然橡胶产量为 1 388 万吨，比 2020 年的 1 360 万吨增加 2.06%。亚洲国家产量约占全球产量的 88.28%。其中，ANRPC 成员国的天然橡胶产量为 1 179.2 万吨，占全球的 84.96%。泰国、印度尼西亚、越南的天然橡胶产量为 902.5 万吨，共占全球的 65.02%。2021 年 ANRPC 成员国出口量较 2020 年增长了 6.01%，进口量减少了 3.46%。国际天然橡胶价格在 1—3 月迎来小幅上升，4—7 月逐步下降，随后一直在震荡波动，总体仍处在持续低迷状态。

二、国内天然橡胶生产与贸易概况

2021 年，我国橡胶树种植面积为 1 710 万亩，与 2020 年基本持平。主产区物候条件良好，“两病”较轻，4 月逐步进入开割期，整体开割日期早于 2020 年。年产量约为 86.67 万吨，同比增长约 22.9%。年平均价格为 13 792.72 元，比 2020 年增长 19.26%。综合来看，天然橡胶价格仍属于偏弱运行。2021 年，天然橡胶整体表现为供不应求的局面，我国天然橡胶消费量达到 594.92 万吨，比 2020 年的 554.8 万吨增加 40.12 万吨。2021 年 1—11 月，我国天然橡胶累计进口总量 486.47 万吨，同比降低 8.45%，累计进口金额 81.77 亿美元，同比增加 13.07%。按所占比重，进口的来源国分别为泰国、马来西亚、科特迪瓦、越南和老挝。其中，泰国占比 52%，科特迪瓦占比 8%。我国天然橡胶出口很少，2021 年仅为 4.48 万吨。

三、国际天然橡胶产业技术研发进展

（一）遗传改良技术

近年来主要植胶国病害呈大面积扩张的形势，抗病育种成为国外选育种的热点。哥伦比亚 Sterling 等连续 3 篇文章报道了 FX3899、FDR4575、FDR5578、GU198 和 FDR5597 等品种抗南美叶疫病稳定性及作为亲本开展新品种选育的进展。法国 Ribeiro 等对棒孢杆菌抗、感病品种进行比较转录组分析，发现在抗病品种中，转录重组途径在早期被激活；而在感病品种中，大量的磷酸化事件以及超敏反应被显著激活。巴西 Magalhaes 等对炭疽病抗、感病品种叶片细胞结构进行免疫组化分析，发现抗病品种的木质素含量、脂质含量、POD 活性均高于感病品种，而单宁含量、淀粉粒含量、PAL 活性无差异。

在离体培养方面，印度尼西亚开展了室外茎段腋芽离体培养，诱导获得了愈伤组织。马来西亚开展了橡胶树组培苗与芽接苗的田间生长对比试验，表明与芽接苗相比，RRIM2025 组培苗的田间生长表现更好。

（二）栽培技术

在栽培生理方面，Natthakornetal 根据生理参数的差异，筛选出耐旱品系 RRIM623 和干旱敏感品系 PB5/51，进一步的研究表明 *HbNCED3* 基因表达水平及其引起 ABA 积累差异可能对耐旱性表现具有重要影响。

在土壤肥料研究方面，Perron 等首次提出橡胶树养分储量的异速生长模型，预测生物量和养分累积量从种植后开始逐渐增加，到第 5 龄时达到最大值；胶园更新保留伐木残留物，并在行间种植豆科植物可加速土壤功能的恢复。

胶乳生理和割制一直是采胶研究的热点。科特迪瓦学者以 GT1 和 PB260 为对象，对连续 9 年 S/2 阳刀和 4 年 S/4 阴刀割胶的产量、生长、干胶含量和乳胶生理参数进行比较，认为阴刀采胶效率高于阳刀。Perpétue、Pulchérie 等开展了类似研究，结果表明阳刀采胶 5 年后转换阴刀割胶优于 10 年后转换。Samuel 等利用胶乳代谢活跃、中度和慢速 3 种类型的 15 个无性系为材料，开展 2～6 日割制非刺激割胶的生产比较，认为通过合理的割胶强度，非刺激割胶是可行的。

（三）病虫防控技术

Bevenuto 等对橡胶树叶片病斑类型进行鉴定，发现病斑直径是一种有效鉴别抗病性的测量参数。Lucas 等利用近红外光谱法可有效区分幼叶和成熟叶，并能区分健康叶片和患南美叶疫病的叶片。马来西亚 Go 等对不同地区的白根病病菌 *R. microporus* 进行致病力分析，筛选出了致病力最强的菌株 RL21，病情指数高达 80.52%。

（四）机械技术

天然橡胶生产机械化发展缓慢，国外施肥、除草等机械具有专业化、系列化、标准化、多样化等特点，但大多体型庞大，不适合山地丘陵作业。针对割胶环节的机械研发较少，未有一款可投入生产化的产品。

（五）加工技术

国际持续关注天然橡胶分子结构模型、非胶组分、结晶等对综合性能的影响研究，并开展新材料混炼。日本的 Gotoh 研究团队进一步证实了蛋白质、磷脂端基基团参与天然橡胶枝化网络的形成。印度 Parvathi 等将纳米铁酸锌（$ZnFe_2O_4$）填充到天然橡胶中，改善了天然橡胶的加工性能、机械强度、热稳定性和耐溶剂性；Wan 等采用氧化钛-碳纳米管（TiO_2-CNTs）填充天然橡胶，提高了物理机械性能，促进其在极端摩擦条件下的稳定性方面显示出特殊的优势。Wasuthon 等通过碳纳米管、石墨颗粒等杂化填料提高了天然橡胶纳米复合材料的松弛模量和热稳定性，改善了纳米复合材料的电导率和介电常数，为拓展天然橡胶在电子设备的半导体基材的应用提供参考。

（六）产业经济

马来西亚学者研究了天然橡胶产量下降的原因、潜在的影响和挑战、干预措施，认为全球出口限制政策参与不足、国家价格激励不够、缺乏国家进口法规，使价格保持在较低水平，导致橡农的盈利能力较低，从而减少了种植面积和产量，提出了加强全球市场供应的监测、通过政府制定进口法规以及刺激国内消费、建立合作社和发展林下经济等措施以促进天然橡胶产业发展。Negash 等（2021）研究认为环境可持续性和经济可持续性相互作用，缺一不可，技术支持对预防天然橡胶开发风险具有重要影响，需要针对性改进关键技术，实现天然橡胶可持续生产。

四、国内天然橡胶产业技术研发进展

（一）育种领域技术

我国育种主要以速生、高产、抗逆为目标，通过在全国植胶区建立的新品种区域试种网，持续对各参试品种的生长、产量、抗性等性状进行跟踪。在云南区域，热垦 628、云研 73-46 等品种生长迅速，热研 8-79、热垦 628 等品种产量表现较好；在海南区域，热研 106、热垦 628 的生长、产量表现双优，热研 8-79 产量优势明显；在广东区域，IAN873、热研 7-33-97、热垦 628 表现出较为稳定的产量水平。热垦 628、热研 8-79 等新品种入选各植胶区“十四五”主推品种。

对产量、逆境胁迫相关基因克隆及功能鉴定研究活跃，挖掘了与死皮、低温、橡胶生物合成途径、胶乳再生等相关的靶标基因和调控基因。利用多组学技术进一步解析橡胶产量质量形成与调控机制。建立了橡胶树 CRISPR/Cas9 基因编辑体系，编辑效率介于 8.47%～24.92%，该技术可极大提高橡胶树遗传改良效率。进一步优化了苗木培育技术，“橡胶树速生高产新型种苗育苗技术”被列为 2021 年 10 项中国农业农村重大新技术之一。

（二）栽培技术

在抗逆栽培方面，我国学者提出橡胶树与乡土树复合种植能够营造缓冲风效应，也可以改善胶园的生态系统稳定性。吴志祥团队等展示了基于联合 Landsat 和 Sentinel-2 的遥感技术研究在橡胶林风害损失的快速评估方面的巨大应用潜力。

在土壤肥料研究方面，持续性开展全国三大植胶区土壤质量长期监测，发现我国三大植胶区土壤质量皆呈现不同程度退化的趋势。由于天然橡胶价格持续低迷和人工成本的不断攀升，胶园少施或不施肥现象普遍，部分胶园叶片养分含量已低于其正常生长的养分临界值。多位学者从不同角度证明了覆盖处理对改善胶园土壤环境、改善土壤细菌群落结构、增强胶园物质转化与利用的综合效果。

在采胶技术研发方面，中国热带农业科学院团队完善了气刺微割和低频短线割胶制度，被农业农村部列为 2021 年农业主推技术。云南省热带作物科学研究所团队提出了一种控制微创采胶的孔径和数量的方法。在死皮防控方面，刘辉等发现乙烯利过度刺激能够诱发橡胶树产生死皮症状。卢亚莉等发现死皮会导致乳管排列紊乱、膨大，石细胞、单宁细胞增多。谢贵水团队研究形成轻简化橡胶树死皮康复综合技术并进行应用，胶园死皮病情指数显著降低，胶园割线死皮长度恢复率达到 33%以上。

在胶园生态方面，中国科学院西双版纳热带植物园团队建议在建立以橡胶树为基础的环境友好型农林复合系统时，考虑解决地面节肢动物丰富度和丰富度下降的问题，提出复合橡胶林有利于土壤恢复。吴志祥团队研究表明橡胶林进行近自然管理后土壤 pH、细菌多样性提高，有利于生物多样性的恢复。

（三）病虫防控技术

我国 2021 年度报道的橡胶树上发生新记录病害有 4 种。中国热带农业科学院环境与植物保护研究所郑肖兰等发现海南新发的喀斯特炭疽菌对多菌灵表现为高抗药性。中国科学院昆明植物研究所发现影响橡胶树白粉菌流行最重要的因子是冬季平均气温，以及叶片萌发到成熟期长短，如果出现暖冬，白粉病发生严重度会提高。贺春萍报道了建立橡胶树红根病 LAMP 检测方法。符悦冠团队发布了“蓝色长盾金小蜂的扩繁技术”及“利用日本食蚧蚜小蜂防治橡胶树蜡蚧的方法及应用”专利，为橡副珠蜡蚧寄生蜂的进一步利用提供了技术支撑。

（四）机械化技术

邓怡国团队设计了一种新型开沟培土机，用于解决胶园、果园翻耕和培土作业等问题；设计了一种可以防堵的小型胶园除草机具，满足胶园除草作业要求。采胶工具研发主要集中在手持电动胶刀和自动割胶机等两个方向，其中手持电动化胶刀研发进展较快，曹建华团队研发的“4GXJ 系列便携式电动割胶装备”性能优良可靠，达到国际领先水平。智能化研发活跃度不减，北京信息科技大学设计了一种割胶机器人，中国农业大学设计了一种基于六维力传感器的割胶机器人力反馈控制系统，北京理工华汇智能科技有限公司研发了一种自动割胶机器人，海南大学张喜瑞团队研发了“一树一机”和“一机多树”割胶装备，但均处于研发试制阶段。

（五）加工技术

我国研发的高性能天然橡胶加工补强技术可改善国产天然橡胶质量。低氨、无氨浓缩胶乳保存新技术也不断完善。北京化工大学先进弹性体材料研究中心在山东建成世界首条千吨级示范生产线，并试制生物基绿色轮胎滚动阻力达到了欧盟标签法 B 级水平。中国热带农业科学院橡胶研究所发明的无化学添加生产环保型橡胶木板材技术，在完成木材干燥的同时，大幅度降低橡胶木淀粉含量。

（六）产业经济

刘锐金等认为农户对保险产品的有效需求弱，更倾向于针对市场风险的直接支付；农户对于生产领域政策关注相对较少，最期盼的是应对价格风险且无须付费的政策。朱永康认为世界天然橡胶产量正逐步恢复至新冠肺炎疫情暴发前的水平，天然橡胶需求也有望增长。李颖等认为印度尼西亚是全球第二大天然橡胶生产国和出口国，而中国是印度尼西亚天然橡胶的重要进口国，促进印度尼西亚对中国天然橡胶贸易发展至关重要。仇键等分析了我国三大垦区天然橡胶的生产情况及面临的问题，提出加快成熟、高效、省工采收技术的集成，加强天然橡胶产业技术和政策配套，推进农机农艺融合的自动化采收研究等建议。

（七）国内天然橡胶产业发展的主要问题及技术建议

1. 主要问题

产业面临价格持续低迷的困境，弃割弃管现象严重，生产管理水平下降。天然橡胶生产环节多依赖于人工作业，机械化程度低，尤其是对技术要求较高的胶工大量流失，未来谁来割胶问题凸显。加工技术发展滞后，产品结构比较单一，质量参差不齐，产品不能满足军工和高端需求。此外，品种选育慢，更新慢也是产业一大短板。

2. 技术建议

实施天然橡胶全链条质量提升行动，推进种质资源创新，培育抗性强、耐刺激、高产高质的新品种。研究提出适应土地状况的高效轻简栽培模式。研发胶园管理、橡胶采收和初加工机械化智能化技术和装备，提高产业机械化水平。研发和集成优质天然橡胶原料生产关键技术，满足高性能要求。

加大对天然橡胶产业的投入，坚持把天然橡胶产业作为国家战略性产业和热带地区特色优势产业加以保护性发展，采取分类分层次发展策略推进中国天然橡胶高质量发展。将橡胶林列入国家储备林，与山区扶贫和生态建设相结合，推进新的天然橡胶产业布局和发展。

（国家天然橡胶产业技术体系首席科学家　黄华孙　提供）

2021 年度牧草产业技术发展报告

（国家牧草产业技术体系）

一、国际牧草生产与贸易概况

（一）国际牧草生产

美国牧草收割面积、总产量和单位面积产量都较 2020 年有所下降。2021 年美国牧草总收获面积 5 153.7 万英亩①，比 2020 年下降 1.34%；单位产量为 2.34 吨/英亩，比 2020 年下降 3.70%；牧草总产量为 12 048.2 万吨，较 2020 年下降 4.99%。其中苜蓿产量为 4 815.6 万吨，其他牧草产量 7 232.6 万吨，分别较 2020 年下降 9.25%和 1.92%②。

2021 年国际牧草价格总体保持上涨态势。美国牧草价格呈现上涨趋势，牧草平均价格为 176 美元/吨，同比上涨 12.82%；苜蓿平均价格为 194 美元/吨，同比上升 3.89%③。

（二）国际牧草贸易

国际牧草贸易量止跌回升，价格微幅上扬。2020 年国际牧草贸易总量为 998 万吨，与 2019 年基本持平。其中，苜蓿粗粉及颗粒的贸易量由 118 万吨增加到 135 万吨，同比增加 14%，贸易价格由 252 美元/吨跌至 243 美元/吨，同比下跌 3%；其他干草的贸易量由 874 万吨减少到 862 万吨，同比减少 1%，贸易价格由 303 美元/吨升至 313 美元/吨，同比上涨 3%。

国际草产品出口国主要集中在北美洲和欧洲，进口国主要集中在亚洲。美国、澳大利亚、西班牙、意大利、加拿大是主要出口国，2020 年五国的出口量约占世界总量的 84%，占比分别为 49%、12%、11%、7%、5%。阿联酋、日本、中国、沙特阿拉伯、韩国是主要进口国，2020 年五国的进口量之和占比为 76%左右，占比分别为 28%、17%、13%、7%、10%④。

二、国内牧草生产与贸易概况

（一）国内牧草生产

一是生产稳步增长，“一带两区”格局基本形成。2021 年，“粮改饲”、振兴奶业苜蓿发展行动继续推进，牧草生产形势总体向好。目前，全国草种子田面积约 140 万亩，年均草种子产量约 10 万吨，年均优质商品草产量约 1 000 万吨。内蒙古、甘肃、宁夏、新疆等省（区）的优质饲草产业带，东北、内蒙古东部的羊草生产区，以及西南、长江与淮河以南的南方饲草生产区，即“一带两区”格局已基本成型。

---

① 1 英亩≈4 047 平方米。

② 资料来源：美国农业部。

③ 资料来源：美国农业部，2021 年平均价格为 2021 年 1—11 月平均价格。

④ 资料来源：UN Comtrade 数据库计算。

二是产业规划公开论证，生产模式多元发展。国家对牧草产业重视程度日益提高，已完成《全国现代饲草产业发展规划（2021—2030 年）》并公开论证。牧草生产经营模式多元发展，各地形成了“种养加销技”一体化、“企业+合作社/农户”、草畜联合体、“草+”等多元化经营模式。

三是饲草加工能力不断提高，经营主体日渐增多。窖式、堆积式、壕式、裹包式等青贮技术在全国各地得到广泛应用。草捆、草块、草颗粒和草粉等草产品种类日益多样化，饲草加工技术进步明显，当前全国优质饲草年均加工量达 680 余万吨。全国专业化草产品加工企业 800 余家，专业合作社约 500 家，经营主体队伍壮大。

四是产业空间有效拓展，政策效益不断加强。我国草原生产力进一步提升，人工种草日渐增多，对农闲田和撂荒地的利用使得饲草产业空间有效拓展。近年国家对饲草产业的年均投入达 32.5 亿元，有力支撑了产业发展，巩固了脱贫攻坚成果，推进了乡村振兴。

（二）国内牧草贸易

苜蓿干草进口量创历史新高，燕麦草进口量断崖式下跌。2021 年 1—11 月，我国草产品进口总量为 183.90 万吨，同比增加 18%。其中，苜蓿干草进口 159.61 万吨，同比增加 29%；燕麦草进口 19.49 万吨，同比减少 34%；苜蓿粗粉及颗粒进口 4.80 万吨，同比增加 90%。

苜蓿干草价格小幅上升，燕麦草价格继续高位运行。2021 年 1—11 月，苜蓿干草平均进口价格为 377 美元/吨，同比上涨 4%；燕麦草进口价格较 2020 年有小幅下降，平均进口价格为 339 美元/吨，无论是苜蓿干草还是燕麦草，其进口价格均处于历史较高水平。

南非及苏丹等国苜蓿准入我国市场，进口来源国日益多元化。2021 年 1—11 月，苜蓿干草进口格局依然是美国领先，拥有 82%左右的市场份额；西班牙居第二位，拥有 12%左右的市场份额；其余来自加拿大、南非、苏丹、意大利及阿根廷。燕麦草的进口依然全部依赖澳大利亚，继续受中澳贸易摩擦的影响，进口出现断崖式下跌，目前仍未得到恢复。苜蓿颗粒进口主要来自西班牙和意大利，少量来自哈萨克斯坦。

三、国际牧草产业技术研发进展

（一）牧草资源、牧草育种、种子生产

截至 2021 年，国际家畜研究所共保存有牧草及饲料作物累计 18 836 份，共涉及 54 个科，393 种，1 618 个属，其中禾本科 4 408 份，豆科 10 867 份，饲用灌木/乔木 3 458 份，其他牧草 103 份。2021 年，北美官方种子认证机构（AOSCA）共登记禾本科草品种 60 个，其中高羊茅品种 24 个，多年生黑麦草 13 个，多花黑麦草 4 个。此外，2021 年共登记苜蓿品种 83 个，其中使用转基因抗除草剂材料作为育种材料的有 20 个。在育种方法上，除杂交育种、混合选择育种手段外，部分转基因抗除草剂材料仍作为育种资源。综合运用基因组、转录组、蛋白组学及表观遗传学等方法开展产量、品质、抗逆等重要基因资源挖掘与多基因聚合仍是国际牧草育种领域的研究热点。在北美、欧洲地区以及新西兰等草种业发达国家，利用植物生长调节剂处理技术等控制种子田植株高度，提高了牧草种子的产量和质量。在美国俄勒冈州紫花苜蓿、多花黑麦草和高羊茅种子平均产量分别达到 806 千克/公顷、1 896 千克/公顷和 1 925 千克/公顷，生产各类牧草种子 32 万吨。

（二）牧草栽培及田间管理与草地稳产

近年来，国际上仍然坚持耕作系统的多样化方向。注重草田多样化作物种植系统的生产力、养分循环、水分效率和生态效应研究，在半干旱和干旱地区广泛应用轮作、间作、套作、混作等种植制度。大量研究发现基于作物多样化配置的条带间作，可实现稳定高效的土地生产力。间作使产量本已很高的北美、南美和欧洲的玉米产量增加 20%～30%，中低收入国家产量的平均增幅超过了中上收入和高收入国家的 50%。美国中西部地区将多年生饲草作物引入占主导地位的玉米—大豆系统中，建立多样化种植系统以提高生产系统的稳定性和弹性。在干旱较严重的地区，苜蓿—玉米的间作模式虽然会降低玉米 23%～26%的籽粒产量，但不会影响苜蓿产量，系统生产力仍然较高，仍适合推广。在中亚地区的燕麦—豆科植物间作系统中，研究发现饲用豆科牧草容易适应燕麦的生长节奏和强度，虽然燕麦和豆科牧草竞争磷素，但仍可在燕麦不减产的前提下，实现杂草的有效控制，适宜豆科牧草苗期生长。在全球尺度上，玉米间套作体系和无玉米的豆禾混作体系的土地当量比 LER 为 1.16～1.29，氮肥当量比 NFER 为1.19～1.33，磷肥当量比 PFER 为 1.19～1.36，与单作相比，均节约了 16%～29%的土地和 19%～36%的肥料。另外，多样化的粮草轮作模式在延长轮作时间的同时，增加年产量、土壤贮水量和水分生产力，建立环保型长期轮作系统可提高植物的氮素利用率，作物中高达 8%以上的氮素来自前茬作物的地下残留物。

（三）病虫草害防控技术

2021 年在病害研究方面，澳大利亚学者发现家畜采食侵染了苜蓿茎点霉的苜蓿后，雌激素变化差异较大，但只有采食了发病严重的病株后排卵率降低。阿曼科学家采用最大熵模型（MaxEnt）预测了气候变化对苜蓿丛枝病扩展的影响，这是第一批气候变化与牧草病害流行关系的文章。英国、美国、新西兰、澳大利亚等国家采用“3S”、计算机网络等技术在非洲中部、东部、西亚监测沙漠蝗，预测出沙漠蝗可能从埃塞俄比亚东北部和吉布提南部成群迁移到厄立特里亚、埃塞俄比亚东部和索马里北部并成灾，实际发生结果与预测结果非常一致。苏云金芽孢杆菌中的 Cry1Ca 蛋白对斜纹夜蛾具有良好的杀虫活性，可延缓苜蓿害虫抗药性。荧光假单胞菌（*Pseudomonas fluorescens*）的 ACK55 显著降低旱雀麦发芽率的功能，揭示了土壤微生物在杂草防控方面的重要作用。被孢霉属（*Mortierella* sp.）真菌代谢液有效抑制杂草生根，抑制率达 95%～98%。2021 年美国、英国、匈牙利等 20 余个国家的 94 位科学家对涉及豚草、马利筋等 10 余种外来入侵物种防控开展研究，发表研究论文和专著 15 篇（章）。这些国家还开展了利用高光谱遥感等重要外来入侵杂草监测防控技术研发及物种编目，其中，欧洲的 8 位科学家对马利筋（*Asclepias syriaca*）的传播进行测绘和监测，以验证利用高光谱遥感数据入侵植物进行监测的可能性。

（四）牧草机械研发

2021 年，牧草机械研发在注重自动化、智能化的同时，着重进行了关键部件或工序的提升优化，实现了整机寿命、工作效率、工作能耗等方面的改善。丹麦 Kverneland Group 研发的 Side Pivoting Chopper FHP plus 系统，依靠主框架和平行四边形连接挂载部件，在连接切割器的同时可以实现大范围角度（-65°和+90°）内的高效作业。德国 FENDT 提出的 Fendt Rotana 可变圆打捆机通过宽 2.4 米的高性能无凸轨道捡拾器保证高效捡拾；其 Power Split 变速箱是一种分离式驱动概念，可将所需的功率合理分配到转子和腔室驱动器，更好地保护剪切离合器和传动系统。美国 John Deer 9000 系列自走式牧草收割机采用利勃海尔发动机降低恒定最大功率时的发动机转速，并采用专为牧草收获应用设计的扭矩曲线，吞吐量增加 10%，燃油经济性提高 10%。德国 CLAAS 研发的 ROLLANT UNIWRAP 圆捆打包大功率转子可以实现每分钟最多切割 13 800 次，缠绕臂驱动转速可达 36 转/分钟，可在 12 秒内完成传送草捆，实现高效打捆。

（五）牧草加工利用技术

美国关注有机苜蓿干草的生产成本，因为市场对有机苜蓿干草的需求在增长，它可以用于奶牛、马、山羊和肉牛的养殖。美国研究表明，牲畜摄取的 75%～85%的氮都被排出体外，且在牧草生长过程中施用的氮肥不能增加牧草中的蛋白氮，干草的过瘤胃蛋白较青贮饲料高，有利于反刍牲畜利用，通过添加剂可以提高青贮饲料中过瘤胃蛋白的比例。在饲喂犊牛时，不宜使用苜蓿颗粒饲料，而应当使用苜蓿干草，否则会造成纤维的消化率降低，并影响瘤胃微生物。国外发现饲喂干草与青贮对乳制品有影响，饲喂干草能提高牛乳中亚油酸、α-亚麻酸、赖氨酸和腐胺含量，饲喂青贮饲料对牛奶颜色（黄色）、稠度和气味强度有显著影响。植物提取物的应用也引起了关注，单宁提取物与干草联用能更有效地调节瘤胃代谢；而在苜蓿干草中喷施月桂精油等，可对瘤胃发酵有调节作用。在美国和欧洲，青贮饲料中普遍存在 4 种以上霉菌毒素，镰刀菌产生的相关霉菌毒素等较为普遍，其中呕吐毒素和雪腐镰刀菌烯醇会给犊牛肠道上皮细胞带来严重的损伤风险，青贮后毒素含量均有不同程度的降低。添加剂方面，乳酸片球菌、戊糖片球菌等青贮产细菌素乳酸菌对于镰刀菌、曲霉菌等具有一定抑制效果。美国在湿热的南方地区种植改良过的苜蓿，并使用移动式围栏代替固定围栏帮助进行轮牧等方式，来促进苜蓿在奶牛和肉牛饲养中的应用，以减少营养补充剂的使用，提高牧场的利润。为减少畜牧业的温室气体排放量，日本在奶牛饲养过程采用氨基酸平衡的饲料，在满足氨基酸需求的前提下减少多余氨基酸，避免产生过多的温室气体，同时控制瘤胃中的微生物菌群，抑制甲烷产生。在阿根廷，农业领域数字化发展迅速，在牧场可以使用数字管理平台，用于检测牧草生长，并利用无人机进行放牧控制。

四、国内牧草产业技术研发进展

（一）牧草资源、牧草育种、种子生产

2021 年，国家牧草种质资源长期库累计保存种质资源 43 903 份，其中豆科牧草 13 794 份，禾本科牧草 23 659 份。国内科研人员从形态特征、重要农艺性状、遗传多样性、抗性等方面对苜蓿、草木樨、鸭茅、箭筈豌豆、披碱草等资源进行了评价，通过重测序等现代生物学技术，鉴定了多个与紫花苜蓿资源重要农艺性状相关联的位点。我国审定通过 15 个草品种，包括育成品种 6 个、引进品种 3 个、野生栽培品种 6 个。目前已累计审定草品种 619 个。完成紫花苜蓿育成品种首个同源染色体水平基因组组装。我国饲草种子扩繁的种类仍以苜蓿、披碱草、杂交狼尾草等多年生饲草和饲用燕麦、苏丹草、美洲狼尾草等一年生饲草为主。此外，狼尾草种植规模增长迅速，但由于其无法通过种子扩繁，主要依赖营养繁殖体种茎的生产和市场流通。甘肃河西地区苜蓿种子田单产为 600～1 140 千克/公顷；青海地区一年生饲用燕麦种子平均种子产量在 3 825～4 650 千克/公顷。

（二）牧草栽培及田间管理与草地稳产

近年，我国紫花苜蓿、青贮玉米等主栽饲草与粮食作物、蔬菜的轮作、间作系统，在解决连作障碍等土壤问题方面的研究得到重视。不同粮草种植模式下，碳、氮代谢生理生态，土壤微生物、根系分泌物化感等基础研究不断加强。如发现箭筈豌豆与燕麦间作制度比单一栽培的预期价值提高了27%的辐射利用效率；间作还提高整体牧草产量和氮素利用率，并推荐华北平原施氮量为120千克/公顷、玉米植株密度为45 000株/公顷的间作种植模式，在相对较低的氮输入量的同时，提高玉米和苜蓿产量。在牧草栽培及田间管理与草地稳产技术研究方面仍以苜蓿、玉米、无芒雀麦、鸭茅等主栽饲草的轮作、间作、混作、套作为主，人工混播草地放牧利用技术在山区开始推广，秋播小黑麦套作复种技术成为特色。另外，也有不少新技术创新，如苜蓿栽培草地动态监测的高光谱遥感敏感波段及其组合模式信息提取技术、饲草间作错时播种技术、乡土草栽培草地技术模式，北方冬闲田、海南夏闲田利用技术研究，盐碱地、沙地苜蓿种植与安全越冬技术不断深入。粮草轮作系统下作物干物质产量能够提高15%～20%，还可实现减施增效的作用，一年龄紫花苜蓿—冬小麦轮作中后茬冬小麦氮素吸收效率提高了12.4%。在“双碳”背景下，苜蓿—青贮玉米轮作系统减氮增效施肥技术，混播系统减施技术、间作种植混收混贮技术得到重视。2021年8月黄淮海区域“苜蓿套种青贮玉米高效生产技术”入选农业农村部重大引领性技术。

（三）病虫草害防控技术

2021年我国新增苜蓿澳大利亚小光壳叶斑病、苜蓿根腐病、光叶紫花苕霉斑病等5种牧草病害。解淀粉芽孢杆菌（*Bacillus amyloliquefaciens*）在盆栽条件下对苜蓿炭疽病（*Colletotrichum truncatum*）的防效高达82.59%，种子处理播种一年后霜霉病、茎点霉叶斑病、小光壳叶斑病、夏季黑茎病的发病率降低了46.42%～78.98%，病情指数降低了59.46%～76.26%。飞虱和条纹茎螟同时采食同一株牧草时，飞虱通过干扰条纹茎螟减少寄主植物蛋白酶抑制剂的产生而显著降低自己卵被寄生蜂所寄生的概率。利用生防菌剂的增效剂（杀虫蛋白或化学农药）提高生防菌的防治效果9个百分点。杂草研究中发现苜蓿垂直播种方式相较于菱形播种、条播和撒播，能降低杂草生物量，可作为山东东南地区的播种方式。8%精噁唑甘草胺对禾本科杂草具有良好的防除效果，120克/公顷以及200克/公顷剂量处理对于禾本科杂草的防效均在88%以上。苗期茎叶处理除草剂，防效较好的处理为苗期喷施50%草除灵（高特克）悬浮剂450～600毫升/公顷。2021年启动外来入侵物种普查工作，其中在内蒙古发现36种，14种为新分布种。内蒙古通辽市研究推广部门开展了基于氯氟吡氧乙酸、乳氟禾草灵等7种化学农药的防除刺萼龙葵技术研究，防治效果可达85%。豚草和三裂叶豚草主要发生在新疆伊犁河谷，研发了基于增效剂与除草剂协同作用的三裂叶豚草的防控技术，防效可达80%，对于入侵早期的种群具有显著的防治效应。

（四）牧草机械研发

2021年，我国牧草机械研发聚焦于优质饲草高产高效关键技术与草地生态修复技术研究。针对杂交狼尾草等高茎秆禾草机械化收获的实际需要，成功创制了集收获、粉碎、抛送、打捆和智能控制功能于一体的9GQZ-2.0型自走履带式高秆禾草收获机，该机解决了高大簇生禾草割茬平整等技术难题，显著减少了收获过程中的落叶损失与收获后饲草产品的灰分，被中国农业机械工业协会评价为“整体达到国际先进水平”。针对苜蓿高效生产作业，成功优化改制了Polaris320系列苜蓿刈割压扁机，该机割台仿形系统可实现最大

30°顺、逆时针摆角，自动避障系统可实现高度 100 毫米以内障碍物的自动避障；研发出基于多源传感器的栽培苜蓿智能感知定位监测设备，可动态监测苜蓿种植面积、品质及产量情况。为促进草原生态修复治理的实施，成功研制 9BM-2.2 型牧草免耕播种机，该机可同时完成破茬、开沟、播种、覆土、镇压等联合作业，对草地地表扰动较小，适合退化草地免耕补播作业。

（五）牧草加工利用技术

针对牧草产品质量安全方面，建立了北方主要牧草中 17 种霉菌毒素的测定技术和牧草中 58 种农药的检测的危害因子识别关键技术。为了提升牧草生产企业周年效益，建立了苜蓿分茬次灵活调制加工技术，在不同季节将苜蓿调制成不同类型的草产品，可以将苜蓿一级干草比例达到 60%以上，二级干草达 80%以上，四茬苜蓿的总干物质产量折合达到 1.3 吨/亩。制定了苜蓿茎叶分离草粉调制技术，苜蓿叶粉粗蛋白含量达到 25%～30%。研发了苜蓿草粉替代豆粕的母猪及仔猪日粮配方，使每头母猪毛盈利从 3 821 元提高至 4 409 元，仔猪料肉比从 1.59 降低至 1.45，每头仔猪毛盈利从 487 元提升至 493 元。多种牧草利用研究也取得进展，饲用谷子、梯牧草等生产和利用均得到了关注，如饲用甜高粱高效利用与转化技术示范，使每只肉羊育肥成本减少 0.4 元/天。

（国家牧草产业技术体系首席科学家　张英俊　提供）

2021年度生猪产业技术发展报告

（国家生猪产业技术体系）

一、国际生猪生产与贸易概况

（一）生产概况

2021年世界猪肉产量为10 610万吨，同比上升10.81%。中国、欧盟（27国）、美国的猪肉产量占世界的77.51%，同比略降，其中，中国占43.35%，同比上升5.4个百分点，欧盟占22.32%，同比下降2个百分点，美国占11.84%，同比略降。

美国：受新冠肺炎疫情以及猪肉出口下滑影响，2021年猪肉产量1 256万吨，同比下降2.27%。预计2022年的猪肉产量与2021年持平，约1 250万吨。

加拿大：猪肉产量维持平衡，2021年猪肉产量215万吨，同比上涨1.65%。预计2022年猪肉产量维持在215万吨左右。

巴西：因经济持续复苏、饲养成本较低等利好因素，巴西养猪业持续强势增长，2021年猪肉产量达到433万吨，同比上涨4.85%。预计2022年猪肉产量持续上涨达445万吨以上。

欧盟：中国是欧盟猪肉的主要出口目的地，2021年1—4月由于中国猪肉价格处于高位，对进口需求较高，欧盟的生猪屠宰量有所提升，但受到中国2021年4月以后的猪肉价格下跌以及进口猪肉需求下降的影响，下半年欧盟生猪屠宰量及生猪价格出现明显下滑态势。2021年欧盟猪肉总产量2 368万吨，同比上涨1.98%，预计2022年产量在2 360万吨左右。

俄罗斯：由于对非洲猪瘟防控成效不断改善，及强劲的国内需求等利好因素，俄罗斯猪肉产量近年来持续强势增长，2021年猪肉产量达370万吨，同比增长2.46%。预计2022年猪肉产量与2021年基本持平。

（二）贸易概况

2021年世界猪肉贸易量略有下降，为1 163万吨，同比下降0.81%。根据美国农业部的预计数据，2021年中国猪肉进口量为450万吨，同比下降14.79%，为世界最大猪肉进口国，占全球进口量的38.69%，同比下降6.35个百分点。日本进口量为140万吨，同比下降0.85%，居全球第二，份额为12.04%，与2020年持平。墨西哥进口量110万吨，同比上升16.40%，占全球9.46%，同比上升1.40个百分点。韩国进口量为55万吨，同比下降0.72%，占全球4.73%，与2020年基本持平。中国香港进口量40万吨，同比上升5.82%，占全球3.44%，同比上升0.22个百分点。菲律宾进口量50万吨，同比上升199.40%，占全球4.30%，同比上升2.87个百分点。

从猪肉出口情况来看，2021年，世界主要猪肉出口国家和地区欧盟和美国的出口量均有所下降，巴西猪肉出口量创历史新高。欧盟对外猪肉出口量500万吨，同比下降3.23%；美国猪肉出口量326.5万吨，同比下降3.61%，其中墨西哥、中国和日本是美国猪肉主要出口国。巴西猪肉出口量达 113 万吨，同比增长 10.78%。俄罗斯的猪肉出口量为 12.4 万吨，主要出口至越南、乌克兰等地。

二、国内生猪生产与贸易概况

（一）生产概况

2021 年生猪出栏大幅增长，全国生猪出栏 67 128 万头，同比增加 14 424 万头，增长 27.4%；猪肉产量 5 296 万吨，同比增加 1 183 万吨，增长 28.8%。2021 年年末全国生猪存栏 44 922 万头，同比增长 10.5%，其中能繁殖母猪存栏 4 329 万头，同比增长 4.0%，分别达到 2017 年年末的 101.7%和 96.8%。随着出栏量的增加，预计 2022 年上半年生猪价格仍将面临下行压力，不排除 2022 年 4 月前后猪价再次探底。

（二）贸易概况

根据中国海关总署数据，2021 年我国猪肉及猪杂碎进口总量 500 万吨，同比下降 12.74%。其中猪肉进口量 371 万吨，同比下降 15.49%；冻猪杂碎进口量 129 万吨，同比下降 3.73%。从 2022 年 1 月 1 日起，我国猪肉进口税率将从 8%上调至 12%。预计 2022 年的猪肉进口量为 200 万～250 万吨。

三、国际生猪产业技术研发进展

（一）遗传改良

2021 年度，国际生猪产业遗传改良领域技术研发主要集中在育种目标多样化、多组学联合分析、大数据育种应用等方面。

一是育种目标多样化。在长期重视影响生产效率的经济性状（如饲料转化效率、母猪繁殖力等复杂性状）基础上，逐步开始重视生猪其他性状的育种工作。首先，生猪健康直接影响生产效益，健康相关性状如肢蹄评分、抗病能力等逐步受到重视；其次，公猪精液质量性状的优劣直接影响到繁育体系的构建和优化，国外育种公司非常重视对公猪的选种选育；再次，通过建立种猪性能测定标准体系，高度重视胴体、肉质性状的数据收集；最后，持续重视对育种数据的收集，保障大数据育种的有序推进，数据量的积累对加速遗传改良起至关重要的作用。

二是多组学联合分析解析猪重要经济性状的遗传机制，提高遗传改良速率。通过整合基因组、转录组、代谢组等多组学数据，开展多组学联合分析，实现从基因组—分子表型—复杂性状的解析。此外，利用多组学数据，开展更全面、更精准解析猪的遗传调控机制，为加快遗传改良效率提供了良好的技术储备。

三是大数据智能育种作用不断提升。随着云计算、大数据、人工智能、物联网、5G 等新技术的发展与应用，生猪遗传改良面临新一轮转型升级。一方面，市场消费者需求、生猪养殖效率等通过大数据分析，实现更高效率的转型；另一方面，饲料转化效率、胴体性状、健康性状等数据的收集及分析，依托人工智能、云计算等手段，提高分析整理速率，加速遗传改良。

（二）营养与饲料

针对不同生理阶段猪营养研究，主要包括：一是母猪营养方面，主要集中研究营养素（能量、蛋白质、氨基酸等）对母猪繁殖性能、免疫功能和/或后代生长的影响及相关机制探讨，霉菌毒素等有毒有害因子对母猪繁殖性能的影响，以及不同营养因子对母仔猪生产性能的影响等。二是公猪营养方面，重点研究公猪精液品质相关的营养因素、性能分析与预测，营养因素对公猪精液品质的影响研究仍然占主导地位。三是仔猪营养方面，主要关注益生菌、膳食纤维、核苷酸饲料添加剂、发酵饲料、氨基酸以及有机酸对仔猪肠道健康的影响。四是生长肥育猪营养方面，主要涉及蛋氨酸、赖氨酸、铜、锰等营养需要，利用生物发酵饲料与饲料加工调制技术进行饲料资源开发利用，菊粉和益生菌等可提高猪肉抗氧化性或系水力等猪肉品质调控，高纤维原料、乳酸乳杆菌及乳酸片球菌、高纤维饲粮添加木聚糖酶改善猪肠道菌群结构与健康，以及降氮和磷排放等营养调控技术。

针对肉质营养调控技术，主要研究了日粮营养对猪肉营养价值、感官品质、肌肉化学成分组成和抗氧化性能等方面的影响。利用现代生物学技术和检测方法揭示不同猪种之间氨基酸和脂肪酸的沉积规律及影响猪肉品质的候选基因和关键蛋白，探究猪肉品质差异产生的原因。

在饲料营养价值评价与资源利用方面，则主要围绕饲料营养价值评价以及饲料资源的开发和应用，研究不同饲料源营养对猪生长性能、胴体品质、营养价值、感官品质、肌肉组织肌纤维组成、脂肪酸组成和抗氧化性能等方面的影响。利用植物提取物改善生猪消化道环境、促进营养物质吸收、提高饲料利用率及改善肉品品质。整体上国外对新饲料资源方面研究较少。

（三）疾病防控

2021 年，世界范围内生猪疫病流行与发生总体比较平稳，无大流行疫情。基于世界动物卫生组织（OIE）的全球动物卫生信息系统（OIE-WAHIS），报告疫情以非洲猪瘟为主，疫情涉及欧洲、亚洲和非洲。猪繁殖与呼吸综合征（PRRS）主要流行于北美、欧洲和亚洲，美国报道出现致病性较强和传播速度快的 PRRSV1-4-4 变异株，成为美国猪场的主要流行毒株。猪瘟主要流行于东南亚、中南美洲和东欧，家猪疫情仅涉及巴西和日本。

在猪病诊断技术方面，PCR、RT-PCR、Real-time PCR、重组酶等温扩增技术（RPA）等分子诊断技术广泛应用于猪病病原学检测与诊断。二代测序技术和三代测序技术也已开始应用于猪病诊断。其他一些新技术包括纳米颗粒 miRNA 电化学检测方法、纳米孔测序技术、基于 CRISPR/Cas12 和 CRISPR/Cas13 的快速现场分子诊断技术等。

在猪病免疫预防技术方面，基因缺失疫苗、亚单位疫苗、mRNA 疫苗是猪病免疫防控的重点研究领域。非洲猪瘟疫苗的研发仍是国际热点，口蹄疫、猪圆环病毒病、猪链球菌病等疫病的亚单位疫苗，猪增生性回肠炎新型疫苗，猪圆环病毒病与猪支原体肺炎二联灭活疫苗及新型疫苗佐剂是主要研究方向。

在猪病治疗技术方面，美国兽药中心（CVM）注册的产品主要以防治细菌感染引起的猪呼吸道疾病为主，如泰拉霉素注射液、氟苯尼考注射液等。

（四）生产与环境控制

自动化、智能化养殖技术研发是重点。主要包括饲喂系统的自动控制，如自主供暖、自动通风、自动饲喂等。Zheng 等提出了一种仔猪微环境温度自动控制与管理系统（ATCMS）。Yang 等提出了一种利用视频时空特征的养猪行为识别算法分析基于爬跨行为鉴定发情的算法，检测器准确率为 97%；使用图像和计算机视觉作为远程监控方法，用于持续动物监测和快速检测与商品猪疾病相关的生理变化，早期发现猪的呼吸道疾病；基于 CT 成像和深度神经网络自动划分和量化生猪成分的无创方法等。

环境控制与福利化养猪技术方面，研究发现夏季躺卧区的最大空气流速（IAV）从 0.5 米/秒增加到 1.0 米/秒情况下，猪只明显更频繁地（$P<0.05$）躺卧在空气流速较高的区域，在生长后期，猪栏污染问题随着躺区空气流速的增加而显著减少。采用计算流体动力学（CFD）技术获取不同楼层数（6～10 层楼）和不同楼间宽度的新型楼房猪舍（MFAB）的通风性能相关的信息，结果显示一楼的通风率最低，并随着楼层的增加而增加。研究发现较大的饲养空间有利于生长猪的体重增加、饲料转化和福利，玩具供应可大大减少猪的过度占有和攻击行为（$P<0.05$）。断奶仔猪社会行为的发生和类型研究显示，同窝猪组和混养猪组，一起探索是最常发生的社会行为。

关于猪场废弃物处理研究主要集中于粪污处理常规技术优化、新型污染物去除和碳氮气体排放等方面。畜禽粪污资源化利用技术以厌氧消化、好氧堆肥、污水养分回收和农田利用为主；粪污处理利用过程中抗生素和抗性基因等新型污染物迁移转化机制是当前研究热点。畜牧业氨气和温室气体受到广泛关注。液态粪污仍然是粪污处理利用的难点，厌氧消化（沼气发酵）是最成熟的液态粪污资源化技术，通过水热液化生产生物油是一个很有前途的解决方案。利用纳米材料促进产甲烷的直接种间电子转移（DIET）是前瞻性研究方向。沼气成分的提值利用方面，主要集中在 CO_2 和 CH_4 的化学催化转化方向，日本研究者报道了一种高效率和高选择性的甲烷氧化为乙烷的流动相光催化方法。在沼液深度处理方面，侧重于短程硝化-厌氧氨氧化、同步厌氧氨氧化-反硝化、人工湿地、絮凝等技术研发。

（五）肉品加工技术

在屠宰加工及保鲜领域，欧美、澳大利亚、韩国和日本等国家重点关注智能技术在生猪屠宰加工中的应用、宰前管理和应激对猪肉品质的影响、产品包装等。在宰前环节，应用机器视觉技术清点待宰圈中生猪数量、评价耳朵和尾部伤痕数量等；宰前管理和应激对猪肉品质的影响也是关注热点。在屠宰加工环节，智能化的胴体分级分割方法备受关注。在包装环节，研究关注的热点有生物降解材料包装、智能显色包装技术、切条包装结合冰温保鲜技术及利用智能手机检测肉的新鲜度等。

在肉品加工领域，欧美国家和韩国开展的研究主要集中于植物添加物对猪肉制品产品品质的影响、原料解冻技术及其相关产品的加工工艺、产品风味等。解冻技术包括超声波辅助解冻、射频解冻等，而等离子体等非热杀菌技术也受到关注；风味研究的方法有顶空-固相微萃取-气相色谱-质谱联用等。

在肉品质量安全评价领域，主要包括微生物控制、化学残留物检测方法、掺假检测方法等。在猪肉营养价值评价方面，主要研究内容包括猪肉摄入与代谢疾病和肠道健康的关系、猪肉在合理日粮模式结构中的作用、猪肉对肠道微生物的影响，猪肉蛋白质氨基酸组成分数评价等。

（六）产业经济技术

在国外生猪产业经济研究方面，由于国际猪肉贸易以及猪肉价格的大幅度波动，2021 年世界猪业经济相关研究主要集中在科技对猪业发展的影响。近年来随着消费者对营养健康的关注度上升，人造肉越来越受到行业的关注，但受到生产成本以及消费者接受程度的制约，市场占有率极低。Leng 等认为冷冻技术对东亚地区肉类食品行业的发展影响巨大，食品冷冻技术的发展对食品市场价格的稳定也有一定的帮助。在动物福利方面，Denver等指出，通过对瑞典和德国的消费者调查结果分析显示，受访消费者对带有动物福利认证的猪肉产品的购买意愿不显著，该商品的市场潜力较小。

在国际贸易方面，近几年国际贸易环境复杂多变，业内担心我国生猪种业会存在"卡脖子"风险。但研究表明，随着我国生猪产能的顺利恢复，预计未来几年我国种猪进口数量将明显下降。总体来看，我国生猪种业绝大部分靠自给，不存在被发达国家"卡脖子"的风险。

四、国内生猪产业技术研发进展

（一）遗传改良

2021 年度，国内生猪产业遗传改良领域技术研发主要体现在基因组选择技术研发及推广和重要性状精准解析等方面。

基因组选择方面，一是不断扩大全基因组选择参考群数量。基因组选择技术在全国和区域多个核心育种场中应用实施，2021 年新增参考群 2.1 万头，在常规生长及繁殖性能测定的基础上，加大了公猪精液、肉质等性状测定规模。二是不断创新基因型检测技术。研制出首款猪全基因组功能位点芯片，主要适用于大白、长白、杜洛克、皮特兰等瘦肉猪。开发了国内第一款基于靶向捕获测序技术的猪 50K SNP 芯片（液相芯片）。三是系统研究了标记筛选策略、基因组关系矩阵构建方法、单倍型构建方法、包含显性效应、拷贝数变异等的多组分模型，以及多组学数据对基因组选择效果的影响，实现有效利用全基因组序列数据和多群体信息，提高选种准确性。

重要性状精准解析方面，一是利用多组学技术手段搭建猪组织表观调控研究技术体系，鉴定出超过 22 万个猪基因组调控元件，解析猪重要性状 GWAS 位点在调控元件周围的分布特征，对部分重要性状候选因果突变进行鉴定；二是利用空间转录组学技术，揭示Ⅰ、Ⅱa 和Ⅱb 3 种不同肌纤维亚型在能量代谢、收缩能力等不同生理特性下转录组差异，补充注释了大量调控性转录本，同时采用高通量染色质空间构象捕获技术（Hi-C）重构了猪脂肪组织的三维基因组空间结构；三是发现大白猪和民猪基因组间不兼容互作基因主要富集于血管生成、雄激素受体信号和 T 细胞受体信号通路；四是发现 DNA 甲基化通过调控 RSPO3 的转录表达，进而影响母猪的性成熟。

（二）营养与饲料

针对不同阶段猪营养研究，主要包括以下方面。一是母猪营养方面，主要研究了营养与猪健康和繁殖的关系，研发纤维饲料和饲料添加剂对母猪繁殖性能的影响，建立提高泌乳母猪繁殖性能的标准化管理技术方案和母仔一体化精准饲养技术方案。二是公猪营养方面，主要围绕改善精液品质研究，包括日粮氨基酸、铁和高糖补充对精液品质的影响、精液中的差异代谢产物的鉴定、肠道菌群对公猪精液质量的影响。三是仔猪营养方面，重点研究益生菌、植物提取物、氨基酸、酸化剂、日粮纤维、N-乙酰半胱氨酸（NAC）等对仔猪肠道健康的影响。四是生长肥育猪营养方面，主要研究钙磷水平与比例、蛋白来源与水平、氨基酸来源与水平、能量/脂肪来源与比例、纤维来源与水平、有机酸、微生态制剂、大宗非粮型饲料、中草药等植物及其提取物、维生素、微量元素对生长肥育猪生产性能、猪肉品质调控和重金属元素排放的影响。

在肉质营养调控方面，主要开展营养对胴体品质、猪肉营养价值、感官品质、肌肉组织肌纤维组成、脂肪酸组成的影响研究。不同屠宰体重对肥育猪胴体组成和肉品质的影响，低蛋白质日粮对猪生长性能、氮、磷排放、肠道健康的影响。

在饲料营养价值评价与资源利用方面，受饲料原料价格持续上涨影响，重点研究了稻米、饲料稻糙米、浓缩脱酚棉籽蛋白、玉米蛋白粉、黑水虻、丝兰提取物、膨化苜蓿草粉-亚麻籽、白酒糟等非常规饲料资源的营养价值评定；发酵类饲料原料发酵研究有所增多，如发酵桑叶、发酵构树、发酵豆粕等，为玉米、豆粕减量替代提供新技术手段。

（三）疾病防控

2021 年，我国生猪疫病仍然呈现复杂的局面，对养猪生产危害大。一是非洲猪瘟流行和发生呈现常态化，非洲猪瘟病毒流行毒株多样和复杂，致病力有所不同，以基因Ⅱ型毒株为主，还有基因Ⅰ型毒株，临床上出现基因Ⅱ型和基因Ⅰ型毒株混合感染。非洲猪瘟病毒的污染面涉及无害化处理场、屠宰场、农贸市场以及车辆、人员和物资，是非洲猪瘟传播和生物安全防控的关键风险点，生物安全体系在非洲猪瘟等重要猪病防控中的作用和地位已成为行业共识。二是猪繁殖与呼吸综合征疫情总体平稳，猪繁殖与呼吸综合征病毒的流行强度呈下降趋势，呈现地方性流行和疫情散发的态势。流行毒株以类 NADC30 毒株（PRRSV-2 谱系 1）及其重组毒株为主。三是猪流行性腹泻流行较为严重，对一些大型养殖场影响较大，猪流行性腹泻病毒以 G2 基因型为主，包括 G2a、G2b 和 G2c。四是其他疾病相对平稳，猪口蹄疫仅报告 1 次疫情，猪圆环病毒 2 型以 2b、2d 基因型为主，对生产影响相对较小，猪伪狂犬病临床疫情较为平稳；猪场细菌性疫病以格拉瑟病、猪传染性胸膜肺炎为主，对养猪生产的影响较大。

在猪病诊断技术方面，2021 年农业农村部畜牧兽医局批准新兽药注册证书中，兽医诊断制品的数量为 68 个，其中 11 个用于猪病诊断与检测，包括非洲猪瘟病毒荧光 PCR 检测试剂盒、非洲猪瘟病毒 ELISA 抗体检测试剂盒等。非洲猪瘟病毒 ELISA 抗体检测试剂盒和非洲猪瘟病毒荧光微球检测试纸条是我国第一个实现商业化生产的非洲猪瘟病毒抗体检测和抗原检测试剂盒。

在猪病免疫预防技术方面，新型疫苗研发依然活跃，非洲猪瘟疫苗研发持续进行。2021 年，农业农村部批准了 14 种猪用疫苗上市，涉及猪伪狂犬病、猪口蹄疫、猪繁殖与呼吸综合征等疫病。重要猪病净化取得新进展，2021 年农业农村部公布了 26 家猪场为第一批国家级猪伪狂犬病净化场和 2 家猪繁殖与呼吸综合征净化场；全国创建了 53 个非洲猪瘟无疫小区。

在猪病治疗技术方面，2021 年，国外动物保健公司在我国注册的产品主要用于防治细菌感染引起的猪呼吸道疾病，如泰地罗新注射液等；我国多家兽药企业注册的产品也主要用于防治细菌感染引起的猪呼吸道疾病，如二类新药泰地罗新原料药等。新注册的中兽药主要集中在治疗大肠杆菌感染引起的仔猪湿热泻痢，如二类新药味连须和味连须散等。颁布了《全国兽用抗菌药使用减量化行动方案（2021—2025 年）》，提出以生猪等畜禽品种为重点，促进兽用中药产业健康发展，支持疗效确切的传统兽用中药“二次开发”。

（四）生产与环境控制

自动化、智能化养殖与环境控制技术与设备研发进步明显，新产品新技术大量推广。包括精准饲喂设备、自动湿拌料设备、自动清洗猪用食槽等。种猪性能测定、猪舍环境控制、猪场疫病监测、猪场粪污的清理等逐步实现自动化、智能化及国产化。研制了猪场干清粪、粪尿分离、生物安全防控（隔离、熏蒸、清洗、消毒等）等智能化设施设备并推广应用；物联网技术与大数据分析等在猪场养殖与环境控制中得到大量应用，应用领域包括个体识别、饲喂管理及生长状况监控、生猪个体行为监测、疾病监测与预警、猪肉产品追踪，以及猪舍温度、湿度、采光、通风等环境因素的智能调节等。环境控制主要是研究舍内环境改善技术。

福利养殖技术集中在福利玩具、环境丰富度、噪音对生猪性能表现的影响方面。研究了饲养密度和玩具对育肥猪生产性能、行为和生理指标的影响。1.35 平方米/头饲养密度下，猪的日均质量增长量显著高于其他密度水平。设置玩具能够增加猪只在圈栏内行为多样性，有效减少饮水消耗和异常行为（$P<0.01$），有利于增加采食量和质量增长。光照变化可能会让猪产生恐惧感，引起猪的刻板行为、争斗等。噪音对猪的负面影响主要表现在动物行为、应激反应、听力损伤等。

猪场粪污处理技术的进展主要包括四方面：一是关注有关猪粪、污水中抗生素、耐药菌抗性、重金属污染特征及生态风险。二是粪污处理利用技术以高温堆肥、膜覆盖好氧堆肥、沼气发酵和种养循环为主。三是猪粪水厌氧消化方面，开发了沼气发酵间歇空气搅拌技术。四是在猪场废水达标处理方面，主要研究组合工艺，如无机酸矿化+MAP 沉淀+石灰乳聚沉工艺、Fe_2O_3-TiO_2/UV/O_3+PSAF 协同处理除碳脱氮工艺等。

（五）肉品加工技术

屠宰加工及保鲜领域，开始关注工艺智能化。“十四五”国家重点研发计划“食品制造与农产品冷链物流”专项中设置了“揭榜挂帅”项目“高端生鲜肉智能化加工工艺创新及产业化示范项目”。肉品加工方面，主要涉及腌制、酱卤、蒸煮等加工工艺对猪肉制品品质（脂肪酸、鲜味物质、加工特性）的影响，以及紫外照射、低压静电、低温冷冻等保鲜处理技术对猪肉质构、风味、货架期等的影响。在猪肉质量安全方面，主要为抗生素残留、耐药性、微生物污染、猪肉溯源与新检测方法的研制应用；但针对重组、生物合成、3D 打印畜禽制品中涌现的各类新型食品添加剂（黏合剂、着色剂等）和污染物（真菌毒素、重金属等）等缺乏高特异性全过程识别、检测、监测、预警、风险评估和污染防控技术。

（六）产业经济技术

生猪价格波动是 2021 年国内生猪产业经济研究的重点。李毅和谭慧中通过相关数据分析指出，在猪肉产业链价格系统中，生猪价格是猪肉价格波动最主要的动力来源；从供给成本的角度来看，猪肉供给变化将会直接影响猪肉价格和猪肉成本的变化，但是猪肉价格及猪肉成本的变化在短期内并不会对猪肉供给产生显著的影响。王泽鹏等发现，改进网络结构的时间卷积网络模型可以更加精准地预测生猪价格。石自忠等通过对生猪疫情指数、猪肉价格和消费者物价指数（CPI）数据分析，发现非洲猪瘟等疫情冲击会推动猪肉价格和 CPI 上涨，对猪肉价格的影响相对更大，CPI 所受影响明显更小；疫情冲击对猪肉价格和 CPI 的影响持续时间在 20～30 个月。陈昱帆等发现，生猪疫情对猪肉价格的影响在不同时期、不同滞后期、不同时点上的冲击方向及冲击大小存有差异。

（国家生猪产业技术体系首席科学家　陈瑶生　提供）

2021 年度奶牛产业技术发展报告

（国家奶牛产业技术体系）

一、国际奶业生产与贸易概况

2021 年 1—11 月主要奶业出口国牛奶产量 2.73 亿吨，增长 0.5%，增速放缓。导致此轮全球产量放缓的主要原因是西欧和大洋洲牛奶产量下降。

全球乳制品需求增长和主要生产国产量下降导致全球乳制品价格增长，2021 年全球乳制品价格指数平均为 118.4 点，比 2020 年全年平均价格指数上升 15.1%。乳制品价格上涨主要源于黄油和奶粉国际价格持续上涨。随着需求增长和乳制品价格上升，原料奶价格也有所增长。2021 年，主要生产国原料奶价格都经历了明显的上涨。

在贸易方面，2021 年美国折原料奶后的乳制品出口量有所增长，新西兰基本与 2020 年持平，欧盟自 5 月以来有明显下降，并导致奶业主要出口国出口总量的下降。

二、国内奶业生产与贸易概况

根据国家统计局统计，2021 年中国生鲜乳产量达到 3 683 万吨，同比增长 7.1%，增速比 2020 年的 7.5%略有下降，但仍为近年的较高水平。牛奶产量稳定增长，供应趋紧的局面渐趋改善。奶牛单产达到 8.6 吨，比 2020 年的 8.3 吨提高 3.6%。2021 年，乳制品市场需求逐步恢复，推动了生鲜乳收购价格的上涨。据农业农村部监测数据，2021 年生鲜乳价格平均水平处于历史高位，平均价格 4.29 元/千克，比 2020 年（平均价格为 3.79 元/千克）增长了 13.2%。

中国乳制品生产以液态奶为主、奶粉为辅，黄油、奶酪等干乳制品产量仍较少。根据国家统计局数据，2021 年 1—11 月全国液态奶产量 2 580.08 万吨，同比增长 9.60%；全国干乳制品产量 170.52 万吨，同比增长 5.40%；全国奶粉产量 87.05 万吨，同比增长 0.40%。

根据中国海关数据，2021 年我国共计进口各类乳制品 389.7 万吨，同比增加 18.7%，进口额 133.6 亿美元，同比增长 14.0%。中国乳制品出口量较小，以鲜奶和婴配粉为主。2021 年，我国共计出口各类乳制品 4.5 万吨，同比增长 4.4%，出口额 3.0 亿美元，同比增长 37.8%。

三、国际奶牛产业技术研发进展

（一）繁殖与育种技术研究进展

1. 功能基因和分子标记挖掘取得重要进展

各国通过全基因组关联分析（GWAS）、全基因组测序、转录组测序和候选基因功能验证等研究工作，挖掘鉴定与产奶、体型、繁殖、抗病等性状相关的功能基因和分子标记。截至目前，已分别鉴定到 5 532 个、20 108 个、39 536 个和 2 890 个与牛产奶量、乳蛋白、乳脂和体型相关的数量性状基因组座位（QTLs）（https://www.animalgenome.org,

2022 年 1 月 7 日)，如 DOCK1 中两个甲基化区域均与奶牛的脂肪率、蛋白质率相关；PIK3R1 参与 PI3K-Akt 信号通路、催产素信号通路和雌激素信号通路。

2. 抗病性状和繁殖性状的遗传机制研究取得进展

世界各国更加重视奶牛抗病性状和繁殖性状的遗传机制研究。2021 年荷兰瓦格宁根大学鉴定出维生素 D 绑定蛋白基因的 12kb 拷贝数变异，导致乳房炎易感性增加、繁殖性能降低，但该突变会提高产奶量，印证了单纯选育奶牛产奶量会导致抗病力下降的遗传现象。新西兰在国际顶尖期刊 *Nature Genetics* 上报道，通过对 13 万头牛的基因组序列数据分析，挖掘出导致牛近交衰退的 6 个基因功能突变。美国农业部动物遗传改良实验室鉴定出导致娟姗牛前肢骨骼畸形的遗传缺陷（JNS），分子机制为泛素 C 末端水解酶 *L1* 基因（UCHL1）编码区单碱基突变（G→A），在群体携带率高达 8%。

3. 繁殖技术取得重要进展

近年来，奶牛、乳肉兼用牛、奶水牛的繁育技术体系得到进一步完善。在北美、南美和欧洲，体外胚胎生产与基因组选择技术结合已经成功并广泛应用。胚胎生产方面，体外受精技术进一步完善：在胚胎培养液中添加川陈皮素、溶血卵磷脂等可显著改善体外囊胚的形成效率；精液冷冻方面，新型冷冻保护添加剂的研发取得进展，如环糊精载胆固醇、纳米囊泡、骨桥蛋白、抗氧化剂以及纳米纯化和包装技术改进等，进一步改善了精液冷冻过程中的低温损伤。

（二）饲料与营养技术研究进展

1. 蛋白质与氨基酸营养

国外蛋白质与氨基酸研究主要集中在过瘤胃氨基酸的研究上。Räisänen 等研究发现，奶牛饲喂充足的可代谢蛋白时，日粮中可消化组氨酸的供应影响乳脂浓度和乳糖含量，但对乳中真蛋白浓度和产量无影响。通过添加过瘤胃蛋氨酸和豆粕以提高饲粮粗蛋白水平并保持赖氨酸与蛋氨酸的比例恒定时，提高的乳产量和蛋白质产量主要依赖增加的瘤胃微生物蛋白输出，而不是过瘤胃蛋白的供应量。

2. 碳水化合物营养

国外碳水化合物研究集中于日粮中淀粉来源和淀粉水平对奶牛泌乳性能的影响上。Ran 等使用甜高粱青贮分别替代日粮中全株玉米青贮的 25%或者 50%，结果表明高达 50%的替代对高产奶牛产奶性能和瘤胃发酵模式无显著影响。Malekkhahi 等表明干磨玉米和蒸汽压片玉米二者相比对泌乳牛乳中脂肪酸组成无影响，但蒸汽压片玉米显著提高了泌乳高峰产奶量。

3. 脂肪（酸）营养

脂肪（酸）的研究集中在对乳成分的影响。日粮单独添加棕榈酸或油酸对奶牛产奶量、乳脂含量均有促进作用。日粮大豆油、亚麻籽油、油菜籽、全脂膨化大豆、蓖麻油、蓖麻油酸、棕榈酸和葵花籽油均可显著增加乳不饱和脂肪酸含量。

4. 粗饲料资源利用与评价

2021 年国际上对水稻秸秆、玉米秸秆、红枣叶、小麦秸秆等进行了开发研究。Khonkhaeng 等研究表明，与水稻秸秆相比，饲喂草菇处理的玉米秸秆能够降低奶牛体细胞数，并减少甲烷排放量。Kale-Mosalmani 等利用红枣叶替代奶牛日粮中的苜蓿干草和青贮饲料，能够维持产奶性能并提升饲料效率，降低成本。Seifi 等在围产后期奶牛日粮中添加切碎的小麦秸秆，与高能量日粮相比，添加小麦秸秆对奶牛代谢和生产性能产生积极影响。

（三）奶牛疾（疫）病防控研究进展

1. 传染性疾病

传染性疾病每年对奶牛养殖业造成重大影响。在疫病流行方面，牛传染性腹泻病毒（BVDV）极易传播，2017 年德国萨克森-安哈尔特州购入两头“特洛伊母牛”引起 BVDV 暴发，通过立即消灭每一头新生的 PI 牛犊并接种疫苗方才阻止疫情的暴发；牛白血病病毒（BLV）感染在牛中广泛存在，最新研究表明其在牛和人之间存在病毒 DNA 流动；意大利 64 个奶牛场暴发的致命性犊牛肺炎与牛支原体感染相关；日本学者鉴定到一个新基因型别的牛泡沫病毒，感染率为 3.4%，有垂直传播性，当前流行率很低，但需要注意其发展态势。在防治方面，Carlson 等制备一种 BVDV 双缺失突变体，突变株在感染后 72 小时，病毒复限极有限，$TCID_{50}$仅达到 1.0，具有制备活疫苗的潜力。研究表明伊维菌素对牛呼吸道合胞病毒、牛病毒性腹泻病毒、牛副流感病毒-3、牛疱疹病毒 1 型等牛呼吸道多种病原具有潜在抗病毒活性。

2. 常见普通病

2021 年度奶牛常见普通病主要集中在乳房炎、犊牛腹泻、围产期奶牛能量代谢病、钙稳态及瘤胃酸碱调控等。奶牛常见普通病监测和防控方面，中草药对奶牛常见病防治效果明显，七草乳康粉、菊粉可用于治疗亚临床乳腺炎奶牛；由八角、肉桂、大蒜、迷迭香和百里香提取的混合精油可降低断奶前新生犊牛腹泻的发病率。饲料中添加莫能菌素、棕榈脂肪酸钙盐、大豆卵磷脂、瘤胃保护支链氨基酸、过瘤胃辣椒、过瘤胃蛋氨酸、N-乙酰-l-蛋氨酸、根皮苷、共轭亚油酸等可有效改善围产期奶牛能量代谢紊乱。经产奶牛的血清钙浓度降低与真胃变位相关，尤其是低钙血症延迟发作（第 3 天和第 7 天）的病例；产前注射胆钙化醇、维生素 D_3 及分娩后添加钙能量补充剂可调控围产期钙稳态，降低低钙血症。产前负离子日粮可改善瘤胃酸中毒。

（四）奶牛环境控制和卫生研究进展

1. 生鲜乳质量控制与安全检测研究进展

抗生素耐药是世界上公认面临的最大风险之一。Lianou 等发现葡萄球菌形成的生物膜与对磷霉素的耐药性之间存在关联。Patel 等在 189 个大罐奶样品中分离出 365 个金黄色葡萄球分离株，99.2%的分离株中都鉴定出了 *norA* 耐药基因，在一个分离株中鉴定出导致甲氧西林耐药（MRSA）的 *mecA* 基因（0.8%）。Tartor 等发现粘菌素抗性 *mcr* 基因及其变体在来自奶牛的多重耐药和广泛耐药的革兰氏阴性分离株之间的传播，证实了 *mcr* 基因在动物、人类和环境的传播。

液态奶中抗生素检测技术成为目前的研究热点。嗜热脂肪土杆菌 C953 作为试验菌，可检测牛奶中的 β-内酰胺类、氨基糖苷类、四环素类、磺胺类、大环内酯类和喹诺酮类药物；开发出了石墨烯修饰的裸玻碳电极检测法，对脱脂奶和全脂奶中氯毒素进行检测，检出限为 0.22 微摩尔/升，该方法相较于裸玻碳电极检测具有更高的灵敏度和更低的检出限；开发了一种用于牛奶中氯毒素检测的自动化微流体系，通过竞争性免疫分析同时检测多个牛奶样品的残留氯毒素。

2. 奶牛热应激控制研究进展

2021 年研究重点关注热应激对奶牛生产性能和行为的影响、热应激预测模型、应激缓解措施及效果，温室气体排放研究也有所涉及。Ouellet 等研究发现妊娠头几个月母体热应激影响奶牛的产后表型，温湿度指数（THI）每增加 10 个单位，牛乳中体细胞数增加 28 700 个/毫升；Mbuthia 等开发了预测热应激对热带奶牛产奶量影响的随机回归模型，认为影响奶牛产奶量的环境阈值为 22℃或 THI 为 69。温室气体排放方面，Zhang 等使用大型数据库模拟计算出奶牛甲烷排放量为 8.9～323.0 千克/(头·年)。

3. 智能化养殖研究进展

在非接触式智能感知技术研究领域，Bloch 等开发了一套用于测定牛场中奶牛个体采食量的智能系统，主要包括悬挂称重系统、视觉奶牛识别系统和自动清洁系统，结果表明电子秤精度在 120 克以内，奶牛视觉识别率大于 96%。Karoui 等通过生物力学分析程序创建奶牛个体运动模型，并借助数据增强和 LeNet 卷积神经网络来自动识别奶牛的跛行状态。Chae 等提出采用目标检测的方法对奶牛发情行为进行检测，通过对 YOLOv3 模型进行改进并引入 Mish 激活函数提高对奶牛发情行为的检测性能。

（五）乳制品加工研究进展

1. 液态奶产业技术研发进展

乳品行业通常采用高温短时等热处理工艺来维持牛奶的安全性和保质期，但热处理会导致蛋白质变性、非酶褐变、维生素损失和风味变化。冷等离子是一种快速非热灭菌方法，可以确保牛奶安全，同时保持牛奶质量。使用 70 伏（120 秒）和 80 伏（120 秒）的冷等离子杀菌方法对牛奶进行灭菌可以使细菌细胞膜破裂、代谢酶活性降低和细菌 DNA 破坏，同时保证牛奶的理化性质，包括颜色、黏度、pH 值等不发生明显变化。

2. 奶粉产业技术研发进展

优化和改良婴幼儿奶粉，可以促进婴儿对奶粉的消化和肠道中益生菌生长、降低过敏反应等，成为目前的研究焦点。将大豆蛋白水解物（SPH）添加到婴儿配方奶粉中，可以有效促进婴儿肠道中益生菌的生长；在奶粉中添加卵磷脂，可以促进脂质消化，改善婴儿配方奶粉中的“脂肪供应不足”。

配方奶粉的加工技术对于奶粉的理化性质，以及对奶粉中的微生物和营养起着重要的作用。超声波处理浓缩脱脂乳，可以改善奶粉在结块、黏合和压实方面的流动特性；喷雾干燥前高压氮气注入可以改善浓缩乳蛋白粉和奶粉的再水化特性；在确保奶粉的理化性质下，优化奶粉的加工工艺，将 8%蜂花粉溶于牛奶中，通过喷雾干燥的方法，可以生产出富含多酚化合物的功能性奶粉。

3. 干酪产业技术研发进展

随着干酪市场需求逐渐增加，干酪行业亟待解决干酪产品的安全和保存，以及奶酪乳清利用等问题。乳清是干酪的副产物，如果不进行处理，可能会对环境造成严重问题。使用产气肠杆菌通过黑暗发酵乳清产生氢气，将乳清转化为清洁能源，可提高乳清利用率。使用酸凝的方式进行排乳清，再通过风干晾晒挥发水分，最终可以形成含水量低、易于保藏和运输的干酪；通过在干酪中添加植物精油，可以起到防腐和抗氧化等功能；在干酪中添加生姜、百里香和丁香的提取物，可以有效降低干酪成熟过程中金黄色葡萄球菌的数量。

四、国内奶牛产业技术研发进展

（一）遗传育种技术研究进展

1. 遗传评估、基因组评估、育种目标等领域

根据农业农村部公布的荷斯坦种公牛选择指数方法，要成为种公牛，入选全国畜牧良种补贴项目，必须使用中国奶牛性能指数（CPI）和中国奶牛基因组选择性能指数（GCPI）进行选择，2021 年发布 2 次遗传评估结果，主要评估性状包括乳蛋白量、脂肪量、体型总分、泌乳系统、肢蹄和体细胞评分等，参考群包括 2 474 头公牛和 119 136 头母牛。中国乳肉兼用牛使用总性能指数（TPI）进行选择，评估性状包括体型、出生重、6 月龄重、18 月龄重、肉用性状 4%乳脂率校正奶量（FCM）等，《2021 年中国肉用及乳肉兼用种公牛遗传评估概要》公布了 531 头西门塔尔乳肉兼用种公牛评估结果。

2. 繁殖障碍性疾病机理解析和同期发情等繁殖调控技术

合理利用繁殖调控技术，如同期发情-定时输精技术，是提高牛繁殖效率的重要手段。目前在奶牛和水牛上应用最广泛的同期发情程序是 Ovsynch，即 GnRH（促性腺激素释放激素）-PGF（前列腺素）-GnRH 处理方法（GPG，又称 079 程序），以及在此基础上进一步优化激素配伍、配种时间等的改良程序（Modified Ovsynch）。在水牛中的研究也表明，传统 Ovsynch 的平均配种受胎率为 42. 55%，改良 Ovsynch 的平均受胎率为 46. 44%，使用改良 Ovsynch 程序可以有效提高繁殖季节（47. 54%与 57. 97%）和非繁殖季节（19. 68%与 33. 01%）的情期受胎率。

（二）饲料与营养技术研究进展

1. 蛋白质与氨基酸营养

推广低蛋白日粮饲料配方可缓解豆粕等蛋白饲料价格上涨的影响。与高蛋白精料补充料（精料补充料蛋白水平 19. 0%，TMR 蛋白水平 16. 2%）相比，采用低蛋白精料补充料（精料补充料蛋白水平 17. 5%，TMR 蛋白水平 15. 2%）可显著降低奶牛子宫炎的发病率并节约饲养成本；对于产奶量在 28 千克/天左右的泌乳奶牛，精料补充料提供 17. 5%的日粮蛋白时即可满足其营养需要。氨基酸微量元素螯合物具有安全性高、适口性好、减少水质污染等特点。郑志华等研究表明，补饲氨基酸螯合锌 3 年后，192 头健康奶牛中仅有 9 头奶牛患肢蹄病；通过饲喂氨基酸螯合锌，能够明显改善奶牛肢蹄病的发展进程，并使部分肢蹄病奶牛的病情得到治疗。

2. 碳水化合物营养

国内奶牛产业碳水化合物营养研究主要集中在青贮饲料营养价值上。对于全株玉米青贮，夏建民等在我国奶牛场产业素质研究报告中指出我国全株玉米青贮普及率达到 99. 0%，可见关于提升玉米青贮营养价值的研究意义重大。王祖艳等研究发现饲喂奶牛经过有机酸制剂、菌制剂或酶复合制剂处理的全株玉米青贮可显著提高产奶量，其中菌酶复合制剂的效果最佳。对于甜高粱青贮，付薇等的研究发现短乳杆菌 LBR02 单独添加或与植物乳杆菌 LP06、戊糖片球菌 PP02 组合添加可使甜高粱青贮制备过程中酵母菌和霉菌生长受到抑制，有氧稳定性提高。进一步的研究表明在构树青贮中添加糖蜜的基础上，乳酸菌和纤维素酶组合添加使得水溶性碳水化合物含量显著添加，有氧稳定时间最长。

3. 奶牛脂肪（酸）营养

脂肪（酸）对奶牛的产奶量、牛奶质量以及炎症抑制具有促进作用。日粮添加 1%的

亚麻籽油可显著提高奶牛产奶量，增加乳中亚麻酸、硬脂酸和瘤胃中丙酸比例，降低瘤胃丁酸浓度，并有效降低瘤胃中溶解甲烷的溶度。泌乳中期奶牛日粮添加不饱和脂肪酸（CLA）极显著减少乳脂肪的含量，降低乳脂肪球粒径。产后奶牛日粮中添加棕榈脂肪粉可维持体况和泌乳性能，减少产后体脂动员。日粮过瘤胃不饱和脂肪可显著增加牛奶中油酸和亚油酸含量，改善乳品品质。茶树油和顺 9，反 11-共轭亚油酸对于奶牛乳腺炎有明显的抑制作用。棕榈酸可通过自噬调节来激活奶牛淋巴细胞炎症信号通路，进而抑制炎症因子。

4. 粗饲料资源利用与评价

2021 年国内对玉米秸秆、湿玉米纤维、马铃薯渣、甘草茎叶、生姜茎叶等进行了研究。冯冠智研究发现 5%玉米秸秆与 13%湿玉米纤维饲料组合代替苜蓿全混合日粮能够改善能氮平衡并提高饲料利用率。王啸林等利用乳酸菌和纤维素酶协同发酵不同比例的马铃薯渣与玉米秸秆，显著提高了混合青贮的发酵品质、有氧稳定性和体外发酵参数。郭同军等利用甘草茎叶替代日粮中 18%的苜蓿饲喂泌乳后期奶牛，改善了奶牛瘤胃参数，提高了饲料的利用效率。李平等发现生姜茎叶的粗蛋白质（CP）和粗脂肪（EE）含量较高，中性洗涤纤维（NDF）和酸性洗涤纤维（ADF）含量相对较低，同时营养成分有较高的瘤胃降解率。

（三）奶牛疾（疫）病防控研究进展

1. 传染性疾病

重大传染病仍旧是国内的研究重点。2021 年《中华人民共和国农业农村部公告　第 471 号》公布了国内新注册的布鲁氏菌荧光偏振抗体检测试剂盒，将增强布鲁氏菌病的检测能力；A19 疫苗株广泛应用于全球牛布鲁氏菌病的防控，但是 A19 免疫和自然感染的血清学反应不易区分，杨江华等利用同源同组技术获得 A19ΔvirB12 突变株，VirB12 蛋白可以作为靶标蛋白在血清学水平区分 A19 免疫和自然感染。口蹄疫的防控仍是奶牛业的重要问题，2021 年国内新注册了口蹄疫病毒非结构蛋白 3ABC 阻断 ELISA 抗体检测试剂盒、口蹄疫 A 型病毒抗体胶体金检测试纸条、牛口蹄疫 O 型病毒样颗粒疫苗、牛口蹄疫 O 型、A 型二价合成肽疫苗（多肽 0506+0708），对于口蹄疫防控具有重要推动。2021 年国内新注册的牛病毒性腹泻病毒 1 型荧光抗体、牛病毒性腹泻/黏膜病、牛传染性鼻气管炎二联灭活疫苗（1 型，NM01 株+LN01/08 株），将为 BVDV 的控制提供支撑。

2. 常见普通病

2021 年度国内奶牛常见普通病研究与诊疗方向技术研发主要集中在疾病早期监测及防控技术研发。监测方面，研发了基于泌乳奶牛血液 NEFA 评价奶牛健康及饲料营养代谢特征，DHI 酮病模块监测奶牛酮病，基于反刍次数的围产期奶牛代谢病早期预警监测技术；研发了检测奶牛乳房炎 8 种环境性病原体的 LAMP 引物组合和奶牛乳房炎肺炎克雷伯氏菌检测试剂盒。防治方面，治疗奶牛乳腺炎的白头翁皂苷提取物、白头翁皂苷提取物注射液获批新兽药证书；乳黄消口服液、公英翘芦散、乳炎康等一系列防治乳房炎中兽药的研发为奶牛场抗生素减量提供了新方案。硫胺素促进瘤胃发育，改善高精料引起的代谢紊乱；阴离子日粮降低产后低钙血症、酸中毒，提高泌乳性能和繁殖性能；在奶牛日粮中添加中草药抗热应激剂可以降低奶牛肢蹄病发病率，有效降低乳房炎和其他炎症的发生。

（四）奶牛环境控制和卫生研究进展

1. 生鲜乳质量控制与安全检测研究进展

抗生素耐药风险在我国也普遍存在。Kou 等从中国北疆地区的 144 份零售原料奶中分离出 62 株金黄色葡萄球菌，其中，80.6%的菌株至少对 1 种抗生素耐药，46.8%的菌株对 3 种或更多抗生素耐药。樊彦莉等结果显示 49 株阪崎肠杆菌对氨曲南、亚胺培南等 13 种抗生素敏感。

液态乳制品中抗生素残留超标既给消费者健康带来了潜在威胁，又限制了我国畜产品的出口贸易，因此快速、精准的抗生素检测技术，也成为我国液态奶产业技术研发的焦点。高效液相色谱-串联质谱法测定牛奶中 10 种氨基糖苷类药物残留，具有方法简便、准确、灵敏，扩大了检测范围等优点；建立了分子印迹固相萃取-超高效液相色谱-串联质谱法检测牛奶中 11 种氨基糖苷类抗生素残留的检测方法，该方法准确度、灵敏度高；构建了一种基于金纳米粒子的比色适配体传感器，并利用紫外-可见分光光度计和智能手机实现了对牛奶中氨苄西林快速、灵敏的检测。

2. 奶牛热应激控制研究进展

2021 年研究集中于冷热应激对奶牛生理和行为的影响、奶牛应激评价方法、应激缓解措施及其效果，奶牛福利和温室气体排放也有所报道。余厚默等研究发现奶牛在泌乳后期的喘息时间显著高于其他阶段，温湿度指数 64.25 是温湿度指数与喘息时间关系的拐点，且喘息时间对日产奶量具有极显著影响；侯宇基于牧场 13 741 组总反刍时间（TRT）和环境数据的回归分析，认为 TRT 下降可以作为奶牛热应激出现的标志，并提出了基于 TRT 下降幅度（469 分钟/天、506 分钟/天和 534 分钟/天）的热应激分级方法。陈晓阳等的调研结果表明奶牛场福利设施有利于提高奶牛产奶量或肢蹄健康。倪远之等对规模化奶牛场棚舍氨气排放监测结果显示，长三角地区规模化奶牛场年均氨排放系数为（13.14±5.17）千克/(头·年)。

3. 粪污处理与利用研究进展

2021 年对不同粪污处理方法进行了研究。与传统堆肥方法相比，添加生物炭可提高蚯蚓堆肥微生物活性，但抑制了蚯蚓生长；秸秆与生物炭组合处理的蚯蚓堆肥相对较好地提高了堆肥质量。方晨等通过覆膜工艺降低了固液分离后的固态牛粪贮存过程的温室气体排放。杨增玲等研发了基于云模型和近红外传感器的奶牛养殖粪水多养分现场同步速测系统，为养殖粪水还田利用的科学管控提供了先进手段。

4. 智能化养殖研究进展

基于计算机视觉的非接触式智能感知技术研究领域，国内刘贤等发现胸围、体长、坐骨端宽对体重的直接影响较大，通过建立线性回归方程，实现了牛只体重的预测。Wang 等通过 U-net 网络对奶牛图像进行分割，再精确标记出奶牛体型测量关键点，并结合双目视觉测距技术估算奶牛体型指标数据。康熙等利用深度学习的方法对奶牛进行运动特征提取，使用 YOLOv4 模型对奶牛运动过程中头部、蹄部、背部、臀部和肩部进行关键点定位，实现对奶牛跛行的自动检测。王少华等利用改进型的 YOLOv3 目标检测模型实现对奶牛发情行为的检测。

（五）乳制品加工研究进展

1. 液态奶产业技术研发进展

牦牛乳营养丰富、绿色无污染等优良特性，具有开发高品质乳制品的潜力和发展空间。2021 年加大了牦牛乳酸奶、配方奶粉、奶渣等高附加值产品的研发。牦牛酸奶含有共轭亚油酸、钙等活性物质成分，具有降低胆固醇、调节血糖等方面的健康功能；4 300 米海拔以上的牦牛奶渣具有高蛋白、高维生素、高氨基酸含量等特点，并且具有很好的抗氧化活性，其市场潜力和发展前景广阔；牦牛奶富含 18 种氨基酸，相较于牛奶，矿物元素也极为丰富，优化牦牛奶与精油、中药等配方，制作成手工皂，对牦牛奶的综合利用有重要意义。

2. 奶粉产业技术研发进展

婴幼儿配方奶粉是婴儿除母乳外的主要膳食营养来源，确保其产品质量安全和营养丰富的意义非同凡响。因此，检测婴幼儿配方奶粉营养和有害物质含量成为国内研究的热点。建立了超高效液相色谱结合飞行时间质谱法分析成熟母乳中主要神经节苷酯双唾液酸神经节苷酯 GD3 和单唾液酸神经节苷酯 GM3 的含量；建立了一种使用二维液相色谱-串联质谱法检测婴幼儿奶粉中壬基酚的方法；建立了高效液相色谱法测定婴幼儿配方奶粉中 4 种糠醛类化合物含量的分析方法，研究不同保存环境温度对奶粉中 4 种糠醛类化合物含量的影响。

3. 干酪产业技术研发进展

为了满足中国消费者对于干酪口感、口味的需求，2021 年国内干酪产业技术研究主要集中于再制干酪的研发和工艺优化。使用油茶籽油代替传统黄油制成的功能性再制干酪，具有预防冠心病、保护肝脏和心脏、调节免疫等功效；通过高压处理低饱和脂肪酸的再制干酪，可以降低干酪黏度对温度的依赖性，增加了干酪网络结构的稳定性；优化再制干酪的加工参数，发现 85℃、静止预热 4 分钟、800 转/分钟剪切 2. 9 分钟时，所制得的涂抹型再制干酪口感爽滑、风味柔和、融化性良好。

区别于西方干酪用凝乳酶进行凝乳，中国传统奶酪是靠产酸细菌或者酸性溶液进行凝乳，排出乳清。从锡林郭勒传统奶酪中筛选出了 3 株产酸能力强的乳酸乳球菌，制备成复合菌剂进行发酵奶豆腐制作，所得产品与传统奶豆腐相比，产品得率与理化指标均有较好提升；从云南地区的传统奶酪中，筛选出产香优势菌株植物乳杆菌和胶红酵母，使用这两株细菌制作出的乳扇，整体香气和感官特性都有所提高。

（国家奶牛产业技术体系首席科学家　李胜利　提供）

2021年度肉牛牦牛产业技术发展报告

（国家肉牛牦牛产业技术体系）

一、国际牛肉生产与贸易概况

（一）国际牛肉产量

2021年全球牛肉折算胴体基础的总产量为5 777.7万吨，较2020年增加11.7万吨。产量超百万吨的国家（地区）是：美国（1 268.4万吨）、巴西（950.0万吨）、欧盟（27国，684.0万吨）、中国（683.0万吨）、阿根廷（304.5万吨）、墨西哥（212.0万吨）、澳大利亚（191.5万吨）、加拿大（145.0万吨）。

（二）国际牛肉消费量

2021年全球牛肉消费量5 599.4万吨，较2020年减少7.5万吨。牛肉消费量超百万吨的国家（地区）是：美国（1 261.5万吨）、中国（981.0万吨）、巴西（699.7万吨）、欧盟（27国，647.5万吨）、阿根廷（233.3万吨）、墨西哥（199.0万吨）、日本（128.5万吨）、加拿大（107.8万吨）。

（三）国际牛肉贸易量

2021年全球牛肉总贸易量2 163.4万吨，其中出口1 172.4万吨，进口991.0万吨。与2020年相比，牛肉总贸易量增加70万吨，出口量增加48.7万吨，进口量增加21.3万吨。

2021年牛肉出口量超过10万吨的国家（地区）是：巴西（257.5万吨）、美国（154.9万吨）、澳大利亚（129.0万吨）、阿根廷（72.0万吨）、欧盟（27国，68.5万吨）、新西兰（65.0万吨）、加拿大（59.5万吨）、墨西哥（33.0万吨）。

2021年牛肉进口量超过10万吨的国家（地区）是：中国（300.0万吨）、美国（144.5万吨）、日本（81.5万吨）、韩国（59.5万吨）、中国香港（46.0万吨）、欧盟（27国，32.0万吨）、加拿大（22.5万吨）、墨西哥（20.0万吨）。

二、国内牛肉生产与贸易概况

（一）国内肉牛生产与牛肉产量

据国家肉牛牦牛产业技术体系测算，2021年屠宰肉牛约2 975万头，胴体总产量约为758万吨。平均胴体重约257千克/头，其中，育肥技术水平较高的育肥场，杂交牛胴体重平均约374千克/头、中大体型本地黄牛胴体重平均约266千克/头、南方本地小黄牛胴体重平均约165千克/头。牛肉总产值约6 609亿元。屠宰牦牛约378万头，胴体重平均约128千克/头。胴体产量约为48.4万吨，牦牛肉总产值约为445亿元。

（二）国内牛肉贸易

牛肉进出口贸易量（不含牛下水等产品）合计约233.3万吨，比2020年增加21.4万吨，牛肉进出口贸易额合计124.9亿美元，贸易赤字124.9亿美元。牛肉净进口量

（233.3万吨）是2020年同期（211.8万吨）的1.1倍，比2020年增加了21.5万吨。

2021年牛肉进口总量233.26万吨，进口额124.89亿美元，进口均价5.35美元/千克。其中，鲜或冷的带骨牛肉进口量859.21吨，进口额2 002.77万美元；鲜或冷的去骨牛肉进口量52 731.77吨，进口额57 797.71万美元；冷冻带骨牛肉进口量420 210.80吨，进口额125 701.64万美元；冷冻去骨牛肉进口量1 857 723.47吨，进口额1 063 073.10万美元；冷冻胴体及半胴体进口量1 119.45吨，进口额304.12万美元。

2021年进口牛肉的省（区、市）共30个，年进口量合计超过1 000吨的有26个，分别是上海（514 458.61吨）、山东（411 678.40吨）、天津（279 013.55吨）、广东（270 933.05吨）、江苏（167 281.05吨）、北京（153 652.70吨）、安徽（113 564.86吨）、福建（70 362.76吨）、湖北（56 684.36吨）、湖南（49 372.95吨）、重庆（43 917.20吨）、辽宁（40 701.78吨）、浙江（40 101.07吨）、河南（33 297.67吨）、黑龙江（25 325.44吨）、四川（14 897.88吨）、吉林（13 115.40吨）、河北（11 826.10吨）、海南（6 203.01吨）、山西（5 099.48吨）、新疆（2 448.38吨）、甘肃（2 113.47吨）、江西（1 594.03吨）、广西（1 320.36吨）、陕西（1 198.04吨）、青海（1 135.23吨）。

2021年出口牛肉13.79吨，出口额14.79万美元，出口均价10.72美元/千克。其中，鲜或冷的带骨牛肉、鲜或冷的去骨牛肉、冻整头及半头牛肉、冻带骨牛肉无出口；冷冻去骨牛肉出口13.79吨，出口额14.79万美元，出口牛肉的只有广东省。

三、国际肉牛产业技术研发进展

（一）遗传育种与繁殖领域

2021年，肉牛产业发达国家育种工作除了常规育种工作的持续进行外，还包括加速肉牛生物育种手段的研发与应用。例如，采用纳米孔测序技术测序长段DNA，能加速肉牛重要经济性状、疾病相关性状和环境适应性相关的基因定位，为基因组选择和基因编辑技术的应用提供更准确的参考；畜禽动物基因组功能注释计划指引全世界科研人员对家养动物进行时空特征注释，这些数据的积累将为肉牛功能变异的精准挖掘提供重要参考。同时，基因组功能注释为肉牛基因组选择技术的应用推广，尤其是多品种间基因组选择准确性的提升提供了新的策略和研发方向；基因编辑技术在牛育种中的研究进一步加强。信息化技术的进步也在肉牛育种中得到快速发展，牛脸识别技术达到了极高的准确性，采用人工智能和3D成像技术对动物体躯结构进行预测等应用在积极研发中，并取得了良好的效果，将来会实现自动、准确、高效的肉牛育种数据收集，为积累肉牛育种表型组工作奠定基础。在品种杂交组合利用方面，多品种配合力研究呈上升趋势，同时多品种间育种值比较持续发布，针对肉牛杂交优势的相关研究在持续进行。在繁殖领域，母牛发情高效精准鉴定、定时输精、胚胎移植等技术的应用范围进一步扩大，有效提升了优秀种畜遗传物质的推广效率，加速了肉牛群体的遗传改良。同时，肉牛OPU-IVF技术日益成熟，有望进一步提升肉牛遗传改良效率。2021年在新冠肺炎疫情全球影响的大背景下，国外肉牛遗传物质在我国的销售推广受到影响。

（二）饲料营养领域

肉牛饲料营养价值评定指标更加细化，饲料碳水化合物细分为有机酸、水溶性碳水化合物、淀粉、中性洗涤可溶纤维、可利用NDF和不可利用NDF（iNDF），美国、巴西、澳大利亚、瑞典等国将iNDF作为评价影响肉牛采食量和干物质消化率的重要指标。重视非粮饲料如木薯渣、柑橘渣、菠萝秸秆、桑麻等副产物饲料资源提质增效技术，利用缓释尿素、南瓜籽粕等替代豆粕推动肉牛养殖节本增效。

重点围绕青年母牛、妊娠牛、泌乳牛、育肥牛等不同阶段营养需要量研究，采用 Meta 分析构建肉牛消化能预测代谢能的数学模型。细化肉牛蛋白质需要量评价体系，重视过瘤胃蛋白质、氨基酸，尤其是支链氨基酸的营养生理作用，更加关注不同微量元素间的协同与拮抗作用。

强化繁殖母牛营养与饲养研究，通过母体营养调控提高子代生产性能、肉质的技术成为研究重点，研究了母牛胃肠道微生物区系的代际传递规律，以及母牛妊娠期饲养方式、能量供给、微量元素（锌、铜、钴、锰）等对子代营养代谢程序化、健康发育和生产性能的影响。重视优质犊牛培育技术，研究了不同断奶方式，以及瘤胃保护辣椒油树脂、微藻等功能性饲料对犊牛日增重、发病率的影响，持续推进肉牛母子一体化饲养技术研发集成。通过营养调控提高育肥牛生产性能和改善肉质一直是研究重点，利用多组学联合分析研究了饲草料脂肪酸组成、消化道菌群结构与机体养分分配与沉积，研究了淀粉、纤维来源等营养供给，以及甘油、精油、活性酵母、离子类载体（甲基盐霉素、盐霉素、黄霉素）、维生素 A 等功能性添加剂对肉牛瘤胃健康、生产性能和肉品质的影响。

肉牛养殖与环保、减排研究持续推进，提出采用剩余甲烷排放量（residual methane emissions, RME）评定瘤胃甲烷生成能力，解析了瘤胃纤维降解特性与瘤胃可溶氢含量和甲烷生成量的相关关系，开发了 3-硝基氧丙醇、海藻等功能添加剂在提高生产性能的同时抑制瘤胃甲烷生成。注重动物福利，研究了肉牛运输应激的缓解技术，结合智慧牧场、行为学监测等技术，研究了水质对肉牛饮水行为、饮水量的影响，利用行为学评估肉牛健康状况和生产性能，从而为肉牛养殖的人工智能化、精准化和产业可持续发展提供技术支撑。

（三）疾病控制领域

2021 年世界范围内牛主要疫病仍为口蹄疫、结节性皮肤病、蓝舌病等种类，其中口蹄疫 66 起，结节性皮肤病 44 起，炭疽 17 起，蓝舌病 10 起。发现并被报道的口蹄疫主要为 O 型、SAT1 型、SAT2 型及 SAT3 型，其中以 SAT2 型为主，多发于南非、纳米比亚等非洲地区国家。结节性皮肤病继续在亚洲国家蔓延，2020 年前 6 位多发国家分别是中国、越南、尼泊尔、不丹、印度、俄罗斯，而 2021 年前 6 位则为泰国、马来西亚、柬埔寨、越南、老挝、中国。

在牛用疫苗研发方面，新型亚单位疫苗获得新进展，如：牛口蹄疫 O 型病毒样颗粒疫苗在中国注册，口蹄疫病毒抗原和多杀性巴氏杆菌重组外膜蛋白可诱发高水平抗体及细胞免疫反应；牛病毒性腹泻病毒结构蛋白 E2 与单链抗体 APCH 融合形成的亚单位疫苗可用于妊娠牛；牛分枝杆菌亚单位疫苗 H65 联合脂质体佐剂系统 CAF01，能增加牛结核病小鼠模型对牛分枝杆菌感染的保护；副结核重组 MAP 蛋白免疫接种可有效降低新生犊牛对鸟分枝杆菌亚种的感染；纳米颗粒亚单位疫苗具有包含多种抗原、能保护抗原多肽免于降解等优点，已经成为传统疫苗提档升级的替代品；此外，合成纳米颗粒疫苗可通过鼻内、气雾剂或口服给药实现靶向递送，并可诱导黏膜免疫。反向遗传系统为水泡性口炎病毒用于疫苗载体铺平了道路，已有多种以水泡性口炎病毒为载体的疫苗进入临床试验。CD40 配体和佐剂 Montanide™ GEL01 联合应用可增强 DNA 疫苗对牛疱疹病毒的免疫原性和免疫保护作用。牛布鲁菌基因标记疫苗 A19 Delta virB12 在保持疫苗的良好免疫保护性同时，可区分疫苗株和野毒株，有助于控制和根除牛布鲁菌病。

在牛用诊断技术开发方面，一些关键生物标志物为疾病快速诊断提供了新的靶标。牛血清蛋白 AO、C5 和 TF 可以用作牛分枝杆菌感染的潜在生物标志物；血清 α-2 巨球蛋白可用作牛副结核感染的诊断标志物。牛奶中吲哚胺 2,3-双加氧酶活性增加和色氨酸活性降低是预测牛乳腺炎的早期候选标志物。侧向层析试纸结合逆转录重组聚合酶扩增可用于快速和可视化检测牛病毒性腹泻和牛副流感病毒。硅纳米线场效应晶体管生物传感器可用于牛结核病的检测。在牦牛疫病新型诊断技术方面，微滴数字 PCR 检测方法受到关注。

2021 年国内共注册进口兽药 29 个，再注册进口兽药 39 个，变更注册进口产品 33 个。牛用新注册兽药为碱式硝酸铋乳房注入剂（干乳期）及盐酸头孢噻呋注射液。牛用再注册及变更注册药物为：伊维菌素注射液，普鲁卡因青霉素奈夫西林钠硫酸双氢链霉素乳房注入剂（干乳期）、头孢噻夫、复方布他磷、D-氯前列醇钠、氟尼辛葡甲胺注射液，地克珠利混悬液、阿莫西林及氟苯尼考等。

（四）设施与环境控制领域

国外肉牛业发达国家，肉牛养殖生产从日粮加工、饲喂、饮水、畜舍清粪到牛群（个体）处理全面实现了机械化、自动化管理；借助自动称重和自动分群等硬件设施设备实现了牛场信息化管理，健全的《动物福利法》促使生产各环节的肉牛福利待遇不断提升，特别在产房护理和母带犊阶段实现了精细化管理。环境控制方面，国外重点研究量化并减少氨气和温室气体排放量，尝试使用逆分散技术，将氨气排放量测定值不确定性降低到 30%以内。利用呼吸测热舱进行犊牦牛甲烷气体测定，并通过所得数据建立了牦牛甲烷排放量预测方程。提出畜舍氨气浓度的预测方法改良模型：KPCA-QPSO-RBF 组合预测模型，具有泛化能力强、收敛速度快、预测精度高等优点。欧美发达国家饲草料收贮机械、牛羊饲喂管理机械、环控及粪污处理机械等相关养殖装备等核心技术已成熟，并向节能化、少人化、智能化等方向发展，科研方向更多关注于产品综合性能的提升。德国 CLAAS 公司生产的青饲料收获机，代表了发达国家主流技术水平，籽粒破碎、自动磨刀、切碎长度无级调整、金属石块检测等技术已成为标准配置；揉丝破碎、轮胎压力调节、发动机输出动力自动优化控制等技术应用，将产品性能推到极致。牛场粪污仍以能源化、资源化利用为主，同时关注新污染物的潜在生态环境与健康风险。针对能源化利用，研究发现用厌氧消化水中培养的蛋白核小球藻与牛粪和鸡粪以 2∶1∶2 比例生产甲烷和氢气的最大产率分别为 68%和 29%，沼气产量及其质量均有提升；针对生态改善问题，牛粪对马尾松的土壤复垦和金属生物同化呈现出积极作用，最高生物同化 Pb 为 563.8 毫克/千克，Cd 为 42.95 毫克/千克；针对潜在污染风险，通过模拟降雨径流研究了肉牛饲养场围栏和邻近环境中莱克多巴胺和其他促生长化合物的传播及残留量情况，以做到有效控制和改善。

（五）加工与品质控制领域

在牛肉加工与质量控制领域，研究重点和热点均聚焦在生鲜肉品质控制和安全控制两个方面。在牛胴体分级方面，研究了超宽带微波系统、高光谱等快速、无损技术的应用，同时基于计算机视觉技术和人工智能的智能化分级系统也崭露头角。在牛肉品质方面，在前端通过不同饲喂条件改善肉牛生长性能及胴体性状，在宰中利用电刺激来加速胴体 pH

值降低速率而改善嫩度，仍是该领域的常规操作；而胴体冷却后所采用的干法成熟，其对肉品质的影响仍是学者们和生产者较为关注的问题；开发的低能电子束辐照技术和噬菌体生物保鲜技术对牛肉贮藏保鲜具有较好效果。筛选适用于不同包装材料、牛肉表面的天然植物提取物以延长牛肉保质期的研究正在探索中。在牛肉品质快速预测和掺假肉鉴别方面，构建了基于漫反射光谱、高光谱成像、拉曼光谱等技术对牛肉嫩度、恢发性盐基氮（TVB-N）、营养成分含量等的快速检测技术，开发了基于智能手机的视频检测技术、味觉传感器、核磁共振波谱和多类支持向量机的牛肉掺假检测技术。在牛肉安全方面，对屠宰工序中沙门氏菌、产志贺毒素大肠杆菌、金黄色葡萄球菌、单增李斯特菌进行持续监控和溯源分析是众多国家关注的重点。目前已从基因水平上分析了牛源主要致病菌的耐药性、耐热性和生物膜生成能力，并建立了基于 RT-PCR、表面增强拉曼光谱和盒式 PCR 等对致病菌或其毒力基因的快速检测方法。在牛肉制品及副产物方面，利用超声波、高压脉冲电场、真空低温蒸煮等多种方式来提高牛肉制品品质，欧美国家因注重产品的“天然性”而多研究天然植物提取物和脂肪替代物对牛肉制品品质的影响，同时也涉及加工过程中多环芳烃、杂环胺等致癌物质的消长。牛副产物食品的研发和基于副产物制备食品添加剂和生物制剂仍然是副产物研究领域持续开展的主体工作，出现了几款特色制品，如基于牛胃的奶酪产品、基于牛骨的骨泥产品、基于牛血的布丁和点心。消费者意愿及感官评价仍然贯穿于整个牛肉加工与质量控制领域。

（六）产业经济领域

2021 年，国际肉牛产业经济研究主要集中于新冠肺炎疫情对肉牛产业发展的影响、肉牛生产与环境之间的关系、肉牛养殖模式等方面的研究。在新冠肺炎疫情对肉牛产业发展的影响方面，通过考虑消费者的反应、劳动力市场的约束和牛肉供给变化，分析了新冠肺炎疫情对加拿大、美国肉牛产业发展及肉牛养殖收益的影响。在肉牛生产与环境之间的关系方面，测算了新西兰、南非、巴西等地牛肉养殖温室气体排放量及其对环境的影响。在肉牛养殖模式方面，以美国得克萨斯州中部为例，分析了传统的连续放牧模式过渡到有计划的轮休放牧模式，对牛肉产量、饲粮质量、经济效率、牧草产量等方面的影响。

四、国内肉牛产业技术研发进展

（一）遗传育种与繁殖领域

2021 年在国家层面上启动了《种业振兴行动方案》，将对我国肉牛种业的资源利用、核心技术研发等方面有重大推动作用。2021 年农业农村部正式启动第三次全国畜禽遗传资源普查，并制定了《第三次全国畜禽遗传资源普查实施方案（2021—2023 年）》，进一步加强我国牛遗传资源普查队伍建设，落实了专家分片包区指导机制，建立了合作协调推进机制，强化技术支撑与服务。2021 年是实施《全国肉牛遗传改良计划（2021—2035 年）》的开局之年，肉牛种业技术支撑体系、表型数据自动化收集系统进一步完善，“牛场智能体重采集系统”以及“牛的图像识别与图像分割技术验证软件”的表型记录准确性进一步提高。遗传评估技术体系建设稳步推进，公布了 32 个种公牛站的 28 个品种、2 735 头种公牛的遗传评估结果。利用全基因组选择指数对 613 头西门塔尔种公牛进行了基因组评估。研制了大幅度降低成本的中高密度肉牛基因组芯片（110K）以及牦牛肌肉组织高通量抗体组芯片各一款。建立了牦牛种质资源评价分析、犏牛特性评定和生殖细胞体外培养方法。肉牛新品种培育和新资源挖掘工作取得了明显进展，成功培育出具有

“三高两广”特性的“华西牛”肉牛新品种，并获得新品种证书；江城黄牛、帕米尔牦牛和查吾拉牦牛 3 个遗传资源通过了鉴定。利鲁牛、无角夏南牛、延和牛、平凉红牛、肉用褐牛等新品种的系统选育工作有序推进。在繁殖生物技术方面，活体采卵体外受精（OPU+IVF）技术产业化应用探索取得良好成绩，OPU+IVF 技术体系得到进一步优化，为产业化奠定基础，有效缓解了主导品种肉牛种质资源长期依赖进口的局面。

（二）饲料营养领域

面对饲料原料涨价以及乡村振兴和发展节粮型畜牧业的需求，农业农村部发布了《饲料中玉米豆粕减量替代工作方案》，使区域性低成本非粮饲草料资源提质增效技术得以重视，肉牛牦牛饲草料营养价值数据库不断补充完善，相继研发了复播玉米、葛藤、番茄渣等高水分饲草料的特种贮藏技术，利用微生物发酵酒糟、棉秆、棉渣等的提质增效技术。万寿菊茎叶、香蕉茎叶、桑枝叶、枸杞枝条、辣木、菌糠、甘油等非常规饲料资源得到深度开发与利用。围绕碳达峰、碳中和目标，通过微生物发酵合成有机态蛋白源和能源的研究趋于成为热点。

针对外血杂交牛、地方黄牛、牦牛等营养需要量研究持续推进。研究了西门塔尔牛不同杂交代次间生长性能和营养需要量，夏南牛育肥期能量、磷需要量，以及锦江黄牛硒等微量元素需要量，出版了《肉牛营养需要量和饲料成分表指南》，按大中小体型肉牛提供营养需要量参考。基于精准饲养，肉牛日粮蛋白质平衡、碳水化合物平衡、离子平衡等逐渐受到重视。

受“牛源紧缺”与“牛肉需求”的影响，母牛群体高效利用的饲养技术成为研究重点。研究了过瘤胃葡萄糖和过瘤胃脂肪对肉牛母牛围产期营养代谢及犊牛生长发育的影响，开展了“一母多胎”营养调控与饲养技术研究，评价不同哺乳方式对犊牛生长的影响，持续推进肉牛母子一体化饲养技术体系构建。面对牛肉产品差异化市场需求，开展夷陵黄牛、筠连黄牛等地方黄牛以及外血杂交牛低成本差异化育肥，通过大数据分析构建了不同品种肉牛脂肪沉积能力早期预测技术，制定了以夷陵黄牛为代表的地方黄牛生产雪花牛肉的饲养技术规程。

注重牧区草畜平衡与生态环境保护，开展牦牛放牧养殖与不同季节草场承载力评价，研究了牦牛胃肠道菌群随不同季节草场营养供给变化的适应性变化规律，构建了永生化牦牛瘤胃上皮细胞和不同部位脂肪细胞模型，研究了高精料饲养模式对瘤胃健康和脂肪差异化沉积的影响，为牦牛不同季节有效补饲和牧养结合饲养提供技术支持。围绕提高牦牛母牛繁殖率，研发母牛补饲舔砖，以及牦牛母牛、犊牛的有效补饲技术。农牧交错带牦牛季节性舍饲错峰出栏技术、低海拔农区牦牛异地舍饲育肥技术进一步扩大应用，并利用电子耳标、放牧行为学监测等人工智能技术助推牦牛饲养的精准化水平逐步提高，推动牦牛产业从传统放牧生产向牧养结合、舍饲饲养等多元化模式发展。基于上述产业技术的集成应用，促进我国肉牛牦牛适度规模场的标准化养殖水平持续提高，逐步形成以技术链、产业链和价值链协同耦合的肉牛牦牛产业多元化发展模式，促进了产业提质增效。

（三）疾病控制领域

口蹄疫、布鲁菌病、牛结节性皮肤病、牛呼吸疾病综合征和牛腹泻综合征等是影响我国肉牛牦牛养殖业健康发展的重要疫病。根据农业农村部《兽医公报》统计，2021 年 1—9 月我国共报告 2 起牛口蹄疫疫情；布鲁菌病每月都有疫情报告，共 17 433 例；牛结核病每月都有疫情报告，共212例；牛结节性皮肤病共计17起，共涉及1 863例病例。其中，内蒙古8起，位居第一；其次为海南、云南、陕西等省。炭疽病在多地暴发，较往年有明显增加，涉及127头牛，与多地遭遇洪涝灾害有关。在东北地区首次报道牛赤羽病（又称阿卡斑病），从患先天性关节弯曲-脑积水综合征的新生犊牛分离到阿卡斑病毒。该病是一种虫媒病毒病，以前只发生在我国南方地区。《中华人民共和国生物安全法》于2021年4月15日正式施行。《全国畜禽遗传改良计划（2021—2035年）》将生物安全和重要疫病净化首次列入种畜场的考核指标。

2021年农业农村部批准新兽药注册产品76项，其中牛用产品8项，占10%。牛用疫苗获批新兽药证书3项，包括牛口蹄疫O型病毒样颗粒疫苗（一类），牛口蹄疫O型、A型二价合成肽疫苗（多肽0506+0708）（三类），牛病毒性腹泻/黏膜病和牛传染性鼻气管炎二联灭活疫苗（1型，NM01株+LN01/08株）（三类）。此外，用于牛结节性皮肤病免疫的山羊痘灭活疫苗、布鲁氏菌活疫苗（粗糙型，RA342株）、牛支原体活疫苗（HB150株）已申报新兽药注册证书。

牛用诊断试剂盒2021年获批新兽药证书3项，分别为口蹄疫病毒非结构蛋白3ABC阻断ELISA抗体检测试剂盒（三类），牛病毒性腹泻病毒1型荧光抗体（三类），A型口蹄疫病毒抗体胶体金检测试纸条（三类）。此外，牛支原体ELISA抗体检测试剂盒申报了改良型兽医诊断制品注册。发布牛结核病多方法联合诊断规程团体标准1项，制定并报批牛巴贝斯虫病诊断技术国家标准1项。

在牛用化学及中兽药治疗药品方面，2个产品获新兽药注册：治疗奶牛乳房炎新中兽药——白头翁皂苷提取物和白头翁皂苷提取物注射液获二类新兽药证书，恩诺沙星子宫注入剂获五类新兽药证书。此外，“羟氯扎胺原料药”获农业农村部兽药产品批准文号批件；“羟氯扎胺混悬液”完成产品生产；“羟氯扎胺+左旋咪唑”复方混悬液完成药学、药剂学及质量控制等临床前研究，正在向农业农村部进行临床试验备案申请。治疗呼吸系统疾病和腹泻病的中兽药鹳榆止泻散和加味玉屏风散已完成临床研究，达到申报新兽药注册证书阶段。一些益生菌制剂在“饲料端禁抗，养殖端减抗、限抗”形势下，作为抗生素替代产品用作饲料添加剂。

（四）设施与环境控制领域

国内肉牛散栏直线育肥方式陆续普及，育肥牛出栏月龄缩短4～6个月；背风、厚垫草、加热水槽是北方寒区肉牛和断奶犊牛冬季低温冷培饲养的三大重要措施，肉牛保定、自动称重分群系统已经得到规模养殖场的重视和应用，全混合日粮（TMR）饲料加工设备和清粪车在肉牛养殖场已经得到普遍应用。牦牛养殖模式方面，评估了青藏高原不同海拔梯度、不同生态环境下牦牛棚圈类型，研发了牛舍+运动场+草棚+注射栏“四位一体”、环境友好型全装配可移动生态牛羊畜棚设施，牦牛全自动分群称重、恒温饮水、犊母分离补饲槽、小型TMR搅拌车、药浴池等辅助养殖装备开始普及。环境控制研究重点集中在冬季通风及保温，以舍内外温差为控制变量的自然通风自动控制系统，可提供稳定的通风量并有效改善畜舍空气环境；太阳能恒温饮水系统，保证适宜饮水温度，同时可节能、降低设备投入。针对牦牛冷季常用的“暖棚+补饲”模式，可满足高海拔寒冷地区牦牛育肥生产的环境要求，但完善牦牛舍顶棚通风装置更有助于温度和湿度的调节。养殖设施方面，大投资TMR精准饲喂管理系统在规模场较多应用，经济型的适度规模奶牛TMR精准饲喂技术有待发展；国产中高端青饲料收获机，籽粒破碎技术、自磨刀技术、多割台互换技术已成熟，综合性能明显提升；立式圆盘割台、切碎长度可调、籽粒破碎、自磨刀、多割台互换、液压履带无级调速等技术也开始应用于小型青饲料收获机，改变了“小型即落后”传统认识。管理平台内容发展更加全面，提供远程控制，智能控制，数据分析，数据预测，研究热点朝着预测与智能控制方向发展，手机 App、微信小程序等管理手段是应用开发的着力点。牛场粪污处理与利用方面，重点开展了牛粪资源化利用、环境风险因子评估等相关研究。研究发现以牛粪为原料合成的 N-卤胺改性工程生物炭具有作为水净化抗菌剂的作用；牦牛粪生物炭 Y-500 对铀的去除效果最好，同时具有更优异的电化学性能，可开发作为高效且经济的吸附剂和电极材料。

（五）加工与品质控制领域

在肉牛屠宰与分割分级方面，修订《鲜、冻分割牛肉》（GB/T 17238，待发布）和制定《畜禽屠宰加工设备　牛屠宰成套设备技术条件》（GB/T 40469—2021，2022 年 3 月 1 日实施）将进一步促进规范牛肉生产。在牛肉品质控制和加工方面，以实现牛肉的高值化利用为总体目标，开发了长期贮藏冰温牛肉的货架展示技术和基于静电场加速的牛肉干式成熟加速技术；射频解冻加工技术的开发也进一步减少了解冻损失、提高了牛肉品质，超声技术用于辅助腌制，能够提升腌制速率，提高产品出品率。在肉品掺假鉴别方面，使用 RT-PCR、液质联用、层析技术以及电子鼻，对牛肉中的掺假成分及异质肉从多角度进行了鉴别，利用电子舌和近红外光谱对进口牛肉进行了产地溯源。安全方面，乳酸等有机酸的抑菌及生物膜抑菌效果被进一步评估，而牛源沙门氏菌的全链条风险评估，为牛肉中沙门氏菌的控制提供了靶点。副产物开发方面，开发了碱—酶联合脱毛及松香甘油酯脱毛等牛皮绿色脱毛技术；同时开发了膨化牛皮、明胶制品等牛皮休闲食品及功能性肽制剂。

（六）产业经济领域

2021 年，国内肉牛产业经济研究领域主要集中于新冠肺炎疫情对肉牛产业发展的影响、牛肉生产与产业发展、经济效益、生态环境、屠宰加工等方面的研究。在牛肉生产与产业发展方面，对云南省漾濞县、云县，山东省郓城县，辽宁省彰武县，四川省木里县，甘肃省正宁县、康乐县、泾川县等地进行了现状分析，并提出对策建议。在新冠肺炎疫情对肉牛产区的影响方面，针对新冠肺炎疫情给肉牛产业带来的影响、采取的救助措施以及后续恢复生产等情况进行了分析。在经济效益方面，对不同肉牛饲养规模生产性能和经济效益进行了比较分析，对云南砚山县阿猛镇肉牛养殖利益联结模式进行了分析，测算了不同日粮添加对肉牛生长性能、肉品及经济效益的影响。在生态环境方面，分析了环境对肉牛养殖的影响、不同地区肉牛养殖中存在的环保问题及粪污处理技术，测算了肉牛养殖氨排放特征，测算并分析了我国肉牛养殖环境效率及其影响因素。在屠宰加工方面，分析了宁夏泾源县肉牛屠宰行业存在的问题，并提出了解决对策，探讨育肥牛屠宰率与胴体价格之间的关系，为促进肉牛屠宰加工企业按质论价提供参考。

（国家肉牛牦牛产业技术体系首席科学家　曹兵海　提供）

2021年度肉羊产业技术发展报告

（国家现代肉羊产业技术体系）

一、国际羊肉生产与贸易概况①

（一）全球主要肉羊生产国生产概况

羊的养殖在世界范围分布比较广泛。由于山羊和绵羊品种分布和生活习性的不同，其在全球各国的分布也存在一定差异。其中，绵羊饲养主要集中在亚洲、大洋洲、欧洲以及非洲等地区，但近年来欧洲、大洋洲和美洲的绵羊存出栏量均有所下降，而且有向亚洲和非洲转移的趋势。与绵羊饲养相比，山羊饲养地区较为集中，主要在亚洲和非洲的部分国家。从发展趋势来看，全球羊只存栏量、出栏量和羊肉产量均呈现不断增长的态势，各大洲以及各国家和地区的发展变动存在较大差异。

1. 主要生产国羊存出栏量情况

从存栏量看，2000—2020年，全球山羊存栏量从7.6亿只增长到11.3亿只，绵羊存栏量从10.7亿只增长到12.6亿只，分别增长了48.7%和17.8%，年均增长率分别达到2.0%和0.8%，可见山羊存栏量的增长速度远高于绵羊。从出栏量看，2000—2020年，山羊出栏量从3.2亿只增长到5.0亿只，绵羊出栏量从4.9亿只增长到5.9亿只，分别增长了56.3%和20.4%，年均增长率分别为2.3%和0.9%，可见全球羊的出栏量增长速度同样高于存栏量，进一步说明全球羊的出栏率有所提升。

从绵羊存出栏情况来看，全球饲养绵羊的国家主要集中于东亚、南亚、中东、大洋洲、非洲等地区。自20世纪90年代以来，中国、澳大利亚、印度占据了全球绵羊存栏数量前三的位置，其中中国自1998年以来就一直是绵羊存栏最多的国家。近10年来，尼日利亚和伊朗的排名也较为靠前。与存栏情况类似，自21世纪以来中国一直都是全球绵羊出栏量最多的国家。近20年来，在绵羊出栏量排名前十的国家中，土耳其、印度的排名有所上升，苏丹和尼日利亚等国家的排名有所下降。2020年，绵羊存栏量排名前十国家的存栏量占据了全球的47.2%绵羊存栏总量。

作为全球绵羊出栏量最大的国家，2020年中国绵羊出栏量占全球绵羊总出栏量的30.0%。而且中国的绵羊出栏量远高于全球出栏量排名第二的澳大利亚，2020年是澳大利亚的6.2倍。虽然澳大利亚和新西兰是世界范围内的羊肉生产和出口大国，但近年来其绵羊出栏量也表现为波动式下降，尤其是新西兰下降趋势明显。2000—2020年，新西兰绵羊出栏量从0.3亿只减少为0.2亿只，降幅28.0%，而且全球占有率也在不断下降，从6.2%下降至3.9%。相对而言，印度的绵羊出栏量总体变化不大，基本保持在0.2亿只左右，而土耳其的绵羊出栏量在2020年出现严重下滑，尼日利亚则成为全球第五大绵羊出

---

① 生产数据来源于FAO数据库；市场数据来源于OECD数据库、FAO数据库；贸易数据来源于UN Comtrade、International Trade Centre数据库，其中，2021年只公布了前两季度的数据。

栏量国家。

从山羊存出栏情况来看，山羊饲养主要集中在东亚、南亚以及非洲等地区。自 20 世纪 90 年代以来，中国、印度、巴基斯坦和尼日利亚占据了全球山羊存栏数量前四位，其中印度和尼日利亚山羊存栏量排名均有所提升。目前，印度已成为全球山羊存栏最多的国家。自 21 世纪以来，中国、印度、巴基斯坦、孟加拉国和尼日利亚的山羊出栏量基本占据全球出栏量的前五位，其中中国始终占据全球山羊出栏量的第一位。近 10 年来，巴基斯坦和乍得在山羊出栏量排名中的位次有所上升，尼日利亚、伊朗等国家的排名相对稳定。2020 年，排名前十位国家的山羊存栏量占据了全球 61. 7%的山羊存栏总量。

2000—2020 年，中国的山羊出栏量在高位保持波动增长的态势，到 2020 年山羊出栏量占全球山羊出栏量的 30. 7%，是排名第二的印度山羊出栏量的 2. 7 倍。而印度山羊出栏量一直比较稳定，在 0. 5 亿只左右。2014 年，巴基斯坦山羊出栏量大幅增加，从 2013 年的 0. 2 亿只增长至 2014 年的 0. 4 亿只，增幅高达 52. 4%，从而一举跃升为全球山羊出栏量第三大国，此后与孟加拉国和尼日利亚山羊出栏量一样，保持相对平缓的增长态势。

2. 主要生产国羊肉产量情况

从全球羊肉产量看，2000—2020 年全球羊肉产量持续上升。2020 年，全球羊肉产量 1 602. 8 万吨，较 2000 年增长了 38. 2%；其中，绵羊肉产量为 988. 5 万吨，占全球羊肉产量的 61. 7%，较 2000 年增长了 28. 1%；山羊肉产量 614. 2 万吨，较 2000 年增长了 58. 3%，可见绵羊肉产量大于山羊肉产量，但山羊肉产量增长速度高于绵羊肉。

从绵羊肉产量情况来看，中国、澳大利亚、新西兰、苏丹、印度等国家是全球绵羊肉主要的出产地区，且自 1998 年以来中国一直保持全球绵羊肉产量第一的位置。2020 年绵羊肉产量排名前三的国家分别为中国、澳大利亚和新西兰。近 10 年来，阿尔及利亚的排名有所上升，苏丹排名有所下降，英国和土耳其排名波动较大。2020 年，绵羊肉产量排名前十的国家产量占据了约 58. 7%的全球绵羊肉总产量。

从山羊肉产量情况来看，20 世纪 90 年代以来，中国、印度、尼日利亚、巴基斯坦、伊朗等国家占据了全球山羊肉产量前列的位置，且中国一直保持全球山羊肉产量第一的位置。2020 年山羊肉产量排名前三的国家分别是中国、印度和巴基斯坦，其中山羊肉总产量前十的国家产量占全球山羊肉总产量的 73. 3%。

（二）全球肉羊市场概况

2020 年绵羊肉的贸易额占总羊肉贸易额的 98. 2%，因此对全球绵羊肉数据分析可以有效地反映全球肉羊市场概况。

1. 全球绵羊肉价格情况

从绵羊肉全球市场价格变动趋势看，2020 年绵羊肉的全球市场价格为 4 848 美元/吨，较 2019 年下降 1. 6%。从近 20 年的全球市场价格来看，全球绵羊肉价格在小幅波动上升后于 2011 年大幅上涨 46. 1%，2012 年达到价格顶峰 5 161 美元/吨，后续呈先降后升趋势，在 2016 年降到最低 3 564 美元/吨，2018 年后基本稳定在 5 000 美元/吨，2020 年受疫情影响，绵羊肉价格有所回落。

从全球绵羊肉生产者价格变动趋势看，总体上，澳大利亚和新西兰绵羊肉生产者价格引领全球绵羊肉市场价格走势，英国同全球绵羊肉市场价格拟合度稍差。2020 年澳大利亚的绵羊肉生产者价格达 7 468 澳元/吨，较 2019 年上涨 10.5%。2020 年新西兰的绵羊肉生产者价格为 7012 新西兰元/吨，较 2019 年上涨 1.4%，较 2020 年澳大利亚的绵羊肉生产者价格更低。英国历年的绵羊肉出口额同澳大利亚和新西兰则有一定差距。2020 年英国的绵羊肉生产者价格为 4 133 英镑/吨，较 2019 年小幅下降 0.6%，同全球绵羊肉市场价格波动一致。

2. 全球绵羊肉消费情况

从全球绵羊肉消费总量变化趋势来看，2020 年全球绵羊肉总消费 1 604.5 万吨，较 2019 年上升 5.3%，其中亚洲消费 1 042.7 万吨，消费占比 65.0%；非洲消费 340.4 万吨，消费占比 21.2%；欧洲消费 129.5 万吨，消费占比 8.1%；拉丁美洲、大洋洲、北美洲则分别占比 2.9%、1.6%、1.3%，2020 年各大洲绵羊肉总消费较 2019 年普遍波动较小。

从全球各大洲人均绵羊肉消费量来看，大洋洲的人均绵羊肉消费量远远高于其他洲。2020 年世界人均绵羊肉消费量为 1.8 千克，而大洋洲人均绵羊肉消费量达 5.4 千克，排名第二的非洲人均消费量是 2.3 千克，拉丁美洲和北美洲人均绵羊肉消费量低于世界平均水平。从 2000—2020 年各大洲绵羊肉消费数据来看，大洋洲人均绵羊肉消费量下降明显，从 16.2 千克下降到 5.4 千克，下降了 66.7%；欧洲人均绵羊肉消费量也从 2.1 千克降到 1.5 千克，下降了 28.6%；亚洲人均绵羊肉消费量则表现为稳定增长，从 1.5 千克上升到 2.0 千克，增长了 33.3%；非洲、北美洲和拉丁美洲人均绵羊肉消费量相对稳定。

（三）活羊贸易概况

总体来说，羊肉贸易是国际肉羊贸易中最重要的组成部分，活羊贸易占比一直较少。近 20 年来，世界肉羊进出口总量和总额整体呈增长态势，而活羊贸易额则从 2016 年开始至今一直呈现下降趋势。

1. 活羊进口情况

2020 年，世界活羊进口总额达 15.3 亿美元，比 2019 年（17.5 亿美元）下降了 12.5%。分月度来看，2021 年活羊进口额季节波动同往年一样比较明显，且 1 月依然是活羊进口较少的月份，进口额为 2 670.3 万美元，占前三季度进口总额的 7.4%。2021 年活羊进口额较高的月份从 3 月开始一直持续到 8 月，进口月度分布逐渐趋于均匀。2020 年尽管全球贸易活动受到新冠肺炎疫情冲击，前三季度世界活羊进口总额为 3.6 亿美元，2021 年则有所回落，较 2020 年同期下降 12.3%。分品种来看，绵羊进口额远高于山羊，主导了世界活羊进口的走势。2021 年前三季度，世界绵羊进口额（3.4 亿美元）远高于山羊（1 826.8 万美元）。总体来看，世界绵羊进口额大、波动趋于稳定；山羊进口额历年来都非常小，且波动较为明显。分地区来看，2020 年亚洲、欧洲、非洲是世界前三大活羊进口市场，进口活羊总额分别为 11.9 亿美元、2.4 亿美元和 1.0 亿美元，分别占世界活羊进口总额的 77.4%、15.6%和 6.8%。2020 年除 7 月和 12 月外，亚洲各月进口额都高于欧洲；而 2021 年前三季度的每个月份欧洲活羊进口都高于亚洲，这也说明疫情影响下欧洲的国际贸易活动在 2021 年逐渐恢复。

2. 活羊出口情况

2020 年世界活羊出口总额达 13.8 亿美元，比 2019 年（18.1 亿美元）下降了 23.7%。分月度来看，活羊出口额的季节波动也比较明显，在 7 月达到峰值 1.3 亿美元，占全年活羊出口总额的 11.6%。1 月、2 月是活羊出口较少的月份，分别是 6 510.0 万美元、6 138.8 万美元，各占全年出口额的 6%以下。2020 年 12 月活羊的出口额同 2019 年一样有较大幅度上升，而之前两年的 12 月出口均较少。2021 年前三季度活羊出口总额为 7.5 亿美元，较 2020 年同期 8.1 亿美元有所回落。分品种来看，与进口一致，绵羊出口额远高于山羊，主导世界活羊出口走势。2021 年前三季度绵羊出口总额 7.3 亿美元，山羊出口总额 2 144.3 万美元，比 2020 年同期分别减少 6.9%和 9.9%；其中绵羊月度出口额波动较强烈，而山羊出口额历年来都非常小，波动并不明显。分地区来看，2020 年世界活羊出口额变化趋势与欧洲活羊出口额变化走势基本一致，说明疫情未影响欧洲在世界活羊出口中的重要地位。2021 年前三季度的活羊出口总额较 2020 年同期有所下降，世界活羊出口额变化趋势同样与欧洲活羊出口额变化走势基本一致。

（四）羊肉贸易概况

2020 年，世界羊肉进口总额为 72.7 亿美元，出口总额为 74.0 亿美元，同比 2019 年分别减少 8.2%和 7.4%；2020 年羊肉进口总量为 115.0 万吨，出口总量为 121.9 万吨，同比 2019 年分别减少 8.1%和 6.8%。2021 年前三季度，羊肉进口总额 61.1 亿美元，进口总量 75.5 万吨，进口量比 2020 年同期减少 2.6%，进口额比 2020 年同期增加 2.3%；出口额 63.7 亿美元，出口量 89.0 万吨，分别比 2020 年同期上升 18.8%和 0.7%。从 2021 年现有的月度数据来看，羊肉贸易额和贸易量同比都有所上升，这与当前国际贸易逐步从疫情中恢复密切相关。

1. 羊肉进口情况

据现有公开数据，2020 年羊肉进口的最大市场为中国，各月都高于位居第二的美国。2020 年，中国、美国分别进口羊肉 17.4 亿美元和 10.1 亿美元，占世界羊肉进口总额的 24.0%和 13.9%，遥遥领先法国、英国及德国。2021 年中国前三季度羊肉进口额同比 2020 年增长 23.4%，美国同比增长 32.2%，法国、德国和英国等国家进口额也普遍增加。从现有数据来看，中国和美国仍将是世界主要羊肉进口国。

2. 羊肉出口情况

羊肉出口市场比较集中，主力仍旧是澳大利亚和新西兰。根据现有数据，2020 年澳大利亚和新西兰分别出口羊肉 27.2 亿美元和 25.2 亿美元，分别占世界羊肉出口总额的 37.0%和 34.3%，遥遥领先英国、爱尔兰和荷兰。从 2021 年前三季度各国羊肉出口额变化趋势来看，5 月前新西兰的出口额一直高于澳大利亚，之后新西兰开始并始终保持较高出口额水平。

二、国内羊肉生产与贸易概况

（一）生产概况

1. 羊存出栏量

近年来我国羊存出栏量增长趋势相同，羊出栏率整体有所提升。从存栏量看，1978—2021 年，我国羊存栏量（此处包含毛用羊）从 16 993.7 万只上升到 31 969.0 万只，增长了 88.12%。1978—2020 年，山羊存栏量从 7 354.0 万只上升到 13 345.3 万只，增长了

81.5%；绵羊存栏量从 9 639.7 万只上升到 17 309.5 万只，增长了 79.6%①。从出栏量来看，1978—2021 年，我国羊出栏量从 2 621.9 万只上升至 33 045.0 万只，增长了 12.6 倍。

2. 规模养殖

我国肉羊产业结构不断优化，肉羊养殖规模逐渐向大中型规模发展，但整体规模经营水平有待提高。2019 年，我国羊场总数为 1 114.5 万个，比 2003 年下降了 61.0%，其中羊年出栏 100 只以下的养殖场（户）为 1 074.2 万个，较 2003 年下降了 62.2%，但仍占全国养羊场（户）总数的 96.4%，可见在未来较长的时间内，小规模养殖场（户）仍是肉羊生产的主力。而年出栏 100 只以上的大中型养殖场（户）数量不断增加，占全国总量的比例从 0.6%上升至 3.6%。其中，年出栏 1 000 只以上的大型羊场数量达到 9 291 个，比 2003 年增长了 4.2 倍。

3. 羊肉产量

1980—2021 年，我国羊肉产量增幅较大，从 44.5 万吨增长至 514 万吨，增长了 10.6 倍，年均增速达 6.2%。但近 10 年，羊肉产量增速放缓，2012—2021 年年均增速仅为 2.7%。1980—2020 年，我国羊肉占肉类总产量比重有所提升，从 3.7%上涨至 6.4%，上涨了 2.7 个百分点。

4. 成本收益情况

2010—2020 年，全国散养肉羊平均每只主产品产量从 41.4 千克增加到 45.7 千克，增加了 10.3%；平均每只肉羊产值由 775.4 元上涨到 1 573.6 元，涨幅达 102.9%；平均每只肉羊总成本由 639.7 元上涨到 1 367.8 元，上涨了 1.1 倍；养殖净利润从 135.7 元/只上升到 205.8 元/只，上升了 51.6%。其中，2012—2016 年肉羊养殖净利润不断下滑，从 197.8 元/只下降至-68.0 元/只，这主要是由于 2014 年我国集中暴发小反刍兽疫疫情，活羊流动受限，销售受阻，羊肉价格出现断崖式下跌，而养殖成本变动幅度较小，因此出现亏损的情况。2017 年之后，小反刍疫病带来的负面影响逐渐减弱，产品市场需求稳步增加，羊价持续升高，养殖净利润也开始慢慢回升。

从成本构成来看，物质与服务费用占总成本的 60%左右，人工成本占总成本的 40%左右。物质与服务费用中，仔畜费最多，2020 年占总成本的 43.0%，其次是饲草料费用（18.0%），水费、燃料动力费、医疗防疫费等其他相关费用占比较小，不到 3%。人工成本中家庭用工折价占到人工成本的 97.1%，可以看出肉羊养殖经营活动中仍以家庭劳动力为主体。2010—2020 年，全国各地区散养肉羊物质与服务费用普遍经历了先上涨后下降再上升的过程，从 443.4 元增加到 872.8 元，增长了 97.0%。

（二）市场概况

1. 消费情况

从人均羊肉消费量看，2001—2020 年，城镇居民人均户内羊肉消费量从 1.3 千克增长至 2020 年的 1.4 千克，增幅达 12.0%，而农村居民人均消费量从 0.6 千克增长至 1.0 千克，增幅达 66.7%。虽然城镇居民的人均消费量波动幅度相对较大，但基本维持在同一水平，农村居民则是稳中有升。城镇和农村人均消费量的较大波动幅度均是从 2014 年开始，至 2016 年到达峰值后开始连续回落，目前仍未恢复到

① 数据来源：国家统计局。

2016 年的水平。

从区域偏好来看，羊肉消费偏好存在差异性。羊肉户内消费主要集中在我国北部和西部地区。2020 年，四大优势产区中平均消费量最大的为西北优势产区，达到 5.1 千克，其次为中东部农牧交错带；人均户内羊肉消费量最高的为新疆，为 12.7 千克，排名第二至第五的分别为内蒙古、西藏、青海和宁夏。实际上，西藏、青海和宁夏羊肉产量分别只位居全国的第二十、第十二和第十三位，其中西藏和青海并不在我国肉羊四大优势产区之列；而羊肉产量排名前五的山东、河北和河南地区的居民人均消费量只位居全国第五、第十五和第十四位。这也在一定程度上说明我国羊肉消费存在产销跨区的情况，主要与地区生产模式和消费者消费习惯有关。

从总消费量看，总消费量不仅与人均消费量相关，还与人口数量相关。虽然近 20 年来全国人口数在不断增长，但是全国羊肉户内消费总量先增后减，从 2001 年的 107.8 万吨增长至 2016 年小峰值 210.1 万吨，后逐年下降，2020 年达到 177.0 万吨，较 2001 年增长 64.2%，但仍比 2016 年少 15.9%。

从肉类消费结构来看，城乡差异同样体现在肉类消费结构上。2001—2020 年，我国城乡居民的人均肉类消费总量总体呈上升趋势，城镇居民从 24.4 千克增长至 36.5 千克，增幅达 49.5%，农村居民从 17.4 千克增长至 31.8 千克，增幅达 83.3%；其中，2013 年之后，农村居民的上升幅度较大。总体来看，居民肉类消费中猪肉和禽类的消费占肉类消费的绝大部分（90%左右），2020 年城镇居民猪肉、牛肉、羊肉和禽类人均消费量占比分别为 52.2%、8.4%、3.6%和 35.5%，农村居民的占比分别为 53.7%、4.1%、3.1%和 39.1%。近 20 年来，城乡居民的肉类消费结构变动相对稳定，而农村居民对猪肉和禽类的消费都有明显的上升趋势。

2. 羊肉价格

2001—2021 年，我国羊肉的市场价格总体上经历了平稳波动、缓慢增长、快速增长、持续下降、逐步回暖 5 个主要的变化阶段，整体由 15.4 元/千克增长到 84.6 元/千克，增长了 4.5 倍。从羊肉集贸市场价格数据（即名义价格）来看，2001—2006 年，羊肉价格平稳波动，增长幅度和下降幅度都相对较小，从 15.4 元/千克增长到 18.6 元/千克，增长了 21.2%。2007—2010 年，羊肉价格缓慢增长，从 23.5 元/千克增长到 34.9 元/千克，增长了 48.8%。2011—2014 年羊肉价格快速增长，从 41.8 元/千克增长到 65.4 元/千克，增长了 56.4%。2015—2017 年羊肉价格有所下降，从 61.3 元/千克下降至 55.9 元/千克，下降了 8.7%。下降的原因主要是 2014 年受国内突发的小反刍兽疫疫情影响，活羊流动受限，销售受阻，消费量骤减，且前期肉羊养殖效益较好，供给量处于阶段性饱和状态。2018 年开始，羊肉价格逐渐回暖，近年来羊肉价格都处于高位运行。通过全国居民消费价格指数（CPI）对羊肉月度数据进行平减，得到羊肉实际价格也表现为同样的变动趋势。

总体来说，2021 年全国羊肉价格与主产省（区）的羊肉价格在上半年较高，下半年较低。全国羊肉价格经历了先升后降再回升的过程，从年初的 85.0 元/千克下降至年底的 84.9 元/千克，下降了 0.1%。全国羊肉价格峰值出现在 2 月第二周，为 88.1 元/千克，6—10 月羊肉价格一直低迷。主产省（区）年初的羊肉价格为 80.9 元/千克，略高于年末的 80.2 元/千克。从全年来看，主产省（区）的羊肉价格低于全国羊肉价格 3.4 元/千克左右，其中，4—6 月价格差较小，平均为 1.78 元/千克。

（三）贸易概况①

1. 羊肉进口概况

（1）进口羊肉产品种类。中国羊肉进口品种分布非常集中，主要进口冻带骨绵羊肉、冻整头及半头绵羊肉和冻去骨绵羊肉。其中，冻带骨绵羊肉的进口占据中国羊肉进口最主要的位置，2020 年占总进口额的 84.1%，达 14.7 亿美元，冻整头及半头绵羊肉和冻去骨绵羊肉进口皆占比 6.4%，而其他羊肉产品占比均不足 4%。整体来看，中国进口羊肉中占比最大的是绵羊，鲜少进口山羊肉和羔羊肉。2021 年冻整头及半头羔羊肉的进口额在 2020 年的基础上有较大幅度提高，前两个季度的进口额远高于 2020 年的同期进口额，不过相较其他三大品种，其占比仍较小。从月度变化情况来看，2021 年各主要羊肉品种进口趋势与 2020 年的情况有所不同，2021 年前两季度冻带骨绵羊肉进口的波动较为剧烈，而 2020 年同期则较为平稳，2021 年冻整头及半头和冻去骨进口呈现同步变化的趋势，而 2020 年冻整头及半头进口自 6 月起一路走低，冻去骨进口则波动上升。此外，羊肉进口情况随季度变化明显，2020 年 2 月出现明显的下降，第二季度基本维稳，第三季度持续下降，第四季度重新恢复迅速增长的趋势，与 2019 年几乎一致，说明了中国绵羊月度进口规律受 2020 年疫情影响较小。从 2021 年公布的前两个季度数据来看，趋势有所不同，第一季度快速上升，第二季度稳定回落。2021 年前两个季度冻带骨绵羊肉、冻整头及半头绵羊肉和冻去骨绵羊肉进口额分别达到 10.0 亿美元、1.5 亿美元和 6 300 万美元。

（2）羊肉进口国。加入世界贸易组织以来，我国羊肉进口来源相对较集中，主要包括新西兰、澳大利亚、乌拉圭和智利，其中从新西兰和澳大利亚进口的羊肉进口额最高，且呈上升趋势。2020 年中国从新西兰和澳大利亚进口羊肉总额占我国羊肉进口总额的 96.7%。

2. 羊肉出口概况

（1）出口羊肉产品种类。中国羊肉出口品种分布也非常集中，主要出口山羊肉、冻去骨绵羊肉和冻带骨绵羊肉 3 种，其他品种几乎为零。而这 3 类羊肉的出口额相较进口体量来说也是微不足道。2020 年羊肉出口额中，山羊肉占 57.8%，绵羊肉占 42.2%，羔羊肉出口为零。与进口不同，中国羊肉出口的季节规律不明显，除山羊肉外，其他品种羊肉出口月度变化较为平稳。2020 年山羊肉出口的波动非常剧烈，11 月、12 月是山羊肉出口最集中的月份，其次是 1 月和 10 月，其他月份出口量非常小。2021 年前两个季度冻带骨绵羊肉、冻去骨绵羊肉和山羊肉出口额分别为 397.1 万美元、247.4 万美元和 121.6 万美元。

（2）羊肉出口国（地区）。中国羊肉出口体量非常小，且出口市场越来越集中，目前主要出口到中国香港、中国澳门和科威特。2020 年中国羊肉有一定比例出口到阿拉伯、澳大利亚和柬埔寨等国；2021 年上半年出口到了中国香港、科威特、柬埔寨和中国澳门，且中国出口到各国（地区）的羊肉总额整体呈上升趋势。总体来说，中国羊肉出口市场非常小且主要出口对象比较固定；但我国羊肉出口受价格波动的影响较大，没有十分固定的变化规律。

---

① 数据来源：International Trade Centre 数据库。

3. 贸易平衡概况

2020 年中国进口羊肉总额为 17.4 亿美元，较 2019 年下降了 6.3%；出口羊肉总额 1 900 万美元，较 2019 年下降了 9.8%。2021 年前两个季度进口羊肉 13.2 亿美元，出口羊肉 1 172.9 万美元。2020 年中国各月羊肉进口较为均衡，其中 9 月和 10 月较少，进口额分别为 7 812.6 万美元和 8 611.7 万美元，贸易逆差最大的月份是 1 月，达到 2.1 亿美元。中国羊肉出口呈现历年下降的趋势，从月度数据来看，9—12 月是羊肉出口的密集期。从羊肉贸易趋势来看，年末羊肉出口额有增长的趋势，而 2021 年上半年的羊肉贸易总额较之 2020 年同期增长 30.8%，主要原因在于 2020 年上半年国际贸易因疫情受挫。

三、国际肉羊产业技术研发进展

（一）国际肉羊育种技术研发进展

近 20 年，国际肉羊育种技术研发的进展体现在育种目标、选种技术和扩繁技术 3 个方面。

（1）具有较稳定的育种目标。集中追求母羊性成熟早、全年发情、产羔率高、泌乳力强、羔羊生长发育快、饲料报酬高、肉用性能好，并同时兼顾羊肉与产毛性状。如英国育成的考勃来（Colbred）羊，选用德国东弗里生羊（East Friesian）与 3 个英国品种（边区来斯特、克仑森林和有角陶塞特羊）杂交而成，该品种可全年发情，产羔率高达 200%～250%，产奶量高，肉用性能和羊毛品质好。

（2）在选种技术上探索传统选种与分子选种技术有机结合。随着分子生物学和基因工程技术的发展，寻找抗病基因、从遗传上提高肉羊对疾病的抵抗力已成为研究热点。现阶段，抗寄生虫已经纳入选种模型，采用 BLUP、遗传标记辅助选择等多种方法进行选种，大幅提高选种准确性。随着分子数量遗传学研究进展，对绵羊繁殖性状的遗传机制的认识也更加深入，并不断将之应用于育种实践，从而提高了选种的效率和选种的准确性。

（3）应用现代繁殖技术推动育种进程。用 MOET 技术进行快速扩繁，提高育种效率。广泛应用的成熟技术主要包括体外授精技术、胚胎移植技术与性别控制技术等。腹腔镜输精法与胚胎移植技术在国外应用也相对广泛，加速了优良种畜的基因扩散，推进了良种家畜的繁殖和育种进程。

（二）国际肉羊营养与饲料技术研发进展

2021 年国外学者主要围绕肉羊养殖中的非常规饲料开发、杂粕替代豆粕、营养与肉品质、胃肠道发育、饲料加工技术、饲料添加剂 6 个方面进行了研究。

（1）非常规饲料开发。主要集中在加工副产品、粗饲料的开发利用。研究表明，用废弃的枣 100%替代大麦作为可溶性碳水化合物的来源，可以提高以干草为基础的日粮中氮的利用率，从而提高肉羊饲料营养物质消化率和微生物蛋白含量。粗甘油可代替玉米用于肉用山羊，提高瘤胃丙酸盐浓度。澳洲坚果饼可有效提高育肥羊生产性能，提高饲料转化率。玉米麸皮和豆皮组合可以有效替代育肥羔羊日粮中的部分玉米和玉米秸秆，对养分消化和生长性能有积极影响。不同形态木薯制品可替代部分能量饲料用于育肥羊养殖。构树作为饲料喂羊可提高肌肉中有益脂肪酸含量。苎麻替代 35%的紫花苜蓿喂山羊，可显著改善肉品质。无刺仙人掌可用于饲养育肥羊，可以作为青贮饲料使用，在半干旱地区还可作为水源。橄榄枝和叶子用于育肥羊可降低成本。添加 15%的食金盏花花粉对育肥羊生长无影响。田菁或芦苇草作为非常规牧草来源，替代常用的苜蓿饲料可以提高羔羊的肉质。

桑叶青贮作为一种高质量的饲料来源或生物活性药物，对反刍动物的健康有益，可改良瘤胃微生物群落，增强羔羊抗氧化能力和免疫调节能力。高粱的青贮饲料具有与玉米青贮饲料相当的营养消化率，40%的甜高粱是制作甜高粱—紫花苜蓿混合青贮的最佳比例，可以提高育肥羊生产性能和肉品质，同时高粱青贮可用作羊饲养中更具抗旱性的青贮饲料来源。石榴浆青贮和干石榴籽浆可用于替代部分育肥羔羊的日粮，降低成本的同时不会对生产性能产生任何负面影响。

（2）杂粕替代豆粕。主要集中在杂粕替代豆粕用于育肥羊养殖。研究表明，棉籽饼替代豆粕（33%、66%和 100%）对育肥羊采食量、行为活动、生长性能、屠宰性能无影响，使肉中矿物质含量和胆固醇含量降低。干酒糟及其可溶物（DDGS）替代豆粕、花生饼，可以维持育肥羊生长性能。添加 12%的棕榈仁饼可提高育肥羊采食量和生长性能，对营养物质的消化率和饲料转化率无影响。

（3）营养与肉品质。在饲粮中用精料部分替代草料，可以提高羊胴体重量且改善肉色。精料中单宁浓度对肉品质有重要影响。大量的 α-生育酚可增加羊肉抗氧化能力。饲喂含单宁的日粮可减轻山羊应激并改善肉质，在应激期间饲喂含单宁牧草可增强羊抗氧化和抗炎特性，并减少肠道微生物数量，而不会改变肉质特征。花青素（0.5 克/天或 1.0 克/天富含花青素的紫玉米色素）可通过降低血浆脂质参数和调节山羊的几种风味相关基因的丰度来改善羊肉风味。在羔羊日粮中添加高达 2%的马黛茶提取物对肉质性状几乎没有影响，4%马黛茶提取物对采食量和肉质性状产生负面影响。育肥羊日粮中加入桃金娘精油可以改善肉类的氧化状态，而不会对脂肪酸组成产生负面影响。日粮中添加卵磷脂颗粒状脂肪，肉羊肉质中含有更多的健康脂肪酸。在育肥羊的日粮中添加 76.7 克/千克 DM 全玉米胚芽，使羔羊获得最佳的多不饱和脂肪酸谱。在日粮中添加蒙古葱及其提取物可显著提高饲料效率，并可降低育肥羊体脂特征风味和气味相关的 MOA 和 EOA 浓度。

（4）胃肠道发育。研究表明，高谷物日粮可能会诱导盲肠黏膜炎症反应，高大米日粮会诱发急性期反应并改变结肠细菌群落，增加生长山羊的健康风险。日粮能量水平影响了育肥羊的瘤胃发酵参数、胃肠道形态结构以及瘤胃微生物区系的组成和功能，中等能量高蛋白水平饲粮可获得最优的生长性能。*Lolium perenne* 和 *Sorghum sudanense* 以不同方式影响肉羊胃肠道中的微生物菌群，但 *S. sudanense* 有效地改善了羊的胃肠道微生物群。非颗粒高谷物饲粮改变了结肠中共生细菌的组成，颗粒状高谷物饲粮促进了菌属的丰度。限饲羔羊表现出更大的瘤胃乳头高度和更大的瘤胃吸收和肠道吸收面积。

（5）饲料加工技术。研究表明，制粒过程中谷物类型和温度会对育肥羔羊生长性能、瘤胃发酵、肉质和血液代谢物产生影响，在 75℃制粒提高了以高粱或玉米为基础的全混合（TMR）日粮对育肥羔羊的饲喂价值。日粮中添加 60%氨化大麦，可以将瘤胃 pH 值维持在生理范围内，并提高瘤胃微生物对氮的利用。

（6）饲料添加剂。一是功能调节性饲料添加剂研究。日粮中添加 80 克/千克 DM 大蒜皮，可通过改变瘤胃微生物菌群及其代谢物提高了羔羊的生长性能。日粮补充 α-硫辛酸可以提高羊的干物质采食量（DMI）、能量消化率、抗氧化能力和免疫力。甜菜碱改善了肉羊的血脂代谢、免疫反应，并通过 mTOR 信号通路调控，增加了睾丸的抗氧化能力。

在低蛋白日粮中添加蛋氨酸和赖氨酸可改善羊肠黏膜的生长和完整性，增强先天免疫状态，改变肠道微生物群的组成。在高浓度羊日粮中添加硫胺素，通过 Nrf2-NFκB 信号通路来改善瘤胃上皮屏障功能。日粮中添加 15 毫升红蜂胶提取物可以在不影响绵羊采食量、消化率、摄食行为和瘤胃氨氮情况下增加瘤胃 pH 值和反刍时间。日粮添加甘露寡糖在不影响绵羊基础代谢情况下提高了对养分的利用和瘤胃中的氮代谢。在育肥羊饲料中添加低浓度的含有姜黄素的纳米胶囊粉末制剂可以改善健康，减少氧化应激，产生抗炎作用。

二是降低甲烷（CH_4）排放的研究。3 种植物提取物（牛至油、水解单宁和茶皂素）在适当的添加范围内均表现出减轻绵羊 CH_4 排放的能力，以 4 克/天和 7 克/天的剂量饲喂牛至精油混合物可提高羔羊的生长性能、饲料转化率、骨架生长、胴体重量、屠宰率和免疫力。每只羊添加 20 毫升的印度楝树（*Azadirachta indica*）种子油会改变绵羊的瘤胃发酵曲线，降低 CH_4 产量、饲料消化率和氮代谢。饲喂珍珠粟草料的羔羊，最大限度地提高草料摄入量可提高 N 和能量利用效率并降低 CH_4 产量。

三是益生菌制剂。主要集中在乳酸菌、酵母、芽孢杆菌、丁酸梭菌等对羊瘤胃菌群、瘤胃发酵、抗应激、生长性能的影响。日粮中添加鼠李糖乳杆菌和粪肠球菌有利于肉羊瘤胃中有益微生物群落的存活，提高饲料转化效率和育肥羊生长速度。添加富硒酵母显著影响瘤胃细菌的丰度，最终影响瘤胃微生物发酵。产芽孢杆菌可用于喂养育肥羊，可以增加体重，改善肠道菌群，增强免疫力，并维持正常的代谢过程。补充酿酒酵母和丁酸梭菌（0.05%）可以改善热应激山羊的瘤胃发酵和生长性能。在育肥羔羊饲粮中添加酵母（酿酒酵母）培养物改变了瘤胃细菌的数量和种类，提高羔羊的生长性能。添加乳酸菌可改变瘤胃微生物的结构和丰度。

四是微量元素。主要集中在铬（Cr）、锌（Zn）、硒（Se）等对羊抗应激、抗氧化、瘤胃菌群、瘤胃发酵、免疫力、生长的影响。给处于热应激的育肥羔羊添加 Cr 3 毫克/千克 DM，可改善血液抗氧化状态和饲料转化效率，对羔羊的健康和新陈代谢无不利影响。纳米锌不仅能显著提高缺锌山羊血液中锌含量，还能大大提高免疫力。在育肥羊饲料中添加有机锌和药草混合物，补充有机锌组（Zn，70 毫克/千克）和锌+草药组瘤胃细菌总数低于对照组。富硒酵母是一种安全的绵羊硒源，补饲 8 周可提高生长羔羊的饲料转化效率，将硒增加到 1.2 毫克/千克的含量可提高羔羊血液抗氧化状态，对细胞代谢无不利影响。在低硒地区的牧场上放牧的绵羊每千克体重添加 6 微克硒，可以改善由于低硒对动物源性食品质量产生的不利影响。饲喂有机微量元素可以提高育肥羔羊的生长性能，但不会影响养分消化率和血液参数。日粮中添加天然或纳米沸石都以不同的模式有力地改变了瘤胃发酵。

五是抗营养因子及有害物质对羊健康、生长及肉品质的影响。研究了高纤维和富含单宁的日粮对热带绵羊和山羊消化道中重要微量矿物质铁（Fe）、锌（Zn）和铜（Cu）流动的影响，结果表明与绵羊相比，山羊在 DM 上表达的网状铜浓度明显更高，山羊的粪便铜浓度高于绵羊。山羊的网状和结肠食糜锌水平高于绵羊，绵羊的皱胃和结肠 Fe 水平高于山羊。表明绵羊和山羊在采食量、微量矿物质吸收、分泌和排泄方面存在差异。在饲粮中添加单宁不能促进健康脂肪酸在肉羊瘤胃和羊肉中的积累。黄曲霉毒素 B1（AFB1）不仅对肉羊肝肾功能有损害作用，也会影响肉羊的氧化应激、炎症相关因子和肠道菌群，最终降低羊肉品质。饲粮锰过量可导致肉羊肝脏和大脑组织病变，出现炎性浸润与坏死现象，细胞死亡相关基因表达上调，对肉羊育肥产生不利影响。

（三）国际肉羊疾病防治技术研发进展

2021 年国际肉羊布鲁氏菌病防控的工作进展主要包括国家、地区范围内的肉羊布鲁氏菌病的血清学调查，布鲁氏菌的遗传进化、净化、疫苗研发等。Uslu 等发现 Rev. 1 Omp19 缺失株具有残留毒力，其保护效果与 Rev. 1 相似；Castaño-Zubieta 等验证了 16M DvjbR 缺失株对于宿主的安全性。

在小反刍兽疫、羊口疮等其他肉羊重要疾病防控领域，Jose 等发现了小反刍兽疫病毒（peste des petits ruminants virus，PPRV）的血凝素蛋白通过 Toll-like 受体 2 信号通路激活固有免疫反应。Chen 等鉴定了口疮病毒（ORFV）ORF047 的绵羊宿主靶蛋白 SERP1 和 PABPC4。Farooq 等应用 MALDI-TOF 质谱法鉴定了从绵羊腐蹄病分离到的坏死梭杆菌的免疫显性外膜蛋白。da Silva 等鉴定了贝纳柯克斯体免疫原线性 B 细胞表位。Aline 等发现裂谷热病毒（rift valley fever virus，RVFV）NS 蛋白靶向作用宿主 Abl2 和 Actin，影响细胞流动性、细胞形态和细胞黏附。

（四）国际肉羊屠宰与羊肉加工技术研发进展

2021 年国际肉羊屠宰与羊肉加工技术研发主要表现在以下几个方面。一是开展了羊肉机器人分割技术装备研究，研发了基于多尺度注意力 U-net 网络的羊后腿分割方法。二是开展了基于可见-近红外光谱的羊肉质量分级技术研究，评估了欧洲胴体分级系统对细尾和肥尾羔羊后腿肉重量等级的预测效果。三是开展了宰后不同阶段羊肉品质特性和表征羊肉品质的生物标志物研究，明确了宰后不同阶段羊肉的食用品质和电子感官特性，筛选了 β-烯醇化酶（ENO3）、磷酸葡萄糖变位酶 1（PGM1）等表征羊肉品质的潜在生物标志物。四是开展了羊肉品质智能检测技术研究，构建了基于近红外光谱、拉曼光谱、高光谱成像、核磁共振和磁共振成像等技术预测羊肉肌内脂肪含量、色泽等品质模型，建立了基于快速蒸发电离质谱、MALDI-TOF 质谱、液相色谱-串联质谱法等手段评估羊肉风味品质、代谢指纹的方法。五是开展了磷酸化、乙酰化等蛋白质翻译后修饰调控羊肉品质的分子机制研究，揭示了肌球蛋白调节轻链丝氨酸磷酸化调控羊肉品质的机制。六是开展了超快速冷却、活性包装等冷鲜羊肉保质保鲜技术研究，揭示了超快速冷却调控冷鲜羊肉品质的作用机制，研发了吸氧、抗菌等活性包装技术。七是开展了微波、过热蒸汽烤制、低温真空烹饪对羊肉品质的影响研究，阐明了烤羊肉的风味形成路径和关键脂质。八是开展了肉羊屠宰加工副产物高值化利用研究，明晰了副产物可以用作生物活性肽、生物可降解塑料、宠物食品等产品的原料。九是开展了羊肉中致病微生物、耐药基因等检测技术研究。

（五）国际肉羊生产与环境控制研发进展

2021 年国际肉羊生产与环境控制研发主要表现在以下 3 个方面。

（1）生态养殖技术。畜牧业对于自然环境的伤害已引起广泛关注，尤其是对于气候变化的影响，牲畜产生的温室气体占到全球温室气体排放总量的 14.5%以上，超过地球上所有的汽车、火车、飞机和船舶等交通工具的排放总和。2021 年国际肉羊饲养管理与圈舍环境方面关注不同饲养管理技术、不同饲草料及不同精料配方对肉羊瘤胃甲烷排放和粪源甲烷产量的影响，旨在通过饲养管理方面减少环境污染，打造绿色牧场。

（2）智能精准管理技术。①新的牧场管理系统正在不断开发，电子识别系统不断发展，使得肉羊养殖的精细化和自动化管理逐步普及，同时为羊肉的可追溯系统提供保障；

②传感器，包括加速计、GPS 和社会活动记录器等，其中以三轴加速度传感器为基础研发的穿戴设备可应用于各种环境中，以调查肉羊健康和福利指标；③固定管理系统，包括步过称重系统、自动绘图机（AD）、虚拟围栏等，其中通过 3D 图像捕获预测肉羊体重的设备不断研发改进，同时估测算法也有大量研究报道。

（3）粪污肥料化、能源化技术。肥料化方面发现羊粪蚯蚓堆肥会提高全氮、全磷和全钾的含量，降低了全碳和全镁的含量，并且发现羊粪以及羊粪与干草 1∶1 混合堆肥在化学组分上并无显著差异；能源化方面，通过太阳能加热系统维持厌氧发酵条件在 40℃时，会在 3 天后产生沼气，并且发现羊粪的最佳热解温度为 500℃时可以制作生物炭，用于生物燃料和水净化吸附碳等。

四、国内肉羊产业技术研发进展

（一）国内肉羊育种技术研发进展

2021 年国内肉羊遗传改良技术研发进展主要包括以下 3 个方面。

（1）新品种不断育成。我国先后育成 41 个新品种，这些新品种特性明显、生产力水平高、适应性强，在提高我国羊生产水平和产品品质上发挥了积极作用。

（2）良种繁育体系逐步完善。与羊产业区域布局相适应，初步建立了以种羊场为核心，以繁育场为基础，以质量监督检验测试中心和性能测定中心为支撑的良种繁育体系。全国共有绒毛质量监督检验测试中心 3 个、性能测定中心（站）10 个；有绵羊种羊场 904 家，山羊种羊场 520 家，遴选国家肉羊核心育种场 28 家。

（3）整体生产性能水平稳步提升。羊出栏率由 1980 年的 23% 提高到 2021 年的 108%；1980—2018 年，胴体重由 10.5 千克提高到 15.3 千克，提高了 45.7%。但是，舍饲品种缺乏的问题较为突出，用放牧品种搞舍饲效果不好，生的少、长的慢、死的多，肉羊养殖整体效益低下。主要表现为：母本品种主要用的还是放牧品种，缺少专门化舍饲品种；父本品种主要依赖反复的进口，缺乏持续选育提高和独立发展；缺乏广泛的测定数据、缺乏联盟区块链支撑的育种技术平台。

2021 年遗传改良功能研究室代表性成果包括：①基于基因组学技术和万羊基因组数据，开展了万羊基因组工程研究及 SheepLink 种羊追溯平台建设；②“千羊计划”，历时 6 年，初步鉴定到与尾脂重、脊椎数、饲料转化率、繁殖力等经济性状相关的关键基因，部分已在大群体开展了验证，展现出较好的选择效果；③绵羊多羔的分子机制研究，包括转录组分析揭示了不同 *FecB* 基因型的绵羊下丘脑中与繁殖相关的差异表达基因和长链非编码 RNAs、解析不同 *FecB* 基因型小尾寒羊不同发情时期垂体 lncRNA 和 mRNA 表达谱等两个方面；④高繁蒙古羊新品种（系）培育材料筛选及扩繁；⑤湖羊高湿、高热应急的分子机制研究。

（二）国内肉羊营养与饲料技术研发进展

2021 年我国肉羊营养与饲料技术研究主要集中在功能调节性添加剂、发酵饲料、非常规饲料资源应用、瘤胃菌群、营养需要量等方面。

（1）功能调节性添加剂。研究了葡萄籽原花青素、肉桂醛、胍基乙酸、酶制剂、发酵饲料、诱食剂、微生态制剂等对羔羊消化代谢、瘤胃发酵、生长性能及机体健康等的影响。在肉羊饲粮中添加 0.3 毫克/千克酵母硒、4%嗜酸乳杆菌微胶囊制剂、0.1%和 0.2%微生态制剂、2 克/天活性干酵母或饲喂巨菌草裹包青贮均可以提高其生长性能，改善肉品质，同时酵母硒可以提高血液中总蛋白含量。添加N-氨甲酰谷氨酸、0.5%的碳酸氢钠、蛋氨酸羟基类似物异丙酯及蛋氨酸钙盐、8%中草药饲料添剂、10克/天的复方胍基乙酸、过瘤胃赖氨酸、过瘤胃蛋氨酸、过瘤胃甜菜碱、植物乳酸杆菌提取物（以添加2.0%为适宜）、复合双歧杆菌制剂（以添加5.0%为适宜）在一定程度上提高了肉羊生长性能，同时过瘤胃甜菜碱还对预防羊群腹泻有显著作用。饲粮中添加沙葱精油、0.25%小麦低聚肽均对体外瘤胃发酵有积极影响，添加沙葱精油提高了屠宰性能、羊肉抗氧化性能，有效改善肉羊体脂风味及肉品质。饲粮中添加300毫克/千克肉桂醛（CA）可以调控肉羊的瘤胃发酵，提高养分消化率以及饲粮氮在瘤胃中的存留率，降低CH_4产量。1%苦参添加剂代替饲用抗生素可以提高肉羊免疫功能和抗菌能力。饲粮中添加复合菌培养物、β-葡聚糖均可以提高肉羊的抗氧化能力与炎症因子含量。

（2）发酵饲料。饲粮中添加40%（DM）全株玉米青贮时可以显著改善肉羊瘤胃发酵，提高养分消化率，增强肉羊的抗氧化能力和免疫功能。湖羊日粮中全株玉米青贮与花生秧的比例为3：1（干物质基础）时可降低饲料成本且不影响羊的生长性能、屠宰性能。玉米秸秆经揉丝微贮可提高徐淮山羊育肥效果及经济效益，降低饲养成本，促进了机体组织器官的发育及蛋白质、氨基酸的代谢，效果优于常规青贮玉米秸秆、普通玉米秸秆和揉丝玉米秸秆。研究表明，使用马铃薯淀粉渣和玉米秸秆混合青贮饲料能够提高肉羊的生长性能及饲料利用率，生产上可使用80%的混合青贮饲料替代全株玉米青贮料来饲喂肉羊。饲喂发酵的花生秸秆可以增加肉羊采食量，在一定程度上提升肉羊生长性能，同时发酵花生秸秆中大量乳酸菌抑制有害菌的生长，促进肠道微生态环境的健康。在肉羊日粮中添加50%发酵苜蓿可提高其生长性能和营养物质表观消化率，增强机体的免疫力。膨化秸秆微生物发酵饲料+NPN对肉羊瘤胃发酵起到一定的促进作用。

（3）非常规饲料的开发应用。在肉羊饲养中，树叶类（柳树叶、槐树叶）粗饲料的营养价值较秸秆类（水稻秸秆、玉米秸秆）和糟渣类（葡萄渣和醋糟）更高。肉羊养殖中，粗饲料中大蒜秸秆对比常规青贮玉米作为主要成分饲喂，对于小尾寒羊肉羊增重和羊肉品质都有显著的促进作用。日粮中添加50%的杂交构树青贮可明显提高肉羊的生长性能，对血清指标无不良影响，但对瘤胃乙酸产量有负向调节作用。使用青贮构树替换基础饲粮中12.5%的苜蓿干草能改善肉羊肠道形态，促进肠道健康。饲粮中添加青贮杂交构树能提高肉羊免疫力，同时改善肌肉营养成分、肉品质、氨基酸和脂肪酸的组成，且以添加12%效果最佳。肉羊日粮中添加苎麻颗粒料组平均日增重高于花生秆颗粒料组，且羊肉蛋氨酸含量高于苜蓿颗粒料组和花生秆颗粒料组。日粮中添加苜蓿和番薯秧，肉羊对二者营养物质消化吸收能力不同，用番薯秧饲喂小尾寒羊具有更高的经济效益。在肉羊日粮中添加甘蔗尾叶发酵饲料可以提高肉羊的生长性能和产肉性能、改善肉品质，但添加量不宜超过40%。含15%饲料桑的玉米秸秆发酵后按15%比例饲喂羊，其营养价值提高，并能提高肉羊的采食量、降低料重比。从瘤胃降解特性来看，豆角叶和红薯叶的饲用价值最高，牛筋草次之，柠条草饲用价值最低。饲喂杂交构树青贮能提高肉羊免疫能力，可替代全株玉米青贮饲喂肉羊，而饲喂巨菌草青贮降低了肉羊的生产性能。谷草替代全株玉米青贮比例在40%～80%时，可提高肉羊胴体净肉率；全株玉米青贮和谷草干草比例为2：8，羊饲料报酬最高，比例为0：100，屠宰收益最高。此外，开展了食用菌菌糠、芦苇等饲料资源挖掘工作，低苜蓿饲粮开发工作。

（4）胃肠道发育。揭示了绵羊胎儿肠道微生物的起源与组成，以及羔羊早期补饲可通过上皮微生物调控瘤胃发育。研究了不同生理时期羔羊胃肠道真菌发育规律，结果表明随着羔羊日龄增加，胃肠道真菌群落组成、多样性和菌群丰度受到显著影响。真菌群落在胃肠道演替过程分为 3 个阶段：定植阶段（0～10 日龄），过渡阶段（10～45 日龄）和相对稳定逐渐成熟阶段（45～120 日龄），羔羊的年龄和胃肠道不同部位均会影响真菌群落组成，为真菌在羔羊早期生长发育过程的调控奠定理论基础。

（5）特殊生理时期的营养调控。揭示了母羊围产期生理指标及消化代谢的变化规律。明确了断奶羔羊最佳的饲粮过渡方式，降低断奶应激，明确断奶羔羊最佳的饲粮过渡方式为 50%TMR 粉料+50%羔羊料。开展了寒冷条件下，冷应激调控剂对绵羊生产性能、血清生化、瘤胃发酵和消化代谢的影响，冷应激调控剂可提高绵羊冷季日增重 4. 5%以上，提高机体抗氧化能力和机体免疫力，有助于缓解绵羊寒冷应激所造成的生产性能下降。

（6）舍饲智慧化养殖技术。立足繁殖母羊冬季放牧生产方式中存在的母羊能量消耗大、饲养成本高、产草量低的现状，对牧区肉羊养殖重大关键技术进行攻关，建立了“草原羊肉智慧产业园”舍饲技术模式，配套动物防疫栏、母子分栏门、自动饮水装置、智慧牧场系统等。

（7）营养需要。进行了荒漠草原土、草、畜系统中主要矿物质元素季节变化规律的研究，北方寒冷季节圈舍内不同能量水平日粮对肉羊生产性能的影响研究，蒙古羊铜的适宜供给量和营养监测模型建立的研究，冷应激和不同日粮能量水平下蒙古羊生产性能表现的研究。

（8）TMR 及粗饲料的应用。饲喂 TMR 日粮的羔羊，饲料利用效率提高 6. 25%、平均日增重提高 35. 95%，90 天只均耗料减少 6. 7 千克，饲料利用效率提高 28. 6%，只均收益提高了 8. 2%。全舍饲生长育肥期简州大耳羊饲喂全价颗粒饲粮（代谢能 9. 67 兆焦耳/千克，ME/N 0. 43 兆焦耳/克）具有更好的生产性能。研究表明，在羔羊育肥期，选用育肥羊全混合颗粒料能够更好地改善肉品香味，显著提高了日增重、肌内脂肪含量和肌肉中氨基酸含量。肉羊优质粗饲料为地瓜秧和花生秧，较差的为麦秸。全花生秧型日粮在肉羊生长性能及饲料利用率等方面表现出明显优势，可在肉羊生产中推荐使用。另外，花生秧和苜蓿草粉搭配使用较单一饲喂效果更好。在育肥羊日粮中添加谷草可以提高羊的日增重、净肉重和经济效益，适宜的添加量为 10%。

（9）杂粕替代豆粕。在肉羊育肥阶段，可用棉籽粕、菜籽饼、葵仁饼、亚麻籽饼等杂粕代替豆粕作为饲粮中的主要蛋白质源，具有更高的养殖效益。

2021 年国内肉羊营养与饲料技术研发存在的不足有：①肉羊生产中的问题急需交叉学科的融合，跨学科间的合作研究较少；②关于饲料加工、调制技术的研究，以及饲料减排的技术研究较少；③智慧羊业技术研发还需要加强，解决目前肉羊养殖标准化、精准化低的问题。

2021 年肉羊营养与饲料功能研究室代表性成果有重大研发成果 1 项：肉羊营养平衡技术与全营养草料复合颗粒饲料产品。主要技术成果如下。①肉用羔羊营养需要研究及饲草料营养价值综合评定；②羔羊营养平衡与全营养功能性饲料研发；③羔羊瘤胃代谢调控与功能性添加剂研发；④羊肉品质调控机制研究与应用。系统研究了棘果渣、酿酒葡萄皮渣、苦荞黄酮等活性物质对肉羊骨骼肌发育及肉质的影响，阐明了腺苷酸激活蛋白激酶

（AMPK）在棕色及白色脂肪细胞分化中的功能，为改善羊肉品质提供了可续依据。

（三）国内肉羊疾病防治技术研发进展

对中国知网 2021 年度收录的 689 篇中文文章（以“羊”和“疾病”为检索词）的初步分析结果显示，2021 年度国内肉羊疾病防控技术研发的工作主要集中在临床病例治疗、重要疫病的流行病学调查等，其中布鲁氏菌病净化的工作显著增多。但布鲁氏菌病等肉羊重要疾病诊断和检测技术研发、肉羊重要疾病疫苗的研发、肉羊重要疾病的药物研发等领域的进展明显偏少。

（1）肉羊疾病的流行病学调查及防治研究。主要集中在羊的消化系统疾病（消化道寄生虫疾病）、呼吸系统疾病（鼻炎、肺炎、呼吸道感染等）、繁殖性疾病、常见细菌性疾病（肉毒梭菌病、羊梭菌性疾病、沙门氏菌病、巴氏杆菌病等）的诊断方法、流行病学及治疗措施的研究，并在四川、青海、湖北等省份部分地区开展了布鲁氏菌病的流行病学调查。

（2）布鲁氏菌病检测技术检验。采用虎红平板凝集试验、试管凝集试验和竞争 ELISA 试验对羊布鲁氏菌病进行了对比检测。结果表明，3 种不同的血清学检测方法检测的结果符合率为 100%。布鲁氏菌病虎红平板凝集试验快速、准确，可做大批量检测；布鲁氏菌病试管凝集试验准确，检测数量不受限制，但检测时间长；布鲁氏杆菌竞争 ELISA 抗体检测准确，但价格贵，且适宜一次做 92 份样品，单个或数份样品会造成试剂浪费。因此，在人力财力匮乏的县级实验室大批量检测时应选择布鲁氏菌病虎红平板凝集试验初检，再用布鲁氏菌病试管凝集试验确诊为最佳。

2021 年肉羊疾病防控研究室代表性成果有 5 个方面。①布鲁氏菌病等肉羊重要疾病诊断和检测技术研发。发现了 3 个评价布鲁氏菌病 S2 疫苗免疫效果的重要标记基因 novel-229(miRNA)，novel-609(miRNA)，novel-973(miRNA)；建立了基于微流控芯片的布鲁氏菌诊断方法；建立了布鲁氏菌与羊源多杀性巴氏杆菌双重巢式 PCR 检测方法等。②肉羊重要疾病疫苗的研发。构建了羊口疮-羊痘细胞弱毒疫苗效力评价动物试验模型，完成了兔子攻毒评价试验，并成功复制出了病例试验模型。③肉羊重要疾病的药物研发。完善羊硬蜱驱避剂田间应用试验；开展了抗运输应激中药方剂——“抗晕宝”的临床推广示范。④肉羊重要疾病流行情况调查。系统地开展了地方性流产的病原（因）调查，为河南、山西、江西、天津、内蒙古、黑龙江、辽宁、宁夏 8 个省（区、市）的 2 719 份羊粪便样品做了肠道寄生虫流行病学调查。⑤肉羊重要疾病净化与监测研究。制定农业行业标准《种畜场口蹄疫免疫无疫控制技术规范》；口蹄疫免疫无疫控制技术在广西、山东、安徽、新疆等 17 个省（区、市）进行了验证，被农业农村部推介发布为 2021 年农业主推技术之一。

（四）国内肉羊屠宰与羊肉加工技术研发进展

2021 年国内肉羊屠宰与羊肉加工技术研发进展表现在以下几个方面。

（1）开展了羊肉品质评价研究，初步确定了 ENO3、PGM1 等 8 个羊肉品质潜在生物标志物，明确了湖羊、小尾寒羊等品种羊肉的时空、四维品质特性，揭示了不同品种绵羊与肌纤维发育性状相关的差异代谢物和关键表达基因。

（2）开展了羊肉品质智能识别技术研究，开发了基于硫化氢、光纤光谱技术的羊肉新鲜度识别技术，评估了花青素、姜黄素等天然指示剂对羊肉新鲜度的监测能力，研发了基于高光谱成像技术的羊肉嫩度检测方法、基于脂肪酸指纹图谱的产地溯源技术，研建了一体化羊肉品质检测装备。

（3）开展了羊肉精准保鲜数字物流技术研究，揭示了肌球蛋白调节轻链磷酸化靶向调节肌动球蛋白解离的机制，阐明了糖酵解对羔羊肉品质调控的作用机制和超快速冷却抑僵直保质与抑菌保鲜的机制，明确了反复冻融、超声波辅助冻融对羊肉品质的影响。

（4）开展了烤羊肉风味与加工危害物分析研究，揭示了绿原酸、表儿茶素等抑制羊肉烤制过程中杂环胺形成规律，阐明了磷脂酰胆碱与磷脂酰乙醇胺可能是形成烤羊肉风味物质的关键脂质，研究了天然香辛料对卤煮羊肉品质的影响，构建了基于机器视觉技术的烤羊肉颜色识别与褐变程度预测技术。

（5）开展了羊副产物高值化加工技术研究，揭示了超高压及处理对羊骨脱脂效果、羊肝酱风味品质的作用效果。

（6）开展了羊肉质量安全监测研究，研发了活羊胴体性状 CT 精准测定与评价技术、羊肉致病微生物快速检测技术，建立了羊肉中多黏菌素液相色谱-串联质谱检测方法、基于微滴式数字 PCR 的羊肉中鸭源性成分定量检测方法，构建了肉羊运输应激标志物预测模型。

目前，我国肉羊屠宰与羊肉加工技术方面与国际领先水平差距逐渐缩小，在宰后早期羊肉品质调控机制、传统羊肉制品工业化加工、羊副产物综合利用等方面处于国际领先水平，在羊肉品质评价、羊肉品质智能识别、机器人分割等方面还存在一定差距，具体如下。一是我国特色山羊和绵羊品种羊肉的特质品质本底不明，难以量化评价；二是现有羊肉品质评价方法操作烦琐、滞后，无损的、智能的识别技术装备与国外先进水平还有差距；三是冷鲜羊肉贮藏流通过程中的损耗率依然很高，亟待突破靶向性、精准性的冷鲜羊肉减损保鲜技术；四是目前我国羊肉精深加工产品依然比较缺乏，肉羊加工副产物综合利用率依然较低。

2021 年肉羊加工研究室代表性成果包括以下 5 个方面。①针对我国不同品种羊肉特征品质不清、品质识别技术缺乏的问题，开展了羊肉品质评价与智能识别技术研究；②针对我国冷鲜羊肉品质调控理论缺乏、仓储物流损耗率高的现状，开展了冷鲜羊肉品质形成机理、羊肉精准保质保鲜技术研究；③针对烤羊肉、酱卤羊肉等传统羊肉制品风味易丢失与加工危害物含量高的问题，开展了营养健康羊肉制品加工技术研究；④针对羊骨、羊脂利用率低、加工技术缺乏的问题，开展了羊骨、油脂高值化加工技术研究；⑤针对羊肉质量安全检测方法复杂、耗时的问题，开展了羊肉质量安全控制新技术研究。

（五）国内肉羊生产与环境控制研发进展

2021 年，肉羊生产与环境控制领域研究取得了多方面的研究进展，主要表现在以下几个方面。

（1）智慧牧场。智慧养殖是采用射频识别电子标签、智能移动终端、大数据平台等诸多移动互联网和物联网技术融为一体用于养殖业的最新模式。我国当前肉羊养殖正处于从传统分散养殖向规模化、集约化养殖转型升级的关键时期。借助逐步成熟的物联网技术、人工智能控制及大数据平台等在肉羊产业中的应用，使得传统肉羊产业正在向集约化、精准化、智能化、数据化转变，对肉羊产业转型升级起到了积极的推动作用。目前国内在肉羊养殖上通过对羊场环境监测、肉羊发情+活动量监测、肉羊移动定位、饮水监测、羊场关键位置等监控，数据采集至管理平台，实现监测、报警、数据分析等功能，实现智能化、降低成本、提高牧场效率。

（2）羊舍设施开发。随着我国规模化、标准化舍饲肉羊生产的发展，羊舍设计与配套实施建设趋于简洁化、实用化和标准化，钢架结构配套彩钢保温板羊舍广泛应用，基本技术参数更加科学合理，趋于一致，为实施肉羊养殖精准管理创造基础性便利条件。其中穿戴式传感器在肉羊养殖各个环节广泛应用，不仅可以收集放牧羊只牧食行为的相关数据，还可以实时监测肉羊运输过程中的应激特征等。此外，基于视频的短时咀嚼行为识别研究为分析肉羊采食量提供新的研究思路。

（3）粪污资源化利用。主要集中在生物菌制剂在堆肥发酵中的效果以及有机肥还田、土壤生态修复等方面的研究。揭示了持续施入羊粪有机肥（7.5～12.5 吨/公顷）可以显著提升饲草产量（38.1%～46.4%）、土壤中钾和有机磷含量；并且发现使用新型羊粪快腐菌剂可以从多方面提升羊粪有机肥的肥效，同时能够增加微生物多样性，减轻土壤龟裂程度，减少土壤黏性，增强土壤的持水能力及抗旱能力。同时，国内学者也研究了使用羊粪有机肥对农作物、瓜果和蔬菜以及土壤有机质含量等影响，揭示了羊粪在土壤修复、促进农业绿色发展方面具有重要作用。

2021 年，肉羊生产与环境控制领域研究不足之处主要表现在以下几个方面。①羊场智能化水平低，远落后于猪、牛、禽类等家畜；大部分肉羊养殖智能化管理设备还处于研发阶段，亟待在生产实践中试用、改进、推广。②肉羊机械装备基础研究起步晚，基础弱，科技创新能力差，导致肉羊机械装备产品精细化、标准化、智能化水平低。③肉羊精细化饲养管理水平低，基于不同生长阶段的羊舍环境标准缺乏必要的参数。

2021 年肉羊生产与环境控制研究室代表性成果主要有以下七点。①“农区草牧业（肉羊）标准生产体系”成果入选国家“十三五”科技创新成就展，并在北京展览馆进行展示；②开展围产期繁殖母羊母子一体化饲养管理关键技术研究；③开展四青作物饲料化高效利用技术研究与示范，日粮添加 30%蚕豆皮可以显著提高湖羊日增重、屠宰性能，提高胴体重和眼肌面积；④针对南方地区高温高湿环境特点进行标准化羊场设计，在海门山羊保种场设计环保高效“楼房”羊舍方案，该方案羊舍共分为 3 层，提高了土地利用率；⑤继续强化智慧牧场管理建设，开发山羊智能选育系统 1 套，建立山羊养殖场育种信息数据平台；⑥持续开展羊粪有机肥对土壤的改良机理方面的研究；⑦继续进行羊舍内自动喷雾消毒装置研究，该装置具有自动导航行走、自动喷雾消毒、遥控、定时、使用简单等特点。

（六）我国肉羊产业发展的对策建议

1. 促进肉羊育种技术研发的对策建议

（1）舍饲母本品种联合育种。选育舍饲绵羊新品种（系），研发舍饲品种培育关键技术。新品种（系）作为超级绵羊母本，年产 6 羔（一年两胎，每胎 3 羔），繁殖效率提高 2 倍，舍饲效益提高 3 倍。联合育种加快舍饲品种育种进度，综合现代繁殖技术推广新品系。建立品种协会或育种联盟，建立实用的大数据平台，支撑联合育种。

（2）舍饲山羊新品系选育技术。新品系作为超级山羊母本，年产 6 羔（一年两胎，每胎 3 羔），繁殖效率提高 2 倍，舍饲效益提高 3 倍。

（3）舍饲品种羔羊高效生产关键技术研发。开发人工奶新产品和与之配套的饲喂新技术，提高羔羊成活率到 98%（现在是 72%），效益提高约 30%。开发 FTMR 颗粒饲料新产品和与之配套的全自动饲喂新技术，提高肥羔成活率到 99%（现在是 90%），效益提高约 10%。

2. 促进肉羊营养与饲料技术研发的对策建议

（1）今后应面向肉羊产业生产一线，面向国际发展前沿，围绕肉羊产业的重大需求，开展科学试验与生产实践，重视开展跨学科间的交流与合作，开展联合攻关工作。

（2）建立适合我国国情的肉羊饲养管理技术体系。以降低养殖成本，实现源头减排，推动肉羊养殖向规模化、集约化、标准化、智慧化发展。继续开展肉羊营养代谢试验，研发肉羊新型功能性饲料；开展饲草料营养价值评价，非常规饲料资源开发与利用；研究营养调控添加剂对母羊围产期消化代谢、瘤胃微生物及血液指标变化规律的影响；开展牧区冬春季高效生态养殖模式试验示范；寒冷胁迫下肉羊营养代谢研究；功能性饲料的开发及其对绵羊肉品质的研究。

（3）积极开展饲草、饲料的加工调制。开发饲草饲料资源。充足、优质的饲草饲料来源，是肉羊产业发展的基础。根据羊的生物学特性及现代化肉羊生产的需要，首先要对天然草地进行人工改良，或种植人工牧草，在耕作制度和农业产业结构调整中实行三元结构，在青绿饲料丰富时重点放牧加补饲，在枯草期则可完全舍饲喂养加运动。为此，应加大秸秆类粗饲料的利用，研制秸秆类粗饲料的加工调制技术，使羊在枯草期能保证足够营养。另外，积极开发饲草饲料资源，为发展标准化、规模化、集约化养羊提供充足的饲草资源，降低舍饲养羊成本。

3. 促进肉羊疾病防治技术研发的对策建议

（1）加强宣传。尤其是针对布鲁氏菌病等人兽共患病，多层面进行科普宣传，形成群防群控的意识和氛围。

（2）加强布鲁氏菌病净化场建设工作。推动畜牧业绿色发展，引导养殖场开展疫病净化，从源头上阻断疫病传播。

（3）加强免疫接种的群体免疫效果的评估，保证疫苗的免疫防控效果。

（4）加强疫病检测新技术、新方法的研发，加强安全高效疫苗的研发。

（5）加强兽医人员防护和培训工作，提高基层实验室监测水平。

4. 促进肉羊屠宰与羊肉加工技术研发的对策建议

（1）推进羊肉品质评价与智能识别技术研究。解析我国特色品种羊肉的特质品质，挖掘表征羊肉品质的生物标志物，研发基于近红外光谱、高光谱、机器视觉的羊肉品质智能化识别技术，实现我国羊肉品质数字化表征和智能识别，为我国地方特色肉羊品种资源的开发、利用奠定科学基础。

（2）推进智能化屠宰分级分割技术研究。研发机器人分割技术装备，构建适合我国肉羊屠宰分割分级特点的装备体系，为肉羊产业的智能化升级提供技术支撑。

（3）推进冷鲜羊肉精准保鲜数字物流技术研究。揭示僵直前羊肉品质保持机制，继续研发电场辅助冰温/超冰温保鲜和抗菌活性包装技术，开发超快速冷却、数字物流系统与装备，实现冷鲜羊肉精准保质保鲜，为羊肉减损、保供提供技术支撑。

（4）推进营养健康羊肉制品加工技术研究。继续解析传统羊肉制品品质形成、营养增益与危害因子阻控协同调控机理，基于风味与健康双导向理论，研发即食、即热、即烹、即配的营养健康羊肉制品，提高羊肉加工附加值，满足国内居民消费升级的需求。

（5）推进肉羊副产物精深加工技术研究。研究可食性副产物的脏器味消除和保鲜技术，研发活性物质高效提取技术，开发高附加值新产品，为副产物高值化利用提供技术支撑。

（6）推进羊肉质量安全控制新技术研究。研发致病菌、腐败菌快速检测监测技术，利用物联网、大数据、区块链等新技术开发新型溯源技术，为保障羊肉质量安全提供技术支撑。

5. 促进肉羊生产与环境控制技术研发的对策建议

（1）加快肉羊羊场智能化羊舍及配套设施装备研发。重点研发羊舍建筑与热环境调控系统、羊舍防疫消毒控制系统、自动清粪装备与智能控制及报警系统等，实现集智能化养殖，精准化管理，减少排放的可持续生产技术和解决方案的智慧化养殖场。持续关注肉羊产业发达国家羊舍设计建造以及配套设施设备的研发应用趋势，认真借鉴吸收国外肉羊养殖设施设备研发先进技术和生产经验，进一步凝练科学问题，明确技术难点，进行攻关和技术储备，研究适于不同生产环境和经济发展水平，且具有广适性、经济耐用的自动化、智能化设备。

（2）加大肉羊生长模型基础研究。根据肉羊生长环境研究适宜肉羊健康生长的模型，重点突破根据肉羊不同生长阶段对环境要求，研究最适宜的生长模型，实现养殖过程一键操控，全程跟踪监控。

（3）加强体系内及体系外合作。通过交叉学科、优势互补，梳理研究室工作中的共性问题，提升工作效率。

（国家现代肉羊产业技术体系首席科学家　金海　提供）

2021年度绒毛用羊产业技术发展报告

（国家绒毛用羊产业技术体系）

一、国际绒毛用羊生产与贸易概况

1. 2021年世界羊毛产量与2020年相比预计有所增加

根据国际毛纺织组织（IWTO）和澳大利亚羊毛产业协会（AWI）等国际机构的资料显示，2021年世界羊毛产量（净毛，下同）预计为109.25万吨，较2020年增加了3.84%。2021年世界羊毛产量同比增加的主要原因是2021年澳大利亚、中国、印度和南非羊毛产量均出现较大幅度的增加。根据IWTO和AWI的研究报告显示，2021年澳大利亚、中国、印度和南非羊毛产量预计较2020年分别增加11.95%、1.19%、0.60%和2.16%。除此之外，在世界其他羊毛生产国中，新西兰、乌拉圭和美国羊毛产量预计保持不变，而阿根廷、英国和蒙古国2021年羊毛产量较2020年预计均有不同程度的下降。各国羊毛产量变化原因有所不同。2021年澳大利亚羊毛产量同比出现增长主要受益于频繁的降雨，澳大利亚昆士兰州、新南威尔士州和西澳大利亚州等羊毛主产区的草场植被长势较好，饲草料供给充足，绵羊养殖数量和生产性能均得到提升。根据澳大利亚羊毛生产预测委员会（AWPFC）预测，由于受降水量充沛的影响，2021年澳大利亚可剪毛绵羊数量和只均剪毛量分别增长至7 000万只和4.54千克/只，同比分别增长了4.60%和3.20%。中国和印度羊毛产量的增长得益于全球疫情防控形势持续向好，国内外经济恢复速度加快。随着国内外羊毛制品的消费需求回暖，两国纺织加工企业复工复产进入“快进”模式，对羊毛原料的需求也随之增加，羊毛价格较2020年下半年有所回升，带动了两国羊毛产量的增长。南非羊毛产量的增加主要受到良好的气候条件和旺盛的市场需求的影响，2021年南非降水条件良好，饲草量供给充足导致剪毛量增加；另外南非羊毛具有长度离散低，洗净率高等良好的品质①，随着全球经济的复苏，各国对优质羊毛的需求有所增加，使得南非羊毛价格提升，南非羊毛产量得以增加。在其他预计减产的国家中，受到新冠病毒德尔塔变异毒株的影响，英国羊毛市场需求受到抑制，另外再加上合成纺织原料等羊毛替代品的冲击，导致已降至低点的羊毛价格进一步下降，使得养殖户养殖可剪毛绵羊的积极性减退，从而造成了羊毛产量的降低；阿根廷羊毛产量下降主要是遭到极端天气的负面影响②，高温和干旱的气候抑制了牧草的长势和绵羊繁育性能，导致可剪毛绵羊数量减少；受沙尘暴和新冠肺炎疫情的双重影响，蒙古国绵羊养殖条件和羊毛市场需求均遭到负面冲击，羊毛产量因此下降。

---

① 根据南京羊毛市场发布的信息，截至2021年12月，全球约70%的RWS（责任羊毛证书）认证羊毛来自南非。

② 根据阿根廷国家气象局在国家气候变化内阁扩展会议中提供的数据：“2021年1月至9月是阿根廷过去60年中第七暖和第八干旱的时期”。

2. 2021 年世界羊绒产量与 2020 年相比预计有所增加

中国和蒙古国是世界最主要的羊绒生产国，两国羊绒产量占世界羊绒总产量的90%以上，因此可根据中国和蒙古国的羊绒产量来预估世界的羊绒产量。2021 年中国羊绒产量预计较 2020 年有所增加，而蒙古国羊绒产量预计与 2020 年持平，因此 2021 年世界羊绒产量预计较 2020 年有所增加。具体来看，中国方面，受羊肉和羊绒价格上涨导致养殖效益提升等因素影响，2021 年中国绒山羊养殖规模预计增加，羊绒产量也随之增加。根据国家绒毛用羊产业技术体系产业经济研究团队 2021 年赴河北、辽宁羊绒主产省的调研数据显示，2021 年绒山羊调研县（辽宁盖州市、本溪县，河北青龙县、宽城县）羊绒总产量较 2020 年增加了 8.77%。蒙古国方面，根据蒙古国国家通讯社官网 2021 年 4 月发布的消息，2021 年蒙古国羊绒产量预计与 2020 年持平，为 11 800 吨。

3. 2021 年世界羊毛贸易量与 2020 年相比预计有所增加

根据国际贸易中心（ITC）的相关数据，2021 年 1—9 月，世界羊毛贸易量较 2020 年同期增长了 36.15%①。2021 年 1—9 月，在世界羊毛主要出口国中，除了比利时出口量同比减少 18.64%之外，新西兰、南非、澳大利亚、土耳其等国的羊毛出口量同比均表现出增长态势。俄罗斯羊毛出口量同比增长幅度最大，为 196.55%；土耳其次之，为 92.67%；之后是西班牙、澳大利亚和新西兰，分别为 89.61%、41.16%、29.67%；南非和英国羊毛出口量同比增幅相对较小，分别为 9.02%和 4.42%。在世界羊毛主要进口国中，中国、英国、土耳其、意大利、捷克、立陶宛、比利时和德国的羊毛进口量同比均表现出增长态势。英国的羊毛进口量同比增幅最大，为 73.11%；立陶宛次之，为 51.95%；之后依次是土耳其、比利时、中国、捷克和意大利，分别增长了 48.59%、37.69%、36.70%、31.09%和 25.89%；德国羊毛进口量同比增幅最小，为 11.30%。

4. 2021 年世界羊绒贸易量较 2020 年预计有所下降

中国是世界最主要的原绒进口国，所以根据中国羊绒贸易量的增减可预测世界羊绒贸易量的变化。根据中国海关总署的数据显示，2021 年 1—11 月中国羊绒累计进口量为 4 250.11 吨，相比 2020 年同期的 6 069.11 吨，减少了 29.97%；2021 年 1—11 月中国羊绒累计出口量为 33.44 吨，相比 2020 年同期的 18.80 吨，增加了 77.87%；综合羊绒进口和出口贸易来看，预计 2021 年全年中国羊绒贸易量同比将出现下降，由此可推测，2021 年世界羊绒贸易量同比也将出现下降。

5. 2021 年世界羊毛价格表现为同比上升

2021 年 1—11 月世界主要羊毛生产国中，中国羊毛（66S 左右）平均价格为 17.5 元/千克，较 2020 年同期上升了 9.38%；澳大利亚东部、北部、南部、西部市场的羊毛年均综合价格指数同比上升了 8.13%；新西兰市场的羊毛（细度 36～39 微米粗支杂交毛）年均价格同比上升了 13.62%；南非市场的羊毛（细度 21 微米净毛）年均价格同比小幅上升了 3.60%②。

---

① 数据来源于国际贸易中心（ITC），http://www.intracen.org/。

② 数据来源于《2021 年我国绒毛用羊产业发展与政策研究报告》和南京羊毛市场。

6. 2021 年世界羊绒价格同比上升

2021 年 1—11 月世界最大的羊绒生产国——中国羊绒平均价格为 204. 66 元/千克①，较 2020 年同期上升了 11. 87%。预计 2021 年全年中国羊绒平均价格同比上升，进而推断 2021 年世界羊绒价格也同比上升。

二、国内绒毛用羊生产与贸易概况

1. 2021 年我国细毛羊存栏量减少，绒山羊存栏量增加

根据国家绒毛用羊产业技术体系产业经济研究团队对内蒙古、新疆、辽宁和河北 4 省区 8 个旗县的绒毛用羊生产形势的调研结果，2021 年细毛羊调研县（内蒙古敖汉旗、克什克腾旗，新疆奇台县、乌鲁木齐县）细毛羊存栏量为 57. 93 万只，同比减少 5. 20%；绒山羊调研县（辽宁盖州市、本溪县，河北青龙县、宽城县）绒山羊存栏量为 119. 01 万只，同比增加 0. 82%。

2. 2021 年我国细羊毛产量同比下降，羊绒产量同比上升

上述调研数据显示，2021 年细毛羊调研县（内蒙古敖汉旗、克什克腾旗，新疆奇台县、乌鲁木齐县）细羊毛总产量为 1 813. 95 吨，较 2020 年减少了 4. 51%；绒山羊调研县（辽宁盖州市、本溪县，河北青龙县、宽城县）羊绒产量为 682. 70 吨，较 2020 年增加了 8. 77%。

3. 2021 年我国羊毛和羊绒价格均同比增长

据国家绒毛用羊产业技术体系产业经济研究团队的调研数据显示，2021 年 1—11 月中国羊毛（66S 左右）平均价格为 17. 5 元/千克，较 2020 年同期增长了 9. 38%。从 2021 年羊毛价格的年内走势看，据南京羊毛市场统计数据显示，国产羊毛（64S 国毛条和 66S 国毛条）平均价格先由年初 1 月的 56. 15 元/千克下降到 2 月的 55. 50 元/千克，随后羊毛月平均价格逐渐上涨，4 月羊毛月平均价格上升至 67. 50 元/千克，截至 11 月，羊毛月平均价格一直维持在 67. 50 元/千克，与 2020 年同期的 63. 00 元/千克相比增加了 7. 14%。2021 年 1—11 月我国羊绒平均价格为 204. 66 元/千克，较 2020 年同期增长了 11. 87%。年内羊绒月平均价格先由年初 1 月的 190. 00 元/千克迅速增至 6 月的 209. 00 元/千克，此后羊绒价格稳中有升，11 月羊绒价格微增至 209. 38 元/千克，较 2020 年同期的 185. 43 元/千克增长了 12. 92%。

4. 2021 年我国羊毛进口和出口同比均增加，羊绒进口同比减少、出口同比增加

据中国海关统计数据显示，2021 年 1—11 月，我国羊毛累计进口量为 26. 56 万吨，比 2020 年同期增加 33. 87%；累计进口额为 22. 28 亿美元，比 2020 年同期增加 52. 18%。2021 年 1—11 月，我国羊毛累计出口量为 0. 66 万吨，比 2020 年同期增加 20. 96%；累计出口额为 0. 35 亿美元，比 2020 年同期增加 22. 29%。2021 年 1—11 月，羊毛贸易逆差累计为 21. 93 亿美元，比 2020 年同期增加 52. 78%。2021 年 1—11 月我国羊绒累计进口量为 4 250. 11 吨，比 2020 年同期减少 29. 97%；累计进口额为 1. 87 亿美元，比 2020 年同期减少 6. 83%。2021 年 1—11 月，我国羊绒累计出口量为 33. 44 吨，比 2020 年同期增加

① 根据内蒙古羊绒交易中心公布的 2021 年 1 月羊绒价格和河北省清河县羊绒小镇综合管理中心公布的羊绒价格指数计算得到，其中羊绒价格为套子绒价格。

77.87%；累计出口额为155.30万美元，比2020年同期增加124.38%。2021年1—11月，羊绒贸易逆差累计为1.86亿美元，比2020年同期减少7.29%。

三、国际绒毛用羊产业技术研发进展

（一）遗传育种与繁殖领域

在育种目标性状选择上，主要毛绒产量、品质性状仍是绒毛羊选育的主体目标性状，且发达国家多已形成相应的遗传评定体系。贴身针织类毛纺品为羊毛提供了新的市场，其需要纤维直径小的羊毛。因此改善纤维直径性状仍是保持细毛羊育种的主要方向之一。同时，动物福利性状、抗病性状（肠道寄生虫病、抗蝇蛆病、抗蠕虫病等）、繁殖性状（高产羔率、非季节性繁殖等）、产肉性能及环境保护等相关性状选育研究也是国外绒毛羊育种领域所关注的目标性状。而应对目前和未来气候变化的负面影响，育种规划中需要逐步考虑对气候环境的适应性，以避免可能导致的生产损失。

育种技术方面，结合基因组信息估计遗传参数、开展遗传评定等在羊抗病、生长不同性状选择中已有研究应用，进一步提高了选择准确性和遗传进展。重测序技术、多组学分析技术、表观遗传学技术、基因组关联分析等被应用于性状形成分子调控机理、毛囊发育调控机理、性状相关候选基因鉴别等研究领域，与毛囊发育、羊毛品质、抗病等相关的候选基因不断被鉴别。人工神经网络、贝叶斯技术、机器学习等计算技术逐渐在羊育种值预测、性状基因挖掘领域应用。最近，通过对不同羊毛类型绵羊的基因组比较研究中，鉴别出与羊毛细度相关的基因及其因果突变，为细毛羊、半细毛羊纤维直径的分子调控研究提供了借鉴。同时，绒毛用羊产业技术体系的质量控制团队，已经开发出绒毛表型组全天候细度长度等多参数高通量检测系统，可以一次检测8个参数，实现了绒毛用动物表型组学的重大突破。在精准育种、种质资源保护与创新利用、缩短育种周期等方面已经发挥重大作用，进化成多种技术形态并成功应用到全产业链各个环节。

繁殖技术方面，近年来巴西研究人员在绵羊、山羊上均成功实施了非手术法胚胎采集，通过子宫颈来冲胚的非侵入性方法，这种方法最大的优势是对羊的损伤小，保护动物福利，且设备相对简易低廉，耗时少，其效果优于手术法。随着分子标记辅助育种和基因组选择育种技术的发展，体外胚胎移植（JIVET）技术对加快遗传进展、缩短育种周期有巨大优势。为了提高性成熟前羔羊卵子的发育能力，意大利研究人员探索了一种3D培养系统，可显著提高羔羊卵母细胞的体外发育潜力。

（二）营养与饲料领域

在绵羊饲养中，确定其营养需要量有助于提高生产性能，减少饲料浪费，提升生产效益。近年来，国内外学者持续对不同品种、生理阶段、饲养方式下绵羊的营养需要开展研究，Sousa等开展了圣伊内斯绵羊常量元素和微量矿物质元素需要量研究，结果显示2月龄公羔的维持净钙、磷、镁、钠、钾等需要量与已有制定的绵羊营养需要量存在差异。提高饲料资源利用率、开发新型饲料一直是国内外研究关注的重点，Redoy等研究报道，在周岁绵羊饲粮中添加10克DM的中草药车前草（PL）或大蒜叶（GL），能增加体重和提高饲料转化率，且添加PL组绵羊具有更高的血清免疫球蛋白浓度、抗氧化能力和瘤胃乳头数；添加中草药组的肉质含有较低的粗脂肪和饱和脂肪酸，但多不饱和脂肪酸水平较高，提示添加车前草或大蒜叶不仅能促进绵羊生长，还能改善肉质。

瘤胃微生物在反刍动物的营养中起着重要的作用，瘤胃微生物、肠道微生物营养也是近年研究的重点、热点和难点，对动物的肠道健康具有重要指导意义。Cai 等通过体内、体外试验方法评估酪酸梭菌对热应激山羊瘤胃发酵和生长性能的影响，结果发现在饲粮中添加 0.05%的酪酸梭菌，可以改善热应激山羊的瘤胃发酵性能，提高干物质采食量和平均日增重。

通过开展基础研究，国内外学者在分子层面研究营养素对基因表达的调控、营养素与基因互作、营养物质代谢等来揭示不同营养物质对反刍动物繁殖、生长发育的影响机制。Guo 等研究分析了限饲条件下，妊娠期湖羊肝脏和肾脏的转录组谱，结果发现相较于对照组，限饲组羊的胰岛素浓度降低，胰高血糖素、肾上腺素和去甲肾上腺素增加；限饲组降低了肝脏中糖异生基因的表达，而肾脏中糖异生基因和葡萄糖转运蛋白-1 的相对 mRNA 表达水平增加，钠-葡萄糖协同转运蛋白-1 的 mRNA 表达降低，提示在肾脏中，限饲主要激活了糖异生来改善能量负平衡。

通过营养手段能提高动物生产性能，减少养分浪费和对环境的污染。Brito 等研究指出通过营养策略可以减少放牧过程中动物的甲烷排放，如使用优质饲草（芸薹属植物、多年生黑麦草）、浓缩料、海藻添加剂等。Yang 等研究指出，提高饲喂水平（提供新鲜黑麦草）能显著降低干母羊甲烷排放占养分摄入或能量摄入的比例，以及尿氮、粪氮排放占氮摄入量的比例，提示优化牧草摄入量能有效缓解放牧羊生产中的养分和气体排放对环境的污染。

聚焦绵羊营养、繁殖、育种等研究方向，还有一些研究内容和研究方法具有启发性，值得关注。Wettere 等综述了热应激对绵羊繁殖性能的影响，指出当温度高于 32℃时，对母羊发情前、后 5 天繁殖力（发情、受精、胚胎成活和产羔）的破坏性最强，且在怀孕期间会降低羔羊的初生重，同时，热应激公羊的生育力也会降低，因此生产中应关注羊舍温度和羊只行为变化。Zhang 等通过靶向和非靶向代谢组学，分析了不同饲养方式对藏绵羊肌肉代谢的影响及其代谢物与肉质的相关性，结果表明与传统放牧相比，舍饲的藏绵羊肉质营养更佳，且主要的上调代谢物和代谢通路受必需氨基酸和氨基酸代谢调控，下调的代谢物和代谢通路则受多不饱和脂肪酸和脂质代谢调控，可见舍饲养殖有利于藏羊肉的生产，其可通过改变肌肉代谢、增加肌肉中营养物质沉积来提供更好的口感和高的营养价值。

（三）疾病防治领域

国内外目前对羊重大动物疫病普遍采取控制传播和净化措施，实现重大羊病有效控制，然后过渡到消灭。国际上发达国家对羊烈性传染病特别是人兽共患病防控特别重视，同时关注影响公共卫生安全的人兽共患病和降低生产性能的疫病，羊重大动物疫病发病几率较低，防控主要采取动态监测和危险性评估为主。由于采取有效的检测手段，因而发达国家在疫病防控方面较为主动。我国由于疫情的复杂性和养殖方式的多样性，现阶段主要采取新型高效疫苗有效控制结合淘汰净化同时并举的方式开展疫病防控。

疫病防控技术研究中，国际上非常重视羊病诊断检测技术研究，注重高敏感性、高通量检测技术研发；疫苗研究则趋向于安全高效的新型基因工程疫苗、标记疫苗及多价疫苗方向发展，此外新型疫苗佐剂和免疫增强剂的研究也受到关注。总体来说，高敏感性和高通量诊断技术和新型安全高效疫苗是防控技术目前的重点研究方向。

国际上发达国家，如欧美、大洋洲国家等在羊寄生虫病防控技术上依然有许多方面引领世界，值得我们学习和借鉴。抗寄生虫病药物研发方面有许多新药是欧美等发达国家研发的，欧美在寄生虫病防控模式方面有优势，基础科学研发领先，表现在防控寄生虫病的分子生物学和免疫学技术应用方面领先。遗传学角度，从抗寄生虫病基因研究出发，到抗病品种的培育方面。在疫苗佐剂方面，国外也一直领先于我国。

（四）生产环境控制领域

随着规模化、标准化羊生产的发展，新型建筑材料的应用越来越广泛，羊场与羊舍的规划设计也趋于标准化、简洁化、实用化，养殖环境的改善越来越受到重视。羊的饲养管理向着自动化、智能化、数字化、信息化、精细化的方向发展。现阶段的研究显示人工智能（AI）可参与解决与动物福利和健康相关的问题。20世纪末期，美国首先尝试将自动称重系统引入养殖业，研制出一款动物自动称重设备，随后加拿大、新西兰等国家也相继研制出类似的畜牧称重系统。在新西兰利用无人机进行放牧也成为现实，澳大利亚的相关研究应用红外热成像（IRT）和机器学习技术的组合来预测遭受热应激（HS）的绵羊RT。

绒毛用羊仍处于垫圈养殖方式，也就是采用鲜羊粪作为垫料，对根据尿液及氨气损失以及保氮提质作为技术研究和垫料添加的指标考虑不周。Costa等研究表明，羊垫料中添加≥50%的牛粪时，堆肥效率和堆肥产品质量显著提高。Tabrika等研究发现，羊粪的加入可以显著提升番茄秸秆堆肥工艺及堆肥产品质量。Duan等研究发现，10%苹果枝生物炭的添加具有显著减少污染气体排放和促进堆肥产品中重金属钝化的效果。Lu等研究了微生物菌剂添加对山羊粪堆肥过程中碳保留的影响。Amorim等研究发现，在绵羊粪厌氧消化体系中添加鸡蛋孵化的液体废弃物，显著提高了绵羊粪便厌氧消化的经济可行性。Kumar等研究绵羊粪和厨余垃圾共消化的最佳配比，发现绵羊粪：厨余垃圾为40：60时，甲烷产率最高。Garczynska等研究发现，绵羊粪蚯蚓堆肥施用可以显著提高甘薯产量和品质，同时还可以提高土壤中总碳、总氮以及可利用磷、钾、镁的含量。

为了实现作物增产增效和绿色生产，Yang等研究表明，绵羊粪和化肥联合施用显著提高作物产量和质量，同时还可以提高氮肥利用率和减少硝态氮对地下水的污染。Sourav等使用模型模拟山羊粪的热解，结果表明，当温度为800开尔文，山羊粪的粪便流量为200万吨/天时，其焦炭产量最小，焦油产量最大，焦气产量最大。完全腐熟的羊粪还可以与草炭复配作为栽培基质，替代商品基质。我国羊粪资源化利用方式相对较落后，多数采用简单的堆沤后还田利用，缺乏科学指导，也没有规模化粪便处理设施，羊粪简单堆沤过程存在腐熟度低、污染气体排放严重，风险污染物大量存在等问题，严重危害土壤、作物和人类的健康安全。

（五）绒毛品质控制、检测与加工领域

1. 绒毛品质控制

由于对客观检验益处的充分理解加上对顾客需要的认识，澳大利亚、新西兰羊毛生产者已建立良好的质量意识，能够很好地在育种、饲养管理和羊群管理等方面制定并贯彻具体的技术措施，提高羊群内羊毛重要加工特性的一致性水平。这些都对满足顾客的需要，增强市场信心产生积极的影响，从而获得更大的市场份额和更多的收入。

澳大利亚、新西兰在育种和饲养管理方面主要采用的技术措施有：能够根据草场情况安排合适的载畜量，降低干旱季节对纤维生长的影响，实现草场与羊群的均衡发展；采用适当的药物处理，减少腹泻发生率和粪污毛，消灭飞蝇和体外寄生虫；正确实施剪尾和剪腿臀毛，减少粪、尿污毛的影响；使用羊衣或避免在草种和刺果多的地区放牧，减少羊毛植物杂质含量；将一个大群按同样性别、相近年龄组分成若干小群，适当地淘汰不合格羊，减少分组难度；在生长季节提供均衡的饲养水平，特别是在妊娠期。

为了保证生产出优质产品，澳大利亚、新西兰还列出了每一项相关活动的质量体系内容《羊毛生产操作守则》，其目的就是生产能够满足纺织加工需要的优质产品，明确按照《操作守则》生产的羊毛均为优质产品，完全符合行业要求。根据统计，澳大利亚 60%的牧场只能生产出少于总量 25%的羊毛，而且其中很多牧场规模太小，如果仅靠他们自己，没有一个专业管理组织为他们进行生产发展、管理和实施指导和帮助，质量管理是很难开展的。行业自身质量规则的出现已经要求社会组建能够提供相应专业化服务的部门，并出台相应的管理措施。近几年来澳大利亚成立了一些行业组织来协助管理羊毛生产质量问题。

澳大利亚羊毛业已形成一条完整的产业链条，分工细致、责权明确，社会化服务程度高。牧场主只负责饲养绵羊、机械剪毛和毛套的初步清拣，由具有专业资质的注册羊毛分级员将羊毛进行分级，再由打包公司将羊毛打包后交付羊毛经纪人。羊毛经纪行业是牧民和用毛企业间承上启下的环节，主要负责指导和监督剪毛现场的管理工作，收集周边牧场所收获的羊毛，汇集在经纪人公司的仓库中存储，代理销售服务等工作。澳大利亚羊毛检验有限公司（AWTA）负责羊毛质量检验、出具检验证书，以检验结果作为结价依据。澳大利亚羊毛交易公司（AWEX）负责羊毛市场交易规则的制定，组织市场拍卖活动。具有健全的市场交易规则，完善的质量监督管理体系，专业的质量检测机构，并制定了严格的质量等级标准，促进羊毛羊绒质量的提高。按照国际通行的公开、公正、公平的拍卖交易规则，在主要集散地建立拍卖中心，采用批次抽检的方法确定等级和价格，切实实现了优质优价。

2. 毛绒质量标准与检测技术

澳大利亚阿斯特拉仪能同时测定长度强力断裂位置，其高速精准检测，使得长度、强力等的遗传评估成为可能，可以应用于育种和毛的生产、加工。澳大利亚有报道，2021 年毛的数量有所增加，有色有髓毛的污染数量也有所增加。但是其对毛绒有色有髓毛检测方面，仍然使用原有系统。OFDA 视觉毛绒细度长度检测系统、近红外净毛率检测系统等仍在使用。在毛绒质量标准方面，暂无其他新的研究进展。

3. 集中脱毛技术

澳大利亚开发了表皮因子集中脱毛技术+网套技术。丹麦目前已经实现人工合成。降低了羊毛剪毛需要花费的成本。但是在山羊绒上尚缺少研究。

4. 毛绒的认证体系和溯源体系

（1）毛绒生产质量控制的认证体系和溯源体系。澳大利亚通过羊编号、毛套编号、分级员编号、剪毛手编号、羊毛毛包编号等一系列的方法，实现了毛绒生产质量控制体系的溯源体系。可以精准分析出现问题的环节，并形成良好反馈。

（2）产地溯源技术。国内外文献检索发现，对稳定同位素技术的研究文献最多，比例占 50.4%。该技术利用其自然分馏的原理鉴定样品的产地，也被应用在许多动物源性农产品中，尤其是对畜产品中牛肉的产地溯源最具代表性。对近红外光谱技术研究的文献占 27.4%，由于近红外光谱技术快速、简便、允损、允污染等独特优势，在溯源领域引起了关注，广泛应用于各种动物源性农产品。矿物元素指纹图谱技术，化学成分的测定数值对于动物源性农产品的产地溯源有着更为准确的鉴定范畴，具有自己的适用范围。

通过对 1997—2020 年国外文献中有关不同种类动物源性农产品的研究进行分析。结果表明，应用溯源技术对畜禽产品的研究成果比例高达 89%，其中牛肉的占比最大，高达 60%；乳类产品占畜禽研究成果的 18%；鸡肉产品研究成果占比为 12%，鸡蛋占 8%，羊肉占 2%。在今后的动物源农产品产地溯源研究中，价格较高的羊肉和水产品可以作为新的研究热点。

从研究的技术手段分析，仅仅依靠一个化学物质或者一种技术方法，是无法对农产品产地进行准确溯源的，而利用多种技术手段或者多个化学分子能从不同角度指明农产品的归属，如碳氮稳定同位素可以表征动物产品的饲料来源、饲养制度；氢氧稳定同位素更多地可以指示农产品的地理（纬度、距离海洋远近等）来源；矿物元素更多表明动物饲料与土壤的相关性，对产地溯源也有主要价值。今后的动物源农产品产地溯源研究一定是多种技术结合、多维数据分析、化学计量学方法创新的研究趋势。基于核磁共振技术、高分辨飞行时间质谱等新型的非靶向技术如代谢组学、蛋白质组学也逐步应用到动物源农产品产地溯源研究中。

但是针对羊毛的溯源，国际、国内还缺少研究。郑文新团队目前已经在开展动物源农产品产地溯源技术的研究。

四、国内绒毛用羊产业技术研发进展

（一）遗传育种与繁殖技术

近年来，我国羊种业发展迅速，成效显著，良种繁育体系逐步完善。2021 年 12 月 3 日农业农村部发布第 498 号公告：辽丹黑猪等 18 个畜禽新品种配套系和豫西黑猪等 18 个畜禽遗传资源业经国家畜禽遗传资源委员会审定、鉴定通过。在培育的 18 个新品种中，包括 2 个羊新品种，均为绒毛用羊。其中，贵乾半细毛羊，由毕节市畜牧兽医科学研究所等 7 家单位培育、毕节市农业农村局等 7 家单位参与培育；藏西北白绒山羊，由西藏自治区农牧科学院畜牧兽医研究所等 4 家单位培育、毕节市农业农村局等 5 家单位参与培育。18 个新认定畜禽遗传资源中，12 个为羊品种，其中，燕山绒山羊由河北省农业农村厅为申请单位、河北农业大学等 9 个发现单位；其余新的羊遗传资源也多属肉毛兼用型。

当前，我国与羊产业区域布局相适应，已初步建立了以种羊场为核心，以繁育场为基础，以质量监督检验测试中心和性能测定中心为支撑的良种繁育体系。全国共有国家肉羊种业科技创新联盟 1 个、绒毛质量监督检验测试中心 3 个；有绵羊种羊场 904 家，山羊种羊场 520 家，遴选国家肉羊核心育种场 28 家。羊生产水平稳步提升，羊出栏率由 1980 年的 23%提高到 2019 年的 105.4%，胴体重由 10.5 千克提高到 15.2 千克。

在杂交改良和新品种培育方面，我国先后从苏联、德国、英国、新西兰、澳大利亚、法国等引入了一大批主流品种的种羊。通过引进国外品种，改良我国地方羊群体生产性能，培育适应我国羊生产体系的新品种，实施种羊业自主创新，种羊质量不断提高，群体遗传进展明显加快，适应性、繁殖性能和肉品质等部分指标已超过国外主流品种。

在育种技术方面，性能测定、遗传评估和基因组学技术发展迅速。在性能测定技术方面，已研发出羊脸识别、热成像、体尺测定、饲料转化率测定、CT 扫描等智能化测定系统，大大提升了测定效率和准确性。国内育种目标性状在羊毛性状基础上，兼顾繁殖性状、生长性状及产肉性能。与国外研究不同，国内在抗病性状、动物福利性状等领域研究相对较少。基因组选择、重测序技术、多组学分析技术、表观遗传学技术、基因组关联分析等应用于性状形成分子调控机理、毛囊发育调控机理、性状相关候选基因鉴别等领域的研究多数由中国科学家完成，尤其是绒毛羊产业技术体系专家。

在遗传评估技术方面，BLUP 法和分子标记辅助选择技术已广泛应用于羊育种实践中，国内多个团队已开始组建基因组选择参考群体；例如湖羊基因组选择参考群体规模已达到 1 806 只，该参考群体测定了生长、饲料效率、屠宰、体组成和肉质等 59 个性状、199 个指标的表型值。

在基因组学方面，组装了湖羊的高质量参考基因组，构建了高分辨率的地方绵羊全基因组遗传变异图谱，鉴定了一系列重要经济性状主效基因，如控制绵羊尾型和尾脂重的 *BMP2* 和 *PDGFD* 基因，控制绵羊尾椎数变异的 *T* 基因，与山羊广谱适应性相关的 *MUC6* 基因。总体上来看，我国羊育种基础研究水平已不落后于国外羊种业发达国家。

在繁殖技术方面，国家绒毛用羊产业技术体系胚胎工程岗位团队近年来也在持续改进羊 JIVET 技术，并证明通过在卵母细胞体外成熟液中添加抗氧化剂和细胞因子可提高羔羊卵子的囊胚发育率 2 倍以上（44. 2%±5. 7%与 21. 6%±4. 6%），这项研究结果于 2021 年度发表在 *Theriogenology* 上，得到国际同行的认可。由此看来，JIVET 技术正在形成羊繁殖技术领域一个新的关注点。羊胚胎体外生产技术在内蒙古赛诺种羊科技有限公司得到大规模应用，以杜泊和萨福克成年羊为供体，通过活体采卵和胚胎体外生产，年均生产胚胎 1. 5 万枚，生产羔羊 6 000 余只，技术规模处世界领先水平。

（二）营养与饲料技术

开展绒毛羊营养需要量研究可为饲养标准的制定提供数据支撑，充分发挥绒毛羊生产性能，提高生产效益。国内学者对本土不同品种绵羊的营养需要开展了研究，其中，国家绒毛用羊产业体系近年来持续研究云南半细毛羊不同生理阶段营养需要量，得到了半细毛羊空怀期磷维持需要量，妊娠前期、中期和后期的钙维持需要量，哺乳前期、中期和后期的维持钙需要量。李柏浩等通过回归法和绝食法测定小尾寒羊×杜泊羊杂交肉用羊（杜×寒肉羊）在生长期（20 千克）和育肥期（40 千克）时的维持净能需要量，结果显示绝食法测定维持净能需要量略高于回归法，但差异不显著。王晨等研究报道高山美利奴育成公羊和育成母羊的维持净能需要量、维持代谢能需要量和维持净蛋白需要量。

饲料资源短缺是畜牧业发展中存在的主要问题，通过加强饲料饲草资源的开发和利用，不断提升饲草料利用率，促进畜牧业可持续健康发展。羊作为反刍动物对饲草料的需求较大，研究指出优质的饲草料、适宜的添加水平、多功能的饲料添加剂等能提高羊只生产性能，降低饲养成本。卜振鲲以天然牧草产品为试验材料，分别加工成干草草捆、草颗粒和全混合日粮颗粒，发现草颗粒能显著提高肉羊生长性能，改善肉品质，增加羊肉中氨基酸总含量与鲜味氨基酸含量；且天然牧草与精饲料配伍后可显著提高肉羊生长性能、屠宰性能及肉品质，并可降低羊肉中饱和脂肪酸含量，提高多不饱和脂肪酸含量。棕榈粕是半干旱地区反刍动物的重要能量和蛋白质来源，王艳萍等研究发现，在全混合日粮中青贮银合欢与棕榈粕添加水平为 2∶1 时，可以改善绵羊中性洗涤纤维表观消化率，提高氮沉积，进而促进日增重和饲料转化率。张根瑞等研究报道，在饲料中添加牛至油，可提高羊的抗病力和抗应激力，进而提高其生产性能。李娜等研究发现在育肥羊基础日粮中添加0.3%的黄芪和0.3%的板蓝根，均能提高湖寒杂交F_1代育肥羊生产性能、屠宰率，改善机体的免疫功能和抗氧化性能。

（三）疾病防治技术

随着《中华人民共和国动物防疫法》的修订和《中华人民共和国生物安全法》的颁布实施，我国羊病防控技术研究及成果的推广应用得到加强，生产中绒毛用羊疾病防控得到重视和进一步加强，安全高效养殖技术得到发展。动物疫病控制和消灭计划稳步实施。按照国家的中长期动物疫病防治规划，重大动物疫病控制和消灭计划全面实施，兽医工作从疫病防控向疫病防控、监测和动物产品安全监管并重全面转变；疫病净化在部分养殖场稳步推进。涉及小反刍兽疫、口蹄疫、羊痘、布鲁氏杆菌病等常见重要羊传染性疾病快速简便、灵敏准确的诊断检测技术研究取得诸多进展，在羊病防控中得到推广应用，我国羊病防控得到进一步提升。

关于替代药浴的外寄生虫病防控技术研发方面，国内外相关研究资料较为缺乏，而大量的临床实践调查发现，对于非集约化养羊地区，药浴防控羊外寄生虫病存在用药覆盖率不能保证及实施困难的短板；药浴导致大量废弃药液处理困难，污染环境，存在较大安全隐患；在高寒地区，药浴适用时间短而造成药浴覆盖率较低或药浴间隔时间过长，从而无法达到外寄生虫病的防控目标。解决这个问题需要研发药浴替代产品，杀虫油剂、杀虫粉、除虫项圈等是不错的替代选择方案，值得进一步关注。

（四）生产环境控制技术

针对目前羊只集约化养殖对智能化环境监测和预警的需求，我国学者设计了通过CC2530终端节点外接各类传感器，与协调器之间采用无线传感网通信实现数据的无线传输的羊舍环境实时监控预警系统。应用RFID技术、无线传感器技术、嵌入式技术和互联网技术等设计研发的羊场信息化管理系统，可实现羊场的综合信息化管理，提高羊场安防水平、管理效率和劳动生产率。通过Matlab编写程序，构建模型，利用计算机技术识别母羊发情的叫声，对发情时机的把握更加准确，效率更高、刺激更小，开发了发情监测系统。产前监测系统的设计实现对母羊产前运动、采食及饮水等行为的实时监测装置，为母羊产前预警系统奠定基础。发明了羔羊自动哺乳装置、羔羊补饲槽、单门双通道的动态称重分栏设备、恒温饮水设施等舍饲配套设施设备，可提高多胎羔羊断奶体重、体质，提高多胎羔羊成活率，进而提高舍饲规模化肉羊生产效率和经济效益，具有重要的实用价值和经济价值。

我国绒毛用羊体系专家团队首次测算了不同区域羊养殖产排污系数，填补了该领域空白，在绒毛用羊养殖产排污评估指标体系等方面居国际领先水平。针对沤肥过程中大量氨气和温室气体排放、腐熟度低等问题，在实验室规模下以羊粪为沤肥原料，采用秸秆和锯末覆盖研究堆沤过程中腐熟度和污染气体的排放规律，探究覆盖物对沤肥过程污染气体减排的效果，为畜禽粪便沤肥过程温室气体减排提供理论依据和技术支撑。针对堆肥过程中大量氨气和温室气体排放，造成养分流失和环境污染等问题，利用功能膜覆盖堆肥和辅助通风系统来控制NH_3和N_2O排放。开展了羊粪堆肥产品对种子发芽生物毒性研究，在羊粪堆肥过程中碳源添加剂显著提高了堆肥过程植物毒性试验中种子萌发指数，加快了有机物降解和腐殖化进程。研发了多类羊粪尿分离及收集装置，为获取科学、准确的产排污系数提供高效便捷的技术支撑。创新形成了羊粪肥料化过程中污染物“原位—异位”联合减控技术，有效降低了堆肥过程碳氮硫损失，减排效果显著。研发了畜禽粪污肥料化生产技术与装备，实现了舍饲羊养殖过程粪便的规模化、自动化和工业化、肥料化利用。

（五）绒毛品质控制、检测与加工技术

1. 绒毛品质控制

细毛羊穿衣是一种能有效保护羊毛的技术，实施该技术特别符合我国广大绵山羊养殖区的实际，它可调节细毛羊体表的微环境，改善羊毛生长的条件，减少沙土和粪尿杂质、草屑对羊毛的污染，降低高山地区强烈紫外线对羊毛的辐射损伤，以及风霜雨雪对羊毛的侵蚀，从而达到提高羊毛品质的目的。羊衣面料选择纺织密度较高的、厚薄适中的聚乙烯纺织布，不能使用丙纶丝等易于对羊毛造成异质纤维污染的材料。穿衣的时间因自然条件、草场植被类型、饲养管理方式而不同，可分为全年穿衣和半年穿衣两种，目前使用较为普遍的是半年穿衣，各地可根据条件自主选择。截至 2018 年，仅新疆地区累计推广使用羊衣 20 万件，推广范围也由最初的细毛羊拓展到绒山羊，由新疆拓展到内蒙古、吉林、甘肃、青海等省（区）。

细羊毛和绒山羊标准体系不断完善和进一步推广示范。我国的绵山羊养殖区更为分散，而且分散的养殖与市场的统一要求之间的矛盾多年来一直存在，对毛绒产业化的发展形成障碍，推广实行统一的标准体系来作为产业的技术支撑是唯一解决问题的途径。目前新疆地区发布实施的《新疆细羊毛标准体系》和《山羊绒生产标准体系》是我国最早的畜牧业技术标准体系。该标准体系能够全面支持细羊毛和山羊绒产业化生产。其中有关绵山羊穿衣技术、羊毛羊绒分级整理技术、机械剪毛技术（抓绒）、包装以及光学纤维直径分析仪法、毛绒现场快速检测等均为国内各地相关标准中的首次提出。目前，全国多个地区已经陆续建立和发布实施山羊绒、细羊毛等多个畜牧业技术标准体系。

加快全面推行机械剪毛、分级整理、机械打包、客观检验等规范化的羊毛采集现代管理技术，在注重于国际羊毛市场衔接的基础上，借鉴澳大利亚、新西兰等国羊毛质量控制管理技术的丰富经验，制定国际化和本土化相融合的技术操作规范，培训专业剪毛、分级人员队伍、健全和规范羊毛客观检验制度，提升羊毛流通阶段技术水平，以保障国内羊毛等级质量，确保羊毛生产质量满足加工需求，提升中国羊毛生产收益。

2. 表型组高通量检测与生产质量控制技术

国内尚无其他关于开展基于 VLR 和 NIR 技术等细度、长度、净绒率、短绒率等智能化一体化快速检测技术的报道，国家绒毛用羊产业体系的郑文新团队开发毛绒细度、长度、净绒率、短绒率等智能化一体化快速检测技术，已经通过中国计量科学研究院的鉴定，研究水平国际领先。其在生产性能测定、遗传评估等方面大幅提升了效率，得到了产前、产中、产后的认可。产前：目前国外育种周期 5～7 年，而国内常需要 12～15 年。但有该技术支撑，产前的育种、种质资源挖掘等方面，育种进展显著加快。此外产中的第三方检验、贸易部门和产后的纺织加工业也均得到认可。

国内尚无其他关于开展大容量智能甄别与分选有色有髓毛技术的报道，郑文新团队开发大容量智能甄别与分选有色有髓毛技术，已经通过中国计量科学研究院的鉴定，研究水平国际领先。

国内尚没有能同时测定长度强力断裂位置的长度强力一体化检测技术的研究的相关报

道。郑文新团队开发同时测定长度强力断裂位置的长度强力一体化检测技术，已经通过中国计量科学研究院的鉴定，研究水平国际领先。

国内尚没有毯用毛检测的抗压缩弹性设备检测技术的相关报道，郑文新团队开发同时测定毯用毛的抗压缩弹性检测技术，已经通过中国计量科学研究院的鉴定，研究水平国际领先。

国内有两个关于毛绒鉴别的技术团队，正在开展研究。但是同时进行细度、长度、净毛率等指标检测并兼顾到毛绒检验的，只有郑文新团队在做。

近红外技术在快速便捷评价净毛率等技术上也存在一定的缺陷。目前郑文新团队正在利用高光谱技术开展相关研究。

3. 集中脱毛技术

郑文新团队研发了山羊绒的集中脱绒技术，降低了山羊绒采集成本。

4. 毛绒的认证体系和溯源体系

（1）毛绒生产质量控制的认证体系和溯源体系。新疆郑文新团队创立了萨帕乐羊毛质量认证与控制体系，通过羊编号、毛套编号、分级员编号、剪毛手编号、羊毛毛包编号等一系列的方法，实现了毛绒生产质量控制体系的溯源体系。

（2）产地溯源技术。内蒙古、山东、西北农林科技大学等单位已经开展了羊肉的溯源技术研究，主要是稳定同位素技术、近红外光谱技术、矿物元素指纹图谱技术。

但是针对羊毛的溯源，国际国内还缺少研究。国家绒毛用羊产业技术体系目前已经在开展动物源农产品产地溯源技术的研究。

（国家绒毛用羊产业技术体系首席科学家　田可川　提供）

2021 年度蛋鸡产业技术发展报告

（国家蛋鸡产业技术体系）

我国蛋鸡产业的高质量发展在全面实现乡村振兴和农业农村现代化建设中承担着重要作用。2021 年受新冠肺炎疫情和鸡蛋供给过剩双重影响，鸡蛋产能从高位逐步调减，回归合理区间。受养殖成本上涨推动，全年鸡蛋价格保持同期较高水平，但养殖效益一般，低于近 4 年平均水平。此外，“双碳” 目标在挤压畜禽养殖业发展空间的同时也成为产业转型的重要驱动，技术协同下的蛋鸡产业升级仍将不断深化。

一、国际蛋鸡生产与贸易概况

（一）国际生产情况

美国蛋鸡存栏量、鸡蛋产量小幅增长；饲料成本大幅上涨；蛋价呈季节性波动。据美国农业部统计，2021 年 9 月鸡蛋产量 6.614 亿打，同比增长约 1.3%，2021 年第四季度鲜食鸡蛋产量为 20.75 亿打。美国饲料成本大幅上涨，2021 年 1—9 月饲料成本同比上涨 65.27%。美国鸡蛋价格呈季节性波动，2021 年 6—9 月 A 级鸡蛋批发均价同比上升 17.48%，10 月 A 级鸡蛋的批发价格同比下降 9.6%，平均每打 106 美分。

欧盟蛋鸡存栏量和鸡蛋产量小幅增长，蛋价波动上涨。与美国、中国等国家相比，欧盟国家鸡蛋生产企业规模较小。欧盟委员会数据显示，2021 年欧盟鸡蛋产量为 6 472 万吨，比 2020 年上升 2.52%。鸡蛋自给率达到 102%。2021 年欧盟 A 级鸡蛋平均价格有所波动，截至 2021 年 11 月鸡蛋批发价格每 100 千克达到 157.06 美元，较年初上涨 15%。

日本蛋鸡存栏量和养殖户数量同比减少，大规模养殖户增加，经营规模扩大；鸡蛋生产稳定；饲料价格上涨；鸡蛋批发价格大幅上涨，而零售价格由于政府调节小幅上涨。2021 年 2 月日本蛋鸡存栏量 14 070 万只，比上一统计年 2019 年减少 0.8%。蛋鸡养殖户 1 880 户，减少 11.3%，呈逐年减少趋势；户均养殖规模 7.48 万只，增加 11.8%，经营规模不断扩大。日本鸡蛋生产稳定，年鸡蛋产量约 260 万吨，鸡蛋自给率 97%。饲料价格呈上涨趋势，2021 年第一季度上涨 44.5 美元，第二季度上涨 41.83 美元。2021 年 9 月东京鸡蛋平均批发价格 1.9 美元/千克，同比上涨 33.8%；平均零售价格为 3.08 美元/千克，同比上涨 3.1%。日本政府启动稳定鸡蛋生产者经营对策机制，配合饲料价格稳定机制、鸡蛋价格差价补贴机制、成鸡更新 · 空舍期延长补贴机制，引导养殖户生产，促进鸡蛋供需平衡。

（二）国际贸易情况

美国蛋品出口量和进口量同比均大幅增长。2021 年 9 月美国鸡蛋和蛋制品（按壳蛋当量）出口量达到 3 990 万打，同比增长 35.7%，再创历史新高。其中，带壳鲜蛋出口量达到 2 732.9 万打，占比 68.48%。2021 年 9 月美国鸡蛋和蛋制品进口量达 126.8 万打，同比下降 15.35%。其中，带壳鲜蛋进口量达到 11.3 万打，占比 8.91%。

欧盟鸡蛋和蛋制品出口同比增长显著。由于新冠肺炎疫情得到一定控制，欧盟鸡蛋和蛋制品出口逐渐恢复。2021年1—8月出口总量为18.69万吨，同比增长20.5%。日本为欧盟最大鸡蛋和蛋制品出口国。欧盟鸡蛋和蛋制品进口总量下降，2021年1—8月进口总量为14万吨，同比下降22.2%。英国、乌克兰和美国是主要进口国。

日本少量可生食带壳鸡蛋用于出口，蛋品进口量增加，主要为加工原料用蛋粉。日本主要面向中国香港地区、新加坡等亚洲国家和地区出口可生食带壳鸡蛋。2021年1—9月日本带壳鸡蛋出口量15 988吨，同比增加24.5%。日本蛋品进口中约90%为蛋粉，进口量约占总消费量的4%，主要用于蛋粉加工。其中占蛋粉进口量约80%的蛋清粉主要来自荷兰、意大利、印度和法国等地。2021年1—9月进口量82 465吨，同比增加16.3%。

二、国内蛋鸡生产与贸易概况

（一）国内生产情况

新增祖代蛋种鸡数量减少，在产蛋鸡存栏量呈缓慢减少趋势，但供给基本稳定。2021年1—8月，进口祖代蛋种鸡13.89万套，全年共进口祖代蛋种鸡15.70万套，占比25.43%，比2020年减少35.42%。全年新增祖代蛋种鸡58万套，同比下降6.78%，我国蛋鸡种业自主创新和良种推广能力显著增强，对进口种鸡的依赖性下降。

鸡蛋价格波动趋势与往年基本相同，鸡蛋价格同比大幅提升，淘汰鸡价格大幅上涨。2021年1—10月鸡蛋月均零售价格为9.59元/千克，同比上涨32.93%，与2017年的低点相比上涨43.68%，是5年以来的最高值。2021年前三季度淘汰鸡均价为10.57元/千克，同比增长25%。

蛋鸡饲料成本和饲养成本大幅增加，蛋鸡养殖利润波动较大，由亏损转为赢利，处于偏低水平。2021年年均蛋鸡饲养成本为141.22元/只，比2020年增长18.3%；2021年年均蛋鸡饲料成本增长22.04元/只，是蛋鸡养殖成本增加的主要原因。2021年1—11月我国蛋鸡养殖平均利润24.21元/只，同比上年的-5.89元/只，上涨了30.10元/只。4月开始盈利，8月到达年内最高点，为52.77元/只，但仍远低于近5年最高点2019年9月的95.00元/只。

（二）国内贸易情况

我国鸡蛋出口量同比小幅下降，出口额小幅上涨，鸡蛋出口价格呈波动增长趋势。2021年1—10月平均月出口5 657吨，同比减少6.75%。鸡蛋价格上升是出口量减少的重要因素之一。主要出口对象为中国香港、中国澳门、美国、新加坡、加拿大、韩国、日本、澳大利亚、马来西亚和比利时等国家和地区。2021年鸡蛋出口额小幅上涨。1—10月出口额9 813.83万美元，同比增加2.99%。

三、国际蛋鸡产业技术研发进展

（一）遗传改良技术

2021年度国家蛋鸡产业技术体系通过各种渠道保持研究和技术服务始终跟踪国际前沿。一是查阅国际期刊论文，及时消化吸收国际最新研究成果应用于生产，主要包括：基因组选择技术及应用、剩余采食量、脂肪沉积、卵巢发育、蛋鸡超长产蛋期饲养管理等。二是积极参加国际国内学术会议，了解本领域最新动态，加强与国内外同行的交流。三是研究成果进入国际前沿，包括构建了首个鸡泛基因组、首次报道了松果体作为光内分泌轴在调控胚胎发育中的重要作用、发现宿主遗传和肠道菌群共同对饲料利用率产生影响等。

（二）营养与饲料技术

功能性饲料添加剂开发是蛋鸡营养领域多年国际研究热点之一，其中益生菌的研究最为集中，涉及的菌种包括乳酸杆菌、枯草芽孢杆菌、凝乳芽孢杆菌、丁酸梭菌等，大多数在生产性能和蛋品质改善方面均有正向效果。发展蛋鸡多样化日粮，用本地化原料替代玉米和豆粕是欧洲和非洲地区研究热点之一。例如意大利的 Addeo 等研究了小麦粗粉等能等氮替代蛋鸡日粮中玉米对肠道组织形态、酶活的影响，埃及和美国的科学家 Abdel-Wareth 等合作研究发现辣木叶粉可以显著改善产蛋后期蛋鸡生产性能、蛋品质，降低排泄物中氨的浓度等。

（三）疾病防控技术

2021 年，H5 亚型高致病性禽流感（HPAI）在亚洲、非洲和欧洲等地区广泛传播，其中 H5N1、H5N6、H5N8 为当前主要流行亚型，H5N8 疫情最为严重；从病原种类上看，由 H5Nx 禽流感病毒引起的流行形势在全球范围内仍然较为严峻。新城疫（ND）仍在世界多个国家和地区存在地方性流行。目前对 ND 的防控仍采取以免疫防控为主的策略，一些新型的疫苗（如以火鸡疱疹病毒为载体的基因工程活载体疫苗）也得到越来越广泛的应用。鸡传染性支气管炎目前仍是危害世界养鸡业最主要的传染病之一。QX 型毒株仍是目前在亚洲和欧洲大部分国家流行的优势的基因型。全球范围的传染性气管炎病毒（IBV）流行情况趋于复杂，各国普遍采用的策略是组合 2～3 种不同血清型疫苗，达到提供更加广谱的交叉保护的目的。鸡白痢和禽白血病在发达国家基本已经实现种鸡群的完全净化。应重点关注国外白羽肉种鸡群禽白血病的阳性率有抬头趋势，我国种鸡企业在引种时应严格把好检疫关。

（四）生产与环境控制技术

福利化、智能化和绿色化是发达国家蛋鸡生产与环境控制技术的主要发展方向。以福利养殖模式转型为契机，发达国家相继研发了栖架式福利化立体散养新技术与新装备，明显提升鸡群健康状况，降低死淘率，实现产蛋全程无抗养殖，正在推广应用栋舍 10 万只以上的立体散养系统。鸡舍死鸡巡检、窝外蛋捡拾和鸡蛋包装搬运等关键环节的机器人技术正突破瓶颈成为新一代智能装备并得以广泛应用。国外研究人员设计了多款智能消毒机器人，在以机器人为载体搭载雾化系统或紫外线消毒灯，可实现 360°方向覆盖对场区和淘汰后的空舍进行高效杀菌消毒，实现鸡场养殖无人化，增加养殖场经济效益。太阳能光伏技术在鸡舍建筑和场区面积上正推广应用，成为农光互补、绿色低碳和碳汇效益的一个重要发展方向。

（五）鸡蛋加工技术

当前国外蛋制品种类多元化且在食品工业中广泛应用。液蛋制品一般使用巴氏杀菌和无菌包装技术进行加工，其保质期为 6 周左右。蛋粉制品通常采用高温或低温真空干燥技术生产，产品运输成本低，使用方便且耐存储，多数蛋粉制品的冷藏储存期可达 1 年。市面上还存在一些特色蛋制品，如以蛋液为主要原料制成的蛋挞、蛋黄酱、蛋丸；蛋黄与芥末酱混合制成的俄罗斯蛋；以鸡蛋、焦糖和牛奶为主要原料的法式炖蛋；煎蛋黄和添加馅料制成的西式蛋饼；以多种植物原料（如绿豆）制成的人造蛋等。

（六）产业经济

世界蛋鸡养殖以亚洲为主，占 60%左右，其次是美洲，占 20%左右，欧洲约占 15%，非洲和大洋洲占比较小，在 5%以下；中国、美国、印度、日本、墨西哥为世界主要鸡蛋生产国，中国蛋鸡养殖位居世界第一，约占世界蛋鸡养殖的 35%；世界蛋鸡养殖仍以笼养蛋鸡为主，福利养殖约占 10%，且多数在欧洲国家；全球鸡蛋贸易多以鸡蛋加工品为主，壳蛋交易比例极低。

四、国内蛋鸡产业技术研发进展

（一）遗传改良技术

2021 年度体系紧紧围绕“品种国产化”这一重点内容，积极开展蛋鸡育种相关研究，致力于蛋鸡良种国产化水平进一步提升。在育种技术创新研究方面，不断优化 SNP 芯片“凤芯壹号”并将其用于国产蛋鸡育种。2021 年度体系培育了 3 个家禽新品种（配套系）通过国审，并继续开展藏鸡、徐海鸡、汶上芦花鸡等地方鸡资源的保种及开发利用。

（二）营养与饲料技术

功能性饲料添加剂开发同样是国内的研究热点。按照饲料添加剂种类主要可以分为功能性植物来源添加剂、益生菌、酶制剂等。低蛋白日粮技术和玉米豆粕减量替代是另一个研究热点。研究阶段涵盖了育雏期、育成期和产蛋期，大多数研究以试验阶段的生产性能指标为主要参考，适当参考了蛋品质、营养物质消化率、血液生化指标等，研究结论具有更强的生产借鉴价值。还有部分研究以产蛋后期为研究对象，通过调整能量含量、蛋白水平、必需氨基酸含量、钙磷含量及其比例、脂溶性维生素、额外添加有机锌、锰来实现长期高产稳产，改善蛋品质。

（三）疾病防控技术

2021 年我国 H5 亚型高致病性禽流感疫情的发生总体平稳，高致病性的 H7N9 禽流感病毒仍在我国部分地区少量、持续存在，并表现出与疫苗株的抗原性差异。目前国内新城疫防控已经取得显著的成效。传染性支气管炎在国内的流行依然普遍，2021 年国内流行的传染性支气管炎病毒血清型分布与 2020 年相比未发生大的变化，仍以 GI-19/QX 谱系毒株为主。滑液囊支原体（MS）感染在国内依然普遍，但经过前面 3 年采取的净化与监测措施，蛋鸡尤其是蛋种鸡 MS 感染的水平已经显著下降。

（四）生产与环境控制技术

国内学者在蛋鸡标准化、智能化和福利化养殖方面主要围绕鸡舍建筑保温与环境控制技术、适合我国国情的福利养殖新工艺与设施设备和物联网智能环控系统等方面开展了研究。一是研发了鸡舍环境温度分区调控方法以及鸡舍养殖环境温度预测控制系统与调控方法，突破了大型鸡舍环境精准控制的突出技术难题。二是研发了便于免疫抓鸡操作的育成产蛋一体化立体散养新技术与新设备并进行了超长产蛋期应用。三是研究了基于机器视觉的笼养和散养家禽异常行为检测方法，实现健康鸡和疑似病鸡的检测。四是自动化畜禽养殖环境监测与精准调控物联网系统。五是对鸡舍排风颗粒物的收集与净化处理技术的研究与示范应用。六是对鸡粪风干及膜下发酵处理技术与装备研发取得初步突破。相关技术与装备的突破为我国蛋鸡产业的绿色高质量转型发展奠定了基础。

（五）鸡蛋加工技术

国内对食品监管力度逐步加强，饲料禁抗、养殖减抗、替抗形势下如何保证鸡蛋生产和品质为我们提出新的攻关方向。针对蛋源品质评价技术、液蛋制品安全控制技术、液蛋制品加工品质稳态化关键技术、功能性液蛋产品加工技术、液蛋制品贮运期间品质减损控制技术及液蛋制品绿色加工与品质控制技术产业化示范开展工作；根据老年、青少年、女性等不同人群的膳食营养需求，研发质构改良型营养强化蛋制品；开发适宜于潜在高血压、骨质疏松症风险人群食用的保健蛋品，开发抗菌肽等高附加值产品。

（六）产业经济

国内蛋鸡产业研究重点主要集中在以下几个方面。第一，研究蛋鸡养殖过程中生产要素变化及其对规模的影响，研究表明单个蛋鸡场适度规模才能使利润最大化。第二，研究鸡蛋价格波动和传导的规律，确保蛋鸡产业稳定发展。第三，研究不同区域蛋鸡养殖机械化变化趋势，根据蛋鸡养殖机械化对劳动力替代的特点，因地制宜，强化政策聚焦。同时，优化蛋鸡产业布局，在现有基础上继续发挥东部地区优势，并推动产业“南下西进”。第四，研究鸡蛋期货和保险对我国鸡蛋未来发展趋势的影响。

（国家蛋鸡产业技术体系首席科学家　杨宁　提供）

2021 年度肉鸡产业技术发展报告

（国家肉鸡产业技术体系）

一、国际肉鸡生产与贸易概况

2021 年新冠肺炎疫情在全球持续蔓延，全球经济复苏面临严峻考验。巴西为应对新冠肺炎疫情采取了社会隔离措施，导致从投资到家庭消费在内的经济活动瘫痪，不得不依靠大规模出口贸易拉动经济的增长。印度新冠肺炎疫情反复暴发，导致经济活动大范围停摆。俄罗斯能源出口遭受重创，使严重依赖油气收入的经济雪上加霜。欧洲经济受新冠疫苗接种加快、财政刺激措施加码、外需持续走强等因素拉动，经济复苏前景强劲。美国出台大规模财政刺激措施促使股市反弹，主要经济指标明显回暖，但新冠肺炎疫情未得到控制，新增病例与死亡人数迄今升势未减，经济复苏前景不明朗。中国新冠肺炎疫情得到全面控制，与欧盟达成中欧投资协定，并积极推动《区域全面经济伙伴关系协定》（RCEP）落户国内市场，统筹国内国际双循环发展大局。

（一）国际肉鸡生产

国际猪肉价格波动导致全球鸡肉需求不稳定，进而波及产量。与 2020 年相比，2021 年全球肉鸡产量达到 9 910.3 万吨，增长率为 0.02%，增速近乎停滞，主要受到肉鸡产能相对过剩、全球大宗商品价格上涨导致饲料成本上升、新冠肺炎疫情与动物疫情防控的不确定性等因素的影响。据 USDA 预测，2022 年全球肉鸡产量可能达到 10 089.7 万吨，增长率达 1.81%（图 1）。

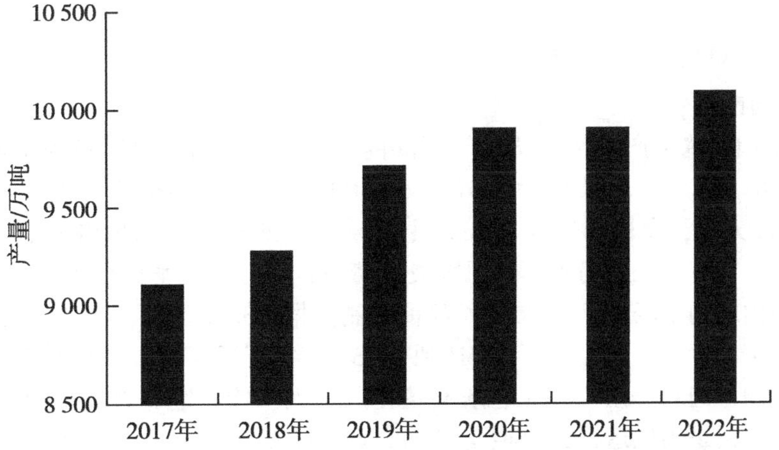

图 1　世界肉鸡产量

2022 年为 USDA 预测数据。数据来源于 Livestock and Poultry：Market and Trade，Foreign Agricultural Service/USDA Oct，2021。

（二）国际肉鸡贸易

总体来看，全球新冠肺炎疫情时常反弹给冷链运输带来了许多不确定性影响，导致肉鸡国际进出口贸易受到一定程度冲击，世界肉鸡进出口量均有不同程度下降。2021 年世界肉鸡出口量为 1 299.6 万吨，较 2020 年下降 0.52%。从世界肉鸡最主要的生产国（地区）来看，巴西出口量为 405.5 万吨，增长 4.65%。受货币贬值和过剩的饲料粮食生产的影响，具有高附加值的大型进口市场也增加了对巴西禽肉产品的需求，一定程度上拉动了巴西肉鸡出口增长。美国出口量为 342.1 万吨，增长 1.33%。欧盟出口量为 177.5 万吨，下降 12.69%，下降幅度为近 5 年最大。作为新兴经济体国家之一的土耳其出口量达到 47 万吨，增长 6.82%，在新兴经济体国家中增速最快；其次是泰国，出口量为 99 万吨，增长 5.21%；其他新兴经济体国家肉鸡出口量出现负增长现象，俄罗斯出口量 21.5 万吨，增长率-0.46%；阿根廷出口量 15 万吨，增长率-5.06%。2021 年中国肉鸡出口量为 42.5 万吨，较 2020 年上涨 9.54%，成为世界肉鸡主要出口国家（地区）中出口增长率最高的国家。随着全球经济的改善，肉鸡市场重新活跃，世界肉鸡出口量将上升。根据 USDA 预测，2022 年世界肉鸡出口量可能稳步上升，预计达到 1 333.9 万吨，增长率为 2.64%。

2021 年世界肉鸡进口量达到 1 045.1 万吨，相比 2020 年下降 2.35%，降幅明显。肉鸡进口量位居前三位的国家依次是日本、墨西哥和中国，进口量分别为 102.5 万吨、89 万吨和 87.5 万吨。菲律宾 2021 年肉鸡进口增长率高达 58.21%，成为全球肉鸡进口增长率最高的国家。菲律宾非洲猪瘟疫情在全国蔓延导致生猪生产乏力，猪肉供给不足，对禽肉产品的需求进一步扩大，菲律宾政府不得不通过提高进口配额来满足国内肉类需求，禽肉进口量也相应扩大。其次是墨西哥，进口量为 89 万吨，增长 5.70%。中国、伊拉克、沙特阿拉伯、欧盟等国家（地区）肉鸡进口呈现负增长态势，其中欧盟、伊拉克的肉鸡进口增长率低于世界平均水平，分别为-17.56%、-18.80%。随着全球经济复苏，肉鸡消费量将稳步上升。根据 USDA 预测，2022 年世界肉鸡进口量将达到 1 079.1 万吨，增长率可能达到 3.25%。

二、国内肉鸡生产与贸易概况

（一）中国肉鸡生产

2021 年中国肉鸡生产量和消费量呈下降的趋势，其中肉鸡消费量为 1 445 万吨，比 2020 年下降 76.1 万吨，增长率为-5.00%。2021 年中国肉鸡生产量为 1 400 万吨，比 2020 年下降 60 万吨，增长率为-4.11%。主要原因是 2021 年猪肉价格大幅下降，鸡肉对猪肉的替代效应基本消失，另外，新冠肺炎疫情的影响仍一定程度上存在，两个方面的因素叠加使得国内鸡肉市场消费需求受到双重抑制。据 USDA 预测，2022 年中国肉鸡消费量可能增加到 1 476 万吨，增长率可能达到 2.15%。由于近年来，多家养殖企业公布了发展养殖场的计划，肉鸡养殖、加工、屠宰场持续扩大产能，造成肉鸡产业产能过剩的局面，进而导致存栏量高位运行，出栏量增加。据 USDA 预测，2022 年中国肉鸡生产量将呈现上升趋势，生产量可能达到 1 430 万吨，增长率为 2.14%。

（二）中国肉鸡贸易

受全世界范围内新冠肺炎疫情的影响，国内消费者对鸡肉的国际市场需求受到一定程度的抑制。2021 年中国肉鸡进口量为 87.5 万吨，降幅 12.41%，下降幅度明显。2021 年新冠肺炎疫情在中国得到有效控制和明显缓解，国际市场对中国肉鸡的需求也逐步回升。2021 年中国肉鸡出口量为 42.5 万吨，比 2020 年增长 9.54%。根据 USDA 预测，2022 年中国肉鸡进口量可能为 90 万吨，增长 2.86%，2022 年中国肉鸡出口量可能达到 44 万吨，增长 3.53%。

三、国际肉鸡产业技术研发进展

（一）遗传资源与育种

1. 肉鸡遗传资源保存、评价与利用发展动态

利用线粒体标记物细胞色素氧化酶 c 亚基 I（*COXI*）和细胞色素 b（*Cytb*）基因研究了印度本地鸡 Aravali 和 Ankleshwar 的遗传多样性。结果显示 *COXI* 基因在两个品种中分别有 8 个和 3 个单倍型，单倍型多样性（Hd）分别为 92.70%和 34.50%；*Cytb* 在 Aravali 中有 4 个单倍型，Hd 为 60%，在 Ankleshwar 中无多样性。利用 17 个本地鸡种的 14 个微卫星位点分析其遗传多样性水平、亲缘关系、对总体遗传多样性的贡献及灭绝率。结果显示所研究位点均为多态性；共鉴定出 209 个等位基因（其中 94 个为私有等位基因）。每个位点的平均等位基因数为 3.62，有效等位基因数为 2.27。整体分子亲缘关系为 27%，平均品种分子亲缘关系为 53%，平均近亲繁殖率为 43%，自协同性为 78%。遗传变异分析表明 17 个品种中 11 个处于濒危状态。多个国家的研究团队通过微卫星标记、线粒体 D-LOOP 和 SNP 芯片等工具对缅甸、斯里兰卡、意大利和中国地方鸡遗传多样性和群体结构进行了分析，为全球地方鸡濒危状况评估提供了重要的数据基础。其中，通过分析群体杂合度和近交系数发现 17 个意大利地方鸡种中，11 个处于濒危状态，开展相应的资源保护措施势在必行。

2. 肉鸡遗传育种技术研究与发展动态

Marchesi 等使用高密度 Affymetrix 600K SNP 芯片对 1 430 只肉鸡进行了 GWAS 研究，共鉴定出位于 20 条染色体上的 119 个 SNPs，同时进一步证明 *ATRNL1*、*PIK3C2A*、*PTPRN2*、*SORCS3* 和 *gga-mir-1759* 等基因与饲料效率性状的关系。Fernandes 使用 Affymetrix 高密度 SNP 芯片推断了鸡群 CNVs，并研究了其与多个日龄体重、采食量、饲料转换率等性状的相关性。共鉴定出 23 214 个常染色体 CNVs，合并为 5 042 个不同的 CNV 区域（CNVRs），占鸡常染色体基因组的 12.84%。同时发现了体重（0D、35D、41D 和 42D）相关的 CNV，可能作为生长性状选育的候选标记。通过系谱关系矩阵（PBLUP）、基因组关系矩阵（GBLUP）、加权基因组关系矩阵（WGBLUP）和基于基因组特征的关系矩阵（GFBLUP）4 种 BLUP 模型对体重育种值预测的准确性比较分析发现，与 GBLUP 模型相比，WGBLUP 的准确度提高了 2%～7%；根据 SNP 显著性水平对加性遗传矩阵进行拆分后准确性由 1%提高到 70%。对 15 个世代的 137 343 只鸡 35 日龄体重进行了迄今为止样本含量最大的 GWAS 分析，在鸡的 13 条染色体上发现 25 个含 96 个显著 SNPs 的遗传区域，其中 GGA4（65.67～66.31Mb）区域解释了最大的总遗传方差（约 4.37%）。并进一步支持了 BW35 的遗传结构是受多基因复杂调控的假设。

（二）营养与饲料

1. 矿物元素与维生素功能和需要量研究和技术发展动态

矿物元素和维生素对肉鸡肠道发育、生长的影响取得新进展。饲粮添加 12.605 毫克/

千克蛋白硒提高了肉仔鸡的抗氧化功能及肝脏硒含量，改善了空肠绒毛的形态结构。饲粮添加 150 毫克/千克的氧化二铜可通过调节肉仔鸡回肠细菌数量改变肠道微生物区系，从而对肉仔鸡的生长性能产生积极影响。饲粮添加 200IU 维生素 D3 可提高持续变光条件下肉仔鸡日增重和饲料转化效率。

2. 饲料资源开发和生物饲料技术发展动态

非常规饲料资源包括夏威夷果仁饼、甲烷球菌单细胞蛋白、黄粉虫粉、黑水虻等，适当比例添加可替代常规植物原料。研究也发现不同饲料原料养分互作、肉鸡日龄、样品加工方法等因素干扰饲料原料营养价值评定结果。发酵技术应用到棕榈粕等原料，相关研究聚焦到发酵对花生粕残留黄曲霉毒素的脱毒效应、微生物的纤维降解效应。棕榈仁粕经发酵表观代谢能提高 34%，显著提高生产性能和盲肠菌群的多样性。

3. 肠道健康与免疫营养发展动态

关于肠道健康与免疫营养方面的研究集中在益生元、益生菌、酶制剂、有机酸和植物提取物。甘露寡糖和 β-葡聚糖合用可缓解肉鸡感染大肠杆菌造成的发育迟缓和异常情况，改善生长性能，提高免疫力，减少大肠杆菌感染和定植。染料木素、类胡萝卜素和花青素等植物提取物被用于多项的肉鸡饲养验证试验，主要表现出对于生长性能、肠道形态、肠道菌群、免疫功能的调节作用及对部分致病菌的抑制作用。在酶制剂方面，除报道了淀粉酶、植酸酶、蛋白酶等常规饲用酶对肉鸡生长和健康方面的研究以外，还有 β-内酰胺酶和胞壁酸酶作为潜在的抗生素替代用酶被研究。

（三）生产与环境

1. 舍内环境因子影响肉鸡健康水平的研究发展动态

硫化氢通过 PI3K/AKT/TOR 途径在鸡肝细胞中引起氧化应激和诱导自噬，加剧 LPS 诱导的氧化应激和自噬损伤。环境氨暴露会改变呼吸道和肠道的微生物组成，上呼吸道微生物群在呼吸道感染的稳态调节中起着重要作用。氨气的毒性作用也受转录调控的调节，ci/miRNA 可调控 PTEN/AKT/mTOR 通路参与氨暴露鸡法氏囊淋巴，以及气管上皮细胞自噬和能量代谢。微量元素、维生素和一些氨基酸可以提高其重要器官功能、免疫系统反应和热应激下的生长性能。

2. 养殖减臭及废弃物处理方向的发展动态

覆膜式静态正压通风堆肥发酵生产有机肥（如德国），具有能耗低的优势，并可大幅度降低臭气、粉尘和病原菌外排污染环境；密闭罐式好氧发酵鸡粪生产有机肥（如日本），可解决传统堆肥方法使用大量辅料的问题，同时提高有机肥的养分含量及其肥效；垫料鸡粪通过循环燃烧发电或混煤燃烧发电（如美国），并网供电可享受相对较高的电价；综合利用鸡舍通风系统和传输带清粪系统，将鸡舍余热用于鸡粪烘干处理（如荷兰）。

3. 肉鸡智能化养殖技术发展动态

印度学者关于热应激对家禽生产的影响与改善做出研究，其中遗传策略、管理策略和营养策略可以减少热应激的负面影响，提高家禽的生产性能。巴西学者开发了肉鸡热舒适评定系统，该系统能实时监测温度和相对湿度，与手机应用程序进行交互，实时计算肉鸡热舒适指数。区块链大幅促进农业食品供应链的透明度，保障农产品安全。韩国全南国立大学学者实现了基于 Hyperledger Fabric 的家禽信息追溯系统，实现了从孵化场到农场再到消费者的完整链条。

（四）疾病防控

1. 病毒性和细菌性疾病研究动态

在禽流感方面，2021 年 57 个国家和地区的家禽和野鸟中暴发 H5 和 H7 亚型禽流感疫情 3 642 起。纵观近年全球高致病性禽流感病毒流行态势，高致病性禽流感流行的区域主要集中在亚洲、欧洲和非洲，并且在家禽中发生的疫情已经明显超过野禽源的疫情。根据 2020 年 1 月至 2021 年 11 月的监测结果，H5 亚型 AIV 流行特点发生了明显改变。病毒呈多血清亚型、多基因型和全球性分布；家禽源的 H5N8 亚型 HPAI 愈发严重，在欧洲和亚洲多个国家散发流行；H5N6 病毒抗原变异明显；在全球范围内，H7 亚型 AIV 中存在多种 N 亚型毒株流行，我国仍以 H7N9 为主要流行毒株，并且近年所分离的病毒均为高致病性毒株。

在细菌病研究方面，空肠弯曲菌、沙门氏菌、李斯特菌等引起人类细菌性腹泻的主要病原仍是关注重点，同时家禽细菌病原的耐药性研究成为涉及公共安全的重要研究方向。

2. 禽病防控技术和策略

在流感病毒防控方面，单剂量多支病毒样颗粒疫苗可保护鸡抵抗 2.3.2.1 分支和 2.3.4.4 分支高致病性禽流感病毒的感染。含有多碱基氨基酸的 H5 剪切位点的多肽疫苗，可完全保护鸡免受 H5N6、H5N8 和 H5N1 等高致病性禽流感病毒的感染。利用纳米金-链亲和素和银染色增强的核酸斑点杂交系统，建立了可同时检测禽流感病毒 H5、H7、H9、N1、N9 和 N2 基因的芯片检测方法。联合使用商品化重组火鸡疱疹病毒 H5（rHVT-H5）疫苗（分支 2.2）单独或与商品化反向基因工程灭活 H5N1 疫苗（rgH5N1）（分支 2.2）可获得 40%～50%的保护效果（存活率）。使用双重载体 rHVT-H5 和灭活 rgH5N1 疫苗是预防 HPAIH5N8 病毒不同分支疫情最有效的工具。

肉鸡细菌病防控技术主要以生物安全与环境控制为基础，重点体现食源性细菌病的流行与防控技术研究。携带新型四环素耐药基因 *tet*、万古霉素抗性基因簇 *van* 的菌株表现出多重耐药性。噬菌体抗生素组合可以抑制细菌产生耐药性，甚至逆转耐药性噬菌体。国内外对于细菌病疫苗的研究不再局限于传统的灭活疫苗，针对细菌外膜蛋白、分泌蛋白的亚单位疫苗、弱毒活疫苗也逐渐成为研究的方向，例如基于大肠杆菌铁载体和孔蛋白 SRP 亚单位疫苗、大肠杆菌 O78-ΔaroA 弱毒活疫苗、外膜蛋白-鞭毛蛋白的肠炎沙门氏菌亚单位疫苗均具有良好的保护作用。

（五）鸡肉加工

1. 鸡肉加工基础研究进展

木瓜蛋白酶处理导致肌原纤维蛋白表面疏水性基团的增加和 α-螺旋和 β-折叠结构数量减少，经超声处理的样品具有更高的弹性和更高的黏度。红葱球茎提取物结合短时冷冻对肉鸡中空肠弯曲杆菌具有显著的抑制作用。超声和蒸汽联用、现场制备过氧乙酸可以显著降低鸡胴体空肠弯曲杆菌、沙门氏菌、肠杆菌、大肠杆菌和总需氧菌。烤箱烹饪（OV）和真空低温烹饪（SV）对正常和白色条纹（WS）鸡胸肉质构和感官品质特征的影响研究表明，WS 肌肉纤维面积比正常肉鸡大，SV 制作的 WS 鸡胸肉更嫩、更多汁，因此 SV 是改善 WS 和普通鸡胸肉感官品质特性的有效方法。

2. 技术发展与产品开发

Kang 等研究了全脂奶粉作为蛋白添加物对鸡胸肉乳化肠品质特性的影响，结果表明全脂奶粉的添加可以显著提升鸡胸肉乳化肠的红度值、蒸煮得率以及硬度、黏度、咀嚼性等质构特性。3 种鸡肉香肠（4℃下储存）：标准香肠（SS）、用商业胶原蛋白粉（SC）代替 50%脂肪的香肠、用鸡爪胶原蛋白凝胶（SG）代替 50%脂肪的香肠比较分析发现，与 SC 处理组相比，SG 的保水性最好、TBARS 值最低和抗氧化活性最高，表明用胶原蛋白替代脂肪可以保持主要质量特征并提供更健康的产品。

四、国内肉鸡产业技术研发进展

（一）遗传资源与育种

1. 肉鸡新品种培育

在白羽快大型肉鸡新品种培育方面，国家畜禽遗传资源委员会审定通过福建圣泽生物科技发展有限公司、东北农业大学和福建圣农发展股份有限公司联合培育的圣泽 901；中国农业科学院北京畜牧兽医研究所和广东佛山市新广农牧有限公司联合培育的广明 2 号；北京市华都峪口禽业有限责任公司、中国农业大学和思玛特（北京）食品有限公司联合培育的沃德 188 3 个快大型白羽肉鸡新品种，并颁发新品种证书，这标志着我国将拥有自主培育的白羽肉鸡品种。

2. 遗传资源保护与发掘利用

2021 年 3 月 21 日，农业农村部发布《关于开展全国农业种质资源普查的通知》，标志着第三次全国畜禽种质资源普查的正式开始。计划利用 3 年时间，摸清种质资源家底和发展变化趋势，开展抢救性收集保护，发掘一批优异新资源。

国内学者康相涛教授团队与澳大利亚西澳大学等单位合作，利用 868 只鸡的全基因组测序数据，构建了首个鸡泛基因组，并解析了影响鸡生长性状主效基因 *IGF2BP1* 的致因突变。姜雨教授团队通过对 20 只来自全球多种家鸡代表性品种的个体进行了全基因组高深度测序和基因组从头组装，鉴定了 159Mb 家鸡参考基因组中的缺失序列，并通过比较基因组学分析揭示了家鸡驯化和人工选择中关键表型变异的潜在致因变异。张亚平院士团队发表了家鸡驯化领域的最新研究成果，通过对包含地方鸡和野生家禽的 800 多个全基因组数据集的分析，结果发现驯化后的家鸡有害突变发生率较红色原鸡增加 2.95%，支持了“驯化成本（cost of domestication）”假说。李碧春等将黑羽狼山鸡的鸡胚胎成纤维细胞（CEFs）转分化为 PGCs，并将其移植到白普利茅斯洛克鸡胚胎中，以产生具有遗传自供体特征的可行后代。

（二）营养与饲料

1. 矿物元素与维生素功能和需要量研究和技术发展动态

依据血浆和组织硒蛋白等评价指标，肉仔鸡生长前、后期饲粮硒适宜水平分别为 0.36 毫克/千克和 0.49 毫克/千克。饲粮中添加 0.15 毫克/千克蛋氨酸铬显著提高肉鸡生长后期日增重和血清总抗氧化能力。饲粮中联合添加 50 毫克/千克维生素 E 和 350 微克/千克酵母硒可显著降低试验期死亡率，显著提高生长性能和屠宰率，改善肌肉品质，增强肌肉抗氧化能力。根据胫骨性能，评价黄羽肉鸡生长前、中、后期饲粮最适锰添加水平分别为 50 毫克/千克、40 毫克/千克、63～100 毫克/千克；根据免疫器官指数，推荐 22～

42 日龄、43～63 日龄黄羽肉鸡饲粮锰最适添加浓度分别为 110 毫克/千克、117 毫克/千克。

2. 饲料资源开发和生物饲料技术发展动态

稻谷、蝇蛆粉、香蕉加工残渣、马齿苋等适当比例添加可替代常规原料。其中，蝇蛆粉可增强肉鸡免疫力；马齿苋可增加肠道乳杆菌数量，减少埃希氏菌数量等。饲料发酵技术应用于杂交构树、柚子皮、黄梁木叶、柑橘渣等。其中，菌酶协同发酵杏鲍菇菌糠中性洗涤纤维含量显著下降，粗蛋白及总氨基酸含量提高，真代谢能提高 70.67%。发酵柚子皮在日粮的添加量可达 10%，发酵黄梁木叶用量可达 5%。生物发酵饲料将成为肉鸡饲料节粮增效的重要发展方向。

3. 能量、蛋白质和氨基酸的营养功能与需要量发展动态

相关研究以生长性能、屠宰性能、血清生化等为指标提出了皋黄鸡、北京油鸡代谢能需要量及适宜饲粮粗蛋白水平。研究表明，70～112 日龄北京油鸡赖氨酸需要量为 0.66%；91～120 日龄清远麻鸡饲粮精氨酸适宜水平为 0.88%～0.94%；1～21 日龄黄羽肉鸡母鸡饲粮苏氨酸适宜水平为 0.81%，公鸡为 0.79%。异亮氨酸可提升机体免疫功能、缓解氧化应激，40 周龄黄羽肉种鸡异亮氨酸需要量为 0.58%。91～112 日龄凌云乌鸡母鸡苯丙氨酸+酪氨酸适宜水平为 1.7%。

4. 肠道健康与免疫营养发展动态

研究发现大豆寡糖能够降低盲肠致病菌数量，双歧杆菌与甘露寡糖联用在缓解坏死性肠炎方面发挥协同作用。包被丁酸钠较三丁酸甘油酯能更好地促进肠道有益菌增殖和 SCFAs 生成，益生菌能增强丁酸钠的益生作用。中药益生菌复合微生态制剂能够降低盲肠致病菌数量，提高肠黏膜 sIgA 水平，缓解肠道损伤。抗菌肽、酸化剂和功能性寡糖联用提高生长性能和免疫功能，改善肠道形态和微生物结构，具有替代抗生素潜质。

（三）生产与环境

国内肉鸡生产与环境控制方面的研究围绕舍内环境因素与肉鸡健康，废弃物处理和资源化利用，福利养殖和智能化养殖技术等方面开展研究。

热应激可影响家禽肠道黏膜屏障和肠道微生物组成，三者互作导致采食量下降，影响生产性能。在养殖环境设备和管理技术方面，针对鸡舍内环境控制设备如智能化光照技术、通风及降温设施、全自动化或智能化环境控制系统等开展研究和技术升级，以提升整体环境控制技术的可靠性，降低成本，加快推进畜禽环境智能控制系统建设标准制定。在肉鸡养殖减排及废弃物资源化方面，创新发展了异位发酵床堆肥发酵、阳光棚堆粪、槽式循环发酵技术，降低含水量，节约辅料，节本提质。引进消化后开发并推广了鸡粪密闭式智能发酵一体机、覆膜式堆肥发酵技术，以及鸡粪烘干处理设备、降尘除臭设备以及相关技术。在人工智能应用方面，基于神经网络和机器视觉技术的非接触式评估肉鸡的体重和生产性能的方法日臻成熟，另外也有通过传感装置的低成本评估系统，也具有高稳定性和准确性。可穿戴设备的开发，为分析和分类特定的肉鸡行为提供了基础。通过采集图像数据和场景分析实现整鸡及其区域的精确定位和对鸡只健康状况的实时识别。区块链引领畜禽产品的溯源，以及畜禽养殖领域有广泛的应用前景，目前各畜禽和水产种类几乎都开展了实验性的应用。

（四）疾病防控

1. 国内禽流感防控技术研究进展

2021 年我国发生了 8 起 H5 亚型禽流感疫情，其中 6 起是 H5N8 亚型，另外 2 起分别是 H5N1 和 H5N6 亚型。研制出疫苗新产品 2 个，即重组禽流感病毒（H5+H7）三价灭活疫苗（H5N6 H5-Re13 株+H5N8 H5-Re14 株+H7N9 H7-Re4 株）和重组禽流感病毒 H5 二价灭活疫苗（H5N6 H5-Re13 株+H5N8 H5-Re14 株），目前已完成了种毒更换，不日即将投入生产；另外研制出诊断试剂新产品 3 套，获得国家有证标准样品证书 2 个。此外，国内 H5、H7 亚型 AIV 候选疫苗毒株的储备及更新，廖明团队课题组基于流感病毒反向遗传技术，以 A/Duck/Guangdong/D7/2007（H5N2）为骨架构建 8 质粒系统，与流行毒株构建并筛选出系列重组的 H5 和 H7 亚型灭活疫苗候选毒株。目前，针对当前国内流行的 H5N6、H5N8 和 H7N9 亚型毒株，已经储备了一系列的疫苗候选毒株，所制备的重组 AIV（H5 与 H7）三价灭活疫苗已完成实验室安全性与免疫效力研究。

2. 国内细菌病防控技术研究进展

伴随着禽类疫病呈现多种病原混合感染，细菌具有多种血清型的新特点，多联多价疫苗的研发成为趋势，可以简化疫苗接种程序、提高疫苗接种的效率、降低运输和接种等的人工成本。另外，基因工程疫苗、亚单位疫苗也是研究的主要方向，例如以新城疫为载体，研发表达重要免疫原性蛋白的基因工程疫苗。准确诊断是全方位切断传染源，实现疫病防控的基础。近年来，基于免疫学方法和分子生物学技术发展起来的免疫荧光技术、基因芯片、数字 PCR 等多项诊断技术应用广泛。对病原的检测也从对发病群体延伸到源头，更加注重种群的净化，部分养殖场在鸡白痢和禽白血病的净化上取得了一定的成就。

（五）鸡肉加工

鸡肉加工特性方面，研究了酵母硒和枣粉对白羽肉鸡肌原纤维蛋白构象、功能及消化特性的影响，发现在饲粮中添加酵母硒和枣粉可以维持鸡肉宰后肌原纤维蛋白结构稳定，同时改善产品消化特性。琥珀酰化程度随着 pH 的提高而增加，从而提升了鸡肝蛋白的溶解度和油滴吸附能力。超声辅助可以显著提高类 PSE 鸡肉的肌原纤维蛋白提取率，由此获得的肌原纤维蛋白溶解度较大、尺寸较小、结构疏松，乳化活性和乳化稳定性也显著提升。鸡肉加工的微生物控制相关研究方面，建立了检测肉鸡屠宰加工过程中存在的空肠弯曲菌、沙门氏菌、金黄色葡萄球菌、大肠杆菌的多重实时荧光定量 PCR 方法。鸡肉风味基础研究方面，通过低场核磁共振氢谱技术比较中国土鸡（武定鸡和盐津乌鸡）和一种典型的商品鸡的生肉和鸡汤中的水溶性低分子量化合物和脂肪酸的含量，并通过气质联用对挥发性物质进行定量定性分析，发现两种中国土鸡胸肉和腿肉的主要风味物质含量显著高于典型商品肉鸡，而商品肉鸡鸡汤中主要风味物质的含量则显著高于中国土鸡。通过基于光谱的非靶向代谢组学方法，发现茶花鸡的整体风味对醛和醇的依赖性较大。1-辛烯-3-醇、(E)-2-辛烯醇、2-甲基丁醇、已醛、壬醛、辛烷、3-甲基丁醇、庚醛、2-戊基呋喃、二硫二甲基是茶花鸡肉风味的关键组成部分。在技术发展与产品开发方面，L-精氨酸和L-赖氨酸降低了乳化肠的蒸煮损失、总压出汁液和总压出脂肪，并且 L-精氨酸和 L-赖氨酸的添加有利于形成更加均一的油滴，提升了乳化肠的物理稳定性。

（国家肉鸡产业技术体系首席科学家　文杰　提供）

2021 年度水禽产业技术发展报告

（国家水禽产业技术体系）

一、国际水禽生产与贸易概况

依据中国畜牧业协会与联合国粮食及农业组织（FAO）提供的数据分析及对我国水禽产业市场供求关系推算，2021 年世界肉鸭出栏量约 60.6 亿只，与 2020 年相比减少 10%左右。其中，亚洲占比最大，达到约 85%。其次是欧洲，约占 11%。全世界肉鸭按出栏数量排名前 5 位的国家是中国、缅甸、越南、法国和孟加拉国。按产肉量排名，前 5 位的国家是中国、法国、缅甸、越南和马来西亚。其中，中国肉鸭出栏量（未包含中国台湾数据）约占世界的 68%。2021 年世界肉鹅出栏量约 6.6 亿只左右，与 2020 年相比减少约 10%。其中，亚洲约占 96%，欧洲约占 2.3%，美洲与非洲约占 1.7%。中国是世界肉鹅出栏量最多的国家，其次是埃及、波兰、缅甸、匈牙利。目前，全球禁止生产鹅肝的国家包括：阿根廷、捷克、丹麦、芬兰、德国、爱尔兰、以色列、意大利、卢森堡、荷兰、挪威、波兰、瑞典、瑞士和英国。这些国家只是禁止生产，并不禁止销售。而印度是全球唯一全面禁止鹅肝生产和销售的国家。

从生产上来看，2021 年 8 月 17 日，欧盟委员会通过了一项修改饲料禁令的立法（EU2021/1372），允许使用加工动物昆虫蛋白（Pro-cossed Animal Proteins，PAPs）来喂养家禽、猪以及其他非反刍动物等。这项立法于 2021 年 9 月生效，为欧盟在家禽、猪和其他非反刍家畜的饲料中有限地纳入加工动物蛋白（PAP）和昆虫饲料铺平了道路。在英国，劳动力严重短缺，一些家禽企业不得不削减产量，导致英国家禽业供应出现了危机。巴西计划增加鸭肉生产，主要瞄准亚洲市场。巴西动物蛋白协会（ABPA）和巴西出口和投资促进局（Apex-Brazil）推出了“巴西鸭”品牌，新推出的国际品牌“巴西鸭”将利用巴西现有的出口渠道来增加该细分市场的出口。沙特阿拉伯和阿联酋是巴西鸭肉的主要出口目的地，分别购买了 1 390 吨和 1 000 吨。波兰农业和食品经济研究所预测，2021 年波兰的家禽产量将比 2020 年下降 3%，至 310 万吨，家禽出口下降 1%。

2021 年疫病对水禽产品贸易造成了严重的影响。包括中国在内的全球多地暴发禽流感疫情。11 月 11 日，荷兰通报乌得勒支省发生 2 起家禽 H5N1 亚型高致病性禽流感疫情，1.6 万只家禽感染，910 只死亡，21.9 万只被扑杀。11 月 16 日，意大利通报威尼托大区发生 20 起家禽 H5N1 亚型高致病性禽流感疫情，7.8 万只家禽感染死亡。据世界动物卫生组织（OIE）报道，欧洲禽流感暴发的数量继续增加，至少在 5 个国家引发了大规模扑杀，政府要求养殖场增强生物安全，并拉响了新警报。随着各种形式的病毒在其他欧盟成员国传播，法国已在全国范围内发布高度戒备，以遏制禽流感疫病卷土重来。11 月 16 日，据菲律宾《商业镜报》（Business Mirror）报道，在确认荷兰暴发禽流感后，菲律宾农业部发布备忘录令，2021 年第二次禁止来自荷兰的禽类及其制品。11 月 21 日新加坡食品局（SFA）发布消息称对德国 H5N1 型高致病性禽流感疫情发生地附近的家禽及其产品的进口实施临时限制。欧盟最大的家禽生产国波兰在 11 月 24 日通报大波兰省发生 12 起家禽 H5N1 亚型高致病性禽流感疫情，15.6 万只家禽感染，7 893 只死亡，18.5 万只被扑杀。11 月 29 日，新加坡食品局（SFA）发布消息，对荷兰受禽流感疫情影响地区的家禽及其产品的进口实施临时限制。12 月 2 日，由于意大利威尼托区维琴察省和伦巴第地区克雷莫纳省暴发高致病性 H5N1 禽流感，中国香港食物环境卫生署食物安全中心立即指示业界暂停从上述地区进口禽肉及禽类产品（包括禽蛋），以保障香港本地公众健康。

二、国内水禽生产与贸易概况

2021 年随着新冠肺炎疫情得到有效控制，水禽产业复工复产，水禽产品加工销售量有所增长，商品肉禽、种禽、雏禽养殖和销售逐渐回暖。

从国内水禽产业生产相关政策来看，①4 月 23 日，农业农村部发布新一轮畜禽遗传改良计划，实施期限从 2021 年到 2035 年，内容涵盖生猪、奶牛、肉牛、羊、马、驴等家畜品种，蛋鸡、肉鸡、水禽等家禽品种，以及蜜蜂、蚕等。力争用 10～15 年的时间，建成比较完善的商业化育种体系，显著提升种畜禽生产性能和品质水平。②7 月 9 日，中央全面深化改革委员会第二十次会议审议通过《种业振兴行动方案》，内容中强调要以生猪、奶牛、肉牛、肉羊、蛋鸡、肉鸡、水禽为重点，遴选建设一批国家核心育种场、种公畜站和扩繁基地，支持国家级水产供种繁育基地建设。③10 月 20 日，农业农村部发布通知，决定自 2021 年起，利用 3 年时间，在全国范围内组织开展农业种质资源普查。其中要启动并完成第三次全国畜禽遗传资源普查，实现对全国所有行政村的全覆盖。通过普查，摸清全国畜禽种质资源种类、数量、分布及主要性状等基本情况，掌握变化情况与趋势，发布种质资源普查报告，有效收集和保护珍稀、濒危、特有资源，实现应收尽收、应保尽保。

据对全国 23 个水禽主产省（区、市）2021 年水禽生产情况的调查统计，全年商品肉鸭出栏 41.0 亿只，较 2020 年下降 12.5%；肉鸭总产值 1 017.4 亿元，较 2020 年下降 10.2%。蛋鸭存栏 1.50 亿只，较 2020 年上涨 0.79%；鸭蛋产量为 277.6 万吨，较 2020 年下降 4.82%；蛋鸭总产值 352.2 亿元，较 2020 年上涨 37.1%。商品鹅出栏 5.70 亿只，比 2020 年下降 10.7%，肉鹅产值 522.6 亿元，比 2020 年上涨 6.8%。全年来看，肉鸭、蛋鸭和鹅的出栏量和产蛋量下降，总产值达到 1 892.2 亿元，与 2020 年比较差异极小。

从水禽产品价格来看，进入 2021 年以来，水禽基本走出了冰火两重天的态势。从 2021 年各季度最后一月价格表现来看，①活鸭方面：2021 年第一季度的肉毛鸭平均价格是 4.34 元/斤，环比下降 5.58%，同比上升 9.91%。全国主要产区毛鸭价格环比变动均有升有降，其中上升幅度最高的是山东，为 5.49%；下降幅度最高的是广东，为 21.45%。2021 年第二季度 6 月末的毛鸭平均价格是 3.95 元/斤，环比下降 5.99%，同比上升 7.63%。全国主要产区毛鸭价格环比变动均下降，其中下降幅度最高的是广西，为 11.96%；下降幅度最小的是河南，为 2.23%。2021 年 9 月的毛鸭平均价格是 4.62 元/斤，环比上升 0.35%，同比上升 22.20%。2021 年 9 月，毛鸭主要产区中，广东毛鸭价格最高，为 5.93 元/斤；山东价格最低，为 3.72 元/斤。全国主要产区毛鸭价格环比变动有升有降，其中上升幅度最高的是广西，为 13.68%；下降幅度最大的是山东，约为 10.13%。②鸭蛋方面：2021 年 3 月，鸭蛋月度平均价格为 11.89 元/千克，环比上升 1.93%，同比上升 3.28%。2021 年 6 月，鸭蛋月度平均价格为 11.66 元/千克，环比上升 1.52%，同比上升 11.79%。2021 年 9 月，鸭蛋月度平均价格为 12.07 元/千克，环比下降 0.35%，同比上升 19.33%。③鸭苗方面：2021 年 3 月，我国鸭苗月度平均价格分别为 4.47 元/羽，环比下降 1.03%，同比上升 156.97%。2021 年 6 月，我国鸭苗月度平均价格分别为 0.81 元/羽，环比下降 48.18%，同比下降 65.20%。2021 年 9 月，我国鸭苗月度平均价格分别为 1.98 元/羽，环比下降 4.2%，同比上升 32.07%。

从对外贸易来看，受疫情影响，我国进口冷冻食品备受关注，多次发生进口冷冻食品外包装检测出新冠病毒事件。我国水禽进出口也遭受了严重下滑。根据海关总署的数据统计，2021 年 1—10 月禽肉进口数量为 1 205 吨，累计比 2020 年同期下降 4.1%。金额 180 亿元，比 2020 年同期下降 10.8%。其中 2021 年 1—10 月冻的鸭块及杂碎进口数量为 168 吨；出口数量为 3 030.9 吨。

2021 年 1 月 19 日，农业农村部发布消息称山东省东营市黄河三角洲发生野生天鹅 H5N8 禽流感疫情，发病的 35 只天鹅全部死亡。随后，2 月 1 日在北京市海淀区圆明园地区又发生一起天鹅 H5N8 禽流感疫情，发病死亡 3 只。2 月 5 日，江苏省连云港市发生野禽 H5N8 禽流感疫情，发病死亡 17 只。4 月 12 日，辽宁省沈阳市和平区长白岛野禽发生 H5N6 疫情，发病死亡 11 只，疫情发生后，当地按照有关预案和防治技术规范要求切实做好疫情处置工作，已扑杀家禽 280 只，全部病死和扑杀家禽均已无害化处理。5 月 19 日，西藏自治区那曲市野禽发生 H5N8 禽流感疫情，发病死亡数达 268 只。6 月 9 日，陕西省神木市红碱淖国家自然保护区野禽发生 H5N8 禽流感疫情，此次发病死亡数高达 4 259 只，达到 2021 年峰值。2021 年 6 月 20 日，宁夏回族自治区灵武市野禽发生 H5N8 禽流感疫情，导致发病死亡 38 只。

三、国际水禽产业技术研发进展

2021 年，国际水禽产业技术研发进展主要在禽类养殖屠宰与食品科技两个方面。

在禽类养殖与屠宰上，①意大利卡波拉尔动物研究所 Daniela 等学者研究出在屠宰前减少家禽中弯曲杆菌负荷的噬菌体疗法，同时构建了抗微生物药物耐药性模式。②巴西帕拉伊巴州若昂佩索亚市帕拉伊巴联邦大学 Juliana 等学者评估了添加鸡屠宰副产品（皮肤和腹部脂肪）对冷冻保存的新鲜香肠质量的影响，对副产物进行了部分化学表征，制备了 3 批带皮、腹部脂肪和添加皮肤和腹部脂肪的鸡肉香肠。③美国印第安纳州泰兰加纳海得拉巴家禽研究局 Rajkumar 等学者使用 REML 动物模型分析生长和生产性状的方差和协方差分量，以评估 Red(PD-3) 鸡群的直接加性遗传、母体效应。

在食品科技上，①美国初创企业 EatJust 公司推出“实验室培养肉”，即在实验室中使用活体动物细胞人工制成的可食用肉。②以色列食品科技初创公司 ChickP Protein 宣布公司已经用其专有分离物开发出不同的蛋黄酱配方，以此作为鸡蛋蛋黄的专用替代品。该试验测试非常成功，而且已经进入了大规模的试点生产。

四、国内水禽产业技术研发进展

2021 年国内水禽产业技术研发成果丰硕，为产业发展提供了持续的驱动力。在遗传育种方面，①神丹 2 号蛋鸭、强英鸭、温氏白羽番鸭 1 号通过国家畜禽遗传资源委员会审定。其中，温氏白羽番鸭 1 号是国内首个通过国家审定的番鸭品种，突破了番鸭“卡脖子”种质资源问题。②农湖 2 号蛋鸭配套系 2021 年 10 月通过了国家品种资源审定委员会会审终审公示。农湖 2 号蛋鸭配套系是湖北省农业科学院畜牧兽医研究所与企业合作，经过 16 年系统选育，培育出麻羽青壳蛋鸭配套系。③开展京典北京鸭配套系培育，已经完成“京典北京鸭”新品种审定工作。④发现并培育的奉化水鸭，被国家畜禽遗传资源委员会鉴定为国家畜禽遗传资源，并被录入名录加以保护。⑤全国农业优异种质资源及资源普查过程中，中山麻鸭等已灭绝物种被重新发现，中山麻鸭产自广东省中山市，是蛋肉兼用型品种，被列为广东优良地方禽种之一。

营养和饲料技术方面取得的成果主要有：①研究了饲粮中添加不同水平的甜菜碱对仔鹅生长性能、血清生长激素（GH）和胰岛素样生长因子-Ⅰ（IGF-Ⅰ）含量、屠宰性能和脏器指数的影响。②探究了饲粮添加 25-OH-D3 对肉鸭胫骨和胸骨生长钙化的影响及其机制。③研究了饲粮中不同稻谷含量对 1～28 日龄仔鹅生长性能、消化生理指标等的影响。④饲粮中添加甜菜碱可改善脂多糖刺激仔鹅生长性能和免疫应激。

在疫病防控方面取得一定成就：①评估了 PS180 株基因组为骨架所构建的嵌合病毒 Chim-PS180 株的安全性和免疫原性。②对鹅缓慢葡萄球菌的分离鉴定进行了研究。③证实了 TMUV-sfRNA 通过抑制 IFN-I 天然免疫反应来促进病毒复制，且 TMUV-sfRNA 通过促进 DDX56 在细胞质中的积累来抑制 IRF3 的入核，从而发挥颉颃天然免疫反应的功能。④建立了新型鹅星状病毒胶体金免疫层析检测方法，根据已发表的新型鹅星状病毒全基因组序列，设计引物，构建新型鹅星状病毒 ORF2 重组表达载体进行原核表达。

在养殖技术方面取得的进展主要有：①蛋鸭笼养。湖北省农业科学院实现了蛋鸭笼养。产蛋高峰期的时候，笼养蛋鸭产蛋率可达到 97.5%，产蛋高峰期可持续 6～8 个月。每只鸭一年可产 320 枚鸭蛋，比传统模式的产蛋性能提高了 10%左右。②肉鸭笼养。温氏水禽高效养殖小区采用高效笼养模式，依托全自动化环控和喂料等设备，实现高效规模化养殖。

加工技术方面取得的成果主要有：①利用魔芋葡甘露聚糖和大豆分离蛋白开发一种具有抗氧化保护作用的鹅肝油微胶囊制品，以提高鹅肝油的抗氧化稳定性。②探讨鸭肝来源的水解产物的抗氧化活性，并对其分离纯化后的氨基酸序列进行鉴定。

国家标准与数据库建设方面的成果主要有：①形成国家标准 1 项，《家禽孵化良好生产规范》（GB/T 40454—2021）。②形成地方标准 4 项，《鸭巴泰病毒 RT-PCR 检测方法》（DB35/T 1958—2021）、《强饲法测定鸭饲料表观代谢能技术规程》、《蛋鸭育成期饲养技术规程》、《肉鹅健康养殖技术规程》（DB3213/T 1021—2021）。③形成行业标准 2 项，《动物源性食品中肌肽、鹅肌肽的测定　高效液相色谱法》（NY/T 3946—2021）、《畜禽粪便土地承载力测算方法》（NY/T 3877—2021）。

（国家水禽产业技术体系首席科学家　侯水生
产业经济岗位科学家　刘灵芝　提供）

2021年度兔产业技术发展报告

（国家兔产业技术体系）

一、国际兔生产与贸易概况

（一）国际兔业生产概况

根据FAO最新统计①，2020年全球兔出栏量6.398亿只，比2019年减少2.45%；2020年存栏量1.926亿只，比2019年减少3.71%；兔肉产量为89.36万吨，比2019年减少2.86%。

从地区看，2020年亚洲和欧洲兔肉产量分别占67.49%和19.63%，非洲和美洲分别占11.18%和1.70%。从出栏量看，2020年亚洲占66.61%，欧洲占18.33%，非洲和美洲分别占13.01%和2.01%。兔存栏量中，亚洲和欧洲分别占77.32%和10.42%，非洲占9.19%，美洲占3.07%。

兔毛和獭兔皮的生产90%以上集中在中国，法国、匈牙利、智利、阿根廷等国也生产一定量兔毛，但仅有几百吨。兔皮生产方面，獭兔皮的生产国主要有中国、法国和德国等，但90%以上的獭兔也主要集中在中国。

（二）国际兔产品贸易概况

兔肉贸易方面，世界兔肉总出口量2.67万吨，出口额1.27亿美元。兔肉主要出口国有西班牙、匈牙利、中国、法国和比利时，分别占世界兔肉出口量的25.37%、17.92%、15.98%、14.99%和12.43%。德国、比利时、葡萄牙、意大利和法国为进口的前5位国家，占进口总量的61.46%和进口额的55.95%。

兔毛的主要生产和出口国为中国，其产量和出口量均占全球的90%以上。兔毛产品的主要进口国家和地区包括日本、韩国、中国香港以及欧盟国家。国际兔皮贸易主要是欧洲肉兔主产国向中国等国家出口肉兔皮，经鞣制后，再加工成皮毛制品出口。

二、国内兔生产与贸易概况

（一）国内兔业生产概况

据统计，2020年我国家兔出栏3.32亿只②，较2019年增长6.09%。家兔存栏1.09亿只，较2019年减少8.55%。兔肉产量48.80万吨，比2019年增长6.55%。2021年初步估算家兔出栏3.57亿只，同比增长7.35%，年末存栏1.11亿只，同比增长1.50%，兔肉产量53.4吨，同比增长9.39%。

从区域结构来看，我国肉兔养殖依然主要集中在四川、重庆等西南地区以及山东和河南等地，獭兔主要在山东、河北、河南和山西等中部和华北地区，毛兔主要在山东、浙

---

① 全球兔生产的数据来源于联合国FAO统计数据库（http://faostat.fao.org/）。

② 资料来源：国家统计局《中国农业统计资料（1949—2019）》。

江、江苏、安徽等地。近年来在扶贫政策支持下，新疆、贵州、陕西、甘肃和内蒙古等地的家兔养殖也得到较快发展。

（二）国内兔产品贸易概况

多年来，我国兔肉和兔毛为净出口，但兔皮为净进口。2021 年前 10 个月出口兔肉 0.34 万吨，同比下降 9.9%。2021 年前 10 个月我国出口已梳兔毛（HS 编码 51053910）103.81 吨，同比提高 12.05%。2021 年前 10 个月兔毛制品（HS 编码 61101920，包括兔毛制针织钩编套头衫、开襟衫、外穿背心等）出口 8.36 万件，同比下降 18.08%，预计 2021 年全年出口 9.10 万件。兔皮贸易主要是以进口整张兔皮（海关 HS 编码 43018010）为主，同时出口少量未缝制整张兔皮（海关 HS 编码 43021920）。2021 年前 10 个月进口 1.53 万吨，同比上升 4.00%，2021 年前 10 个月出口已达到 15.06 吨。

三、国际兔产业技术研发进展

1. 遗传育种与繁殖

（1）传统育种。温度—遗传互作效应在生产性状与胴体性状中具有重要作用；新西兰白兔的生产性状和胴体性状为中低遗传力，且存在一定的非加性或环境效应；利用具有渐进权重随机效应的 von Bertalanffy 和 Logistic 模型对新西兰兔的体重和胴体生长曲线进行拟合是最优选择；活体重与体尺之间存在显著正相关。

（2）分子育种。基于基因型插补的基因组选择技术在兔子育种中是可行的；探究 *TYR* 基因多态与家兔白化性状的相关性；*OCU1*、*NUDT2*、*NR6A1* 等基因被定义为影响家兔乳头数量的候选基因；生长激素（GH）基因能够作为提高家兔生长性状和精液性状选择的候选基因；品种内遗传多样性比品种间的多样性更高。

（3）繁殖技术。精液稀释液中添加 1.0 毫摩尔/升褪黑素可以改善冷冻家兔精子质量，保护精子的 DNA 完整性；身体蛋白质、脂肪和能量的增加可以提高人工授精时母兔的繁殖性能；兔精子对糖基和电解质培养基诱导的非渗透性具有不同的适应性；辅酶 Q10 可以缓解公兔的热应激，改善公兔繁殖能力。

2. 营养与饲料

（1）饲料资源开发与利用。蚕蛹粉替代组家兔的养分消化率和氮保留率均降低；添加 4%蚕蛹粉和 4%粉虫幼虫粉提高了公兔的末重和日增重，增加了脂肪、粗纤维、酸性洗涤木质素的消化率，但抑制了大肠微生物群的代谢；角豆粉和甜乳清粉的添加对末重、日增重、饲料转化率、肠道形态和屠体处理产生积极影响；20%的葡萄渣可使腐败延迟，但总酚含量、抗氧化能力等无显著改善。

（2）饲料添加剂。丁香或迷迭香精油可潜在地用于兔日粮以改善抗氧化状态；黄芩苷减轻大肠杆菌和金黄色葡萄球菌感染诱导的兔模型子宫内膜炎；益生元改善家兔的生长性能及回肠结构形态；酿酒酵母改善家兔生长性能、肠道结构形态和免疫力；腐植酸（HA）对家兔增重有促进作用；饲料中添加左旋肉碱可以提高新西兰白兔的生长性能、饲料转化率以及优化生理生化指标。

3. 疾病防控

就兔出血症病毒病（RHDV）的检测和诊断做了综述；波形蛋白在 RHDV 感染过程中可作为组织损伤的信号；证实了非致病性兔杯状病毒（GⅡ.2）在欧洲圈养和自由生活野生兔中广泛发生；证实青霉素治疗兔梅毒失败的原因是密螺旋体持续存在于感染部位。

4. 饲养管理

户外饲养可实现家兔的自然行为，但影响家兔生长性能；温湿度指数空间分布可用于快速评估兔舍环境状况；综述了过去 20 年（2000—2020 年）热应激对家兔的影响及改善家兔热应激的管理技术。

5. 加工技术

添加石榴提取物使兔肉嫩度及抗氧化活性显著提升，兔肉腥味物质得到抑制；兔肉冷冻前采用高强度超声处理，显著降低兔肉的 pH 值，增强兔肉的持水效果；消费者对于烤箱烤兔肉接受度最高，煮制最大程度保留营养物质，烧烤和微波煮熟兔肉样品最为柔嫩多汁，油炸兔肉样品肌肉纤维和结缔组织的破坏程度最小；KCl 替代 50% NaCl，并添加谷氨酸钠风味增强剂，开发出了一款低钠低脂高蛋白的新型健康干腌兔腿。

6. 产业发展

目前国际上兔产业经济领域方面的研究主要集中在动物福利和生产能力等方面，对于兔产业的经营主体、兔产品流通、加工与销售等产业上游的研究较为缺乏。

四、国内兔产业技术研发进展

1. 遗传育种与繁殖

（1）传统育种。闽西南黑兔屠宰日龄以 110～130 日龄为宜；皖南黄兔 12 周龄时屠宰性能相关指标均不同程度高于 16 周龄；塔里木兔与蒙古兔的亲缘关系较近；青紫蓝兔群体经过多代繁育后依然符合封闭群实验动物的要求。

（2）分子育种。肉兔 *IGF-IR* 基因 5 个 SNPs 位点均具有中度多态性；*FSHR* 基因可以作为兔早期体质量性状选择的标记基因；*RBM4* 基因在新西兰兔肾脏中表达量最高，在脑中表达量最低；*FGF5* 可作为影响家兔毛绒品质的候选基因；在家兔上实施基因组选择具有很强的可行性。

（3）繁殖技术。热应激条件下齐兴肉兔仍表现出较好的繁殖特性；LED 灯和节能灯补光对闽西南黑兔发情率有显著影响；兔卵巢颗粒细胞在含有 15%血清的 DMEM/F-12 培养基中增殖状况最好。

2. 营养与饲料

（1）饲料资源开发与应用。25%甜菜渣能提高兔的表观消化率与盲肠纤维消化酶活性；饲用苎麻粉的添加量不宜超过 16%；桑枝茎叶粉的添加量不宜超过 16%；荞麦秸秆的适宜添加比例为 8%～16%；黄秋葵的适宜添加量为 3%；白酒糟的建议添加量为10%～20%；小麦次粉适宜添加量为 6%。

（2）饲料添加剂。35 日龄健康断奶福建黄兔日粮中岩藻多糖添加水平为 300 毫克/千克时效果最佳；黄芪多糖（APS）在 28 日龄的断奶幼兔的基础日粮中最适添加量为 400 毫克/千克；35 日龄断奶商品肉兔饲粮中添加 400～800 毫克/千克甘露寡糖较好；基础日粮饲粮中联合添加 0. 08%的牛至精油和 0. 15%的抗菌肽显著增加了生长肉兔的平均日增重，显著降低了料重比和腹泻率；大蒜提取物中草药组合物可用于断奶 1～15 天育肥仔兔的替抗养殖中。

3. 疾病防控

阐述了 RHDV2 与经典兔出血症病毒（RHDV）的不同及相关研究的最新进展；四川

省首次出现关于 RHDV2 感染的诊断报告；阿苯达唑伊维菌素驱兔蛲虫率可达 98.17%，低毒、副作用小；成功建立了兔豆状囊尾蚴病 ELISA 检测方法；丁香提取物微乳对兔痒螨具有显著疗效；中药复方提取物在治疗兔肠道球虫病效果方面存在量效关系；中药添加量与防治效果呈正相关，添加量为 1 千克/吨时可有效防治大型艾美耳球虫感染。

4. 饲养管理

湿帘负压纵向通风大棚兔舍显著降低兔舍温湿指数（THI），可以使四川白兔母兔表现出较好的繁殖性能；设计了连续可变兔饲料喂料定量杯，既减少了饲料浪费，又降低了肠道疾病的发生率；设计了一种具有供暖功能的兔舍，包括兔笼支架和供暖装置；冬季开放式兔舍安装卷帘显著提高保温效果，显著提高肉兔生产性能；15%限饲水平可以在保证肉兔生长性能的基础上降低腹泻率与死亡率。

5. 加工技术

开发出了一款风味好、营养高、休闲麻辣卤烤兔肉；紫背菜提取物能有效抑制兔肉糜脂质氧化；通过探讨脂质过氧自由基诱导兔肉肌浆蛋白聚集机制，有助于全面理解兔肉品质的形成。

6. 产业经济

目前我国肉类消费正处在升级转型的时期，越来越多的消费者认可兔肉，我国对兔产业的研究也应更多地转向自然科学等微观层面，指导我国兔业生产技术取得进步，帮助整体兔业进一步发展。

（国家兔产业技术体系首席科学家　秦应和　提供）

2021 年度蜂产业技术发展报告

（国家蜂产业技术体系）

一、国际蜂产品生产与贸易概况

目前，全球主要的蜂蜜生产国有中国、土耳其、阿根廷、乌克兰、印度、美国、墨西哥、德国和加拿大等，9 国的生产量占全球生产总量的 60%（根据 2019 年 FAO 数据计算）。2020 年全球主要蜂蜜出口额前 6 位的国家是新西兰、中国、阿根廷、德国、乌克兰和西班牙，这 6 国出口额占全球出口总额约 51.5%（UN comtrade 数据）。2020 年，新西兰出口额首次超过中国，出口额占比虽下滑了 6.4 个百分点，但出口额净值较 2019 年增长了 9 785.7 万美元，出口均价依然保持高位运行。中国近年蜂蜜产量有所下滑，但仍高居全球首位。2020 年蜂蜜产量约为 44.7 万吨，占全球总产量的 24.1%。2021 年为中等蜜源年份，预计蜂蜜产量为 47 万吨，与往年相比有小幅增长。全球主要蜂蜜生产国近年蜂蜜产量略有增长，其中新西兰、巴西、美国 2019 年产量较往年增长幅度较大，同比分别增长 15.0%、8.5%、1.9%，达到 2.3 万吨、4.6 万吨和 7.1 万吨（FAO 数据）。

2020 年我国蜂蜜出口量占产量比例为 29.5%；蜂王浆产量近年保持在 3 500 吨左右的水平，出口量为 30%～45%；每年生产约 500 吨蜂胶产品基本用于内销。2012—2021 年蜂蜜产量年均增长率约为 0.8%，其中 2013 年、2017 年、2018 年、2019 年属于歉收年份，2014 年和 2015 年属于丰收年份，其余为中等（正常）年份。

二、国内蜂产品生产与贸易概况

2020 年我国出口蜂蜜 13.2 万吨，较往年增长 10%；出口金额达 2.54 亿美元，同比上涨 8.1%，出口形势稳中有增。2021 年 1—11 月，中国蜂蜜因出口集装箱不能及时运回口岸，海运费用大幅上涨，对蜂蜜出口造成不利影响，导致 3—5 月出口量和出口额同比分别下降 14.8%和 17.9%。2021 年 6 月，欧洲疫情得到暂时缓解，我国出口量（额）恢复性增长。随着疫情多地小范围暴发和常态化管理，我国生产生活逐步恢复如常，蜂蜜出口供给充足。但由于蜂蜜出口通常为先约定出口价格、数量和质量指标后，分批次后期交付，海运费用和检验检疫成本成为当前出口不确定因素。但欧洲市场蜂蜜需求量大，且我国出口蜂蜜为大包装、低端目标市场，预计蜂蜜出口依然保持稳中有增态势。2021 年 1—11 月，蜂蜜出口量达 12.8 万吨，出口额为 2.3 亿美元，已超过 2019 年全年出口水平。出口目的地与往年相比保持一致，日本、英国和比利时出口额位列前三。

我国蜂蜜出口价格一直呈低位运行特征，与世界出口均价相差较大。出口单价拉低了出口额，2020 年与新西兰出口单价相差 23 786 美元/吨，为世界平均出口单价的 25%，新西兰凭借其单价高，成为蜂蜜出口额世界第一。2021 年 1—11 月，我国蜂蜜出口均价为 1 790.2 美元/吨，同比持续下降，除出口日本的蜂蜜单价略高，为 2 173.0 美元/吨，对其他主要贸易伙伴如英国、比利时、波兰、南非、西班牙、荷兰，出口单价均低于 2 000

美元/吨。

我国蜂蜜进口均价继续攀升，2020 年进口均价为 20 889.0 美元/吨，是当年同期中国出口均价的 10.9 倍，当年同期世界进口均价的 6.4 倍。2020 年蜂蜜进口量为 4 271.7 吨，进口量同比下降 16.2%，主要进口国依然为新西兰、澳大利亚、泰国、德国、加拿大等国家。

三、国际蜂产业技术研发进展

2021 年，随着西方蜜蜂基因组序列和注释信息的不断完善和东方蜜蜂基因组最新版本的公布，与蜜蜂相关的转录组、蛋白组、代谢组、免疫组和修饰组等组学研究明显增多且日趋深入，发表相关的学术研究论文超过 323 篇。而与蜂产品相关的 SCI 文章则超过 500 篇。

其中，蜜蜂生物学生理学的论文共 62 篇，如 Zhou 等在研究蜂王浆中 Jelleine-1 的抗菌活性时发现，通过对序列的阳离子电荷、极性和碱性进行微调可以显著提高其生物活性；Tlak 等通过试验证实了十五肽 BPC 157 可以提高蜜蜂的免疫力；Strachecka 等对产卵工蜂和蜂王的脂肪体进行研究发现，产卵工蜂虽然拥有蜂王和普通工蜂的许多特征，但是脂肪体的结构与蜂王仍存在较大差异；Paoli 等对蜜蜂的嗅觉行为进行了研究，提出了嗅觉回路的神经生理学以及嗅觉感知和学习的理想模型。此外，组学技术也取得较大进展，如 Liu 等对 3 日龄工蜂、蜂王和雄蜂的幼虫分别进行 RNA 测序，阐释了环境因素对群居昆虫性别分化和雄性发育的影响；Pan 等运用 RNAi 技术对蜜蜂极型分化的调控网络进行研究，发现转录因子（AmSP3）是蜜蜂极型分化网络的重要因素，并调控着下游 DNA 甲基转移酶 3(Amdnmt3）基因在发育幼虫表型中的作用；Meng 等发现了中华蜜蜂（*Apis cerana cerana*）蛋白质二硫键异构酶（AccPDIA6）在对抗氧化应激方面的重要作用；Hensgen 等证实蜜蜂大脑中与方向相关的神经网络具有相当大的保守性；Han 等发现速激肽相关肽（TRP）的信号可特定地调节蜜蜂的反应速度，并更普遍地影响动物的特异性行为。

有关蜜蜂保护的研究论文共 67 篇，其中东方蜜蜂微孢子虫、白垩病、蜂螨、农药等仍然受到广泛关注。Wang 等用化学农药多菌灵对哺育蜂的幼虫期进行处理后，发现其头部和下咽腺王浆蛋白的表达会受到抑制；Tang 等研究发现丁酸钠（NaB）可显著提高蜜蜂存活率并逆转变形残翅病毒（DWV）造成的蜜蜂学习记忆障碍，此外还对表观遗传调控恢复蜜蜂记忆功能的机制进行了阐释；Zhang 等对蜜蜂肠道细菌 Apibacter 的基因组进行研究发现，抗生素抗性基因仅在 Apibacter 物种中少量分布，但在其亲本中却普遍存在，这可能与它们的蜜蜂宿主的远程生活特征和接触抗生素较少有关；Huang 等重新组装并完善的东方蜜蜂微孢子虫（*Nosema ceranae*）的参考基因组，对微孢子虫发病机制提供了新见解，且为该病的治疗策略提供了新思路；Li 等研究发现意大利蜜蜂工蜂和雄蜂幼虫对狄斯瓦螨产生的吸引力是由其表皮的碳氢化合物（CHC）产生的；Jovanovic 等发现复合 B 族维生素能够显著降低受感染蜜蜂急性麻痹病毒（ABPV）、蜜蜂残翅病毒（DWV）和蜜蜂状幼虫病毒（SBV）的病毒载量，提高蜂群抗病毒成功率。而在蜜蜂病原的检测、疾病诊断和治疗方面共有 17 篇文章，研究结果为检测试剂、诊断试剂盒和治疗药物的研发和应用提供了光明的前景。在蜂群管理中，适当隔离受感染蜂群是种群抵抗病毒的第一道防线，它可以减少病毒的进一步传播。其次是蜜蜂种群自身的卫生行为，但最近的研究表明，尽管卫生行为机制能够显著提高蜂群抵抗病原的能力，高度活跃的卫生行为也可能通过工蜂清除病蛹过程而扩大 DWV 的传播。抗病育种方面，Locke 等收集了法国、挪威、瑞典和荷兰的 4 种抗螨蜂群，发现它们对 DWV 和 ABPV 均具有较好的抗性，所有抗螨群体的存活率都显著高于易感蜜蜂。除了培育抗螨蜂群，也可以通过遗传性状控制病毒感染，Bouuaert 等发现蜜蜂病毒抗性的增强与 SOV 性状选择有关，虽然该性状不能够完全清除子代的病毒感染，但可以显著降低感染水平。此外，Park 等通过构建含有pBTdsSBV-VP1质粒的苏云金芽孢杆菌有效的同时减少了 SBV 和大蜡螟对蜂群的破坏。蜂螨的生物防控方面，绿僵菌属、白僵菌、苏云金芽孢杆菌、昆虫病原线虫共生菌等被认为是潜在的生物制剂，但目前大多研究还在尝试探索阶段，还没有真正的生防药剂用于防治蜜蜂大蜂螨。蜂巢小甲虫的研究集中在防控、基因组分析、化学感知受体分析、流行病学分析、对杀虫剂抗性等。

2021 年国际上对蜂产品的研究依然火热，主要集中在以下几个方面。

（1）蜂产品质量安全研究方面。主要集中于利用各种不同的仪器分析技术结合最新的数据分析技术开展溯源或真实性研究，充分体现了国外消费者对蜂蜜真实性的关注。此外，污染物及其风险评估依然是本领域研究的热点，其最新的分析技术主要聚焦于特异性离子液体、改进的分散技术以及构建新型模版吸附残留或蓄积的污染物。开展最新分析技术的研究极大地有助于提高分析技术的灵敏度、准确性和重现性，但是其在实验室内能否广泛推广仍有待进一步评估。

（2）蜂产品的活性物质对人类健康和预防的作用方面。由于新型冠状病毒肺炎（COVID-19）在全球的大流行，蜂胶对 COVID-19 潜在的治疗作用成为 2021 年度蜂胶研究的一大热点。研究者通过分子对接和动力学模拟，研究蜂胶苏拉比林 a 抑制 SARS-CoV-2病毒的活性，结果表明如果使用一种新的受体 SARS-CoV-2 结构，苏拉西比素 a 有可能作为一种替代抑制剂；通过分子对接分析蜂胶化合物与 SARS-CoV-2 主蛋白酶的相互作用谱，结果表明 Glyasperin A 和 Broussoflavonol F 的结合亲和力以及与催化位点的 His 41 和 Cys 145 相互作用能力都较好，是 COVID-19 的潜在候选药物；含有蜂胶和莨菪提取物的糖浆在改善 COVID-19 疾病的体征和症状方面具有有益作用，可减少胸痛、发烧、头晕、头痛、腹痛和腹泻；通过分子对接研究发现蜂胶衍生物与多种 SARS-CoV-2 蛋白具有高结合亲和力，药物相似性参数也证明了蜂胶作为对抗 COVID-19 的有效药剂的潜力。还有研究者通过临床研究证明在标准护理程序中添加蜂胶可为 COVID-19 患者带来临床益处，尤其是住院时间缩短。而蜂胶生物学活性研究依旧是热点之一，主要集中于蜂胶的抗氧化、抗菌、抗炎、抗肿瘤活性等方面，且越来越注重其作用的分子机制研究。而研究蜂王浆蛋白及脂肪酸的生物学活性的文章明显增多，表明蜂王浆功能研究的研究对象已经逐步从蜂王浆迈入到蜂王浆功能活性组分。关注点也进一步从蛋白到肽，探究蜂王浆活性肽的制备和潜在的新活性，提高其生物利用度，为蜂王浆作为功能性食品和潜在治疗剂开发新的应用。此外，蜂王浆在更年期综合征和生殖保护方面也有较大的进展。

（3）蜂产品中化学指标的测定和应用方面。如利用超高效液相色谱结合三重四极杆质谱进行快速定量，为蜂产品中吡丙醚及其代谢产物的监测提供了可靠、方便的手段。镉、铅、铜、锌、镍等重金属已成蜂毒监测的重要指标，蜂毒中重金属的伏安法测定可提供人类居住地附近重金属污染的信息；以及 pH 值、水分含量、灰分、总可溶性固形物和电导率和挥发性化合物特征，对不同昆虫源的马来西亚无刺蜜蜂蜂蜜进行区分，从而介绍不同参数在蜂蜜认证中的作用。蜜蜂在含有吡咯里西啶生物碱的蜜源植物上觅食导致蜂蜜有被具有肝毒性的吡咯里西啶生物碱污染的可能性。研究者通过建立一种使用高效逆流色谱和离线电喷雾电离串联质谱测定蜂蜜中标志物吡咯里西啶生物碱的简单快速方法，识别污染的植物源。另有研究者提出了一种用于分析蜂蜜样品中氟喹诺酮类药物的磁性固相萃取-高效液相色谱-荧光检测方法。以氧氟沙星、环丙沙星、恩诺沙星、洛美沙星和二氟沙星为目标分析物，对影响提取效率的因素进行了优化。结果表明，建立的磁固相萃取-高效液相色谱-荧光检测方法可有效分析蜂蜜中的痕量氟喹诺酮类药物残留。

在蜂业经济研究方面，共检索到相关文章 9 篇，研究内容主要集中于蜂产品市场、蜜蜂授粉、蜂业生产的经济效益分析、蜂产业发展、蜂群保护五大方面。

四、国内蜂产业技术研发进展

2021 年国内在蜜蜂生物学、蜜蜂遗传育种、蜜蜂饲养管理、蜜蜂保护、蜂产品、蜜源植物和蜜蜂授粉及蜂业经济等多个领域发表了大量的学术论文，其中也不乏高水平的研究成果。

在蜜蜂生物学方面，2021 年共发表文章 70 篇，其中核心期刊 33 篇，气候变化对蜜蜂的影响成为新的热点。徐春阳等研究了全球变化格局下重要传粉昆虫大蜜蜂的潜在适生区变化，认为大蜜蜂能积极应对未来气候变暖，但仍然面临较大的威胁。此外，《四川盆地北部山区中华蜜蜂活动气象指数构建及应用》《常见疾病、抗生素及农药对意大利蜜蜂（*Apis mellifera ligustica*）肠道微生物多样性的影响研究进展》《意大利蜜蜂同日龄不同职能工蜂上颚腺的转录组学分析》研究关注度也较高。

在蜜蜂遗传育种领域，国内杂志共发表文章 27 篇，但核心期刊只有 1 篇，即《基于微卫星标记和线粒体 DNA 监测浙江浆蜂（平湖）的遗传多样性变化》。高水平的文章主要发表在国外杂志上。研究者首次为我国四川阿坝中蜂绘制了高质量的参考基因组序列，并对其进行比较基因组学研究，从基因组水平上揭示了中华蜜蜂的种内遗传多样性。采用三代测序技术（PacBio）及染色体三维构象捕获技术（Hi-C）获得了浙江浆蜂高质量染色体水平的基因组序列，并且将浙江浆蜂与其祖先意大利蜂进行比较基因组学分析发现，浙江浆蜂的基因组大小、基因数量、重复序列的含量等都与意大利蜂没有显著差别，但是这两种蜜蜂在 7 号染色体上存在一个明显的染色体倒位，这可能与浙江浆蜂的形成以及王浆高产性状有重要关系。目前，CRISPR/Cas9 系统以其编辑效率高、通用性强、易于实现等特点主导了基因编辑领域，已被广泛地应用于阐明经济性昆虫的优势性能等。研究者克隆并鉴定了意大利蜜蜂的 Amyellow-y 体色基因，利用 CRISPR/Cas9 编辑系统对蜜蜂的胚胎时期进行基因改造，最终成功获得相应的突变体浅色雄蜂。还有通过注射不同的 Cpf1、SpCas9 和 SaCas9 蛋白，以及预测意大利蜜蜂基因组上相关的靶位点分布及数量，将该技术的基因编辑范围扩大，发现 SaCas9 和 Cpf1 蛋白可有效地介导基因组序列突变，从而扩大了意大利蜜蜂的靶向谱，该技术为后续开展蜜蜂高效突变等选育工作提供便利。有研究者在使用 CRISPR/Cas9 基因编辑技术的同时，将胚胎显微注射、实验室胚胎收集以及体外饲养系统相结合的方式来提高基因编辑效率，这种新型改良的饲养方式可应用到蜜蜂基因组工程中，在一定程度上可推进蜜蜂遗传改良。Gamez 等成功培养在 Y 染色体上表达 Cas9 的黑腹果蝇转基因株系，发现它在性别选择和基因驱动方面相当有效，这有助于 CRISPR 基因控制工具的开发，并且将性别与 Cas9 蛋白表达在动物遗传中巧妙联系和应用，这为培养繁育新型蜜蜂转基因品系，从而实现精准遗传改良提供了新的思路。

在蜜蜂饲养管理领域，2021 年共发表文章 215 篇，核心期刊 7 篇。和 2020 年的亮点一样，主要是计算机、机械等行业专家对蜜蜂行为和养蜂机具等的研究，如吕纯阳等的研究《基于 SSD 模型的巢门蜜蜂检测》；清华大学美术学院蒋红斌等的《新型抗菌不锈钢材料在乡村养蜂产品设计中的应用研究》，为跨领域合作研究提供新方向。此外还有《外源添加山梨醇和海藻糖对意大利蜜蜂抗寒性能的影响》《人工饲粮对幼年工蜂生长发育及生理代谢的影响》等。其他的主要是养蜂生产一线从业人员的工作经验总结。

另外，体系在全国各地推广多箱体养蜂生产成熟蜜（包括中蜂），当所有继箱体中蜂蜜酿造成熟直至封盖后，只收取继箱内的成熟封盖蜜脾，运回车间分离。

在蜜蜂保护领域，共发表文章 96 篇，其中核心期刊 37 篇，比 2020 年的 22 篇增加了 68%。2019 年的热点是新烟碱类杀虫剂，2020 年的热点是蜂巢小甲虫，而 2021 年回归各种传统的病虫敌害，研究内容丰富，文章质量高。代表作有：《基于 LC-MS 技术研究氟氯苯氰菊酯对西方蜜蜂工蜂幼虫代谢的影响》《利用第三代纳米孔长读段测序技术构建和注释蜜蜂球囊菌的全长转录组》《东方蜜蜂微孢子虫基因的可变剪接及可变腺苷酸化解析》《浙江省淳安县中华蜜蜂囊状幼虫病毒与蜂房球菌感染情况调查》。

2021 年螨害引起全国超过 1/3 的蜂场蜂群因螨与病毒协同作用越冬失败。从全国来看，河南、山西、黑龙江、浙江、湖北、重庆、北京、甘肃、广西等地螨害严重。蜂巢小甲虫自 2020 年发现以来，2021 年主要是在广西合浦、宁明、大新等地发现，根据调查结果，及时提出防控建议，未发生大面积流行。王京海（2021）发明了一种抗真菌液及其制备方法。防治蜜蜂白垩病操作方便快捷，见效十分迅速，且抗真菌液的成本很低，材料易得，适合大规模推广与应用。郑浩等（2021）发明了 1 株双歧杆菌 W8118、2 株乳杆菌 W8172 和 W8173，均对蜂房蜜蜂球菌具有较好的抑制效果。这些发明制剂环保，无污染，不会影响蜂产品品质，适用于工业化生产和市场推广应用。

在蜂产品领域，共发表文章 127 篇，比 2020 年有所减少，但核心期刊有 54 篇，依然在逐年增加，而蜂蜜的研究有 39 篇，特别是对各种单花蜂蜜、特种蜂蜜、小蜜蜂等其他蜜蜂生产的蜂蜜研究明显增多。如《黑小蜜蜂蜂蜜的理化性质、植物来源和抑菌活性研究》《青海高原油菜蜜稳定同位素产地特征与环境响应机制研究》等。我国蜂产品中抗菌药物分析技术主要集中于新型的靶标药物吸附技术和在线分析技术，以此来提高靶标药物识别的准确度、便捷性和时效性。农药分析主要以基于普适性的 QuEChERS 提取技术开展高通量农药以及环境污染物的残留监测。此外，鉴于近年来蜂产品尤其是蜂蜜中植物毒素引起的健康危害风险受到消费者的关注，所以基于 QuEChERS 和全自动固相萃取的快速分析技术研究逐渐增多。如：研究者利用 QuEChERS 法提取，采用超高效液相色谱-质谱建立同时测定蜂蜜中 10 种农药（多菌灵、啶虫脒、氯虫苯甲酰胺、杀扑磷、倍硫磷、乙螨唑、溴氰菊酯、哒螨灵、氯菊酯、联苯菊酯）残留的方法，该方法适合蜂蜜中农药多残留的快速筛查和定量分析。研究者采用 QuEChERS 方法净化处理后采用基质匹配标准曲线外标法进行定量，同时测定蜂蜜中雷公藤类、吡咯里西啶类、马桑类等 18 种植物毒素含量，该方法操作简单、回收率高，适用于蜂蜜中多类植物毒素的同时测定。研究了蜂蜜中雷公藤甲素和雷公藤红素在储存和冲泡过程中的热稳定性，在低温条件下热稳定性较好，但随着储存或冲泡温度的升高及时间的延长，含量有部分下降。该特征对于蜂蜜中两种毒素的处理具有实际意义。

中国农业科学院蜜蜂研究所科研团队对不同贮藏温度和时间的蜂王浆的抗菌活性和蛋白质组学进行综合分析，建立了一种检测 MRJP4 的胶体金免疫分析试条，为检测蜂王浆新鲜度提供了一种可靠、简便、快速的方法。华东理工大学科研团队研究发现蜂王浆主蛋白（MRJPs）能够显著减少油酸诱导的 NAFLD 细胞模型中的脂质和甘油三酯含量，同时，抑制细胞产生谷丙转氨酶和谷草转氨酶。浙江大学科研团队利用蛋白酶解技术对蜂王浆进行酶解发现，酶解能提升蜂王浆和蜂王浆主蛋白的抗光老化活性。

近年来对蜂胶抗肿瘤活性的报道大部分都涉及相关机制的研究。聊城大学科研团队研究了蜂胶在脂多糖刺激的炎症微环境中对人乳腺癌 MDA-MB-231 细胞的作用，结果表明蜂胶通过靶向糖酵解的关键酶来抑制炎症微环境中 MDA-MB-231 细胞的增殖。浙江大学科研团队研究发现，中国蜂胶通过调节上皮间充质转化抑制人胰腺癌细胞系 Panc-1 的迁移，激活 Hippo 通路发挥抗胰腺癌作用。在提取方法的优化上，福建农林大学科研团队提出低温辅助均质液-液萃取蜂胶中多种酚类化合物的高通量样品制备方法，与传统的萃取法相比，能大大缩短每个样品的平均制备时间，减少样品用量和化学试剂用量。

北京市园林绿化产业促进中心（北京市食用林产品质量安全中心）与中国农业科学院蜜蜂研究所、国家蜂产业技术体系北京综合试验站合作，采用了超高效液相色谱-飞行时间高分辨质谱（UHPLC-Q/TOF-MS/MS）对北京市不同区县采集的荆条、枣花和洋槐蜂蜜 118 个样品进行了质谱全景分析。筛选出 3 种物质，分别作为北京地区荆条蜜、枣花蜜和洋槐蜜的特征物质，结合其他理化指标（水分、葡萄糖和果糖、蔗糖、酶值、pH 值、羟甲基糠醛、3-脱氧葡萄糖醛酮、总黄酮、总酚酸）及其含量范围，构建了北京地区荆条、枣花和洋槐 3 种蜂蜜品质指标数据集，形成了北京地区 3 种蜂蜜的地方标准草案。

在蜜源植物和蜜蜂授粉领域，共发表文章 61 篇，其中核心期刊 13 篇。除了授粉效果、授粉技术外，研究的内容逐步多样，包括对蜜源植物的土壤和环境的研究。如《适宜毛水苏幼苗生长的土壤水分条件实验研究》《探索促进寄生蜂生殖力的蜜源植物共性特征》《基于蜂蜜孢粉学鉴定秦岭中华蜜蜂的蜜源木本植物》等。

2021 年，国内外对熊蜂的研究极为丰富，从熊蜂的分子生物学、神经生物学、生态学、熊蜂繁殖、肠道微生物、熊蜂病毒与病虫害、熊蜂群体差异和保护等进行大量的研究。值得一提的是，Mashilingi 等分析了 1961—2018 年中国 84 种主要作物的种植面积和产量时间趋势、授粉对农业经济的贡献、作物产量不足和蜜蜂授粉需求等数据，发现农业对昆虫传粉媒介的依赖迅速增加，在 1961—2018 年，以授粉媒介为依附的作物耕地面积和总产量的增长速度都快于与授粉媒介无关的作物。2010 年授粉总经济价值达 1 060. 8 亿美元，占中国农业总产值的 19. 12%，约为全球农业估计值 9. 5%的 2 倍。与依赖程度较低的作物相比，对授粉媒介依赖性较高的作物在耕地上的平均生长面积显示出更大的平均生长，但作物产量和产量的平均增长较低。随着对授粉媒介的依赖性增加，作物产量增长也更加不稳定。蜜蜂群落的最低授粉需求约为 2018 年可用蜜蜂种群库存的 3 倍。

同时，新疆农业科学院吐鲁番农业科学研究所以吐鲁番春季温室优冠番茄为试材，通过利用熊蜂授粉和激素喷花 2 个不同授粉处理，筛选出春季番茄设施生产比较理想的授粉方式，为熊蜂授粉在新疆吐鲁番地区设施春季番茄的技术示范和推广应用提供理论依据。中国农业科学院蜜蜂研究所研究者针对蜜蜂不偏爱采集的番茄花，发明了一种蜜蜂引诱剂，研究了其应用效果和引诱蜜蜂对番茄花授粉的方法。

在蜂业经济与蜂业政策领域，共发表各类文章 99 篇，其中与各地蜂业扶贫政策等相关的文章明显减少，特别是涉及新冠肺炎疫情与蜂业相关的报道大幅减少，只有 78 篇，但文章质量明显提升，如《江西省养蜂产业扶贫的主要模式、成效及对策分析》《后疫情时代浙江养蜂业发展的若干问题思考》。有关产业经济和贸易的研究有 21 篇，代表性的研究有《我国养蜂业发展的战略定位与对策建议——基于产业内外部效应的视角》《世界蜂蜜生产、贸易与消费发展态势分析》《养蜂业可持续发展在美国的实践及对我国的启示》《蜂农授粉对油菜产量的技术经济影响及其区域差异》等。

2021 年，财政部同农业农村部制定出台了《2021—2023 年农机购置补贴实施指导意见》，符合条件的养蜂设备可按规定享受购机补贴支持。另外，中央财政通过农业生产发展资金实施蜂业质量提升行动，支持开展现代养殖加工技术及设施设备推广应用、蜂产品质量管控体系建设等。

通过国家知识产权局综合服务平台，按专利授权有效的公开日进行搜索，截至 2021 年 12 月 1 日，与蜜蜂、蜂蜜、蜂王浆、蜂花粉、蜂胶、蜂蜡、蜂毒、蜂幼虫有关的专利 1 326项，比 2020 年增加 76%，其中发明授权专利 462 项，是 2020 年的 2.6 倍；实用新型专利 864 项。另有外观专利 439 项。

（国家蜂产业技术体系首席科学家　吴杰
国家蜂产业技术体系岗位科学家　赵芝俊　提供）

2021年度大宗淡水鱼产业技术发展报告

（国家大宗淡水鱼产业技术体系）

一、国际大宗淡水鱼生产与贸易概况

据联合国粮食及农业组织最新统计①，2019年世界淡水鱼养殖产量4 723.93万吨，产值1 021.32亿美元。其中，大宗淡水鱼（青鱼、草鱼、鲢、鳙、鲤、鲫、鲂）的养殖产量2 231.29万吨，产值505.20亿美元，分别占世界淡水鱼养殖水平的47.2%和49.5%。世界大宗淡水鱼中草鱼的养殖产量最高，为572.84万吨，鲢的养殖产量居其次，为482.77万吨，再次是鲤和鳙，分别为441.19万吨和314.59万吨，鲫产量为275.57万吨，鲂和青鱼产量分别为76.29万吨和68.05万吨。2019年，我国大宗淡水鱼的养殖产量为1 952.84万吨，占世界大宗淡水鱼养殖产量的87.5%。

据联合国商品贸易统计数据库统计②，2020年世界鲤科鱼类进出口总量11.74万吨，其中进口量为6.04万吨，出口量为5.70万吨；贸易额为30 619.97万美元，进口额为14 717.72万美元，出口额为15 902.25万美元。根据出口额排名，前5位的出口国家分别是中国、菲律宾、捷克、匈牙利和俄罗斯；按进口额排名，前5位的进口国家和地区分别是中国香港、罗马尼亚、中国澳门、韩国和德国。

二、国内大宗淡水鱼生产与贸易概况

据2021年《中国渔业统计年鉴》，2020年我国大宗淡水鱼养殖产量为1 963.57万吨，比2019年增0.6%，大宗淡水鱼养殖产量占淡水养殖总产量的比重为63.6%。我国淡水养殖以鱼类为主，2020年淡水鱼养殖产量2 586.38万吨，占淡水养殖产量的83.7%。大宗淡水鱼占淡水鱼类养殖产量的75.9%。淡水养殖鱼类中，草鱼的产量最大，为557.11万吨；鲢其次，为381.29万吨；鳙与鲤产量分别为313.03万吨和289.67万吨，鲫产量为274.85万吨，鳊鲂和青鱼产量分别为78.17万吨和69.45万吨。鳊鲂的产量同比增长最多，为2.5%，青鱼的产量同比增2.2%，鳙、草鱼、鲢和鲤的产量同比分别增0.9%、0.7%、0.1%和0.4%，鲫的产量同比减0.3%。

据中国农业信息网数据，2021年1—12月大宗淡水鱼加权平均价为每千克17.85元，同比涨29.5%，成交量161.96万吨，同比增23.4%。上半年，大宗淡水鱼供应出现阶段性不足。据国家大宗淡水鱼产业技术体系信息监测，3—6月大宗淡水鱼综合存塘比分别为50.9%、42.2%、48.4%和62.6%，同比分别下降10个、20个、13个和5个百分点，

---

① 数据来源：联合国粮食及农业组织（FAO）渔业和水产养殖部（Fisheries and Aquaculture Department），世界淡水养殖产量统计数据（Global Aquaculture Production），数据截至2019年。

② 数据来源：联合国商品贸易统计数据库，该数据库的水产品进出口统计中，反映鲤科鱼类进出口情况的商品分类编号为030193，数据截至2020年。

价格出现大幅度上涨，7 月大宗淡水鱼加权平均批发价达每千克 20.59 元的历史高点，较年初每千克上涨 6.47 元，涨幅超过四成。8 月起，随着新鱼上市，大宗淡水鱼供不应求的情况逐渐缓解，存塘基本恢复到 2020 年同期水平，价格也开始下行。到 12 月，大宗淡水鱼价格已经连续 5 个月环比下降，达到每千克 17.48 元。

鲤科鱼类出口方面，据海关统计，2021 年 1—11 月，我国鲤科鱼类出口额 5.42 亿元，比 2020 年同期增长 1.2%。中国香港是鲤科鱼类最大的出口市场，占中国大陆鲤科鱼类出口额的 83.2%，其他主要进口国家和地区是中国澳门、越南、韩国、日本和泰国。

三、国际大宗淡水鱼产业技术研发进展

（一）育种与繁育技术

加拿大学者 Heer 等采用三维水动力模型预测 3 种亚洲鲤（鲢、鳙和草鱼）在劳伦大湖支流繁殖成功；美国学者 Lamer 等对密西西比河流域鲢鳙杂种 F_1 的体质状况和繁殖潜力进行了研究；巴西学者 Marcos 等对雄性成熟鲤精巢中抗缪勒氏管激素的分子特征和表达进行了研究；俄罗斯学者 Pobedintseva 等基于线粒体 DNA D-loop 片段的多态性，分析了西伯利亚南部银鲫的遗传多样性，揭示有两个单倍体群的存在，其中一个可能是极其罕见的东南亚原产地银鲫的形式，另一个是典型的与远东类似的单体型种群体；此外，也有学者对银鲫抗病毒的免疫特征等进行了研究。

（二）饲料营养与投喂技术

大宗淡水鱼营养与饲料方面国际上的研究集中在鲤方面，主要包括植物类添加剂，如锦葵、牛至、葱的混合物、苦艾和水飞蓟提取物、植物醇、迷迭香、葡萄籽、黑胡椒、姜黄曲霉、香豆酸、苦橙油、沙枣、苹果皮果胶、甜菜糖蜜、黑枯茗、植物油、唇香草、媒墨角兰、橄榄叶、欧亚甘草、柠檬、芦荟苹果酸、硫辛酸对鲤的生长、肠道健康和抗氧化性能的影响；有关于免疫增强剂降低复口吸虫感染的报道；有纳米铁、乳酸菌、帕拉胶益生菌、维氏气单胞菌对水产养殖动物健康的影响相关研究。少量报道研究了精氨酸、黑水虻、DDGS、小麦发酵物作为蛋白替代物的使用效果，不同饲料对组织健康、水质的影响，重金属的营养与危害，植酸酶预处理的效果及黄曲霉毒素和柄曲霉素的毒性。在草鱼中，仅有报道研究大豆和亚麻籽对草鱼生长和脂肪代谢影响及维生素 C 需求。

（三）病害防控技术

从鲤科鱼类体内分离获得了新的鲤疱疹病毒（KHV）、鲤浮肿病毒（CEV）病毒株，研究了其共感染机制，阐明了 CEV 感染鲤后的组织病理变化及电解质和酸碱平衡等新陈代谢失调的现象；利用 LAMP、ELISA 和 RT-PCR 等技术，建立了 KHV、CEV、鲤春病毒血症病毒（SVCV）等病毒的检测方法；发现美国鱼源的柱状黄杆菌可分为 4 种基因型，与我国的分型结果一致；发现壳聚糖-三聚磷酸酯（Cs-TPP）纳米颗粒包裹的嗜水气单胞菌 DNA 疫苗有较好的免疫保护效果。在药物防控领域，开展了中草药防控寄生虫、细菌和病毒感染的研究；在耐药菌防控方面，各国科学家除了深入研究抗生素的科学使用技术外，都关注噬菌体疗法、生态防控手段等新技术的应用；在病毒病防控领域，亚单位疫苗、核酸疫苗、广谱抗病毒蛋白质的研究等成为研究热点。

（四）养殖与环境修复技术

芬兰开发了一种使用集装箱改装的模块化养鱼系统，该系统可以快速组装，灵活扩展，可对鱼进行分阶段生产；每个集装箱都是一个完整的即插即用的养鱼单元，现场只需

要连接电和水，不需要地下管道，所有的水处理过程都直接在集装箱中完成；该系统运行有效，节约空间，采用部分再循环过程，简单可靠，而且降低了养殖风险和投资成本。挪威研发了智能喂食控制系统（SICA），该系统可采集和处理声学数据，做出有关喂食过程的决策。以色列研发了一种基于传感器的电动机械系统，该系统包括一个分拣网框和储存网，可在鱼塘中实现对鱼类自动化分拣和计数，增进了养殖精准性和养殖产量。加拿大研发了一种新的水传感器，可以通过智能手机、平板电脑或互联网上的应用程序监控实时数据，它可以通过调节内部压载物控制传感器的漂浮和下沉，还可在管道、软管、鱼泵和其他机械中与鱼一起流动，从而测量水质和鱼类有关数据。

（五）加工技术

营养评价方面，研究认为食用鱼类会降低心血管疾病发生率，缩短煮沸时间（减至 15 分钟），可改善透析患者饮食中鱼类的营养水平，糖基化程度较低的鱼蛋白可能对肠道健康产生潜在的积极影响；鲤鱼和斑鲶鱼具有较高的白蛋白含量，可能会替代蛇头鱼。水产品安全方面，关注度比较高的是重金属、农药残留、真菌毒素、砷、甲醛、生物胺等含量及风险评估，柬埔寨首次从烟熏和干淡水鱼中分离到艰难梭菌。加工方面，对鱼饼、鱼汉堡、鱼面、鱼肉火腿等鱼制品的品质进行了优化，3D 打印鱼糜油墨的适宜含盐量为 3%。保鲜方面，适当的非热技术具有控制鲜鱼和海鲜中病原体和腐败微生物的能力，还可用微胶囊柠檬草精油、花青素、Au-zein 基纳米材料等来提高鱼片、鱼糜的贮藏稳定性。副产物利用方面，研究主要集中在鱼油的制备、稳定性、功能活性及应用。

四、国内大宗淡水鱼产业技术研发进展

（一）育种与繁育技术

以异源四倍体鲤和鲫为研究对象，首次在多倍体脊椎动物中观察到亚基因组趋同进化现象，发现 10 种表达趋异策略；破解了松浦镜鲤和福瑞鲤的基因组结构变异及其规律，为鲤重要性状改良提供了新的理论依据；研究了不使用外源激素，即可生产全雌鲤的新技术，采用基因编辑技术获得 cyp17a1 缺陷的雌雄鱼，利用雄性特异的分子标记鉴别出 XX 型的 cyp17a1 缺陷的伪雄鱼，以伪雄鱼和野生雌鱼杂交，即可以获得全雌后代；基于第三代高通量测序技术，绘制了高质量的团头鲂基因组遗传图谱；揭示了不同食性鱼类 ORs 的进化历程及其与食性的相关性，阐明了草食性鱼类和肉食性鱼类 ORs 的遗传基础。创制出草鱼优良种质 3 个，高饲料转化率鲤新种质 2 个，高含肉率鲤新种质 1 个，少肌间刺团头鲂新种质 1 个。2021 年我国培育出通过审定的新品种 2 个，建鲤 2 号和禾花鲤乳源 1 号。

（二）饲料营养与投喂技术

国内有关大宗淡水鱼营养饲料方面的主要研究内容包括饲料大营养素蛋白、脂肪及糖的水平和来源的影响，在替代蛋白源方面，包括乙醇梭菌蛋白、棉籽蛋白、藻粉、血粉、黑水虻、发酵构树、DDGS、虾壳粉、酵母水解物等；在健康方面的添加剂包括姜黄素、类黄酮、茶多酚、海藻酸寡糖、低聚木糖、杜仲提取物、银杏叶提取物、菊粉、大黄素、芦丁、丁酸钠、三丁酸甘油、亚油酸、柠檬酸、胆碱、葡聚糖、硒、氨基酸、索氏鲸杆菌发酵产物、维生素 B6 和维生素 C、胍基醋酸、苯磷硫胺、核苷酸、微藻等；有关于诱食剂和芽孢杆菌等的研究；高糖饲料的摄食调控及代谢有部分报道；品质方面仅少量营养水平及投喂蚕豆等研究。投喂技术方面有零星投喂频率及投喂对生长和消化道健康等报道；

有关杂交品种和新品种的营养与饲料研究有所增加，但亲本和仔稚鱼营养研究较少。

（三）病害防控技术

分离获得了新的草鱼出血病病毒（GCRV）、鲫鳃出血病病毒（CyHV-2）和 CEV 病毒株，并研究了新病毒株的生物学特性，证实了 GCRV 感染的靶细胞是白细胞；通过杆状病毒表达系统、壳聚糖-海藻酸盐胶囊等方法，构建了 GCRV、CyHV-2 和 KHV 亚单位疫苗口服，并验证了其免疫保护效力；研究了植物源性小檗碱对鲫鱼疱疹病毒 2 型增殖的抑制作用及其药代动力学；研发了柱状黄杆菌的枯草芽孢杆菌以及嗜水气单胞菌的地衣芽孢杆菌口服疫苗；研究了寄生虫生活史各阶段药物敏感性、主要致病细菌感染的药物筛选和药物急性毒性、国标渔药药物残留等，而利用斑马鱼模型研究渔药的毒性和解毒药物筛选将成为标准。另外，大宗淡水鱼无特定疫病苗种场创建的关键技术将成为疫病预防的重要内容。

（四）养殖与环境修复技术

对集中连片池塘养殖小区的总氮（TN）和总磷（TP）进行持续的时空监测，分析尾水处理系统氮磷的削减机制，比较论证养殖尾水在处理系统各功能区的季节、月份变化规律，为构建成熟的池塘养殖尾水处理系统、完善水产养殖小区排放水中氮磷削减技术提供理论依据和数据支撑；构建了一套多营养级池塘养殖中试试验系统并开展试验，为水产养殖环境污染的解决提供了一种可行的途径；研发了池塘养殖容量评估系统，该系统包括水质分析、分时查看、种养数据、操作日志等功能模块，可用于池塘养殖过程中养殖容量相关信息的采集、存储、管理和应用；设计了一种异构传感网络水质监控系统，该系统可在缺乏运营商网络、通信易受干扰、能源供应匮乏的复杂环境中完成监控工作。

（五）加工技术

保鲜方面，分析了短时微流水处理、臭氧水减菌处理、调理、冻结处理和生物膜保鲜对鱼肉品质及贮藏稳定性的影响，建立了感官特性结合指示蛋白变化规律的鱼肉鲜度分级方法、调理水产食品保鲜与冷链物流技术、以壳聚糖为基料的物理场辅助涂膜及活性缓释包装保鲜技术，开发出系列调理鱼制品。鱼糜胶凝特性与品质提升方面，探明了导致节水漂洗鱼糜冻藏稳定性下降的关键诱因，筛选出适于节水漂洗鱼糜的抗冻保护剂，解析了鱼糜凝胶风味的形成机制，建立了鱼糜制品品质提升技术，开发出高品质的鱼糕、夹心鱼丸和鱼丝等产品。副产物利用方面，评价了鱼蛋白酶解产物的功能特性，建立了活性蛋白多肽的快速筛选技术，开发出具有良好风味的多功能鱼蛋白胶、具有特定功能的蛋白肽、胶原肽螯合钙等产品。

（国家大宗淡水鱼产业技术体系首席科学家　戈贤平　提供）

2021年度特色淡水鱼产业技术发展报告

（国家特色淡水鱼产业技术体系）

一、国际特色淡水鱼生产与贸易概况

（一）国际特色淡水鱼生产

特色淡水鱼包括罗非鱼、鮰、鳗、鳜、淡水鲈、鳢、黄鳝、泥鳅、黄颡鱼、鲟、鲑鳟11类品种。根据联合国粮食及农业组织（FAO）数据库（www. fao. org）数据，2019年全球特色淡水鱼总产量为1 511.48万吨，其中罗非鱼691.65万吨、鮰47.65万吨、鳗27.94万吨、鳜33.71万吨、淡水鲈48.01万吨、鳢46.20万吨、黄鳝31.47万吨、泥鳅35.78万吨、黄颡鱼53.70万吨、鲟12.19万吨、鲑388.55万吨、鳟94.63万吨。主要生产国家和地区数有：罗非鱼125个、鳟83个、鳗43个、鲟38个、鲑35个、淡水鲈8个、鮰6个、黄鳝4个、泥鳅3个、鳢1个、鳜1个和黄颡鱼1个。中国是特色淡水鱼的主要生产国，单品种生产量占全球总产量的比例分别为罗非鱼23.74%、鮰66.69%、鳗83.83%、淡水鲈99.51%、黄鳝99.72%、泥鳅99.74%、鲑0.05%、鳟4.16%、鲟83.69%；鳜、鳢和黄颡鱼仅中国生产。

2021年全球特色淡水鱼产量预计为：罗非鱼711万吨、鮰52万吨、鳗28万吨、淡水鲈63万吨、鳢51万吨、鳜39万吨、黄鳝33万吨、泥鳅38万吨、黄颡鱼57万吨、鲟13万吨、鲑392万吨和鳟99万吨。

（二）国际特色淡水鱼贸易

特色淡水鱼主要国际贸易种类有罗非鱼、鮰、鳗、鲑鳟和鲟等。根据联合国商品贸易统计数据库（UN Comtrade）最新数据，2020年全球特色淡水鱼主要贸易产品贸易总量839.70万吨，贸易总额687.72亿美元，2021年贸易总量预计为867.56万吨，同比增长3.32%。其中，罗非鱼贸易总量217.13万吨，贸易总额90.97亿美元，2021年总量预计为230.09万吨，同比增长5.97%；鮰贸易总量39.81万吨，贸易总额13.97亿美元，2021年总量预计为39.24万吨，同比减少1.44%；鳗贸易总量12.29万吨，贸易总额15.44亿美元，2021年总量预计为11.77万吨，同比减少4.16%；鲑贸易总量492.02万吨，贸易总额377.76亿美元，2021年总量预计为504.22万吨，同比增长2.48%；鳟贸易总量68.11万吨，贸易总额178.51亿美元，2021年总量预计为71.08万吨，同比增长4.35%；鲟贸易总量10.35万吨，贸易总额11.07亿美元，2021年总量预计为11.17万吨，同比增长7.93%。

2020年鲜、冻罗非鱼片平均价格6.08美元/千克，2021年预计6.03美元/千克，同比下降0.74%；2020年冻鮰鱼片平均价格3.51美元/千克，2021年预计3.34美元/千克，同比下降5.45%；2020年加工/冷冻的鳗平均价格18.10美元/千克，2021年预计17.92美元/千克，同比下降0.90%；2020年鲑平均价格7.68美元/千克，2021年预计7.65美元/千克，同比下降0.39%；鲜、冻鲟鱼平均价格67.85美元/千克，2021年预计64.14

美元/千克，同比下降6.15%；2020年鲟鱼子酱平均价格217.03美元/千克，2021年预计211.40美元/千克，同比下降2.59%。

二、国内特色淡水鱼生产与贸易概况

（一）中国特色淡水鱼生产

根据《中国渔业年鉴》最新统计，2020年中国特色淡水鱼总产量509.61万吨。其中，罗非鱼产量为165.54万吨，主产区为广东、海南、广西、福建和云南等；鮰产量30.85万吨，主产区为四川、湖北、广东和河南等；鳗产量为25.07万吨，主产区为广东、福建、江西和江苏等；淡水鲈产量为61.95万吨，主产区为广东、浙江、江苏、湖南和四川等；鳢产量为50.11万吨，主产区为广东、江西、浙江、山东和湖南等；鳜产量为37.70万吨，主产区为广东、湖北、安徽、江西和江苏等；黄鳝产量为30.72万吨，主产区为湖北、江西、安徽和湖南等；泥鳅产量为36.74万吨，主产区为江西、江苏、湖北、安徽和四川等；黄颡鱼产量为56.55万吨，主产区为湖北、浙江、广东和江西等；鲑鳟产量3.94万吨，其中鲑产量0.16万吨，主产区为四川、甘肃、吉林、辽宁和西藏等，鳟产量为3.78万吨，主产区为青海、辽宁、云南和新疆等；鲟产量为10.42万吨，主产区为贵州、云南、山东和湖南等。

2021年我国特色淡水鱼总产量预计为536.02万吨，其中罗非鱼162.03万吨，鮰30.31万吨，淡水鲈71.98万吨，鳢68.45万吨、鳜33.26万吨、黄鳝26.06万吨、泥鳅41.64万吨、黄颡鱼62.88万吨、鲑鳟4.84万吨、鲟10.32万吨。

（二）中国特色淡水鱼贸易与市场

罗非鱼、鮰和鳗是我国特色淡水鱼的主要出口品种。根据中国海关最新数据，2021年1—9月罗非鱼出口量34.22万吨，同比增加10.16%，其中冻罗非鱼片作为主要出口产品，出口价格3.96美元/千克，同比上涨38.19%。2021年1—9月鮰总出口量5 652.93吨，同比增加25.05%，其中主要出口产品制作或保藏的叉尾鮰出口价格6.54美元/千克，同比上涨7.17%。2021年1—9月鳗出口总量5.39万吨，同比增加42.26%，日本是最大的出口目的国，中国对日本出口量为2.62万吨，同比增加25.60%，其中主要出口产品活鳗均价17.46美元/千克，同比减少47.41%。

鳜、淡水鲈、鳢、黄鳝、泥鳅和黄颡鱼主要以鲜活产品的形式供应国内市场。2021年鳜塘口价71.99元/千克，同比上涨42.02%；淡水鲈塘口价28.10元/千克，同比下降7.14%；鳢塘口价17.75元/千克，同比上涨1.72%；黄鳝塘口价66.07元/千克，同比上涨8.95%；泥鳅塘口价19.82元/千克，同比上涨11.35%；黄颡鱼塘口价24.17元/千克，同比上涨5.96%。

鲑鳟类消费以鲜活为主，约占养殖产量的80%。鲑鳟类加工产品以来料加工为主，有冷冻、鲜冷、熏制等产品。根据中国海关最新数据，2021年1—9月，鲑进口总量4.16万吨，同比减少10.71%。主要进口产品鲜、冷大西洋鲑占总进口量的99.60%，进口价格为10.08美元/千克。鲑出口总量0.25万吨，同比减少47.62%，主要出口产品加工/冷冻的其他鲑鱼，整条或切块占中国鲑鱼出口总量的91.45%，出口价格为6.14美元/千克。2021年1—9月虹鳟进口总量899.31吨，同比减少57.77%，出口总量4 066.01吨，增加98.50%。出口产品中冻虹鳟3 228.57吨，占出口总量的79.40%，平均出口价格7.80美元/千克；冻虹鳟鱼片483.95吨，占出口总量的11.90%，平均出口价格11.27美元/千克；熏虹鳟鱼 353.50 吨，占出口总量的 8.69%，平均出口价格 15.02 美元/千克。鲑鳟国内市场价格随着季节变动和区域不同出现较大差异，平均塘口价变动不大，维持在 22～30 元/千克。鲟鱼消费以小规格鲜活鱼为主，大规格成鱼除生产鱼子酱外，主要用于加工其他产品。中国是鲟鱼子酱主要出口国家之一，2021 年 1—9 月鱼子酱出口总量 115.62 吨，同比增加 133.80%，出口均价 277.66 美元/千克，同比上涨 24.15%，出口总额 5 781.60 万美元，同比上涨 18.79%。

三、国际特色淡水鱼产业技术研发进展

（一）种质资源与遗传改良

种质资源研究方面，美国学者通过表型分析在亚拉巴马州发现一个新的大口黑鲈亚种，并开发了鉴别该亚种的基因芯片；孟加拉国学者在线粒体基因组上开发了鉴别孟加拉国、越南两地线鳢自然种群的遗传标记；日本学者研究了太平洋地区菲律宾、越南、印度尼西亚周边海域鳗鲡种群遗传结构；澳大利亚学者通过全基因组序列分析，对斐济全岛的罗非鱼种质资源进行遗传多样性评估。遗传改良方面，英国和马来西亚学者开发与性状连锁的基因芯片，用于罗非鱼选育，提升饲料转化率和对湖病毒的耐受力；美国学者通过基因编辑将鳕鱼抗冻蛋白启动子和生长激素基因转入斑点叉尾鮰基因组，获得生长速率显著提高的育种群体。

（二）养殖技术与水环境控制

国外池塘养殖技术研究主要集中在最适放养密度、投喂水平以及养殖效益等方面。工程化养殖主要涉及循环水养殖过程中水处理、养殖系统微生物组成和调控，养殖水体理化参数对生长性能影响等，热点是循环水工程化养殖系统的水体处理方法优化以及新技术应用，如生物过滤器、移动床生物反应器、海藻酸钠固化微藻、大型藻类定制等。芬兰学者通过反硝化装置、人工湿地、砂滤等设备建造了“零排放”循环水养殖系统，可去除 97%的硝酸盐、92%的磷酸盐和 35%的有机物。水环境控制集中在水质参数智能监控系统开发、养殖与环境的关系、环境与水产品质量安全关系等方面，鱼菜共生、生物絮团等技术也被用于改善养殖水环境和鱼类健康等。

（三）营养与饲料

围绕特色淡水鱼营养需求，美国、丹麦等国学者确定了鳗鲡对脂肪、大口黑鲈对甘氨酸、磷元素，鲟对蛋白质、锌元素，鲑鳟对磷脂的最适需求量。功能性添加剂方面，埃及、美国、日本等国学者通过在饲料中添加微拟球藻、酵母发酵物、壳聚糖和银杏提取物，提高罗非鱼生长、免疫力及抗应激能力；通过添加反式肉桂醛和核苷酸，改善斑点叉尾鮰和大口黑鲈肠道健康和应激反应；通过在鲟饲料中添加马鞭草、刺檗等中草药提取物，鲑鳟饲料中添加益生菌和后生元，改善鱼体生长性能和免疫力。

（四）病原检测与病害防控

病原检测方面，法国学者开发了 FTA 卡片提取 DNA、比色环介导等温扩增技术（FTA-e/LAMP）用于罗非鱼养殖场现场快速诊断无乳链球菌；泰国学者开发了一种基于 TaqMan 探针的罗非鱼细小病毒（TiPV）定量 PCR 方法。病害防控方面，马来西亚学者开发了无乳链球菌和嗜水气单胞菌二价灭活口服疫苗，免疫罗非鱼后相对保护率在 77.8%以上。美国学者构建了杀鱼爱德华氏菌的双组分信号转导系统缺失株减毒活疫苗，免疫斑

点叉尾鮰后相对保护率分别达到95.7%和97.9%。泰国学者开发了高温和福尔马林两种灭活疫苗，用于罗非鱼抵御湖病毒感染，相对保护率分别为71.3%和79.6%；土耳其学者研制了虹鳟传染性胰腺坏死病毒（IPNV）的重组亚单位疫苗和灭活疫苗，相对保护率分别为70%和79%。

（五）保活保鲜与加工技术

保活运输方面，国外主要开展了丁香油、依托咪酯等传统麻醉剂应用以及新型植物提取物开发。印度尼西亚学者发现浓度为90毫克/升橡胶籽提取物可作为运输中麻醉剂。保鲜技术方面，伊朗学者发现壳聚糖结合氧化锌纳米颗粒涂膜在鲈冷藏中具有较好的抗菌作用；英国学者发现高静水压（200兆帕处理15分钟）结合液熏（0.50%，体积比）和冷冻（-80℃，12小时）可以使虹鳟鱼片中的李斯特菌灭活，延长产品保鲜期。加工与副产物利用方面，西班牙学者发现加速溶剂萃取和脉冲电场显著提高虹鳟鱼加工副产物中蛋白质的提取率；新加坡南洋理工大学构建了一种具有高度生物相容性和骨传导性的复合材料，提高了乌鳢鱼鳞加工副产物的利用率。

四、国内特色淡水鱼产业技术研发进展

（一）种质资源与遗传改良

种质资源方面，国内继续对罗非鱼、鮰、黄颡鱼、鳜、淡水鲈等进行种质调查和跟踪，通过基因组重测序、遗传图谱构建等技术开展重要性状遗传信息挖掘。遗传改良方面，运用CRISPR/Cas9技术对泥鳅开展生长相关功能基因编辑，获得快速生长的泥鳅育种群体；采用性别反转和分子性别鉴定相结合的方法，创制出YY超级雄斑鳢亲本，用于培育全雄杂交鳢苗种；通过数量遗传学、分子标记等辅助育种技术选育出翘嘴鳜广清1号、鼎鳜1号，虹鳟水科1号3个新品种，平均生长速率提高16.3%～21.9%，养殖成活率提高5.0%～12.6%，加快实现我国特色淡水鱼种业的自主可控。同时，开发适应盐碱地区养殖的罗非鱼、淡水鲈、鮰新品系，有效拓展了特色淡水鱼的养殖版图，实现了北方盐碱水域的有效开发利用。

（二）养殖技术与水环境控制

池塘生态化养殖方面，构建了大口黑鲈种草生态养殖模式。工程化养殖方面，国内重点开展品种适应性和不同模式之间生长性能、鱼肉品质和养殖效益的对比研究。在生态优先、绿色发展国家战略下，水质调控与养殖尾水治理成为渔业领域的研究热点，国内不断熟化现有的藻类调控、微生物调控、生态浮床调控等原位净化技术，以及人工湿地净化、沉淀池净化、厌氧池净化、硝化和反硝化等异位净化技术，并积极探索三池两坝、五池两坝等综合净化处理新技术。此外，各地在稻渔综合种养、陆基生态循环水养殖等方面也进行了积极的探索和示范推广。

（三）营养与饲料

营养需求方面，国内学者系统研究了鳜、泥鳅、黄鳝、鲑鳟等对多糖、蛋白质和脂肪等营养素，罗非鱼、黄颡鱼、鳢鲈等对维生素等微量元素的精准需求量。针对饲料中进口蛋白源鱼粉和豆粕短缺问题，通过改进原料发酵技术和筛选绿色添加剂，建立棉粕、菜粕、小球藻、螺旋藻等国产蛋白源替代，优化了黄颡鱼、鳗鲡、淡水鲈等品种的饲料蛋白配方，减少进口蛋白源使用，保障饲料产业的供应链安全；功能性添加剂方面，在罗非鱼

饲料中添加黄藤素、酵母水解物，鮰饲料中添加海带提取物，黄颡鱼饲料中添加丁酸钠和螺旋藻，鳢、泥鳅等饲料中添加虾青素，鳗鲡饲料中添加鱼油微胶囊粉、香菇多糖，大口黑鲈饲料中添加胆汁酸，黄鳝饲料中添加牛磺酸、玉米肽等，提高了特色淡水鱼的生长速率和养殖成活率。长江水产研究所开发出阿魏酸丹皮酚酯（FPE）和乙酰阿魏酸丹皮酚酯（APE）两种新型抗氧化性添加剂，可有效缓解鱼油在高温储存过程中的氧化酸败。

（四）病原检测与病害防控

病原检测方面，珠江水产研究所建立可同时检测传染性脾肾坏死病毒（ISKNV）、鳜蛙病毒（SCRIV）和鳜弹状病毒（SCRV）的三重PCR检测方法；国内各机构研发了检测罗非鱼湖病毒的实时荧光反转录环介导等温扩增（RT-LAMP）等快速诊断方法。病害防控方面，台湾学者开发了一种抗鰤诺卡氏菌感染的亚单位疫苗，对大口黑鲈相对保护率为69.2%；华中农业大学开发了黄颡鱼拟态弧菌OmpU亚单位疫苗，相对保护率可达83.3%；黑龙江水产研究所研发了一种预防传染性造血器官坏死病（IHN）的灭活疫苗，免疫后对虹鳟的45天的相对保护率为84.1%；中山大学研制了鳜传染性脾肾坏死病毒（ISKNV）病基因缺失的减毒活疫苗，对野生型病毒再感染具有极高的保护力。

（五）保活保鲜与加工技术

保活运输方面，国内主要开展传统麻醉剂无水保活技术参数优化。湖北省农业科学院优化了史氏鲟的麻醉温度条件，在低温运输下能有效降低鲟鱼应激，保活运输存活率高，在12℃和4℃下可分别持续运输12小时和24小时。保鲜方面，江南大学利用CMCS-PPE涂层技术抑制鱼肉的质地软化和汁液流失，延长了乌鳢的保鲜期；上海海洋大学采用静电纺丝技术制备的抗菌纤维膜可以抑制鲈鱼片中微生物的生长，延长其货架期。加工和副产物利用方面，中国海洋大学发明了一种鲟鱼软骨酱的制备方法；江苏大学创建了一种无酸碱预处理的鲟鱼鳔明胶高效提取技术，得率高达94.15%，提高了加工废弃物利用率。

（国家特色淡水鱼产业技术体系首席科学家　杨弘　提供）

2021年度海水鱼产业技术发展报告

（国家海水鱼产业技术体系）

一、国际海水鱼生产与贸易概况

（一）生产情况

水产养殖对全球海水鱼的贡献持续上升，其比重从2000年的3.6%升至2019年的10.5%。据联合国粮食及农业组织（Food and Agriculture Organization，FAO）最新数据，2019年全球海洋捕捞①总产量8 040.9万吨，其中，海水鱼类捕捞产量6 806.8万吨，占84.7%；全球海水养殖②总产量3 203.4万吨，其中，海水鱼类养殖产量795.7万吨，占24.8%。海水鱼类养殖在全球区域的分布：亚洲436.9万吨，欧洲205.2万吨，美洲115.2万吨，大洋洲8.4万吨，非洲29.9万吨。水产养殖对海水鱼类产量的贡献：欧洲（14.4%）＞亚洲（11.4%）＞美洲（7.5%）＞大洋洲（5.3%）＞非洲（4.5%）。目前，全球海水鱼养殖种类中，养殖规模较大的有大西洋鲑、海鲈、鰤鱼、大黄鱼、鲆鲽类等，其中，单一种类产量最大的是大西洋鲑，2019年全球养殖产量261.4万吨。

（二）贸易情况

2021年，尽管全球经济仍受新冠肺炎疫情反复影响，但由于疫情总体控制能力增加，全球各主要经济体的出口供给能力逐渐恢复，进口需求日益增加。具体来看，全球最大海鲈进口国是美国，2021年前8个月进口额达5 518.57万美元，同比增加72.64%，约占全球总进口额的50%，已远超2019年同期进口规模。全球最大海鲈出口国是土耳其，2021年前8个月的出口额为1.73亿美元，同比增加26.25%，约占全球总出口额的96.81%。全球最大石斑鱼进口国是美国，2021年前9个月进口额达4 543.14万美元，同比增长54.32%，已超过2019年同期水平。最大鲆鲽类出口国或经济体中，除了加拿大，中国、欧盟28国和美国均未恢复到疫情前出口规模；最大进口国中除美国外，中国、欧盟28国和日本均未恢复到疫情前进口规模。

二、国内海水鱼生产与贸易概况

（一）生产情况

2021年国家海水鱼产业技术体系示范县域海水鱼养殖面积为：工厂化养殖677.24万立方米，比2020年的740.10万立方米下降8.49%，其中循环水占比较2020年上升0.05%；池塘养殖1.30万公顷，同比上升1.09%，其中工程化占比上升0.03%；普通网箱养殖2 385.15万平方米，深水网箱养殖908.84万立方米，围网养殖114.23万平方米，较2020年分别变动-2.73%、4.20%和0.00%。

---

① 不含水生哺乳动物、鳄、短吻鳄和凯门鳄、海藻和其他水生植物。

② 不含水生哺乳动物、鳄、短吻鳄和凯门鳄、海藻和其他水生植物。

2021 年国家海水鱼产业技术体系跟踪区域主要海水鱼养殖品种总产量为 102. 14 万吨，如表 1 所示。

表 1　2021 年体系跟踪区域海水鱼产量统计

鱼类品种	示范县产量/万吨	体系跟踪的非示范县产量/万吨	合计/万吨
大菱鲆	4. 64	0. 01	4. 65
牙鲆	0. 37	—	0. 37
半滑舌鳎	0. 56	—	0. 56
其他鲆鲽类	0. 00	—	0. 00
珍珠龙胆	3. 30	6. 37	9. 67
其他石斑鱼	2. 11	0. 72	2. 83
暗纹东方鲀	0. 42	0. 50	0. 92
红鳍东方鲀	0. 30	—	0. 30
其他河鲀鱼	0. 48	—	0. 48
大黄鱼	13. 47	0. 96	14. 43
海鲈	15. 10	—	15. 10
军曹鱼	0. 32	0. 90	1. 22
卵形鲳鲹	11. 66	6. 05	17. 71
鲷鱼	1. 86	8. 51	10. 38
美国红鱼	1. 19	3. 17	4. 36
鰤鱼	0. 11	1. 40	1. 51
许氏平鲉	0. 01	—	0. 01
其他海水鱼	0. 95	15. 63	16. 58
合计	56. 84	44. 23	101. 07

（二）贸易情况

2021 年面临国内新冠肺炎疫情反复，国际上贸易保护主义抬头、供应链加速重构，中国海水鱼产业交出了令人满意的贸易成绩，贸易规模基本恢复甚至超出 2019 年水平，展现了海水鱼产业的发展韧性。

中国在大黄鱼和河鲀出口中占据绝对优势。2021 年前 10 个月，大黄鱼出口额达 2. 21 亿美元，同比增长 16. 61%，略低于疫情前出口规模，河鲀出口额达 447. 87 万美元，同比增长 14. 11%，微高于疫情前出口规模。中国是军曹鱼（尤其是冰鲜品）非常重要的出口国，2021 年前 11 个月出口额达 339. 71 万美元，虽同比减少 4. 47%，却远高于疫情前出口规模。中国是卵形鲳鲹（尤其是冻品）的重要出口国，2021 年前 11 个月出口额达 1. 22 亿美元，同比增长 86. 70%，远高于疫情前出口规模；2020 年以来，该品种冰鲜品和冻品出口单价出现倒挂现象，且价差扩大，价差已达 2 470.92 美元/吨。中国是鲆鲽鳎类的重要贸易国，2021 年前 8 个月进出口额双减，贸易逆差进一步缩小至 0.52 亿美元，逆差同比减少了 54.74%，只有疫情前的一半。

三、国际海水鱼产业技术研发进展

（一）海水鱼遗传改良技术

2021 年，土耳其研究者采用多倍体育种技术开展了大菱鲆育种研究；墨西哥开展了基于深度学习技术的基因组选择算法分子选育技术研究；日本研究人员采用基因编辑技术对红鳍东方鲀的瘦蛋白受体基因进行了编辑，增加了红鳍东方鲀的生长速度；英国设计研发了 60K 的 SNP 芯片 MedFish，其中包含金头鲷及欧洲鲈的 SNP 标记位点各 30K，为群体基因组学研究及通过全基因组选择手段加速育种进程提供了有效的工具；挪威利用微卫星标记构建大西洋鲑高密度遗传连锁图谱，完成了对抗病基因的精准 QTL 定位。

（二）海水鱼养殖与环境控制技术

（1）工厂化养殖。研究热点聚焦于循环水养殖系统（RAS）环境与养殖动物的生理响应、RAS 系统病害控制与免疫、水环境控制技术与装备、新型 RAS 系统、养殖尾水处理和资源化利用、精准投喂与品质控制等方面。

（2）网箱和深远海养殖。挪威三文鱼生产商 NovaSea 实施最新离岸养殖项目“Spidercage”，总计 3 120 吨养殖容量。Spidercage 是一款封闭式养殖网箱，隔绝鱼虱进入设施内部的垂直深度达到 12 米，可吸收部分海洋能量转化为电能。智利 EcoSea 养殖公司也在与我国深入交流共同发展深远海养殖装备。

（3）池塘养殖。围绕海水鱼池塘养殖生境中物质循环利用机制开展了系列研究，进展集中在池塘养殖鱼类生长代谢机制、环境微生态调控、养殖鱼的环境适应机制等方面。

（4）养殖水环境控制。研究聚焦在对氮、磷营养盐的去除和资源化再利用、病原微生物的有效控制以及药物残留的吸附去除等方面，采用的工艺技术包括臭氧深度氧化、生物炭吸附、曝气辅助硝化、生物移动床等。

（5）养殖设施与装备。人工智能技术的应用研究成为热点。希腊采用深度光流神经网络建立模型对鱼类摄食强度进行评价，准确率为 95%。韩国和沙特阿拉伯分别开展了利用水下传感器识别检测鱼类状态的算法。印度和越南分别开展了增氧机智能控制和氨氮自动监测系统的研发。

（三）海水鱼疾病防控技术

（1）致病病原。2021 年度，研究主要集中在爱德华氏菌（*Edwardsiella* spp.）、气单胞菌（*Aeromonas* spp.）、黄杆菌（*Flavobacterium* spp.）、诺卡氏菌（*Nocardia* spp.）、发光杆菌（*Photobacterium* spp.）、鲁氏耶尔森菌（*Photobacterium* spp.）、鲑立克次氏体（*Piscirickettsia salmonis*）、弧菌（*Vibrio* spp.）和海洋屈挠杆菌（*Flexibacter maritimus*）等细菌病原；传染性鲑贫血症病毒（Infectious salmon anaemia virus）、病毒性出血性败血症病毒（Infection with viral haemorrhagic septicaemia virus）、传染性造血坏死病毒（Infectious hematopoietic necrosis virusinfectious hematopoietic necrosis virus）等病毒性病原以及鲑鱼海虱（*Lepeophtheirus salmonis*）、刺激隐核虫（*Cryptocaryon irritans*）等寄生虫病原。

（2）病原—宿主互作。运用各种功能基因组学研究手段，从宿主趋化因子活性调节、病原载量动态变化、病毒复制周期、病原进化、流行病学调查等方面阐明病原的分子致病机制和宿主免疫防御功能。

（3）鱼病防治。病害控制手段呈现多元化，但疫苗接种依然是最为热点的病防策略。此外益生菌、免疫增强与调节剂、新型饲料、养殖系统消毒措施等成为重要补充手段。国际上对于鱼类养殖过程中环境丰容越来越重视，通过生态调节提高养殖鱼类抗病能力也是一个重要的研究方向。开发基于鱼类免疫系统的绿色健康病防技术已经是当前国际前沿领域的普遍共识。

（四）海水鱼营养与饲料技术

（1）营养需求。与以往相比，海水鱼营养需求研究更加关注生长阶段、养殖环境等对营养素代谢的影响，同时注重营养素对海水鱼免疫及抗病力的影响。

（2）蛋白源/脂肪源开发。当前，评估昆虫蛋白、单细胞蛋白等新型非粮蛋白源在海水鱼中的应用效果研究越来越多，开发提升豆粕等植物性蛋白原料利用效率的技术也是目前研究的热点。

（3）功能性添加剂。关注养殖动物健康、提升饲料应用效果是目前水产动物营养领域研究的热点。国际上通过系统评测活性物质在海水鱼生长性能、免疫抗病、品质形成等方面的作用，拓展饲料功能性添加剂来源。

（五）海水鱼产品质量安全控制与加工技术

2021 年国际上研究最多的加工鱼种是金枪鱼、鳕鱼和三文鱼，也有少部分研究涉及马鲛鱼、沙丁鱼、鲐鱼等品种。加工技术包括海水鱼加工过程中的品质变化及其调控机制、功效成分发掘与功能评价研究、风味形成机制与调控技术、海水鱼品质智能评价；含有天然抗菌剂的活性包装、采用非热杀菌技术杀灭微生物、采用栅栏技术抑制微生物生长繁殖、海水鱼保活运输过程中的应激安抚处理技术、鱼肉肉质评价及预测无损技术；养殖海水鱼用药定向识别和快检技术、重金属的检测和消减控制技术。

四、国内海水鱼产业技术研发进展

（一）海水鱼遗传改良技术

2021 年度，国内海水鱼主要采用规模化家系选育、杂交育种、分子标记辅助育种、全基因组选择技术手段进行遗传改良。在大菱鲆育种领域，建立起以育种值均值选家系，以分子标记选个体的大菱鲆抗逆性状分子标记辅助育种技术路线；在大黄鱼育种领域，开发了应用于大黄鱼 SNP 分型及基因组选择的低深度基因组重测序技术；在半滑舌鳎育种领域，研制了抗病育种用“鳎芯 1 号”基因芯片；分析了体色相关基因以及抗病家系优势表达的基因；在卵形鲳鲹育种领域，研发出卵形鲳鲹群体育种方法、卵形鲳鲹与布氏鲳鲹的杂交育种技术、卵形鲳鲹全同胞家系构建方法和基于 Gompertz 模型的卵形鲳鲹体质量育种方法；在海鲈育种领域，建立了适合海鲈生长、耐盐碱性状的 GWAS 流程和模型，定位出 20 个与生长性状、18 个与耐盐碱显著关联的 SNP 位点，建立了适合于北方海鲈生长性状的全基因组选择育种模型；在军曹鱼育种领域，基于低氧胁迫后的军曹鱼幼鱼肠道转录组测序结果，筛选出大量 SNP 位点，为军曹鱼耐低氧品系选育研究提供参考资料。

（二）海水鱼养殖与环境控制技术

（1）工厂化养殖。山东、河北、天津、海南等地尝试性投建海水 RAS 养殖车间约 3 万平方米。养殖技术主要集中在攻关病害绿色防控、高附加值品种、尾水处理和资源化利用、节能降耗等方面。

（2）网箱和深远海养殖。福建省“闽投 1 号”养殖平台开建，舟山东极智慧渔场综合体项目完成建设规划，中集来福士设计建造的“经海 001 号”深海智能网箱正式交付开始运营。

（3）池塘养殖。制定了牙鲆工程化池塘养殖技术标准，在山东青岛、广东珠海等地完成了牙鲆、海鲈工程化池塘生态养殖技术优化与示范；同时，在池塘养殖鱼类肠道与环境微生态调控机制研究方面取得了诸多进展。

（4）养殖水环境控制。研究聚焦于养殖水生物处理，采用混合营养型钝顶螺旋藻结合膜光合反应器不仅实现了海水养殖循环水高效的碳、氮、磷同步去除，并可稳定收获生物质资源。采用生物技术、工程技术等措施构建生态系统，水体富营养化程度降低了 42%。

（5）养殖设施与装备。开展了鱼体图像分割算法和动态鱼体智能测量技术的研发，鱼群摄食行为智能判别技术研究准确率达 99.24%。研制了一种管道式自动吸鱼装备，经第三方检测吸鱼能力达 15.9 千克/分钟。

（三）海水鱼疾病防控技术

（1）致病病原。我国海水鱼病害主要细菌病原为弧菌（*Vibrio* spp.）、爱德华氏菌（*Edwardsiella* spp.）、假单胞菌（*Pseudomonas* spp.）、链球菌（*Streptococcus* spp.）和发光杆菌（*Photobacterium* spp.）；病毒病病原主要为石斑鱼虹彩病毒（Singapore grouper iridovirus）和神经坏死病毒（Nervous necrosis virus）；寄生虫则为刺激隐核虫（*Cryptocaryon irritans*）。

（2）鱼病防治。完成大菱鲆疫苗联合接种生产示范，实现全程“无抗”养殖，兽药减量达 70%～80%。由华东理工大学研发的“大菱鲆哈维氏弧菌灭活疫苗（MAVH402 株）”和华南农业大学研发的我国首例“石斑鱼蛙虹彩病毒病灭活疫苗（HN 株）”获批农业农村部临床试验批件。研发了防治刺激隐核虫病的纳米杀虫涂料和镀锌材料，以及混养罗非鱼防控刺激隐核虫病生态防控技术。摸清了主养区大黄鱼内脏白点病、体表白点病以及白鳃病和大菱鲆出血症的发病情况，建立了相应的病害监测、预警及苗种检疫体系。

（四）海水鱼营养与饲料技术

（1）营养需求参数。进一步完善海水鱼营养需求参数。近几年，随着我国海水鱼养殖产量逐渐增加，开发典型养殖模式下海水鱼优质配合饲料成为我国海水鱼营养与饲料研究的重点，特别是针对特定养殖环节（高温、越冬）等条件下营养需求参数精准度进一步提升。

（2）饲料开发。提升饲料利用效率、降低氮磷排放等受到越来越多国内研究者关注。特别是当前部分养殖品种开展替代冰鲜杂鱼行动的推进，开发优质环保饲料成为当前国内海水鱼营养与饲料领域研究和推进的热点。

（3）功能性添加剂。中草药等免疫增强剂在海水鱼饲料中应用效果研究进一步开展，特别是随着饲料禁抗等政策推进，通过营养免疫等手段提升养殖动物健康已经成为我国海水鱼营养研究的重要部分。

（五）海水鱼产品质量安全控制与加工技术

（1）鱼品加工。主要集中在海鲈、三文鱼、大黄鱼、河豚、鳕鱼、牙鲆、卵形鲳鲹、鳗鱼等鱼种。加工技术是通过改进抑菌物质来提高鱼片的货架期及贮运过程的安全性；利用副产物生产降血糖肽、血管紧张素转化酶抑制肽、抗氧化肽等；用大宗海水鱼蛋白资源生产富含呈味肽的呈味基料及调味品。

（2）质量安全控制。海水鱼营养评价与残留物检测新方法的研究；利用近红外等技术测定鱼类品质和新鲜度；开展了重金属检测和消减技术、渔药残留的现场无损快速检测技术研发。

（3）保鲜贮运。研发了大宗养殖大黄鱼、海鲈商品化保鲜贮运新技术；研究了海鲈有水保活工艺及对其品质的影响。

（国家海水鱼产业技术体系首席科学家　关长涛　提供）

2021 年度虾蟹产业技术发展报告

（国家虾蟹产业技术体系）

一、国际虾蟹生产与贸易概况

2021 年全球海水虾类养殖产量约 500 万吨，我国（不含台湾数据）海水虾类养殖产量约 160 万吨，厄瓜多尔约 80 万吨，越南约 80 万吨，印度约 70 万吨，泰国约 35 万吨，印度尼西亚约 40 万吨。罗氏沼虾全球养殖产量约 30 万吨，我国（不含台湾数据）产量约 15 万吨。日本沼虾养殖产量 24 万吨，我国是唯一养殖生产国。全球克氏原螯虾养殖产量约 270 万吨，我国为主要生产国，产量约 245 万吨。中华绒螯蟹产量约 80 万吨，三疣梭子蟹养殖产量约 12 万吨，我国是 2 种蟹唯一养殖生产国。拟穴青蟹（包括 4 种青蟹，我国主要为拟穴青蟹）养殖产量约 13 万吨，我国（不含台湾数据）拟穴青蟹产量约 6 万吨。

二、国内虾蟹生产与贸易概况

虾蟹是我国水产养殖产业中重要的种类，其中凡纳滨对虾、斑节对虾、日本囊对虾、中国明对虾、克氏原螯虾、罗氏沼虾、日本沼虾、中华绒螯蟹、三疣梭子蟹、拟穴青蟹 10 种虾蟹养殖产量 545 万吨。2021 年对虾养殖产量较 2020 年提升约 4.5%，养殖产量约 160 万吨，养殖产值较 2020 年有所提升；凡纳滨对虾、中国明对虾、斑节对虾和日本囊对虾是我国主要养殖海水虾类，凡纳滨对虾仍是最主要养殖品种，养殖产量约占我国海水虾养殖产量的 87%，所占比例与 2020 年持平。淡水虾类养殖产量与 2020 年相比明显增加，产量约 284 万吨，其中克氏原螯虾约 245 万吨，较 2020 年增加约 70 万吨；罗氏沼虾 15 万吨，较 2020 年增加 3 万吨；日本沼虾约 24 万吨，较 2020 年减少 1 万吨。蟹类养殖产量与 2020 年比较略有增加，约 98 万吨，中华绒螯蟹约 80 万吨，较 2020 年增加 5 万吨；三疣梭子蟹约 12 万吨，较 2020 年增加 1 万吨；拟穴青蟹单产有所提高，养殖产量约 6 万吨，较 2020 年增加 1 万吨。

三、国际虾蟹产业技术研发进展

（一）遗传育种研究

2021 年通过 Web of Science 数据库共检索到国外学者在虾蟹遗传育种领域发表的论文 260 余篇，主要内容包括虾蟹类生长性状和成活率等经济性状的遗传评估、群体结构及遗传多态性分析，研究内容主要集中在环境胁迫下虾蟹类差异表达基因的筛选与验证、基因组和转录组的组装、基因芯片及基因编辑技术的研发等方面。

在虾类遗传育种基础研究方面，Silvia 等通过对凡纳滨对虾选育群体和商业化群体的体重一致性参数的估计，发现该性状在两群体间的遗传变异较大（0.06±0.01），残余方差为 0.25±0.01；凡纳滨对虾体重和体重一致性的相关性接近于 0，而体重一致性和养殖环境的遗传相关是 0.64±0.06。Nga 等对来自印度-太平洋的 16 个斑节对虾地理种群的遗传结构及区域适应性进行研究，发现亚洲东南部群体的遗传多样性最高，而西印度洋群体最低。Camilla 等采用 RNA 测序技术对凡纳滨对虾一个快速生长的 SPF 群体进行分析，鉴定出 13 000 多个差异表达基因，其中 70%的差异基因包括角质层、几丁质、蜕皮甾体、肌肉蛋白等，仅在快速生长家系中上调表达。Satoshi 等采用 Illumina 和 Nanopore 技术平台完成了日本囊对虾基因组的组装，获得日本囊对虾基因组大小为 1. 70Gb，N_{50}为 234. 9kb，GC 含量为 34. 38%；同其他对虾基因组相同，日本囊对虾基因组中含有极其丰富的简单重复序列，占总序列的 27. 4%，预测了 26 381 个编码蛋白质的基因。Baltasar 等采用一个 50K 的 SNP 基因芯片对一个养殖凡纳滨对虾群体的遗传多态性和连锁不平衡进行了估计，研究发现该群体总体杂合度较高，表明该群体虽然经过选择，但遗传多样性稳定；连锁不平衡在标记距离前 30kb 内迅速衰减，从 0. 20 到 0. 07，然后在 30kb 内下降到 0. 02。

在蟹类育种研究方面，Manda 等采用多种分子标记对印度、缅甸、马来西亚、印度尼西亚、菲律宾 4 种青蟹进行种质资源鉴定，建立的 PCR-RFLP 技术，可以有效区分 4 种青蟹，最终鉴定印度青蟹只包括 2 种：橄绿青蟹和锯缘青蟹。Paul 等研究了橄绿青蟹生长与性别关系，发现雌蟹体重显著大于雄蟹，甲宽与体重、甲长等指标存在显著相关性，该地区种质资源处于健康状态。Shrestha 等分析了在正常和热应激条件下，来自菲律宾的 3 个地点（卡加扬、比科尔和巴丹）转录组，发现大量差异表达基因，表明长期的环境适应，导致不同群体对温度刺激反应不同。Madduppa 等用线粒体 DNA 技术研究了印度尼西亚远海梭子蟹遗传结构，发现东部群体遗传多样性较高，不同群体之间遗传多样性差异显著，为种质资源开发利用和管理提供数据参考。

（二）健康养殖与环境研究

2021 年 1 月至今，Web of Science 收录关于虾蟹类养殖研究的英文文章 1 851 篇，主要涉及基础生物学、环境与微生物、养殖生物学、生理与毒理、病害生态防控、饲料养殖应用评价等主题。

1. 虾类

（1）克氏原螯虾。2021 年度发表克氏原螯虾养殖研究相关学术论文 94 篇，主要集中在生理毒理与养殖微生物等研究方向。Qian 等调查了湖北监利两种养殖模式下克氏原螯虾水体、沉积物及特定组织的微塑料污染，发现环境中的微塑料可以在克氏原螯虾的鳃、胃和肠道等内部组织中积累，提示在不去除鳃、胃和肠道的情况下食用克氏原螯虾可能会对人类构成潜在风险；Wu 等采用高通量测序技术对不同健康状态（健康、厌食、濒死和肌肉发白状态）克氏原螯虾肝胰腺中的细菌群落进行了研究，揭示了克氏原螯虾养殖过程中疾病暴发相关的肝胰腺微生物群落失调症状，为探索肝胰腺微生物在影响宿主健康和疾病中的潜在作用提供了新线索。

（2）对虾。2021 年度发表对虾养殖相关学术论文 1 167 篇，其中研究论文有 1 153 篇，综述 68 篇，主要涉及环境与微生物、养殖生物学、生理与毒理、病害生态防控、饲料养殖应用评价等研究方向。其中环境与微生物相关研究近年来持续增多，尤其是养殖环境微生物方面是研究热点。Hou 等采用 16S rRNA 基因扩增测序技术，研究了中尺度对虾养殖池沉积物中细菌的多样性和组装机制，发现随机过程塑造了对虾养殖池沉积物中的细菌群落；Yan 等检测了凡纳滨对虾养殖池中的微塑料污染，并报道了自然条件下微塑料可能会通过其形成的生物膜对养殖对虾肠道菌群产生影响；Zhang 等描述了凡纳滨对虾整个养殖过程中虾消化道和养殖水体细菌群落的演替规律，发现与宿主相关的和自由生活的细菌群落对控制微生物演替的生态过程的重要性；Flores-Valenzuela 等比较研究了外源硝化菌和乳杆菌添加对集约化养殖凡纳滨对虾的生产性能、水质及健康的影响，发现硝化菌和乳杆菌添加均对凡纳滨对虾养殖的水质、水体细菌丰度以及对虾体组成、生产性能有显著的正向影响；Patil 等报道了在凡纳滨对虾养殖中应用氨氧化菌、亚硝酸盐氧化菌和反硝化菌 3 种微生物菌剂对养殖水体总氨氮的缓解作用。

（3）罗氏沼虾和日本沼虾。2021 年度发表罗氏沼虾养殖研究相关学术论文 70 篇，主要集中在养殖生物学、养殖环境与微生物、养殖病害防控、营养与免疫等方面，其中在生理健康和营养评估方面有新的研究，Wu 等研究了盐度对罗氏沼虾仔虾生长、存活的影响，指出 15‰盐度提高了罗氏沼虾的生存和蛋白质含量，这可能与生物群落系统中浮游动物数量更多相关；Zhang 等研究提出了一种基于琼脂和聚乙烯醇（AP）加入姜黄素的多功能 pH 指示剂无墨打印方法，用于检测罗氏沼虾的新鲜度。发表关于日本沼虾养殖研究相关学术论文 47 篇，主要集中在基础生物学、养殖病害防控机制等方面，例如 Yi 等在组织病理学和转录组水平上检测了感染维氏弧菌的濒死和健康日本沼虾个体的肝胰腺，分析了日本沼虾对维氏弧菌感染的免疫反应，为维氏气单胞菌感染下的日本沼虾免疫调节提供了基础资料。

2. 蟹类

2021 年度发表蟹类养殖相关学术论文 501 篇，主要涉及养殖品种有中华绒螯蟹、三疣梭子蟹和拟穴青蟹，研究方向有基础生物学、环境与微生物、生理与毒理、病害生态防控、饲料养殖应用与品质评价等，其中非养殖品种蟹类相关的环境污染与微生物相关研究近年来持续增多。Wang 等评估了水过滤和食物消费对捕食性海蟹微塑料积累的贡献，并研究了摄入微塑料（粒径为 5 微米）一周后的相关影响，发现水的过滤和食物的摄入对微塑料的积累起到了相似的作用，微塑料在不同器官间的分布顺序为：肝胰脏、肠、鳃、肌肉；Cheng 等研究了镉胁迫对泥蟹的氧化应激、细胞周期阻滞、DNA 损伤和凋亡的影响。

3. 养殖设施与装备

2021 年度发表虾蟹养殖设施与装备相关的学术论文 19 篇，其中，与虾养殖相关的论文有 14 篇，与蟹养殖相关的论文有 5 篇，主要是自动投喂设备和养殖尾水处理设施等方面。Reis 等比较了 AQ1 声馈投喂系统与自动定时喂料机提供的 3 种固定喂料方式（白天、晚上、24 小时）在室外对虾养殖池塘中的应用效果，试验结果进一步证实了 AQ1 声学喂料系统的高产量，并显示在定时器喂料处理之间没有统计差异；Pham 等在湄公河内陆淡水养殖区域实施和评估了人工湿地对对虾养殖尾水的可持续处理效果，所设计的人工湿地系统可大大改善对虾养殖水质，对亚硝酸盐、硝酸盐以及 COD 等去除效果比较好。

（三）病害控制研究

在 Web of Science 共检索到 2021 年度发表的虾蟹免疫和病害相关论文 700 余篇，主要研究内容包括虾蟹病原学及流行病学、虾蟹类宿主免疫学、病害防治策略等。在 *Reviews in Aquaculture* 杂志发表的 9 篇综述性论文，系统回顾了罗氏沼虾野田村病毒、甲壳动物神经内分泌免疫调控机制、对虾应对病原的整体免疫响应及抗病原分子、对虾 miRNA 在宿主病原互作中的功能以及病原感染及环境应激引起的虾蟹代谢重编程等方面的研究进展。

流行病学及病原致病机制方面，开展了养殖对虾自然感染十足目虹彩病毒 1（DIV1）的分子流行病和病理学研究；报道了印度安达曼和尼科巴群岛野生甲壳类动物中传染性皮下和造血组织坏死病毒（IHHNV）和白斑综合征病毒（WSSV）的共同感染的情况；发现印度尼西亚沙巴州锦绣龙虾（*Panulirus ornatus*）胚胎的死亡与植物真菌性病原 *Zasmidium musae* 有关。

免疫学研究方面，发现 WSSV 感染引起对虾肠道菌群的代谢组学转化，其中代谢物亚油酸参与了对虾对 WSSV 的免疫应答；发现外泌体中的 miRNAmiR-224 有助于甲壳类动物被细菌感染期间的血淋巴微生物群落稳态；中华绒螯蟹 TLR1 介导抗菌肽 ALF-1 和 ALF-3在嗜水气单胞菌感染诱导的长达 1 个月的体液免疫保护中发挥了不可或缺的作用，为其免疫致敏现象提供了坚实的证据；发现对虾 C 型凝集素可维持宿主肠道微生物的稳态，介导肠道细菌生物膜的形成；报道了罗氏沼虾生命早期微生物变化及定殖规律，系统阐述了罗氏沼虾在繁殖期其母体和环境微生物对后代微生物的影响。

病害防治原理和方法方面，发现亚麻酸可提高肝肠胞虫感染后对虾生长和免疫水平表现；丁酸梭菌 CBG01 等多种益生菌可有效提高对虾生长性能、免疫应答和抗病性方面的能力；表达 VP28 蛋白的莱茵衣藻（*Chlamydomonas reinhardtii*）作为口服制剂可以提高对虾对白斑综合征病毒（WSSV）感染的抗性；发现群体感应抑制细菌可降低对虾感染哈维氏弧菌后的死亡率；表达双链 RNA 的枯草芽孢杆菌通过诱导 RNA 干扰机制，提高了 WSSV 感染凡纳滨对虾的存活率。

（四）营养与饲料研究

2021 年国内外发表对虾营养与饲料研究文章 85 篇（中文 17 篇，英文 68 篇），其中饲料营养免疫与健康研究文章 29 篇，占比最多，主要涉及芽孢杆菌、乳酸菌、丁酸梭菌等益生菌、植物提取物、甘露寡糖、低聚木糖、有机酸、中草药以及合生元在对虾饲料中的应用效果评估；饲料原料开发及利用研究 26 篇，主要涉及发酵豆粕、藻粉、菌体蛋白粉（黑水虻、梭状菌体蛋白等）、植物浓缩蛋白等效果的评估，既有鱼粉替代，也有替代一些植物蛋白来改善饲料效果；饲料矿物质营养研究文章 9 篇，涉及 Ca、Mg、Cd、Zn 等含量对对虾生长、免疫的影响；饲料蛋白营养研究文章 8 篇，主要涉及在不同环境下（盐度、温度等）蛋白源和蛋白水平、蛋白需求量等；饲料脂肪营养研究文章 4 篇，主要涉及 n-多不饱和脂肪酸、胆碱和亚油酸在对虾饲料中的需求量研究，同时也研究了脂肪源对对虾的影响；饲料碳水化合物、饲料维生素及饲料重金属/毒素研究文章各 3 篇，主要涉及不同碳水化合物源和碳水化合物添加方式的效果评估，维生素 C、维生素 E 和维生素 D_3 对对虾的影响以及适宜添加量，重金属 Cd 和 Pb 以及黄曲霉素和伏马菌素对对虾的毒害作用。

2021 年国内外发表罗氏沼虾、日本沼虾、克氏原螯虾等淡水虾营养与饲料研究文章 128 篇（SCI 113 篇，中文 15 篇）。营养相关主要关注点在虾的生长、免疫和抗应激，主要研究方向包括营养与健康、品质与环境、饲料添加剂、营养需求、养殖与投喂等。其中，营养与健康相关 53 篇，主要涉及营养干预对肠道组织屏障与菌群、肝胰腺脂代谢、机体抗应激反应机制、抗弧菌、嗜水气单胞菌等病原菌能力以及营养物质代谢影响；品质与环境相关 42 篇，主要涉及低氧胁迫、盐度胁迫、重金属胁迫、氨氮胁迫、亚硝酸盐胁迫、温度胁迫、季节变化、光照和微塑料和金属等对生长、品质和免疫的影响以及虾肉、虾皮品质及风味和氨基酸成分分析和冷藏技术的研究；饲料添加剂相关 17 篇，主要涉及茶树精油、叶黄素、牛磺酸、迷迭香、虾青素、丝氨酸、丁酸梭菌、乳酸菌、芽孢杆菌、低聚甘露糖、高级脂肪醇、橙皮素、三卡因甲磺酸、壳寡糖、绿藻等用于促进生长和提高免疫和抗氧化能力；饲料原料相关 9 篇，主要涉及饲料中脂肪源如豆油、鱼油和碳水化合物适宜添加量、虾壳粉替代鱼粉、植物蛋白替代饲料中动物蛋白以及对常规原料表观消化率研究；营养需求 7 篇，主要涉及碳氮比需求、蛋白和脂肪等常量营养素需求以及锌、锰、胆固醇、精氨酸、维生素 C 等微量营养素需求和对养殖密度、投喂模式需求。

2021 年，国内外学术期刊共发表海水蟹（三疣梭子蟹和拟穴青蟹）营养与饲料相关研究文章 17 篇，三疣梭子蟹营养与生理代谢 8 篇，其中营养需求相关文章 5 篇，主要涉及蛋白质/脂肪、糖、锰、钙磷比以及磷等的适宜需求量，分子营养 3 篇，主要克隆了三疣梭子蟹 *srebp1* 基因等，以及非靶向脂质组学揭示了三疣梭子蟹对不同饲料中 n-3PUFA 的代谢反应，聚焦于营养与性腺发育论文 2 篇。2021 年，发表拟穴青蟹营养与生理代谢相关论文 9 篇，主要聚焦于不同脂肪水平和不同 n-3 LC-PUFA 以及不同 DHA/EPA 水平对拟穴青蟹脂质等生理代谢的影响，不同锌水平以及不同脂肪源等对拟穴青蟹脂肪代谢的影响；饲料脂肪水平对育肥期青蟹雌蟹生长和繁殖性能的影响，卵黄卵磷脂对拟穴青蟹仔蟹发育及营养代谢的影响等。

2021 年中华绒螯蟹营养与饲料研究文章 38 篇（中文 8 篇，英文 30 篇）。其中，营养需求方面的研究论文 7 篇，主要涉及肌醇、维生素 D3、铁、锌、磷、磷脂等营养素的营养需求研究；涉及营养生理与代谢调控方面的论文 8 篇，主要是饲料脂肪源、淫羊藿苷、α-酮戊二酸、纤维二糖、磷脂等对中华绒螯蟹物质代谢的影响；免疫增强剂或肝肠健康方面的研究有 12 篇，主要涉及精氨酸、N-乙酰半胱氨酸、伊乐藻、菊苣多糖、褪黑素、低聚果糖、益生菌等对中华绒螯蟹肠道微生物组成、抗胁迫能力、肝胰腺健康和抗氧化能力等方面的影响；冰鲜鱼、野杂鱼与配合饲料养殖效果的比较以及营养素对性腺发育的影响等方面的研究共计 10 篇，主要涉及冰鲜鱼投喂和配合饲料投喂对肠道菌群、食用部位的品质、物质积累、营养价值等的影响，以及蛋白质水平、淫羊藿苷等对中华绒螯蟹性腺发育的影响；另有 1 篇论文比较了前期饲喂伊乐藻与后期搭配喜旱莲子草和苦草对中华绒螯蟹食用品质影响的差异。

（五）虾蟹加工研究

根据 Web of Science 数据库、ScienceDirect 数据库、Google 学术检索，国内外学者 2021 年共发表虾蟹加工研究方面的 SCI 论文 845 篇，其中虾蟹加工和保鲜方面 299 篇，副产物综合利用方面 411 篇，质量安全与营养品质方面 135 篇。

（1）虾蟹加工方面。主要涉及虾蟹产品加工技术，加工过程中理化性质变化，以及活性成分提取等。Nabila 等发现煸烤（Pan searing）烹饪能够提高帝王蟹（*Paralithodes camtschaticus*）的食用品质。Martínez-Maldonado 等采用高压辅助青蟹（*Callinectes sapidus*）脱壳取肉，发现 300 兆帕的高压处理有利于保持蟹肉热凝胶的品质。Dong 等报道称微波（125℃，15 分钟）可降低对虾原肌球蛋白的致敏性。Zhu 等研究了巴氏杀菌、微波杀菌、超声杀菌以及高温高压杀菌对蟹肉酱品质特性的影响，结果表明巴氏杀菌有利于蟹肉酱产品品质的保持。Yu 等采用感官评价、顶空-气相色谱-离子迁移谱和固相微萃取-气相色谱-质谱对鲜虾、高盐和低盐虾酱的风味特征进行了分析，从 3 组样品中共鉴定出 118 种挥发性化合物，高盐虾酱具有强烈的烘烤和肉香味，其中吡嗪类、含硫类化合物有重要贡献，而低盐虾酱的风味特征更接近于鲜虾，醛类、酸类和杂环类化合物是其主要风味物质。Xiang 等采用蛋白酶水解凡纳滨对虾虾头，通过超滤、凝胶过滤色谱和反相高效液相色谱分离 DPP-IV 抑制肽，并通过 LC-MS/MS 鉴定肽序列，4 种活性肽 YPGE、VPW、HPLY 和 YATP 具有较高的抑制活性，通过体外消化模型证实这些活性肽具有良好的抗肠胃消化能力。Delaney 等以低值青蟹发酵制备了调味品。

（2）虾蟹保鲜方面。内容主要涉及虾蟹（肉）类保鲜剂、保鲜新技术。Li 等研究了冷冻联合茶多酚对凡纳滨对虾品质劣变、腐败菌生长的抑制效果，发现冻藏可以延缓虾体内细菌的生长和腐胺的积累，但同时加重了虾体黑变和脂质氧化，冻藏过程中添加茶多酚可以明显抑制冻虾黑变、腐胺积累、Hx 的累积和腐败菌的生长活性。Ying 等研究了三聚磷酸钠（STPP）和三偏磷酸钠（STMP）预先浸泡对虾在冷冻贮存（-30℃）12 周中肌肉蛋白稳定性，结果发现 STMP 分子的引入增强了对虾蛋白对低温胁迫的抗性。Balti 等研究了不同浓度的红海藻提取物和微藻胞外多糖制备多糖涂膜对凡纳滨对虾的保鲜效果，结果表明多糖涂膜对凡纳滨对虾贮藏过程中嗜冷细菌有很好的抑制效果，同时具有较低的多酚氧化酶活性和更好的氧化稳定性。蟹和蟹肉贮藏方面，Grete 等发现盐水冻结和静水解冻能有效减轻熟制雪蟹（*Chionoceetes opilio*）贮藏中的褐变。Ye 等评估了高压脱壳蟹肉的冷藏货架期，4℃贮藏条件下，真空包装的蟹肉货架期为 6 天，而在微冻保藏条件下，货架期能够进一步延长至 21 天。Oladipupo 等研究表明高压冷等离子体处理（High voltage cold plasma，HVCP）10 分钟，能够将 4℃贮藏条件下蟹肉的货架期延长至 12 天，该研究团队还发现低温慢煮（Sous-vide cooking）也是延长蟹肉冷藏货架期的有效途径。

（3）虾蟹副产物综合利用方面。主要涉及虾蟹副产物中甲壳素的提取、脂质的提取、加工专用酶的发掘与应用等方面。Rahayu 等对不同类型酸对虾副产物提取甲壳素过程中的脱钙效果进行了比较，发现硫酸、盐酸和硝酸都可高效脱除虾副产物中的钙元素，而醋酸的效果较差。使用不同类型酸提取的甲壳素形态结构相似，但结晶度有所不同。同时硫酸对于甲壳素中色素的脱除效果最好，盐酸和硝酸次之，醋酸的脱色效果最差。Cui 等使用微波耦合有机酸脱钙与蛋白酶脱蛋白技术，对口虾蛄副产物中的甲壳素进行提取，脱钙率和脱蛋白率分别可达到 94.11%和 92.78%，甲壳素提取率为 15.6%。Wang 等研究了酶法提取虾壳中虾青素工艺，使用中性蛋白酶辅助提取虾青素，提取率可达到对照组的 3.7 倍，同时使用 XDA-8 树脂进行虾青素纯化，得到的虾青素纯度可达 87.36%，浓度为原料中的 6 508 倍。Zhang 等从海洋细菌 *Renibacterium* sp. 中发掘到一个适低温壳聚糖酶，该酶的最适反应温度为 40℃，但在 20～30℃的低温条件下仍可保持 80%以上的催化活性，为低温下的壳寡糖酶解生产提供了工具。Guo 等对壳聚糖酶 BsCsn46A 的三级结构进行了研究，发现 121 位脯氨酸在酶的 α-螺旋中的位置能量较特别，在此基础上对该位点进行了饱和突变，发现将该位点突变为缬氨酸可将酶活性提高 2.15 倍，同时酶与底物的结合更为紧密，显著提升了酶的催化效率。Zhou 等在已有壳聚糖酶 Csn75 蛋白中构建了一个碳水化合物结合位点，可实现该壳聚糖酶的一步高效纯化与固定化，并利用固定化酶设计管式反应器，可实现壳寡糖的连续催化制备。

（4）质量安全和营养品质评价方面。Dean 等利用改进的液相色谱-荧光检测（Liquid chromatography-fluorescence detection，LC-FLD）和亲水相互作用色谱-串联质谱法（Hydrophilic interaction chromatography-tandem mass spectrometry，HILIC-MS/MS）检测了虾、海螺和蟹中的麻痹性贝类毒素，两种方法均得到较好的检测结果。Choi 等建立了一种基于分散固相萃取-LC-MS/MS 测定鱼和虾中磺胺类、氨苯砜、欧美德普和甲氧苄啶多残留的分析方法，检测限分别为 94.2～114.0 微克/千克、1.3～1.5 微克/千克、105～111 微克/千克、53.3～54.0 微克/千克，并且在实际样品分析中，54 份样品中有 7 份检出了 24 种抗生素中的 5 种，建立的方法可用于水产养殖产品中抗生素多残留分析。Da Silva 等合成了一种功能化的新型磁性纳米材料，采用电感耦合等离子体质谱（ICP-MS）对虾中砷的形态进行了分析，检测限为 16.4 纳克/千克，并认为该方法精密度高，成本较低，符合绿色化学原理，适用于无机砷的形态分析。Xu 等开发了一种基于竞争性免疫层析方法，用于快速检测虾组织样本中的己烯雌酚和雌二醇，该方法对己烯雌酚和雌二醇的检出限分别为 25 纳克/千克和 60 纳克/千克，结果分别可在 7～10 分钟和 3～4 分钟内判断。Goncalves等评估了巴西 3 种商业虾的脂肪酸组成，共检测到 29 种不同的脂肪酸，不同虾种的脂肪酸 16：0、18：0、18：1ω9、20：5ω3（EPA）、22：6ω3（DHA）含量差异显著，研究表明这些虾类是营养网中脂肪酸的重要来源，对人体健康有重要价值，尤其是 EPA 和 DHA。Nanda 等介绍了蟹肉的营养、风味、品质和健康益处，包括蟹类增值产品的可接受性，指出蟹肉富含蛋白质、必需氨基酸、长链 ω-3 脂肪酸，同时也是维生素和矿物质的极佳来源。

（六）产业经济研究

（1）虾蟹产业经济方面。2021 年检索到学术论文 8 篇。研究内容集中在虾蟹产业的可持续性发展，虾蟹类养殖管理，新冠肺炎疫情对虾养殖业的影响以及生产强度与土地利用关系等方面。

（2）虾蟹产业可持续性发展方面。水产养殖业是全球发展最快的食品生产行业，被认为在满足不断增长的海鲜需求和解决过度捕捞问题方面具有最大的潜力。尽管水产养殖带来了好处，但生产的快速增长引起了人们对食品安全、鱼类福利以及源自公地悲剧的环境和社会问题的关注。因此需要解决这些问题，以实现可持续水产养殖发展。虽然已经使用物理和化学指标评估了水产养殖的负面环境影响，但在评估水产养殖可持续性时，社会接受度没有得到充分考虑。在此背景下，Xuan 等调查了越南两个关键利益相关者群体公众和生产者（虾农）对虾养殖发展的知识和信念。结果表明，利益相关者关注传统虾养殖的社会和环境影响，尽管不同的利益相关者群体强调不同的方面。公众认为，与生产者相比，生物多样性丧失以及抗生素和杀虫剂的过度使用问题更大，生产者认为水质和疾病暴发是该行业面临的主要问题。在此基础上，大多数受访者认为可持续水产养殖生产是积极的，这意味着社会对其发展的可接受性。对可持续水产养殖的认识和知识对利益相关者支持水产养殖的扩张产生了积极而显著的影响，这表明沟通和教育可能是提高社会对水产养殖接受度的有效工具。Kumaran 等基于多层面指标来评估印度的凡纳滨对虾养殖的可持续性。对病原体的敏感性、种子质量问题、投入成本和市场价格的不对称性、环境限制和机构支持不足正在威胁其可持续性。作者通过制定综合可持续性指数来评估其可持续性，该指数描述了技术、经济、环境、社会和体制指标。结果表明，印度凡纳滨对虾养殖是可持续的，平均可持续性指数为 0.77。大多数受调查农场（61%）在中等至高可持续性水平（0.66～0.84）下经营。维度分析表明，凡纳滨对虾养殖是技术驱动的，经济上有利可图，有益于社会，但在环境和制度方面需要改进。虾养殖场尾水的修复和后续作物的再利用、机构信贷和保险的提供将进一步增强其可持续性。进一步获得优质虾种、基于承载能力的饲养密度、优化投入、动员农民集体遵守更好的管理做法的原则以及加强国内营销的机构支持机制，都是对印度虾养殖可持续性的补充。Cortes 等评估了墨西哥对虾养殖生产的生态效率。作者应用生命周期评估（LCA）和数据包分析（DEA）方法评估墨西哥索诺拉州 38 个半集约化对虾养殖场的生态效率。LCA 结果表明，饲料管理和耗电量是几乎所有影响类别的主要临界点。用可溶性物质（DDGS）取代小麦粉可使环境影响减少 2 个百分点至 57%，这取决于影响类别。另一方面，评估了该地区光伏板的安装情况，寻求转向碳密集度较低的能源生产。总的来说，实施这些改善措施将有助于提高环境保护和资源效率。

（3）虾蟹类养殖管理方面。Lien 等和 Tran 等从管理的角度对虾类养殖进行了分析。其中 Lien 等从对虾养殖风险管理的角度进行分析。通过使用结构方程模型探讨社会空间指数（SSI）如何转化为个人和共享风险行为。结果表明，SSI 为基于区域的水产养殖管理的社会-空间范围提供了一个通用的测量方法，并为确定农民采用与疾病等关键风险相关的共享养殖策略的可能性提供了一种具体的方法。SSI 为促进负责任的水产养殖生产提供了空间明确风险管理策略的评估和进一步开发。而 Tran 等从虾健康管理的角度进行分析。在越南北部，几个省份的虾养殖从粗放型转变为集约型。这一变化带来了一些社会文化、经济和环境方面的挑战，包括疾病的暴发以及越来越多地使用抗菌药物和化合物来预防和治疗疾病。作者通过和养殖户访谈了解到农民对如何应对疾病并不确定，他们依靠的是使用抗菌产品以及在越南没有辅助标签的中国产品进行的反复试验。对政府指导的信任程度不高，导致许多农民受到私营和商业利益相关者的指导，农民与这些利益相关者有更多的定期接触。即使在这种关系中，也发现了一定程度的不信任。精耕细作的虾养殖业可能利润丰厚，但也是一个不稳定的方向。要求采取多管齐下的干预措施，而不是狭隘地注重培训农民，而是解决基本的生计不安全问题。还需要加强控制和加强目前在越南虾养殖中使用抗菌药物的立法。最后，政府机构和私营公司迫切需要提供可靠、快速和价格合理的诊断服务，以指导谨慎使用抗菌剂控制细菌相关疾病。

（4）新冠肺炎疫情对虾蟹产业的影响方面。Leyre Goti-Aralucea 等和 Gordon 等分析了新冠肺炎疫情对虾蟹产业的影响。其中 Leyre Goti-Aralucea 等研究了新冠肺炎疫情背景下德国褐虾的效率与恢复力。在气候变化和新冠肺炎疫情等世界性危机时期，人们对恢复能力的需求谈论得很多。然而，在不太关注危机的情况下，主要关注的往往还是效率。以德国褐虾为例，在新冠肺炎疫情大流行的背景下效率和恢复力之间相互作用。例如，为了合理化而追求效率可能会减少用于留出缓冲以抵御冲击的资源，而效率的标准化关键也可能会阻碍更多的多样性，从而阻碍解决危机的开放式创新。Gordon 等模拟加拿大龙虾和雪蟹市场在新冠肺炎疫情引起的替代性政策冲击下的价格和收入结果。预测是基于 3 个政策场景，代表了 2019—2021 年可能着陆和经济后果范围的上下限。根据过去的研究，龙虾和雪蟹市场的需求方程都被用于实证模拟价格预测。雪蟹预计价格和收入将出现严重下降，特别是在魁北克、纽芬兰和拉布拉多半岛。与 2018 年相比，预测显示 2021 年的平均收入下降，墨西哥湾下降 18%，海运下降 32%，魁北克下降 53%以及拉布拉多半岛下降 57%。龙虾预测显示 2020 年的收入下降了 21%，但在 2021 年复苏。

（5）生产强度与土地利用关系方面。虾是水产养殖中增长最快的商品之一，具有相当大的土地足迹。Davis 等从生产强度与土地利用的关系分析了对虾养殖。作者探讨了利用不同的生产方法（粗放型和集约型）扩大虾类生产对虾养殖累积土地足迹的影响。采用元分析方法同时估计模型系数，探讨了生产强度与总土地负担、生产强度与耕地占比、生产强度与耕地负担三者之间的关系。进行了文献综述，共纳入了 7 个数据集、22 个子集和 973 个个体农场。在不同情况下对产品扩展进行建模。与之前的商业情景相比，最大的土地密集型预测涉及仅使用广泛的系统来增加产量。

四、国内虾蟹产业技术研发进展

（一）遗传育种研究

2021 年通过中国知网数据库共检索到国内学者在虾蟹遗传育种领域发表的论文 120 余篇，申请或授权相关专利 20 余件。主要内容包括虾蟹苗种繁育、生长、抗逆等性状测试、遗传结构分析、功能基因挖掘、标记与性状的关联分析等。

在虾类遗传育种研究方面，完成了凡纳滨对虾高产耐寒品种的 11 代选育工作，在 22～30℃的养殖温度条件下，90 日龄平均体重达 24.50 克，高产耐氨氮、高产耐亚硝氮新品种的培育也取得了一定的进展；通过单细胞 RNA 测序技术解析了凡纳滨对虾的耐寒机制，建立了基于三代测序技术的凡纳滨对虾高通量候选基因关联分析方法，在抗弧菌性状候选基因 *LvPI3K* 的全长序列上发掘到 91 个 SNP 位点，通过关联分析鉴定到 21 个与抗弧菌性状显著相关的 SNP 标记（$P<0.05$）；研制出 40K SNP 基因芯片“黄海芯 1 号”，准确性比传统的 BLUP 育种方法提高 29%～91%，为凡纳滨对虾基因组亲缘关系鉴定、遗传结构及遗传多样性分析、多性状基因组选择提供了重要工具。收集了多个斑节对虾种质资源群体，在前期选择育种的基础上开展了耐氨氮、耐粗饲等新品系的选育工作，生长速度提高 20.5%，耐氨氮 96 小时成活率提高 15.97 个百分点，粗饲养殖环境下，生长速度提高 13.04%，完成了斑节对虾 3 个种质群体质量性状的配合力及杂种优势分析；利用转录组数据库，克隆和鉴定出 1 批与盐度和氨氮相关的功能基因，获得与斑节对虾耐低盐能力相关的标记 3 个。开展了日本囊对虾活体种质资源库的建设，以耐高温、快速生长为目标性状，进行了日本囊对虾闽海 2 号的选育研究，温度最高耐受值达 36.7℃，突破了度夏死亡率高的产业瓶颈，突破了高温制种中低交配率的育种瓶颈，将夏季自然交配率由不足 20%提升到 83.8%；建立了基于 AI 大数据的智能育种技术平台，初步实现数据可视化和表型定量化。进行了不同类型种质资源的生长、抗逆等表型及基因型评估，建立核心种质资源库 1 个；通过急性胁迫试验，对中国明对虾在低盐、高密度和高碳酸盐碱度下的行为及功能基因的调控机制进行了研究；完成了中国明对虾全基因组测序和高质量组装，基因组大小为 1.47Gb，锚定在 43 条染色体上，探明中国明对虾为雌性异配（ZW）性别决定系统，筛选出 2 个用于中国明对虾性别鉴定的遗传标记；估计了中国明对虾在低盐、高碳酸盐碱度条件下的半数致死值，进行了中国明对虾耐低盐、高碳酸盐碱度性状的第一代选育研究，选育指标提高 6.1%。进一步完善了罗氏沼虾种质资源数据库，对 6 个养殖群体和 1 个引进群体的遗传多样性进行分析；完成了数丰 1 号新品种的第 6 代育种工作，并委托第三方进行了性状对比测试，该品种生长速度较对照组提高 23.08%，单产面积提高 25.01%；找到了“铁虾”病原是一种新发现的黄病毒，通过病毒检测技术，使“铁虾”

的发生率由往年的 50%降低至 10%左右，显著降低了“铁虾”病害对产业造成的影响；完成了罗氏沼虾全基因组测序技术，基因组大小为 3.23Gb，锚定在 59 条染色体上。收集保存了 5 个日本沼虾野生群体，并进行种质评价，完成了日本沼虾品种太湖 3 号的选育工作，新品种雌虾生长速度平均提高 35.1%，上市率平均提高 11.3 个百分点，已向国家良种审定委员会提交了新品种审定材料；筛选了与日本沼虾发育、蜕皮、低氧等相关的多个功能基因进行研究。补充采集了克氏原螯虾 7 个群体的种质资源，基于高通量测序分析了人工养殖活动对天然种群遗传特征的影响；采用家系选育技术进行育种工作，首次报道了克氏原螯虾染色体水平基因组精细图谱，基因组大小为 2.75Gb，挂载到 94 条染色体，转座子占比为 79.89%，较多比例的转座子位于基因的调控区，探索了 CRISPR/Cas9 基因编辑技术。

在蟹类遗传育种研究方面，收集、保存中华绒螯蟹辽河、黄河口 2 个野生种质资源，并评估了遗传多样性；开展了奇数年 F_2 代中华绒螯蟹家系成蟹养殖对比试验及奇数年 F_2 代家系构建，平均产量为 76 千克/亩，定向构建奇数年 F_3 代家系 160 个；构建偶数年 F_2 家系 140 个，繁育大眼幼体 142 万尾；获得生长、抗逆等目标性状稳定的新品系 2 个，平均产量分别提高 17.82%、31.78%；从全基因组水平鉴定出 137 个表皮蛋白 CPR 家族基因，建立低氧胁迫条件下 RR 型表达蛋白基因的表达响应，为分子育种技术建立提供数据参考。完成拟穴青蟹东方 1 号新品种申报，生产性对比试验结果显示生长速度平均提高 15%以上；开展了耐低温、耐低盐新品系第 3 代选育，小试结果显示生长、抗逆性状得到显著提升，养殖 100 天体重可达 300 克以上，在东营盐碱水池塘试养成功；青蟹苗种规模化繁育获得重大突破，培育苗种 3 200 余万只，进行了示范推广应用；完成了全基因组测序与组装，为全基因组育种技术建立奠定基础。收集、保存三疣梭子蟹不同类型种质资源 10 个，建立了 SPF 群体 1 个，构建携带不同育种性状的全同胞家系 32 个，开展抗病品种选育；在全基因组数据基础上，构建了遗传多样性丰富、用于基因组选择育种的参考群体，并完成了生长、发育、肥满度及抗逆（病）等性状的精确评估，筛选耐盐碱性状显著相关的分子标记 5 个、性别相关标记 1 个、克隆抗病相关功能基因 4 个；建立了三疣梭子蟹良种规模化扩繁技术体系，以“蟹—虾—贝—鱼”等模式，进行三疣梭子蟹良种示范与推广，单位面积产量平均提高 30%以上。

（二）健康养殖与环境研究

2021 年度中国知网收录关于虾蟹类养殖研究的中文学术论文 421 篇，主要涉及养殖环境与微生物、养殖技术、养殖模式、病害生态防控、养殖饲料应用评价、养殖品质评价等主题。

1. 虾　类

（1）克氏原螯虾。2021 年度发表克氏原螯虾养殖研究的相关学术论文 80 篇，主要涉及养殖微生物、疾病防控、养殖技术、养殖模式、品质营养等方面，例如，李飞等采用 16S rRNA 高通量测序方法分析了两种养殖模式下克氏原螯虾肠道的微生物多样性和群落结构，发现池塘和稻田养殖克氏原螯虾肠道微生物在物种组成上、多样性上都存在明显差异，指出针对两种模式的养殖管理应有所区分，由于池塘模式下肠道微生物多样性较低，因此，需要更多地注重虾类健康状况动态、加强管理；程小飞等通过测定池塘养殖模式、稻田养殖模式养殖的和野生的克氏原螯虾肌肉营养成分的组成和含量，从粗蛋白、粗脂肪、氨基酸、脂肪酸等指标，对其营养价值进行综合评价，表明养殖组（稻田组和池塘组）克氏原螯虾肌肉的综合营养价值比野生组更高。

（2）对虾。2021 年度发表关于对虾养殖相关学术论文 200 篇，主要涉及环境微生物、水环境调控、养殖病害生态防控、技术模式、养殖饲料应用评价以及养殖品质等研究方向。2021 年度国家知识产权局中公布公告的与对虾养殖相关专利有 59 条，其中实用新型专利 26 条，主要涉及养殖系统和相关设施装置等。李佳徽等比较了饲料中添加粪肠球菌、嗜酸乳杆菌和凝结芽孢杆菌对凡纳滨对虾幼虾的生长、抗病力及肠道菌群结构的影响，结果表明凝结芽孢杆菌 NJ17 对凡纳滨对虾促生长效果最佳，而嗜酸乳杆菌 W2 对对虾抗病力提高效果最佳，3 种乳酸菌均明显改善了对虾肠道微生物群落的组成和丰度；赵月季等采用 16S rRNA 扩增子测序技术对 4 种不同养殖模式〔淡水池塘养殖模式（FWP）、海水池塘养殖模式（SP）、高位池养殖模式（HP）和生物絮团养殖模式（BFP）〕下凡纳滨对虾的肠道微生物多样性和群落结构进行了分析，结果显示 FWP 和 HP 下凡纳滨对虾肠道菌群的 α 多样性指数显著高于 SP 和 BFP，4 种养殖模式下凡纳滨对虾肠道微生物群落结构存在显著差异。

（3）罗氏沼虾。2021 年度发表罗氏沼虾养殖相关学术论文 46 篇，主要涉及环境微生物、养殖调控、养殖病害生态防控、苗种的养殖生产评价等研究方向，其中，罗氏沼虾虾苗培育和微生物制剂应用方面值得关注。

（4）日本沼虾。2021 年度发表日本沼虾养殖相关学术论文 8 篇，主要涉及养殖技术、环境微生物、养殖疾病生态防控等研究方向。

2. 蟹　类

2021 年度发表蟹类养殖研究的相关论文 329 篇，主要涉及的养殖品种有中华绒螯蟹 69 篇、三疣梭子蟹 19 篇、拟穴青蟹 18 篇，研究方向主要有养殖技术、养殖模式、环境调控、养殖疾病生态防控、养殖饲料应用评价等，特别是在养殖技术模式方面取得了一些进展。谢辉亮等通过构建“流水养殖槽—虾—蟹”串联式循环水养殖系统，对流水槽前端、集污区、人工湿地、虾蟹池出水口 4 个功能区域进行了为期 4 个月的水质指标采样监测，并对养殖模式的净化效能进行综合评价，表明“流水养殖槽—虾—蟹”串联式循环水养殖模式对营养盐具有一定程度的净化效果，且随时间推移整个系统的净化能力逐渐上升，各项数据趋于稳定，但总体去除效率有待进一步加强，整个循环过程达到了养殖尾水“零排放”的目标，其成功应用可为水产生态集约化养殖发展提供科学依据。

3. 养殖设备与工程

2021 年度发表虾蟹养殖设施与装备相关的学术论文 12 篇，其中，与虾养殖相关的论文有 6 篇，与蟹养殖相关的论文有 6 篇，涉及的研究主要是水环境自动监测等方面。高风强等研发了一套基于物联网三层体系架构的对虾养殖监测系统，并通过目前已实际部署的 23 套系统进行实地测试，结果表明，整个系统通信成功率为 99%以上，功能指标达到预期目标。该系统的开发及进一步应用推广可以有效解决传统对虾养殖需要人工全天候干预的问题，为养殖户实现科学养殖管理，提高养殖收益提供技术支持。

（三）病害控制研究

在中国知网（CNKI）等中文数据库中检索 2021 年度国内学者发表的虾蟹免疫和病害相关研究论文共计 70 余篇，在国家知识产权局专利检索网站检索 2021 年度虾蟹免疫和病害方面新申请专利共计 18 件，主要研究内容包括流行病学和病原检测、宿主免疫学及病害防控等方面的研究。

流行病学和病原检测方面，监测了印度、厄瓜多尔进口冷冻虾病原携带情况，发现印度的冻虾主要以感染 WSSV 为主，厄瓜多尔冻虾主要以感染 IHHNV 为主，带头带壳的冻虾 WSSV 和 IHHNV 的阳性率都很高；从自然感染、濒死的克氏原螯虾中分离出一株基因组较小的白斑综合征病毒（Cambarus clarkii whispovirus，WSSV-Cc 或 Cc 株）新毒株，有助于克氏原螯虾白斑病毒病原的检测及其流行趋势预警；发现克氏原螯虾（*Procambarus clarkii*）五月瘟的主要病原还包括嗜水气单胞菌（*Aeromonas hydrophila*）和弗氏柠檬酸杆菌（*Citrobacter freundii*）；对虾玻璃苗病原研究取得新进展，从患病虾苗分离出的 2 株优势菌与溶藻弧菌、新喀里多尼亚弧菌和副溶血弧菌均有较高相似性，对米诺环素、多西环素、萘啶酸等敏感；建立了虾肝肠胞虫的双色荧光镜检法和基于虾肝肠胞虫孢壁蛋白 2（SWP2）基因的 PCR 检测方法。

宿主免疫防御方面，报道了克氏原螯虾抗菌肽 Crustin6 在鲶爱德华氏菌感染后的响应；比较分析了池塘和稻田养殖模式下克氏原螯虾肠道微生物组成的差异；发现罗氏沼虾微管相关蛋白 1 轻链 3MrLc3a 通过调节细胞自噬过程而参与副溶血弧菌感染后引起的免疫反应；报道了中华绒螯蟹过氧化物还原酶基因 *EsPrx* 在鳗弧菌感染过程中的免疫响应。

虾蟹病害防控理论与技术方面，分析了稻田克氏原螯虾和罗氏沼虾混养模式、稻田虾鱼混养模式、中华绒螯蟹青虾混养模式等不同养殖模式优势；分析了中草药添加剂对罗氏沼虾免疫功能的影响，发现添加复方中草药制剂对罗氏沼虾的免疫活性、生长性能均有明显的促进作用；酵母提取物添加饲料可提高对虾的抗氧化能力和非特异性免疫水平，改善对虾的肠道菌群；发现坚忍肠球菌 6-24 与枯草芽孢杆菌 B9 能在一定程度上改善罗氏沼虾的肠道环境和免疫水平，具有虾饲用益生菌开发的潜力；发现高效氯氟氰菊酯聚多巴胺微胶囊悬浮剂可以改变中华绒螯蟹肝胰腺和血细胞中免疫相关基因的表达量，并对肠道菌群的平衡有一定的影响。

（四）饲料与营养研究

国内开展了大量的虾蟹饲料与营养方面的研究开发工作。在海水对虾（凡纳滨对虾和斑节对虾）方面，①原创功能性饲料添加剂研发技术（包括富含虾青素的雨生红球藻和发酵海藻精制品）；②不同功能添加剂在凡纳滨对虾低鱼粉饲料中的应用效果比较研究；③抗氧化剂添加对凡纳滨对虾生长性能、抗氧化能力、免疫能力的影响；④益生菌代谢物添加对对虾生长、免疫和抗应激能力的影响；⑤药渣作为饲料添加剂对凡纳滨对虾生长性能、免疫能力和抗应激能力的影响；⑥不同色素源添加对凡纳滨对虾生长、体色、抗氧化能力以及抗应激能力的影响；⑦辅酶 Q10 添加对凡纳滨对虾生长、抗氧化能力、免疫以及抗应激能力的影响；⑧黑水虻在凡纳滨对虾饲料中替代鱼粉的作用机理研究；⑨黄粉虫粉在凡纳滨对虾饲料中替代鱼粉的作用机理研究；⑩天麻药渣在凡纳滨对虾饲料中替代鱼粉的作用机理研究。最终形成①2 个原创新功能性添加剂制品——富含虾青素的雨生红球藻和发酵海藻精制品；②1 个凡纳滨对虾低鱼粉抗逆功能性饲料；③1 个斑节对虾养殖后期专用催红饲料。

在淡水虾研究方面，①研究了日本沼虾硫胺素适宜需求量，完善了淡水虾营养需求数据库；②研究了进口鱼粉、血粉、豆粕、菜粕、花生粕和棉粕等主要饲料原料离体消化利用率，完善了淡水虾原料利用数据库；③研究了五倍子主要发酵参数并获得了最优发酵产物，进一步获得了五倍子发酵产物在日本沼虾的适宜需要量，为淡水虾生物发酵饲料开发奠定基础；④研究了茶树精油和肉桂醛等植物提取物体外抑菌机理，评估了茶树精油对罗氏沼虾有效性和安全性，为其开发作为新型饲料添加打下基础；⑤进一步探索了低鱼粉日粮中添加茶树精油对虾生长与免疫下降的缓解应用，阐明了全植物蛋白替代动物蛋白对克氏原螯虾生长与抗氧化的影响，为淡水虾低鱼粉环保人工配合饲料开发奠定基础。

在海水蟹研究方面，①研究了三疣梭子蟹对胆固醇的添加量及胆固醇影响性腺发育的作用机理；②确定了胆固醇和磷脂的相关关系及其在三疣梭子蟹饲料中的添加量；③确定了三疣梭子蟹对碳水化合物的适宜需要量；④研究了不同糖源和添加水平对三疣梭子蟹生长和糖代谢的影响，确定了最适的糖源和适宜添加水平；⑤研究了磷虾粉和棉粕在三疣梭子蟹饲料中替代鱼粉的应用效果，确定了磷虾粉和棉粕对鱼粉的适宜替代水平；⑥研究了三疣梭子蟹应对能量需求和维持能量稳态的分子调节机制；⑦研究了盐度适应过程中的能量补偿机制以及低盐环境中拟穴青蟹对不同脂肪源差异化利用的机制。

在中华绒螯蟹研究方面，①补充了中华绒螯蟹对磷和磷脂的精准营养需求参数，其中包括不同营养条件下（6 种条件）的精准营养参数，以及微量元素与微量元素或常量元素之间的互作关系（4 种互作），结果发现中华绒螯蟹饲料中添加适量的酸化剂，能够促进中华绒螯蟹生长、提高钙磷利用率、提高消化酶活力和中华绒螯蟹非特异性免疫能力，这一研究结果提示或可通过酸化剂的添加，减少饲料中磷的添加，可适当节约成本，更重要的是能够降低水体磷的排放，减少养殖水体的污染。②通过比较 3 种磷脂源对中华绒螯蟹幼蟹生长性能、抗氧化能力和脂代谢的影响，发现磷脂可通过优化脂肪的代谢促进中华绒螯蟹对高脂饲料的利用，起到蛋白质节约作用，有效降低饲料成本。不同油源和磷脂作用关系研究结果表明，紫苏油和鱼油更容易激活磷脂酶 A2（PLA2）和溶血磷脂酰胆碱酰基转移酶（LPCAT）加速磷脂重塑反应的发生，从而促进 C22：6n-3、C20：5n-3 和 C18：3n-3 等脂肪酸在肝胰腺磷脂酰胆碱（PC）中的积累，增加中华绒螯蟹的营养价值。研究也表明磷脂重塑反应是磷脂促进高度不饱和脂肪酸（HUFA）沉积的一个重要途径。③同企业合作，优化育肥料的配方，开发使用新型蛋白源，同时继续推广全程配合饲料的使用，2021 年度饲料成本较 2020 年继续降低 150 元/吨左右。④同企业和试验站一道，继续向安徽和江苏等地推广全程配合饲料和“松江模式”健康生态养殖模式，经过几年的努力，扣蟹养殖阶段基本可以达到全程配合饲料，但对于育肥期配合饲料的接受程度有所差异，目前江苏南部地区育肥料使用率相对较高，在 25%～30%。2021 年团队在“十三五”的工作基础上，扩大推广范围，向安徽和江苏等地推广以松江模式为例的健康生态养殖模式，推动了这些地区中华绒螯蟹产业的健康发展，加快推进水产养殖业绿色发展，促进产业转型升级。

（五）虾蟹加工研究

通过中国知网、万方数据库、维普数据库检索，国内学者 2021 年发表虾蟹加工与保鲜论文 274 篇，虾蟹副产物利用论文 273 篇，虾蟹安全和营养品质论文 101 篇。

（1）虾蟹加工技术。内容主要涉及虾蟹类产品加工技术、虾蟹保鲜、副产物利用以及营养及安全性评价。开发了皮皮虾虾滑、膨化虾粉休闲食品、虾油口服液、虾油微囊粉；开发了空气油炸凡纳滨对虾、真空油炸紫薯面包虾技术；优化了清蒸全蟹软罐头、风味蟹肉酱、沙蟹汁的调味配方，测定了产品的货架期，分析了加工中蟹黄酱的微生物污染情况，研究了微波干燥蟹肉松的工艺条件，探究了不同热加工方式对蟹肉消化稳定性和致敏性的影响，通过工艺优化降低了传统醉蟹中的含盐量，研发了低盐醉蟹的加工技术。研究了辐射、真空包装、真空油炸、不同蒸煮方式对对虾类产品理化性质的影响。探讨了高温热加工消减拟穴青蟹肌肉过敏源的分子机理。

（2）虾蟹保鲜方面。采用超声波清洗协同微酸性电解水减菌技术对克氏原螯虾进行活体净化处理，有效氯浓度越高，处理时间越长减菌效果越好，超声波技术协同微酸性电解水对克氏原螯虾活体净化处理后，克氏原螯虾初始菌减少 56%，净化效果显著优于车间气泡清洗工艺（$P<0.05$）。采用真空包装方法分析了基围虾在冷藏（4℃）和冻藏(−16℃)条件下的品质变化情况，发现不同温度贮藏的基围虾菌落总数和 TVB−N 值均呈上升趋势，温度越低，上升越慢。发现气调保藏能够有效延长蟹肉的货架期，探究了液氮冻结青蟹贮藏中品质变化，研究了贮运时间对中华绒螯蟹成蟹活力和肝胰腺营养品质的影响。研究了低温等离子体对中华管鞭虾贮藏期间品质的影响，该技术能显著抑制虾体贮藏期间黑变，保持质构和风味的同时能抑制菌落总数增长。

（3）副产物利用方面。采用两步酶解法制备克氏原螯虾副产物多肽，可用于功能食品及调味品的开发。将虾壳粉添加到低筋小麦粉、糯米粉、土豆淀粉的混合粉中，运用微波膨化技术制得虾味膨化产品，其质地酥脆，口感良好，具有很好的膨化度，并保留了虾特有的风味。以蟹壳为原料制备了吸附材料用于吸附重金属、孔雀石绿和四环素，以蟹漂汤汁酶解液为原料，利用美拉德反应制备调味汁，开发了基于中华绒螯蟹分割加工副产物的调味料产品，以虾蟹副产物为原料，开发了微波膨化休闲食品，分离鉴定了细点圆趾蟹下脚料酶解产物中的抗氧化肽。

（4）质量安全与营养品质评价方面。采用催化动力学光度法测定鲜虾中的微量铬(Ⅵ)。建立 EMR 固相萃取结合超高效液相色谱−串联质谱测定虾肉中 15 种性激素残留的分析方法，检出限为0.001 5～0.436 0微克/千克，重复性好，灵敏度较高。建立了中华绒螯蟹中的 16 种多环芳烃的检测方法、二噁英的酶联免疫快速检测方法以及过敏源酶联免疫检测的前处理方法，测定了蟹中的镉、砷、铅、铬、多溴联苯醚和林可酰胺类抗生素。分析了三疣梭子蟹的脂肪酸组成，比较了不同性别拟穴青蟹肝胰腺和肌肉的营养组成，以及不同产地三疣梭子蟹的营养和风味和不同等级中华绒螯蟹的风味物质，研究了不同生长形态青蟹性腺的营养品质，开发了基于近红外光谱的蟹肉新鲜度的快速检测方法。基于大数据挖掘和培训的感官评价小组，利用多元统计方法，建立了一种中华绒螯蟹感官品质评价方法。

（六）虾蟹产业经济

虾蟹产业经济方面，2021 年共检索到学术论文 39 篇。主要包括克氏原螯虾产业发展现状和趋势研究、虾稻共作模式研究、贸易、地理集聚、养殖经济效益及产业技术等方面研究，以及蟹类的产业发展现状和对策、品牌与销售等方面研究。

1. 克氏原螯虾产业发展现状和趋势研究

任妮等通过对我国克氏原螯虾养殖产业的研究发现当前我国克氏原螯虾养殖产业有以下特征，即养殖面积和产量快速增长，养殖模式以虾稻连作为主、消费量爆发式增长，消费渠道和辐射面日益拓宽、精深加工发展迅速，流通体系日趋完善等。通过对我国克氏原鳌虾产业发展现状的调研分析，对今后我国克氏原螯虾产业发展趋势做出了初步预判。养殖面积增速放缓，产量持续快速攀升；消费需求和消费能力将持续增长；加工产业规模将保持增长态势；市场价格将保持显著季节性波动，同期价格稳中有降；提质增效将成为克氏原螯虾养殖盈利的重要渠道。还有学者从省份的角度来研究当地的克氏原螯虾发展现状，比如徐宇等和尹思慧等对江苏省盱眙县的克氏原螯虾产业发展现状和趋势进行了分析，盱眙克氏原螯虾产业发展现状与全国发展现状相同，同时还认为克氏原螯虾的价格会继续保持稳定。盱眙有其特有的“盱眙龙虾节”“盱眙龙虾”品牌以及龙虾博物馆等吸引消费者。张诗和陈传龙等分析了我国养殖主产区湖北省潜江市克氏原螯虾产业。与盱眙克氏原螯虾不同的是，张诗认为湖北潜江克氏原螯虾价格不稳定，同时农民人均耕地面积少、虾农思想保守、缺少科学规划、加工需要升级等都是潜江克氏原螯虾发展现存的问题。认为需要合理调控价格、提高农田集约化程度、提高农民素质、科学规划、延伸产业链等来解决这些问题，使得潜江克氏原螯虾向生态化、现代化、专业化、信息化发展。姚大龙和尹相菡等分别分析了河南省和山东省的克氏原螯虾产业。姚大龙认为河南省克氏原螯虾产业发展存在基建配套、技术水平、信息共享、市场风险等方面的问题并提出了相对应的策略。不同的是，山东省克氏原螯虾的养殖模式并不是以虾稻养殖为主，包括池塘主养模式、大水面人工增养殖模式、藕塘套养模式、稻虾综合种养模式、蟹池混养模式等。

2. 虾稻共作模式研究

20 世纪 80 年代，稻田综合养殖的概念开始被提出。随着科学技术的发展，越来越多的稻田综合养殖模式在实践中被探索出来，而稻虾养殖就是属于稻渔综合种养模式的一种创新与探索。

（1）虾稻共作模式产业发展现状和对策分析。余开等从乡村振兴的角度对湖北省监利县的稻虾产业发展进行了分析。湖北省监利县坚持把稻虾产业作为乡村产业振兴的主抓手，把实施稻虾战略与全县经济社会高质量发展有机融合，主推“虾稻共作”生态养虾模式，产业发展取得了不错的成绩。叶浩等分析了江苏省扬州市稻虾综合种养产业，指出当前稻虾产业中存在的农田基础设施薄弱、种养技术和知识匮乏、优质良种严重不足等问题，并提出了完善融合发展规划、强化技术集成创新、加大技术服务力度、坚持市场需求导向、加快产业融合发展、加大品牌创建宣传等促进稻虾综合种养产业发展的对策及建议。吴珍等和查明方等对安徽省滁州市的稻虾共作产业进行了分析。研究结果表明，滁州市稻虾共作模式的面积、产量和效益都在增加。现阶段存在的问题包括区域间发展和效益不平衡、品牌建设少合力、配套技术不健全、产业发展水平不高等，因此要加大政策支持力度、强化品牌建设、提高科技水平、优化产业结构以及推动稻虾良种繁育等。

（2）虾稻共作模式农户行为分析。稻虾共作模式作为一种生态农业模式受到大力推广，农户作为直接生产决策者，厘清其采纳意愿及影响机理，对稻虾共作模式的科学推广和可持续发展具有重要意义。胡乃娟等通过实地调研数据采用计划行为理论和有序 Logistic 模型，探讨了农户稻虾共作模式采纳意愿的影响因素。结果表明收益预期是关键影响因素，行为态度、主观规范和知觉行为控制均显著影响农户稻虾共作模式的采纳意愿。据此，提出政府部门应加强技术培训力度和指导效果、完善基础设施、加快经营主体培育、探索差异化激励政策等政策建议。还有学者从个别因素对农户采纳稻虾共作技术意愿的影响角度进行分析，这些因素包括脆弱性、农业区域软环境。田卓亚等利用熵值法和二元 Probit 模型来探究脆弱性、风险偏好对农户稻虾共养技术采纳行为的影响机理。结果表明，脆弱性显著负向影响农户的稻虾共养技术采纳行为；风险偏好显著正向影响农户的稻虾共养技术采纳行为；风险偏好在脆弱性与技术采纳行为之间起部分中介作用。因此为推动稻虾共养技术推广和扩散，应对农户开展技术培训、引导农户进行风险管理，科学地评价农户的风险偏好特征。曾晗等基于长江中游 3 个省份的 984 个样本农户数据，运用统计分析法和有序 Probit 模型来分析农业区域软环境对农户采纳稻虾共作技术意愿的影响。结果显示，在农业区域软环境中，社会环境、政府行为、市场环境均显著正向影响农户采纳稻虾共作技术意愿；社会信任在社会环境、政府行为、市场环境对农户采纳稻虾共作技术意愿的影响中，起着显著的正向调节作用。基于此，要充分发挥邻里之间人际信任的调节作用；加强农资企业等的扶持与引导；解决农产品市场信息不对称问题等方法来增强其采纳稻虾共作意愿。除了有对农户采纳稻虾共作技术意愿的影响进行的研究，还有对农户稻虾共养技术采纳规模、稻虾共作模式农户农资投入减量化行为和稻虾户农业保险购买行为的影响的研究。齐振宏等研究了外出务工经历对农户稻虾共养技术采纳规模的影响，以安徽、湖南和湖北 3 省 688 户稻虾共养技术采纳的农户为研究对象，构建“外出务工经历–生计资本–采纳规模”的理论分析框架，采用中介效应逐步回归法实证分析外出务工经历对农户稻虾共养技术采纳规模的作用机理。结果表明户主外出务工经历、其他家庭成员外出务工经历显著正向影响农户稻虾共养技术采纳规模；家庭成员外出务工比例与稻虾共养技术采纳规模之间存在“先上升，后下降”的倒“U”形关系；生计资本变量中，各维度的中介作用存在显著差异，其中，人力资本的中介作用负向显著，社会资本的中介作用正向显著，经济资本的中介作用不显著。基于此，建议引导已返乡务农农户采纳生态农业技术，加大力度出台乡村振兴规划，避免高层次人才流失，鼓励有返乡意愿的回流劳动力再农化，以进一步推广生态农业技术。胡乃娟等研究了生态认知、外部环境对稻虾共作模式农户农资投入减量化行为的影响。以江苏省 3 市 589 个采用稻虾共作模式的农户为样本，基于农户行为选择理论和结构方程模型，分析稻虾共作模式中农户农资（化肥、农药和饲料）投入减量化行为及其关键影响因素。结果表明，在稻虾共作模式中，大部分农户倾向于减少化肥、农药和饲料的投入；农户对稻虾共作模式的认知和外部环境对农户农资投入减量化行为有显著正向影响，且对稻虾共作模式认知的影响程度大于外部环境；农户对稻虾共作模式能否减少农资投入的认知、对过量农资投入会污染环境的认知、农技部门指导、农业保险、农业补贴及邻里效应等因素对农户农资投入减量化行为均有显著影响。最后提出应提高农户的综合资本禀赋、加强农技部门指导和培训、完善扶持政策和奖惩机制、做大做强稻虾公用品牌等政策建议。田卓亚等研究了家庭禀赋对稻虾户农业保险购买行为的影响。基于湖北、湖南、安徽 3 省的农户实地调研数据，利用熵值法和二元 Logistic 模型，实证分析了家庭禀赋对稻虾户农业保险购买行为的影响，并基于水稻和克氏原螯虾 2 种属性农产品对农户的农业保险购买行为进行对比分析。结果表明，从总体上看，农户的农业保险购买率较高；社会资本禀赋、经济资本禀赋显著正向影响农户的农业保险购买行为；家庭禀赋对 2 种属性农产品农户的农业保险购买行为的影响存在差异，社会资本禀赋显著促进农户水稻保险购买行为，经济资本禀赋对 2 种属性农产品农业保险的购买行为都有促进作用。因此，要提高农户的综合资本禀赋水平，注重农产品的不同属性，以提高农户的农业保险购买水平。

（3）虾稻共作模式的经济效益、技术、空间格局分析。稻虾共作模式的研究还包括新型养殖模式、土地利用、投入效率、农村产业融合、技术推广、空间格局变化等方面。例如怀燕等和陆立才等都对稻虾新养殖模式进行了研究。浙江省根据稻作制度的特点，创新了一种不开挖环沟、不破坏稻田结构和土壤耕作层的稻虾高效绿色种养模式，该模式增加了一造克氏原螯虾的收入，不影响水稻产量，且减少了化肥和农药的使用。同时，配套开展了“公司+农户+季节性流转”的发展经营模式，以县（市、区）域为单位，按共生与轮作面积 1：（4～5）的配置发展稻—克氏原螯虾种养，实现了稻虾模式稳定的苗种供应，提升了稻虾种养的技术到位率，推动了稻虾产业的标准化和产业化发展。稻虾高效绿色种养模式是稳粮增效的种养模式。陆立才等探索了江苏沿海稻区家庭农场稻虾共生养殖模式生产技术规程，并对该模式的生态学与农业经济学原理以及取得的效益进行分析，旨在为江苏沿海稻区及我国其他相近生态区域大面积推广应用该模式提供参考。

谭淑豪等对稻田综合种养土地利用的生态—经济效果进行了研究。基于在湖北省潜江市和荆州市的实地调研数据，运用非期望产出的 SBM 模型和投入导向 DEA 方法，测算和比较了稻虾共作户和水稻单作户土地利用的生态—经济效果。研究发现，与水稻单作相比，稻虾共作能够改善土地利用的生态—经济效果；但调研区一半以上的共作农户仍然延续着传统粗放的生产模式，生产中存在严重的过量投入，阻碍了其土地利用生态—经济效果的进一步优化。此外，若忽略环境污染，只考虑经济效果，将导致稻虾共作的土地利用效率被高估 45. 28%。目前，稻虾共作提高土地利用效率的功能未能充分发挥，亟须把环境影响纳入土地利用效率评估中，贯彻“双水双绿”的发展理念，引导农户合理安排各项生产投入，切实优化稻虾共作的生态—经济效果，促进土地可持续利用。稻虾种养投入品的合理使用，对提升稻虾种养效益有着重要的作用。寻找当前稻虾种养存在的问题，并结合科学用药技术，完善各项监督管理工作，对于提升稻虾种养的经济效益和社会效益意义重大。冯姝等对湖南省南县稻虾种养投入品现状进行了调查，发现南县稻虾种养投入品使用存在的问题包括氮肥施用过量、饲料和非药品投入过量、农药包装废弃物处置不正确、经营主体多乱杂，投入品市场混乱、法规制度不健全，投入品监管有空白。因此建议稻虾田推广合理施肥和科学用药技术、加强技术培训和指导、加强基地监管，确保产品安全、加强市场监管，确保监管效果、加强农业投入品相关法律法规宣传。

3. 其他方面的研究

除了以上研究，学者们还从贸易、地理集聚、养殖经济效益以及产业技术等方面对虾类进行了研究。

郑锦屏分析了泰国对华冷冻虾产品出口贸易的现状、问题与对策。利用 2015—2019 年的数据，研究发现，泰国对华冷冻虾贸易竞争力指数低于厄瓜多尔和印度；此外，泰国显示性比较优势指数也低于前述两个国家。其次，通过调研和大量资料分析，结合竞争力研究，发现影响泰国对华冷冻虾产品出口贸易存在许多问题，因为泰国虾业的生产成本高于竞争对手，使其无法提升生产潜力，并导致泰国冷冻虾的价格高于外国，引起泰国冷冻虾出口在竞争中处于劣势地位。熊昭娣等对我国虾类养殖业地理集聚特征及空间演变趋势进行了研究，发现 2007—2019 年我国虾类养殖业呈全面快速增长的特征；我国虾类养殖业的地理集聚特征显著，形成以东部沿海和中部沿江为主的两大虾类养殖带；虾类养殖业的南北分异特征明显，我国虾类养殖业地理集聚的空间分布由自然资源禀赋差异确定基本格局，养殖技术、经济发展、渔业政策等要素成为重构我国虾类养殖业地理集聚的重要推手。杨智景等分析了泰州地区青虾不同养殖模式的经济效益，研究结果表明，虾菜共生模式通过浮床充分利用水面空间，不仅可以净化水质，还可以为虾提供庇护场所、遮阴；稻田养殖青虾模式可以充分利用物种间互利共生的优势减少化肥农药的使用，提水控草减少农药的使用，提高了稻田产出的经济效益。在农业供给侧结构性改革和养殖尾水治理的背景下，虾菜共生及稻田养殖青虾能解决原位治理养殖尾水的问题，更适合未来青虾养殖发展方向。

产业技术方面，包括养殖机械化和信息化。近 20 年来，我国虾蟹养殖产业整体呈现快速稳步发展，然而养殖生产模式主要为粗放型，机械化自动化设备的应用程度不高，关键环节装备和技术缺乏规范化指导。张俊峰等以虾蟹养殖为研究对象，根据团队在武汉市蔡甸区水产养殖机械化试验基地的实施情况，通过介绍虾蟹养殖关键环节应用的机械作业装备，主要从增氧、投饵、施药、割草装备使用要求、技术要点展开分析，从科技创新、全程监管等方面提出发展对策，旨在提高水产养殖机械化水平，降低劳动强度，增加渔民收入，促进产业的健康发展。尹航等采用 ECharts 可视化技术及 ARIMA 预测算法，设计开发了一套对虾养殖产业信息可视化及展示平台，实现了生产加工、过程管理、经营销售、市场分析及价格预测等功能。平台的应用结果表明，该平台多尺度涵盖了对虾养殖生产过程及产业信息，实现了对虾养殖产业信息的高效集成；并以一张图的形式直观地展示了对虾养殖行业完整信息，实现了行业发展及行情分析、产品价格预测，为对虾养殖企业经营者提供直观的分析参考依据及发展规划数据支撑。

4. 蟹类产业发展现状和对策

张凤翔等和孙修云等对中华绒螯蟹的产业发展现状和对策进行了分析。张凤翔等分析了江苏省兴化市的中华绒螯蟹养殖产业，中华绒螯蟹养殖是兴化市农业经济的重要组成部分，近年来有力地促进了当地社会经济的发展，为农民持续增收和产业结构调整提供了重要路径。2020 年中华绒螯蟹养殖产量由于天气、溶氧、疫情、种质等原因而下降，养殖成本上升，中华绒螯蟹价格上升。孙修云等分析了洪泽湖中华绒螯蟹产业发展情况，发现中华绒螯蟹养殖存在的问题包括蟹种品牌不多，经营主体品牌意识不强、大规格优质商品蟹的养殖方式占比偏低、养殖机械化、智能化装备及技术推广应用率偏低以及泗洪品牌效应不强。因此蟹种、成蟹养殖技术需标准化、加快蟹养殖池塘生态化改造进程、加大机械化、智能化养殖技术的推广力度和加大“泗洪大闸蟹”品牌打造力度。

中华绒螯蟹作为特种名优水产品成为我国很多地区实施精准扶贫、拉动经济增长、促进农民增收的重要突破口。戴红君等对我国中华绒螯蟹产业现状进行调查发现，近年来我国中华绒螯蟹产业现状总体呈现以下几个特点：养殖规模有所扩大，养殖模式因地制宜多样化发展；电商平台与冷链物流齐头并进，销售流通体系日趋完善；各大品牌百花齐放，餐饮消费与精深加工同步发展。根据我国中华绒螯蟹产业发展现状，对今后产业发展趋势做出以下预判：养殖面积增速放缓，产量稳中有升；消费需求和消费能力将继续保持增长趋势；精深加工业呈快速发展态势；市场价格呈季节性波动，总体趋于平稳；电商平台网络销售渠道逐渐占据主导地位。

前文提到稻虾共作模式养殖，稻蟹养殖也属于稻渔综合种养模式的一种形式。殷悦等分析了中国稻蟹养殖的发展近况与存在的问题，对生产中稻蟹养殖的技术要点进行了回顾，对一些地方模式进行了探讨，通过对稻蟹养殖的技术要点进行总结，提出要建立有效的政策引导，提供稳定的市场保障，进行科学技术的创新和理论研究的探索，将会为稻蟹养殖中的粮食安全、食品安全和生态安全提供有力的保障，为养殖户增收提供更多样化的方式。李杭对吉林伊通满族自治县稻蟹种养产业发展现状进行了研究。伊通满族自治县的稻蟹种养产业作为全县绿色养殖业中的龙头产业，更是推动全县农业经济转型及发展的重要途径。但随着伊通稻蟹种养产业的发展，伊通的农民思想意识、资金投入、产业标准及品牌效应缺失等方面的问题制约着伊通县稻蟹共生模式潜力的发挥。李璟镒为了探索不同自然条件发展的生态农业对乡村振兴战略的影响，以稻蟹共生和葡萄阜鸡两种生态农业为例，从经济效益、生态效益、社会效益三方面总结了其对乡村振兴战略的推动作用。

5. 蟹类产业品牌与销售

品牌化是农业高质量发展的必由之路，品牌建设贯穿产业全过程，是深化农业供给侧结构性改革、提高产业竞争力和综合效益的重要抓手。品牌定位点是品牌与竞争者形成差异化，并据此向消费者传播、留下深刻印象的品牌信息要点，即吸引消费者的卖点。

王文娟通过对江苏邮政“苏蟹”项目的品牌定位点和消费者认知等关联性研究，分析了当前“苏蟹”各品牌之间存在的定位重复、错位等问题，并从品牌定位点属性层、利益层、价值层角度出发，提出要广泛开展主品牌宣传、明确品牌核心产品、注重品牌核心优势塑造、打造品牌架构体系、拓展品牌营销渠道。冯亚军等基于“九龙口大闸蟹”品牌的分析对江苏建湖县农产品区域共用品牌效应提升对策进行了研究。发现当前品牌存在问题包括品牌战略认识不到位，缺乏顶层设计、经营主体弱，产业缺龙头以及品牌品质质量体系支撑不足。因此要坚持政府主导、企业主营、积极培育龙头型经营主体、标准化和拓渠道等。梁艳从供应链角度分析了品牌质量安全问题及可追溯性。从品牌产量有限，需求过旺，价格高昂，冒牌蟹及质量安全事件频发的现实环境出发，站在供应链的角度下，从养殖、流通、加工以及销售环节三个方面找出存在问题并进一步指出问题的根源在于信息不对称，提出解决方案全程化的跟踪溯源，建立一个完善的供应链追溯体系。

网络评价越发影响消费者的购买决策，也引起了商家、企业和国内外学者的广泛关注。刘依林等通过选取水产品中销量热度比较高的阳澄湖中华绒螯蟹作为研究对象，基于文本分析和实证分析，利用爬虫数据和构建回归方程检验假设，对网络评价信息中累积评价数量、追加评价数量、图片评价数量、产品评分、评价情感分值等五方面对销量的影响进行探讨，得出评价情感分值、追加图片和图片评价对中华绒螯蟹销量有直接正向影响，累积评价数量对中华绒螯蟹销量有负向影响，产品评分对中华绒螯蟹销量的影响并不显著的结论。在此基础上，进一步提出优化网络评价机制的相关策略，为购物平台和商家完善网络评价机制提供参考价值。

（国家虾蟹产业技术体系首席科学家　何建国　提供）

2021年度贝类产业技术发展报告

（国家贝类产业技术体系）

一、国际贝类生产与贸易概况

（一）国际贝类生产

FAO最新统计数据显示，2019年全球贝类总产量达到1 976.93万吨，海水贝类养殖产量占比87.33%。2010—2019年，除海水贝类养殖产值在2015年和2019年同比分别下降8.01亿美元和1.03亿美元外，其他年份产量和产值均呈增长态势，两者分别从期初的1 336.35万吨和157.54亿美元，增加到期末的1 726.36万吨和304.36亿美元，增幅分别为29.18%和93.20%（表1）。蛤类、牡蛎、扇贝、贻贝和鲍螺为五大主要物种组，各物种组产量和产值的变化与海水贝类养殖总产量和总产值的变动基本相同。

表1　世界海水贝类养殖产量、产值变动趋势

种类	类别	2010年	2011年	2012年	2013年	2014年	2015年	2016年	2017年	2018年	2019年
蛤类	产量/万吨	471.48	467.62	476.79	492.37	509.16	513.59	546.77	555.17	550.15	544.12
	产值/亿美元	54.48	63.61	70.20	78.63	85.71	85.78	92.71	94.65	94.65	93.34
牡蛎	产量/万吨	436.44	432.14	455.74	476.83	494.27	511.79	542.99	572.72	599.32	612.18
	产值/亿美元	40.64	46.91	51.10	57.09	60.42	60.61	65.11	68.43	71.52	72.29
扇贝	产量/万吨	168.46	145.71	159.15	179.86	184.09	200.57	211.33	218.52	213.61	206.66
	产值/亿美元	34.35	35.71	37.47	48.67	51.08	51.35	56.61	58.78	58.59	56.26
贻贝	产量/万吨	177.81	183.48	178.28	170.53	182.32	182.16	198.97	206.78	209.22	206.78
	产值/亿美元	16.17	23.60	22.84	34.16	41.08	32.10	38.60	42.39	44.89	45.73
鲍螺	产量/万吨	26.54	27.65	30.19	32.06	34.56	36.95	39.06	42.32	42.64	44.46
	产值/亿美元	7.68	9.88	12.08	14.63	16.49	17.21	18.83	21.98	24.89	25.26
其他	产量/万吨	55.63	89.18	99.39	104.56	103.54	102.13	111.81	102.91	105.64	112.16
	产值/亿美元	4.22	7.65	9.06	10.19	10.57	10.29	11.39	10.49	10.85	11.47
合计	产量/万吨	1 336.35	1 345.78	1 399.54	1 456.22	1 507.94	1 547.20	1 650.92	1 698.43	1 720.57	1 726.36
	产值/亿美元	157.54	187.36	202.74	243.37	265.35	257.34	283.26	296.72	305.39	304.36

数据来源：FAO FishStatJ，2021。

2019年，海水贝类养殖活动主要集中在亚洲、欧洲和美洲，三者在全球海水贝类养殖产量中占比分别为91.58%、3.53%和4.20%，非洲和大洋洲仅占0.69%；在世界蛤类、牡蛎、扇贝、贻贝和鲍螺海水养殖产量中，亚洲占比分别高达99.21%、94.79%、

96.30%、51.15%和99.00%。蛤类主产国为中国（96.01%）和朝鲜（1.14%），牡蛎主产国为中国（85.36%）、韩国（5.33%）、美国（2.85%）和日本（2.65%），扇贝主产国为中国（89.11%）和日本（6.92%），贻贝主产国为中国（42.10%）、智利（18.43%）、西班牙（11.04%）和新西兰（4.76%），鲍螺主产国为中国（94.80%）和韩国（4.15%）。

（二）国际贝类贸易

2010—2019 年，世界牡蛎、扇贝及贻贝进出口量、进出口额和均价总体上呈长期增长、个别年份起伏不定的态势。进口总量和总额分别从期初的 40.28 万吨、24.66 亿美元减少到期末的 21.31 万吨、9.70 亿美元，出口总量和总额分别从期初的 40.65 万吨、24.21 亿美元减少到期末的 19.95 万吨、7.54 亿美元，进口均价从期初的 6.12 美元/千克下降到期末的 4.55 美元/千克，出口均价从期初的 5.96 美元/千克下降到期末的 3.78 美元/千克（表 2）。

表 2　2011—2020 年世界主要贝类品种进出口情况

年份	种类	进口			出口		
		进口量/万吨	进口额/亿美元	均价/（美元/千克）	出口量/万吨	出口额/亿美元	均价/（美元/千克）
2011	牡蛎	4.96	3.14	6.33	4.59	3.08	6.71
	扇贝	13.06	15.70	12.02	13.26	14.60	11.01
	贻贝	22.26	5.81	2.61	22.80	6.53	2.86
	合计	40.28	24.66	6.12	40.65	24.21	5.96
2012	牡蛎	4.32	2.89	6.69	4.07	2.79	6.87
	扇贝	11.86	13.89	11.71	9.71	11.25	11.58
	贻贝	23.37	5.51	2.36	21.01	5.16	2.46
	合计	39.55	22.29	5.64	34.78	19.20	5.52
2013	牡蛎	4.40	3.28	7.46	4.40	3.18	7.22
	扇贝	15.04	16.18	10.76	10.78	14.00	12.98
	贻贝	21.52	5.61	2.61	20.26	5.46	2.70
	合计	40.96	25.08	6.12	35.44	22.64	6.39
2014	牡蛎	4.86	3.61	7.43	4.53	3.15	6.96
	扇贝	14.88	16.81	11.29	10.88	14.88	13.67
	贻贝	21.90	6.03	2.75	21.71	6.64	3.06
	合计	41.65	26.45	6.35	37.12	24.67	6.65
2015	牡蛎	5.41	3.60	6.66	4.85	3.14	6.47
	扇贝	16.41	16.48	10.04	9.22	13.89	15.08
	贻贝	21.70	4.91	2.26	23.57	5.35	2.27
	合计	43.52	24.99	5.74	37.64	22.38	5.95

（续表）

年份	种类	进口			出口		
		进口量/万吨	进口额/亿美元	均价/（美元/千克）	出口量/万吨	出口额/亿美元	均价/（美元/千克）
2016	牡蛎	5.82	3.64	6.25	4.96	3.12	6.28
	扇贝	15.38	17.34	11.28	9.84	14.17	14.40
	贻贝	23.04	5.26	2.28	25.47	5.77	2.27
	合计	44.24	26.24	5.93	40.27	23.06	5.73
2017	牡蛎	3.91	2.70	6.90	4.29	2.72	6.34
	扇贝	4.38	6.17	14.07	3.88	5.44	14.01
	贻贝	22.89	3.83	1.67	21.59	4.01	1.86
	合计	31.19	12.69	4.07	29.76	12.17	4.09
2018	牡蛎	3.70	2.79	7.56	4.49	2.96	6.59
	扇贝	5.87	6.16	10.50	2.93	4.14	14.12
	贻贝	15.17	3.81	2.51	19.55	4.43	2.27
	合计	24.74	12.77	5.16	26.97	11.53	4.27
2019	牡蛎	4.22	2.94	6.97	4.50	2.92	6.49
	扇贝	4.32	5.47	12.66	2.70	3.54	13.11
	贻贝	18.30	3.86	2.11	21.61	4.36	2.02
	合计	26.84	12.27	4.57	28.81	10.82	3.76
2020	牡蛎	3.36	2.20	6.55	3.25	2.18	6.71
	扇贝	4.10	4.33	10.56	1.81	2.31	12.76
	贻贝	13.85	3.17	2.29	14.89	3.05	2.05
	合计	21.31	9.70	4.55	19.95	7.54	3.78

数据来源：UN Comtrade，2021。

与巨大的养殖产量相比，进入国际市场的贝类几近可忽略不计（表 1 和表 2）。以 2019 年为例，当年世界牡蛎、扇贝和贻贝产量分别为 612.18 万吨、206.66 万吨和 206.78 万吨，出口量分别只有 4.50 万吨、2.70 万吨和 21.61 万吨，占比分别仅为 0.74%、1.31%和 10.45%。这表明，贝类的国际市场空间非常有限，通过扩大出口短期内并不会显著增加国产贝类销量。

二、国内贝类生产与贸易概况

（一）全国贝类生产

2019 年，中国对世界海水贝类养殖产量的贡献高达 83.35%，蛤类、牡蛎、扇贝、贻贝和鲍螺养殖产量在同类别世界养殖产量中占比分别为 96.01%、88.61%、89.11%、42.11%和 94.80%（表 1 和表 3）。2020 年，中国海水贝类养殖产量达到 1 480.08 万吨，同比微升 2.86%。

表 3　中国海水贝类养殖产量变动趋势　　　　（单位：万吨）

种类	2011 年	2012 年	2013 年	2014 年	2015 年	2016 年	2017 年	2018 年	2019 年	2020 年*
蛤类	443.36	453.64	470.06	488.11	494.97	527.43	539.31	530.60	522.43	546.30
牡蛎	358.05	378.40	403.77	415.94	438.06	466.04	487.94	513.98	522.56	542.46
扇贝	127.37	137.51	155.58	159.32	172.75	186.71	202.40	193.23	184.16	174.62
贻贝	67.43	73.25	71.50	76.99	80.94	86.28	92.76	90.34	87.07	88.69
鲍螺	26.69	29.23	30.94	33.28	35.53	37.41	40.33	40.22	42.15	46.52
其他	77.42	85.97	86.37	84.62	78.86	85.50	74.39	75.57	80.61	81.49
合计	1 100.33	1 158.00	1 218.21	1 258.27	1 301.12	1 389.37	1 437.13	1 443.93	1 438.97	1 480.08

注：2011—2019 年数据来源为 FAO FishStat J，2020；2020 年数据来源为《2021 中国渔业统计年鉴》。2020 年蛤类数据中包括蛤、蛏、蚶。

2011—2020 年，国内海水贝类养殖产量保持总体增长的基本态势。其中，蛤类产量呈递增态势（2018 年、2019 年除外），10 年间平均增幅 2.38%；牡蛎产量逐年递增，10 年间平均增幅 4.74%；扇贝产量自 2018 年开始逐年微降，10 年间平均增幅 3.78%；贻贝产量除 2013 年、2018 年和 2019 年外，总体上呈增长态势，10 年间平均增幅 3.20%；鲍螺产量除 2018 年外，其他年份均有程度不同的增长，10 年间平均增幅为 6.41%（表 3）。

（二）贝类进出口贸易

2020 年，中国牡蛎、扇贝和贻贝进、出口量之和分别为 7 902.91 吨和 2 820.17 吨，进、出口额之和分别为 4 173.99 万美元和 1 441.11 万美元，进、出口均价分别为 5.28 美元/千克和 5.11 美元/千克（表 4）。

表 4　2020 年中国贝类进出口量、进出口额及均价

种类	进口			出口		
	进口量/吨	进口额/万美元	均价/（美元/千克）	出口量/吨	出口额/万美元	均价/（美元/千克）
牡蛎	2 094.28	2 046.45	9.77	1 742.64	321.95	1.85
扇贝	3 341.04	1 097.35	3.28	978.06	1 003.56	10.26
贻贝	2 467.59	1 030.19	4.17	99.47	115.60	11.62
总计	7 902.91	4 173.99	5.28	2 820.17	1 441.11	5.11

数据来源：UN Comtrade，2021。

2020 年，中国进口牡蛎、扇贝和贻贝的主要来源国（按进口额排序）分别为法国、日本和新西兰（表 5）。

表 5　2020 年中国进口贝类的主要来源国

种类	国家/地区	进口量/吨	进口额/万美元	进口均价/(美元/千克)
牡蛎	法国	1 355. 56	1 855. 63	13. 69
	爱尔兰	216. 75	228. 87	10. 56
	新西兰	78. 34	110. 57	14. 11
	韩国	274. 29	53. 41	1. 95
	英国	31. 14	38. 79	12. 46
扇贝	日本	3 289. 80	1 060. 23	3. 22
	美国	8. 64	15. 67	18. 13
	菲律宾	16. 73	9. 67	5. 78
	俄罗斯	23. 39	9. 48	4. 05
贻贝	新西兰	2 428. 64	1 003. 75	4. 13
	法国	35. 52	24. 35	6. 85
	挪威	1. 71	1. 36	7. 95

数据来源：UN Comtrade，2021。

2020 年，中国出口牡蛎、扇贝和贻贝的主要目标市场（按出口额排序）分别为中国香港、韩国和中国香港（表 6）。

表 6　2020 年中国出口贝类的主要目标市场

种类	国家/地区	出口量/吨	出口额/万美元	出口均价/(美元/千克)
牡蛎	中国香港	613. 44	263. 07	4. 29
	日本	36. 72	21. 09	5. 74
	中国澳门	134. 48	19. 95	1. 48
扇贝	韩国	99. 80	288. 00	28. 86
	中国香港	591. 13	158. 43	2. 68
	中国澳门	139. 43	135. 88	9. 75
贻贝	中国香港	19. 55	72. 23	36. 95
	韩国	29. 76	26. 06	8. 76
	中国澳门	49. 95	16. 69	3. 34
	泰国	0. 21	0. 61	29. 23

数据来源：UN Comtrade，2021。

海关数据显示，2021 年 1—10 月，我国贝类进口量、进口额和均价分别为 10. 93 万吨、4. 04 亿美元和 0. 37 万美元/吨，同比分别上升 68. 61%、62. 23%和下降 3. 79%。其中，蛤类进口量、进口额和均价同比分别上升 14. 87%、12. 83%和下降 1. 77%，牡蛎进口量、进口额和均价同比分别上升 21.83%、31.41%和 7.87%，扇贝进口量、进口额和均价同比分别上升 94.67%、116.17%和 11.05%，贻贝进口量、进口额和均价分别下降 1.41%、6.81%和 5.47%，鲍进口量、进口额和均价同比分别上升 35.58%、67.04%和 23.21%。

同一时期，我国贝类出口量、进口额和均价分别为 16.66 万吨、10.52 亿美元和 0.63 万美元/吨，同比分别上升 13.70%、29.45%和 13.85%。其中，蛤类出口量、进口额和均价同比分别上升 6.89%、15.91%和 8.44%，牡蛎出口量、进口额和均价同比分别下降 7.11%和上升 33.39%、43.61%，扇贝出口量、进口额和均价同比分别上升 39.91%、38.21%和下降 1.22%，贻贝出口量、进口额和均价同比分别上升 22.62%、19.03%和下降 2.93%，鲍出口量、进口额和均价同比分别上升 42.65%、33.50%和下降 6.41%。

（三）国内贝类市场

2021 年，国内市场贝类批发价格呈上升态势，扇贝、蛤类、蛏类、牡蛎和鲍鱼涨幅分别为 15.83%、9.96%、8.62%、8.26%和 5.69%。

三、国际贝类产业技术研发进展

（一）贝类遗传和育种技术

2021 年度，国内外学者围绕贝类遗传育种基础研究与育种技术研发，取得较好的进展。基于简化基因组、转录组、代谢组、蛋白质组、表观遗传学等技术，探究了贝类对高温、低氧等环境胁迫因子的响应，杂种优势形成机制研究仍是当前的国际热点。生长性状、抗逆性状、抗病性状仍然是贝类育种的主要选育目标，全基因组选择研究明显增加，Bayes 与 GBLUP 模型显示出较高的基因组育种值估计准确性，选择育种、杂交育种、多倍体育种等仍然是贝类遗传育种的主要技术；贝类种质资源的评价、保护与利用仍是研究的热点，围绕贝类选育群体与野生群体的遗传分化、群体的遗传多样性评估、种质保藏技术等方面开展研究。贝类的细胞培养与基因编辑技术受到学者们的关注。

（二）贝类营养与饲料

国际层面鲍营养与饲料方面的研究主要集中在饲料藻源、功能性饲料添加剂以及和环境温度的关系上，优化饲料配方、扩大原料来源仍然是理论研究和产业发展的热点。藻粉可为鲍提供能量来源，发现在饲料中添加 10%的龙须菜粉可提高绿唇鲍（*Haliotis laevigata*）的摄入能率和体生长能率，而利用石莼完全替代龙须菜后，对驴耳鲍（*Haliotis asinina*）无促进作用；以鱼粉、脱脂豆粕和酪蛋白为蛋白源时，初始体重为 2.7 克和 16.0 克的皱纹盘鲍（*Haliotis discus hannai*）对饲料蛋白质的需求量相近；此外，Duong 等发现水温与饲料蛋白质水平对摄入能率、吸收能率有显著的交互作用，建议绿唇鲍在最佳养殖水温（20℃）下的饲料粗蛋白质水平为 36%；关于鲍配合饲料添加剂的研究表明，饲料中添加甜菜叶副产物和柑橘汁加工副产物可以提高皱纹盘鲍的增重率以及空气暴露 24 小时后的存活率，同时，柑橘皮和褐藻苷苔残渣可以提高低盐胁迫下皱纹盘鲍的生长和存活率。

国际层面双壳类营养与饲料方面的研究主要集中在饵料微藻的筛选、活体微藻的替代方面。研究发现硬壳蛤（*Mercenaria mercenaria*）幼体的最适饵料为金藻（*Isochrysis galbana*）和角毛藻（*Chaetoceros gracilis*）等比混合；类似地，金藻和角毛藻混合以 2×10^5 个细胞/毫升投喂藤壶（*Austromegabalanus psittacus*）幼体时存活率最高；乌蛤（*Anadara tuberculosa*）幼体最佳微藻饵料为角毛藻；紫贻贝（*Mytilus galloprovincialis*）成体最佳饵料为金藻和角毛藻混合。微藻饵料替代方面，在硬壳蛤和砗磲（*Tridacna noae*）幼体上，藻粉可部分替代活藻；在长牡蛎（*Crassostrea gigas*）养殖上，石莼（*Ulva lactuca*）粉可替代50%的角毛藻；在新西兰绿唇贻贝（*Perna canaliculus*）稚贝上，脂质体（微球）和微胶囊饲料可部分替代作为饵料；在贻贝（*Perna perna*）、黄蛤（*Mesodesma mactroides*）和菲律宾蛤仔（*Ruditapes philippinarum*）稚贝上，苜蓿叶绿体粉可部分作为替代饵料。营养与免疫方面，投喂牡蛎幼体状态较差饵料微藻可造成免疫力降低和肠道菌群改变。此外，从金藻和角毛藻中筛选的有益菌可促进角毛藻生长，而不影响扇贝（*Argopecten purpuratus*）幼体存活和生长。

（三）贝类病害控制技术

2021 年国际贝类病害控制技术的相关研究主要集中于以下 3 个方面。在病原相关研究方面，首次报道了欧洲地区贻贝（*Mytilus galloprovincialis*）潜在病原菌弯曲杆菌（*Campylobacter* spp.）和北极地区贻贝（*Mya truncata*）潜在病原刚地弓形虫（*Toxoplasma gondii*）；利用基因组分析方法首次从美国西海岸海湾扇贝（*Argopecten irradians*）幼体体内鉴定出新兴病原弧菌（*Vibrio europaeus*）；对印度西南海岸贝类栖息地的致病性大肠杆菌（*Escherichia coli*）进行了流行病学调查。在贝类的免疫防御机制方面，对长牡蛎（*Crassostrea gigas*）中 Caspase 和 Toll 样受体等分子进行了系统研究和进化分析，揭示了贝类凋亡和炎症途径的功能特征；首次在皱纹盘鲍（*Haliotis discus hannai*）中鉴定了碳酸酐酶及紫贻贝（*Mytilus edulis*）血细胞内源性大麻素系统关键成分的生化和功能特征，并分析了两者生物学功能及其在贝类免疫防御中的作用；利用比较蛋白质组学技术解析了长牡蛎抵抗病毒 OsHV-1 感染的作用机制。在环境胁迫对贝类健康的影响方面，研究了海洋酸化、抗癫痫药物、氨氮、高温、微塑料和重金属污染等对贝类生长发育的影响；解析了栖息地改变和气候变化对潮间带贝类地理格局的影响；探究了微塑料对贻贝造成毒性影响的生物学基础；利用转录组等手段探究了毛蚶（*Scapharca subcrenata*）、长牡蛎和缢蛏（*Sinonovacula constricta*）等贝类对高温、高渗及重金属等胁迫的响应机制；完成了硬壳蛤（*Mercenaria mercenaria*）的基因组测序，揭示了凋亡抑制因子基因大规模扩张与分化现象，解析了其对极端环境的适应机制。

（四）贝类养殖模式与养殖环境

以贝类为核心生物功能群的生态养殖模式的研发和气候变化背景下贝类生态服务功能受到了持续关注。Melendres 等在菲律宾东部塞布卡尔卡湾建立了多营养层级综合养殖模式，将麒麟菜、翡翠贻贝、牡蛎整合到鱼类养殖系统中，既可有效降低环境污染又能产生良好的经济效益。Vieira Graziela 等利用干苜蓿叶绿体（DAC）替代微藻养殖 3 种贝类，较大比例的 DAC 更有利于贝类增长，DAC 可以作为微藻不足时的替代品。规模化的贝类养殖能够显著影响周围海水的碳酸盐体系；Bertolini 等基于生理能量学模型解析了威尼斯潟湖内养殖菲律宾蛤仔的碳源-汇功能，发现蛤仔养殖区整体表现为中等尺度的碳汇，但存在季节性差异。养殖环境方面，Raquel 等评估了养殖贝类暴露于形成赤潮的微藻和蓝藻的主要反应、藻毒素的营养转移和动态以及对人类健康的风险；Francesca 等研究发现氧化石墨烯-聚乙烯亚胺复合纳米材料（GO-PEI）对污染海水中 Hg^{2+} 具有很好的吸附效果（吸附率＞90%），且经 GO-PEI 修复后的海水在生化指标及组织病理等水平上均未对菲律宾蛤仔造成显著影响。

（五）贝类流通与加工技术

国外发达国家在以往摸清质量安全总体状况、甄别关键危害物、开展风险评估的基础上，逐步向危害物的迁移转化规律、风险形成过程与危害机制等方面不断深入，逐步构建风险防控技术并推广应用。在贝类毒素风险防控方面，国际食品法典委员会水产及水产加工品专业委员会（CAC-CCFFP）第 35 届会议召开，并推进相关系列标准的制定。在持久性有机污染物方面，着手研究生物标志物甄别技术并进行预警技术研发，开展多污染物复合污染风险评估并取得成效。

在贝类净化方面，葡萄牙学者研究了盐度对太平洋牡蛎净化效果的影响，发现在 25‰～30‰的盐度条件下净化的牡蛎品质较好，并可以保障净化后牡蛎的保质期。在贝类深加工利用方面，国外的精深加工产品主要有烟熏、调味品和保健食品。在贝壳资源利用方面，加工处理后的贝壳在土壤改良、食品保鲜、水质净化、生物医药、复合材料等领域已有广泛应用。目前，国内外产业应用最广泛的为牡蛎壳土壤调理剂产品。

四、国内贝类产业技术研发进展

（一）贝类遗传和育种技术

2021 年度国内学者完成了近江牡蛎、欧洲大扇贝和泥蚶等贝类基因组测序工作，对贝类的适应性性状的遗传基础与进化机制进行了深入探讨。贝类性状的精准、高通量测评技术研发方面取得较好的进展，Yu 等构建了鲍鱼幼体—稚鲍—成鲍耐高温测评体系，Xing 等分析了温度耐受指标 ABT 的季节变化，实现了耐温性能的快速测定，Liu 等成功建立贝类活体微量组织高通量全基因组分型技术。贝类生长、颜色、抗逆等性状的遗传解析研究进展迅速，一系列关键 SNP 标记和功能基因获得鉴定。贝类全基因组选择育种受到国内学者的持续关注，Zhu 等将深度学习神经网络应用到扇贝全基因组选择育种研究中，获得较高的基因组育种值准确性，Yang 等将全基因组选择育种技术初步应用在牡蛎抗弧菌病性状的改良上。杂交育种、多倍体育种、群体选育以及家系选育仍是国内贝类普遍使用的育种技术。2021 年度三角帆蚌申浙 3 号、菲律宾蛤仔斑马蛤 2 号、皱纹盘鲍寻山 1 号、文蛤科浙 2 号 4 个贝类新品种获国家水产新品种证书；另外绿盘鲍、西盘鲍、蓬莱红等贝类新品种的推广应用，使良种覆盖率逐年增加。在国家种业振兴行动方案的指引下，全国第一次水产养殖种质资源普查工作迅速推进，贝类种质鉴定、收集与保藏，种质库建设进展迅速，由中国水产科学院黄海水产研究所牵头的“国家海洋水产种质资源库”入选国家科技资源共享服务平台，成为 30 个国家生物种质与实验材料资源库之一，各地区贝类种质资源库建设也在稳步开展。

（二）贝类营养与饲料

结合产业的需求，以皱纹盘鲍为主要研究对象，在饲料藻源方面的研究与国际同步。同时，在优化饲料营养参数的基础上，加强了鲍营养代谢调控的基础研究，为环境友好高效鲍饲料的研发提供了重要理论指导，领先于国际水平。关于皱纹盘鲍饲料中藻源的研究发现，用浒苔、石莼、龙须菜替代 50% 的海带粉，可促进皱纹盘鲍生长，提高鲍消化、抗氧化和免疫能力。当海带价格上升或海带产量不足的情况下，可优先选择在配合饲料中添加浒苔、石莼或龙须菜。也有研究表明在饲料中添加 6% 浒苔粉可提高鲍的生长性能及足肌粗蛋白含量。在投喂人工配合饲料时配合投喂20%的石莼可以提高鲍生长并改善水质。基于实用饲料配方对皱纹盘鲍营养需求进行探究，鲍饲料最佳蛋白质水平为25.95%，饲料蛋白质水平过低或过高都会影响肠道消化酶活力，引起肠道微生物组成变化；饲料脂肪的适宜水平为3.87%，高饲料脂肪水平导致鲍的免疫力降低。叉头蛋白FoxO有调控鲍糖代谢的功能，这种调控功能受到饲料中不同脂肪水平的影响。对皱纹盘鲍氨基酸和维生素的研究发现，适宜的饲料精氨酸水平（1.68%）可提高鲍生长、抗氧化能力和抗病能力。在精氨酸调控鲍TOR信号通路的过程中，SLC38A9发挥着关键作用，适宜水平的精氨酸能够激活皱纹盘鲍SLC38A9和TOR信号通路。在饲料中添加919.99毫克/千克的维生素C，可以提高鲍抗氧化和抗凋亡能力。饲料中36.5%的糖和1 000 IU/千克的维生素D显著促进鲍生长，调控鲍糖代谢过程。

双壳类饵料微藻筛选上，研究发现侏儒蛤（*Mulinia lateralis*）幼体的最佳微藻为金藻和青岛大扁藻（*Platymonas helgolandica*）；对角蛤（*Antigona lamellaris*）幼体最佳饵料为杜氏藻（*Dunaliella salina*）、青岛大扁藻、绿色巴夫藻（*Pavlova viridis*）和金藻（*Dicrateria zhanjianggensis* 和 *Isochrysis galbana*）；珍珠贝（*Hyriopsis cumingii*）幼体最佳饵料为栅藻（*Scenedesmus dimorphus*）。双壳类微藻饵料替代方面，菲律宾蛤仔用光合细菌和海水酵母可部分替代微藻。营养与免疫方面，硅藻可提高牡蛎抗菌能力；抗菌肽和昆虫免疫活性物质可提高虾夷扇贝（*Patinopecten yessoensis*）抗弧菌能力。此外，在厚壳贻贝（*Mytilus coruscus*）和华贵栉孔扇贝（*Chlamys nobilis*）发现类胡萝卜素沉积与饵料微藻密切相关；维生素D_3（1 000IU/千克）可促进马氏珠母贝（*Pinctada fucata martensii*）存活，提高珍珠质量。

（三）贝类病害控制技术

2021年国内贝类病害控制技术的相关研究主要集中于病原检测技术与致病特征、贝类免疫防御机制、环境胁迫对贝类免疫防御能力的影响以及病害预警预报等方面。在病原相关研究方面，从近江牡蛎（*Crassostrea rivularis*）、翡翠贻贝（*Perna viridis*）、菲律宾蛤仔（*Ruditapes philippinarum*）、文蛤（*Meretrix meretrix*）、华贵栉孔扇贝（*Chlamys nobilis*）等贝类中分离大肠埃希氏菌等病原菌，并分析其耐药性特征；鉴定发现溶藻弧菌（*Vibrio alginolyticus*）是长牡蛎夏季大规模死亡的潜在致病菌。在贝类免疫防御机制方面，通过对长牡蛎中Dicer样基因（*Cg*DCL）的鉴定和分析，发现RNAi和IFN样系统在牡蛎抗病毒免疫中具有潜在的协同作用；通过对长牡蛎中含DM9结构域的新蛋白*Cg*DM9CP-3的鉴定和分析，发现*Cg*DM9CP-3不仅作为模式识别受体参与了牡蛎对病原菌的识别，还增强了长牡蛎血淋巴细胞的包裹性；通过对马氏珠母贝（*Pinctada fucata martensii*）中烟碱乙酰胆碱受体β基因（*Pm*nAChR-β）的鉴定和分析，发现*Pm*nAChR-β是胆碱能抗炎途径的重要组成部分，并参与了珍珠贝的免疫调节过程。在环境胁迫对贝类健康的影响方面，研究了海水碳酸盐体系和高温等对贝类生殖内分泌、生长发育和免疫防御能力的影响；解析了菲律宾蛤仔喷水吐沙行为的能耗及对重金属富集的影响；利用转录组等测序手段探究了缢蛏对高温胁迫的响应机制以及温度对池蝶蚌（*Hyriopsis schlegeli*）性别调控的影响机制；分析了我国南海19个地区的贝类生物体中重金属汞、镉、铅、铬、铜及砷等污染状况；优化了贝类病害发生预警预报技术，发布了贝类环境胁迫和养殖风险提醒。

（四）贝类养殖模式与养殖环境

在加快推进水产养殖业绿色高质量发展、服务国家“双碳”战略目标的背景下，高效养殖模式研发、贝类碳汇功能及核算方法等方面的研究在持续深入。中国水产科学研究院黄海水产研究所近海生态养殖团队研发了基于多功能生态锚定系统的浅海多营养层次综合养殖模式，进一步提升了单位面积生产效率，发布“浅海多营养层次综合养殖技术规范　海带、牡蛎、海参”行业标准 1 项（SC/T 2111—2021）；谷丰源梳理、总结了辽东地区海蜇、缢蛏、对虾、鱼的池塘立体养殖技术；吴洪喜等实施了贝虾鱼海水池塘多营养级循环水养殖，实现了养殖用水的循环利用；“发展碳汇渔业科技、服务国家双碳战略”学术研讨会、第四届全球水产养殖大会等多个国际、国内重要学术会议对贝类的碳汇功能进行了重点关注，“渔业综合养殖碳汇技术”入选农业农村减排固碳十大技术模式；Ren 等基于中国渔业部门的统计数据和质量评估方法，构建了海水养殖贝类和藻类可移出碳汇的初步核算体系；设施化养殖方面，范建勋等开展了缢蛏苗种池塘陆基集约化中间培育养殖示范，为该模式在实际生产中的应用和改进提供了参考。

（五）贝类流通与加工技术

贝类营养与质量安全方面，国内报道季节性变化对贝类不同性别、不同组织中的氨基酸、脂肪酸以及呈味物质等组成有不同影响；对环渤海不同海域或市场上贝类多种污染物的复合污染风险进行评价，发现主要经济贝类中普遍存在典型污染物污染的问题，但健康风险值远小于 1。真实性溯源技术已经用于贝类干品的种类鉴别，全程质量控制已经在贝类产业链推进。

贝类采收方面，延绳吊养牡蛎采收设备优化了动力牵引装置结构、筏架斜向采收模式、液压动力系统，研制并完善了机械化作业平台，入选 2021 年中国农业农村重大新技术新产品新装备。贝类产品保鲜方面，国内学者发现不同包装方式、复合涂膜保鲜液、复合保鲜剂可以显著提高贝类的保鲜效果。贝类精深加工和综合利用方面，国内以鲍鱼、珍珠贝、贻贝等为主要原料，开发了以活性肽、鲜味肽、功能氨基酸为代表的系列产品。利用贝类汤汁生产的以蚝油、蛤晶、蚝晶为代表的贝类调味品在百姓家庭中广受好评，在国内已形成近百亿元的市场规模。

（国家贝类产业技术体系首席科学家　张国范　提供）

2021年度藻类产业技术发展报告

（国家藻类产业技术体系）

一、国际藻类生产与贸易概况

（一）生产概况

近年来，全球藻类产业呈现快速发展势头，2018年世界养殖和野生海藻产量约3 240万吨（其中养殖海藻占比97.1%以上），占水产养殖总量的28%，销售额133亿美元。藻类主产区涉及50多个国家和地区，平均产量增长率是渔业整体增幅的2倍以上，具有巨大发展潜力。根据FAO统计，2018年全球主要藻类生产国及其占全球藻类生产总量比例排名依次为：中国（58%）、印度尼西亚（29%）、韩国（5%）。到2018年，中国藻类总产量达到220万吨（干重），占全球藻类总产量近60%。

（二）贸易概况

2020年世界藻类贸易进口额、进口量有所下降。相较于2019年，进口额下降6 600万美元，进口量下降900万千克。世界藻类贸易主要进口国家和地区为日本、中国、美国、泰国、中国台湾、澳大利亚和韩国；世界藻类贸易主要出口国是韩国、印度尼西亚、中国、菲律宾、日本和美国。从藻类主要进口国来看，中国藻类的平均进口单价最低，为1.27美元/千克。韩国次之，为1.33美元/千克。澳大利亚的藻类平均进口单价最高，为14.98美元/千克。从藻类主要出口国来看，印度尼西亚的藻类平均出口单价最低，为1.06美元/千克。而日本的藻类平均出口单价最高，为15.66美元/千克。其次是美国，出口单价为10.66美元/千克。

二、国内藻类生产与贸易概况

（一）生产概况

1999—2005年，我国藻类生产量一直呈现逐年递增趋势，年增长率为3.6%；2006年和2007年的养殖产量逐渐下降；此后藻类养殖产量逐年加速增长，年平均增长率高于5%。截至2020年，我国藻类养殖产量增加到262万吨。而我国藻类养殖产量的增加要得益于养殖面积的增加。2002—2005年，藻类养殖产量的增长趋势与藻类养殖面积增长趋势相同；2006年和2007年藻类养殖面积持续下降，此后藻类养殖面积稳定加速增加。2020年，我国藻类养殖总面积达14.18万公顷，是2002年的2.3倍。总体上，我国藻类养殖单位面积产量呈现先减少后增长的趋势。2010年以后，藻类单位面积产量逐渐增加，从2010年的12.90吨/公顷增长到2020年的18.48吨/公顷，年平均增长率为3.66%。

（二）贸易概况

总体上，我国生鲜藻类贸易进口量远远高于出口量。2020年生鲜藻类进口量有所下降，但保持在15万吨以上，进口额从2015年的1.26亿美元增长到2020年的1.93亿美元；生鲜藻类出口量在1.3万吨以上，出口额仅为0.505亿美元。但我国加工藻类出口量高于进口量，2020 年，加工藻类出口量为 5.3 万吨，出口额达 2.45 亿美元；加工藻类进口量约为 9 000 吨，但进口额高达 1.01 亿美元。我国生鲜藻类的主要进口来源国为印度尼西亚、韩国和菲律宾，主要出口目的地为日本、台澎金马关税区、俄罗斯和墨西哥；加工藻类的主要进口来源国为泰国和韩国；主要出口目的地为日本、台澎金马关税区和越南。

三、国际藻类产业技术研发进展

（一）遗传育种研究

在紫菜领域，国际上大多采用组学技术开展紫菜抗逆、发育机理的研究，并对所克隆的抗逆和发育相关基因进行了功能解析。在海带领域，提出了一种诱导孢子体成熟的具体技术方法；4-脱氧-L-赤型-5-己糖糖醛酸盐还原酶等基因得到了功能验证；代谢组学技术广泛应用于功能物质的鉴定。在裙带菜领域，Graf 等完成了韩国裙带菜孢子体基因组测序和群体基因组学分析；Crane 等研究了盐度对裙带菜早期发育的影响。在江蓠领域，欧洲学者报道了利用光质改变（蓝光）可以提高江蓠琼胶产量和琼胶强度的发现。印度学者报道了不同管网筏式栽培体系对 *Gracilaria dura* 生长和琼胶含量的影响。在淡水微藻领域，荷兰筛选出富含岩藻黄素和廿二碳六烯酸的海水藻类——定鞭藻 *Tisochrysis lutea*，葡萄牙微藻企业 Allmicroalgae 选育出感官特征更加中性的小球藻藻种；韩国 Yoon-E Choi 团队通过 CRISPR/Cas9 RNP 制作了紫球藻叶绿素合酶功能缺失突变体，所获突变体藻红蛋白显著增加，成为藻红蛋白的潜在生产藻株。

（二）病害和有害藻类防控研究

2021 年 Web of Science 收录相关论文 201 篇，主要涉及病害和有害藻类调查技术的研发和改进、形成原因分析、管控清除方法研究等相关工作。在藻类病害防控方面，澳大利亚研究团队发现红藻 *Delisea pulchra* 健康藻体上某些附生细菌对该藻白化病多种病原具有拮抗作用，通过减轻附生菌群的紊乱可以抑制白化病发生。此外，这些细菌对 *Agarophyton vermiculophyllum* 同样具有抑病效果，甚至要好于其自身的生防菌株，表现出优异的跨宿主生防作用。在有害藻类防控方面，Imai 对日本有害藻华现状进行了综述，发现日本西部有毒水华正在增加，比较了有害生物环境友好控制策略与传统农业综合管理方式；美国的 Mary 等在芦竹中发现了高度有效可抗 *Prymnesium parvum* 的化感物质，从该植物中提取的产品以自然、环保方式来控制有害藻华具有巨大的潜力。

（三）养殖与环境控制研究

日本学者 Niwa 等报道了一种人工栽培新品种 *Neoporphyra kitoi*。该品种具有较高的高温适应性，与传统紫菜品种相比，该品种在高温条件下能维持较快的生长速率，其色素含量也能保持很高水平。气候变暖是全球面临的重要生态问题，气候变暖对潮间带海藻的栽培也具有明显影响，加拿大的 Hoos 和 Harley 研究了海带在海水升温过程中的变化，发现温度对海带影响与其栽培密度和潮间带位置有关，高温只对低密度的海带有显著影响。

（四）藻类加工研究

通过检索文献和对国际海藻加工企业的调研发现，2021 年国际藻类加工研究主要包括以下领域。①生物活性作用领域：主要开展了海藻中硫酸多糖、岩藻黄素、十六烷酸等活性物质在抗氧化、抗肿瘤、调节血糖、调节免疫、抗炎等方面研究，其中以多糖类成分活性作用研究最多；②活性成分提取、制备、结构分析及消化吸收利用领域：利用微波辅助、热水辅助等提取海藻多糖，酸法、酶法降解制备海藻寡糖，对海藻寡糖结构以及降解酶进行表征分析；结合体外胃肠模拟消化系统、$CaCO_2$ 单层细胞模型、药代动力学以及动物体内实验开展了海藻活性成分的消化吸收规律研究；③质量安全领域：保鲜与贮藏技术开发，在生物医药材料领域的应用以及海藻中砷、镉、碘等元素的安全性评估；④医学材料应用领域：琼脂糖低聚糖-纳米银-抗菌肽复合物用于伤口敷料；利用 β-琼脂糖酶水解制备新琼寡糖中的药用成分；红藻水提液生物定向合成 Pt-纳米颗粒及其生物医学应用等；⑤干燥技术领域：不同干燥方式对海藻原料中成分及活性的影响以及干燥条件如风速和温度对入侵褐藻马尾藻干燥曲线的影响、HHGD 中干燥条件对褐海藻营养成分和生物活性的影响等。

四、国内藻类产业技术研发进展

（一）遗传育种研究

中国科学院海洋研究所培育出国审杂交海带新品种中宝 1 号。宁波大学解析了坛紫菜基因组结构和功能；中国科学院海洋研究所建立了紫菜转基因技术体系；集美大学开展了坛紫菜生长和品质性状相关的遗传调控机制解析研究，开发了可用于育种的分子标记。上海海洋大学开发了用于鉴定坛紫菜新品系的特异分子标记；中国海洋大学鉴定了甘露糖醛酸差向异构酶和碳酸酐酶等基因，利用组学技术验证了配子体发育过程中不同基因表达模式，揭示了海带孢子体发育相关的 DNA 甲基化模式以及不同发育阶段质体 DNA 甲基化模式。中国科学院海洋研究所单体锋等发现了裙带菜孤雌生殖与雌雄同体表型可遗传性，提出了一种构建 DH 群体的技术方法，李晓东等对裙带菜主要栽培群体进行了形态和遗传分析。青岛能源所单细胞中心开发了脂肪酸“全链长范围”“单元链长精度”精准可调的工业产油微藻。中国科学院水生生物研究所推广了一株在云南可稳定高产虾青素的红球藻藻株 HP-3。

（二）病害和有害藻类防控研究

2021 年 Web of Science 收录来自中国的论文 103 篇，相关发明专利 10 余项。研究内容涉及病原和有害藻类鉴定、防控方法探索及相互作用机理等。在病害防控方面，中国海洋大学从病烂海带中分离到条件致病菌 *Exiguobacterium oxidotolerans*，可致海带幼苗发生绿烂病；Xu 等分离到可裂解紫菜黄斑病病原的噬菌体，为其生物防治提供了新思路；Li 等分析了光照强度-附生菌群变化-海带幼苗绿烂的关系。2021 年授权 2 项发明专利，涉及紫菜贝壳丝状体观察方法及紫菜绿斑病病原检测方法。在有害藻类防控方面，Gong 等发现通过化学防治越冬绿藻可缓解黄海绿潮；苏荣欣等发明了一种基于天然多酚改性纳米纤维素的赤潮藻除藻剂；余娇娇等发现大型海藻裂片石莼藻粉对赤潮异弯藻具有生物防治作用，可防治赤潮异弯藻。

（三）养殖与环境控制研究

使用 UAV 多谱学成像系统成功预估了紫菜栽培产量；科研人员利用 Meta-Hi-C 技术剥离了复杂的共附生微生物基因组序列，构建了坛紫菜染色体水平 49. 67Mb 的基因组，联合比较基因组和多组学技术揭示了水平基因转移事件在潮间带适应中的广泛参与，揭示了潮间带红藻周期性快速干出与浸没的适应机制，包括光合系统的快速开关、蛋白质生物合成的快速准备、SAM 依赖的甲基转移与强大抗氧化系统的协同等。该研究为生物从海洋向陆地过渡的适应进化提供了新见解，并解释了藻类如何在复杂的潮间带定植和繁荣。

干出胁迫是坛紫菜常见逆境之一，通过多组学试验对干出胁迫条件下坛紫菜进行了研究，发现与膜相关的基因以及碳固定相关基因在干出过程中变化显著，有机酸和氨基酸类物质大量积累用于激活抗干出机制。

（四）藻类加工研究

根据中国期刊网（CNKI）数据库检索，以藻类加工/营养/质量等为主题词，2021 年检索到学术论文 180 篇。结合国内海藻加工企业的调研，国内藻类产业技术研发进展主要包括 4 个方面。①海藻活性物质的研究，主要包括海藻多糖的高效提取与分析、海藻活性物质的功能作用。众多学者研究了海带、裙带菜、羊栖菜和鼠尾藻来源的褐藻多糖、褐藻胶寡糖、褐藻胶裂解酶、岩藻黄素以及龙须菜抗氧化蛋白、抗氧化肽，江蓠活性多糖等物质的活性作用及作用机制，包括抗氧化、调节免疫、抗炎、调节胃肠道及抗肿瘤等方面的活性作用。②海藻加工与利用领域，主要集中在褐藻胶寡糖、褐藻多糖硫酸酯、羊栖菜多糖等多糖的提取、纯化制备技术，以及紫菜食品营养品质和龙须菜脱腥技术等。海藻酸盐饮料、卡拉胶食品添加剂、海藻膳食纤维成为研发热点。③海藻高效干燥模式的探索。王芳等使用三维软件建立热泵型海带烘干室物理模型，采用数值模拟软件，对海带烘干室物料层中海带含水率进行模拟计算。林鹏程等研究采用热风/微波联合干燥紫菜，确定了紫菜干燥的最佳工艺。张梅等在优化传统紫菜干燥机基础上，设计浮式太阳能干燥机。④在其他藻类产品方面，目前研究热点主要包括海藻肥、抗菌杀虫剂和土壤调节剂。此外，以海藻为原料生产乙醇等生物燃料、海藻可降解膜加工等是藻类未来潜在的应用方向。

（五）产业经济研究

根据中国知网数据库、Web of Science 数据库收录的藻类产业经济相关文献以及其他公开的科研成果可知，2021 年的相关研究主要涉及以下 2 个方面。①藻类自主品牌力分析。秦臻等通过构建基于消费者视角的自主品牌力评价模型，量化分析了我国海藻产品（海苔）的整体品牌力。并通过问卷调研和回归分析得出，品牌忠诚度是品牌力最重要的因素，其次是感知质量、社会可持续性和品牌联想。②市场分析。Peng 等通过问卷调研方法调查了中国居民的海藻消费数量和趋势，并采用 Tobit 模型考察了城市化和饮食知识对居民海藻消费的影响。研究结果表明，我国家庭海藻消费呈上升趋势，城市家庭的平均海藻消费量高于农村家庭。城市化提高了家庭消费海藻的总量，同时饮食知识对家庭消费海藻的总量具有显著的积极影响。

（国家藻类产业技术体系首席科学家　逄少军　提供）